U0106614

盡忠報國

岳飛新傳

王曾瑜 著

中華書局

寄題湯陰縣岳飛紀念館

王曾瑜

湯陰戰骨殉神州，古國升沉八百秋。

遙想背嵬騰血馬，猶聽父老哭牽牛。

山河興廢多雄鬼，冠蓋炎涼少義丘。

激烈壯懷終不泯，大江後浪逐前流。

岳飛墨蹟

　　此墨蹟採自上海圖書館藏《鳳墅帖》續帖卷 4，徐森玉先生認為「岳飛的筆跡是道地的蘇東坡體」，可與岳珂之說互相印證，「就能斷定像『還我河山』之類的墨蹟是不可靠了」。

　　釋文：「通判、學士閣下：飛已至洪井累日，只俟營寨了，便如長沙矣。此有所需，示及。飛再拜。」「《平虜亭記》甚佳，可勒誌石，但過情之譽為多，豈踈拙所宜當。悚仄！悚仄！飛再拜。」

序：岳飛的三十功名與八千里路

王淑貴

在中華五千年的悠久歷史中，對後世子孫起着巨大精神影響的歷史偉人不多，岳飛是其中光彩奪目的一位。岳飛「盡忠報國」的精神，以及他的高風亮節，不僅為表率於宋代，也激勵着後世。

從南宋以來，岳飛英勇抗金的事跡以話本等形式廣為流傳。比如清人錢彩的《說岳全傳》等，將岳飛神化並塑造為愚忠的典型。近年來，在歷史虛無主義的影響下，又有一些人扒出《宋史》中污衊岳飛的史料，宣傳什麼岳飛是軍閥，不得不殺；什麼岳飛驕橫無禮、不懂政治等論調，塗黑抹殺岳飛形象。這兩種認知，都與真實的岳飛形象相差甚遠。

王先生師從當代着名歷史學家、中國宋史研究泰斗鄧廣銘先生，長期擔任中國社會科學院歷史研究所研究員，曾任中國宋史研究會會長。專業從事宋遼金史研究。本書與鄧廣銘先生的《岳飛傳》一起，被史學界譽為研究岳飛的不可繞開的扛鼎之作。在書中，王先生用翔實、準確的史料，參證多種史料，針對疑點、難點，辨別真偽，匡正謬誤，以綿密的敘事，扎實的史料，寓深情藏褒貶，真實再現岳飛的「三十功名」與「八千里路」，為後人還原出一個血肉豐滿的岳飛形象。

王先生治學十分嚴謹。他認為，宋朝以後關於岳飛的記載不能算第一手資料，明清演義小說、記載中已經摻有許多虛構的成分。而在宋朝官史中，自岳飛遇害後，宋高宗和秦檜大肆修改正史記載，秦檜的養子秦熺及其同夥也承擔此項工作。他們污衊岳飛驕橫無理，居功自傲；有關岳飛歷史活動的記載，被改得面目全非，還添加了大量岳飛的「罪證」材料，妄圖將岳飛永遠釘在歷史的恥辱柱上，將秦檜塑造成南宋「中興」名相。以致後來給岳飛平反時，幾乎人人都知道岳飛和岳家軍在抗金等活動中的重大貢獻，但是，官史中卻很少記載，反而有不少岳飛「飛揚跋扈」「蓄意謀反」的史料。岳飛的孫子岳珂走訪當時尚存的當事人，利用口述實錄的方

式，先後編撰了《鄂國金佗稡編》和《鄂國金佗稡編續編》，成為現存最重要、最詳盡的記錄岳飛事跡的史籍，應該是比較真實靠譜的事了。但是王先生發現這本書中也有錯誤的記載。史料記載中的岳飛事跡如此零碎，充斥着惡意的抹煞、污衊。在這種情況下，作為宋史研究專家，王先生需要認真地甄別各種材料。他七、八十年代在社科院研究所時以驚人的勤奮，每日到附近的圖書館做什料，整理工作做了大量的筆記。

王先生對宋代史料的研究有多充分？僅看文獻參考資料就可以知道，真正是從浩如煙海的史料中，將一點點的碎片拼接、比對、甄別，還原出一個時代波瀾壯闊的巨幅畫卷，勾勒出那個時代的樣貌，最大可能地還原了岳飛充滿英雄色彩而悲壯的人生。

他反對以論代史的治學方法，認為那是治學之大忌。板凳要坐十年冷。本書從上世紀八十年代開始進入研究到如今，已經修訂了數次。王先生治學特別嚴謹，只要發現有一處謬誤，立即在自己的電子稿上更正，力求一個新的完善的版本。他曾感慨，想求一個沒有謬誤的版本真是太難，但是他精益求精的治學態度，確為史學界的楷模。

史學家眼中的岳飛是什麼樣的呢？鄧廣銘先生認為，岳飛的性格可歸納為單純、質直、堅定、強項。王曾瑜先生則從軍事史的角度，認為，作為一位軍事天才，岳飛反對方防守、主張進攻的方針、仁嚴兼濟的治軍實踐、連接河朔的策略以及以人為本的軍事觀，是在中國古代軍事思想史上的四項重要貢獻。聯金伐遼之後，金軍看透了宋朝的空虛，隨即揮戈南下，虜去徽欽二帝，大肆屠殺平民。為保家衛國，岳飛三次從軍，四次北伐。他作戰大膽細心，善於動腦，具有遠見卓識。宗澤、李綱等人對他十分賞識，認為他具有古代名將才有的特質。岳飛擅長領兵，紀律嚴明，而又仁心愛物，善待俘虜，以至從幾千人的兵馬迅速擴充到十萬大軍，打造了一支戰無不勝的軍隊。以至於金軍哀歎：撼山易，撼岳家軍難。王先生認為，岳飛的才能、品格和風骨堪稱中國古代武將的典範，其愛國主義思想的精髓是祖國至上。岳飛的一生，正如宋朝詩人劉過詩中所說，「年少起河朔，弓兩石，劍三尺，定襄漢，開虢洛，洗洞庭。北望帝京，狡兔依然在，良犬先烹」，他像一顆耀眼的彗星，照亮了陰霾密佈、令人屈辱的

南宋天空。

這本書以嚴謹扎實的史料，糾正了關於岳飛的兩種錯誤傾向，一種是在被秦檜篡改的《宋史》等史書的謬誤影響下，認為岳飛是軍閥，不懂政治等；一種是受到岳珂的《鄂國金佗稡編》影響，將岳飛塑造為一個愚忠的形象。王先生認為，這兩種認知都與真實的岳飛形象相差甚遠。

如果深入分析宋高宗在岳飛冤案中的作用，會發現，岳飛絕非「愚忠」。岳飛從忠君愛國的立場出發，無論是對宋高宗，還是對秦檜等宰執的錯誤決策，都敢於直言不諱地提出反對的觀點。如果岳飛真正「愚忠」，叫幹啥就幹啥，他絕對不會落個「全忠全義不全屍」的悲壯結局。岳飛與宋高宗之間的關係十分複雜，真正是一波三折。岳飛在平定內亂時表現出的軍事才能，令宋高宗大加讚賞。然而及至給予金軍重創時期，宋高宗卻一反常態，一方面行賞稱頌，一方面暗中防範。為什麼常勝將軍岳飛越來越成為他的眼中釘，必欲除之而後快？

要想準確合理地回答這個問題，本書認為要從多方面考量。北宋立國後，鑒於唐末、五代武人專橫的局面，從太祖趙匡胤開始，就確立了「崇文抑武」的治國方針，時刻防範武將勢力的膨脹。岳飛冤案要放在當時宋朝崇文抑武的政治制度和祖宗家法這樣一個政治背景下考量，同時也與兩宋以來的主和思想佔據主導地位是分不開的。在戰場上，岳飛知己知彼，能精準把握瞬息萬變的戰場局勢；在生活中，他單純倔強，是一個理想主義者，不屑於去迎合宋高宗的小心思。政治、社會、文化及個性等多種因素交互作用，釀成了這場千古悲劇。

王先生認為，要想準確還原當時的歷史場景，需要全方位地考察整個宋史，考證各種史料。嚴謹，客觀，尊重史實的態度，才是治史的基本態度，不妄想，不揣測，不因個人對歷史的偏見而影響對歷史人物的定性。王先生的這部研究專著經過數次修訂，此為最新版，可以說是先生數十年來在這一領域辛勤耕耘的成果。王先生通過扎實綿密的史料，儘可能詳細地敘述了岳飛的一生，還原歷史背景，剖析悲劇形成的原因。另外，書稿所附的岳飛年表、部將和幕僚簡介等史料，使這部關於岳飛的傳記更有條理，更為充實完善。

目錄

第一章

佃農投軍

第一節　从出生到成婚

奔騰萬里的黃河，豐饒廣闊的華北平原，是中華民族燦爛古代文明的發祥地，是民族偉大精神的哺育所。偉大的愛國主義者、民族英雄岳飛就誕生於此地。

「黃河二月凍初銷，萬里凌澌流劍戟」。[1]這是北宋後期氣溫偏低、冰封初解的黃河風光的寫照。宋徽宗趙佶崇寧二年二月十五日（西元 1103 年 3 月 24 日）夜裏，在河北西路相州（治安陽，今河南安陽市）湯陰縣永和鄉孝悌里的一座普通農舍中，岳姓嬰兒呱呱落地，發出雄亮的啼聲。嬰兒的乳名叫五郎，[2]據說誕生時恰好有大鳥飛鳴於其屋上，故取名飛。依中國古代禮俗，男子年二十而冠，宋時俗稱裹頭。男子冠時，在名外取表字，名和字的含義往往須互相照應。但宋代或「男子年十二至二十皆可冠」，並取表字。[3]岳飛後取表字鵬舉。

在中國古代的姓氏中，岳姓是個小姓。自宋以前，歷史記載中尚無岳

1　《濟南集》卷 3《黃河》。

2　《鄂國金佗稡編》，以後簡稱《金佗稡編》，卷 9《遺事》。《金佗稡編》卷 4《鄂王行實編年》說岳飛出生「未彌月」，黃河決口，姚氏抱岳飛「坐巨甕中」，「得免」。按《宋史》之《徽宗紀》、《五行志》、《河渠志》與《宋會要》之瑞異、方域都無崇寧二年黃河決口記載，今不取。

3　《禮記注疏》卷 2《曲禮上》，《事物紀原》卷 2《字》，北宋司馬光《書儀》卷 2《冠禮》。南宋朱熹《家禮》卷 2《冠禮》改為「男子年十五至二十皆可冠」。男子冠禮，俗稱裹頭。參見《應齋雜著》卷 1《乞免臨安府丁錢》，《東萊呂太史文集》卷 3《為張嚴州作乞免丁錢奏狀》。又《揮麈後錄》卷 1 稱蘇過（字叔黨）在元祐時「猶未裹頭」。據《宋史》卷 23《欽宗紀》，卷 24《高宗紀》，卷 115《禮志》，宋欽宗於十五歲時舉行冠禮，宋高宗於十六歲時舉行冠禮。

姓的名人。據傳說，岳姓來源於唐堯時代的「四岳」，「因官以命氏」。[1]岳飛的籍貫今在河南省，而宋時卻稱河北人或河朔人。

岳飛的曾祖父叫岳成，曾祖母楊氏；祖父叫岳立，祖母許氏；父親叫岳和，母親姚氏；還有一個叔父岳睦。[2]岳家世代務農。姚氏生五郎時，已有三十六、七歲。[3]岳飛應有四個哥哥，都夭亡了。不久，姚氏又生了一個兒子，名叫岳翻。岳飛至少還有一個親姐，後外甥女婿高澤民曾在他軍中擔任「主管文字」。[4]

岳和夫妻在臨近絕育之年，居然得到了雙子，自然欣喜異常。但是，他們絕不放縱孩子，而是「鞠育訓導」，既有溫暖的撫愛，又有嚴格的管教。姚氏作為慈母，更是克盡己責。[5]所以岳飛自幼就對父母有極深厚的感情。

一個普通的農家子，體力勞動自然是其本份。岳飛自幼就參加各種勞動，如牧牛放羊、拾柴割草、燒火煮飯之類。因自幼嚴酷的勞動鍛煉等因素，造就了岳飛驚人的膂力。

岳飛非常喜愛武術。弓弩是宋時的主要兵器，時稱「軍器三十有六，而弓為稱首；武藝一十有八，而弓為第一」。[6]弩其實是弓的一種。弓可步兵和騎兵通用，弩一般用足蹶開張，故只能由步兵使用。弩箭比弓箭射程遠，洞穿力強。衡量一個人的武藝，主要看他能挽多大的「弓弩斗力」和射箭的準確性，時稱「射親」。[7]岳飛年齡不滿二十歲，已能挽弓三百斤（一宋斤約合一・二市斤），用腰部開弩八石（一宋石為九十二・五宋斤，約合一一〇市斤）。按照宋朝軍制，「弓射一石五斗」，已算武藝超群，可選充

1 《金佗稡編》卷 4《鄂王行實編年》引《古今姓氏書辨證》和《姓源類譜》，鄧名世《古今姓氏書辯證》卷 36。

2 錢汝雯《宋岳鄂王年譜》卷 1。

3 《金佗稡編》卷 13《乞侍親疾劄子》載，岳飛三十二歲時，「姚氏年幾七十」。

4 《要錄》卷 50 紹興元年十二月丁丑。

5 《金佗稡編》卷 14《乞終制劄子》。

6 《翠微先生北征錄》卷 7《弓制》。

7 「弓弩斗力」和「射親」兩詞，見《宋會要輯稿》，以後簡稱《宋會要》，兵 2 之 56，《宋史》卷 194，卷 195《兵志》。

「班直」，當皇帝的近衛。北宋武士挽弓的最高記錄也只有三石。[1] 可知岳飛的挽弓能力已至登峰造極的境地。

岳飛十幾歲時，曾向「鄉豪」周同學習射箭。周同當眾表演，連發三箭，都射中靶心。岳飛取過弓來，也射了兩箭，居然射破周同的箭筈。周同大驚，立即將兩張心愛的弓贈送岳飛。只花費數日工夫，周同就傳授了全部射箭的訣竅。經過苦心和精心的練習，岳飛能夠左右開弓，百發百中。

後周同病死，岳飛悲痛不已。每月初一日和十五日，都要到周同墳前弔唁。由於經濟拮据，岳飛甚至典賣了自己的衣服，在墳前醊酒埋肉。岳和發現兒子的衣着突然一件件去向不明，便追問岳飛，甚至笞撻他，而岳飛卻既不埋怨父親，也不說實情。後經岳和暗地裏跟蹤，方才發現了兒子的秘密，轉而稱讚岳飛。

岳和一家祖祖輩輩扶犁握鋤，不可能有多少文化。宋代的農村，有所謂「冬學」，從十月到十二月，利用農閑，由窮書生授課。課本有《百家姓》《千字文》《雜字》之類，時稱「村書」。農民們只要能積攢一點錢，還是很樂意遣送子弟入冬學，讀村書。著名詩人陸游的一首詩說：

　　三冬暫就儒生學，千耦還從父老耕。識字粗堪供賦役，不須辛苦慕公卿。[2]

官府攤派賦役，有大字張掛的榜帖、由子（通知單）、戶鈔（收據）之類；農民私人也有土地契書、借據之類。農家子弟認識一些字，可能會少受一些官吏、保正、保長、攬戶（以承攬他人賦稅的輸納為業者）和地主的欺詐。農家子弟入學，並非是為入仕當「公卿」。

岳飛可能也在冬學裏念過村書。儘管他對文化知識如饑似渴，但在當時的社會環境下，農家子弟一般不可能在文化上得到深造。窮困的岳家無

1　《夢溪筆談》卷 3，《宋史》卷 194《兵志》。
2　宋代農村冬學的情況，參見《劍南詩稿》卷 1《觀村童戲溪上》，卷 25《秋日郊居》（其七），《南宋六十家小集》趙汝鐩《野谷詩稿》卷 3《憨農家》。

力購置高級的蠟燭之類，甚至也不用低級的油燈，在白天辛勤勞作之餘，岳飛經常借着燃燒枯枝敗葉發出的火光，看書識字，以至通宵不寐。他天資聰穎，記憶力強，又有持久不懈的頑強毅力。後來當將帥時，終於有相當的文化水平，「略知書傳」，即懂得一些儒家經典，能賦詩，填詞，作文，寫行書，其書法則學蘇軾，「字尚蘇體」。[1]岳飛喜讀《左氏春秋》和《孫吳兵法》。

岳和家原是擁有幾百畝瘠薄耕地的自耕農，他在岳飛和岳翻出世前，生活自給有餘。遭逢災年，雖然自家口糧也相當緊張，他寧願和姚氏用小米摻和野菜，熬成稀粥，一日只吃早晚兩餐，將強行節餘的粥接濟逃荒乞食者。他純厚和善良的品德自然給岳飛以很深的影響。

隨着岳飛和岳翻長大成人，由於各種原因，岳和的家境每況愈下，日益艱難。政和七年（西元 1117 年），相州發生澇災，「夏雨頻併」，[2]收成銳減。翌年，即重和元年（西元 1118 年），岳和抱孫心切，為十六歲的岳飛張羅婚事，娶了一個劉姓女子。一年以後，即宣和元年（西元 1119 年）六月，岳飛長子岳雲出生。[3]喜事臨門，而岳家的經濟負擔卻日漸沉重。

古代農民在無法維持生存的情況下，只能典賣田地，或者借高利貸。這無異於飲鴆止渴，而使自己的經濟狀況更加惡化，最後無非落到「公私之債交爭互奪，穀未離場，帛未下機，已非己有」的悲慘境地。[4]

岳飛新婚不久，便不能在家鄉安居了。這個不足二十歲的青年，只能強忍悲痛，背井離鄉，出外謀生。他萬分依戀鬢髮蒼蒼的老父和老母，卻又不得不同他們離別。

1　關於岳飛的文化水準，岳珂在《金佗稡編》卷 4《鄂王行實編年》中應有誇張，他在《鄂國金佗續編》，以後簡稱《金佗續編》，卷 1 更稱岳飛「起自諸生，經通誼明，筆妙墨精」。今據《會編》卷 208《林泉野記》。岳飛書法據岳珂《寶真齋法書贊》卷 15《黃魯直先王賜帖》，卷 28《鄂國傳家帖》，《文物》1961 年第 8 期徐森玉先生《鬱孤臺帖和鳳墅帖》。

2　《宋會要》食貨 59 之 10。

3　《宋岳鄂王年譜》卷 1。

4　《司馬文正公傳家集》卷 48《乞省覽農民封事劄子》。

第二節　韓府佃客

相州州治安陽縣有一戶世代富貴的簪纓之家——韓府。早先韓琦歷任宋仁宗、宋英宗和宋神宗三朝宰相，是華宗盛族的奠基人。他的長子韓忠彥又在宋徽宗初年任宰相。韓府既是皇親，又有許多貴戚。在宋帝國的上層，幾乎處處滲透着這個豪門大族烜赫的勢力。[1]

按宋時法律規定，本地人一般不准在本地任官。但是，為顯示宋皇朝的特別恩寵，韓琦和長孫韓治、長曾孫韓肖冑都先後擔任相州的知州。為炫耀本人的衣錦榮歸，韓琦在安陽縣築晝錦堂，韓治築榮歸堂，韓肖冑又築榮事堂。史書上將此事傳為美談。[2] 從另一角度看，這也表明了韓府是本地極富極貴的豪強之家。

韓肖冑大約是在宣和元年，接替其父韓治，繼任相州知州。當時他有四十多歲。大約就在韓肖冑的四年任期內，[3] 岳飛作為一個不足二十歲的青年，自湯陰縣來到毗鄰的安陽縣，當了韓府的佃客。[4]

宋朝鄉村無地的佃農，一般須編入「鄉村客戶」的戶籍。他們大抵租種地主的田地，而向地主繳納實物地租。有些地主還出租耕牛和農具，甚至掠取高達八成的地租。儘管剝削量已經很重，某些貪得無厭的地主還經常使用各種手段，例如用大斗、大斛巧取豪奪，變相加租。高利貸也是地主掠奪農民的一種重要手段。「客戶耕田主戶收，螟蝗水旱百般憂。及秋幸

1　例如韓琦第五子韓嘉彥是宋神宗的女婿，到南宋初方才病死，參見《要錄》卷 21 建炎三年三月甲申。韓忠彥長子韓治娶妻文氏，乃大臣文彥博的孫女，呂公弼的外孫女。韓治女婿鄭億年後降偽齊，歸南宋後仍居高位。鄭億年之父鄭居中為宋徽宗時宰相，鄭億年之母王氏又是秦檜岳父王仲山的胞姐，參見《會編》卷 220《秀水閑居錄》，《揮麈前錄》卷 2。拙作《宋朝相州韓氏家族》，《錙銖編》第 245 頁，河北大學出版社，2006 年；陶晉生先生《北宋士族——家族‧婚姻‧生活》第九章，中央研究院歷史語言研究所專刊，2001 年，可供參考。

2　《宋史》卷 379《韓肖冑傳》。

3　《宋史》卷 379《韓肖冑傳》說他「代其父任」，「在相四年，王師傅燕」，宋軍伐遼在宣和四年，今依此推斷。又《要錄》卷 161 紹興二十年八月甲子載韓肖冑死，今依卒年七十六歲推斷。

4　《會編》卷 207《岳侯傳》，卷 208《林泉野記》，《朱子語類》卷 132。

有黃雲割，債主相煎得自由」？[1]

在政治上，宋朝佃農的地位是低賤的。法律上甚至明文規定：「佃客犯主，加凡人一等。」至於地主殺害佃農，可以不必償命，所以有的「富人敢於專殺」，甚至視佃農的性命如草芥。[2]

岳飛和其他佃農一樣，「寒耕熱耘，沾體塗足，戴星而作，戴星而息」。[3]這個來自外縣的謀生者，雖勤勞至極，但生計看來仍相當艱窘。

有一天，岳飛去韓府的莊墅借糴糧食，恰逢張超率幾百名盜匪包圍了這座莊墅。岳飛便憑藉自己的高超武技，攀登上牆垣，引弓一發，利箭直貫張超的咽喉，即時斃命。幾百名盜匪羣龍無首，立刻潰散。

在養尊處優的韓家子弟眼裏，本來決無一個普通的青年佃客的位置。此次意外的突發事件，使他們都認識了岳飛。後來岳飛成為名將，韓家子弟在官場中有意無意的宣傳，使士大夫輩都知道了岳飛的低賤出身。

岳飛解救了主人的危困，但韓府似乎也並未另眼相看而厚待岳飛。岳飛受盡煎熬，眼看困頓的生活無邊無涯，他寄身異鄉，益發思念父母，思念親人。最後，他不得不下定決心，離開安陽，返回湯陰。

第三節　兩次投軍

宋徽宗趙佶是個荒淫奢侈的皇帝，處理軍國大事的昏庸和昏憒，與其在音樂、繪畫、書法、棋藝、詩詞等方面的聰慧，融合於宋徽宗的一身。這既是他個人的特性，也在相當程度上體現和反映了終宋一代當政者的特性。

宋徽宗君臣眼看遼朝行將被新興的金朝所吞滅，便採取聯金滅遼的政策，企圖收復後晉石敬瑭割讓的燕、雲等十六州。宣和四年（西元 1122

1　《南宋六十家小集》朱繼芳《靜佳龍尋稿·和顏長官百詠·農桑》。
2　《續資治通鑑長編》卷 445 元祐五年七月乙亥，《要錄》卷 75 紹興四年四月丙午。
3　《司馬文正公傳家集》卷 48《乞省覽農民封事劄子》。

年）五月、六月和十月，宋朝兩次集結時稱戰鬥力最強的陝西軍北伐。當時遼朝退守燕、雲地區，僅存撮爾之兵，居然將宋軍打得一敗塗地。最後，仍由金軍攻佔燕、雲地區，宋朝只能出重金高價，方買回了幾座空城。

宋徽宗君臣對內大肆搜刮，向人民加派許多苛捐雜稅。最有名的，如東南的「花石綱」，北方的「公田」，全國範圍高達六千二百萬貫的「免夫錢」等。在河北等路，繁重的軍事後勤供應，加之征遼軍隊過境時的騷擾和搶掠，更是雞犬不寧，民不聊生。

岳飛回鄉後，遭逢此種兵荒馬亂的年景，生計更為艱窘。經全家再三商量，認為憑藉岳飛的一身武藝，出外當兵，尚是一條謀生之路。

宣和四年，岳飛正好二十歲，已達成丁之年。[1] 年逾古稀的外祖父姚大翁很鍾愛岳飛，得知岳飛準備投軍，便想方設法，請來一位名槍手陳廣，教授岳飛槍法。經過一段時間的刻苦訓練，岳飛槍法精熟，湯陰全縣並無對手。[2]

九月、十月間，真定府（治真定，今河北正定縣）有一位文臣新知府上任，名叫劉韐。[3] 按照當時崇文抑武、以文制武的體制，真定知府兼任真定府路安撫使，統轄真定府、相州等六個州府的軍務。[4] 前方第二次征遼的敗報傳來，劉韐感到惶恐，他擔心遼軍乘勝侵軼，便臨時招募一批「敢戰士」，岳飛也在應募者之列。[5]

劉韐在檢閱應募者時，很快看中了這個青年。岳飛頭顱頗大，方臉大耳，眉宇開闊，眉毛較短，[6] 雙目炯炯有神，身材中等偏高，極其壯實，生

1　《宋會要》食貨70之4，宋太宗時規定男子「年二十成丁」。
2　《金佗續編》卷28《孫逈編鄂王事》。
3　《宋史》卷446《劉韐傳》說：「會郭藥師以涿州降，戎車再駕，以韐議異，徙知真定府。」按遼將郭藥師於宣和四年九月降宋，十月宋軍第二次伐遼，可知劉韐任真定知府應在九月、十月間。
4　《宋史》卷86《地理志》。
5　《金佗稡編》卷14《乞終制劄子》：「國家平燕雲之初，臣方束髮，從事軍旅，誓期盡瘁，不知有家。」《金佗稡編》卷4《鄂王行實編年》：「真定府路安撫使劉韐募敢戰士備胡，先臣首應募。」岳飛劄子只是說明自己投軍的時間，是在「平燕雲之初」。估計岳飛初次投軍，既不是參加征遼戰役，也不是為防禦金軍，所謂「備胡」，應是指防備遼軍乘勝侵軼。
6　岳飛臉部特徵據傳世的宋人劉松年畫像。

就一副雄赳赳的勇士氣概。劉韐同他談話時，岳飛申述了自己保衛鄉土的決心，劉韐當即任命他為小隊長。

事實上，遼軍沒有，也不可能乘勝攻宋。劉韐便使用這支敢戰士的隊伍，從事對內鎮壓。相州有一股「劇賊」，其首領是陶俊和賈進。他們「攻剽縣鎮」，殺掠吏民，屢敗官軍，禍害一方。岳飛請求為故鄉除害，劉韐便派他率二百名兵士，返回相州。岳飛先派三十人假扮商旅，聽任陶俊和賈進俘掠，收歸部伍。他又命令一百人埋伏在山下，自己領幾十騎前往挑戰，佯敗而逃。陶俊和賈進率眾追擊時，山下伏兵乘機出擊，三十名偽裝的商人也充當內應，俘擄了陶俊和賈進，其餘黨全部潰散。

接替韓肖冑的相州知州王靖向上司申報，保舉岳飛為從九品的承信郎。不料岳和經歷長期勞累和貧困的折磨，突然一病不起。噩耗傳來，岳飛哀痛至極，急忙跣足奔回湯陰。朝廷因財政拮据，也將不屬正式編制的敢戰士裁撤。王靖的保舉狀就成了一張廢紙。

按中國古代的規矩，父母死後，兒子守孝三年，實際上不滿二十七個整月。[1] 自宣和四年冬至宣和六年（西元 1124 年）冬，岳飛一直居家。守孝期滿，為了餬口，又去附近某個市當「遊徼」。宋朝因商業繁榮，縣以下有鎮、市一類小工商業點。鎮的地位高於市，市可升為鎮，鎮可升為縣。遊徼類似今之巡警。困頓沉悶的生活，使岳飛不免借酒澆愁。有一回，他竟然酗酒滋事。姚氏得知後，便嚴加訓斥。岳飛本已懊悔，又一向孝敬老母，他鄭重地向姚氏保證，從此之後不再喝酒。[2] 岳飛不當遊徼，為了謀生，又再次投軍。

宣和六年，河北等路又發生水災，「民多流移」。[3] 宋朝實行災年招兵的政策，理由是「不收為兵，則恐為盜」。[4] 將無以維生的破產和流亡的農民招

---

1 《文獻通考》卷 122。據《金佗續編》卷 8《服闋除起復二字省劄》，卷 29《乞起復》，後岳飛母姚氏於紹興六年三月二十六日去世，岳飛「丁母憂」，至紹興八年「六月一日從吉」。

2 《夷堅甲志》卷 15《豬精》說岳飛當過遊徼。《要錄》卷 8 建炎元年八月乙亥說岳飛「嘗為人庸耕，去為市遊徼，使酒不檢」。《金佗續編》卷 27 黃元振編岳飛事蹟載，岳飛對部屬說，「某舊能飲」，「嘗有酒失，老母戒某不飲」。估計岳飛當遊徼是在岳和死後。

3 《宋史》卷 61《五行志》，《宋會要》食貨 59 之 20。

4 《歐陽文忠公全集》卷 59《原弊》。

募為兵，可以防止他們當盜匪，而將反抗的力量轉化為維護統治的力量，這是統治者的如意算盤。

招募兵士，宋時稱「招刺」。招募者先用刻着尺寸的木梴丈量被募者的身長，再檢閱他們的跑跳動作和能否騎馬奔馳，最後又觀測其瞻視目力。凡合格者，就在臉部等處刺字，發放衣、鞋、錢幣等。按各人之身材高矮，分別撥隸上、中、下等禁軍和廂軍。[1]

在軍士臉部、手臂、手背等處刺字，標明軍隊番號和軍人身份，乃是唐末和五代的藩鎮遺制，目的在於防止軍士逃亡，逃亡後便於追捕。刺字是恥辱的標記，只有罪犯、奴婢和某些官府工匠有此種待遇。當兵在宋時是一種卑賤的職業，一個人不到萬不得已，是不願從軍的。

岳飛在這個災荒年景前往應募，再次淪為「行伍賤隸」。[2] 他大概不肯在臉上蒙受恥辱，憑藉自己超群的武技，爭取投充「效用士」，但仍不免在手背上刺字。[3] 岳飛被分撥到河東路平定軍（治平定，今山西平定縣）。平定軍屯駐的禁軍（正規軍）編額有五指揮，每指揮名義上應有四百或五百人。其中神銳軍兩指揮和宣毅軍兩指揮，屬侍衛步軍司系統；廣銳軍一指揮，屬侍衛馬軍司系統。[4] 岳飛大概是編入廣銳軍，充當騎兵。[5] 廣銳軍士的身長規定是五宋尺五宋寸，[6] 約合今一‧七０米。岳飛投軍不久，便升為「偏校」。

實行募兵制，用巨額軍費贍養大批脫離生產的人口，成為宋朝社會的

---

1 《宋史》卷 193，卷 194《兵志》，《嘉泰會稽志》卷 4《軍營》。當時各等軍的身長規格頗有差異，如上等的天武第一軍（步兵）須五宋尺八宋寸，龍衛軍（馬兵）須五宋尺七宋寸；下等的神威軍（步兵）須五宋尺四宋寸，威遠軍（馬兵）須五宋尺三宋寸五宋分。上禁軍、中禁軍、下禁軍和廂軍的軍俸待遇有相當差別。

2 《金佗稡編》卷 17《申劉光世乞進兵狀》。

3 據《續資治通鑒長編》卷 245 熙寧六年五月癸亥，《建炎以來朝野雜記》甲集卷 18《諸軍效用》，《盤洲文集》卷 42《論招軍之弊劄子》，《相山集》卷 20《又與汪中丞畫一利害劄子》等記載，效用創設於北宋中期，後演變為高級軍士，軍俸比一般軍兵優厚。效用一般不刺面，是否刺手，卻有不同記載。《慶元條法事類》卷 78《招補歸朝明歸正人》：「小字於手背刺『某路安撫司效用』八字。」《會編》卷 207《岳侯傳》說，後岳飛投奔張所，「特刺效用」，故在此作刺手背處理。

4 《宋史》卷 188《兵志》。

5 《金佗稡編》卷 4《鄂王行實編年》載岳飛後率當地騎兵抗金。

6 《宋史》卷 194《兵志》。

痼疾。軍中發放的錢糧,不僅供應軍士,還須兼及軍士的家眷;軍營中不單屯駐軍人,也須居住家屬。養兵百萬,實際上是養五、六百萬人。在生產水平低下的條件下,龐大的軍費負擔,壓在好幾千萬農民身上;儘管宋廷竭澤而漁,財政開支仍經常極度緊張,甚至入不敷出。

其實,養兵費用相當部份是落入將領們的私囊。兵士們被克扣軍俸,強迫當將領和其他官員的苦力,受盡凌虐。他們為了養家餬口,不得不兼營其他職業。軍隊內部存在着尖銳的官兵對立,兵士們常常走上逃亡和反抗的道路。軍政腐敗,軍紀廢弛,編制不滿員,將領們有意保留缺額,以便冒領和私吞軍俸。軍隊平日訓練頗差,甚至完全沒有訓練;戰時則一觸即潰,甚至不戰而潰。尤其是在宋徽宗後期,內有高俅,外有童貫主持軍務,整個龐大的軍事機構被蛀蝕得千瘡百孔。[1]

自宣和六年冬至宣和七年(西元 1125 年)十月,這是金軍南侵前的沉寂期,岳飛和劉氏住在平定軍的廣銳軍營。軍政的惡濁使他憤慨,軍風的敗壞也使他憂慮。他自幼聽到不少有關三國時期關羽和張飛的民間故事。民間故事雖然誇張失實,卻達到了「樵夫牧稚,咸所聞知」的地步。[2]關羽和張飛成為岳飛十分崇拜的英雄偶像。岳飛當上偏校後,更嚮往着做一個文武全才,能與關、張齊名的大將。[3]他操演武藝,訓練軍士,也努力學習文化,為爾後獻身抗金事業,打下了堅實的基礎。

---

1 《忠愍集》卷 1《再論高俅劄子》,《靖康要錄》卷 7 靖康元年五月二十一日,《梁溪全集》卷 62《乞修軍政劄子》。
2 《續資治通鑑長編》卷 4 乾德元年六月乙未。
3 《金佗續編》卷 14《忠愍諡議》,《武穆諡議》,卷 28《孫逌編鄂王事》引建炎四年邵緝薦書都談到岳飛自年輕時便嚮往要在史冊上與關羽、張飛齊名。這無疑是受了民間故事的影響,因為關羽和張飛本非三國時代的第一等軍事英雄。

第二章

盡忠報國

第一節　金軍大舉攻宋

　　女真族是中國的一個古老民族，長期居住在東北，是今滿族的祖先。遼朝雄踞北方時，女真人本是一個受壓迫、受岐視的少數民族，生女真又是女真族中比較落後的一支。西元十二世紀初，生女真在完顏阿骨打（漢名旻）[1]的領導下，反抗遼朝的統治，勃興於白山黑水之間，建立金朝，完顏阿骨打成為開國皇帝金太祖。新興的女真族盛行奴隸制，有強烈的掠奪性。金太宗完顏吳乞買（漢名晟）即位後，女真貴族最終吞滅遼朝，又立即準備發動侵宋戰爭。他們看穿了宋朝的虛弱本質，認為宋軍是比遼軍更不中用的對手。至於中原地區豐盛的物產，都市生活的繁華，統治者的無數金玉珍寶，更使女真貴族垂涎三尺。宋朝作為當時世界上經濟和文化最高度發展的農業社會，正面臨着一場空前的劫難。

　　金軍的主力是女真騎兵，步兵只承擔運輸、掘壕等輔助工作，作戰時用以張大聲勢。女真騎兵慣於披掛好幾十斤的重甲作戰，兜鍪很堅固，只露雙目。他們擅長連續作戰，如果一次衝鋒，一個回合的交戰失敗，[2]則敗不至亂；他們可暫時退出戰鬥，重整隊形，再次發起衝鋒，時稱「更進迭退」。「勝則整陣而復追，敗則復聚而不散」。騎兵的負荷很重，卻能連續

1　《金史》卷135《金國語解》：「其臣僚之小字或以賤，或以疾，猶有古人尚質之風。」女真人名反映了該民族文化的原始落後，如「粘罕」的女真語義是「心」，「兀術」的女真語義是「頭」。金朝滅遼時，女真人吸收了較高的文化，感到原來的名字不雅，又另取典雅的漢名。傳世的女真人名有本名、漢名、宋人譯名、清人重新譯名等，造成不少混亂。本書所用女真人名一律以《金史》為準。

2　人們常受古代演義小說的影響，認為「回合」是古代戰爭中鬥將的計量單位，其實，回合乃是指兩軍的一次交鋒。

進行幾十個以至上百個回合的交鋒，足見其堅韌的戰鬥力。這是殘酷的軍法，加上女真人原來落後困苦的生活條件造成的。女真騎兵的主要兵器是弓箭，「弓力不過七斗，箭鏃至六、七寸，形如鑿，入輒不可出」，「刀劍亦不取其快利」。他們長於弓矢遠射，卻短於白刃近戰。「弓矢亦不妄發」，「百步之外（內？），弓矢齊發，無不中者」。[1] 金朝擁有這支剽悍的騎兵，勝過了原先的遼朝和西夏騎兵。女真騎兵幾乎是所向披靡，從未遭受嚴重的挫敗。

然而女真人畢竟是人口較少的落後民族，在征服遼朝的前後，逐步將契丹人、奚人、漢人、渤海人、回鶻人、韃靼人、室韋人、黨項人、黠戛斯人等都徵發當兵。[2] 複雜的民族成份不僅增加兵員，也彌補了女真騎兵的某些戰術缺陷。時稱「金人野戰，長於用騎」；「金人攻城，長於用砲」。[3] 如進行大規模的攻城戰，先進的攻城技術的運用，複雜的攻城器械的製作，火藥兵器的製造和使用等，顯然本非女真人所擅長，而是在滅遼戰爭中逐步學會的。不能實施攻城戰，就不能深入中原，這又是金軍勝過遼和西夏軍之優長。顯而易見，在攻宋前夕，金軍的實力是空前強大的。

宋廷對這場勢不可免的戰爭卻缺乏足夠的警惕和準備。宋軍的戰略部署並未適應形勢的變化，其重兵照舊屯紮陝西各路，以對付西夏；而在漫長的宋金邊界，卻兵力不足。至於宋軍的素質，自更不待論。由於兩次征遼的失敗，宋朝不得不向金朝買得燕山府（治析津，今北京市）等幾座空城，這本是一種恥辱，卻被宋徽宗君臣當作一百六十餘年未有的光榮，大事吹噓和慶祝。宋徽宗君臣一直沉湎於醉歌醄舞之中，直到燕北鼙鼓動地

1　據《宋史》卷 366《吳璘傳》，《琬琰集刪存》卷 1 吳璘神道碑，《要錄》卷 174 紹興二十六年九月庚子朔，吳璘分析「金人有四長」，「曰騎兵，曰堅忍，曰重甲，曰弓矢」。關於金軍上述特點，可參見《會編》卷 3，卷 30 沈琯與李綱書，卷 195 吳玠墓銘，卷 244《金虜圖經》，《宋史》卷 366《吳玠傳》，《歷代名臣奏議》卷 90 呂頤浩奏，《雲麓漫鈔》卷 4，卷 6，《契丹國志》卷 10，《裔夷謀夏錄》卷 1，《皇朝編年綱目備要》卷 28 政和四年，《說郛》卷 25《北風揚沙錄》等記載。金軍鎧甲的重量，並無記錄傳世，但據《要錄》卷 55 紹興二年六月丁巳，《宋史》卷 197《兵志》，《宋會要》輿服 6 之 28—29，宋人仿效金軍所造的重甲，輕者近四十宋斤，重者近六十宋斤，約合五、六十市斤。

2　《會編》卷 99《北記》。

3　《歷代名臣奏議》卷 334 章誼奏。

而來，才驚破了他們的好夢。

宣和七年十一月和十二月，金軍分兩路南下。西路由左副元帥完顏粘罕（漢名宗翰）統兵六萬，[1] 自雲中府（治大同，今山西大同市）南下，進圍太原府。東路由後升任右副元帥的完顏斡離不（漢名宗望）率兵六萬，[2] 直取燕山府。由於守燕山府的原遼朝降將郭藥師倒戈，並充當嚮導，完顏斡離不軍遂自河北路長驅直入，進逼宋朝都城開封。

宋徽宗聞訊，立即傳位於長子宋欽宗趙桓，自己逃往南方。宋欽宗即位的明年，改元靖康。宋欽宗自幼循規蹈矩，面對複雜、險惡而多變的局勢，毫無措置能力。他的全部作為，就是來回搖擺於輕率的冒險主義和卑怯的投降主義之間，並且以後者為主。

完顏斡離不迴避很多州縣的攻城戰，孤軍深入，本是犯兵家之忌。宋欽宗不肯採取持重方針，在發動夜襲金營失敗後，便慌忙與完顏斡離不訂立城下之盟，答應割讓自太原府（今山西太原市）、中山府（治安喜，今河北定州市）和河間府（治河間，今河北河間市）三鎮以北的土地，並奉獻大批金銀。完顏斡離不因一時不能與完顏粘罕軍會合，遂於靖康元年（西元 1126 年）二月撤兵。

於是宋廷又恢復文恬武嬉的故態。宋徽宗以為萬事大吉，返回開封享樂。宋欽宗則抱着僥倖的心理，撕毀開封城下的和約，組織對太原的解圍戰。

第二節　河東抗金

太原守衛戰是決定北宋帝國命運的關鍵性一戰。

太原府城自宣和七年被圍以來，宋將王稟誓死固守，並且反對和制止

1　《會編》卷 99《北記》。

2　《梁溪全集》卷 56《上皇帝封事》，卷 172《靖康傳信錄》。

了知府張孝純的投降企圖。[1]金軍猛攻不克，只能採取長圍久困的戰術，修築一道城牆，包裹了太原城。

靖康元年三月到五月，宋廷命种師中和姚古分兵兩路，前往救援；六月到八月，又命劉鞈、解潛、折彥質、折可求和張灝分兵三路，再往救援。由於宋軍兵力不集中，各部又互不協同，金軍以逸待勞，予以各個擊破。

壯烈的太原守衛戰堅持了二百五十餘日，守城將士糧盡力竭，幾十萬居民大都餓死，金軍得以在九月攻陷府城，王稟力戰殉難。[2]

太原府的失守，使西路完顏粘罕軍得以南下，與東路完顏斡離不軍會師。在宋朝方面，則因號稱最精銳的陝西主力軍在兩次解圍戰中耗折殆盡，開封的陷落遂成定局。

岳飛戍守的平定軍與太原毗鄰，他身處河東抗金的前沿。六月，為了給劉鞈自真定府救援太原作準備，一個季姓的團練使、路分都監，命岳飛率一百多名騎兵，前往太原府所轄的壽陽縣、榆次縣等地，進行武裝偵察，宋時稱為「硬探」。在行軍路上，猝然與一支金軍遭遇，騎兵們有些畏怯，岳飛單騎突入，殺死幾名敵人騎士，金軍敗退了。岳飛乘着黑夜，換上了金軍的裝束，潛入敵營。他遇到擊刁斗的金兵，就說些女真話應付，走遍營寨，圓滿地完成了偵察任務。上級為此將岳飛由偏校升進義副尉，這是不入品的小武官。

完顏粘罕攻取太原後，又出兵進犯平定軍。他以為可不費吹灰之力，穩拿這座不大的軍城。不料平定軍的軍民嚴陣以待，頑強抗擊，使敵人損兵折將，一無所獲。最後，在東路完顏斡離不派兵支援下，金軍支付相當大的傷亡，才佔領了平定軍城。[3]

1　《揮麈三錄》卷2。

2　《會編》卷25，卷53，《揮麈三錄》卷2。按王稟乃近代學術大師王國維先生之祖先，參見《觀堂集林》卷23《補家譜忠壯公傳》。

3　《會編》卷56將金軍攻佔平定軍繫於靖康元年九月，說金軍喪士一萬三千人，此數係誇張失實。《金史》卷3《太宗紀》，卷72《婁室傳》，卷120《石家奴傳》則說蒲察石家奴攻佔平定軍，時為當年十月。「宗翰聞宗望軍已圍汴，遣石家奴計事。抵平定軍，遇敵兵數萬，敗之」。與宋方記載不同。

岳飛勇敢地參加了平定軍的守衛戰，殊死苦鬥。直到最後的危難時刻，他才不得不攜帶妻子劉氏、長子岳雲和出生才數個月的岳雷，[1] 奔回故鄉。[2]

第三節　中原浩劫

　　太原陷落後，宋朝的軍事形勢已非常嚴峻。老將种師道在病死前上奏，主張放棄開封，退避關中，積聚軍力，恢復失地。[3] 宋欽宗剛即位時，屢次欲步宋徽宗之後塵南逃，被力主抗金的李綱所制止。此次卻莫名其妙地聽從何㮚的建議，坐守開封，[4] 作甕中之鱉，他的主要對策只是不斷地遣使乞和。靖康元年十一月、閏十一月，金左副元帥完顏粘罕和右副元帥完顏斡離不兩軍會師，很快就攻破開封城，宋徽宗和宋欽宗二帝及皇族、官員等被擄北去，北宋皇朝隨之滅亡，這就是歷史上著名的「靖康之難」。

　　落後的生女真脫離原始社會不久，盛行奴隸制。「野蠻的征服者總是被那些他們所征服的民族的較高文明所征服，這是一條永恆的歷史規律」。[5] 女真族在滅遼破宋以後，也逃脫不了這條歷史規律，它不得不逐漸被當時地球上最高度發展的漢文明所征服。但是，這需要有一個相當長的過程。

　　在北宋、南宋之交，處在落後文明階段的女真奴隸主，使侵宋戰爭表現為強烈的野蠻性、掠奪性和殘酷性。中原各地慘遭金軍血與火的洗劫，廣大漢族人口「或長驅不返（被抓去當奴隸），或迎敵而殂。威臨而墜井、墜河者有之，勢脅而自刎、自縊者有之。士民共戮，善惡同誅。有千里而離鄉者，有一門而盡歿者。屍盈郊邑，血滿道途」，「男女無分，白骨

1　據《宋岳鄂王年譜》卷 1，岳雷生於靖康元年三月。
2　《金佗稡編》卷 4《鄂王行實編年》說岳飛因渡河時丟失官告，「間行歸相州」。丟失官告，不能成為「間行」的理由。岳飛既然戍守平定軍，應是在軍城失守後返回相州。
3　《會編》卷 60，《宋史》卷 335《种師道傳》，《宋宰輔編年錄校補》卷 13。
4　《會編》卷 65，卷 79《靖康後錄》。
5　馬克思《不列顛在印度統治的未來結果》，《馬克思恩格斯選集》第 2 卷第 70 頁，人民出版社，1972 年。

交橫」。[1]「殺人如割麻,臭聞數百里」。人口的大量死亡,招致了可怖的瘟疫;瘟疫的流行,又招致更多人口的死亡。[2]廣闊的原野「井里蕭然,無復煙爨」,[3]到處是慘不忍睹的景象。

中國古代的漢人,包括男子,遵照「身體髮膚,受之父母,不敢毀傷」的古訓,[4]長期保留了蓄髮的習俗。[5]女真統治者卻按本民族的流行髮型,強迫漢人男子「剃頭辮髮」,[6]「仰削去頭髮,短巾左衽,敢有違犯」,「當正典刑」,「禁民漢服」,「削髮不如法者死」,[7]採取了類似後來清朝初年留頭不留髮,留髮不留頭的政策。這對廣大漢人當然是極大的民族侮辱。女真統治者還強徵中原漢人當兵,時稱「剃頭簽軍」。[8]漢人簽軍在金軍中地位最為低賤,充當苦力,「衝冒矢石,枉遭殺戮」。[9]

金朝初年,女真貴族在中原地區強制推行奴隸制,這成為一個非常突出、特別尖銳的社會問題。

在完顏阿骨打起兵抗遼之初,生女真社會很明顯地存在着三個階級:一是奴隸,「即奴婢、部曲」;二是平民,即「庶人」;三是奴隸主貴族,即「有官者」。[10]金朝滅遼破宋,進據中原後,落後的奴隸制經濟規律不可能自行消滅,而是依然在廣大的高度發展的文明地區起着反動和倒退的作用。

很多漢人被金軍抓去當奴隸,用鐵索鎖住,耳朵上刺了「官」字,立價出售,在燕山府等地甚至專設買賣奴隸的市場。驅擄的漢人過多,就大批大批地坑殺,或者轉賣到西夏、蒙古、室韋和高麗。奴隸的價格極為

1　《金文最》卷 65 李致堯《汾州葬枯骨碑》。此文雖說是河東路汾州的情況,各地大抵如此。

2　《會編》卷 96《靖康遺錄》,《要錄》卷 4 建炎元年四月庚申朔。

3　《會編》卷 36《靖康遺錄》。

4　《孝經注疏》卷 1《開宗明義章》。

5　《名公書判清明集》卷 12《誘人婢妾雇賣》引宋法:「髠髮,徒一年半。」可知髠髮有法禁。

6　《會編》卷 115,《歷代名臣奏議》卷 85 宗澤奏。

7　《會編》卷 132《金虜節要》,《要錄》卷 28 建炎三年秋,《大金吊伐錄》下《樞密院告諭兩路指揮》。

8　「剃頭簽軍」一詞,見《金佗稡編》卷 4《鄂王行實編年》。

9　《宋會要》兵 15 之 3。

10　《金史》卷 2《太祖紀》。

低廉，十個被俘的奴隸，到西夏只能交換得一匹馬。[1] 女真貴族還大放高利貸，「下令欠債者以人口折還」，使很多人淪為債務奴隸，[2] 有時則乾脆「豪壓貧民為奴」。[3] 按照女真社會的法律，罪犯的家屬可以充當奴隸。在金朝的戶籍中，「凡沒入官良人，隸宮籍監，為監戶；沒入官奴婢，隸太府監，為官戶」。此外，還有屬於私人的「奴婢戶」。這些都算是金朝的正式戶名。[4] 在奴隸制下，奴隸的來源不外有戰俘奴隸、罪犯奴隸、債務奴隸等，金朝初期幾乎是應有盡有。貪婪的女真貴族通過軍事、政治、經濟等手段，部份地破壞了中原農業社會固有的土地租佃關係，而擴大其奴隸制經濟。

金朝前期，很多女真貴族都是擁有幾百名以至成千上萬名奴隸。[5] 金廷也往往以成百名、上千名奴隸，賞賜給女真貴族。[6] 由於奴隸數量很大，在社會成員中佔有相當的比例，金朝進行戶口的「通檢推排」時，規定必須「驗土地、牛具、奴婢之數」，[7] 奴婢和土地、牛具一樣，成為各戶財產登記的重要項目。奴隸主們將奴婢和金、銀、羊、馬同等看待，用作博戲時的賭注。[8] 貴人們死後，還有「生焚所寵奴婢」殉葬的殘酷陋習。[9] 金軍中擁有大量奴隸，缺乏軍糧時，奴婢居然也和騾、馬一樣，被殺戮作食，[10] 真是慘無人道到極點。

女真貴族的種種倒行逆施，導致中原文明的大破壞和大倒退，引起了以漢族為主的各族人民激烈的、頑強的、持久的反抗鬥爭。宋金戰爭本質上是一次民族戰爭，是女真奴隸主和以漢族為主的各族人民之間的武裝鬥爭，是奴役和反奴役之爭，是野蠻和文明之爭，是分裂和統一之爭。

1　《會編》卷 98《燕雲錄》，《要錄》卷 40 建炎四年十二月辛未，《靖康稗史箋證‧呻吟語》。

2　《要錄》卷 132 紹興九年秋。

3　《金史》卷 84《孛盞溫敦思忠傳》。

4　《會編》卷 3，《金史》卷 45《刑志》，卷 46《食貨志》。

5　《金史》卷 46《食貨志》載，金世宗在金海陵王末年，尚有「奴婢萬數」。《金史》卷 80《突合速傳》說，完顏突合速有二千名奴隸。

6　參見《金史》卷 72《斡英傳》，卷 77《宗弼傳》，卷 80《濟安傳》，卷 82《烏延吾里補傳》。

7　《金史》卷 46《食貨志》。

8　9《說郛》号 101 洪邁《譜雙》。

9　《會編》卷 3。

10　《會編》卷 215《征蒙記》。

第四節 背刺「盡忠報國」

在歸鄉途中，岳飛和妻兒受盡流離顛沛的苦楚，極目所見，是山河破碎、人民塗炭的景象。他們歷盡千辛萬苦，終於掙扎到相州，而故鄉的情況也並不比外地稍好。當年正月，金軍曾攻破相州，[1] 而金將完顏兀術（漢名宗弼）還佔領過湯陰縣。[2] 完顏兀術是金太祖的第四子，女真人慣稱「四太子」，當時他尚是「二太子」完顏斡離不的部將。[3]

女真鐵騎所過之處，老弱慘遭殺害，婦女被驅掠，男子多被擄去，剃掉部份頭髮，結紮辮子，充當管馬、負擔等苦力。田野裏縱橫交錯的屍骸還來不及完全掩埋，良田沃地已經荒蕪，頹垣敗屋也少有炊煙。金軍的燒殺搶掠，即使對倖存者而言，也造成了極度的生活困難，鄉親們凍餓交迫，痛不欲生。[4]

岳飛見到懷念已久、存亡未卜的老母姚氏，總算得到了一點寬慰。但是，山河的破碎，人民的苦難，使這個青年悲憤填膺，臥不安席，食不甘味。在如此艱厄的世道，即使要貪生苟活，也極其不易，更何況岳飛又絕非是一個貪生苟活者。在河東的抗金戰爭中，岳飛已成為捨身於刀叢箭雨中的勇士。事到如今，他更強烈地感到，死難的鄉親必須用仇敵的血祭奠，大地的腥穢必須用自己的劍剷除。他聞鼓鼙而思奮，決心重返前線，為光復河山而效命。

剩下的唯一顧慮，是年過六十的老母，岳飛離家後，一直在艱難困頓歲月中撫育自己的老母姚氏，自然缺少照應和保護，這又使他很難忍心為此。姚氏是個普通的農家婦女，深明大義，她決不願意拖累兒子，而是積

---

1 《宋史》卷 23《欽宗紀》。

2 《金史》卷 3《太宗紀》，卷 77《宗弼傳》載：「宗望伐宋，宗弼從軍，取湯陰縣，降其卒三千人。」湯陰縣地處相州通往開封的大道上，自然是金軍必爭之地。

3 完顏兀術（宗弼）是金太祖的第幾子，其說各異，今從《金史》卷 77《宗弼傳》。據《會編》卷 18《金虜節要》，《松漠記聞》卷上，女真人慣稱完顏斡離不為「二太子」，完顏訛里朵為「三太子」，完顏兀術（宗弼）為「四太子」。

4 《會編》卷 36《靖康遺錄》，卷 106《趙子崧家傳》所載金軍所過之處的殘破情況，相州和湯陰縣也不可能例外。

極勉勵岳飛「從戎報國」。最後，岳飛決定留下妻子劉氏，照顧母親。[1]

岳飛臨行之際，姚氏請人在岳飛背上深深地刺上四個大字——「盡忠報國」。[2] 這四個字不僅刻在背上，也銘於腦中。在往後的崢嶸歲月裏，岳飛始終以百折不撓的努力，履踐着自己和母親共同的莊嚴誓言。千百年來，「盡忠報國」成了中華民族愛國主義的一面大旗。

岳飛忍痛和母、妻、子等訣別，奔赴民族戰場。

第五節　從軍元帥府

在相州城裏，武翼大夫劉浩負責招募義士，收編潰兵。[3] 靖康元年冬天，岳飛前往投奔劉浩。他過去兩次當兵，其實都是被迫的謀生者；現在第三次從軍，卻完全是一個自覺的愛國者。

劉浩詢問了岳飛的經歷，明瞭他從軍殺敵、保家衛國的抱負，自然相當器重他。劉浩命令岳飛負責收編一支盜匪，其首領名吉倩。岳飛乘天色傍晚，率四名騎兵趕到吉倩營寨，規勸他們參加抗金鬥爭。吉倩等人表示願意歸順，但又顧慮將被官府殺害，岳飛再三作了保證。不料有一個壯漢猝然間向岳飛猛撲過來，岳飛機敏地予以還擊，以手重劈其臉頰，將此壯漢打翻在地，並拔出佩劍，指向對手。吉倩等急忙羅拜求免。最後，岳飛

1　《金佗稡編》卷9《遺事》，《會編》卷207，《要錄》卷8建炎元年八月乙亥注，卷120 紹興八年六月丁卯。

2　《金佗稡編》無岳飛背上刺字的記載。《宋史》卷380《何鑄傳》說，後何鑄審問岳飛時，看到「背有舊涅『盡忠報國』四大字，深入膚理」。《唐門岳氏宗譜》卷2載明萬曆張應登「節錄」《忠武王傳》和《宋岳鄂王年譜》卷1引《唐門宗譜》，說「盡忠報國」四字是在靖康初姚氏所刺。按《唐門宗譜》晚出，「訛謬甚多」，姚氏是普通農婦，沒有文化，當不會自己刺字。即使從演義小說和戲曲看，如《全元戲曲》卷11《岳飛破虜東窗記》，明成化時姚茂良《精忠記》傳奇，嘉靖時《大宋中興演義》，明末馮夢龍《精忠旗》傳奇，都無岳母刺字的故事流傳。清抄本《如是觀傳奇》，錢彩《說岳全傳》方編寫了岳母刺字的故事。「盡忠報國」，後世演義小說、戲曲等常誤作「精忠報國」，在本書自序中已作說明。可參拙作《關於岳飛背刺「盡忠報國」和岳母刺字的傳說》，載《絲毫編》，河北大學出版社，2009年。

3　劉浩的武階官銜據《會編》卷64，負責招募事宜據《要錄》卷1。

引領這支三百八十人的隊伍返回，他因此升為從九品的承信郎。

宋欽宗的九弟康王趙構，原是受命前往金朝右副元帥完顏斡離不軍中求和。他明知金軍渡河南下，卻反方向北上，在十一月二十日抵達磁州（治滏陽，今河北磁縣），又與知州宗澤發生齟齬。相州知州汪伯彥隨後派劉浩率二千名兵士，將他迎接到相州。[1]

康王在相州度過了閏十一月，由於接到宋欽宗的蠟書，便於十二月初一日開設元帥府，自任河北兵馬大元帥，按宋欽宗的命令，中山知府陳遘任元帥，汪伯彥和宗澤任副元帥。宋時一般不設元帥，而陳遘等三人又全是文官，這是貫徹文臣統兵、以文制武的原則。康王命武顯大夫陳淬任元帥府都統制，其下編組為前、後、中、左、右五軍，其中前軍統制就是劉浩。[2]

按宋欽宗蠟書的命令，元帥府的任務是火急救援開封，而畏敵如虎的康王卻絕不敢嘗試此事。他為確定今後的行止，便派兵四出，偵察敵情。

岳飛屬劉浩的前軍編制，他奉命帶領三百名騎兵，前往北京大名府（治元城、大名，今河北大名縣東）魏縣（今河北魏縣東北）李固渡[3]偵察。在一個名叫侍御林的地點，岳飛率領所部打敗一隊金軍，殺死敵方一名梟將。他勝利歸來後，因功遷三官，升正九品成忠郎。但因岳飛的曾祖父名岳成，按中國古代的慣例，必須避名諱，改為「寄理保義郎」。正九品的保義郎比成忠郎低一官，但加上「寄理」一銜，便與成忠郎同階。

此次小勝雖然使岳飛快國仇於萬一，卻無補於抗金大局。康王身膺重寄，卻深怕元帥府的名義樹大招風，引惹敵軍的兵鋒。汪伯彥也竭力慫恿康王逃跑。兩人經過密謀，決定先派劉浩領兵南下濬州（治黎陽，今河南浚縣西北）和滑州（治白馬，今河南滑縣），揚言要解開封之圍，迷惑金軍，以掩護康王逃遁。康王和汪伯彥直至十二月十四日出行時，仍然對軍士隱瞞真情，詭稱南下湯陰縣。但是，實際的行軍路線卻是出相州城的北

1　《會編》卷 64。

2　《會編》卷 70，卷 71，《要錄》卷 1。

3　宋時李固渡有兩處，一在大名府，一在滑州。大名府的李固渡因金軍在此渡黃河，築有「賊寨」，分別見《會編》卷 63，卷 72，《宋會要》食貨 15 之 9。

門，往臨漳縣（今河北臨漳縣）方向進發，軍士們都莫名其妙。康王和汪伯彥等避開李固渡的金營，詭秘地進入北京大名府。自開府至逃跑，為時僅半個月。[1]

在劉浩前軍二千五百人南下之前，岳飛又奉命率一百名騎士到滑州偵察，劉浩還特地借他一匹自己的駿馬。岳飛率部一直深入滑州南部近開封府的地界，當宋軍回歸時，在黃河凍冰之上同金兵發生遭遇戰。一員金將飛馬舞刀而來，岳飛迎擊，雙刃相向，岳飛的刀劈入敵刃一寸多，又抽出刀來，劈下其頭顱。戰士們鼓勇衝鋒，將人數眾多的敵軍殺退了。

待到劉浩率軍到達濬州，正值閏年冬暖，大河解凍。部將丁順率五百人乘船抵達南岸，便被敵騎衝散了。劉浩感到形勢嚴峻，自己兵力單薄，無法單獨南進，只好帶領人馬北上，追趕退遁的大元帥。[2]

岳飛因滑州的戰功，又升遷三官，為從八品的秉義郎。兩次勝利，使他在元帥府享有「敢死」的勇名。[3]他懷着南下解救開封的滿腔熱忱，但作為低級軍官，又全然不知元帥府的內幕，更不瞭解這位大元帥的卑怯心機。眼見救援開封的計劃已成畫餅，岳飛雖然惶惑不解，仍不得不跟隨劉浩前往大名府，心中卻眷戀着故土，懷念着親人。

岳飛未曾料想到，此次隨軍遠行，與桑梓故里竟成永別。康王逃走僅十一天，金軍便包圍相州，鶴壁田家、南平李家、平羅蘭家等大族所築塢堡都相繼投降。[4]只有前相州通判、宗室趙不試，代替逃之夭夭的汪伯彥，苦守州城，不肯屈服。岳飛的家鄉湯陰縣也淪陷了，金軍還在當地構築營寨。[5]岳飛的妻子劉氏不能守節，忍受艱苦，先後兩次改嫁，[6]撇下岳母姚氏和岳雲、岳雷兩個幼子，使一家老小越發陷於顛連無告的困境。

1　《會編》卷 72。

2　《會編》卷 72。

3　《金佗續編》卷 14《忠愍諡議》，《武穆諡議》。

4　《會編》卷 73。

5　《要錄》卷 18 建炎二年十一月癸未注。

6　《會編》卷 207，《要錄》卷 8 建炎元年八月乙亥注，卷 120 紹興八年六月丁卯。

第六節　初隸宗澤　轉戰曹州

康王到達北京大名府後，河北路的幾支軍隊都向此地集中，副元帥宗澤首先從磁州趕來。圍繞着是否和如何營救東京開封府的問題，宗澤和另一副元帥汪伯彥的主張截然相反，發生激烈爭執。最後，康王和汪伯彥私下商定，分兵兩路，宗澤南征，康王和汪伯彥東逃。

康王一行逃往東平府（治須城，今山東東平縣），住了一些時日，仍惶恐不安，又南下濟州（治鉅野，今山東巨野縣）。康王居然還命令宗澤對外揚言，佯稱康王在南征軍中，企圖以宗澤軍作為餌兵，吸引敵人的兵鋒，以掩護自己，苟全性命。[1]

年近古稀的宗澤，毅然承擔了救援東京開封城的重任，而康王僅分給他一萬兵力，[2] 分成前、後、中、左、右五軍。陳淬任都統制，兼領中軍，劉浩部二千人編為前軍。岳飛自然也列入前軍的編制，這是他初次成為宗澤的部將。[3] 岳飛精神振奮，根據宗澤的指揮和部署，南下出擊。

宗澤在靖康元年十二月下旬進軍開德府（治濮陽，今河南濮陽市），接連同金軍打了十三仗，每戰皆捷。[4] 岳飛奮戰疆場，殺敵立功。他在靖康二年（西元 1127 年）正月的一次戰鬥中，連發兩箭，射死金軍兩個執旗者，又率領騎兵突擊敵人，擄獲一批軍械。岳飛因此連升兩官，為正八品的修武郎。

二月，劉浩的前軍奉命轉戰曹州（治濟陰，今山東菏澤市南）。岳飛披散頭髮，揮舞四刃鐵鐗，身先士卒，直貫敵陣。宋軍以白刃近戰打敗金軍，追奔數十里。戰後，岳飛又升兩官，為從七品的武翼郎。

1　《要錄》卷 1，《會編》卷 73，《宗忠簡公集》卷 7《遺事》。
2　《宗忠簡公集》卷 7《遺事》說有二萬兵力，今據《會編》卷 73 和《要錄》卷 1 的考證。
3　《會編》卷 73，《宗忠簡公集》卷 7《遺事》載劉浩部改編為宗澤前軍，證實《金佗稡編》卷 4《鄂王行實編年》關於岳飛初隸宗澤之說是可信的。
4　《宗忠簡公集》卷 7《遺事》，《宋史》卷 360《宗澤傳》。

劉浩的二千兵馬進駐廣濟軍定陶縣（今山東定陶縣）的柏林鎮[1]後，元帥府又命令他改隸黃潛善，而取消宗澤對此軍的指揮權。當時，元帥府已集結了八萬兵力。其中歸宗澤指揮的只有二萬六千人，而歸黃潛善指揮的卻有三萬六千人。[2]

文臣黃潛善原是河間知府、兼高陽關路安撫使，他率兵入援東平府，立即得到康王的寵信，先後被任命為節制軍馬和副元帥。[3]黃潛善畏敵怯戰，只知保存實力，按兵不動，使宗澤陷於孤軍苦戰的境地。宗澤雖然取得一些戰役上的勝利，自己的隊伍也蒙受相當損失，更不能致敵人於死命。

當年四月，金軍驅擄宋徽宗、宋欽宗等北撤。臨行前，將開封城內和皇宮裏的金銀財寶、圖書文籍等洗劫一空。金左副元帥完顏粘罕、右副元帥完顏斡離不等另立原北宋大臣張邦昌為傀儡皇帝，國號楚。

偽楚政權不得人心，無法維持下去。張邦昌不得不派人將御璽送到濟州，奉迎康王為帝。四月二十一日，康王離開濟州，前往南京應天府（治宋城，今河南商丘市）。出發之前，將元帥府所屬五軍重新編組，其中張俊任中軍統制，劉浩任中軍副統制。[4]岳飛作為中軍的一名偏裨武將，隨同大隊人馬，護送這位行將登基的新君，前往南京。

第七節　康王稱帝　岳飛憂慮朝政

五月初一日，康王在南京應天府即位，將靖康二年改元建炎元年，成為南宋的開國之君，後廟號稱高宗。

宋高宗當年才二十一歲，他長期在深宮養尊處優，所擅長的只有享受和淫樂，統治經驗還不豐富。他稱帝伊始，迫於嚴酷的形勢，不得不起用

1　《元豐九域志》卷1載，柏林鎮在曹州定陶縣。又據《宋史》卷85《地理志》，定陶縣後仍屬廣濟軍。
2　《會編》卷79，《要錄》卷2建炎元年二月癸未，《宗忠簡公集》卷7《遺事》。
3　《要錄》卷2建炎元年二月癸未，卷3建炎元年三月戊午。
4　《會編》卷94。

有重望的文臣李綱，擔任宰相；而他真正言聽計從的，卻是黃潛善和汪伯彥，外加一些宦官，又堅決將元帥府的重要成員宗澤排除在中樞之外。

李綱於六月間自南方趕到應天府。他總結北宋亡國的慘重教訓，審度宋金的實力對比，提出一系列正確的政策和措施。李綱採納張愨等人的建議，號召民衆組織忠義巡社，抵抗金軍。[1] 李綱推薦宗澤任東京留守、兼開封尹，負責守衛京城；推薦張所任河北西路招撫使，傅亮任河東路經制副使，負責收復兩路淪陷的州縣。張所任監察御史時，力主抗戰，用蠟書號召河北路人民參軍殺敵，在當地有相當高的威望。宋高宗即位後，張所上奏，反對黃潛善和汪伯彥主張放棄河北與河東，與金朝劃河為界，並且彈劾黃潛善「奸邪」，受到很重的貶黜。經李綱力爭，方得復用。[2]

李綱積極貫徹抗戰路線，卻遭到執政黃潛善和汪伯彥多方的掣肘和刁難。按照宋制，如中書侍郎、樞密院長官等執政的地位僅次於宰相，卻與宰相合稱宰輔或宰執大臣。黃潛善和汪伯彥堅持遷都東南，以圖苟安一隅，這正中宋高宗的下懷。

岳飛處於黃潛善羈束之下，接連幾個月無仗可打，悶悶不樂。他當然沒有資格瞭解宋廷的許多謀議和爭論。但是，從相州逃至北京，又從北京退到南京，皇帝的車駕愈走愈往南的事實，元帥府按兵不動，聽任宗澤孤軍作戰的事實，使他不能不逐漸明白，朝廷顯然並無認真抗金，收復失地的遠圖，只是一味消極地怯戰和退避。最後，宋高宗準備往揚州（治江都，今江蘇揚州市）等地「巡幸」的消息，也終於傳到官卑職小的岳飛耳中，使他憂心忡忡，焦急萬分，感到無法沉默了。事關大局，儘管自己人微言輕，卻必須克盡己責。岳飛滿腔愛國熱忱便不可抑勒地迸發出來。

1　「巡社」原為民間抗金組織，建炎元年，宋廷將忠義巡社組織頒行全國，見《松隱文集》卷 26《進前十事劄子》，《宋會要》兵 2 之 50—58，《要錄》卷 8 建炎元年八月丁卯，《宋史》卷 363《張愨傳》。本書有關北方民衆抗金的敘事，都參據黃寬重先生《南宋時代抗金的義軍》，臺北聯經出版事業公司，1988 年，此後不另作說明。

2　《梁溪全集》卷 175《建炎進退志總敘》，《要錄》卷 5 建炎元年五月丙辰，卷 6 建炎元年六月乙丑，丁亥，卷 7 建炎元年七月丙辰，《宋史》卷 363《張所傳》。

第三章

屢折不撓

第一節　越職上書

　　建炎元年六月、七月間，岳飛向宋高宗懇切上書言事。他責備黃潛善、汪伯彥等人無意恢復故疆，迎還徽、欽二帝，卻欲退避到長安（即京兆府，治長安、萬年，今陝西西安市）、襄陽（即襄陽府，治襄陽，今湖北襄陽市）、揚州等地，「有苟安之漸，無遠大之略」。中原的百姓將會感到失望。即使將帥們拼死作戰，也無成功的可能。岳飛請求皇帝改變主意，取消去三州「巡幸」的詔令，車駕還東京，主持大計。乘着金軍怠懈的機會，親率大軍，渡河北伐，則「中原之地指期可復」。[1]

　　這是岳飛第一次正式批評朝廷的投降政策。北伐還是南逃，進駐開封還是退居揚州，是當時抗戰派和投降派鬥爭的焦點之一。李綱和宗澤都是在這個問題上據理力爭，寸步不讓的。經過一年多的錘煉，岳飛作為一個二十五歲的青年，其批評居然切中了投降派的要害，這正表明了他已具備超人的見識。

　　在宋朝官場崇文抑武的風習下，武將被視為粗人，對其文化也並無什麼要求，有的大將甚至目不識丁。[2]岳飛本人自幼並無機會受良好的教育，至此居然能單獨上書言事，足見他已有相當的文化水平。他身為「區區

1　岳飛上書有幾千字，今已佚失，僅剩概略。據《金佗稡編》卷 10《南京上皇帝書略》，岳飛上書，將李綱和黃潛善、汪伯彥一併指責，相提並論，這是他作為一個偏裨，不了解朝廷爭議內幕之故。李綱六月到南京後，建議以長安為西都，襄陽為南都，建康為東都，但僅作為萬不得已的退卻之所，他主張皇帝仍應回開封去，參見《要錄》卷 6 建炎元年六月庚申。岳飛上書應在李綱建議之後，即當年六月、七月間。

2　如劉光世和韓世忠文化很低，見《鶴林玉露》乙編卷 6《烏石題名》，《梁溪漫志》卷 8《韓蘄王詞》。

武弁」，[1] 其見識卻已不同凡響，這自然與本人的文化水平有關。宋時因印刷術之普及，文化教育勢必有很大發展。南宋初年，文人上書言事，極為普遍。例如席益任中書舍人一年有餘，曾「閱二千餘書」，[2] 足見其多。但是，岳飛作為一個低等偏將上書，則無疑是鳳毛麟角，甚至是絕無僅有的。

趙宋的家規是以文制武，有意貶低和壓抑武人。按照官制，一般由文臣樞密使統管軍政，與「三衙」（殿前都指揮使司、侍衛親軍馬軍都指揮使司和侍衛親軍步軍都指揮使司）形成文尊武卑的關係。三衙長官雖為武將之首，參見宰相和執政時，必須「執梃」「謁拜」，這是宋時偏裨參見將帥的「軍禮」，辭別時，必須恭敬作揖。連武將參與軍政大計，也被視為越軌行為。[3] 岳飛不過是個從七品下級小武官，在這個鄙視武夫的時代裏，他居然上書規諫皇帝，指斥宰執，評議時政，這無疑需要非凡的膽識和勇氣。

黃潛善和汪伯彥看到岳飛的上書，憑着兩顆顢頇的頭腦，自然是嗤之以鼻。他們輕易地作出了「小臣越職，非所宜言」的批示。[4] 岳飛不僅被革掉官職，還被削除軍籍，趕出兵營，「孤子一身，狼狽羈旅」，[5] 一時連生計也無着落。

岳飛遭到如此嚴厲的打擊和迫害，但他胸中的烈火卻並未被澆滅。他懷着「盡忠報國」的激情，直奔河北抗金前線。[6]

1　《金佗稡編》卷 13《辭建節第三劄子》。

2　據《要錄》卷 33 建炎四年五月壬子，卷 47 紹興元年九月甲寅，席益任中書舍人一年有餘。他所閱上書見《金佗續編》卷 27 黃元振編岳飛事蹟。

3　《浮溪集》卷 1《行在越州條具時政》，《會編》卷 145，《要錄》卷 42 紹興元年二月癸巳，《齊東野語》卷 2《張魏公三戰本末略・淮西之變》。

4　《金佗稡編》卷 4《鄂王行實編年》。

5　《金佗稡編》卷 11《乞以明堂恩奏張所男宗本奏》。

6　岳飛建炎初南京上書，實為他個人成長史的重要篇頁。在《金佗稡編》問世前，人們不知此事。李心傳看過岳飛後來的奏，卻「不知所論何事」，又在《要錄》卷 8 建炎元年八月乙亥誤作在康王稱帝前，岳飛「至北京，論事，罪廢」。

第二節　張所知遇

　　對岳飛說來，北京大名府已非陌生的地方。此地設兩個重要機構：一是杜充的北京留守司，負責守城；二是張所的河北西路招撫司，負責收復河北的失地。當時，金軍只佔領河北和河東路的部份州縣。河北失守的僅有西路的懷州（治河內，今河南沁陽市）、衛州（治汲縣，今河南衛輝市）、濬州和真定府，其他的府、州、軍都固守待援。[1]金軍連從燕山府南下的通道也未能保持。張所就任河北西路招撫使後，積極招募民兵，籌劃糧餉，準備先克復懷州等四州、府，再解除敵人對中山府的包圍。[2]

　　岳飛在八月間投奔張所的招撫司，並且堅持要求參見張所本人。他前後三次懇求，才達到目的。張所命他暫充效用兵，留在「帳前使喚」。[3]招撫司有一位任幹辦公事的幕僚，名叫趙九齡。他最初由李綱舉薦，曾任「御營機宜」。趙九齡同岳飛有所接觸後，很快便賞識了岳飛，認為這個青年是「天下奇才」。[4]

　　張所初步瞭解岳飛的經歷和志向後，便有意考問他，說：「聞汝從宗留守，勇冠軍，汝自料能敵人幾何？」岳飛回答說：「勇不足恃也，用兵在先定謀。謀者，勝負之機也，故為將之道，不患其無勇，而患其無謀。」接着，他就將古代兵法中「上兵伐謀，次兵伐交」的道理說了一遍。張所大為驚奇，說：「公殆非行伍中人也！」當即命岳飛坐下，兩人促膝談心。

　　岳飛暢談自己的理想和抱負。他分析河北的重要性，說本朝以開封為京都，平川曠野，長河千里。如果不能收復河北，不僅河南無法守衛，連江淮也得失未卜。當年童貫買得燕、雲地區，而沒有防守金坡等關，得虛

1　《要錄》卷6建炎元年六月甲子注有宋朝已淪陷的府、州、軍統計，但統計不全，例如平定軍就未列入。
2　《要錄》卷7建炎元年七月丙辰。
3　《會編》卷207《岳侯傳》，卷208《林泉野記》說岳飛投奔張所在「靖康末」，係誤。今從《金佗稡編》卷4《鄂王行實編年》和《要錄》卷8建炎元年八月乙亥。
4　《金佗續編》卷27黃元振編岳飛事蹟。《陳亮集》（增訂本）卷22《中興遺傳序》說趙九齡在李綱屬下便賞識岳飛，「言之丞相，給帖補軍校」，係誤。

名，受實禍，這是慘重的教訓。岳飛轉念國恥家恨，不由慷慨流涕。他再三申明自己以身許國的宏誓大願，表示決心隨同張所征戰，收復失地，萬死不辭。

張所作為一個飽讀經史的儒生，自經歷此番談話，便對岳飛刮目相看，十分器重，認定他將才難得，[1]決定予以破格提拔。張所將岳飛從白身的效用「借補」[2]修武郎、閤門宣贊舍人，[3]充任中軍統領。接着，又很快超升三官，借補從七品武經郎、閤門宣贊舍人，升任統制。與岳飛被革職前相比，武經郎比武翼郎高兩階，其實是按「雙轉」制度升一官，又另外加閤門宣贊舍人一官。[4]

河北西路招撫司的工作遇到很大困難，主要是黃潛善和汪伯彥在宋廷從中作祟，連存放在北京大名府的兵器和甲冑也不准動用。九月中旬，張所勉強拼湊了七千裝備不良的軍隊，命王彥任都統制，前去收復衛州等地。衛、懷、濬三州位於河北西路最南端，是金軍揳入中原的橋頭堡，對東京開封府和西京河南府（治河南、洛陽，今河南洛陽市）都構成很大威脅，勢在必爭。這是李綱和張所商定的戰略部署。[5]

岳飛和張翼、白安民等十一將都隸屬王彥，一起進發。[6]當張所送他們慷慨出征時，岳飛萬沒料想到，這竟是他與張所的最後一別。李綱只當了七十五天宰相，即被宋高宗罷免，他的抗金措置也隨之全部廢棄。王彥軍隊離開北京大名府後，貶謫張所的命令便很快下達。宋高宗君臣將張所貶逐嶺南，這是宋時對官員極重的處分。張所一片丹心，忠於職守，投降派

---

1 《金佗稡編》卷 11《乞以明堂恩奏張所男宗本奏》：「與臣言兩河、燕雲利害，適偶契合。」

2 據《浮溪集》卷 1《行在越州條具時政》：「異時借補，猶須申稟朝廷，謂之真命。」

3 《金佗稡編》卷 11《乞以明堂恩奏張所男宗本奏》，而《金佗稡編》卷 4《鄂王行實編年》作「閤門祗候」，稍異。當時武臣閤職有閤門宣贊舍人、閤門祗候等，作為榮譽加銜。

4 《金佗稡編》卷 11《乞以明堂恩奏張所男宗本奏》，而《要錄》卷 8 建炎元年八月乙亥，卷 114 紹興七年九月辛酉，《宋史》卷 363《張所傳》等載岳飛任「準備將」，係誤。據《朝野類要》卷 3《雙轉》：「有軍功人自武翼郎以上，每轉一官，即雙轉兩官。」

5 《梁溪全集》卷 61《乞於河北西路置招撫司河東路置經制司劄子》，卷 175《建炎進退志總敘》。

6 《會編》卷 113，卷 198 王彥行狀，《要錄》卷 9 建炎元年九月戊申，《宋史》卷 368《王彥傳》。

其實根本搜剔不到什麼罪名，居然下此毒手，作為對彈劾黃潛善的報復，也足見時政之昏暗。張所後居留荊湖南路首府潭州（治長沙，今湖南長沙市），被土匪劉忠殺害。[1] 一位「有材氣謀略」之士，[2] 竟未得以施展半點抱負，齎恨以歿。

在岳飛一生中，感情最深厚的上級無疑是張所。兩人相處僅有一個多月，而艱厄時刻的知遇，抗金志向的契合，卻使岳飛終生銘感難忘。後岳飛身居高位，他花費很大氣力，終於找到張所的兒子張宗本，「教以儒業，飲食起居，使處諸子右」。他上奏朝廷，「追復」張所，並將張宗本蔭補為官。[3]

第三節　苦戰太行

張所的革職，河北西路招撫司的撤銷，使王彥一軍很快成了斷線風箏，得不到上級指示，也沒有後援。他們所能依靠的只有當地民眾。王彥屢破金兵，向各處傳送榜帖，號召人民起來響應和支援。金朝立即調集兵力，準備認真對付這支宋軍。

王彥駐軍衛州新鄉縣（今河南新鄉市）的石門山下，由於敵軍的集結，他感到必須採取持重的方針。年少氣盛的岳飛卻不理解王彥，責備他膽怯，說：「二帝蒙塵，賊據河朔，臣子當開道以迎乘輿。今不速戰，而更觀望，豈真欲附賊耶！」

王彥沉默不語，只是給岳飛勸酒。王彥的一位劉姓的幕屬對岳飛凌犯上司頗感不平，便屢次在手掌中寫一個「斬」字，以示王彥，王彥也不作

1　《要錄》卷9建炎元年九月壬寅，《宋史》卷363《張所傳》都不載張所貶謫的原因，其實無非是反映了官史為宋高宗的失政避諱。又兩書說張所死於嶺南貶所，今據《金佗續編》卷9《照會追復張所左通直郎直龍圖閣省劄》更正。
2　《梁溪全集》卷175《建炎進退志總敘》。
3　《金佗稡編》卷9《遺事》，卷11《乞以明堂恩奏張所男宗本奏》，《金佗續編》卷9《照會追復張所左通直郎直龍圖閣省劄》，《賜張所一資恩澤仍支銀絹省劄》，《要錄》卷114紹興七年九月辛酉，卷133紹興九年十一月己丑。

表態。岳飛一怒之下，便率領部兵擅自出戰。他奪取了敵軍的大纛，在空中揮舞，以激勵士氣。於是其他各軍也爭先恐後地出擊，攻拔新鄉縣，生擒金軍千夫長阿里孛。接着，宋軍又打敗了金軍萬夫長王索的軍隊。[1]

金人兩戰兩敗，以為宋朝大軍開到，就集結了數萬大軍，進行反攻。王彥的幾千孤軍遭到四面包圍，敵人猛攻營壘，矢下如雨。最後，宋軍在突圍的戰爭中潰散了。

王彥衝出重圍，轉戰數十里，收得殘部七百多人，退守衛州共城縣（今河南輝縣市）的西山。為了表示寧死不屈的鬥志，王彥和他的部屬們都在臉部刺上「赤心報國，誓殺金賊」八個字。[2] 兩河忠義民兵傅選、孟德、焦文通、劉澤等部紛紛響應。最後，王彥一軍發展到十多萬人的隊伍，與金軍戰鬥近百次，收復綿亙數百里的地區。敵人屢次進行圍剿，有一次甚至圍攻王彥的山寨，都以失敗告終。「八字軍」的威名很快傳遍天下。[3]

岳飛突圍後，又在侯兆川[4]遭逢金兵。他鼓勵士卒死戰，終於擊退敵人，而他本人也在戰鬥中受傷十餘處。岳飛的小部隊苦戰在太行山區。天寒糧盡，只能將自己騎乘的戰馬也宰殺作食，處於十分艱難的境地。

當聽到八字軍興旺發展的消息，岳飛深感後悔。這個青年軍人雖然性格倔強，還是能勇敢地正視自己的過錯。他單身前往王彥的山寨，叩門謝罪。王彥對往日的嫌隙耿耿於懷，他不肯收留岳飛，也不願借他糧食。有的部屬甚至建議將岳飛處死。王彥對岳飛說：「汝罪當誅，然汝去吾已久，乃能束身自歸，膽氣足尚也。方國步艱危，人材難得，豈復讎報怨時邪！

---

1 據《會編》卷111《金虜節要》和《金史》卷44《兵志》，金軍萬夫長一般由女真人擔任，專統渤海人和遼東漢人的萬夫長只是個別的。又據《會編》卷3和《金史》卷135《國語解》，女真人的「完顏」漢姓為「王」，此處的王索大約是女真人姓完顏者，而用漢姓漢名。

2 《會編》卷113，卷198王彥行狀和《宋史》卷368《王彥傳》作「赤心報國，誓殺金賊」，後四字在《要錄》卷9建炎元年九月乙卯條中，被清人修《四庫全書》時刪去。《會編》卷198《林泉野記》，《周益國文忠公集·平園續稿》卷6《高宗御批陳（思恭）奏劄跋》作「誓殺金賊，不負趙王」，前四字在《建炎以來朝野雜記》甲集卷18《八字軍》中，或被清人篡改為「誓竭心力」，見《武英殿聚珍版書》。《浪語集》卷33《先大夫行狀》作「盡忠報國，誓殺金賊」。

3 《會編》卷198王彥行狀，《要錄》卷9建炎元年九月乙卯，《宋史》卷368《王彥傳》。

4 據《嘉靖輝縣誌》卷2《雜署》，《光緒輝縣誌》卷4《關隘》，《古跡》，《讀史方輿紀要》卷49，侯兆川位於共城縣西北。

吾今捨汝。」他用一卮酒將岳飛送走了。[1]

岳飛碰壁以後，並不灰心喪氣，他回去率領部兵繼續苦鬥。在一次戰鬥中，岳飛所部俘虜金將拓跋耶烏，奪到幾十匹戰馬。時隔數日，宋軍又發現金軍一支大部隊，在蜿蜒的山路中行進。岳飛命令幾十名兵士據守險要，虛張聲勢。自己舞動一宋丈八宋尺的鐵槍，飛馬馳下山崗，以迅雷急電般的動作，刺死金酋黑風大王。上萬名金軍猝不及防，以為中了埋伏，倉惶敗退。[2]

第四節　北方民眾抗金鬥爭風起雲湧

當時，在金朝統治區內抗擊金軍者，並不止王彥和岳飛兩支隊伍。女真統治者的瘋狂掠奪和殘酷統治，激起各族人民如火如荼的反抗鬥爭。

燕山府劉立芸聚眾起義，攻破城邑。他告諭民眾說：「吾欲致南北太平。」起義者紀律嚴明，「蕃、漢之民歸者甚眾」。[3] 薊州玉田縣（今河北玉田縣）爆發楊浩與智和禪師領導的起義，隊伍發展到一萬餘人。易州（治易縣，今河北易縣）的劉里忙年僅十八，他領導的起義軍也有一萬多人。他們把截山險，邀擊金軍，對金朝形成一定威脅。[4]

從河北路的北部到南部相州，很多民眾自動組織武裝，結成山寨達五十餘處，每寨不下三萬人，「皆以白絹為旗，刺血，上書『怨』字」，奮

1　關於岳飛和王彥的矛盾發展，主要參據《金佗稡編》卷 4《鄂王行實編年》和《會編》卷 198 王彥行狀。《要錄》卷 9 建炎元年九月乙卯敘事簡單，大致照抄王彥行狀，而《會編》卷 207《岳侯傳》，卷 208《林泉野記》將兩人之齟齬，歸之於王彥忌妒岳飛才能，應與史實不符。
2　《金佗續編》卷 28《孫逌編鄂王事》引建炎四年邵緝薦書，說岳飛「頃在河北，嘗以數十騎乘險據要，卻胡虜萬人之軍」。《金佗稡編》卷 4《鄂王行實編年》作「走其眾三萬」，應屬誇張。
3　《要錄》卷 16 建炎二年七月。
4　《會編》卷 98《燕雲錄》。《靖康稗史箋證‧呻吟語》說楊浩是燕山府潞縣知縣，玉田僧名一行，又說劉買（里）忙是中山府人，與《燕雲錄》有異。

起反抗女真貴族的統治。[1]

河東路代州（治雁門，今山西代縣）五臺山和尚真寶率領一支義軍，與強敵周旋，寧死不屈。[2] 在文水縣（今山西文水縣），保正石頹率領的隊伍佔據山險，屢敗金軍。石頹堅持鬥爭八個月，被完顏粘罕軍所俘，釘在車上，臀部插入利刃，以施加支解的酷刑相威脅，石頹毫無懼色。完顏粘罕親自勸降，石頹厲聲回答：「爺是漢人，寧死不降！」終於被害。[3] 宋太原府將官（正將、副將或準備將）楊可發在繁峙縣（今山西繁峙縣）招集二萬多人的隊伍，以五臺山僧李善諾等為先鋒將，遭完顏粘罕大軍的攻擊，義軍戰敗，楊可發刺腹自殺。[4] 另一武官何宏中也「收合散亡，立山棚七十四所，號令所及，千里而遠」。[5] 石州（治離石，今山西呂梁市離石區）也聚合一支幾萬人的抗金義軍，為首者號稱「閻先生」。[6]

解州（治解縣，今山西運城市西南）的邵興和邵翼兄弟團聚義兵，佔據神稷山抗金。金兵俘虜了邵翼，企圖脅迫邵興投降。邵翼大罵敵人，慘遭殺害。邵興誓不降敵，屢次痛擊金兵。此外，由邵雲領導的一支民間抗金武裝，也同邵興會合，兩人「約為兄弟」，堅持鬥爭。[7] 小吏張昱「聚眾數千」，一度佔守慈州（治吉鄉，今山西吉縣）。[8]

在建炎初年的北方民眾抗金鬥爭中，除了王彥的八字軍外，力量最強、影響最大的還有河東紅巾軍和河北五馬山起義軍。

河東紅巾軍看來不是一支統一的隊伍。宋時百姓起而造反，或為盜

---

1 《松隱文集》卷 26《進前十事劄子》，《石林奏議》卷 2《申大元帥府繳納告諭軍民榜牒狀》。
2 《宋史》卷 455《僧真寶傳》。
3 《朝野遺記》作「石頹」，《會編》卷 143《金虜節要》作「石竫」。
4 《會編》卷 51《中興遺史》。楊可發外號「楊麻胡」，《金史》卷 82《郭企忠傳》也有關於楊麻胡的記載。
5 《中州集》卷 10 何宏中傳，《齊東野語》卷 11《何宏中》。
6 《金史》卷 82《郭企忠傳》。
7 《會編》卷 104，卷 117，《要錄》卷 5 建炎元年五月，卷 16 建炎二年七月，卷 31 建炎四年正月丁巳，《宋史》卷 448《邵雲傳》。《會編》和《要錄》都說邵翼是邵興之弟，據《忠正德文集》卷 8《丙辰筆錄》說，邵隆（邵興後改名隆）「與其兄糾率鄉民，屢與敵戰。兄為敵獲，大罵而死」。
8 《會編》卷 111，《要錄》卷 7 建炎元年七月戊戌。

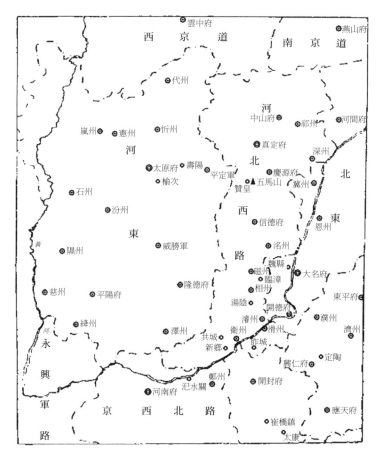

兩河形勢圖

匪，往往「私制緋衣巾」。[1] 紅巾軍即是頭裹紅巾，以作抗金義軍的標誌。他
們到處建立山寨，「每黨不啻數千人」，「旌旗繽紛，鼙鼓震疊」，聲勢其
盛。[2] 有一回，紅巾軍在澤州（治晉城，今山西晉城市）、隆德府（治上黨，
今山西長治市）一帶襲擊金營，金左副元帥完顏粘罕幾乎被俘。女真貴族
無法對付神出鬼沒的紅巾軍，只能屠戮無辜的平民以洩憤，結果「亡命者
滋益多，而紅巾愈熾」。[3]

1　《斐然集》卷18《寄張相》（其七），又《金佗稡編》卷4《鄂王行實編年》：「凡不為紅
　　頭巾者，隨我！」也是同樣意思。
2　《山右石刻叢編》卷19楊丹《襄垣縣修城記》。
3　《要錄》卷9建炎元年九月壬辰。

河北西路慶源府（治平棘，今河北趙縣）贊皇縣有一座山，「上有五石馬」，取名五馬山。[1] 山上聚集一支起義軍，由馬擴和趙邦傑指揮。他們以宋高宗之弟信王趙榛的名義作號召，「兩河遺民聞風響應，願受旗、榜者甚眾」，組成號稱幾十萬人的武裝。[2] 金朝真定府獲鹿縣（今河北鹿泉市）知縣張龔也起兵響應。劉里忙、楊浩、智和禪師等領導的燕雲地區起義隊伍，也和五馬山建立了聯繫。[3]

在東北的金太宗御寨，有幾千名被驅擄北上的漢族奴隸。他們以上山砍柴為名，置辦長柄大斧，計劃舉行起義，並劫持金太宗，殺過黃河。由於叛徒的告發，起義被扼殺，首謀者都遭金人殺害。[4]

以漢族為主體的各族人民的抗金鬥爭，毫無疑義，是正義的、進步的愛國主義壯舉。抗金鬥爭作為民族鬥爭，參加的社會成員相當廣泛。祖國、皇朝和君主三者，當然是不同的概念，然而在當時的歷史條件下，這三種概念實難於作嚴格區分。抗金義軍的領導者，如王彥、馬擴等人，本是宋朝的官員；而邵興等人來自民間下層，也接受了宋朝的官封。因此，北方各族人民的抗金鬥爭，不免和保衛趙宋皇朝，保衛宋高宗個人的皇位糾纏在一起，成了無可避免的特點和缺點。

在宋朝統治者中，如何對待北方的民間抗金武裝，也形成兩種對立的政見。宋高宗、黃潛善、汪伯彥等投降派，一方面害怕金朝，另一方面也害怕和憎惡此類武裝。特別是五馬山的抗金義軍，既以信王趙榛作號召，被視為對宋高宗的皇帝寶座構成威脅，更遭到宋高宗君臣之疑忌。李綱、宗澤等抗戰派，為了恢復趙宋故土，洗雪國恥，則十分重視民間抗金武裝，主張依靠北方的義軍抗金。李綱罷相後，鎮守東京開封府的宗澤事實上成為抗金的中心人物。兩河、燕雲等地的抗金健兒渴望接受宗澤的領導和指揮，宗澤也迫切需要他們的支援和配合，雙方建立了密切而廣泛的聯繫。

1　《讀史方輿紀要》卷 14。

2　《會編》卷 115，卷 116，《要錄》卷 13 建炎二年二月辛巳，卷 15 建炎二年四月。

3　《靖康稗史箋證·呻吟語》。

4　《會編》卷 98《燕雲錄》，《要錄》卷 12 建炎二年正月。

第五節　再隸宗澤

宗澤在建炎元年六月赴任東京開封府後，着手整頓毀廢的城防設施，沿大河建立連珠寨，規劃光復舊物的大計。

宗澤除了聯繫兩河、燕雲等地的抗金義軍外，還注意收編大河以南的民間武裝、潰兵遊勇、盜匪之類。南方各類武裝散居或流竄各地，千百為羣，實為不可忽視的武力。民間武裝大抵是處於亂世，以保衛本鄉本土為宗旨。至於潰兵遊勇和盜匪無非是乘亂作亂，燒殺搶掠，或稱霸一方。從抗金的大局出發，宗澤的收編工作得以順利進行。王善、楊進、王再興、李貴、丁進、馬皋、張用、曹成、馬友、李宏等隊伍，都爭先恐後地歸附宗澤的東京留守司。很多「義士」也從四面八方前往開封府投軍。最後，宗澤編組了號稱百萬人的大軍，積儲了足供半年食用的糧食。[1]

宗澤執法嚴明，賞罰公平，全軍上下都心悅誠服地聽從他的命令，在軍民中享有極高的威信。他曾處死擅殺主將的統制趙世隆，卻重用其弟趙世興；[2]他執法處斬聚眾抗金的李旺，又命其弟李道接管這支抗金隊伍。[3]趙世興和李道也欣然從命，沒有怨尤。

岳飛轉戰太行山區，深感自己勢孤力單。宗澤委任王彥「制置兩河軍事」，[4]王彥便派人命岳飛所部「赴榮河把隘」。[5]岳飛深感與王彥難以共事，便決定率領部伍南下東京開封府，再次接受宗澤的領導。

東京留守司的官員查究岳飛暌離王彥的經過。按軍法規定：「軍中非大

---

1 《宗忠簡公集》卷 7《遺事》，《宋宗忠簡公全集》卷 9《宗忠簡公事狀》，《魯齋王文憲公文集》卷 14《宗忠簡公傳》，《宋史》卷 360《宗澤傳》，《會編》卷 120，《要錄》卷 10 建炎元年十月壬戌，卷 19 建炎三年正月乙未。

2 《宗忠簡公集》卷 7《遺事》，《宋宗忠簡公全集》卷 9《宗忠簡公事狀》，《宋史》卷 360《宗澤傳》，《要錄》卷 15 建炎二年四月甲寅朔，乙卯。《魯齋王文憲公文集》卷 14《宗忠簡公傳》作李世隆和李世興。

3 《會編》卷 145，《要錄》卷 43 紹興元年三月，《宋史》卷 465《李道傳》。

4 《要錄》卷 15 建炎二年五月辛卯載，在此前宗澤已命王彥「制置兩河軍事」，同月戊戌，王彥的官銜又已改為「河北制置使」。估計岳飛南下開封前，王彥的官銜為「制置兩河軍事」。

5 《會編》卷 198 王彥行狀。

將令，副將下輒出號令，及改易旌旗軍號者，斬」；「背軍走者，斬」。[1]他們報告宗澤，建議對岳飛以軍法從事。宗澤早已知悉岳飛驍勇敢戰，認為他確實是一個「將材」，也諒解他脫離主將，是出於抗金心切，便決定將岳飛留在軍中，降官為秉義郎，[2]以將功補過。

十二月，金軍大舉南侵，進犯孟州（治河陽，今河南孟州市）的汜水關。[3]宗澤當即委任岳飛為踏白使，[4]率領五百騎士，前往偵察。臨行前，宗澤對他強調說：「汝罪當死，吾釋不問，今當為我立功。往視敵勢，毋得輕鬥！」

岳飛謝罪稟命而行，在汜水一帶與金軍接觸。他鼓足勇氣，所向無前，一舉打敗敵軍。當岳飛凱旋東京開封府後，宗澤立即任命他為統領。[5]

第六節　開封外圍戰

岳飛雖然在汜水一帶初戰告捷，整個軍事形勢依然非常險惡。金軍在中原作戰，往往是盛暑休兵，而於秋冬弓勁馬肥之際用兵。[6]此次建炎元年的冬季攻勢，金軍幾乎是傾巢而出，分兵三路。東路由「三太子」完顏訛里朵（漢名宗輔，宋人或譯名窩里嗢）和元帥左監軍完顏撻懶（漢名昌）統率，完顏訛里朵時已接替病死的「二太子」完顏斡離不（宗望），任右副元帥，此軍直下京東。西路由完顏婁室和完顏撒離喝（漢名杲）率領，攻打陝西。中路由左副元帥完顏粘罕和元帥右監軍完顏谷神（漢名希尹）指揮，進犯京西。東、西兩路軍都佔領一些州縣，而中路軍作為主攻部隊，攻勢尤其凌厲。完顏粘罕軍直取西京河南府，又還軍佔領鄭州（治管城，今河南鄭州

1　《武經總要》前集卷 14《罰條》。

2　《宋宗忠簡公全集》卷 9《宗忠簡公事狀》，《宋史》卷 360《宗澤傳》。

3　《要錄》卷 11 建炎元年十二月癸亥，《宋史》卷 24《高宗紀》。

4　《資治通鑒》卷 264 胡三省注：「凡軍行，前軍之前有踏白隊，所以踏伏，候望敵之遠近眾寡。」可知踏白使是執行武裝偵察任務的軍官。

5　《宗忠簡公集》卷 7《遺事》，《宋宗忠簡公全集》卷 9《宗忠簡公事狀》，《魯齋王文憲公文集》卷 14《宗忠簡公傳》，《宋史》卷 360《宗澤傳》。

6　《會編》卷 176 呂頤浩奏，《歷代名臣奏議》卷 90 呂頤浩奏。

市），親自與宗澤所率的東京留守司軍對陣。他又命部將完顏銀術可[1]與完顏拔里速、完顏賽里（漢名宗賢）、薩謀魯、耶律馬五、[2]沙古質等分兵繼續南下，焚掠京西很多州縣，企圖從南面包抄開封。[3]東路的「四太子」完顏兀朮也率兵向開封進逼。宗澤的東京留守司軍瀕臨四面受敵的險境。

從建炎元年冬到二年（西元 1128 年）春，在東京開封府所屬及其毗鄰的州縣，宋金兩軍進行了劇烈的拉鋸戰。一支宋軍被打敗了，另一支宋軍又接踵而戰。一些地區得而復失，一些地區又失而復得。宗澤坐鎮東京留守司，從容地調度軍隊，部署戰鬥。正月裏，開封市民張燈結綵，一如往時。[4]這與一年前的金軍破城的劫難，適成鮮明對照。在艱難的搏戰中，宗澤表現了非凡的大智大勇。

滑州是開封的北方門戶，爭奪戰打得最為激烈。宗澤先後派部將劉衍、張撝、王宣和趙世興率部前往迎戰。經過反覆較量，宋軍將士支付了相當大的犧牲，張撝也英勇戰死，終於牢牢地保住了滑州城。[5]岳飛從正月開始，也參加了滑州的戰鬥。他接連在胙城縣（今河南延津縣東北）、衛州汲縣西的黑龍潭、[6]龍女廟側的官橋等處獲勝，俘虜了一個姓蒲察的女真千夫長，[7]在宗澤麾下保持了「每出必捷」的記錄。[8]

金軍這次猛烈的攻勢已至再衰三竭的困境。河北、河東等地抗金義軍配合宗澤，廣泛出擊，擾亂了金軍的後方。翟興和翟進兄弟指揮義兵，在伊川的皁礬嶺、轤道堰等地戰敗敵人，收復西京河南府。[9]陝西民兵首領孟迪、种潛、張勉、張漸、白保、李進、李彥仙、張宗等，兵員各以萬計，也奮起抗敵。李彥仙率領人馬收復陝州（治陝縣，今河南三門峽市西），

1　據《金史》卷 135《金國語解》，銀術可的女真語義是「珠」。
2　據《金史》卷 80《阿離補傳》，馬五姓耶律，為契丹人。
3　《金史》3《太宗紀》，卷 72《銀術可傳》。
4　《宗忠簡公集》卷 7《遺事》，《要錄》卷 12 建炎二年正月壬辰。
5　《宗忠簡公集》卷 7《遺事》，《要錄》卷 11，卷 12，卷 13，卷 15。
6　《讀史方輿紀要》卷 49。
7　《金佗稡編》卷 4《鄂王行實編年》作「女真李千戶」，據《金史》卷 135《金國語解》，女真人「蒲察」的漢姓為「李」。
8　《魯齋王文憲公文集》卷 14《宗忠簡公傳》。
9　《會編》卷 115，卷 116，《要錄》卷 14 建炎二年三月庚子。

同邵興會師。[1]

　　四月，金軍終於撤退，各路宋軍乘機收復一些州縣。在艱難百戰之後，宋金軍力的對比有了一定的變化，宗澤的抗金措施初見成效。宗澤威名震敵，金人「尊憚之」，「必稱宗爺爺」，[2] 而不敢呼其名。

　　極度緊張的戎馬生活暫時休止，使宗澤有些餘暇去研討各次戰鬥的成敗得失，以利再戰。宗澤器重岳飛，便將他召來，授予他一些陣圖，命他學習研究，說：「爾勇智材藝，雖古良將不能過。然好野戰，非古法，今為偏裨尚可，他日為大將，此非萬全計也。」

　　岳飛告退後，只是將陣圖粗略地看一遍，便置而不顧。待到宗澤再次召見，要他談心得時，岳飛認為自己「掌兵不多」，若按一定的陣勢，正好使金人得以看清己方的虛實，而被女真騎兵所殲滅。他率直地說了自己的看法：

　　「兵家之要，在於出奇，不可測識，始能取勝」。

　　「陣而後戰，兵法之常，運用之妙，存乎一心」。[3]

　　這幾句話後來成了有名的軍事格言。宗澤自此也更看重岳飛，將他提升為統制。[4]

第七節　宗澤之死

　　宗澤雖然取得軍事上的初步勝利，而宋廷朝政的昏暗，卻日甚一日。李綱罷相後，宋高宗又殺害上書言事的太學生陳東和士人歐陽澈，另外一

1　《會編》卷 115，《要錄》卷 13 建炎二年二月，卷 14 建炎二年三月，《宋史》卷 448《李彥仙傳》。

2　《宋宗簡公全集》卷 9《宗忠簡公事狀》，《宋史》卷 360《宗澤傳》。

3　「兵家之要」一段摘自《金佗稡編》卷 4《鄂王行實編年》，「陣而後戰」一段摘自《宋宗忠簡公全集》卷 9《宗忠簡公事狀》。《金佗稡編》卷 4《鄂王行實編年》將此事繫於建炎元年春岳飛初隸宗澤時。按岳飛初隸宗澤不足一個半月，當時顯然無暇從容討論陣法。在談話中，岳飛又稱宗澤為「留守」，而非「副元帥」，當為再隸宗澤時事，今據《宋宗忠簡公全集》卷 9《宗忠簡公事狀》。

4　《宋宗忠簡公全集》卷 9《宗忠簡公事狀》說，此次談話後，「公是其言，共參機務，飛由此知名，後遷〔統〕制」。從岳飛參加建炎二年春的戰鬥經歷看，其軍職尚為「掌兵不多」的統領，所部尚未當東京留守司的主力軍使用，應是戰「後遷〔統〕制」。

些主張抗金的官員，如許景衡、許翰、馬伸等人，都被貶斥，張愨多少支持宗澤，也得病而死。黃潛善和汪伯彥專擅國政，宋高宗自南京應天府移居揚州，在行宮縱情聲色，恣意作樂，他對國政其實並無多少興趣，說：「潛善作左相，伯彥作右相，朕何患國事不濟？」[1]

四月以後，天氣逐漸炎熱。宗澤審度形勢，認為在六月裏，女真騎兵不耐暑熱，弓不勁，馬不肥，正是大舉北伐的良機。王彥的八字軍奉宗澤之命，移屯滑州。五馬山的首領馬擴，也攜帶信王趙榛的信件，前來東京留守司。宗澤和王彥、馬擴等人共同制訂了北伐的軍事計劃。計劃規定，王彥等軍自滑州渡黃河，直取懷、衛、濬、相等州；馬擴等軍由大名府攻打洺州（治永年，今河北永年縣東）、慶源府和真定府；楊進、李貴、王善、丁進等部都分頭並進，河北、河東山水寨的義兵，燕、雲地區的「豪傑」也約定時日，裏應外合。[2]

宗澤自到開封後，前後向宋高宗上二十四份奏表，懇請他「回鑾」東京，鼓舞士氣，主持報國仇、復故疆的大計。然而一道道言詞激切，足以感動木石的奏表，只要到達南京應天府或揚州，便統統成為廢紙。宋廷回報於他的，只有敷衍、嘲笑和呵斥。

這個鬥志極端頑韌的老人，歷盡刀光和血影的圍逼，心力交瘁；飽受冷眼和橫眉的夾攻，憂憤成疾，終於一病不起了。岳飛和其他官員、將領紛紛到病榻前問安，宗澤仍然強振精神，勉勵他們殲滅強敵，實現恢復故土的偉業，完成自己未酬的壯志。當「諸將退，惟岳飛在側」，宗澤轉念自己慘澹經營，剛付諸實施的北伐計劃，不由吟哦大詩人杜甫的名句：「出師未捷身先死，長使英雄淚滿襟！」[3] 彌留之際，宗澤並無隻言片語提及家事，只是大聲疾呼：「過河！過河！過河！」這是七月一個晦暗的日子。[4] 開

1　《會編》卷119，《要錄》卷18建炎二年十二月己巳。

2　《歷代名臣奏議》卷86，《宗忠簡公集》卷1《奏乞回鑾仍以六月進兵渡河疏》，《要錄》卷15建炎二年四月己未，五月辛卯。

3　《全唐詩》卷226《蜀相》。

4　宗澤死日各書記載不一，《要錄》卷16為七月初一日，《宋史》卷25《高宗紀》為七月初四日，《宗忠簡公集》卷7《遺事》，《宋宗忠簡公全集》卷9《宗忠簡公事狀》和《魯齋王文憲公文集》卷14《宗忠簡公傳》為七月十二日，《會編》卷117作八月。據《要錄》卷16建炎二年七月十三日乙未注，朝廷前一日得宗澤死耗，似應以《要錄》所載為准。然而《遺事》等記載，又來源於宗澤親屬所述。

封城裏，悲風迴蕩，愁雲泣雨，似乎是蒼旻在向偉大的民族忠魂致哀。每個角落都是一片嗄啕痛哭之聲，廣大軍民最誠摯地悼念不朽的英靈。

在岳飛一生中，受教誨最深的長官無疑是宗澤。他雖然「共參機務」，[1] 而並非是宗澤麾下的第一等武將，卻是最忠實的繼承人。從「唾手燕雲」的矢志，到「連結河朔」的遠謀，從治軍的整肅，到律己的嚴格，岳飛處處保留着宗澤的遺風餘烈。宋人評論說，宗澤「雖身不及用，尚能為我宋得一岳飛」。[2]

第八節　進駐西京

岳飛聆聽了宗澤最後的心聲，他率領畢進等部將，隨同主管侍衛步軍司公事閻勍，於建炎二年七月十五日進駐西京河南府，負責保護北宋的皇陵。[3] 這是宗澤生前的既定部署。[4]

閻勍是班直出身，有膂力，善騎射。[5] 隨着北宋亡國，三衙制度已成空名。閻勍鎮守東京開封府，只是為不敢回京的宋高宗裝潢門面，其實已不能行使侍衛步軍司長官原有的職權。然而他作為宗澤麾下的第一等武將和得力助手，還是克盡己責的。

西京河南府即今洛陽，是著名的古都，宋代中原地區最秀麗的花園城市，其園林的精美，牡丹的繁富，馳譽全國。但是，在不到三年時間裏，金軍三次攻入洛陽城，將當地很多居民驅掠到黃河以北，並且縱火焚城。[6] 岳飛早就嚮往觀瞻洛陽，然而西京城卻已面目全非，到處是殘燼斷瓦，頹

1　《宋宗簡公全集》卷 9《宗忠簡公事狀》。

2　《黃氏日抄》卷 91《跋宗忠簡行實》。

3　《宋史》卷 402《畢再遇傳》，《會編》卷 117。

4　《宗忠簡公集》卷 7《遺事》，《要錄》卷 15 建炎二年四月丙寅。

5　《會編》卷 138。

6　靖康元年，金軍首入西京；建炎元年冬，金軍二入西京；建炎二年四月，翟進、韓世忠等軍被金軍擊敗後，金軍又三入西京。見《會編》卷 63，卷 116，卷 117，《要錄》卷 14 建炎二年三月庚子，卷 15 建炎二年四月丙寅，《宋史》卷 25《高宗紀》，卷 452《翟興傳》，《翟進傳》。

垣敗屋，「地近蓬蒿堆白骨，巷無人跡長蒼苔」。[1] 這座比開封更大的城市，[2] 簡直喪失了防守的價值，也難於防守。北宋的東、西、南、北四京先後經受戰禍，而以西京河南府的破壞最為酷烈。

八月，閭勍命岳飛去汜水關禦敵。汜水關是西京河南府的前衛，河東的金軍兩次南下，都經由此關。因建炎元年冬的作戰，岳飛已對此地的地形等情況相當熟悉。當宋金兩軍對陣時，敵方一員驍將往來馳突。岳飛躍馬左射，只發一箭，此人立時斃命。宋軍乘機攻擊，殺退了金軍。岳飛又奉命屯軍汜水縣東的竹蘆渡，[3] 同敵軍對峙。因為軍糧接濟的困難，他和軍士們都忍饑作戰。岳飛派三百名精兵埋伏山下，到深更半夜，每名兵士手持兩大束柴草作火炬。一時之間，火光燭天，敵人以為宋方大軍前來增援，便慌忙撤退。岳飛率部兵追擊，又取得勝利。他以奇功轉武功郎，升至諸司副使的最高一階，但仍為從七品。他自貶官秉義郎後，經幾次升遷，至此方超過張所借補的武經郎的官階。

大約到建炎二年歲末，岳飛奉東京留守司的命令，須返回開封。閭勍對這個二十六歲的青年統制極有好感，卻又無計挽留。最後，他還是將岳飛屬下趙宏等十個能征慣戰的使臣（八、九品的小武官）留下，算是向岳飛借用。[4]

第九節　擊破王善

接任東京留守、開封尹的，是原北京留守杜充。他是相州安陽人，[5] 和岳飛也勉強可算是同鄉。

1　《會編》卷 100《燕雲錄》。
2　據《宋史》卷 85《地理志》，河南府城周為五十二宋里九十六宋步，而開封府城周為五十宋里一百六十五宋步。
3　《讀史方輿紀要》卷 47。
4　《會編》卷 138，《要錄》卷 33 建炎四年五月甲寅。
5　《要錄》卷 5 建炎元年五月丙午。

宋高宗和黃潛善、汪伯彥發表此項任命時，要求杜充「遵稟朝廷，深戒妄作，以正前官之失」。[1] 其實，杜充與他們是一丘之貉，即使沒有這番叮嚀和告誡，他也完全會反宗澤之道而行之。杜充上任伊始，立即中止宗澤的北伐部署。當時，統制薛廣所部已向相州挺進，因王善和張用兩部未去會師，薛廣戰敗犧牲。[2] 苦守近兩整年的相州城終於在建炎二年十一月陷落，守臣趙不試自殺。[3] 河東和河北的最後一批州縣，包括北京大名府，全部被金朝佔領。「兩河豪傑」原先按照宗澤的計劃，準備配合宋軍北伐，杜充卻斷絕了對他們的任何聯繫和支援，[4] 使金軍得以竭盡全力，殘酷鎮壓。著名的五馬山寨也被金朝大軍所攻破。[5]

杜充自詡「帥臣不得坐運帷幄，當以冒矢石為事」，[6] 似乎是羽扇綸巾般的文臣，和鐵馬金戈般的武士，兼備於其一身。然而他得知金軍行將發動冬季攻勢，就嚇得喪魂落魄。他的唯一對策，是下令開決黃河的河堤。黃河於建炎二年十一月改道入淮，[7] 但暴溢的濁流其實並不能阻遏金軍，只是使當地居民遭殃。

「宗澤在則盜可使為兵，杜充用則兵皆為盜矣」。[8] 宗澤所以能收編大河以南的各種武裝，是有着一個抗金的總目標。杜充既然無意於抗金，加之他對人苛酷，善猜忌，剛愎自用等劣性，部屬們不由不離心離德。丁進和楊進兩部首先叛而為「盜」，剩下的王善、張用等部也朝不保夕。

建炎三年（西元 1129 年）正月，岳飛率本部二千人馬返回開封。關於新留守的所作所為，他雖然有所風聞，卻不料杜充在他參見之始，竟立即佈置了消滅張用等部的任務。張用是岳飛的同鄉，曾當過湯陰縣的弓手，弓手類似於今之巡警。張用和曹成、李宏、馬友結為「義兄弟」，有幾萬

1　《要錄》卷 16 建炎二年七月甲辰。

2　《會編》卷 118，《要錄》卷 17 建炎二年九月丁未。

3　《會編》卷 119，《要錄》卷 18 建炎二年十一月乙未，《宋史》卷 447《趙不試傳》。

4　《會編》卷 118，《要錄》卷 16 建炎二年七月甲辰，卷 18 建炎二年十月癸酉。

5　《會編》卷 117，《要錄》卷 17 建炎二年秋。

6　《要錄》卷 26 建炎三年八月戊申。

7　《要錄》卷 18 建炎二年十一月乙未。

8　《要錄》卷 16 建炎二年七月甲辰注，卷 20 建炎三年二月己巳注引呂中《大事記》。

兵力。此外，同張用勾結的王善也必然會前來助戰。[1] 岳飛以「兵寡不敵」為理由，婉言推辭，恣睢暴戾的杜充怒氣衝衝，說若不出戰，當即砍頭。[2]

岳飛無可奈何，只能同桑仲、馬皋、李寶等屯駐開封西城外的諸部一同上陣，攻擊南城外的張用軍，雙方在南薰門[3] 外交鋒。駐紮東城外的王善聞訊後，果然率軍前來支援張用。張用和王善軍俘擄了李寶。但岳飛以八、九百人勇猛作戰，有一敵方悍將出鬥，岳飛單騎直前，舉大刀奮力一劈，居然將敵將自頭頂至腰，劈成兩半。一時敵方大駭，號稱「二十萬之眾」終於潰退。[4] 岳飛因功升武經大夫，比原來的武功郎高三官，正七品的武經大夫屬諸使正使。

盜匪杜叔五、孫海等包圍開封府東明縣（今河南蘭考縣北）。岳飛又奉命前往解圍，活捉了杜叔五和孫海。他因此升轉武略大夫、借英州刺史。凡帶武階官銜的刺史等，宋時稱遙郡。凡是使臣、諸司副使、諸司正使、遙郡等，都屬武官升擢的虛銜。遙郡的官品依武階官而定，故岳飛的官品仍為正七品。

王善、張用等退兵後，又轉攻淮寧府（治宛丘，今河南淮陽縣），杜充派遣馬皋等軍追擊，被王善、張用等軍戰敗。張用等因久攻淮寧府城不下，便引軍離去。王善不肯退兵，與張用等從此分道揚鑣。[5] 杜充又命都統制陳淬率岳飛等再往救援淮寧府。岳飛先令偏將岳亨截斷王善軍剽掠之路，率軍與王善軍戰於清河，大敗敵軍，俘擄敵將孫勝、孫清等。他因功又升轉武德大夫，真授英州刺史。武德大夫比武略大夫高三官，但仍屬正七品。

四月，岳飛又隨陳淬再往，攻擊王善軍。六月，岳飛在開封府太康縣

1　《會編》卷 120，《要錄》卷 19 建炎三年正月乙未。
2　《金佗續編》卷 27 黃元振編岳飛事蹟。
3　《宋史》卷 85《地理志》載，南薰門為開封城南三門中的中門。
4　《會編》卷 120，《要錄》卷 19 建炎三年正月乙未載岳飛等軍戰敗，而《金佗續編》卷 28《孫迪編鄂王事》引建炎四年邵緝薦書說，岳飛「以八、九百人破王善、張用二十萬之眾，威震夷夏」，耳目相接，應是可信的。《金佗續編》卷 14《忠愍諡議》，《武穆諡議》，卷 27 黃元振編岳飛事蹟，《會編》卷 207《岳侯傳》，卷 208《林泉野記》等記載，與邵緝之說和《金佗粹編》卷 4《鄂王行實編年》大致相同。
5　《會編》卷 120，《要錄》卷 19 建炎三年正月庚子。

（今河南太康縣）崔橋鎮[1]又一次擊敗王善軍。王善率所部東流西竄，最後投降金人。[2]

岳飛在開封城南薰門外的勝利，一時被傳為美談，其實，這正是杜充鑄就的大錯。他措置的乖謬，引發了一場本可避免的、自相殘殺的內戰，使宋軍的實力損失於內耗，使抗金的軍力甚至為金朝所用。

由於岳飛驍勇善戰，他不僅在內戰中立下軍功，其實也解救了杜充個人的危困，加之兩人的同鄉關係，杜充既需依靠岳飛，也須在某種程度上提拔岳飛，最後竟出現了岳飛為杜充「愛將」之說，並廣為流傳。[3]岳飛在杜充屬下計升九官，自武功郎至武德大夫計七官，另加借英州刺史到真授英州刺史計兩官。但他是一個有偉大志向的軍人，決不會因此便對杜充感恩戴德。岳飛既有以往擅自脫離王彥的沉重教訓，他儘管對杜充強烈不滿，也只能委屈在其節制之下。

第十節　撤離開封

宋高宗自南宋小朝廷建立以來，一意對金妥協求和，以圖苟安一隅。建炎三年，他經歷了揚州逃難和苗劉之變後，喪魂失魄，自動去掉了皇帝的尊號，改用康王的名義向金朝左副元帥完顏粘罕致書，說自己「守則無人」，「奔則無地」，「惟冀閣下之見哀而赦己」。[4]宋廷的祈哀乞憐，卑辱到無以復加的地步，其後果無非是使女真貴族的氣焰更為囂張。

面對着金軍行將發動的新攻勢，躲在開封城中的杜充如臨深淵，如履薄冰，惶惶不可終日，似乎大難臨頭，只有走為上計。他既想逃離東京開封府，卻又不肯承擔放棄京城的罪責。於是杜充便施展了一個狡計，決

1　《元豐九域志》卷 1 載，崔橋鎮在開封府太康縣境。

2　《會編》卷 134，卷 144，《要錄》卷 24 建炎三年六月己酉，卷 29 建炎三年十一月乙巳朔。

3　《金佗稡編》卷 5《鄂王行實編年》建炎四年七月記事，《金佗續編》卷 28《吳拯編鄂王事》。

4　《金史》卷 74《宗翰傳》，《要錄》卷 26 建炎三年八月丁卯。

定自己率東京留守司主力軍南撤，而責成副留守郭仲荀留守開封。不久，郭仲荀也如法炮製，命留守判官程昌寓接替防務，自己逃往南方。程昌寓又逃之夭夭，將守城責任推給了上官悟。當時開封城中糧食奇缺，餓屍縱橫，到建炎四年（西元 1130 年）二月最後陷落時，城裏的壯年男子還不滿一萬人。[1] 這個曾經是當時全世界最繁鬧的城市，瀕臨荒寂的境地。

宋廷得知杜充率重兵撤離東京開封府，事實上是聽之任之，命他「兼宣撫處置副使、節制淮南、京東、西路」，還節制「應天、大名府，許便宜行事」，即委任他主持除陝西以外，大江以北的防務，「提重兵防淮」。[2] 杜充對朝廷的命令置若罔聞，他不逃則已，一逃便準備逃到大江以南。

岳飛自建炎三年六月下旬剛回軍開封，就接到杜充的命令，他的部伍必須隨杜充南撤建康府（治江寧、上元，今江蘇南京市）。他深知杜充此行此舉，無非是要將大江以北的土地和人民拱手讓與金人，十分氣憤。但是，面對着這個剛愎而暴戾的長官，岳飛也只能按捺住一腔怒火，苦心規勸，他說：「中原之地尺寸不可棄，況社稷、宗廟在京師，陵寢在河南，尤非他地比。留守以重兵碩望，且不守此，他人奈何？今留守一舉足，此地皆非我有矣。他日欲復取之，非捐數十萬之眾，不可得也。留守盍重圖之。」

杜充對岳飛的忠告，自然只當耳邊之風，他不對岳飛發怒和斥責，已經算是對這位「愛將」保留體面了。

東京留守司的大軍很快南撤了。既須越淮，還須渡江。岳飛儘管有三年前背井離鄉，隨康王從北京大名府退至南京應天府的痛苦經歷和感受，但尚未經歷如此傷感的長途退卻，真是別有一番滋味在心頭。岳飛和軍士們的心情都極端沉重，他們五里一徘徊，十里一回首，向被宋高宗和杜充丟棄的故土依依惜別。

時值七月初秋，岳飛所部在鐵路步與張用匪軍遭遇，並擊敗敵軍後，終於渡過波瀾壯闊的大江，進駐建康府。[3] 對岳飛這些北方人而言，他們早

---

1 《會編》卷 132，卷 133，卷 137，卷 140 程昌寓家傳，《要錄》卷 24 建炎三年六月乙亥，卷 26 建炎三年八月乙丑，卷 31 建炎四年二月丁亥。

2 《要錄》卷 24 建炎三年六月戊申朔，乙亥。

3 《要錄》卷 25 建炎三年七月庚子載，杜充已到江寧鎮，與張浚相遇，「屏人語，久之而別」，則岳飛所部亦應於七月至建康府。

就聽說過「上界有天堂，下界有蘇杭」的民諺，[1] 但百聞不如一見。長江三角洲，包括當時浙西路和江南東路的一角，是富饒的魚米之鄉，使這些初到的北方人驚歎不已。

岳飛的故鄉淪陷後，有個同鄉前來尋找岳飛，告訴他母親姚氏和前妻劉氏的消息，並且轉達了姚氏的反覆重囑：「為我語五郎，勉事聖天子，無以老嫗為念也。」岳飛憤恨劉氏的背信棄義，姚氏和岳雲、岳雷的淒慘境遇，更使他臥不安，食不甘。他派人潛入湯陰縣，前後十八次，才將母親和兩個兒子接到自己的軍營。[2]

大約在建炎二年至三年間，岳飛又另娶一位新妻，名叫李娃，她比岳飛大兩歲，結婚時已有二十八、九歲。她孝順姚氏，也愛撫岳雲和岳雷，是個典型的賢妻良母。[3]

從劉浩到杜充，岳飛先後跟隨過七個長官。他在民族戰場上，始終是奮不顧身，勇往直前，這有他身上的累累傷痕為證。然而出生入死的戰鬥，卻贏得了步步後撤，這使他既非常迷惘，又十分苦悶。這個二十七歲的青年將領，對於從宋高宗到杜充的投降路線既極度反感，卻又缺乏足夠的認識。抑鬱不得志的岳飛多麼渴望施展自己的才能和抱負，他甚至埋怨自己屈居偏裨，進退聽命於人。他還天真地幻想，如果自己一旦當上統重兵的將帥，便可揮兵殺過大江，飛越長河，摧滅強敵，何患大功不成，何患將來史冊上不與關羽和張飛齊名。[4]

三年間的迭遭挫折，砥礪着岳飛的鬥志。他枕戈待敵，隨時準備效命於新的戰場。

1　《松隱文集》卷 26《進前十事劄子》。

2　《金佗稡編》卷 9《遺事》，卷 14《乞終制劄子》。

3　李娃年齡據《宋岳鄂王年譜》卷 1。據《金佗稡編》卷 17《乞淮東重難任使申省狀》，《齊東野語》卷 13《岳武穆逸事》，《宋岳鄂王年譜》卷 1，李娃於建炎四年已嫁岳飛，當年十一月生岳霖。估計岳飛娶李娃大約在建炎二年至三年。據《書儀》卷 3《婚儀上》和《家禮》卷 3《婚禮》，宋時「女子年十四至二十」是正常婚齡，估計李娃可能是改嫁岳飛。

4　《金佗續編》卷 14《忠愍諡議》，《武穆諡議》，《金佗續編》卷 28《孫逌編鄂王事》引建炎四年邵緝薦書。岳飛渴望獨立成軍，由來已久，應非始於建炎四年。

第四章

建康風雲

第一節　初敗李成

　　宋朝大約喪失三分之一的土地，主要是在杜充主持前沿軍務之時。然而無論是宋高宗，還是像呂頤浩、張浚等多少傾向抗金的宰執大臣，都對杜充懷有莫名其妙的敬意，根本沒有想到要追究他放棄大片土地和東京開封的罪責。宋廷的一份升官制詞簡直將杜充吹噓得神乎其神：「徇國忘家，得烈丈夫之勇；臨機料敵，有古名將之風。比守兩京，備經百戰，夷夏聞名而褫氣，兵民矢死而一心。」宋廷開始任命杜充任同知樞密院事，官至執政，已是超擢。可是杜充仍嫌樞密院副長官太小，「自言中風在告」。宋高宗也明瞭杜充之意，但認為在「遭世多艱，臨川望濟」之際，必須重用這位「天下之奇才」，故又破格任命杜充為右相。命相制發表四日，杜充「即起視事」，不再裝病了。[1]

　　杜充任右相，又兼江、淮宣撫使，全權負責江防。宋高宗只留張俊一軍作護衛，其餘劉光世、韓世忠、王璒等軍，都撥屬杜充，將國家的安危存亡委託於杜充一身。劉光世和韓世忠是苗劉之變時救駕的大功臣，他們嫌杜充嚴酷，不服從節制。[2]杜充勉強調集了十多萬軍隊，稀疏地部署在漫長的沿江防線上。其中唯有原東京留守司軍還有相當戰鬥力，他們曾在宗澤指揮下，同金軍打過硬仗，其他各軍都只有一觸即潰的記錄。

　　大江天塹，江面寬廣，一支有作戰經驗的水軍，就足以阻擋女真騎

1　《會編》卷130，《要錄》卷25建炎三年七月壬寅，卷27建炎三年閏八月己丑，《宋史》卷475《杜充傳》，《浮溪集》卷11《東京留守杜充同知樞密院制》，卷15《杜充第二表辭免同知樞密院不允批答》。
2　《要錄》卷27建炎三年閏八月辛卯，壬寅，卷29建炎三年十一月丁卯，《忠正德文集》卷7《建炎筆錄》，《宋史》卷475《杜充傳》。

兵的侵軼。兩年前，李綱任宰相時，建議要建立一支強大的水軍。流光易逝，這個建議早已被宋廷貶為一紙廢文。杜充只是委派邵青、郭吉等為水軍統制，[1] 率領為數不多的水軍，佈防於江上。

當時有一盜匪頭目，名叫李成，河北東路雄州歸信縣（今河北雄縣）人，當過弓手。他能挽弓三百宋斤，使用提刀，「能左右手輪弄兩刀，所向無前」，每把刀各重七宋斤，十分勇鷙。建炎初年，他當歸信知縣，率兵眾和老小數萬人，投歸宋高宗。李成聽信一個相面道士陶子思的話，說他「有割據之相」，便發動叛亂。劉光世率軍擊敗李成，繳獲一把李成的提刀，並俘擄了陶子思，將他處死。宋高宗看到此刀，從此一直很賞識李成的武技。此後李成叛服無常。[2] 這次他又勾結南下的金兵，乘勢在淮南攻城掠地。

岳飛率本軍南下途中，到真州六合縣（今江蘇南京市六合區），於盤城擊破李成軍，李成退遁於滁州（治清流，今安徽滁州市）。十月，杜充命令王瓊軍進攻李成盤踞的滁州，王瓊只行軍三日，就畏縮不敢前。岳飛時任江、淮宣撫司右軍統制。[3] 他奉命率本部人馬策應。他渡江抵達六合縣的宣化鎮，便得到急報，說李成派五百輕騎，前來偷襲本縣的長蘆鎮。[4] 因為鎮上留有王瓊軍的輜重，這是提點刑獄裴凜親自送來的犒軍銀、錢、絹，貯存在崇福禪院。於是岳飛便下令急行軍，前往救援。他率江、淮宣撫司右軍趕到九里岡，正遇滿載而歸的李成軍。右軍予以迎頭痛擊，全殲敵人，活捉梟將馮進，奪回大批銀、錢、絹，營救出一批被盜匪俘掠的百姓與和尚。這是岳飛和李成的首次交鋒，揭開了岳飛在江南抗金的序幕。[5]

1　《會編》卷 135，《要錄》卷 27 建炎三年閏八月壬寅。
2　《會編》卷 118，《要錄》卷 7 建炎元年七月丙辰，卷 17 建炎二年八月辛巳，卷 18 建炎二年十月，十一月己丑，《金史》卷 79《李成傳》。
3　《要錄》卷 31 建炎四年正月丙辰。
4　據《元豐九域志》卷 5，《讀史方輿紀要》卷 20，宣化鎮和長蘆鎮都在六合縣境。
5　《會編》卷 133，《要錄》卷 28 建炎三年十月。

第二節　馬家渡之戰

金朝元帥左監軍完顏撻懶負責淮南戰場，完顏兀朮負責江南東部戰場。金朝方面對他們的評價，是完顏撻懶「有謀而怯戰」，完顏兀朮「乏謀而粗勇」。[1]

完顏兀朮剽悍非凡。他在滅遼的一次戰鬥中，箭矢用盡，就徒手奪取遼兵的長槍，刺死敵方八人，活捉五人。每當戰鬥打得異常激烈，難分難解之際，完顏兀朮最喜脫掉頭鍪，暴露出光禿禿的腦袋和辮髮，[2]冒着驟雨般的矢石，衝鋒陷陣。[3]

完顏兀朮統領的部伍，都是金軍的精銳。[4]金朝初年伐宋時，已徵集原遼朝統治區的大批「漢兒」當兵；這次南侵，更調發大批中原的「南人」，充當「簽軍」。[5]

江南戰場的金軍分東、西兩路。西路軍由完顏拔離速、完顏撻懶（另一漢名毅英者）、耶律馬五等指揮，[6]在建炎三年十月，由黃州（治黃岡，今湖北黃州市）渡江，先後荼毒江南西、荊湖南和荊湖北三路，然後北撤。駐江州（治德化，今江西九江市）的劉光世軍望風逃竄，使這支偏師得以橫行幾千里。只有一些村民自動組織抵抗，才使金兵受到一些損失，而有所忌憚。[7]

東路是完顏兀朮親率的主力軍。十一月，江、淮宣撫司水軍進襲盜匪

1　《忠穆集》卷 5《論邊防機事狀》，《景定建康志》卷 48《呂頤浩傳》。

2　從傳世的實物和圖像看，金朝女真人往往是雙辮，與後代滿人有異，參見周錫保先生《中國古代服飾史》第 346—347 頁，中國戲劇出版社，1991 年。

3　《金史》卷 77《宗弼傳》，卷 79《酈瓊傳》。

4　《忠穆集》卷 5《論邊防機事狀》，《景定建康志》卷 48《呂頤浩傳》。

5　《金史》卷 44《兵志》，《要錄》卷 28 建炎三年十月戊戌。金時，原遼統治區漢人稱「漢兒」，原宋統治區漢人稱「南人」。

6　《金史》卷 72《毅英傳》，卷 74《宗翰傳》。《要錄》卷 30 建炎三年十二月乙未載金軍屠洪州的主將是「烏瑪喇」，即是馬五。《永樂大典》轉載《要錄》文字，將「馬五」顛倒為「五馬」，清人編《四庫全書》，又將「五馬」改譯為「烏瑪喇」，見文淵閣《四庫全書》本《要錄》卷 97 卷末新舊譯名對照。

7　《會編》卷 133，《要錄》卷 28 建炎三年十月辛丑，卷 29 建炎三年十一月壬子。

李成所部。金軍支援李成，擊敗宋軍，擄獲宋方大部份船艦。[1] 完顏兀術軍攻打太平州（治當塗，今安徽當塗縣）的采石和慈湖失利，改由建康府西南的馬家渡[2] 過江。宋朝水軍統制邵青僅有一艘戰船，率十八名水手進行攔擊，艄工張青身中十七箭，邵青等力竭敗退。另一水軍統制郭吉卻不戰而逃。[3]

杜充部下尚有六萬人，他得到急報，忙命都統制陳淬率岳飛、戚方、劉立、路尚、劉綱等十七將，統兵二萬出戰，又命王𤫩指揮一萬三千人策應。金軍有二十艘船，每次載一千人渡江，首先登岸的是渤海萬夫長大撻不野（大為渤海人之姓，其漢名臭），[4] 他的部伍驅逐了守岸的少量宋軍。待陳淬率軍抵達馬家渡時，金將鶻盧補、當海、迪虎等部隊都已渡江，兵勢甚盛。

陳淬是福建路興化軍莆田縣（今福建莆田市）人，北宋亡國時，他的妻兒八人被金軍殺害。國仇家恨，使他義無反顧。二萬軍士也保留了宗澤統兵時的戰鬥作風，與金軍勇敢搏戰。岳飛所率右軍更是爭先奮擊，同金朝漢軍萬夫長王伯龍部對陣。當時其他各支宋軍往往一觸即潰，或不戰而潰，唯獨原東京留守司軍還是繼承能打硬仗的傳統，居然與金軍激戰十多個回合，未分勝負。不料王𤫩賣陣逃跑，金軍遂得以乘機擊潰宋軍。陳淬兵窮勢盡，仍不後退，他大罵敵人，雖利刃攢胸，至死神色不變。陳淬生前曾「自題其像」說：「數奇不是登壇將。」但仍不愧為一位抗金烈士。岳飛堅持戰鬥，直至天色昏黑，在其他將領「鳥奔鼠竄」的情況下，整軍退屯建康城東北的鍾山。[5]

1　《誠齋集》卷 118 楊邦乂行狀。

2　《景定建康志》卷 16《津渡》。

3　《會編》卷 134，卷 135，《要錄》卷 29 建炎三年十一月甲子。

4　大撻不野和下文王伯龍萬夫長之職，據《會編》卷 132《金虜節要》。

5　關於馬家渡之戰，參見《會編》卷 134，《要錄》卷 29 建炎三年十一月庚戌，壬戌，甲子，《金佗續編》卷 28《孫逌編鄂王事》引建炎四年邵緝薦書，《宋史》卷 447《楊邦乂傳》，卷 452《陳淬傳》，《永樂大典》卷 3146《莆陽志》，《金史》卷 77《宗弼傳》，卷 80《大臭傳》臭81《王伯龍傳》。陳淬率兵二萬，據《金佗粹編》卷 4《鄂王行實編年》，《揮麈後錄》卷 10，《中興小紀》卷 7，《皇朝中興紀事本末》卷 11，《宋史》卷 475《杜充傳》，而《要錄》作「三萬人」，疑傳抄有誤。鍾山位置據《景定建康志》卷 17《山阜》。

金軍渡江以前，杜充雖身膺重寄，卻深居簡出，不見部將，除了誅殺無辜以立威之外，毫無應敵之方。岳飛曾強行進入他的臥室，淚流滿面，慷慨陳詞說：「勍虜大敵，近在淮南，睥睨長江，包藏不淺。臥薪之勢，莫甚於此時，而相公乃終日宴居，不省兵事。萬一敵人窺吾之怠，而舉兵乘之，相公既不躬其事，能保諸將之用命乎？諸將既不用命，金陵（建康府別名）失守，相公能復高枕於此乎？雖飛以孤軍效命，亦無補於國家矣！」岳飛憑藉着作為得力部將的身份，尚有進行諫勸的資格，他懇請杜充出來視察師旅。兇暴的杜充也並未對岳飛怒斥，只是敷衍搪塞一番，說：「來日當至江滸。」其實，他仍是深居宅院，閉門不出。

此刻杜充接到馬家渡的敗報，就慌忙乘船逃命。他剛下令打開建康城的水門，百姓的船隻便搶先擁擠出城。杜充派人命民船讓路，說：「相公欲迎敵金人耳。」百姓們回答說：「我亦去迎敵。」氣得杜充目瞪口呆，只好返回宣撫司衙門。百姓們都在市井間喧騰，罵杜充說：「杜相公枉斬了多少人，及其警急，卻欲棄城先走！」

第二天，杜充終於率親兵三千渡江，逃到江北的真州（治揚子，今江蘇儀徵市）。完顏兀術派人勸降，允許杜充組織傀儡政權，他立即無恥叛降金朝。[1]

宋高宗得知杜充投敵，「不食者累日」，[2] 說：「朕待充自庶官拜相，可謂厚矣，何故至是？」[3]

其實，將一個庸才和懦夫如同擎天柱一般尊崇，也足見皇帝和大臣輩之有目無珠。杜充之出走和降敵，其實並非完全是一件壞事。對岳飛說來，實為幸事，他從此得以擺脫杜充的羈束，自成一軍，開始了獨當一面的抗金活動。

1　《會編》卷 134，《要錄》卷 29 建炎三年十一月丙寅，丁卯，《宋史》卷 475《杜充傳》。
2　《要錄》卷 31 建炎四年二月乙未。
3　《宋宰輔編年錄校補》卷 14。

第三節　南下廣德軍

岳飛在十一月二十日馬家渡之戰失敗後，率右軍在鍾山駐紮才一兩天，他決心擺脫尚在建康城中的杜充，於二十二日率部南下，尋找南宋朝廷。[1]

完顏兀術渡江佔領建康府後，急於活捉宋高宗，滅亡宋朝，故他只派號稱「蕭、張二〔太〕師」的蕭斡里也和張真奴，率偏師數千人留守建康。張真奴等又不時派人或派遣少量兵力，持黃旗前往招諭附近的州縣投降。[2]十二月初，完顏兀術統大兵經廣德軍（治廣德，今安徽廣德縣）、湖州安吉縣（今浙江安吉縣東北），直撲臨安府（治錢塘、仁和，今浙江杭州市）。

宋高宗的小朝廷經過不斷播遷，時已將臨安府作為「行在」，即行都。宋高宗得知金軍渡江的消息，便採納宰相呂頤浩的建議，從臨安府退到明州（治鄞縣，今浙江寧波市），再從明州航海南逃。他們認為，海上雖有驚濤駭浪之險，也比陸上安全。

岳飛「孤軍轉戰，且行且擊」。[3]統制劉經和後軍統制扈成同岳飛會合，[4]駐軍於建康府句容縣（今江蘇句容市）東南的茅山，茅山為道教名山。[5]岳飛提議南下廣德軍，劉經表示贊同，扈成卻口是而心非。扈成等岳飛的右軍和劉經一軍出發之後，便帶領後軍前往鎮江府金壇縣（今江蘇金壇市）。後來，扈成同江、淮宣撫司另一轉當盜匪的統制戚方火拼，而被殺害。[6]

1　據《金佗稡編》卷 19《建康捷報申省狀》，《要錄》卷 29，杜充渡江去真州為十一月二十三日丁卯，比岳飛南下晚一日。

2　《景定建康志》卷 43，《石林居士建康集》卷 4《建康掩骼記》，《永樂大典》卷 10876《李莊簡公集·乞進討虜賊狀》。《金史》卷 77《宗弼傳》載：「留長安奴、斡里也守江寧。」長安奴大約即是張真奴，斡里也應姓蕭。

3　《金佗續編》卷 28《孫逌編鄂王事》引建炎四年邵緝薦書。

4　《會編》卷 135 說扈成是後軍統制，《要錄》卷 33 建炎四年五月壬子說劉經是後軍統制，今姑取其一說。

5　《會編》卷 135 說岳飛等駐軍於茅山，《要錄》卷 30 建炎三年十二月作芳山，據《景定建康志》卷 17《山阜》，似應以前一說為准。宋時有兩個方山，而無芳山。

6　《會編》卷 135，《要錄》卷 30 建炎三年十二月。

岳飛從建康府行軍至廣德軍，前後六戰，斬敵一千二百多首級。他對一些被俘的河朔剃頭簽軍做教育工作，命令他們回金營後，黑夜放火，燒毀七梢砲車、九梢砲車、[1] 輜重和各種器杖。岳飛乘機出兵劫營，裏應外合，重創敵軍。

到達廣德軍的鍾村後，軍隊無法繼續前進了。朝廷飄洋出海，去向不明。右相兼江、淮宣撫使杜充既渡江投敵，很多將士又轉當擄掠為生的盜匪。各種各樣的壞消息，使軍心浮動，大家深感前途渺茫。軍糧也告罄竭。岳飛部下有的軍士逃往其他各軍，情願充當盜匪。某些原江、淮宣撫司的散兵游勇，甚至派人前來，約岳飛為首領，共同降金。

岳飛面臨前所未遇的艱難複雜處境，必須當機立斷。他召集全體將士說：「我輩荷國厚恩，當以忠義報國，立功名，書竹帛，死且不朽。若降而為虜，潰而為盜，偷生苟活，身死名滅，豈計之得耶！建康，江左形勝之地，使胡虜盜據，何以立國！今日之事，有死無二，輒出此門者斬！」

他慷慨的音容，激昂的言詞，使全體將士感泣起來，眾人不敢再萌生異志。岳飛最後對劉經等軍說：「凡不為紅頭巾者，隨我！」劉經等人也表示願追隨岳飛，共同抗金。

對於前來相約降金的各路潰兵遊勇，岳飛假意應允，並且要求他們上繳兵籍。當他們按預定日期抵達時，岳飛率親信三、五人，全副武裝，「彎弓躍馬」，同各部勇健者比武，接連擊敗了幾十人。最後，岳飛點閱兵籍，對眾人大聲說：「以爾等之眾且強，為朝廷立奇功，取中原，身受上賞，乃還故鄉，豈非榮耶！必能滌滌舊念，乃可相附，其或不聽，寧先殺我，我決不能從汝曹叛！」

岳飛態度決絕，義正詞嚴，終於使眾人悔悟。大家欽佩岳飛勇武絕倫，異口同聲地表示：「惟統制命！」

在危難而複雜的局面中，岳飛進行巧妙而果斷的處置，表明了他非凡的智勇，也使眾將士一心一德地團聚在抗金這個總目標之下。儘管如此，軍糧的匱乏，仍然威脅着這支軍隊的生存。岳飛千方百計籌措軍糧，並且

1　據《武經總要》前集卷 12，這類砲都是人力拋石機。

盡可能資糧於敵。他和士卒同甘共苦，每次進餐，總是和下等的兵士共用粗糲之食。岳飛認為，在供給困難之時，尤須維護嚴明的軍紀。他規定全體軍士雖忍受饑困，也必須在營寨裏安心操演或值勤，絕不准私出騷擾百姓。

岳飛偵知佔據溧陽縣的敵人兵力薄弱，命劉經率一千人馬前往。宋軍夜襲並攻克縣城，殺獲五百多金兵，生擒同知溧陽縣事、渤海太師李撒八。[1] 金人的知溧陽縣正職大約逃回了建康府城。

第四節　進駐宜興縣

轉眼間已是建炎四年初春，岳飛卻不能提供最低限度的衣食之類，供士兵們辭舊迎新之用。因饑寒所迫，有的兵士甚至違令私出搶掠。小吏李寅向岳飛建議移屯常州宜興縣（今江蘇宜興市）。宜興知縣錢諶等人聞知岳飛之威名，也特地移書岳飛，歡迎他率軍保護縣境，並說縣裏的存糧足供一萬軍人吃十年。宜興縣東臨太湖，北通常州，西面又逼近建康府通臨安府的大道，確是進可攻，退可守的軍事基地。二月，岳飛統兵進駐宜興縣，將兵營屯紮在縣城西南的張渚鎮。[2]

原江、淮宣撫司水軍統制郭吉轉當土匪後，也盤踞於宜興縣。岳飛派人投信，以好言撫慰，約他共同抗金。郭吉卻急忙帶一百多艘船，滿載財物逃跑。岳飛聞訊後，命令部將王貴和傅慶領二千人追擊，俘獲了郭吉幾

1　本節敘事還參據《金佗粹編》卷16《廣德捷奏》，卷19《建康捷報申省狀》，《金佗續編》卷28《孫逌編鄂王事》引建炎四年邵緝薦書，《吳拯編鄂王事》。《金佗粹編》卷4《鄂王行實編年》將岳飛說服眾將士不降金，不當盜匪之事繫於駐鍾山時。按岳飛所部在鍾山只屯駐一兩日，離鍾山時，杜充尚未逃往真州，建康城尚未陷落。可知《鄂王行實編年》的記事應包括杜充投敵前後，即岳飛由鍾山轉移到廣德軍期間的事。

2　《會編》卷136，《要錄》卷31建炎四年正月丙辰說岳飛在建炎四年正月進駐宜興。按《金佗續編》卷30《宜興縣生祠敘》作「建炎庚戌仲春」，此文為宜興知縣錢諶於當年「仲秋朔」所寫，應以此說為准。岳飛軍屯張渚鎮，據《金佗續編》卷30《宜興縣鄂王廟記》，《雲麓漫鈔》卷1，張渚鎮的方位據《咸淳毘陵志》卷3《坊市》，《讀史方輿紀要》卷25。

乎全部的人和船。王貴是湯陰縣人。[1] 傅慶是衛州窯戶出身，他原是劉光世的部將，在馬家渡之戰後追隨岳飛。[2] 兩人都是能征慣戰的勇將，成為岳飛的左右助手。扈成被殺後，統領龐榮率領殘部投奔郭吉，此時也乘機歸順岳飛。[3]

在宜興縣境，尚有三支土匪。馬皐和林聚各有幾千人，岳飛派遣辯士勸降，得到了成功。另一支土匪，頭目號稱張威武，不肯投降。岳飛單騎闖入他的巢穴，乘張威武驚愕之際，將他斬死，並收編其全部人馬。

在內禍外患交迫的歲月裏，廣大民衆的生命財產朝不保夕。居然進駐了一支與衆不同的軍隊，對民間秋毫無犯，這不能不使宜興人民喜出望外，交相稱譽。人們用樸素的語言稱頌岳飛，說：「父母生我也易，公之保我也難。」甚至很多外地人也爭先恐後，移居宜興縣避難。

按中國古代的隆重禮節，宜興人民出資為岳飛建造生祠，以表達大家感激之情。古代的祠廟用於尊崇先賢、祖宗，以至神仙鬼怪之類，為活人營建生祠，乃屬特例。知縣錢諶寫生祠敍說，「察人之情，猶以為未至，皆欲圖像於家，與其稚老晨昏欽仰，如奉省定而後已」，故將岳飛畫像「摹刻於石，庶廣其傳」。[4] 當地民衆簡直將岳飛尊奉為神人，這在中華古史上是少見其例的。

岳飛對待河北、河東等地的金人簽軍，一貫採取正確的政策，將他們視為自己的骨肉同胞，不歧視，不苛待，儘量做爭取工作。於是「岳爺爺」的聲名遠播，成千上萬的簽軍爭先恐後地前來降附。[5]

在降官如毛、潰兵似潮的逆流中，岳飛卓爾不羣，他以必勝的信念、頑強的毅力和恰當的措置，發展和壯大了自己的隊伍。這個二十七、八歲的青年統制開始擔任主將，他按照自己的意圖和風範，塑造一支抗金勁旅。後來，人民稱這支雄師為「岳家軍」。著名的愛國詩人陸游詩云：「劇

1　《金佗續編》卷 28《孫迫編鄂王事》。

2　《會編》卷 143，《要錄》卷 38 建炎四年十月，《金佗粹編》卷 4《鄂王行實編年》。

3　《會編》卷 135，卷 136，卷 137。

4　《金佗續編》卷 30《宜興縣生祠敍》。

5　《金佗續編》卷 28《孫迫編鄂王事》引建炎四年邵緝薦書，《浮溪集》卷 2《論僑寓州郡劄子》。

盜曾從宗父命，遺民猶望岳家軍。」「岳家軍，蓋紹興初語」。[1] 岳家軍當時尚不是一支大部隊，無力挽狂瀾於既倒；但在江南的抗金戰場上，已不愧為中流砥柱。

第五節　江南軍民抗擊入侵者

完顏兀術佔領臨安府後，即命斜卯阿里和烏延蒲盧渾帶四千精騎，急馳明州，追捉宋高宗。這支金人的偏師經歷長途奔波，已成強弩之末。宋將張俊在明州以優勢兵力迎戰，使疲憊的金軍遭受「小衄」。[2] 完顏兀術派兵增援，張俊急忙撤離明州。

金軍雖佔領明州，但處境日益困難。遙望東南，煙濤微茫，無宋高宗逃帆之影跡；[3] 回首西北，山水重杳，卻有岳飛等虎旅之狙擊。密佈的河湖，不利騎兵的縱橫馳騁；卑濕的地氣，又造成將士的水土不服。完顏兀術終於決定撤兵。因劫掠的財物過多，如按來路直線北撤，陸運不便，於是金軍繞道大運河，水陸並行，破秀州（治嘉興，今浙江嘉興市），陷平江府（治吳縣、長洲，今江蘇蘇州市），佔常州（治武進、晉陵，今江蘇常州市），準備自鎮江府（治丹徒，今江蘇鎮江市）渡江。當時的浙西運河全程為六百四十一宋里。[4]

女真貴族宣稱「搜山檢海已畢」，[5] 用以掩飾其軍事上的失利；又殘酷

1　《劍南詩稿》卷 27《書憤》。

2　明州之戰的原始記錄見《忠正德文集》卷 7《建炎筆錄》，《浮溪集》卷 1《奏論諸將無功狀》（此奏又見《會編》卷 136），《揮麈後錄》卷 9，《揮麈三錄》卷 1 引李正民日記（又見《會編》卷 134）。儘管張俊虛報戰功，說殺敵近千人，而所得女真人的「帶環首領」，即耳戴金銀環的首級僅有兩級。此後，明州之戰又被吹噓為殺敵幾千以至幾萬的大捷，見《海陵集》卷 23《張循王神道碑》，《會編》卷 219《林泉野記》，《要錄》卷 30 建炎三年十二月癸卯，《宋史》卷 369《張俊傳》，《宋朝南渡十將傳》卷 6《張俊傳》。

3　《金史》卷 77《宗弼傳》，卷 80《斜卯阿里傳》，《烏延蒲盧渾傳》都說金兵由海道追捉宋高宗三百多里，不獲。《要錄》卷 31 建炎四年正月丙寅，《宋史》卷 26《高宗紀》則說金兵乘船到碶頭，被張公裕的水軍擊散。

4　《宋史》卷 97《河渠志》。

5　《要錄》卷 31 建炎四年二月丙子。

地進行焚戮，用以發洩其氣惱和獸性。最先遭殃的是明州，州城裏的居民基本殺光，除東南角的幾所佛寺外，房屋也全部燒成灰燼。金軍又派兵四出，在整個州境搜剔殺掠，即使是人跡罕至的深山窮谷，也罹其荼毒。接着，金軍又在臨安府城縱火，連燒三天三夜，煙焰不絕。臨安府在南宋初幾經兵燹，戶口只剩下十分之二、三。[1] 在平江府，縱橫百餘宋里的大火，五日方滅。金軍的殺掠，加之官軍的騷擾，建炎四年夏季的瘟疫，平江府人民喪生者近五十萬，只有十分之一、二的人口倖免於難。[2]

此次金軍渡江，東路軍所踐躪的面積比西路軍小，約為兩浙路的一半和江南東路的一角，但這個地區卻是宋朝最豐腴的穀倉，是當時全世界最富庶的地區，飽受了如此慘烈的戰禍，非短時期所能恢復。

江南軍民面對金兵的兇暴行徑，也進行了奮勇的抵抗。金軍攻打臨安府時，州治錢塘縣令朱蹕率領二千鄉兵，橫挑強敵。他身受重傷後，仍然令部兵背負他，繼續指揮戰鬥，最終在天竺山英勇犧牲。弓手首領祝威和金勝率餘部據守葛嶺。他們在崎嶇的山路上，用泥土覆蓋編竹，佯裝通道，設下埋伏。金朝騎兵衝擊葛嶺時，一批又一批地踣仆，亂成一團。鄉兵們揮兵刃奮斫，使敵人橫屍山谷。狂怒的完顏兀術以大兵從南麓沖上葛嶺，因眾寡懸殊，祝威、金勝等壯烈戰歿。[3]

在嚴州桐廬縣（今浙江桐廬縣），錢甾、錢鬻兄弟和方庚指揮民兵三千人，於牛頭山擊敗了金兵。[4]

金兵進犯越州（治會稽、山陰，今浙江紹興市）時，餘姚（今浙江餘姚市）知縣李穎士招募幾千鄉兵，同把隘官陳彥一起禦敵。他們布列了很多旗幟，迷惑金軍，勝利地阻擊了一晝夜。[5]

建炎四年三月，完顏兀術的大軍撤離平江府時，宋軍統制陳思恭率領

1 臨安府戶口的變化參見《宋會要》食貨 38 之 19，《要錄》卷 173 紹興二十六年七月丁巳。

2 金軍北撤時的破壞，參見《要錄》卷 31，卷 32，《揮麈後錄》卷 9，卷 10，《吳郡志》卷 1《戶口稅租》。

3 《要錄》卷 30 建炎三年十二月乙酉，己丑，《淳祐臨安志輯逸》卷 1。

4 《景定嚴州續志》卷 6。

5 《要錄》卷 30 建炎三年十二月庚子，《揮麈三錄》卷 1，《四朝聞見錄》丙集《高宗六飛航海》。

所部，邀擊泊船於吳江縣（今江蘇蘇州市吳江區）境太湖中的敵人後軍，也取得勝捷。[1]

這一系列戰鬥都打擊了女真貴族的囂張氣焰，使金軍難以在江南立足。

第六節　馳援常州

金軍在三月撤離平江府後，直撲常州。常州知州周杞探知敵情，急忙派屬官趙九齡專程赴宜興縣，邀請岳飛前來守衛州城。由於當年在張所河北西路招撫司的相知，趙九齡也曾為岳飛移軍宜興縣，進行聯繫與說合工作，岳飛對此十分銘感。[2] 故人相見，分外親熱，而緊迫的軍情，又不容兩人重敘舊誼，暢談經歷。岳飛忙於部署軍隊，準備馳援常州城。

不料周杞驚慌失措，竟緊隨趙九齡之後，放棄常州城，也逃到宜興縣。其實，周杞等只要開閘放洩源於鎮江府丹陽縣練湖的水，金人的舟船就會在運河中擱淺，而不能行駛。[3]

岳飛與周杞、趙九齡商議和籌劃一番，即帶領精兵北進，奪回常州。岳家軍前後四戰，將不少敵兵掩殺在河裏，並活捉了女真萬夫長少主孛堇[4]等十一人，一直追擊到鎮江府的東部。

由於盜匪戚方攻陷了廣德軍，使張渚鎮的後方基地受到威脅，岳飛遂回師宜興縣。他帶領一千多騎兵奔赴廣德軍，戚方卻已轉而西向，前去攻打宣州（治宣城，今安徽宣城市宣州區）了。岳飛途經廣德軍的金沙寺小憩時，寫就一篇題記，以抒襟懷：

1　《會編》卷 137，《要錄》卷 32 建炎四年三月癸卯朔，《宋史》卷 26《高宗紀》。

2　《陳亮集》（增訂本）卷 22《中興遺傳序》。

3　《會編》卷 137，《要錄》卷 32 建炎四年三月壬子，《宋史》卷 26《高宗紀》，《嘉定鎮江志》卷 6《湖》。

4　《金史》卷 44《兵志》：「其部長曰孛堇。」

余駐大兵宜興，緣幹王事過此，陪僧僚謁金仙，徘徊暫憩，遂擁鐵騎千餘長驅而往。然俟立奇功，殄醜虜，復三關，迎二聖，使宋朝再振，中國安強，他時過此，得勒金石，不勝快哉！建炎四年四月十二日，河朔岳飛題。[1]

祖國的安強統一，一直是縈繞岳飛心頭的奮鬥目標，而眼前的任務，則是向江南戰略重鎮建康府進軍。[2]

第七節　克復建康府

建炎四年三月，完顏兀術到達鎮江府，打算滿載擄獲品渡過大江，卻遭到韓世忠軍的攔擊。

金軍號稱十萬人，韓世忠所屬只有八千餘人，欲與金軍陸戰，顯然力不從心。韓世忠命全軍登上戰艦，以水師迎戰陸軍，確是以己之長，攻敵之短。完顏兀術只能用小船馳出運河，在金山一帶江面迎戰，屢次失敗，十分狼狽。他請求韓世忠放金軍過江，韓世忠卻提出他不能接受的條件：放回徽、欽二帝，歸還宋之故土。

但韓世忠的海艦尖底，吃水深，無法逼近沿江淺灘。走投無路的金軍退到黃天蕩（今江蘇南京市東北），企圖開掘一條河道入江，又遭韓世忠軍攔截。後有奸細獻策，金軍又另外掘通河道，得以將船隻經秦淮河，引入建康城西的江面。韓世忠軍還是溯江趕來邀擊。有人教完顏兀術乘無風

1　《金佗稡編》卷 19《廣德軍金沙寺壁題記》。據《會編》卷 137，《要錄》卷 32，《宋史》卷 26《高宗紀》，戚方於三月二十七日己巳陷廣德軍，四月十四日乙酉又攻宣州。戚方陷廣德軍，當是岳飛不追擊金軍而回師的原因。有的學者認為此篇題記之篇目「廣德軍」誤誤，岳飛題記的真實地點應在宜興縣湖㳇鎮，湖㳇鎮有金沙寺，岳飛此行目的是為出師建康府。按建康府在岳飛駐軍的張渚鎮之西北，而湖㳇鎮則在張渚鎮之東南，則岳飛出師，似無需繞道湖㳇鎮。今姑仍取前一說。

2　本節敘事還參據《金佗稡編》卷 16《廣德捷奏》，《金佗續編》卷 28《孫逌編鄂王事》引建炎四年邵緝薦書。

之際，用小船向宋軍施放火箭。韓世忠軍原來準備水陸兩栖作戰，其航海巨艦還裝載馬匹、糧食、輜重、軍人家屬等，無風不能行駛。遭敵人攻擊後，韓世忠軍的巨艦一艘接一艘着火，蔽江而退。

黃天蕩之戰前後相持四十日。韓世忠雖敗猶榮，此戰教訓了女真貴族，使完顏兀術等領悟了一個淺顯的軍事常識，在大江上往返，非同兒戲，甚至會有滅頂之災。[1]

建康府成為金軍在江南僅存的立足點，對於再下江南，吞滅宋朝，無疑有非常重要的軍事價值。當完顏兀術和韓世忠在江上相持之際，建康府的金兵在城東北的鍾山、城南的雨花台構築大寨，開鑿了兩道護城河，並在山上挖洞，以供「避暑」之用。金人「陸增城壘，水造戰船」，從采石磯渡江北去，繼而復返的隊伍，也絡繹不絕。[2]韓世忠的戰敗，又使金人留駐建康府「避暑」的可能性增大了。

浮海歸來的宋廷以越州為「行在」。宋高宗君臣將建康府的金軍視為懸在自己頭頂上的利劍，他們為此調動了可以調動的全部兵力，任命張俊為兩浙西路、江南東路制置使，「諸將並受節度」，全權負責收復建康事宜。可是卑怯的張俊寧肯任人切齒唾罵，也不敢向建康前進一步。[3]勇敢承擔克復建康重任的，唯有岳家軍。

由於杜充的原江、淮宣撫司事實已經撤銷，宋廷命岳飛改任御營司統制。[4]四月二十五日，即韓世忠戰敗的同日，[5]岳飛在位於建康城南三十宋

1　關於黃天蕩之戰，參見周寶珠先生《關於宋金黃天蕩之戰的幾個史實問題》，載《後樂齋集》，河北大學出版社，2012年；楊倩描先生《宋金鎮江「金山大戰」考實》，河北大學宋史研究中心《宋史研究論叢》第5輯。

2　《會編》卷138，《歷代名臣奏議》卷233，《景定建康志》卷35汪藻奏。

3　關於發表張俊任兩浙西路、江南東路制置使的日期，《會編》卷137作四月一日，並稱此項任命是為「策應世忠」。《要錄》卷32則為四月二十八日己亥，即在韓世忠戰敗和岳飛發動清水亭之役後，但當時宋廷尚未得韓世忠敗訊。據《金佗稡編》卷19《建康捷報申省狀》，岳飛稱「恭依聖旨」而出兵，宋廷不可能先令岳飛攻建康府，後任命張俊為戰區統帥，疑《要錄》所載日期太遲。

4　岳飛新任差遣據《金佗稡編》卷16《廣德捷奏》，《金佗續編》卷28《孫逌編鄂王事》引建炎四年邵緝薦書。

5　韓世忠黃天蕩之戰失敗日期，《會編》卷138，《要錄》卷32，《宋史》卷26《高宗紀》，《金史》卷3《太宗紀》全同。

里的清水亭[1]首戰告捷，敵人橫屍十五宋里，斬得耳戴金、銀環的女真人頭一百七十五級，[2]活捉女真、渤海、漢兒軍四十五人，繳獲馬甲、弓、箭、刀、旗、金、鼓等三千七百多件。

在敵眾我寡的情勢下，要圍殲完顏兀術的大軍，自然是不可能的。岳飛採用的策略是自南而北，驅逐敵人過江。建康城南三十宋里有一座山，上有雙峰，東西對峙，故取名牛頭山。五月初，岳飛率軍前往清水亭之西十二里的牛頭山紮營，山上「林樹蔥鬱，泉石相暎」，[3]足以保障將士的休整和飲水。他派遣一百名軍士，身穿金軍的黑衣，在昏黑的夜裏混入雨花台的金營，偷襲敵軍。金兵分辨不清敵我，自相攻擊，亂殺一通。為防止岳家軍再次劫營，金人不得不在營外增派巡邏部隊，其巡邏部隊又遭岳家軍伏擊，而被殲滅。

從四月到五月，岳家軍同金軍戰鬥幾十次，都取得勝利。戰事的失利，使完顏兀術雖知放棄建康可惜，而又痛感久留建康無益。他自五月五日開始，便加緊在建康城內大肆殺掠和破壞，[4]本人在十日移駐於建康城西北十五宋里的靖安鎮（即龍灣市）。[5]岳飛偵知金兵撤退的跡象，率三百騎士和二千步兵衝下牛頭山，再次擊敗敵人，進據雨花台和建康城西南隅的新城。[6]五月十一日，完顏兀術從靖安鎮撤退到對江的真州六合縣宣化鎮。岳家軍追至靖安鎮，消滅最後一批金軍。戰士們跳上尚未逃遁的敵船，殘敵多被擊溺於江水中。岸上的鎧甲、兵器、旗鼓、輜重、牛驢等，數以萬計，或縱橫委棄，或堆積如山。

---

1 《景定建康志》卷16《鋪驛》，卷22《亭軒》，參見顧文璧先生《岳飛清水亭之戰和岳家軍出師建康的路線問題》，載《岳飛研究》第1輯。

2 因金軍中的各民族成員一律剃頭辮髮，故以耳戴金、銀環作為識認女真人首級之標誌，參見《會編》卷3，卷28，《梁溪全集》卷171《靖康傳信錄》。

3 《太平寰宇記》卷90，《景定建康志》卷17《山阜》，《金石萃編》卷134《聖宋江寧府江寧縣牛首山崇教寺辟支佛塔記》，《讀史方輿紀要》卷20。

4 《景定建康志》卷43，《石林居士建康集》卷4《建康掩骼記》。

5 《景定建康志》卷16《鎮市》，《金陵新志》卷4《鎮市》。

6 《讀史方輿紀要》卷20說「新城一作新亭」，「在江寧縣南十五里」。據《景定建康志》卷43和《石林居士建康集》卷4《建康掩骼記》，金將張真奴「別築城於西南隅以居，取城中器械、子女、金、帛儲之」。新城可能即是張真奴「別築」之小城。另據《景定建康志》卷22《臺觀》，雨花台是城南三宋里之制高點。岳家軍下牛頭山後，應是先佔雨花台敵寨，再據建康城西南隅之新城，而後繼續北向進擊。

建康戰役歷時半月，光是斬女真人「禿髮垂環者之首無慮三千人」，還不包括其他民族成份的金兵，擒獲千夫長留哥等二十多名軍官。其中僅靖安鎮一戰，即俘金兵三百多人，包括八名女真人。這是岳家軍的首次輝煌勝利。[1]

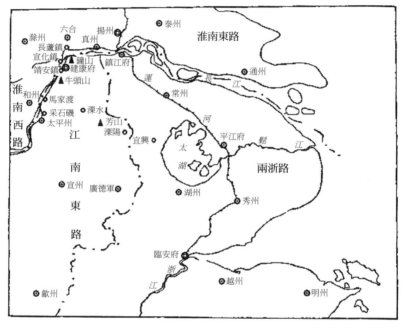

江南形勢圖

　　岳家軍進駐建康城，建康府前通判錢需也糾合鄉兵，隨同進城。城中遍地煨燼，街巷和屋宇已面目全非；居民們屍體縱橫，血流通道，很多傷殘者還在呻吟呼號。兩年後，人們收拾和掩埋殘缺不全的屍骨，竟達七、八萬件。此外，還有大批人口被金兵驅擄過江。這座平時擁有約二十萬人

1　關於建康之役，《金史》卷 77《宗弼傳》揚勝諱敗，說敗韓世忠後，金軍自動「渡江北還」。《會編》卷 138，《要錄》卷 33 建炎四年五月壬子的記載承襲秦檜和秦熺父子篡改歷史之餘，多所闕略。本節敘事還參據《金佗稡編》卷 16《廣德捷奏》，卷 19《建康捷報申省狀》，《金佗續編》卷 28《孫逌編鄂王事》引建炎四年邵緝薦書，《會編》卷 141，《要錄》卷 33 建炎四年五月戊辰。

口的大城市，遭受了毀滅性的浩劫。[1]

岳飛及其將士們，都是久經戰陣、敢於直面刀光、正視血影的人，面對此慘絕人寰的景象，也實感目不忍睹，人人無比悲痛和激憤。

第八節　獻俘越州

岳飛率部北上收復建康府時，命劉經留守宜興縣。岳飛和劉經原是共過患難的戰友。岳飛從建康府凱旋，途經溧陽縣時，忽然有劉經的部將王萬前來密報，說劉經圖謀殺害岳飛的母妻，吞併他的軍隊。在南宋初兵荒馬亂之時，殺掉某個統兵官，吞併他的部伍，是屢見不鮮的事。岳飛大吃一驚，便命部將姚政連夜返回宜興縣，相機行事。姚政趕到宜興縣，就派人邀請劉經，詭稱岳母姚氏有急事，要同劉經商量。劉經不虞其詐，當他急匆匆前來，跨進姚氏的房間後，便被預先佈置的伏兵殺死。岳飛隨後即至，撫慰劉經的部眾，向大家說明事情的原委。由於岳飛威信素著，軍中沒有發生別的波折。[2] 王萬和姚政都是湯陰人，[3] 後來成為岳家軍的統制。

五月下旬，岳飛親自押解戰俘，前往「行在」越州，[4] 這在南宋立國四年以來，尚屬首次。四、五年前，在相州到南京應天府的行軍途中，岳飛也許見過趙官家的模樣，而趙官家卻不大可能對一個無名之輩有何印象。岳飛目前雖然官位不高，卻已成為宋高宗願意召見的人物。

岳飛抵達「行在」後，首先見到的還是受命收復建康府，卻又畏縮不前的張俊。張俊對幾年前的舊部屬表示好感，並且向岳飛透露內情，說朝廷仍然非常擔心金兵再次渡江，計劃命岳飛鎮守江南東路的饒州（治鄱

---

1 《要錄》卷 33 建炎四年五月壬子，《景定建康志》卷 43，《石林居士建康集》卷 4《建康掩骼記》。

2 《會編》卷 138，《要錄》卷 33 建炎四年五月壬子。

3 《金佗續編》卷 28《孫迪編鄂王事》。

4 岳飛獻俘和朝見時間，《要錄》卷 33 為五月二十七日戊辰，《金佗稡編》卷 5《鄂王行實編年》為六月，卷 25《承楚辨》更具體寫明是二十九日，稍異。

陽，今江西鄱陽縣），以防敵人騷擾江南東、西路。岳飛當即表示異議，說：「山澤之郡，車不得方軌，騎不得竝行，虜得無斷後之慮乎？但能守淮，何慮江東、西哉！使淮境一失，天險既與虜共之矣，首尾數千里，必寸寸而守之，然後為安耶？」

張俊對岳飛在軍事上的遠見卓識，不能不表示佩服。宋高宗親自審問戰俘，通過翻譯，打聽徽、欽二帝的消息，表露出十分感慟的神態。他下令將八名女真人處死，其餘「漢兒」分隸諸軍。岳飛當即上奏，複述了自己的軍事見解：「建康為國家形勢要害之地，宜選兵固守。比張俊欲使臣守鄱陽，備虜人之擾江東、西者。臣以為賊若渡江，必先二浙，江東、西地僻，亦恐重兵斷其歸路，非所向也。臣乞益兵守淮，拱護腹心。」

宋高宗對岳飛的看法也表示讚許，並賞賜他鐵鎧五十副、金帶、鞍、馬、鍍金槍、百花袍等物品，以資嘉獎。[1]

第九節　降服戚方

六月初，宋廷又命岳飛配合張俊的大軍，征討盜匪戚方。戚方勇悍善射，最初充當養馬的教駿軍士，作為廂兵。[2] 後當盜匪，又率眾投奔杜充，任準備將，又升統制。他再當盜匪，攻打宣州失敗後，便率部轉掠湖州安吉縣。[3] 他是東南一帶最兇悍的匪徒。

岳飛自越州返回宜興縣，便領兵三千人，直下廣德軍，在軍城東南約七十里的苦嶺紮寨，苦嶺處於廣德軍通湖州安吉縣的要道，[4] 旨在阻截戚方匪軍再次荼毒廣德軍。戚方聞訊後，拆斷了一座官橋。岳飛親自在橋柱上射了一箭。戚方得到這枝有岳飛刻字的箭，驚慌失色，急忙逃遁。岳飛令

1　本節敘事還參據《金佗稡編》卷 23《山陽辨》。

2　《宋史》卷 187，卷 189《兵志》。

3　《會編》卷 137，卷 138，《要錄》卷 34 建炎四年六月丁丑。

4　《光緒廣德州志》卷 3《山川》，《嘉慶重修一統志》卷 132，《廣德文史》第 6 輯任偉俊先生《岳飛苦嶺降戚方》。

部將傅慶等追擊，未能擒獲戚方。戚方增兵，進行反撲，岳飛親統一千人與之對陣。在戰鬥中，戚方的手弩竟發箭射中岳飛的馬鞍。岳飛拔箭，插入矢箙，發誓要擒獲戚方。兩軍前後激戰十多個回合，戚方終於戰敗，逃往湖州安吉縣，岳飛窮追不捨。正逢張俊的大軍趕至，戚方走投無路，只能向張俊投降，交出了六千名兵，六百匹馬，「獻金玉珍珠不可計」，其實是向張俊行賄。

岳飛前往張俊軍營，嚴厲斥責戚方「屠掠生靈，騷動郡縣，又誘殺扈成而屠其家，且拒命不降」等罪惡行徑。張俊從旁再三勸解。岳飛便取出戚方射中自己馬鞍的那枝弩箭，當面命令戚方寸寸折斷。戚方恭謹遵命，流汗股慄，不敢仰視。岳飛和張俊大笑一場，方才甘休。[1]

第十節　題詞張渚鎮

岳飛再次回到張渚鎮，眼看將要離開這個風景秀美，「有山水之勝」的地方，奔赴新的抗金戰場。他的房東名叫張大年，曾任黃州通判，已退閑家居，「藏書教子」。彼此相處了一段時日，不免依依難捨，岳飛思潮起伏，便在張家的一面屏風上題詞留念：

> 近中原〔板〕蕩，金賊長驅，如入無人之境；將帥無能，不及長城之壯。余發憤河朔，起自相臺，總髮從軍，小大歷二百餘戰。雖未及遠涉夷荒，討蕩巢穴，亦且快國讎之萬一。今又提一壘孤軍，振起宜〔興〕，建康之城，一舉而復，賊擁入江，倉皇宵遁，所恨不能匹馬不回耳！
>
> 今且休兵養卒，蓄銳待敵。如或朝廷見念，賜予器甲，使之完備，頒降功賞，使人蒙恩；即當深入虜庭，縛賊主蹀血馬前，

1　本節敘事還參據《會編》卷 140，《要錄》卷 34 建炎四年六月戊子。

盡屠夷種，迎二聖復還京師，取故地再上版籍。他時過此，勒功
金石，豈不快哉！此心一發，天地知之，知我者知之。建炎四年
六月望日，河朔岳飛書。[1]

　　岳飛自靖康年間參加抗金戰爭，四、五年間，經歷二百餘戰，已成長
為統率一萬多將士的主將，擁有勝任披掛馬甲的戰馬近千匹。在當時的東
南地區，擁有如此軍力的隊伍，僅有韓世忠、劉光世、張俊、王瓔等四、
五支，[2] 而岳飛的抗金戰績則是劉光世、王瓔等人所望塵莫及。

　　在這篇題記中，岳飛以簡潔明快的文字，抒發了強烈的愛國主義的
豪情壯志，滿腔義憤傾吐於字裏行間。即使在千百年後，一個偉大的英
雄形象依然浮凸於紙上。應當指出，即使在古代的歷史條件下，不分青紅
皂白，「盡屠夷種」的提法，也未必允當。但是，岳飛在爾後的抗金實踐
中，更正了自己的這種提法。對於願意歸降的金軍，包括女真人在內，他
也採取了誠懇的歡迎態度。

1　《雲麓漫鈔》卷1，又《金佗稡編》卷19《五岳祠盟記》內容相似，文字較短。
2　《金佗稡編》卷17《赴鎮畫一申省劄子》，《金佗續編》卷28《孫迥編鄂王事》引建炎
　　四年邵緝薦書。

第五章

苦戰淮東

第一節　就任通、泰州鎮撫使

　　建炎四年五月，即岳飛收復建康府的當月，宋廷依據宰相范宗尹的建議，陸續在淮南東、西路，京西南、北路，荊湖北路和陝西的一角，劃分若干小軍區，每個軍區設鎮撫使，管轄兩個至四五個府、州、軍的防務，並兼管民政和財政。宋廷先後設鎮撫使轄區約二十個，委任鎮撫使三十餘人。

　　上述地區往往由盜匪、土豪、潰將、攝官等佔據，宋廷事實上只能羈縻而已。范宗尹認為，此種措置雖「稍復藩鎮之法」，卻是抵擋金兵的「救弊之道」。其實，范宗尹的主張純屬消極防禦性質，根本不是規劃克復故土的深謀遠略。上述地區飽經戰禍，經濟凋弊，加之各鎮撫使轄區不大，人力、財力和物力有限，即使是單純的防禦，也不可能有效抵抗金兵。更何況鎮撫使的成份複雜，人心各異。在不到四年的時間裏，他們或叛變降敵，或自相殘殺，或戰敗犧牲，或喪失轄區，種種結局，難以概述。這就是所謂「救弊之道」的歷史見證。[1]

　　平定盜匪戚方的戰鬥結束後，張俊回朝，向范宗尹「盛稱岳飛可用」，范宗尹為此口奏宋高宗。[2] 對岳飛有相當瞭解的宣州文士邵緝，也上書

1　《會編》卷 140，《要錄》卷 33 建炎四年五月甲辰，甲子，《宋會要》職官 42 之 74—75，《建炎以來朝野雜記》甲集卷 11《鎮撫使》。關於南宋鎮撫使，以黃寬重教授《南宋對地方武力的利用和控制：以鎮撫使為例》一文論述最詳，載《中央研究院第二屆國際漢學會議論文集》和《南宋地方武力──地方軍與民間自衛武力的探討》，臺北，東大圖書股份有限公司，2002 年。在他的列表統計中，李允文、范福和寇宏三人似可商榷。

2　《會編》卷 207《岳侯傳》，卷 208《林泉野記》載，尚有常州知州林茂薦舉，今據《要錄》卷 35 建炎四年七月庚申注之考證，不取此說。

舉薦，說「岳飛驍武精悍，沉鷙有謀，臨財廉，與士信，循循如諸生，動合禮法」，有遠大的抱負，冀望「後世書策中知有岳飛之名」。邵緝列舉岳飛的威名戰績，說「朝廷諸將特然成軍如飛者，不過四、五人耳。飛又品秩最卑，此正易與時也」。「朝廷宜優擢之，假以事權」，「必能為國家顯立戰伐之功」。[1]

宋高宗本人自五月至六月那次朝見，也對岳飛有頗深的印象。七月，朝廷發表岳飛升官武功大夫、昌州防禦使，並任通、泰州鎮撫使、兼泰州知州的差遣。武功大夫比原來的武德大夫高一官，但按「雙轉」制度其實是半官，而防禦使又比原來的刺史高兩官，岳飛的虛銜算是連升三官。宋廷關於岳飛差遣實職的新命，大約是考慮到了他本人「乞益兵守淮」的請求。因為在此之前，宋廷已在淮南地區至少分設了八個鎮撫使司的轄區，[2]所餘的地盤有限，便選擇了通州（治靜海，今江蘇南通市）和泰州（治海陵，今江蘇泰州市）作為岳飛的轄區。此外，岳飛的官秩不高，也只能與其他鎮撫使平列。

岳飛對此項任命頗不滿意，通州和泰州僻處江海一隅，非戰略要衝之地，這與他「乞益兵守淮」的本意其實不合，鎮撫使是個防禦性的職務，也與他光復故土的猛志相悖。於是，岳飛便上狀向宋廷申訴說：

> 金賊侵寇虔劉，其志未艾。要當速行剿殺，殄滅淨盡，收復諸路，不然則歲月滋久，為患益深。若蒙朝廷允飛今來所乞，乞將飛母、妻并二子為質，免充通、泰州鎮撫使，止除一淮南東路重難任使。令飛招集兵馬，掩殺金賊，收復本路州郡，伺便迤邐收復山東、河北、河東、京畿等路故地。庶使飛平生之志得以少

1　邵緝，《金佗稡編》卷 5《鄂王行實編年》作邵緯，並說他是編修敕令的刪定官。據《金佗續編》卷 28《孫迫編鄂王事》引建炎四年邵緝薦書，自稱「寒士」。又《筠溪集》卷 22《送邵公緝還鄉序》載，邵緝為宣州人，頗有學問。

2　據《要錄》卷 33 建炎四年五月乙丑，卷 34 建炎四年六月丙戌，在岳飛之前任淮南鎮撫使者有趙立、薛慶、李彥先、郭仲威、劉位、趙霖、吳翊和李成八人。此外，李伸任廬、壽州鎮撫使不知在何月，也未必一定在岳飛之後，見《要錄》卷 39 建炎四年十一月戊午。

快，且以盡臣子報君之節。……如蒙指允飛所乞，即乞速賜指
揮，亦不敢仰干朝廷，別求添益軍馬。伏乞鈞照。[1]

宋廷對岳飛氣吞萬里的雄心看作夢囈一般。宋高宗和范宗尹等畏敵如
虎，視己如鼠，只是希圖苟安一隅，當然不會批准岳飛的請求。宋廷為表
示禮遇起見，只是答覆收到此件公牘，就此了事。

第二節　楚州之圍

完顏兀術渡江以後，依舊沿運河水陸並進，以便將搶劫來的財物和珍
寶運往北方。南宋承州、天長軍鎮撫使、兼承州知州薛慶和楚、泗州、漣
水軍鎮撫使、兼楚州知州趙立兩將，率部隊扼守要衝，使完顏兀術的歸師
遭到攔截。

為打通這條貫穿南北的水路，主持淮南戰場的金朝元帥左監軍完顏撻
懶來到六合縣，會見完顏兀術，兩人商定會師攻打楚州（治山陽，今江蘇
淮安市）的計劃。真、揚州鎮撫使、兼揚州知州郭仲威聞訊後，便約薛慶
共同迎敵。薛慶領兵至揚州，郭仲威卻臨陣變卦，聽任薛慶孤軍作戰。薛
慶兵敗，奔回揚州，郭仲威竟又閉門不納。薛慶奮戰，力盡被俘，慘遭殺
害。金軍便乘機攻佔了揚州和承州（治高郵，今江蘇高郵市），並包圍楚
州，形勢十分危急。[2]

此時南宋知樞密院事張浚在陝西大規模集結軍隊，金朝也決定將陝西
作為主要進攻目標，完顏兀術一軍奉命西調。[3] 淮南戰場則由完顏撻懶和龍

1　《金佗稡編》卷 17《乞淮東重難任使申省狀》，《金佗續編》卷 14《忠愍諡議》亦載此
　　狀概要。
2　關於承州失守和楚州被圍，參見《會編》卷 134，卷 136，卷 141，卷 142，《要錄》卷
　　23 建炎三年五月己丑，卷 30 建炎三年十二月己亥，卷 33 建炎四年五月乙丑，卷 36 建
　　炎四年八月庚辰，《宋史》卷 448《趙立傳》，卷 453《薛慶傳》，《揮麈後錄》卷 9，《東
　　牟集》卷 9《論楚州事劄》。
3　《金史》卷 19《世紀補》，卷 77《宗弼傳》。

虎大王完顏突合速主持。[1]

金朝雖因分兵而勢弱，宋朝卻不能合軍而力強。宋廷根本沒有集中東南韓世忠、劉光世、張俊三大將等兵力，與金軍在淮東決戰的勇氣和計劃。在宋高宗君臣看來，韓世忠軍新敗，元氣未復，而劉光世與張俊關係不睦，故出兵只能是非此而即彼。簽書樞密院事趙鼎先找張俊，張俊立即拒絕說：「虜之兵不可當也。趙立孤壘，危在旦夕。若以兵委之，譬徒手搏虎，併亡無益。」兩人爭議再三，最後趙鼎上奏宋高宗：「若俊憚行，臣願與之偕往。」張俊仍拒不從命。[2]

宋廷無可奈何，只得改派劉光世出兵，而命岳飛，郭仲威，接替薛慶任主管鎮撫司公事的王林，海州、淮陽軍鎮撫使、兼海州知州李彥先等部，都歸劉光世節制，共同救援楚州。

劉光世前後接到金字牌快遞發來的五道宋高宗親笔手詔，十九道樞密院剳。宋高宗的一份手詔說：

> 唇亡之憂，於卿為重。宜速前渡大江，以身督戰，庶使諸鎮
> 用命，戮力盡忠，亟解山陽之圍。

然而劉光世用兵行師的慣例，是本人遠離戰場，只派偏裨出戰，算是「持重」。[3] 他本人有數萬兵力，[4] 卻以重兵屯守鎮江府，而命部將王德和酈瓊率輕兵，於八月二十四日渡江，次日便越過距離承州不遠的邵伯，卻不敢向北直進，而是朝西北方向繞到與承州有重湖之隔的天長軍（治天長，今安徽天長市）。單從行軍路線看，如此繞道，就表明劉光世和王德等毫無

1　龍虎大王負責淮南戰場，見《宋會要》兵9之9，《酈王劉公家傳》卷3，《揮麈後錄》卷9。《金佗續編》卷1高宗手詔作「龍虎太師」。龍虎大王即完顏突合速，參見拙作《鄂國金佗稡編校注》卷8紹興十年「兀術怒其敗」一段注1。
2　關於張俊拒不從命，《要錄》卷36建炎四年八月己丑所載更詳於《金佗稡編》卷5《鄂王行實編年》。
3　《金史》卷79《酈瓊傳》。
4　《會編》卷142《中興姓氏忠義傳》說建炎四年時劉光世擁兵五萬，而據《要錄》卷60紹興二年十一月己巳，時「劉光世軍四萬」。估計此時應不足五萬人。

復承援楚的誠意。王德謊報若干戰功後，便藉口部屬不用命，斬左軍統領劉鎮[1]和裨將王阿喜，即於九月撤兵。[2]

第三節　苦戰承州城下

　　岳飛辭免通、泰州鎮撫使不成，方才接受成命，於八月十五日回到宜興縣。他率領本部人馬從十八日出發，二十二日抵達江陰軍（治江陰，今江蘇江陰市）。[3]當時岳飛尚未接到宋廷八月十九日發出的第一道救援楚州的指令。[4]由於傳來探報，說楚州被金元帥左監軍完顏撻懶大軍圍困，他急忙領輕騎渡江，直奔泰州，而命部將王貴負責全軍濟渡大江事宜。岳飛本人雖在二十六日夜裏直達泰州城下，而全軍的行動卻非常遲緩。按宋朝募兵制的慣例，軍隊移屯，家屬往往隨行。一萬多將士，連同眷屬，共有七萬多人。恰逢江陰軍一帶渡船稀缺，便更遷延時日，延宕到九月九日，方得以全軍進入泰州，為時半月有餘。[5]

　　泰州原來管轄四個縣，州治海陵縣累遭兵火，全無收成。如皋縣（今江蘇如皋市）收成也不好。興化縣（今江蘇興化市）是水鄉，盛產稻米，卻已改隸承州。泰興縣（今江蘇泰興市）也割屬揚州。通、泰兩州既無存糧，大江以南較近的平江府、常州等地又遭金軍嚴重破壞，無力供輸。宋廷曾令較遠的湖州（治烏程、歸安，今浙江湖州市），於「封樁米內支撥

1　《要錄》卷 37 建炎四年九月壬寅作「劉鎮」，而《江蘇金石志》卷 11《少保王公神道碑》作「劉震」。
2　本節敘事還參據《金佗稡編》卷 25《承楚辨》，《要錄》卷 36 建炎四年八月甲午，卷 37 建炎四年九月壬寅，《鄮王劉公家傳》卷 3，《宋會要》兵 9 之 8—9，14 之 22，《江蘇金石志》卷 11《少保王公神道碑》。
3　《金佗稡編》卷 17《申劉光世乞兵糧食狀》。《金佗稡編》卷 5《鄂王行實編年》和《金佗續編》卷 17《鄂王傳》作八月十九日出發，二十三日抵達江陰軍，正差一日。
4　宋廷第一道命岳飛救援楚州令之發佈時間，見《金佗稡編》卷 17《申劉光世乞兵馬糧食狀》，《要錄》卷 36 建炎四年八月己丑，《宋會要》兵 9 之 8。
5　岳飛全軍到達泰州的日期，《會編》卷 142，《要錄》卷 37 均作九月四日癸卯，應以《金佗稡編》卷 5《鄂王行實編年》，卷 17《申劉光世乞兵馬糧食狀》為準。

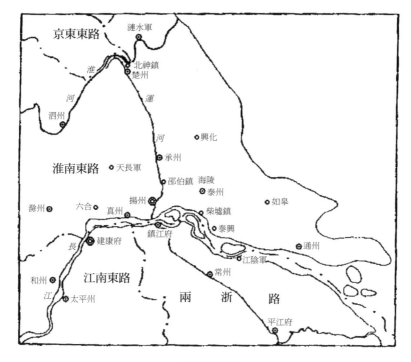

淮東形勢圖

五千碩，應副本軍起發」，岳飛及其將士一時興高采烈，不料當地官員卻拒絕支付。[1]因此，七萬多人的飯食，上千匹戰馬的芻草，都「一一窘乏」。自去年秋季以來，經歷長途的轉戰奔襲，軍士們的衣裝弊舊，卻未能按照規定，領取春裝替換。延挨至深秋，金風蕭瑟，冬衣又無着落。這不能不使岳飛為官兵們的「赤露失所」而憂心忡忡。[2]

儘管遭遇種種困難，岳飛還是毅然承擔起救援楚州的重任。他到泰州的第一件事，就是整頓本地的軍伍。岳飛點檢兵籍後，為激勵士氣，命泰州的「敢死士」、[3]效用和使臣填寫「從軍願否狀」，然後集中到教場，比賽射技。他精選了一百名優勝者，分為四隊，令每人自擇一匹戰馬，賜甲一

1　《金佗稡編》卷 10《乞催湖州賜米奏》。

2　《金佗稡編》卷 17《赴鎮畫一申省劄子》，《申劉光世乞兵馬糧食狀》。

3　《金佗稡編》卷 5《鄂王行實編年》作「敢死士」，《金佗續編》卷 17《鄂王傳》和《忠文王紀事實錄》卷 2 作「敢勇士」。查《宋史》卷 188，卷 189《兵志》，泰州本無以「敢死」或「敢勇」為番號的廂軍或禁軍，可知乃是因抗金戰爭而臨時招募的部隊。

副，充當騎士。岳飛以這一百名騎士充當親兵，「常置左右」，以示對本地軍隊的信用。在古代中國，人們的地方觀念濃厚，不同地方的軍隊容易發生磨擦，影響戰鬥力。岳飛以泰州兵作親兵，正是為了協調新、舊兩部份部屬的關係。

由於錢糧等供應的緊張，岳飛治軍更加整肅，嚴禁部下騷擾百姓，故岳家軍便很快得到通、泰兩州民眾的信賴和支持。[1]

九月九日以後，岳飛命部將張憲留守泰州，自己揮師出征，進駐承州以東幾十里的三墩。[2] 當時，王德已收兵返回鎮江府，而王林和郭仲威都「斂兵自保」。[3] 只有李彥先，他曾和趙立「刺臂為義兄弟」，救援楚州非常出力。他率部伍直抵楚州山陽縣北神鎮，[4] 卻被金軍扼制於淮河中，不得前進。[5] 岳飛甚至與李彥先也聲援不相及，他部下只有幾千孤軍，屯紮在敵人的大寨附近。

事已至此，岳飛深知援楚之難。他接連向劉光世發出兩封公牘，申述自己的困難處境。他說，本軍「新復建康之後，所有士馬瘡痍尚新，羸弊方甚」，加之糧草窘乏，「本未能即從王事，重以承、楚之急，甚於倒垂，不可以頃刻安居，理宜前進」。「此正飛等捐身徇義之秋」。但其「孤軍委實難以支梧」。他不敢抱劉光世親領數萬大軍渡江北上，與本軍會師的奢望。「欲望鈞慈捐一、二千之眾，假十餘日之糧，令飛得激厲士卒，徑赴賊壘，解二州之圍，掃犬羊之跡」。或「別差統制官一員前來掎角，庶立大功，不致上誤國事」。[6] 岳飛赴國難之激切心情，溢於言表。但是，如此懇切的、最低限度的請求，到得劉光世的兩浙西路安撫大使司，便如石沉大海，杳無回音。

在勢孤援絕的情勢下，岳飛仍激勵將士，殊死苦鬥，向金軍出擊，三

1　《會編》卷 142，卷 143。

2　三墩的位置，據《金佗續編》卷 30《高郵軍紹興三巨公祠記》，《讀史方輿紀要》卷 23。三墩後避宋光宗趙惇名諱，改稱三垛。

3　《金佗稡編》卷 17《申劉光世乞兵馬糧食狀》，《申劉光世乞進兵狀》。

4　《元豐九域志》卷 5 載，北神鎮在山陽縣境。

5　《會編》卷 142，《要錄》卷 37 建炎四年九月戊辰。

6　《金佗稡編》卷 17《申劉光世乞兵馬糧食狀》，《申劉光世乞進兵狀》。

戰三捷。前後活捉七十多名金軍將士，包括女真人、渤海人、契丹人、奚人和漢人。敵將高太保等幾十人被俘後身亡，其餘阿主里孛堇等二十人則押解後方。[1]

楚州的困境不可能因岳家軍的出戰而有所改善。金兵傾注全力攻城，晝夜不息。九月中旬，鎮撫使趙立被敵人的炮石打碎頭顱，他臨死前感慨地說：「我終不能與國滅賊矣！」九月下旬，金兵衝進楚州城。楚州軍民按照趙立生前的部署，每個巷口都設立磚壘，扶傷巷戰，使敵軍付出了傷亡幾千人的代價。城中烈火燭天，有的婦女甚至拉住金兵，一起沉溺河中。一些號稱「千人敵」的民兵首領，如萬五、石琦、蔚亨等，則奮勇突圍而出。[2]

自金朝破宋以來，大部份城市都是不攻而克，不戰而降，或者稍經戰鬥，金兵的損折也不大，只有少數城市是例外。在這少數的例外中，靖康年間，則首推太原，建炎年間，則東有楚州，西有陝州，先後進行了最英勇、最悲壯的保衛戰。這些城市的所有犧牲者，「貫精忠於日月，塞英氣於乾坤，雖云壯志之莫成，固已榮名之不朽」，[3]表現了寧死不屈的浩然正氣。

楚州失守後，完顏撻懶軍轉攻屯泊北神鎮的李彥先所部，金軍包圍了李彥先的座船，李彥先全家在淮水中殉難。[4]

完顏撻懶又以重兵南下，向承州附近的岳家軍猛撲。當時正值泰州出現盜匪，王昭的部伍出沒於城東，張榮的部伍出沒於城北。岳飛已接到了退守通州和泰州的指令，便忍痛指揮幾千名將士撤退。岳家軍在回師途中，自北炭村直到泰興縣的柴墟鎮，屢次擊退金兵的追擊，敵人傷亡甚多，不得不終止追逐。岳飛的部伍終於全師回泰州。[5]

1　《金佗稡編》卷19《承州捷報申省狀》。
2　《會編》卷142，《要錄》卷37建炎四年九月丙辰，戊辰，《宋史》卷448《趙立傳》，《揮麈後錄》卷9。
3　《會編》卷142追薦趙立等道場青詞。
4　《會編》卷142，《要錄》卷37建炎四年九月。
5　本節敘事還參據《金佗稡編》卷25《承楚辨》。

第四節　退守江陰軍

岳飛回到泰州後，不愉快的事又接踵而至。

前軍統制傅慶是一員悍將，岳飛一直非常倚重於他。傅慶也恃才傲物，將長官岳飛視為平交，他經常吹噓說：「岳丈所主張此一軍者，皆我出戰有功之力。」

傅慶不時向岳飛需索錢財，岳飛總是有求必應，慷慨解囊。岳飛出任通、泰州鎮撫使後，治軍更加嚴肅，對傅慶不能像以往那樣寬縱了。傅慶因此心懷不滿，打仗不肯出力，承州之戰也沒有軍功。有一回，傅慶迎接劉光世部將王德，就向王德表示，願重新隸屬舊日的長官「劉相公」，王德當即應允。統領張憲聽到兩人談話，便將此事報告岳飛，岳飛非常生氣，但隱忍未發。

稍過若干時日，岳飛命眾將比賽射藝。其他將領射箭都未超過一百五十步（一步為五宋尺，約合一‧五五米），唯獨傅慶連發三箭，都達一百七十步。岳飛賞他三杯酒。接着，岳飛又頒賞承州城下戰功，命令取宋高宗「宣賜」的戰袍和金帶，交付王貴。傅慶帶着幾分醉意和妒意，出面攔阻，說：「賞有功者！」

岳飛問：「有功者為誰？」

傅慶說：「傅慶在清水亭有功，當賞傅慶。」

岳飛發怒，喝退傅慶。傅慶不服，竟下階焚燒戰袍，捶毀金帶。岳飛怒不可遏，說：「不斬傅慶，何以示眾？」下令將傅慶推出斬首。[1]

十月下旬，以「玩寇養尊」著稱的劉光世[2]上奏朝廷，他反誣岳飛等人「遷延五十餘日」，「又巧為辭說，抵拒會合指揮」，因而招致楚州的陷落。簽書樞密院事趙鼎主張「詰劉光世等違命不救楚州之罪」，他為宋高宗草擬御批說：

---

1 《會編》卷 143，《要錄》卷 38 建炎四年十月。關於傅慶對王德的請求，《會編》的清光緒刻本作「欲笑星事劉相公」，而上海古籍出版社影印本作「欲伏侍劉相公」，稍異。
2 《水心別集》卷 12《四屯駐大兵》。

逐官但為身謀，不恤國事，且令追襲金人過淮，以功贖過。

但宋高宗認為：「光世當此一面，委任非輕，若責之太峻，恐其心不安，難以立事。」於是，宋高宗發佈的詔旨中反而嘉獎劉光世「體國忠勤」，令他「節制諸鎮」，「勠力保守」通、泰兩州。[1]劉光世對朝廷的姑息遷就，純粹是照顧體面的嘉獎，也並不真正感戴。他仍然不發一兵一卒渡江支援通、泰兩州的防務。

在承州和楚州之間，有樊梁、新開和白馬三個湖泊，綿亙三百宋里。[2]當金軍於建炎三年攻陷揚州時，漁民出身的梁山泊（在今山東巨野、梁山、鄆城三縣間）抗金義軍領袖張榮，號稱「張敵萬」，他率領其軍分乘數百艘船隻，由清河南下，轉移到這個湖泊和沼澤地帶，駐紮於鼉潭湖。義軍將茭草堆積成牆，再用泥土塗抹黏合，建成一座茭城，作為據點，神出鬼沒地打擊敵人，隊伍發展到一萬多人。金軍於建炎四年十一月，乘天寒冰凍之機，併力攻打鼉潭湖中的茭城，張榮舟師抵擋不住，焚燒積聚，撤往通州。[3]

完顏撻懶破茭城得手後，便以號稱二十萬大軍，猛撲泰州。當時，泰州城無險可恃，無糧可守，岳飛兵力又與金軍相差懸殊。岳飛接到命令，要他「可戰即戰，可守即守」，如不可守，則保護百姓，撤退到江岸的沙洲。

十一月三日，岳飛放棄泰州城，率軍退保泰興縣柴墟鎮。柴墟鎮一度作為泰興的縣治，有一道城牆。[4]岳家軍依託柴墟鎮的舊城，抗擊金軍，掩護幾十萬百姓和軍隊家屬渡江南撤。

---

1 《金佗稡編》卷 25《承楚辨》，《要錄》卷 37 建炎四年九月丙寅，卷 38 建炎四年十月戊子，丙申。
2 《宋史》卷 448《趙立傳》，《要錄》卷 33 建炎四年五月乙丑。又《東牟集》9《論楚州事劄》只說有白田、新開兩湖，稍異。
3 《會編》卷 143，《要錄》卷 33 建炎四年五月乙丑，卷 39 建炎四年十一月丙午。
4 《元豐九域志》卷 5 載，柴墟鎮在泰興縣境。《讀史方輿紀要》卷 23 載，泰興縣新城號稱龜城，是在宋神宗時，「知縣尤袤排為眾議」而築。據《宋史》卷 389《尤袤傳》，尤袤乃是在紹興末修築泰興「外城」，與柴墟鎮之舊城是兩回事。《讀史方輿紀要》之記載有錯訛之處，參見《嘉靖惟揚志》卷 2《建革志》，卷 7《鎮市》。

敵人的大軍追來，與岳家軍在南霸塘展開激戰。岳飛身中兩槍，仍然指揮將士死戰，終於打退金兵，很多敵人斃命於河裏，「河流為丹」。岳飛親自率領二百名精騎斷後。在留駐江北的最後幾日內，糧食斷絕，岳家軍只能割敵屍充饑。十一月七日，岳飛率軍最後自柴墟鎮渡江。他因泰州失守，上奏「待罪」。

宋廷也諒解他的處境，沒有給予處分，只是命令他在江陰軍「就糧」，防守江岸，「毋得透漏」金軍。[1]

同江南的輝煌勝利相反，岳家軍在淮東遭受了挫敗，進不能復承州以救楚州，退不得守泰州而保通州。幾個月前，岳飛上狀宋廷，謀求「重難任使」，不願當通、泰州鎮撫使，自以為可以旗開得勝，馬到成功，這說明他自建康勝捷後，存在着不切實際的輕敵思想。但是，岳飛並未因此而灰心喪氣，暫時的挫折絕沒有磨滅，而是砥礪着他敗後求勝、光復故土的鬥志。

第五節　張榮復淮東

岳飛的挫敗，為張榮的勝利所彌補。

金朝元帥左監軍完顏撻懶佔領泰州和通州後，急於消滅張榮的抗金義軍。張榮因通州地勢不利，又將本軍轉移到興化縣的縮頭湖。[2]

紹興元年（西元 1131 年）三月，完顏撻懶率領六千多名精兵，乘船直逼張榮水寨。張榮出動幾十隻小船迎敵。他看到金人用大戰艦作前導，無法與之對抗，就想出一條妙計。張榮對部下說：「無慮也，金人止有戰艦數隻在前，餘皆小舟，方水退，隔泥淖，不能近岸。我捨舟而陸，殺棺材中人耳！」

1　關於岳飛退守江陰軍的敘事，還參據《金佗稡編》卷 25《承楚辨》，《會編》卷 143，《要錄》卷 39 建炎四年十一月丙午，庚申，其日期稍異。十一月三日放棄泰州，據《金佗稡編》卷 5《鄂王行實編年》；十一月七日渡江，據《要錄》。

2　《輿地紀勝》卷 43《高郵軍》，《方輿勝覽》卷 46《高郵軍》作「率頭湖」。

張榮、賈虎[1] 所部引誘金兵陷入泥淖，不能自拔。抗金健兒們喊殺聲震天，將敵軍亂砍亂殺。連留在舟船中的金軍也不攻自亂，往往溺死。金將完顏忒里被殺，完顏撻懶的女婿、萬夫長蒲察鶻拔魯被俘。[2] 完顏撻懶只剩二千人左右逃歸。陷入泥潭中的金兵，張榮的抗金義軍花費兩三日功夫，才俘殺殆盡，共計消滅敵人四千多名。[3]

張榮乘勝克復泰州，「有謀而怯戰」的完顏撻懶逃往楚州，不敢逗遛，一直撤至淮河以北。[4] 淮東路大部份州縣又重歸宋朝控制。縮頭湖之戰比岳飛建康之戰打得更為出色，是南宋立國後空前的大捷。[5] 張榮獲勝後，投奔劉光世，任忠勇軍統制、兼泰州知州，其部屬立功將士四千零二十九人也進官受賞。[6] 縮頭湖後也因而改名得勝湖。[7]

張榮一退於鼉潭湖，二撤於通州，迴避了不利形勢下的硬拼。儘管他的隊伍成為淮東僅存的孤軍，仍然不動搖，不畏怯，堅持抗爭，最後巧妙地利用地勢，誘敵深入，使金人「步騎四集，悉陷於淖，無得解者」，終於一戰成功，使敵人為之「膽落」。[8]

1　賈虎之名，據《輿地紀勝》卷 43《高郵軍》，《方輿勝覽》卷 46《高郵軍》補。

2　《金史》卷 3《太宗紀》天會九年（即宋紹興元年）正月辛亥：「蒲察鶻拔魯、完顏忒里討張萬敵於白馬湖，陷於敵。」其時間和地點與宋方記載有異，「張萬敵」應是張榮綽號張敵萬之刊誤。蒲察是姓，鶻拔魯是名，《會編》卷 145 作「戶不剌」，《中興小紀》卷 10 和《皇朝中興紀事本末》卷 16 作「萬戶不剌」，《大金國志校證》卷 27《撻懶傳》作「萬不剌」，「不剌」應是鶻拔魯之歧譯，萬戶即是萬夫長，《會編》和《大金國志》分別脫漏「萬」與「戶」字。《要錄》卷 43 紹興元年三月壬子作「盆輦」，清人又改譯為「佛寧」，《大金國志校證》卷 7 亦作「盆輦」。

3　《宋會要》兵 18 之 30 載，劉光世為張榮上報戰功，說「剿殺萬餘人」，當有誇張。《會編》卷 145 的清光緒刻本作「俘馘蕃、漢軍四千餘眾」，上海古籍出版社影印本作「五千餘眾」，《中興小紀》卷 10 和《皇朝中興紀事本末》卷 16 同，今姑取其一說。

4　《會編》卷 145，《要錄》卷 43 紹興元年四月庚午。

5　《要錄》卷 60 紹興元年十一月己巳呂頤浩奏，列舉張俊明州、韓世忠鎮江府等戰，而唯獨稱張榮此戰為「大捷」。後張俊明州之戰被誇張為大捷，宋孝宗時列為中興十三次戰功之首，而無岳飛建康府和張榮縮頭湖兩戰的地位，是不公允的。

6　《要錄》卷 43 紹興元年四月乙亥，卷 44 紹興元年五月甲寅，《宋會要》兵 18 之 30。

7　《江湖長翁文集》卷 27《上周樞密劄子》，《輿地紀勝》卷 43《高郵軍》，《方輿勝覽》卷 46《高郵軍》，《讀史方輿紀要》卷 23。

8　《宋史》卷 379《胡松年傳》。

第六章

江湖轉戰

第一節 建炎中至紹興初的宋金對峙形勢

一、北方人民抗金鬥爭的繼續發展

建炎四年間，金兵從佔領河北和河東的少數州縣，進而奪據宋朝東、西、南、北四京，以及河北、河東和京東路的全部，京西和陝西各路的大部。整個北方經歷可怖的戰禍，「千里無完闆」，許多地區「榛莽彌望」。[1] 女真貴族吞噬如此廣闊的地域，一時難以消化。北方廣大民眾不屈不撓的反抗鬥爭，使敵人不得安寧。

從宋高宗到杜充，一反宗澤所為，取消對金朝佔領區抗金義軍的聯繫和支援。某些起義軍也遭到血腥的摧殘和鎮壓。少數不堅定份子，例如太行山紅巾軍首領齊寔、武淵和賈敢也變節降金。但是，在金朝的苛政毒刑之下，即使是齊寔之流，也難免於一死。[2] 這只能驅使更多的人加入反抗者的行列。在北方的廣大地區，依然是烽火連天，義幟遍地。各族人民為着故土的光復而奮戰不休。

在燕、雲地區，蔚州（治靈仙，今河北蔚縣）爆發劉黑龐領導的起義，金軍為追捕起義者，荼毒幾個縣的百姓。[3]

河東的紅巾軍發展到太行山以東，形成了「河北紅巾甚眾」的活躍局面。[4] 真定府有一支抗金隊伍，一個首領自稱「元帥」和「秦王」，不幸被金

---

1 《金文最》卷 22 何弼《濟陽縣創修縣衙記》。
2 《要錄》卷 47 紹興元年秋。
3 《要錄》卷 32 建炎四年春。
4 《要錄》卷 18 建炎二年十一月戊戌。

將完顏撒離喝（杲）所擊破。[1]在真定府西山胭脂嶺，「太行義士」石子明的隊伍大敗金朝遼東漢軍萬夫長韓常軍，千夫長劉慶餘「為砲折其頸」。[2]真定府另有一支五千多人的抗金武裝，其首領是遊貴和齊博。金朝真定知府田顥收買齊博，用陰謀手段殺害遊貴，最終得以鎮壓這支義軍。[3]在河間府，也有「劉先生」領導一支民間武裝，號稱二萬人，抗擊金軍，一度佔領府城。[4]岳飛的家鄉相州和磁州一帶，則有王會、孫小十、苗清等多支義軍，反抗金朝統治。[5]北京大名府和洺州城內，也曾發生居民暴動，反抗者一度佔領這兩座城市。在洺州西山為寨者，有李宗所率的義軍。[6]

在河東路，韋壽佺、李宋臣和馮賽聚集人馬，據守山谷，屢次同金軍交鋒。後馮賽和李宋臣渡過黃河，回歸宋朝，韋壽佺仍留在金朝佔領區，守衛山寨。[7]陝西丹州（治宜川，今陝西宜川縣）「義士」孫韓率部轉戰到河東慈州（治吉鄉，今山西吉縣），建立山寨。金朝知州劉慶攻破山寨，大肆殺戮，三千義軍無一倖免。[8]河東很多州縣據城暴動。沁州（治銅鞮，即宋朝威勝軍，今山西沁縣）的起義者堅守城垣，重創敵軍，金將完顏撻懶（殼英）的右肋也被砲石擊傷。[9]潞州（治上黨，即宋朝隆德府，今山西長治市）被太行山義軍所攻佔，並將金朝知州姚璠處死。[10]

京東路拱州柘城縣（今河南柘城縣）城內，有三千多居民舉行起義。[11]單州（治單父，今山東單縣）有黃戩領導的一支抗金義軍。龔慶府府治嶧陽縣（即宋朝瑕縣，今山東兗州市）有陳宏為領袖的一支義軍，規模很

1　《金史》卷 84《杲傳》。
2　《會編》卷 141，《要錄》卷 32 建炎四年春作「砲折其脛」。
3　《金史》卷 81《田顥傳》。
4　《金史》卷 80《赤盞輝傳》。
5　《金史》卷 81《伯德特離補傳》。
6　《金史》卷 68《阿魯補傳》，《會編》卷 116。
7　《會編》卷 148，《要錄》卷 36 建炎四年八月乙酉，卷 43 紹興元年四月，卷 53 紹興二年閏四月乙未，卷 105 紹興六年九月己巳，《宋史》卷 26《高宗紀》，《忠正德文集》卷 8《丙辰筆錄》，參見陳振先生《有關宋代抗金義軍將領李宋臣的史料及其他》，載《文物》1973 年第 11 期和《宋代社會政治論稿》，上海人民出版社，2007 年。
8　《要錄》卷 66 紹興三年夏。
9　《金史》卷 72《殼英傳》。
10　《金史》卷 75《沈璋傳》。
11　《金史》卷 81《高彪傳》。

大，人數號稱四十萬以上。[1] 東平府、滕陽軍（治滕縣，今山東滕州市）和濮州范縣（今山東范縣東南）等地的抗金義軍也非常活躍，阻擊了建炎三年進攻江南的金軍。[2] 在東岳泰山之巔，也集結「羣盜」，樹立「營柵」，反抗金朝。兗州有一支三千多人的起義軍，「保據山險」。[3] 在密州（治諸城，今山東諸城市），王義指揮一支抗金隊伍，號稱眾至十餘萬。[4] 萊州（治掖縣，今山東萊州市）農民范溫率領一支武裝，據守徐福島，不斷襲擊金軍。敵人在今膠東半島一帶海岸築深溝高壘，也防不勝防。後偽齊派兵進攻，又失敗而歸。范溫在徐福島堅持五年，最後因糧食告竭，才率部屬二千六百多人，航海南歸宋朝。[5]

東京開封府失陷十一天後，在餓屍縱橫，壯年男子不滿一萬的情況下，仍然發生反抗金朝佔領的暴動。起義者苦守了一個月，到建炎四年三月，開封城才再度被金將大迪里所攻佔。[6]

在西京河南府一帶，翟進死後，其兄翟興接替指揮此支抗金武裝，同金兵相持。孟州王屋縣（今河南王屋）「義兵統領」李興世代為農，他組織一萬多人，捍衛鄉里，往返懷州和衛州之間，攻襲金軍營寨，截斷敵人糧道。翟興招收李興，充當部將，並設法與河北、河東的向密、王簡、王英、盧師迪、韓進、李吉、李彥隆、馬疢義、李遵、宋德等幾十個山寨取得聯繫，他們都一致表示願意接受翟興的「節制」。

建炎四年八月，翟興派遣其子翟琮、統領趙林攻擊敵軍，屢戰皆捷，一直追奔到澠池縣（今河南澠池縣）而還。十月，翟琮又和李興兵渡黃河，在澤州陽城縣（今山西陽城縣）殺敗金兵，兵鋒直指絳州垣曲縣（今

---

1 《金史》卷 81《王伯龍傳》。
2 《金史》卷 80《斜卯阿里傳》。
3 《金史》卷 82《烏延胡里改傳》。
4 《金史》卷 82《烏延吾里補傳》。
5 《會編》卷 155，《要錄》卷 44 紹興元年五月丙辰，卷 54 紹興二年五月己卯，卷 57 紹興二年八月辛亥，卷 62 紹興三年正月丁丑，《宋會要》兵 18 之 30—33。徐福島，《要錄》和《宋會要》作福島。
6 《會編》卷 137，《要錄》卷 31 建炎四年二月丁亥，《宋史》卷 26《高宗紀》說開封城在建炎四年二月丁亥失陷。《金史》卷 3《太宗紀》天會八年二月戊戌，「汴京亂，三月丁卯，大迪里復取之」。

山西垣曲縣）。橫山「義士」史準等也率領部眾，前來會師。紹興元年正月，金朝派一萬騎兵攻打翟興的根據地、西京河南府的「寄治所」西碧潭。由於軍隊缺糧，翟興當時正分遣部兵往各地就食，所剩親兵僅有幾千人。他沉着應戰，派驍將彭玘在井谷設伏，擊敗敵軍，擒獲金酋忽沙郎君、十州郎君、柳橛郎君、佛面郎君[1]等人。此後，翟興又將根據地轉移到伊陽縣（今河南嵩縣西南）的鳳牛山寨，他的部隊成為北方人民抗金的支柱。[2]

二、偽齊立國　秦檜歸宋

金朝佔領區的後方既受到困擾，前方又接二連三地失利。完顏兀術敗於江南，完顏撻懶敗於淮東，西路渡江的歸師也在汝州寶豐縣（今河南寶豐縣）被宋將牛皋部打敗，悍將耶律馬五成為俘虜。[3]軍事形勢的變化，迫使某些女真貴族轉換策略。

左副元帥完顏粘罕是金朝軍功最大、才能最高的實權人物。金太宗有時反須聽命於他，兩人嫌隙日深。金太宗又扶植「三太子」、右副元帥完顏訛里朵，元帥左監軍完顏撻懶和後升元帥左都監的「四太子」完顏兀術三人，與之抗衡，軍事實權逐漸落入這三人手裏。但就對宋政策而言，完顏粘罕和完顏兀術無疑是主戰派，而完顏撻懶則是主和派。金朝有所謂「以和議佐攻戰，以僭逆誘叛黨」的傳統策略，[4]隨着完顏撻懶的權勢日益膨脹，他的主張至少在某些問題上得到了貫徹。

---

1 「郎君」乃漢文意譯，據《會編》卷 3，卷 231，「其宗室皆謂之郎君」，皇帝則稱郎主。
2 《會編》卷 129，卷 141，卷 144，卷 149，卷 150，《要錄》卷 23 建炎三年五月，卷 36 建炎四年八月乙酉，戊子和此末，卷 38 建炎四年十月，卷 41 紹興元年正月，卷 47 紹興元年九月辛酉，卷 67 紹興三年八月乙未，《宋史》卷 452《翟興傳》，《金石萃編》卷 159《孟邦雄墓誌》。
3 《要錄》卷 32 建炎四年四月，《宋史》卷 26《高宗紀》，卷 368《牛皋傳》只載牛皋敗金人歸師，唯有《會編》卷 138 說「生擒馬五太師」。按耶律馬五後仍見於史籍，《金史》卷 3《太宗紀》載他當年十一月在陝西作戰，耶律馬五後又在太行山與梁興交戰。疑《會編》之說有誤，或耶律馬五在被俘後逃回，或牛皋降偽齊後，耶律馬五被釋放。
4 《大金國志校證》卷 7。

女真貴族醞釀在黃河以南建立傀儡政權。完顏粘罕眼看金太宗已傾向於完顏撻懶的挑選，準備立原宋朝濟南知府劉豫作為傀儡政權的皇帝，便搶先下手。完顏粘罕命心腹渤海人高慶裔[1]到大河以南，導演了一齣「萬姓」「推戴」劉豫的醜劇兼鬧劇。建炎四年九月，金朝冊封劉豫為「子皇帝」，國號齊，定都原宋北京大名府，最後徙開封府，將京東、京西等地劃歸偽齊管轄。[2]

偽齊的建立，給金朝帶來某些利益。第一，劉豫政權接管淮東、淮西和京西三個戰場，使金軍得以集中兵力，鎮壓後方的抗金義軍，並專注於攻打陝西。第二，「以僭逆誘叛黨」的結果，也招得一批無恥之徒，投奔偽齊，充當鷹犬。

劉豫粉墨登場後，「外示節儉」，「內為淫佚」。他藉口宋政失之於寬，「專務以猛濟寬」，嚴刑酷罰，橫徵暴斂，荼毒全境。[3]

完顏撻懶在爭立劉豫偽齊政權的同時，又放縱奸細秦檜歸宋。

秦檜是建康府江寧縣人，字會之。他在北宋末任御史中丞等官時，曾反對割地而主戰，反對金人立張邦昌為帝，故被金軍驅擄北上。到達北方後，他立即變節，向敵人獻媚。其他官員流放到今東北的廣寧府（即遼顯州，治廣寧，今遼寧北鎮縣），唯獨秦檜由金太宗賜給完顏撻懶，而留在燕山府。[4]他曾應邀前赴完顏兀術的宴會，而侍酒者都是原來宋朝王公貴戚的女眷。[5]秦檜在完顏撻懶屬下先充「任用」，後升「參謀軍事」。金兵攻打楚州時，他為金人出謀劃策，寫過勸降書，其中「有指斥語」，即辱罵宋高宗的文字。建炎四年十月，完顏撻懶攻破楚州後不久，即將豢養三、四

1　《會編》卷 9 說高慶裔為渤海人。
2　《會編》卷 141，卷 181，《要錄》卷 18 建炎二年十二月庚申，卷 32 建炎四年春，卷 35 建炎四年七月丁卯，卷 37 建炎四年九月戊申，《宋史》卷 475《劉豫傳》，《金史》卷 77《劉豫傳》。
3　《會編》卷 181，《要錄》卷 117 紹興七年十一月丁未，《宋史》卷 475《劉豫傳》，《偽齊錄》。
4　《靖康稗史箋證·呻吟語》。
5　《金佗續編》卷 20《鄂王傳》。

年的秦檜放歸。[1] 這是他為「以和議佐攻戰」而下的賭注。

秦檜到得南方，一見宋高宗，便提議同金朝講和。宋高宗自稱得了這個「佳士」，「喜而不寐」。[2] 秦檜很快升任參知政事，作為副相，又設法排擠范宗尹而任宰相。於是，他有名的二策便接着出籠，其內容無非是「南人歸南，北人歸北」，即「欲以河北人還金國，中原人還劉豫」。此種投降主義政策立即招致反對，羣情大嘩。宋高宗依秦檜的建議，通過劉光世，向完顏撻懶投書乞和，杳無回音，一時也顯出怒氣衝衝的模樣，說：「朕是北人，將安歸！」將任相一年的秦檜罷免，明確表示「終不復用」。[3]

其實，宋高宗內心深處還是賞識秦檜的，只是在乞和不可得的情勢下，暫時閑廢而已。後來，宋高宗就對秦檜說：「朕記卿初自虜中歸，嘗對朕言：『如欲天下無事，須是南自南，北自北。』遂首建講和之議。朕心固已判然，而梗於衆論，久而方決。」[4]

金朝立劉豫和縱秦檜，幾乎是同時發動的政治攻勢。前者雖一時頗有聲勢，其實不過是抗金事業的疥癬之疾；後者一時並無成效，卻終於成為斷送抗金鬥爭的心腹之患。

三、川陝吳玠抗金

從建炎二年三月到建炎四年正月，金軍經過激戰，終於攻破陝西戰略重鎮陝州，李彥仙等將士英勇殉國。建炎四年九月，宋朝知樞密院事、宣撫處置使張浚輕率地決定，在耀州富平縣（今陝西富平縣北）與金軍進行大規模會戰。宋方集結了步兵十二萬，騎兵六萬，結果被金朝右副元帥完顏訛里朵督率完顏婁室、完顏兀術等軍打得一敗塗地，宋朝自此基本上喪

---

1 《會編》卷 142，卷 220，卷 221 洪皓行狀，《要錄》卷 38 建炎四年十月辛未，《宋史》卷 473《秦檜傳》，《盤洲文集》卷 74《先君述》。

2 《要錄》卷 39 建炎四年十一月丁未，《宋史》卷 473《秦檜傳》。

3 《會編》卷 151，《要錄》卷 39 建炎四年十一月丙午，丁未，卷 46 紹興元年八月丁亥，卷 57 紹興二年八月甲寅，《鄆王劉公家傳》卷 3，《宋史》卷 473《秦檜傳》，《北海集》卷 7 秦檜罷相制。

4 《要錄》卷 158 紹興十八年八月癸丑。

失了陝西。

宋將吳玠在一潰千里的逆境中，堅守大散關附近的和尚原要塞（今陝西寶雞市西南）。紹興元年十月，吳玠在和尚原大破金軍，完顏兀術本人也身中兩箭，狼狽逃竄。紹興三年（西元 1133 年）冬至紹興四年（西元1134 年）春，金元帥左都監完顏兀術和完顏撒離喝率大軍自鳳翔府寶雞縣（今陝西寶雞市）南下，越過和尚原，直抵仙人關（今甘肅徽縣東南白水江車站）。宋金兩軍進行反覆而激烈的搏戰，吳玠軍又獲大勝。

和尚原和仙人關兩次大戰，更勝於岳飛的建康之役和張榮的縮頭湖之役，是金軍自滅遼破宋以來的兩次慘敗。從建炎四年秋開始，川陝成為宋金戰爭的主要戰場。吳玠一軍以少擊眾，奮戰四年，幾乎是獨力支撐半壁江山，使金軍不敢再窺伺四川。在南宋前期，吳玠是第一個因抗金戰功，而榮獲節度使頭銜的大將。[1]

第二節　除內寇與連結河朔之謀

新成立的偽齊政權需要積累軍事實力，並派兵協助金軍攻四川，在淮東、淮西和京西三個戰場，宋與偽齊之間暫時處於休戰狀態。宋廷利用整整三年的喘息之機，用於彌平內寇，鞏固後方。南宋初年，盜匪多如牛毛，按統治者的大致區分，有「民叛」和「兵叛」兩類。[2] 前一類至少包含有在苛政橫斂之下，官逼民反的因素。後一類則完全是潰兵遊勇，千百為羣，四處流竄，燒殺搶掠，無惡不作。

自紹興元年到紹興三年，岳飛奉命驅馳於江、湖之地，[3] 從事於鎮壓內寇。但是，他沒有片刻遺忘中原的淪喪和自己在淮東敗衄的恥辱，他曾上奏說：

1　關於富平、和尚原、仙人關等戰，參見拙作《岳飛和南宋前期政治與軍事研究》第一編三一、《宋金富平之戰》和三二、《和尚原和仙人關之戰述評》，河南大學出版社，2002 年，2005 年。
2　《斐然集》卷 17《寄張德遠》。
3　宋時江、湖之地，是指江南東、西路和荊湖南、北路。

臣竊惟內寇不除，何以攘外；近郊多壘，何以服遠。比年羣盜競作，朝廷務廣德意，多命招安；故盜亦玩威不畏，力強則肆暴，力屈則就招。苟不略加剿除，蜂起之眾未可遽殄。[1]

在他看來，攘外必先安內。岳飛曾在翠巖寺題詩說：

秋風江上駐王師，暫向雲山蹜翠微。
忠義必期清塞水，功名直欲鎮邊圻。
山林嘯聚何勞取，沙漠羣兇定破機。
行復三關迎二聖，金酋席卷盡擒歸。[2]

他在江南西路臨江軍新淦縣（今江西新干縣）蕭寺壁上的題詩，也抒發了同樣的情懷：

雄氣堂堂貫斗牛，誓將直節報君讎。
斬除頑惡還車駕，不問登壇萬戶侯。[3]

岳飛認為自己必須從事鎮壓「山林嘯聚」的軍事活動，但如何破「沙漠羣兇」，則一直是他思慮的中心問題。在紹興元年，岳飛擬訂了「連結河朔之謀」。[4] 他認為，對金朝發起大反攻，必須有前方的正規軍與河朔等地的民眾抗金武裝協同作戰，方能成功。這是古代先進的軍事思想，其基礎在於抗金戰爭的進步性和正義性。

南宋的當權者在對待北方抗金義軍的問題上，抗戰派和投降派的態度

---

1 《金佗稡編》卷 10《招曹成不服乞進兵剳子》。
2 《金佗稡編》卷 19《題翠巖寺》。
3 《賓退錄》卷 1，岳飛此詩寫於紹興三年，後「寺廢壁亡」，岳珂編《鄂王家集》時，「惜未有告之者」。
4 《金佗續編》卷 10《令措置河北河東京東三路忠義軍馬省剳》，卷 11《令遣發參議官高穎措置三路忠義軍馬省剳》。按紹興十年，高穎曾請求朝廷委派自己，「裨贊岳飛十年連結河朔之謀」，可知岳飛擬訂於紹興元年。

迥異。抗戰派不同程度上主張依靠北方民間武裝力量。岳飛出身於貧困之家，更易於瞭解民眾之疾苦和需求。他本人其實也在太行山有過一段抗金義軍的經歷，又深受宗澤的薰陶，故他制訂「連結河朔之謀」，絕非偶然。

以宋高宗為首的投降派，或者將北方抗金義軍視為盜賊，有時甚至害怕其實力的發展。他們為求得苟安於一隅，在消極應戰的同時，還不斷「卑辭遣使，屈己通和」，甚至對劉豫傀儡政權以「大齊」相稱。[1] 他們既然害怕得罪金朝和偽齊，對北方的抗金義軍至低限度也須不聞不問，聽任其自生自滅。

岳飛雖然擬訂了「連結河朔」的軍事戰略，然而在三年之中，轉戰於江湖，專力於安內，使他不可能有大量的精力和時間，以開展此項工作。

第三節　再破李成

李成趁金軍渡江的機會，繼續在淮西攻城掠地。儘管相面道士陶子思業已成為自己相面術的犧牲品，李成本人也幾度受挫，但他稱孤道寡的野心並無絲毫收斂。有人問李成：「天下何時可定？」李成吟哦唐詩回答：「憑君莫問封侯事，一將功成萬骨枯。」[2] 他並不掩飾自己的獸性，決心在白骨堆上成就其割據事業。

宋廷試圖以鎮撫使的官封籠絡李成，這當然不能使他饜足。他佯裝受命，以麻痺宋廷。然後自建炎四年九月始，分兵三路：都統領胡選屯兵淮南西路，進犯池州（治貴池，今安徽池州市貴池區）；副都統領「花衲襖」馬進[3]率部渡江，攻佔江州，又南下轉掠鄱陽湖以西州縣；李成本人則率軍接續渡江，以江州為基地，攻打鄱陽湖出口的湖口縣（今江西湖口縣）。李成軍先後佔據江淮約十個州軍，「自號李天王」，「連兵數萬」，號稱

1　《要錄》卷 82 紹興四年十一月壬子。

2　《會編》卷 132《中興遺史》。《全唐詩》卷 717 晚唐曹松《己亥歲二首》，「莫問」作「莫話」。

3　馬進綽號見《要錄》卷 21 建炎三年三月。

三十萬，有「席捲東南之意」，一時對宋朝構成了重大威脅。

宋廷為此特命張俊為江、淮招討使。張俊頗有怯意，說了一番李成兵眾勢盛的話，宋高宗說：「今日諸將獨汝未嘗立功。」張俊最後不得不「恐悚承命」。但經他請求，宋廷將王璂的神武前軍、陳思恭的神武後軍、岳家軍等都撥歸他指揮。[1]

岳飛退守江陰軍後，為安全起見，將軍隊家屬送回宜興縣。紹興元年正月，岳飛接到赴江南東路饒州集結的命令，又將軍隊眷屬自宜興縣攜往徽州（治歙縣，今安徽歙縣）安置，並且命令張憲負責留守。[2] 宋軍以步兵為主，機動性本來就差。每次移屯，又須扶老攜幼，拖妻帶子，使「兵貴神速」成為空話。上次援楚州和此回救江州，都可作為貽誤戰機的例證，這是宋代募兵制下特有的弊病。

二月十四日，岳家軍方至徽州祁門縣（今安徽祁門縣）。[3] 由於擺脫了家屬的累贅，方得以加快行軍速度。但當岳家軍趕到饒州州治鄱陽縣時，張俊的大軍已經啟程了。江州既被攻陷，眼前最緊迫的任務，自然是救援江南西路的首府洪州（治南昌、新建，今江西南昌市）。饒州和洪州之間阻隔著煙波浩渺的鄱陽湖，張俊的五萬大軍，至少有一部份是穿湖而行的。[4]

張俊軍到達洪州後，馬進軍也連營於章水（今贛江）西岸的西山，屢次下戰書挑戰。張俊畏懼敵人，整月不敢出戰。[5] 李成部將邵友又分兵攻陷了筠州（治高安，今江西高安市）和臨江軍（治清江，今江西樟樹

1 《會編》卷 144，卷 207《岳侯傳》，卷 208《林泉野記》，卷 219《林泉野記》，《要錄》卷 37 建炎四年九月戊午，卷 40 建炎四年十二月乙未，卷 41 紹興元年正月戊申，《宋會要》兵 9 之 10，10 之 20—22，《歷代名臣奏議》卷 233 章誼奏，卷 239 章誼奏。

2 《會編》卷 144，《要錄》卷 45 紹興元年六月壬午，《新安志》卷 10《記聞》，《歷代名臣奏議》卷 91 章誼奏。

3 《金佗稡編》卷 19《東松寺題記》。《金佗稡編》卷 5《鄂王行實編年》說：「二月，先臣至鄱陽，與俊合兵。」係誤。

4 《會編》卷 219《林泉野記》說張俊大軍有五萬人，而同書卷 207《岳侯傳》作「統軍十萬」，可能不確。《會編》卷 145，《要錄》卷 43 紹興元年三月庚戌說張俊有「水軍」。

5 《會編》卷 145，《要錄》卷 43 紹興元年三月庚戌，《宋史》卷 369《張俊傳》，《宋朝南渡十將傳》卷 6《張俊傳》載，張俊「斂兵月餘」，而《會編》卷 207《岳侯傳》，《金佗稡編》卷 5《鄂王行實編年》稱岳飛到洪州前，張俊已「數戰不勝」。按張俊秉性，岳家軍不到，他顯然不敢用兵，應以前一說為準。

市臨江鎮）。[1]

岳飛至三月初到達洪州，才改變了消極防守的局面。張俊向他問計，岳飛說：「甚易也，賊貪而不慮後，若以騎兵三千，自上流生米渡出其不意，破之必矣。飛雖不才，願為先鋒以行。」

七日，岳飛身披重鎧，率先躍馬涉水而渡，於是大軍依次過章水。[2] 雙方在著名的道觀玉隆觀一帶舉行大會戰。岳家軍首先突擊馬進軍的右翼，大敗敵人。馬進逃遁，岳飛搶先追逐。沿途有座小土橋，當岳飛率數十騎突過此橋後，土橋突然崩坍。馬進乘機揮兵反撲，岳飛一箭，射死敵方的先鋒將，指揮幾十名騎士奮勇死戰。張俊急忙派人修復土橋，大軍繼進，馬進軍無力再戰，就逃回筠州。

張俊大軍追到筠州，馬進集結兵力，企圖出城反攻，其軍陣橫亙十五宋里。岳飛和陳思恭兩部奉命分頭進擊。岳飛用紅羅作旗幟，刺繡了白色的「岳」字，親率兩百名馬軍誘敵。馬進見岳飛兵少，認為不足畏懼，便輕率地揮軍搏鬥，遭到宋軍事先部署的伏兵的襲擊。岳飛和陳思恭兩部與敵人戰鬥數合後，張俊引兵增援，楊沂中又領兵渡過筠河，從西山上衝殺下來，夾攻敵軍。馬進軍大敗，光是投降和被俘者即達八千人。戰後，張俊害怕降兵反覆，命令陳思恭將他們全部坑殺。[3]

馬進率殘兵敗將向北逃竄，以尋求李成的救援。岳飛連夜率領將士啣枚急行軍，趕到馬進之前，在朱家山埋伏。待馬進殘部逃到此地，伏兵齊發，一鼓作氣舉行了殲滅戰，斬敵將趙萬。馬進只剩下十餘騎，倉皇逃命。

1　《要錄》卷 41 紹興元年正月丁巳，卷 42 紹興元年二月庚午、辛未，《宋史》卷 26《高宗紀》。

2　《金佗稡編》卷 5《鄂王行實編年》，《會編》卷 219《林泉野記》說自生米渡出擊，乃岳飛之謀。《要錄》卷 43 紹興元年三月庚戌，《宋史》卷 369《張俊傳》，《宋朝南渡十將傳》卷 6《張俊傳》載：「楊沂中由上流徑絕生米渡，出賊不意。」而《宋史》卷 367《楊存中傳》卻不載此事，今不取。又官軍渡章水日期，《要錄》注引張俊申報為七日甲辰，而《金佗稡編》卷 5《鄂王行實編年》，《宋史》卷 26《高宗紀》為九日丙午，係誤。

3　關於筠州之戰，《金佗稡編》卷 5《鄂王行實編年》記載與《會編》卷 145，卷 219《林泉野記》，《要錄》卷 43 紹興元年三月庚戌，《宋史》卷 367《楊存中傳》，卷 369《張俊傳》有異。總的看來，此戰應是諸軍分進合擊而取勝者。《海陵集》卷 23《張循王神道碑》說此戰「死者數萬人，俘二萬人」，當屬誇張失實。

李成不甘心失敗，留馬進守江州，親自提兵反撲。他命令部將商元在洪州奉新縣（今江西奉新縣）樓子莊的草山依險設伏。張俊大軍由小路沖上山頂，殺敗伏兵，奪取險隘，徹底粉碎敵人的反擊。此戰使張俊得到了「張鐵山」的外號，其實，這主要得力於岳飛等部的奮戰。[1]

樓子莊戰鬥結束後，李成的猛將銳卒損折太多，再無還手之力。張俊和岳飛分兵兩路，張俊往東北方向收復江州，岳飛往西北方向追擊李成。李成逃到洪州武寧縣（今江西武寧縣），適逢修水暴漲，殘兵敗將們還來不及渡河，岳家軍已如神兵天降，匪徒們四散奔命，潰不成軍。武寧縣百姓因此免遭荼毒。[2] 李成不敢再在江南稍作停留，慌忙由獨木渡退到淮南西路的蘄州（治蘄春，今湖北蘄春縣）。岳飛率軍從武寧縣東進，到江州與張俊會師。到三月末，江南已無李成匪軍的蹤影了。

張俊大軍因軍糧匱乏，在江州耽擱四十多日，方得以渡過大江，繼續討伐李成。[3] 李成在淮西憑藉都統領胡選的軍隊，號稱十餘萬，企圖負隅頑抗。[4] 宋軍直抵蘄州黃梅縣（今湖北黃梅縣西北），李成匪徒在石幢坡佔守山險，投木石阻擊宋軍。最後，張俊大軍實行強攻，大敗敵人，並追殺馬進、孫建等頭目。李成勢窮力盡，只能逃奔偽齊。張俊大軍乘勝收復被李成匪軍所佔的淮南西路各州縣，招撫其餘部趙端，並在舒州太湖縣（今安徽太湖縣）捕獲李成的謀士李雱。[5]

自此以後，李成不得不收斂自己割據稱雄的野心，心甘情願地匍匐於

---

1 《會編》卷 145，《要錄》卷 43 紹興元年三月甲子，《宋史》卷 369《張俊傳》只載樓子莊殺敗商元伏兵，《金佗稡編》卷 5《鄂王行實編年》說李成親自參加此戰。據《金佗續編》卷 27《南昌武寧縣城隍祠岳忠武王遺像記》，李成戰敗後，往武寧縣方向逃遁，當以後一說為準。又據《同治南昌府志》卷 2 和《同治南康府志》卷 3，朱家山在武寧縣南，而樓子莊「一名長山」，在建昌縣南，姑以存疑，《正德南康府志》卷 2 只說岳飛與李成在建昌縣山相持。

2 《金佗續編》卷 27《南昌武寧縣城隍祠岳忠武王遺像記》。

3 《要錄》卷 44 紹興元年五月注。

4 《宋會要》兵 10 之 21—22。

5 《金佗稡編》卷 5《鄂王行實編年》只籠統說岳飛率軍渡江，殺馬進和孫建，今據《會編》卷 147，《要錄》卷 44 紹興元年五月，卷 46 紹興元年八月乙酉，卷 48 紹興元年十月己丑，《宋史》卷 369《張俊傳》，《歷代名臣奏議》卷 334 章誼奏補充。李雱，《宋會要》兵 10 之 22 作李雩。

金朝「子皇帝」的足下，成為劉豫最得力的爪牙。[1]

第四節　招降張用

　　張用自從與杜充進行內戰後，率領部伍在京西和淮西一帶抄掠，號為「張莽蕩」，[2] 又先後同「義兄弟」馬友和曹成、李宏分手，各統所部流竄南方。[3] 曾率岳飛駐守西京河南府的閭勍，在撤往淮南的途中與張用相遇。憑着當年在宗澤麾下的同事關係，閭勍勸說張用歸順宋朝，並將義女「一丈青」嫁給張用。一丈青原是馬皋之妻，馬皋被東京副留守郭仲荀處斬後，閭勍撫恤一丈青，收為義女。[4] 一丈青其實是南宋初年一個盤馬彎弓的巾幗英雄，武藝超群，據說她披甲上馬，可以力敵千人，其勇銳更在張用之上。

　　張用雖接受了閭勍的好意，仍竄擾一些地區，而未降宋。張俊和岳飛擊破李成後，張用的部伍恰好由鄂州（治江夏，今湖北武漢市武昌）轉移到江州瑞昌縣（今江西瑞昌市）和洪州分寧縣（今江西修水縣）一帶。張俊乘戰勝李成的兵威，決定降服張用。他命岳飛率軍前往，說：「非公無可遣者。」並且增撥給岳飛三千步兵。岳飛採取先禮後兵的策略，派人帶信給張用，信中說：

> 　　吾與汝同里人，忠以告汝，南薰門、鐵路步之戰，皆汝所悉也。今吾自將在此，汝欲戰則出戰，不欲戰則降。降則國家錄用，各受寵榮；不降則身隕鋒鏑，或係累歸朝廷，雖悔不可及矣。

1　《要錄》卷 77 紹興四年六月己丑載奸商王友直上書劉豫說：「陛下若得李成，如漢得關羽，唐得尉遲敬德。」《會編》卷 162 載宋使對女真萬夫長說：「聞劉齊多是信任李成，如李成反覆叛逆之人，安可信任？」可知李成在偽齊的地位。

2　《會編》卷 123，《要錄》卷 19 建炎三年正月庚子，卷 20 建炎三年二月。

3　《會編》卷 130，卷 144，《要錄》卷 25 建炎三年七月甲午，卷 41 紹興元年正月癸丑。

4　《會編》卷 138，《要錄》卷 28 建炎三年九月。

張用夫婦素服岳飛的驍勇和威望，加之閣勛的影響，當即表示樂於聽命。自六月至八月，一支包括家屬在內，共計五萬人的隊伍，在兵不血刃的情況下，接受張俊的收編。張俊非常高興，對部屬盛讚岳飛之勇略，說：「吾與汝曹俱不及也。」[1]

第五節　屯駐洪州

張俊班師回「行在」越州。他報告朝廷說，在此次軍事行動中，岳飛功居第一。[2]岳飛在宋高宗登基前後，雖曾短期隸屬張俊，但彼此似無深交。如今在降戚方、討李成和收張用時隸屬張俊，表現出非凡的軍事才能，使張俊十分器重他。岳飛卻看破了張俊，認為他其實是個「暴而寡謀」的庸將。[3]他不願隸屬張俊，常對人說：「使我得與諸將齒，稟命於天子，何功不立，一死烏足道哉！要當克復神州，迎還二聖，使後世史冊知有與關、張齊名。」[4]但在表面上，岳飛仍與張俊維持了較融洽的關係。

紹興元年七月，宋廷將岳家軍的軍號定名為神武右副軍，任命岳飛為統制，屯駐洪州，「彈壓盜賊」。北宋亡國後，原有的正規軍——禁兵大部潰散，各種軍號也完全打亂，不得不另外編組新的正規軍。當時，張俊所部稱神武右軍，韓世忠所部稱神武左軍，這兩人官位高，故其差遣為都統制。王瓊所部稱神武前軍，陳思恭所部稱神武後軍，這兩人官位低，故其差遣為統制。[5]原神武右副軍統制名叫顏孝恭，由於他的兵馬撥屬江南東路安撫大使司，編制出現空缺，正好由岳家軍填補。[6]

洪州為江南西路的大都會，自建炎三年冬經金將耶律馬五屠城後，[7]

1　《會編》卷147，《要錄》卷45紹興元年六月癸未，卷46紹興元年八月丙寅。
2　《金佗續編》卷28《吳拯編鄂王事》，《會編》卷207《岳侯傳》，卷208《林泉野記》。
3　《金佗粹編》卷7《鄂王行實編年》。
4　《金佗續編》卷14《忠愍諡議》。
5　《要錄》卷40建炎四年十二月乙未，《宋史》卷364《韓世忠傳》。
6　《金佗續編》卷5《除神武右副軍統制省劄》。
7　《要錄》卷30建炎三年十二月乙未。

元氣未復。岳家軍接取在徽州的家屬，於八月底或九月初進駐洪州，立即遇到錢糧供應缺乏的困難。岳飛除了向朝廷申請調撥錢米外，[1] 更加嚴明軍紀。將士們對民間秋毫無犯，給人們留下了難忘的印象。[2]

駐洪州的江南西路兵馬鈐轄趙秉淵，原是燕、雲地區易縣（今河北易縣）人。遼亡時，他據城投宋。[3] 岳飛有一次同趙秉淵飲酒，在酩酊大醉之後，幾乎將他打死。江南西路安撫大使、兼洪州知州李回因此上章彈劾岳飛。[4] 當然，這點小的過失，對岳飛而論，終究是一眚不掩大德。

十月，宋廷論功行賞，將岳飛武官虛銜超擢為親衛大夫、建州觀察使，為從五品的遙郡觀察使。時值福建路發生范汝為叛亂，李回命岳飛分兵三千守衛建昌軍（治南城，今江西南城縣），分兵二千守衛撫州（治臨川，今江西撫州市）。岳家軍維護了建昌軍和撫州的治安，致使村民樵蘇，一如平時，不知有盜。

十二月，岳飛的外甥女婿、神武右副軍主管文字高澤民前往「行在」紹興府（當時越州已升格為府）。他假冒岳飛名義，向樞密院投狀，要求都統制或總管的差遣。恰好神武副軍都統制辛企宗因鎮壓福建路范汝為之亂不力，「擁兵逗遛」而被削職，[5] 宋廷就將神武右副軍改名神武副軍，升遷岳飛為都統制。

岳飛得到高澤民的書信後，才明瞭真情。於是他力辭不受，要求嚴厲懲辦高澤民，並屢次向李回陳述事情的原委和自己的衷曲。李回對岳飛跼蹐不安的心情表示理解，便上奏宋高宗說：

> 岳飛一軍自從討賊，服勤職事，忠勇之名聞於江右，紀律之嚴信於疲氓。留屯洪州，聲勢甚遠，江、湖羣寇，率皆逃避。近遷神武副軍都統制，士論皆謂稱職。及得其外甥婿私

---

1 《金佗續編》卷 5《乞科撥錢糧照會從申省劄》。
2 《金佗稡編》卷 5《鄂王行實編年》和《要錄》卷 63 紹興三年二月庚子載劉大中奏。
3 《會編》卷 9，《宋會要》兵 8 之 16，《要錄》卷 23 建炎三年五月庚辰。
4 《會編》卷 155，《要錄》卷 68 紹興三年九月丙寅。
5 《要錄》卷 50 紹興元年十二月乙亥。

書，乃知此除曾經樞密院陳乞，飛小心惶懼，累與臣言，實非
本心所敢僥望。

宋高宗回詔李回，說「岳飛勇於戰鬥，馭眾有方」，這次新命「出自
朕意」，「可令安職」，並且下令特鑄官印，賜予岳飛。[1]

宋高宗的回報並非純屬順水推舟，或者是將錯就錯。在當時的政治和
軍事形勢下，他必須提拔能為朝廷效命的良將。近年來的一系列征戰，業
已證明岳飛是個出類拔萃的將才。紹興初年，宋朝尚有幾十名統制，每名
統制所統兵員至多不過數千人。若使岳飛混同於普通的統制，確實與他的
軍功和兵力並不相稱。故將他升擢為都統制，並提高軍號的級別，乃是勢
在必行。

原先的東南大將號稱「劉、韓、張、辛」，[2] 辛姓的統兵官有辛企宗、辛
興宗、辛永宗、辛道宗等人，岳飛至此正式取代了辛企宗的地位。

第六節　討伐曹成

紹興二年（西元 1132 年）正月末，宋廷下劄通知岳飛，命他統率軍
馬，前往潭州，擔任知州、兼荊湖東路安撫使、都總管的差遣。[3] 二月，宋
廷又起用李綱為荊湖、廣南路宣撫使，岳飛等將領都歸他「節制」。[4]

宋廷的部署，是為要消滅荊湖東路的盜匪。宋時一般將荊湖分為南路
和北路，但紹興元年至二年間，又一度分為東路和西路。[5] 湖東路的盜匪最
大有四支，其首領為曹成、馬友、李宏和「花面獸」劉忠。劉忠及其部伍

1　《金佗稡編》卷 9《遺事》，《會編》卷 149，《要錄》卷 50 紹興元年十二月丁丑。
2　《會編》卷 152，《要錄》卷 27 建炎三年閏八月庚寅。
3　《金佗續編》卷 5《權知潭州并權荊湖東路安撫都總管省劄》，《要錄》卷 51 紹興二年
　　正月壬寅。
4　《梁溪全集》附錄李綱行狀，《要錄》卷 51 紹興二年二月庚午。
5　《宋史》卷 88《地理志》。

都在額上刺花，故得此綽號。[1] 除劉忠外，曹成等三人都接受宋朝的官封，處於叛服無常的狀態。他們三人雖曾是張用的「義兄弟」，自從流竄到荊湖一帶，卻各自成軍，割據稱雄，彼此嫌隙很深，互相攻伐，對人民則姦淫擄掠，無惡不作。

在這四大寇中，軍力最強者則是曹成。曹成是大名府內黃縣（今河南內黃縣）人，有臂力，擅長射箭。[2] 他部下有七萬多人，其中精兵約三萬人，[3]「所至以人為糧，靡有噍類」，[4] 真是一夥殺人不眨眼的巨盜。曹成所部一度俘虜了荊湖東路安撫使向子諲，盤踞道州（治營道，今湖南道縣）。

宋廷決定首先解決曹成匪軍，企圖以「盜」制「盜」，命令駐紮潭州的馬友，佔據岳州（治巴陵，今湖南岳陽市）的李宏，再加上韓京和吳錫兩支小部隊，「並聽帥臣岳飛節制」，「共力破賊」。[5]

當時岳家軍的兵力為一萬二千餘人。岳飛留下二千人駐守吉州（治廬陵，今江西吉安市），保護軍人眷屬，率領其餘的一萬多人進駐與荊湖交界的袁州（治宜春，今江西宜春市）。在出征的一萬多人中，有三成是火頭軍和輜重兵，能出戰的實有七千餘人。[6]

但是，圍繞着岳飛出師的問題，臣僚們是有爭議的。儒臣胡安國認為，「曹成反覆，直犯帥司」，「固無可赦之理。宜專委岳飛掩捕曹成，及早進師」。[7] 李綱當時尚在福州，沒有赴任。他深感岳飛「兵數不多，錢糧闕乏」，難負重任，堅決要求宋廷另派韓世忠大軍，自福建路前往荊湖東路等地，增援岳飛。[8] 江南西路安撫大使李回也上奏，說岳飛出兵，只能增

1 《要錄》卷 19 建炎三年正月丁亥，《琬琰集刪存》卷 1《韓忠武王世忠中興佐命定國元勳之碑》，《會編》卷 134，卷 218《林泉野記》，《梁溪全集》卷 120《與呂提刑第四書》。

2 《會編》卷 120，《要錄》卷 19 建炎三年正月乙未。曹成鄉貫，兩書原作「外黃」，據《宋史》卷 86《地理志》改。

3 《梁溪全集》卷 65 至卷 70 諸奏說曹成有兵十萬，「能戰之兵不下三萬」。《金佗稡編》卷 19《追趕曹成捷報申省狀》說他實有「七萬餘人」。

4 《梁溪全集》卷 66《具荊湖南北路已見利害奏狀》。

5 《金佗稡編》卷 10《措置曹成事宜奏》，《要錄》卷 51 紹興二年二月庚午，《宋會要》兵 10 之 31。

6 《金佗稡編》卷 10《措置曹成事宜奏》。

7 《歷代名臣奏議》卷 47 胡安國《時政論》。

8 《梁溪全集》卷 66《乞令韓世忠相度入廣西招捕曹成奏狀》。

加李宏和馬友的猜疑。馬友佔據潭州已逾半年，他絕不會允許岳飛進入潭州，就任新命。若令岳飛先往道州，討捕曹成，湖東的盜匪其實也是「陰相交結」，「為互援之計」，馬友和李宏會「阻害糧饋」，使岳飛「有腹背受敵之患」。[1] 李綱的上奏尚未到達，宋廷已接受李回的意見，命岳飛暫駐袁州，等候韓世忠大軍到來，「同共進兵」。[2]

事實上，李綱和李回的擔心是多餘的，宋廷的指令也成了一紙廢文。三月中、下旬，曹成便放棄道州的巢穴，分兵兩路南下。東路兵攻佔廣南西路的賀州（治臨賀，今廣西賀州市八步區東南），並侵犯昭州（治平樂，今廣西平樂縣）和廣南東路的連州（治桂陽，今廣東連州市）、封州（治封川，今廣東封開縣）。[3] 西路兵北上永州（治零陵，今湖南永州市），折往全州（治清湘，今廣西全州縣），再南下進犯廣南西路首府桂州（治臨桂，今廣西桂林市）。岳飛三月十七日自洪州出兵後，三十日，岳家軍的前哨部隊已抵達衡州茶陵縣（今湖南茶陵縣）。在探知曹成軍的動向後，岳飛便繼續進兵，經郴州（治郴縣，今湖南郴州市）、桂陽監（治平陽，今湖南桂陽縣），直抵道州，尾追曹成匪軍。[4] 馬友和李宏兩部既不協助岳飛，也不支援曹成，而是按兵不動，坐觀勝負。

將領韓京和統制吳錫兩支部隊分別屯駐於茶陵縣和郴州，其軍士多數是老弱殘兵，能出戰者各不滿一千人，而他們的軍紀又極其敗壞。岳飛與韓京、吳錫兩軍先後會合，他嫌老弱者影響軍隊的戰鬥力，就在行軍途中，將他們「給據放散」，另外又選拔近千名精兵撥入本軍。韓京極其不滿，藉口有病，帶領餘部幾百人返回茶陵縣。唯有吳錫還勉強率部伍隨同作戰。[5]

---

1 《要錄》卷52紹興二年三月乙未。

2 《金佗稡編》卷10《措置曹成事宜奏》，《要錄》卷52紹興二年三月乙未。

3 《要錄》卷52紹興二年三月庚申，《宋會要》兵10之32，《梁溪全集》卷67《乞依近降指揮乞兵二萬人措置招捕曹成奏狀》，卷70《開具錢糧兵馬盜賊人數乞指揮施行奏狀》。

4 《金佗稡編》卷10《措置曹成事宜奏》，卷17《乞措置進兵入廣申省狀》，《梁溪全集》卷66《乞令韓世忠相度入廣西招捕曹成奏狀》。

5 《金佗稡編》卷9《遺事》，卷17《分揀吳錫韓京兩軍訖申省狀》，《要錄》卷53紹興二年閏四月己酉，《梁溪全集》卷116《與呂相公第七書別幅》，卷118《與秦相公第九書別幅》，《與秦相公第十一書別幅》，《斐然集》卷18《寄張相》（其四）。

岳飛探得曹成匪軍的實情後，並未分兵襲逐，而是傾注全力，先攻其一路。曹成西路軍圍攻桂州，廣南西路經略安撫使、桂州知州許中部署軍隊，用心守禦，但形勢仍然很危急。四月，岳飛派前軍統制張憲和吳錫取道全州，往西南進軍桂州，才解除了敵軍的包圍。[1]

　　曹成軍戰敗南逃，退守桂州荔浦縣（今廣西荔浦縣西）東北幾十里的莫邪關。莫邪關設在莫邪山上，山勢險峻，難攻易守。[2]岳飛命令張憲攻關。張憲有個親兵，名叫郭進，氣力極大，飯量驚人，他常說不能飽餐，就自備一個大馬杓盛飯，久而久之，便得了「大馬杓」的渾名。在攻關戰鬥中，郭進和兩名旗頭捷足先登，掄槍刺死敵方的旗頭。「旗頭本執持大旗，麾眾當先者」，當時宋軍每五十人為一隊，「選壯勇善槍者一人為旗頭」，是隊一級編制單位的頭領之一。[3]旗頭的戰死，頓時使曹成匪軍士氣沮喪，隊伍散亂，岳家軍乘機攻破關廂。岳飛大喜，當即解下自己的金束帶，另加銀器，賞給郭進，並將他補官秉義郎。

　　然而戰鬥並未稱心如意地結束。曹成部下悍將楊再興乘着岳家軍歡慶勝利，鬆懈戒備的機會，率軍反撲。他攻入第五將正將韓順夫的營地。韓順夫卻已解鞍卸甲，縱酒恣飲，猝不及防。他在倉猝迎敵時，被楊再興砍折一臂而死。岳飛大怒，責令第五將副將王某擒捉楊再興贖罪。前軍統制張憲和後軍統制王經都奉命率部隊反攻。在激烈的戰鬥中，楊再興驍猛非凡，居然又殺死了岳飛的胞弟岳翻。然而他個人的驍勇畢竟不能挽回敗局，岳家軍終於擊敗勁敵，將曹成的西路軍逐出桂州各縣。[4]

1　《梁溪全集》卷 76《乞全州免聽廣西節制奏狀》，此奏中之「六月」，應為「四月」之刊誤，曹成六月已投降。

2　《讀史方輿紀要》卷 107 荔浦縣，「鎮鎛山：縣北四十里，險峻如刃，昔人置關其上」，「鎮鎛關，在鎮鎛山上」。據《輿地紀勝》卷 106《邕州》，卷 115《賓州》記載，也都有鎮鎛關。北宋陶弼《陶邕州小集》有《莫鎛關》詩。從地理位置推斷，岳家軍攻莫邪關應在荔浦縣境。

3　《會編》卷 239，《要錄》卷 111 紹興七年五月甲申，《宋史》卷 195《兵志》。

4　莫邪關之戰的情節據《會編》卷 151，《要錄》卷 53 紹興二年閏四月丙申。關於莫邪關的地點，《會編》說是在道州，據《金佗稡編》卷 17《乞措置進兵入廣申省狀》，證明曹成於三月二十七日，已全軍離道州，雙方並未在道州交鋒。《要錄》更將莫邪關誤移於賀州之上梧關。今將此戰繫於桂州解圍之後，賀州交戰之前，似較合情理。《金佗稡編》卷 5《鄂王行實編年》不載此戰，但卷 9《遺事》略有涉及。

閏四月初，岳家軍和廣南西路經略安撫使司統制歐陽臨、羅選兩部自桂州東進，直抵賀州境內，以剿除曹成的東路軍。曹成已在太平場設立營柵，嚴陣以待。岳家軍在距離敵營幾十里外，也立營設寨。軍中捉到一名敵探，岳飛便心生一計，命軍吏向他假報軍糧告竭，岳飛對軍吏說：「促之耳，不然，姑返茶陵以就餉。」

岳飛有意讓敵探聽到此語，便設計放敵探逃走。曹成得到假情報，喜出望外，鬆懈了防備，還盤算着待岳飛退兵時，如何進行追擊。不料五日天色未明，岳家軍已取道邊嶺，飛兵奇襲，攻破並焚毀了太平場的敵寨。

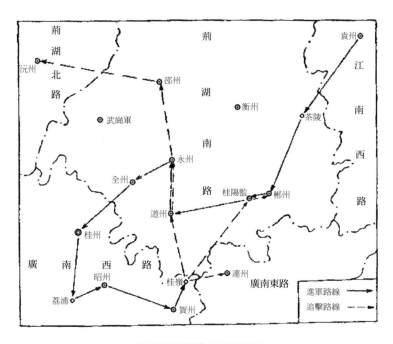

岳家軍進擊曹成軍路線圖

六日，曹成又集結三萬餘人，在賀州城外二十幾里處，憑恃山險，舉行決戰。岳飛出戰的兵力只有八千人，騎兵更不及敵人的十分之一，卻大敗曹成匪軍。曹成放棄州治臨賀縣，往東北方向逃到桂嶺縣（今廣西賀州市八步區桂嶺鎮）。岳飛得勝收兵後，命歐陽臨和羅選率廣西本地軍駐守州城，他的本部兵馬則在城外露宿。

從臨賀縣到桂嶺縣，盡是迴崖杳嶂，曲溪深澗，只有狹窄的小山路，人馬往來，都不能並行。曹成命都統領王淵把守北藏嶺、上梧關和蓬嶺三道險隘，自認為萬無一失。

岳飛作了周密的準備，並從廣南西路經略安撫司借到戰馬三百匹，率軍前往北藏嶺下紮營。十二日，愚蠢的王淵率兵下山迎戰，岳飛麾軍勇猛衝殺，王淵匪軍大敗。岳家軍便乘勝攻克了北藏嶺和上梧關。在此戰中，岳家軍的戰馬損失很多，光是借來的戰馬竟有五分之三墜崖死亡。

十三日，曹成派遣的一萬五千多名援軍趕到，又被岳家軍徹底擊潰。

十五日，岳飛進兵蓬嶺，在下午未時向曹成匪軍發起總攻，一鼓作氣，衝上山巔，敵人四散逃竄。曹成滾到嶺下，搶着一匹駿馬，便落荒而逃。張全等敵將都被擒獲。

十六日，岳家軍的旌旗直指桂嶺縣，曹成往連州方向逃遁。楊再興自莫邪關一戰出名，為很多將士所認識，故大家緊追不捨。楊再興走投無路，跳入深澗之中，軍士們張弓搭箭，準備射死他。楊再興大喊：「我是好漢，當執我見岳飛。」

楊再興束手就縛，張憲將他押解回軍。岳飛見後，不計較殺弟之仇，親解其縛，說：「我與爾是鄉人，汝好漢也，吾不殺汝，當以忠義報國家！」便將楊再興收為部將。從此以後，楊再興忠心耿耿地追隨岳飛征戰，至死無二。岳家軍在戰鬥中繳獲了敵人大量軍械，曹成匪軍前後擄掠的幾萬百姓，都得到解救。[1]

岳飛深悉幾經較量後，曹成匪軍已全無招架之力，便召見王貴、張憲和徐慶三員最信用的部將說：「曹成敗走，餘黨盡散，追而殺之，則良民脅從，深可憫痛；然縱其所往，則大兵既旋，復聚為盜。吾今遣若等三路招降，若復抵拒，誅其首而撫其眾。謹毋妄殺，以累主上保民之仁。」

於是王貴等三將便分兵追擊，相機招降。張憲軍攻佔連州，負責招降

1　賀州之戰參據《金佗稡編》卷 17《乞廣西戰馬申省狀》，卷 19《賀州捷報申省狀》，《大破曹成捷報申省狀》，《追趕曹成捷報申省狀》，《宋會要》兵 10 之 32。楊再興投降情況參據《會編》卷 151，投降地點參據《要錄》卷 53 紹興二年閏四月丙午。《民國賀縣誌》卷 1 說，蓬嶺後因此改名將軍嶺。

連州和賀州的潰匪。曹成和都統領王淵在連州不得存身，又逃往桂陽軍和郴州一帶，由王貴軍負責追襲掩殺。徐慶也是湯陰縣人，[1]他率軍北上道州和邵州（治邵陽，今湖南邵陽市）。曹成勢窮力竭，只能接受新近前來荊湖的韓世忠軍的招安。曹成殘部郝政不肯投降，逃竄到沅州（治盧陽，今湖南芷江侗族自治縣）一帶，他們頭蒙白麻布，號稱「白頭巾」，揚言要為曹成報仇，又被張憲軍擒獲。[2]

除曹成外，其他三大寇的解決，也出乎意料的順利。李宏襲殺馬友，又被迫投降韓世忠。[3]韓世忠大軍破劉忠匪軍，劉忠逃奔偽齊，充當登、萊、沂、密州都巡檢使。他後被部屬所殺，航海「傳首」臨安府。這個殺害張所的敗類，終於落得可恥而可悲的下場。[4]

岳家軍轉戰荊湖南路、廣南西路和廣南東路，往返追奔數千里，獨力擊潰了兵力上佔很大優勢的曹成匪軍，完全出乎大家的預料。盛夏時節用兵行師於號稱「煙瘴之地」，曹成匪軍因疾疫而死者相繼，而岳家軍居然無人得病，也被認為是一個奇跡。

新到任的荊湖、廣南路宣撫使李綱稱讚岳飛「年齒方壯，治軍嚴肅，能立奇功，近來之所少得」，斷言他「異時決為中興名將」。李綱建議將岳家軍留駐荊湖一帶，但宋廷決定岳飛仍率軍回江南西路，去江州駐紮。[5]

六月，宋廷升擢岳飛為中衛大夫、武安軍承宣使，雖仍屬從五品，計升三官，官告中稱讚岳飛「為時良將，統我銳師，許國惟以忠誠，馭眾亦能訓整，同士卒之甘苦，致紀律以嚴明。宣力久勞，戰多實著，功加數

---

1 《金佗續編》卷 28《孫逌編鄂王事》。

2 《金佗稡編》卷 19《追趕曹成捷報申省狀》，《會編》卷 151，《要錄》卷 53 紹興二年閏四月丙午，卷 54 紹興二年五月丙子，卷 56 紹興二年七月辛未，《宋會要》兵 10 之 32，《宋史》卷 368《張憲傳》。

3 《會編》卷 151，卷 218《林泉野記》，《要錄》卷 55 紹興二年六月庚寅朔，乙卯。

4 《會編》卷 151，卷 155，卷 218《林泉野記》，《要錄》卷 56 紹興二年七月庚辰，卷 58 紹興二年九月，卷 64 紹興三年四月丁未，《忠正德文集》卷 2《乞免攝文廣狀》。按《琬琰集刪存》卷 1《韓忠武王世忠中興佐命定國元勳之碑》和《宋史》卷 364《韓世忠傳》說，韓世忠軍破劉忠時，即「斬忠首」，係誤。

5 《要錄》卷 55 紹興二年六月戊戌，《梁溪全集》卷 72《開具本司差到任仕安等兵馬人數留韓京等軍馬奏狀》，卷 116《與呂相公第七書別幅》，卷 118《與秦相公第十一書別幅》，《宋會要》職官 41 之 25—26。

路，跡掃羣兇」。[1] 宋時升官制詞或告詞自然也難免有虛飾的成份，但此份告詞對岳飛才能、戰功和軍紀的評述，還是恰如其份的。

榮譽更加激勵了岳飛的雄心壯志，他路過永州祁陽縣（今湖南祁陽縣）大營驛，寫了一篇題記：

> 權湖南帥岳飛被旨討賊曹成，自桂嶺平蕩巢穴，二廣、湖湘悉皆安妥。痛念二聖遠狩沙漠，天下靡寧，誓竭忠孝。賴社稷威靈，君相賢聖，他日掃清胡虜，復歸故國，迎兩宮還朝，寬天子宵旰之憂，此所志也。顧蜂蟻之羣，豈足為功。過此，因留于壁。紹興二年七月初七日。[2]

岳飛在這篇文章中重申了自己光復舊物之宿願，而認為討伐曹成，則「豈足為功」。當時正發生蘄、黃州鎮撫使孔彥舟叛降偽齊的事變，[3] 故宋廷急令岳飛火速回戍江州，以防偽齊南侵。[4] 經歷此次征戰，岳家軍兵力陡增一倍，達二萬三、四千人，與東南大將韓世忠、劉光世、張俊等軍相差不多。[5]

江州北枕大江的碧流，南傍廬山的翠影，波溯巴楚，浪下吳越，時稱「負江面山，形勝盤踞，三方阻水」，既是個景色如畫的城市，又是屏障江南西路，「頗難於攻取」的軍事重鎮。[6] 岳飛一年前攻討李成，曾在江州停留，此次居住半年有餘，便更加喜愛這個地方。他決定將江州作為第二故鄉，準備將來抗金功成身退之日，不再返回湯陰縣故里，而留在江州安度晚年。

岳飛結識了廬山東林寺住持僧慧海，這是一位精通禪學的高僧。東林

---

1 《金佗續編》卷 2《中衛大夫武安軍承宣使告》，《會編》卷 151，《要錄》卷 55 紹興二年六月庚子。

2 《金佗稡編》卷 19《永州祁陽縣大營驛題記》。

3 《會編》卷 151，《要錄》卷 55 紹興二年六月壬寅。

4 《要錄》卷 56 紹興二年七月己巳。

5 《要錄》卷 60 紹興二年十一月己巳，卷 62 紹興三年正月丁卯，卷 63 紹興三年三月辛未，《忠正德文集》卷 2《知洪州乞支降錢米狀》。

6 《桯史》卷 8《九江郡城》。

寺有悠久的歷史，早在東晉時代，名僧慧遠便在此寺講經說法。岳飛雖在戰場上是奮擊無前的英雄，但對佛教以至道教卻有幾分虔誠的迷信。後來他官居高位，還在轄區「大葺祠宇」。[1]

第七節　吉、虔州平叛

南宋初年，統治者稱各地的叛亂，或云「民叛」與「兵叛」，或云「土寇」與「游寇」，其意大致相同。前任宰相、江南西路安撫大使朱勝非上奏說：「土寇皆因朝廷號令無定，橫斂不一，名色既多，貧民不能生，以至為寇。」[2]

當時人民的災難十分深重。兇惡的金軍、強梁的盜匪和橫暴的官軍在各地交替進行焚燒、屠殺和劫掠，「極目灰燼，所至殘破，十室九空」。[3] 宋廷在喪失三分之一的土地後，又加緊橫徵暴斂，貪官污吏和土豪劣紳也乘機敲詐勒索，遂使民不聊生。

宋承唐制，正式的土地稅是兩稅，一般按田地的肥瘠分成若干等，每等每畝各有定額。然而官府卻用加耗、加一、加三、支移、折變、水腳（水運費）、斗面、斛面等各種名目，稅上加稅。在江南東、西路和荊湖南、北路一帶，甚至有正稅米一石，而納加耗米四石。[4] 原來輸納粳米，卻折變為糯米，價格提高一倍；又將糯米折變為錢幣，「倍困人戶」。[5] 各種名目加稅的結果，致使「稅米一斛，有輸及五、六斛；稅錢一千，有輸及七、八千者」。[6]

和糴糧草與和買絹帛，本是官府出錢，糴買糧、絹之類，而官府往

1　《金佗稡編》卷 13《劾劉康年偽奏乞恩澤奏》，《再乞寢罷劉康年偽乞恩澤劄子》，《要錄》卷 82 紹興四年十一月庚午，《宋會要》道釋 1 之 7，《渭南文集》卷 45，卷 46《入蜀記》。

2　《會編》卷 147，《要錄》卷 42 紹興元年二月乙酉，《宋會要》兵 13 之 7。

3　《要錄》卷 41 紹興元年正月癸亥。

4　《梁溪全集》卷 63《乞減上供數留州縣養兵禁加耗以寬民力劄子》。

5　《斐然集》卷 25《先公行狀》，《宋會要》食貨 9 之 29。

6　《要錄》卷 42 紹興元年二月乙酉。

往「不酬其直」。[1] 和買事實上成為很多地區一項固定的重稅，並且同兩稅一樣，也攤派折變、加耗等花樣繁多的附加稅。例如和買與兩稅中的夏稅紬絹改納所謂折帛錢，便成為南宋時出名的重賦。江南西路經歷戰禍後，「蠶桑之家往往廢業」，為輸納和買絹，只能去「他路收買」，「更有頭子、市例、朱墨勘合、腳乘之費，及有不中退換」，「民間尤以為害」。[2]

役錢原名免役錢，是為雇募吏役，即州縣衙門公吏和鄉村基層政權頭目而設。役錢名額確定後，宋廷又將鄉役復雇為差，不支雇錢，而役錢照舊輸納。役錢也是一項重賦，貧民下戶都不能免。役錢基本上須繳納錢幣，在年豐穀賤之時，農民的負擔就愈加沉重。

更有所謂科配，是無定時、無定量、無定類的臨時性攤派。科配「無收支文字可以稽考」，最利於作弊，「形勢、公吏之家例皆不納，所納皆貧下戶」。科配收入主要被官吏貪污中飽，「官用一、二，私取八、九」，「用之如泥沙不惜」。[3]

以上介紹的，不過是幾種最普遍的，同農民關係最大的賦稅。事實上，苛捐雜稅之多，連宋人也不可能作出較為完整的統計。

李綱自福建路前往荊湖南路赴任時，曾寫詩描繪耳聞目睹之慘狀：

試呼耆老細詢問，未語吞聲已先咽：
自從虜騎犯長沙，巨寇如麻恣馳突，
殺人不異犬與羊，至今澗谷猶流血。
盜賊縱橫尚可避，官吏貪殘不堪說，
挾威倚勢甚豺狼，刻削誅求到毫髮。
父子妻孥不相保，何止肌膚困鞭撻。
上戶逃移下戶死，人口凋零十無八。[4]

---

1 《要錄》卷 42 紹興元年二月乙酉，《宋會要》食貨 9 之 19。
2 武英殿聚珍本《毘陵集》卷 3《措置江西善後劄子》，文淵閣《四庫全書》本為卷 7。
3 《梁溪全集》卷 71《乞下本路及諸路轉運司科敷錢米於田畝上均借奏狀》，卷 116《與呂相公第七書別幅》，《北山小集》卷 39《轉對狀》，《盧溪文集》卷 27《與宣諭劉御史書》。
4 《梁溪全集》卷 29《八月十一日次茶陵縣入湖南界有感》。

在兵荒馬亂、苛政重斂的情勢下，甚至某些上戶也破產逃移，更不論廣大的貧民下戶了。

就岳家軍駐守的江南西路而言，情況也大致相類。其中吉州和虔州（治贛縣，今江西贛州市）面積約佔全路十一州軍的一半，「地形險阻，山林深密」，又處在與荊湖南路、廣南東路、福建路的交界，官府統治薄弱。自北宋到南宋，吉州，特別是虔州，歷來被視為「盜賊之淵藪」。[1]

南宋初年，吉州和虔州不斷出現「土寇」。當地民風強悍，「至秋冬收成之後，即結集徒黨，出沒侵掠」，成為一種慣例。[2]一些「豪強之家」，也頗有當土皇帝的野心，農民「為之服役，平居則恃以衣食，為寇則假其資裝」。[3]例如虔州文士李敦仁是個「無賴」，其父曾說本家墳地「風水殊勝，四十年後當有出侯王者」，便聚眾造反，後又接受招安。[4]當然，如前所述，在吉州和虔州也有同樣有官逼民反的問題，「政令苛虐，科斂無藝，小民無告，橫遭荼毒，互相扇動，遂萌奸心，徒黨浸多，乃成巨盜」。[5]

總之，中國古代「民叛」的因素是相當複雜的，有反抗官府黑暗統治的成份，也有其他成份，而其歸宿則往往被野心家們所利用，「成則為王，敗則為寇」。

在紹興初年，吉州和虔州的「民叛」發展到相當可觀的規模。吉州叛亂的首領有彭友（號彭鐵大）、李滿（號李洞天）、尹花八、寧十二等人，他們都自封為王，所以號稱「十大王」，共有幾萬兵馬。彭友是在紹興三年初，由荊湖南路轉移到江南西路。[6]虔州的叛軍則發展到四百多支，首領

1　《臨川先生文集》卷 82《虔州學記》，武英殿聚珍本《毘陵集》卷 3《論措置虔賊劄子》，文淵閣《四庫全書》本為卷 7，《雪山集》卷 3《論鎮盜疏》。

2　《忠正德文集》卷 2《乞下鄰路防托虔寇》。

3　《要錄》卷 91 紹興五年七月丙申。

4　《要錄》卷 38 建炎四年十月辛卯，卷 47 紹興元年九月丙申，卷 50 紹興元年十二月甲戌，卷 52 紹興二年三月壬辰朔，《宋會要》兵 10 之 27—28，《北山小集》卷 39《納宰執論事劄子》（其三）。

5　《要錄》卷 102 紹興六年六月辛酉。

6　《金佗稡編》卷 19《虔（吉）州捷報申省狀》，《忠正德文集》卷 2《乞免勘喬信》。《皇宋十朝綱要》卷 22 說彭友為劉忠「次首領」。據《梁溪全集》卷 70《開具錢糧兵馬盜賊人數乞指揮施行奏狀》，卷 75《討殺本路作過潰兵了當見措置楊么等賊奏狀》，卷 120《與呂提刑第三書》，《與呂提刑第四書》，至晚在紹興二年，彭友已有獨立隊伍，並曾一度接受招安。宋時封王，則人稱「大王」，如《會編》卷 64，卷 73 載，人稱康王為「大王」。

有陳顯、羅閑十、鍾超、呂添、王彥、藍細禾、謝敵、鍾大牙、劉八大五、盧高、羅誠、謝寶、謝達等，總數達十幾萬人。他們不時東向攻擾江南東路和福建路，南下劫掠廣南東路，「縱橫往來者數年」。[1]

因此，宋朝統治者便將吉州和虔州的叛亂視為心腹之患，說「虔、吉之民，素號頑狡」，「闔境之內，鮮有良民」，[2]認為需要派遣得力的部隊，前往剿滅。江南西路安撫大使李回，荊湖南路宣諭薛徽言，江南東、西路宣諭劉大中，廣南東、西路宣諭明橐，梧州知州文彥明等人，都舉薦或要求岳家軍討捕。他們的理由，「皆言岳飛所部最為整肅，所過不擾」，「可除羣盜」。[3]宋高宗為此特下親筆手詔，命岳飛「疾速統率精銳人馬前去，務要招捕靜盡，無使滋蔓」，並令頒賜錢帛，江南西路、荊湖南路和廣南東路的轉運使等必須保證岳家軍的錢糧供應。[4]

紹興三年四月初夏，岳飛率軍先至吉州。他派能言善辯的低品武官（使臣）去龍泉縣（今江西遂川縣），規勸彭友、李滿等投降，他們回答說：「為我語岳承宣，吾寧敗不肯降，毋以虛聲恐我也。」

彭友和李滿匪軍在武陵、烈源、陳田三處紮寨，並聯合永新縣（今江西永新縣）尹花八等兩支三千多人的隊伍，共同抵抗官軍。岳飛和王貴、張憲分兵三路，展開進攻，經歷一場鏖戰，叛軍大敗。彭友等在交兵之初，躍馬馳突，即被岳飛麾軍擒獲。叛軍被殺得橫屍遍滿山谷。岳家軍除繳獲很多軍械外，還將被彭友、李滿等叛軍擄掠的二萬多老弱，縱歸田里。[5]

岳飛乘勝移軍虔州。他此次分遣一些統領官前往勸降。虔州的四百多

1　《金佗稡編》卷 10《措置虔賊奏》，《奏審虔州賊首奏》，卷 17《再論虔州平盜賞申省劄子》，卷 19《虔賊捷報申省狀》，《要錄》卷 46 紹興元年七月癸卯，卷 53 紹興二年四月乙丑，卷 60 紹興二年十一月辛酉，辛未，月末，卷 61 紹興二年冬，卷 62 紹興三年正月癸亥，《楊龜山先生集》卷 20《答胡康侯》（其十五）。

2　《忠正德文集》卷 2《乞下鄰路防托虔寇》，《毘陵集》卷 3《論措置虔賊劄子》。

3　《金佗稡編》卷 5《鄂王行實編年》載李回等人舉薦，《浪語集》卷 33《先大夫行狀》，《書先右史遺編》載薛徽言也舉薦岳飛。

4　《金佗續編》卷 1 高宗手詔，《要錄》卷 63 紹興三年二月丙申，三月辛未，《宋會要》兵 13 之 12—13。

5　《金佗稡編》卷 19《虔（吉）州捷報申省狀》，《虔賊捷報申省狀》，《周益國文忠公集‧平園續稿》卷 37《龍洲居士嚴君（致堯）墓碣》，《浪語集》卷 33《先大夫行狀》，《皇宋十朝綱要》卷 22。按《要錄》卷 64 紹興三年四月丁未稱彭友等為「虔寇」，係誤。

支叛軍集中到興國縣（今江西興國縣）衣錦鄉，與官軍決戰。岳家軍大敗叛軍後，徐慶等將便分頭攻破幾百座山寨，俘虜了王彥、鍾超、呂添、羅閑十、陳顯等首領。[1]

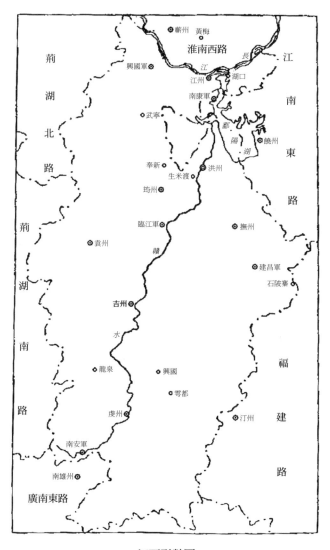

江西形勢圖

1　《金佗稡編》卷 10《奏審虔州賊首奏》，卷 17《再論虔州平盜賞申省劄子》，卷 19《虔賊捷報申省狀》，《要錄》卷 85 紹興五年二月壬辰。

最後，只剩下雩都縣（今江西于都縣）東北的固石洞，[1]由李洵和廖氏三姐妹的廖小姑等堅守。此洞處在高山之巔，四周環水，只是在陡壁懸崖上有一條通路，光是登山，就異常困難。洞中糧食、錢帛之類儲備甚足，故李洵等有恃無恐。岳飛駐軍瑞金縣（今江西瑞金市），仍派辯士前往勸降，說：「汝誠阻險，能保不敗耶？敗而後降，吾不汝貰矣！降即亟降，毋自速辜。」李洵等不聽，說：「苟能破山寨，吾黨雖死，尚何憾！」

於是岳飛便率官軍進攻，山上砲石、檑木之類滾滾直下，每次衝鋒，都被打退。岳飛心生一計，令軍士縛天橋八座，不斷佯攻，誘使叛軍將其木石耗盡，然後下令說：「來日當破賊！」

眾人都不明其意。次日凌晨，岳飛命將士在山下排列嚴整的隊形，他本人登高瞭望，只見一女子（廖小姑）手持兵刃，大聲呼喝：「今日官軍要破我砦，除是飛來！」

岳飛當即對左右說：「飛即我也！」遂令擊鼓進兵。張憲前軍官兵三百人為先鋒，他們身穿前後臚心，杷山而上，實施強攻，很快衝上山頂。岳飛看到首先登上頂巔的戰旗飄揚，便說：「此前軍第三隊也，當作奇功！」

諸軍競進，叛軍的山寨很快便被佔領。不少叛軍在倉卒間墜落山崖身亡，有的叛軍逃下山來，也被山下的官軍包圍，成了俘虜。有的部屬說，既然勸降不從，應將被俘者和投降者全部處死。岳飛不聽，認為「殺之何益」。[2]

被俘的吉州和虔州叛軍，人數眾多，光是兩州的叛軍首領即有五百多人。[3]因為建炎四年隆祐皇太后在虔州受到鄉兵叛亂的驚嚇，[4]宋高宗下密旨，令岳飛將被俘者全部斬盡殺絕。岳飛不同意此種做法，就在離虔州城三十

1　《讀史方輿紀要》卷 88。

2　關於固石洞之戰，《金佗稡編》卷 5《鄂王行實編年》，《金佗續編》卷 28《孫逌編鄂王事》，《獨醒雜誌》卷 7 記述各異。據孫逌所載，李洵似即李滿，按李滿已在吉州被俘，疑李洵為另一人。

3　關於被俘的叛軍首領人數，《金佗稡編》卷 17《再論虔州平盜賞申省劄子》說光虔州有「四百餘黨」，同書卷 10《措置虔賊奏》說吉州和虔州「作過賊首共三百一人」，《金佗稡編》卷 5《鄂王行實編年》從《會編》卷 207《岳侯傳》，作五百餘人。

4　隆祐皇太后為宋哲宗廢后孟氏，因迎立宋高宗，被尊為皇太后。建炎四年受驚嚇事，見《要錄》卷 31 正月丁卯，二月癸未。

宋里外駐軍，接連上奏，申述己見。最後宋高宗下旨「曲宥」，命岳飛裁決。岳家軍入城後，只處死一小批叛軍領袖，將被俘的勇壯者分隸各軍，老弱者放歸田里。[1]

岳家軍在吉州和虔州一直維護着仁義之師的形象，「軍行之地，秋毫無擾」，特別是對大批被俘者的處置如此寬大為懷，故深得民心。此後家家戶戶懸掛岳飛的畫像，奉若神明，只要提到岳飛的大名，都感泣不已。[2]

岳飛完成鎮壓任務後，便上報宋廷，說吉州和虔州的叛軍已「一無遺類」。[3]但接替李回任江南西路安撫大使的趙鼎仍不放心。他命岳飛留五千人屯駐虔州，以為「彈壓」。岳家軍主力一萬人趕回江州防秋。宋廷又另外抽調岳飛部下的三千人馬，前往廣州（治南海、番禺，今廣東廣州市）戍守。[4]在此次軍事行動中立功的部將王貴、張憲、徐慶，還有正將姚政、副將楊再興等都升官有差。[5]

岳飛此次鎮壓行動雖獲全勝，但因當地發生變亂的因素並未消弭，故不久又出現了「餘黨」「復熾」的局面。[6]有個士大夫說：

> 民叛與兵叛不同，如虔賊向來岳飛非不討殺，亦有已見淨
> 盡之言，終不能絕，尚跨四路出沒，何也？州縣非其人，歸業不
> 可，寧為寇耳！[7]

1　《金佗稡編》卷 5《鄂王行實編年》載：「廟堂以隆祐震驚之故，有密旨，令屠虔城。」按建炎四年發生的鄉兵叛亂，主要是虔州各縣的鄉村戶，「屠城」不應理解為要將當時受官府控制的州城坊郭戶殺光。宋高宗的「密旨」，並無旁證。但岳飛在虔州民眾中遺愛如此之深，他說服皇帝取消「密旨」，仍有某種可能性。

2　《金佗稡編》卷 9，《金佗續編》卷 1 高宗手詔，《周益國文忠公集·平園續稿》卷 37《龍洲居士嚴君（致堯）墓碣》，《獨醒雜誌》卷 7。

3　《金佗稡編》卷 17《再論虔州平盜賞申省劄子》。

4　《要錄》卷 67 紹興三年七月乙亥，八月己丑，《宋會要》兵 5 之 17，13 之 13，《忠正德文集》卷 1《乞支降岳飛軍馬錢糧狀》，卷 2《奏乞節制岳飛狀》。

5　《金佗續編》卷 5《收捕虔吉州盜賊王貴以下推恩省劄》，《要錄》卷 68 紹興三年九月甲戌。

6　《要錄》卷 85 紹興五年二月壬辰。

7　《斐然集》卷 17《寄張德遠》。

第八節　臨安朝見

　　宋高宗在紹興府居住了一年有餘，又將「行在」遷往臨安府，表面上謂之「行在」，其實將以為久居之地。經金軍焚殺之後，北方的流寓者成了臨安府居民的多數，他們往往蓋茅屋居住。[1] 宋高宗為首的統治者為了及時行樂，舒心享受，就必須重建這座城市。重建的結果，則是使千嬌百媚的水光山色成為投降和屈辱的象徵。南宋詩人林升寫詩云：

> 山外青山樓外樓，西湖歌舞幾時休？
> 暖風熏得遊人醉，便把杭州當汴州。[2]

　　宋高宗暫時不得不同金與偽齊處於戰爭狀態，以戰求和，覬望在半壁殘山剩水中尋歡作樂。他骨子裏並無恢復河山的盤算，而將東京開封、西京洛陽等視同異域。宋高宗和一些大臣甚至連「北伐」、「收復汴京」等類政治口號也不敢使用，「約束諸路，並不得出兵」進攻「大齊」。有的官員接納越界歸宋的北方軍民，竟被朝廷懲處。[3]

　　紹興三年九月，岳飛奉命來到臨安府，第二次朝見宋高宗。此時，岳飛已成為繼吳玠之後，一顆新升的將星，[4] 為舉世矚目，而他的年齡比吳玠還小十歲。從紹興元年到三年，岳家軍除了進行大規模的戡平內亂的軍事活動外，岳飛還分兵遣將，鎮壓了若干規模不大的內亂。他命徐慶和王萬率三千兵馬，會同江南東路安撫大使司統制顏孝恭、郝晸等，平息建昌軍

1　《要錄》卷 173 紹興二十六年七月丁巳，《宋會要》食貨 38 之 19，兵 3 之 7—8。
2　《西湖遊覽志餘》卷 2。
3　《金佗續編》卷 5《朝省行下事件省劄》，《宋史》卷 376《常同傳》，《要錄》卷 75 紹興四年四月丙午，《中興小紀》卷 17，《皇朝中興紀事本末》卷 31 之上。
4　《會編》卷 173，《要錄》卷 87 紹興五年三月，《歷代名臣奏議》卷 88，《宋史》卷 375《李邴傳》：「陛下即位之初，韓世忠、劉光世、張俊威名隱然為大將，今又有吳玠、岳飛者出矣。」當時輿論將吳玠和岳飛視為軍界後起之秀。

石陂寨姚達和饒青的兵變。[1] 他親自招降轉移至筠州的馬友殘部郝通，[2] 消滅盤踞舒州太湖縣（今安徽太湖縣）司空山的盜匪李通。[3] 徐慶和江南西路安撫大使司統制傅選合軍，擊破叛將李宗亮和張式的隊伍。[4] 王貴和徐慶率軍破劉忠餘部高聚於袁州，張成於萍鄉（今江西萍鄉市），並分別擒獲高聚和張成。[5]

宋高宗當然樂於召見這個軍界有威名的後起之秀，以便教他瞻仰「天顏」，膜拜「聖恩」，更加忠心耿耿地為自己效命。十五歲的岳雲也隨同父親朝見。他自幼立志許國，建炎四年，即岳雲十二歲時，就編入張憲的部伍從軍，並且立下軍功。[6] 岳飛對兒子的要求極端嚴格。有一次，岳雲身披重鎧，練習飛馬衝下陡坡，不慎馬翻人仰。岳飛大怒，說：「前驅大敵，亦如此耶？」下令將岳雲斬首，經眾將說情後，改為責打一百軍棍。[7] 三年時間的嚴酷鍛煉，造就了岳雲一副銅筋鐵骨，他天生神力，能將兩支好幾十宋斤重的鐵錐槍掄動如飛。[8]

朝見之際，岳飛最懸心的是荊湖北路和京西南路的戰事，由於敗報接踵而至，他渴望與猖狂進犯的偽齊主將李成再決雌雄。宋高宗卻未忘在建

1　《金佗稡編》卷 5《鄂王行實編年》，《金佗續編》卷 5《權知潭州并權荊湖東路安撫都總管省劄》，《要錄》卷 50 紹興元年十二月甲戌，卷 51 紹興二年正月壬子，卷 57 紹興二年八月甲午。

2　《金佗稡編》卷 5《鄂王行實編年》，《皇宋十朝綱要》卷 22。

3　《金佗稡編》卷 5《鄂王行實編年》，《要錄》卷 51 紹興二年正月癸丑，卷 58 紹興二年九月戊辰，《宋會要》兵 13 之 12，《宋史》卷 27《高宗紀》。司空山，《金佗稡編》作「司公山」，《輿地紀勝》卷 46《安慶府》，《方輿勝覽》卷 49《安慶府》作「司空山」。

4　《金佗稡編》卷 5《鄂王行實編年》。

5　《金佗稡編》卷 5《鄂王行實編年》，《宋史》卷 27《高宗紀》。

6　《金佗稡編》卷 9《諸子遺事》。

7　《金佗稡編》卷 9《遺事》。

8　《金佗稡編》卷 9《諸子遺事》載，岳雲「手握兩鐵鎚，重八十斤」。《金佗續編》卷 21《鄂王傳》，卷 27 黃元振編岳飛事蹟，《宋史》卷 365《岳雲傳》作「兩錐」或「鐵椎」。當時「鎚」、「椎」和「錐」三字或可通用。《金史》卷 77《亨傳》記載一種「鐵連鎚」的武器，類似後世的鏈鏢。現在京劇「八大錘」之「錘」，宋時往往稱為「骨朵」。《遼史》卷 34《兵衛志》載「正軍」的裝備，即有「錯鈒」和「鎚錐」。《淳祐臨安志輯逸》卷 3 和《武林舊事》卷 5 說，在褒忠衍福寺中，「岳雲所用鐵槍猶存」。《武經總要》前集卷 13 記載當時有一種四棱的「錐槍」，可知岳雲的鐵鎚應是鐵錐槍。《岳廟志略》卷 1《畫像》說岳雲的古畫像，「手攜兩銅錐」，「其椎形橢而銳首，異於今之所謂銅椎者。無年代，亦不知何人所畫」。這是近於真實的，京劇「八大錘」中的「錘」反而失實。八十宋斤鐵鎚，約合九十六市斤以上，只怕太重了。

炎時，劉光世軍繳獲的那把李成所用七宋斤重的刀，他對岳飛說：「如李成歸國，朕當以節度使待之。」並且命令岳飛派人去做爭取工作。[1] 這句話無異於是對岳飛很大的人格污辱。他積八年汗馬戰功，仍是從五品的遙郡承宣使；而李成只要重新歸宋，居然可當號稱武人「極致」的從二品節度使。[2] 岳飛不得不強忍怒火，接受皇帝佈置的任務，儘管他內心充滿了對李成的蔑視。

朝見以後，宋高宗似乎也覺察到自己在李成問題上的失言，便以更重的獎賞，籠絡人心。宋廷發表岳飛落武階官中衛大夫，超升正四品的鎮南軍承宣使。[3] 按宋時官制，岳飛算是由遙郡承宣使改升正任承宣使，而「遙郡、正任恩數遼絕」。[4] 宋廷在升官敕詔中讚揚他「料敵出奇，洞識韜鈐之奧；摧鋒決勝，身先矢石之危」。「千里行師，見秋毫之無犯；百城按堵，聞犬吠之不驚」。[5]「殄寇之功，馭軍之略，表見於時，為後來名將。江、湖之間，尤所欣賴，兒童識其姓字，草木聞其威聲」。[6]

宋高宗親筆書寫「精忠岳飛」四字，繡成一面戰旗，命岳飛在用兵行師時作為大纛。此外，他還頒賜岳飛和岳雲衣甲、金帶、戰袍、弓箭、刀槍、戰馬等物品，[7] 賞白銀二千兩，犒賞將士。宋高宗還特授岳雲正九品保義郎、閤門祗候的武官虛銜，岳飛決不願讓其子「未立寸效」，而享受「異眷」，上奏力辭。但是，皇帝的恩命畢竟是不容推辭的。[8]

經過岳飛的力爭，宋廷作出以下決定：第一，命岳飛任江南西路、舒、蘄州制置使的差遣，若「軍期急速」，可抽調江南西路的其他駐軍，

1　《會編》卷 161，《要錄》卷 80 紹興四年九月壬申注，兩處不載宋高宗發此語的時間。自紹興元年至四年，岳飛僅有此次朝見，宋高宗當在召見時發此語。

2　《宋史》卷 168《職官志》，卷 474《賈似道傳》。

3　《要錄》卷 68 紹興三年九月丙寅。

4　《宋史》卷 166《職官志》。

5　《金佗續編》卷 2《鎮南軍承宣使充江南西路沿江制置使告》。

6　《金佗續編》卷 3《辭免鎮南軍承宣使不允詔》，《北海集》卷 13《賜神武副軍都統制岳飛辭免恩命不允詔》。

7　《要錄》卷 68 紹興三年九月庚申，《宋會要》禮 62 之 56—57，《宋史》卷 150《輿服志》。按《金佗稡編》卷 5《鄂王行實編年》將朝見和頒賞都繫於九月十三日，今據《要錄》更正，朝見是在九月九日。

8　《金佗稡編》卷 13《辭男雲特除保義郎閤門祗候奏》，《要錄》卷 68 紹興三年九月戊辰。

「隨宜措置」，並將淮南西路舒州（治懷安，今安徽潛山縣）和蘄州的防務也歸他管轄。[1]第二，岳家軍自分撥三千人往廣州屯戍後，只剩下二萬一千餘人，除去火頭軍、輜重兵、病員等，只有戰士一萬五、六千人。[2]為彌補兵力不足，宋廷便將駐守蘄州的統制李山，屯紮江州的統制傅選兩支部隊，都併入岳家軍。[3]岳家軍的軍號也由神武副軍升格為神武後軍，岳飛由都統制改任統制。[4]這是因為他官位尚低，不能與神武左軍都統制韓世忠、神武右軍都統制張俊等平列。傅選早年曾在太行山參加過王彥的八字軍。

趙秉淵的軍隊本來也準備撥屬岳飛，因兩年前岳飛一次酒醉後的毆打，使趙秉淵非常寒心，他與劉光世有舊交，央告劉光世提出申請，將本部人馬改隸劉光世的部下。岳飛為此十分懊悔，宋高宗也因而告誡岳飛，從此不要飲酒。[5]

在此之前，南宋並未設置固定的軍區，朱勝非再相後，「始議分遣諸帥，各據要會，某帥當某路，一定不復易」。[6]宋廷的意圖，只是要岳飛負責保障江南西路的安全，並不允許他前往增援或接管京西南路和荊湖北路的戰場。岳飛回到江州後，認為自己不能完全拂逆宋高宗的旨意，就派幕僚四川人王大節去偽齊，從事間諜工作。[7]然而岳飛決不對李成存什麼幻想，他積極打探前方消息，厲兵秣馬，隨時準備挺進湖北和京西路，殺敵立功。

1　《金佗續編》卷5《改充江南西路制置使省劄》，《除江南西路舒蘄州制置使省劄》，《要錄》卷68紹興三年九月丙寅，乙亥，《宋會要》職官40之5—6，41之106。岳飛初任江南西路沿江制置使，尋落「沿江」二字，最後又增「舒、蘄州」。

2　《金佗續編》卷29趙鼎《措置防秋事宜》，此奏又見《歷代名臣奏議》卷334，《忠正德文集》卷2。

3　《金佗稡編》卷5《鄂王行實編年》只載李山一軍撥歸岳飛，據《會編》卷155，《要錄》卷68紹興三年九月丙寅補充傅選一軍。

4　《金佗續編》卷5《改差充神武後軍統制省劄》，《要錄》卷68紹興三年九月庚辰。

5　《會編》卷155，《要錄》卷68紹興三年九月丙寅。

6　《會編》卷159，卷213朱勝非行狀，《要錄》卷68紹興三年九月乙亥。

7　《會編》卷161，《要錄》卷80紹興四年九月壬申注。

第七章

克復襄漢

第一節　襄漢失守

扞守伊陽縣鳳牛山寨的翟興一軍，成為偽齊的心腹大患。劉豫因軍事進攻迭遭挫敗，設法買通內奸楊偉，於紹興二年三月暗殺翟興。[1]

翟琮忍痛發憤，繼承父志。他聯合宋朝神武左副軍統制，襄陽府、鄧、隨、郢州鎮撫使，兼襄陽知府李橫和隨州知州李道，向偽齊發動進攻。雖然翟琮的軍力已大為削弱，李橫也兵少糧乏，裝備頗差，但因偽齊愛國官兵紛起響應，北伐的進展相當順利。

偽齊方面的起義者，主要有兩部份隊伍，牛皋、彭玘、趙起、朱全、牛寶、朱萬成等軍歸附於李橫，董先、張玘、董震等軍歸附於翟琮。

紹興三年，李橫與牛皋、彭玘等軍克復了汝州（治梁縣，今河南汝州市）、潁昌府（治長社，今河南許昌市）、信陽軍（治信陽，今河南信陽市）等地。偽齊唐州知州胡安中也由李道招降。[2] 翟琮部署董震、張玘、董貴、趙通諸部攻入西京河南府，處決了發掘宋朝皇陵的偽齊河南尹孟邦雄。軍事上的節節勝利，使翟琮一軍很快便控制了東至鄭州，西至京兆府的廣大地域。[3]

1　《會編》卷 150，《要錄》卷 52 紹興二年三月癸丑，《宋史》卷 27《高宗紀》，卷 452《翟興傳》。

2　《會編》卷 154，《要錄》卷 61 紹興二年十二月辛亥，卷 62 紹興三年正月甲子，卷 63 紹興三年二月庚戌，卷 64 紹興三年四月甲午，《宋史》卷 27《高宗紀》，《宋會要》兵 15 之 2，《北海集》卷 16 賜李橫、翟琮等撫諭敕書。《宋會要》作「朱萬成」，《北海集》作「朱力成」。

3　《要錄》卷 60 紹興二年十一月乙丑，卷 61 紹興二年十二月辛亥，卷 62 紹興三年正月丁巳朔，甲子，卷 65 紹興三年五月己未，《宋會要》兵 14 之 24，《宋史》卷 453《張玘傳》，《金石萃編》卷 159《孟邦雄墓誌》。

翟琮和李横兩軍從西面和南面兩個方向進逼開封府，劉豫的形勢岌岌可危，慌忙向金朝求援。三月間，金朝元帥左都監完顏兀術會合李成所率二萬偽齊軍，在開封城西北牟馳岡同宋軍會戰。李横、牛皋等軍沒有鎧甲，被金方重甲騎兵擊潰。宋軍從此一蹶不振，到十月為止，不僅伊陽縣的鳳牛山寨、鄧州（治穰縣，今河南鄧州市）、隨州（治隨縣，今湖北隨州市）、唐州（治泌陽，今河南唐河縣）、襄陽府等地相繼陷落，連處在較近後方的郢州（治長壽，今湖北鍾祥市）也被敵軍攻佔。李横、翟琮、牛皋、董先、李道、張玘等先後退到江南西路，彭玘戰死。[1]

襄陽府、郢州等地的失守，使南宋大江防線形成巨大缺口。劉豫得意忘形，準備在下一年，即紹興四年麥熟後大舉南下。偽齊的李成、許約等不斷派遣使者，前往洞庭湖，聯絡在當地割據的楊么叛軍，策劃南北夾攻。楊么、黃誠等予以允諾，約定來年六月間，楊么水軍「火急收刈早稻」後，於七月先攻取岳州，「作老小硬寨」，然後出洞庭湖，順江佔據鄂州、漢陽軍（治漢陽，今湖北武漢市漢陽）、蘄州、黃州等地，接應李成大軍渡江。偽齊軍和楊么軍水陸並進，順江東下，「前去浙中會合」，消滅南宋政權，雙方「建國通和」。[2]

---

1 《金佗稡編》卷 10《措置李横等軍奏》，《奏審李道牛皋軍奏》，《金佗續編》卷 29 趙鼎《乞支錢糧贍給李横軍兵》，《會編》卷 155，《要錄》卷 63 紹興三年三月己巳，卷 64 紹興三年四月丙申，卷 65 紹興三年五月丙辰，卷 67 紹興三年八月乙未，卷 69 紹興三年十月己亥，癸卯，甲辰，《中興小紀》卷 15 紹興三年十月己酉，《皇朝中興紀事本末》卷 27，《宋史》卷 27《高宗紀》。宋軍與金、偽齊軍會戰地點，《會編》作朱仙鎮，《要錄》文淵閣和文津閣《四庫全書》本作牟馳岡，廣雅書局本作羊馳岡。以上各書都未交待董震和彭玘的下落，據《華陽集》卷 7《彭玘贈吉州團練使》，可知他是戰死的。
2 《金佗續編》卷 5《再據劉愿申楊么賊徒結連作過省劄》，《要錄》卷 84 紹興五年正月甲子。與此稍有牴牾的記載見於《金佗續編》卷 26《楊么事蹟》，《要錄》卷 85 紹興五年二月戊午，楊么軍頭領周倫向宋廷表示接受招安，說他已將劉豫的來使處死。然而周倫申狀提供之情節頗有疑寶，至少並未涉及楊么本人對偽齊的態度。故本段記事大致依據前一種記載。按楊么與偽齊的勾結應有多種渠道和方面，如《要錄》卷 84 紹興五年正月甲子，《中興小紀》卷 18，《皇朝中興紀事本末》卷 32 記載他與偽齊光州知州許約的「結連」。

第二節　上奏請纓

岳飛自臨安府回江州後，曾主動派部將張憲前往襄陽府，招收李橫。李橫大概認為岳飛與自己地位相當，不肯聽從。李橫逃到蘄州、黃州一帶，便急忙渡江，徑赴洪州，參見江南西路安撫制置大使趙鼎。岳飛聞訊後，也疾馳至洪州，卻比李橫晚了一日。岳飛責備李橫，李橫口稱伏罪，其實仍不願隸屬岳飛。唯有李道、牛皋等屢次申狀趙鼎和岳飛，「乞聽岳飛節制」，但岳飛因「未准朝旨，不敢拘收」，只是令他們「前來江州權行駐劄」。[1]

經岳飛、趙鼎和宋廷往返交涉，宋廷終於將牛皋、董先、李道等部併入岳家軍，張玘也撥歸岳飛統轄。翟琮改任江南東路兵馬鈐轄，李橫改隸張俊，不歸屬岳飛。[2]

牛皋字伯遠，汝州魯山縣（今河南魯山縣）人，他比岳飛年長十六歲，當時年齡已四十七歲。牛皋當過弓手，曾組織當地民眾抗金，在京西路一帶與敵軍進行十餘戰，每戰皆捷，其中最有名的就是前述建炎四年奇襲金西路渡江軍之歸師。他出任岳飛的中軍統制，後改任左軍統制。董先字覺民，河南府澠池縣人，他原是翟興的統制。張玘字伯玉，也是澠池縣人，是董先的副將。兩人曾在商州（治上洛，今陝西商州市）、虢州（治虢略，今河南靈寶市）等地抗金，屢立戰功。董先任岳飛的踏白軍統制。李道字行之，湯陰縣人，最早與其兄李旺聚眾抗金，投奔宗澤。李旺因過被宗澤處斬，由李道繼續掌軍。他出任岳飛的選鋒軍統制。[3]

在李橫等軍節節敗退之際，焦急的宋廷不斷發佈命令，要岳飛在大江南北岸「措置隄備，多遣間探，日具事宜以聞」。岳飛不斷得到李成和楊么準備聯合行動的情報，同幕僚、部將們經常討論形勢和方略，眾人談及

1　《金佗稡編》卷 10《措置李橫等軍奏》，《奏審李道牛皋軍奏》，《金佗續編》卷 29 趙鼎《乞支錢糧贍給李橫軍兵》，《會編》卷 155，《要錄》卷 71 紹興三年十二月甲午。

2　《要錄》卷 75 紹興四年四月戊子、辛丑。

3　關於牛皋等人的經歷，參見本書附錄四：岳飛的部將和幕僚。《會編》卷 159，《要錄》卷 77 紹興四年六月載董先任選鋒軍統制，今從《宋史》卷 465《李道傳》。

對付偽齊和楊么「二寇」的先後次序，岳飛毫不猶豫地回答：「先襄漢，襄漢既復，李成喪師而逃，楊么失援矣。第申嚴下流之兵以備之，然後鼓行。」他認為，只有力爭在紹興四年麥收前，先發制人，擊破李成軍，才能粉碎「二寇」南北夾攻的計劃。岳飛為此屢次上奏宋廷說：

> 臣竊惟善觀敵者，當逆知其所始；善制敵者，當先去其所恃。今外有北虜之寇攘，內有楊么之竊發，俱為大患，上軫宸襟。然以臣觀之，楊么雖近為腹心之憂，其實外假李成，以為唇齒之援。今日之計，正當進兵襄陽，先取六郡，李成不就繫縛，則亦喪師遠逃。於是加兵湖湘，以殄羣盜，要不為難。而況襄陽六郡，地為險要，恢復中原，此為基本。臣今已屬兵飭士，惟竢報可，指期北向。伏乞睿斷，速賜施行，庶幾上流早見平定，中興之功次第而致，不勝天下之幸。[1]

岳飛規劃了一個先李成、後楊么的用兵方略，此後的軍事行動，正是依次進行的。

紹興四年春，宋高宗君臣為了襄漢的戰事，也多次進行詳細的商討。宰相朱勝非說：「襄陽上流，襟帶吳、蜀。我若得之，則進可以蹙賊，退可以保境。今陷於寇，所當先取。」

宋高宗也明白，襄漢的得失已關係到自己小朝廷的安危存亡，他說：「今便可議，就委岳飛如何？」新近從江南西路調任政府參知政事的趙鼎熟識岳飛，說：「知上流利害，無如飛者。」

但簽書樞密院事徐俯卻獨持異議，反對委派岳飛出兵。[2]此外，戍守淮南西路的劉光世也要求由他「措置荊、襄」。[3]

1　《金佗稡編》卷 10《乞復襄陽劄子》。據《金佗續編》卷 5《朝省行下事件省劄》：「岳飛累有奏陳，措畫收復，備見盡忠體國。」可知他上奏應有幾份，今僅存此奏。

2　《要錄》卷 75 紹興四年四月庚子，《宋史》卷 360《趙鼎傳》，卷 372《徐俯傳》。《要錄》將宋廷的討論繫於四月，按《金佗續編》卷 5《朝省行下事件省劄》，宋廷三月十三日已向岳飛發佈出師命令，估計宋廷議論必反複多次。

3　《金佗稡編》卷 1 高宗手詔。

屢經爭議之後，宋高宗君臣決定由岳飛出師襄漢，劉光世派兵增援，王瓊仍按早先的佈置，箝制洞庭湖的楊么軍。由趙鼎帶到臨安府的牛皋和董先，也得到宋高宗的召見。牛皋慷慨陳詞，向皇帝申述「偽齊必滅之理，中原可復之計」。[1]

三月十三日，宋廷向岳飛發佈出兵的省劄，其要點如下：

第一，正式任命岳飛為荊湖北路前沿統帥，在他的制置使頭銜中，添入「兼制置荊南、鄂、岳」的加銜。荊湖北路安撫使司顏孝恭和崔邦弼兩統制的兵馬，荊南鎮撫使司的兵馬，都暫歸他「節制使喚」。

第二，命令岳飛指揮所部軍馬，在當年麥熟以前，克復京西路的襄陽府、唐、鄧、隨、郢四州和信陽軍。其中唐州和信陽軍又在原李橫鎮撫司管轄之外，而鄧州南陽縣也由偽齊實際控制。[2]。

第三，宋廷強調「自通使議和後來，朝廷約束諸路，並不得出兵」，只因李成出兵南侵，才有必要收復襄陽府等六郡。故此次出師，只能以此六郡為限。如敵人「逃遁出界，不須遠追」。「亦不得張皇事勢，誇大過當，或稱提兵北伐，或言收復汴京之類，卻致引惹。務要收復前件州軍實利，仍使偽齊無以藉口」。宋高宗在省劄之外，又特別親下手詔，叮嚀和警告岳飛：

> 今朝廷從卿所請，已降畫一，令卿收復襄陽數郡。惟是服者舍之，拒者伐之，追犇之際，慎無出李橫所守舊界，卻致引惹，有悞大計。雖立奇功，必加爾罰，務在遵稟號令而已。[3]

第四，支付六萬石米，四十萬貫錢，以作軍需。四十萬貫錢以十萬兩銀和五千兩金折支，當時金銀尚未作為獨立的貨幣使用。又另加二十萬貫錢「充犒設激賞」。

第五，收復襄漢六郡後，由岳飛差官防守，「或用土豪」，或用牛皋等

1　《會編》卷 159，《要錄》卷 75 紹興四年四月戊子。
2　《宋會要》兵 15 之 2。
3　《金佗稡編》卷 1 高宗手詔。

舊將。岳飛大軍則回大江沿岸駐紮。[1]

總而言之，宋高宗部署襄漢戰役的指導方針，就是以戰求和，使自己的小朝廷得以偏安東南。

崔邦弼曾在京東路青州（治益都，今山東青州市）、濰州（治北海，今山東濰坊市）一帶與金軍作戰，有相當的軍事經驗。顏孝恭在建炎三年秋，曾任杜充的江、淮宣撫司統制，與岳飛共事。

岳飛當時的兵力並不多。李橫的一萬五千人馬已撥屬神武右軍都統制張俊，[2] 翟琮的人馬也由他自己帶走。牛臯、董先、李道等部的併入，兵力有限，如「牛臯、董先兩項，共一千餘人」。岳家軍的總兵力時為二萬八千六百十八人。[3] 暫歸岳飛「節制」的崔邦弼軍約有三千人，[4] 顏孝恭軍約有一千九百人，[5] 還有荊南府、歸、峽州、荊門、公安軍鎮撫使解潛僅派統制辛太率一千二百名鄉兵前來助戰，其實沒有什麼戰鬥力。[6] 岳飛用於進攻襄漢六郡的總兵力，應在三萬五千人左右。

王瓊的籍制兵力，按編制計，達五萬幾千人；實際上有四萬幾千人，反而多於岳飛。[7]

偽齊在襄陽府、鄧州、隨州和郢州部署的兵力，多者不過一千人，少者只有五、六百人，馬匹多者不過一、二百匹，少者只有五、六十匹，比較單薄。[8] 然而到了四月、五月間，為了準備麥熟後大舉南侵，兵力陡增。

兵員是常數，而士氣和戰鬥力卻是難以估量的變數。四月十九日，這支

1　《金佗續編》卷 5《朝省行下事件省劄》。

2　《要錄》卷 75 紹興四年四月戊子。

3　《金佗稡編》卷 18《措置襄漢乞兵申省狀》。

4　《會編》卷 176，《歷代名臣奏議》卷 90 呂頤浩奏。

5　《要錄》卷 64 紹興三年四月戊戌。

6　《要錄》卷 79 紹興四年八月丙申。

7　《金佗續編》卷 25《楊么事蹟》說王瓊有「本部軍馬三萬人」，另加崔增和吳全水軍一萬人。據《要錄》卷 52 紹興二年三月甲寅，卷 86 紹興五年閏二月丁卯，王瓊實有兵一萬五千人，加荊湖南路安撫使司兵二萬餘人，程昌寓兵九千餘人，崔增和吳全兵約一萬人，共計五萬幾千人。當時崔增和吳全軍已被楊么水軍消滅，故剩四萬幾千人。

8　《金佗續編》卷 5《照會偽齊已差人佔據州郡省劄》。

受挫淮東的哀師，蓄銳三年的鐵軍，又重返民族戰場，由江州向鄂州挺進。[1]

宋廷對於岳飛的出師，仍是憂心忡忡，大力推薦岳飛的趙鼎上奏說：

> 陛下渡江以來，每遣兵將，止是討蕩盜賊，未嘗與敵國交鋒。飛之此舉，利害甚重，或少有蹉跌，則使偽境益有輕慢朝廷之意。

他建議宋高宗下親筆手詔，給劉光世，荊湖北路安撫使劉洪道，江南西路制置使胡世將，荊南府、歸、峽州、荊門、公安軍鎮撫使解潛等，要他們想方設法，支持岳飛，包括「遣發援兵，資助糧食」等。[2]

宰相朱勝非特派使者通知岳飛，只要旗開得勝，即授予他節度使的頭銜。岳飛鄭重地對使者說：「為飛善辭丞相，岳飛可以義責，不可以利驅。襄陽之役，君事也，使訖事不授節，將坐視不為乎？拔一城而予一爵者，所以待眾人，而非所以待國士也。」[3]

宋高宗特令張俊的神武右軍和楊沂中的神武中軍分別選堪披帶的戰馬各一百匹，撥給岳家軍，並在岳飛制置使的頭銜中添入「兼黃州、復州、漢陽軍、德安府」的加銜。[4] 為了使岳飛的「將佐竭力奮死」，「以濟事功」，宋高宗親寫手詔給岳飛，說岳飛曾保奏王貴、張憲和徐慶三將「數立戰效，深可倚辦」，「理宜先有以旌賞之」，給王貴等三人頒賜撚金線戰袍各一領，金束帶各一條。[5]

吳玠仙人關大捷的喜訊傳來，鼓舞着岳飛，使他更加蔑視敵人，滿懷

---

1 《金佗續編》卷 29 趙鼎《乞賜御筆》，《乞遣中使訓諭諸帥應援》，《永樂大典》卷 8413《趙元鎮文集‧乞遣中使訓諭諸帥應援岳飛劄》，《忠正德文集》卷 3《乞賜岳飛親筆》載「岳飛已定今月十九日出師」，按五月六日破郢州日期推算，「今月」應為四月。

2 《金佗續編》卷 29 趙鼎《乞遣中使訓諭諸帥應援》，《永樂大典》卷 8413《趙元鎮文集‧乞遣中使訓諭諸帥應援岳飛劄》。

3 《金佗粹編》卷 9《遺事》。

4 《金佗續編》卷 6《差兼黃州復州漢陽軍德安府制置使省劄》，《要錄》卷 76 紹興四年五月庚戌朔。

5 《金佗粹編》卷 2 將此份高宗手詔誤繫於紹興十年，今據《金佗粹編》卷 6《鄂王行實編年》，《宋會要》禮 62 之 58 更正。

勝利的信心。[1]大軍自鄂州陸續渡江,旌旗直指郢州。岳飛在江心對幕僚們慷慨發誓說:「飛不擒賊帥,復舊境,不涉此江!」

第三節　第一次北伐

郢州已成為偽齊最南端的要塞。劉豫很重視郢州城的防守,特命荊超任知州。荊超曾在北宋皇宮裏當過班直,[2]悍勇非凡,號稱萬人敵。他手下配置了一萬多人馬,其中還包括少量金兵,自以為有金湯之固。

五月五日,岳家軍直抵郢州城下。岳飛躍馬環城一周,親自偵察敵情。他舉起馬鞭,遙指東北角的敵樓說:「可賀我也!」

岳飛派張憲向守城者勸降,希望他們不要為劉豫賣命。荊超的謀主、偽齊長壽知縣劉楫害怕動搖軍心,在城上大喊「各事其主」,拒絕投降。岳飛大怒,下令軍中,破城之後,必須活捉劉楫。一場激烈的攻城戰已勢不可免。由於後勤供應不及時,軍糧只剩下兩餐飯了。岳飛卻很有信心,說:「可矣,吾以翌日巳時破賊!」

六日黎明時,在緊擂的戰鼓聲中,岳家軍發起總攻。戰鬥異常酷烈,岳飛坐在大纛下指揮,忽然有一大塊砲石飛墜在他面前,左右都為之驚避,岳飛的腳卻紋絲不動。[3]

將士們奮勇爭先,踏肩登城,終於摧毀了敵人的頑抗。荊超眼見大勢已去,便投崖自殺。劉楫果然被官兵們活捉押來,岳飛對這個死心塌地的敗類責以大義,下令將他面南斬首。此戰殺敵達七千人,郢州城中,敵屍

1　《要錄》卷 75 紹興四年四月乙酉:「江西制置使岳飛奏川、陝戰捷事。飛奏中頗有輕敵之意,上謂朱勝非曰:『用兵當持重,宜深戒飛。』」《金佗續編》卷 6《報仙人關獲捷省劄》只存岳飛奏之節略,已看不到他如何「輕敵」。

2　《會編》卷 155,《要錄》卷 69 紹興三年十月甲辰。

3　《金佗稡編》卷 9《遺事》。

遍地。[1]

岳飛乘勝分兵兩路，張憲和徐慶率軍朝東北方向進攻隨州，岳飛親自率主力往西北方向猛撲襄陽府。

襄陽府是偽齊準備大舉南下的大本營，由主將李成親自駐守。李成取荊湖，下江浙的計劃已成泡影，面對着岳家軍雷轟電擊般的兵威，面對着荊超軍一日之內覆沒的前戒，他再無勇氣拒守，只得倉皇逃遁。十七日，岳飛兵不血刃，凱歌入襄陽。[2]

張憲和徐慶兵臨隨州城下，偽齊知州王嵩龜縮在城垣裏，不敢出戰。張憲和徐慶軍連攻數日，不能成功。牛臯和董先兩員新統制已在克復郢州的戰鬥中大顯身手，牛臯更自告奮勇，請求領兵支援張憲和徐慶。他臨行時，本軍只帶三日口糧，引起一些人的懷疑甚至譏笑，依張憲和徐慶之勇銳，尚無得手之眉目，牛臯能馬到成功嗎？然而到五月十八日，三日糧食尚未吃完，牛臯便與張憲、徐慶等合力攻下隨州城，殲滅了五千偽齊軍。王嵩被俘後，押赴襄陽府處斬。[3]

在破隨州城的戰鬥中，十六歲的岳雲勇冠三軍，他手持兩桿數十斤重的鐵錐槍，捷足先登，第一個衝上城頭。當時的將領往往在立功將士的名單中，夾帶自己的親屬，冒功領賞。岳飛鑒於兒子去年無功受祿，問心有愧，所以正式上報岳雲一份戰功。官兵們也都沒有異議，反而欽敬統帥辦事公正。[4]

好夢正酣的偽齊政權被岳家軍的閃擊所驚醒，劉豫急忙調度兵力，還請來金朝的「番賊」與河北、河東的「簽軍」，集結在鄧州東南的新野

1　《金佗續編》卷 30 王自中《郢州忠烈行祠記》，《會編》卷 159，《要錄》卷 76 紹興四年五月甲寅。岳飛復郢州日期應以《金佗續編》卷 6《除清遠軍節度使湖北荊襄潭州制置使依前神武後軍統制省劄》為準，《會編》和《要錄》早一日。

2　《金佗稡編》卷 1 高宗手詔，《金佗續編》卷 6《除清遠軍節度使湖北荊襄潭州制置使依前神武後軍統制省劄》，《會編》卷 159，《要錄》卷 76 紹興四年五月。按《金佗稡編》卷 6《鄂王行實編年》鋪敘入襄陽府城前的戰鬥，係誤，應以《金佗稡編》卷 1 高宗手詔為準。

3　《金佗續編》卷 6《除清遠軍節度使湖北荊襄潭州制置使依前神武後軍統制省劄》，《會編》卷 159，《要錄》卷 77 紹興四年六月。《會編》和《要錄》載隨州復於六月，係誤，其日期應以省劄為準。

4　《金佗稡編》卷 9《諸子遺事》，《金佗續編》卷 27 黃元振編岳飛事蹟。

市、龍陂、胡陽，隨州的棗陽縣（今湖北棗陽市）以及唐、鄧兩州。[1]

李成得到增援後，氣勢洶洶，又自新野市回軍反撲，號稱有三十萬大軍。岳飛命統制王萬和荊南府鎮撫使司統制辛太屯清水河，作為餌兵，誘敵深入。辛太不聽命令，竟私自逃往峽州宜都縣（今湖北宜都市）。[2]

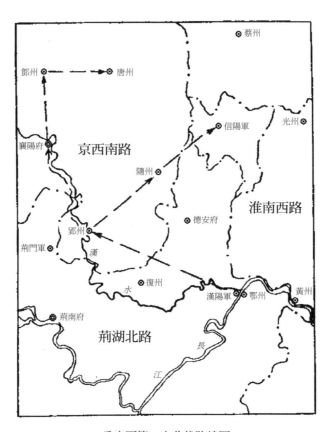

岳家軍第一次北伐路線圖

六月五日，王萬軍與敵軍交戰後，岳飛親自指揮大軍夾攻，擊敗了李成軍。六日，李成再次反撲求戰。岳飛察看敵方的陣勢，王貴、牛皋等將紛紛請戰，岳飛笑着說：「且止，此賊屢敗吾手，吾意其更事頗多，必差

1　《金佗稡編》卷 17《襄陽探報申省狀》，《金佗續編》卷 6《措置防守襄陽隨郢等州省劄》。

2　《要錄》卷 79 紹興四年八月丙申，《宋會要》職官 40 之 7—8，《中興小紀》卷 16，《皇朝中興紀事本末》卷 30。

練習，今其疏暗如故。夫步卒之利在阻險，騎兵之利在平曠；成乃左列騎兵於江岸，右列步卒於平地，雖言有眾十萬，何能為！」他舉鞭指着王貴說：「爾以長槍步卒，由成之右擊騎兵。」他又舉鞭指着牛皋說：「爾以騎兵，由成之左擊步卒。」

偽齊軍經受不住兩員虎將揮兵猛攻，一敗塗地。李成的騎兵更是亂作一團，前列騎兵潰散之後，將後列騎兵擁擠入水中。岳家軍追奔逐北，敵軍橫屍二十餘里。李成經歷了此次大敗後，再也不敢窺伺襄陽府。[1]

敗報頻傳，劉豫憂心如焚，接連向金朝告急求援。自完顏兀術本年三月大敗於仙人關後，金軍主力損折很大，元氣未復。酋豪們又都不耐酷熱，正在北方避暑。但他們對「子皇帝」的困窘，當然也不能聽任不管。於是便派遣一員二等的戰將，史書上無姓，人稱劉合孛堇，會合李成，拼湊了陝西與河北「番、偽之兵，多至數萬」，在鄧州西北共紮三十多個營寨。如果岳飛要繼續進兵，就須面臨一場前所未遇的硬仗。[2]

宋廷得悉金、偽齊軍集結的消息，十分惶恐，向岳飛頒發省劄說：

> 奉聖旨，令岳飛詳度事機，審料敵情，唐、鄧、信陽決可攻取，即行進兵；如未可攻，先次措置襄陽、隨、郢如何防守，務在持重，終保成功。

所謂「持重」，其實是允許岳飛半途而廢，放棄繼續進兵，攻取唐州、鄧州和信陽軍的計劃。事實上，宋廷的省劄對岳飛的軍事行動並未產

1　《金佗稡編》卷1高宗手詔載，岳飛「到襄陽，李成望風而退」，後「李成益兵而來，我師大獲勝捷」。《宋史》卷27《高宗紀》將此戰繫於五月二十四日癸酉。《金佗稡編》卷17《襄陽探報申省狀》報告戰前敵方集結兵力，朝廷的回覆，即《金佗續編》卷6《措置防守襄陽隨郢等州省劄》發於六月二十三日。《要錄》卷79紹興四年八月癸未注說，後鄧州捷奏「二十二日至行在」。依此行程估計，《襄陽探報申省狀》當發於六月初，而大戰日期應以《金佗稡編》卷6《鄂王行實編年》所載五日和六日為准。正文所寫戰爭情節，參據《鄂王行實編年》入襄陽前的記事，此大約得自故將遺卒的追憶，仍有其可信性。
2　《金佗稡編》卷16《鄧州捷奏》，卷18《措置襄漢乞兵申省狀》。

生任何影響。[1]

　　岳飛為迎接一場惡戰，做了大約一個多月的充分準備。他派遣王貴和張憲分別率軍自光化路和橫林路向鄧州疾進。七月十五日，王貴和張憲兩軍在州城外三十幾宋里，同數萬金、齊聯軍激戰；王萬和董先兩部出奇突擊，一舉粉碎了敵軍的頑抗。劉合孛堇隻身逃竄。岳家軍俘降「番官」楊得勝等二百餘人，奪取戰馬二百多匹，兵仗數以萬計。

　　偽齊高仲的殘兵退守鄧州城，企圖負隅頑抗。十七日，岳家軍猛烈攻城。將士們不顧驟雨般的矢石，攀附城垣，實行強攻。岳雲又是第一個登城的勇士。岳家軍攻拔鄧州，活捉了高仲。[2]

　　岳飛看到兒子又立新功，喜上心頭；但他認為岳雲已有隨州之功，便不再將鄧州之功申報。事隔一年，宋廷查清此事，方才將岳雲升遷武翼郎。自此之後，凡是岳雲立下戰功，岳飛一律扣押不報。由於岳雲勇猛作戰，屢建殊勳，將士們都稱他為「贏官人」。[3]官人是宋時對官員的通稱或男人的尊稱。

　　鄧州決戰的成功，使攻佔唐州和信陽軍變得輕而易舉了。岳飛命選鋒軍統制李道前往唐州，在二十三日收復州城。王貴和張憲同時在唐州以北三十宋里，再次擊敗金與偽齊聯軍，以掩護李道收復州城。同一天，荊湖北路安撫使司統制崔邦弼等軍也攻下信陽軍。兩次戰鬥俘虜偽齊知州、知軍、通判等官員共五十名。翌年，宋高宗為此特別獎賞李道和崔邦弼金束帶各一條。[4]

　　二十六日，劉光世部將酈瓊率五千援軍姍姍來遲，抵達襄陽府。因襄

1　《金佗續編》卷 6《措置防守襄陽隨郢等州省劄》，又同卷《照會措置防守已收復州郡省劄》，在岳家軍克鄧州之翌日，宋廷仍發出可停止「進討」的命令。

2　《金佗稡編》卷 16《鄧州捷奏》，《要錄》卷 78 紹興四年七月甲子，《宋會要》兵 14 之25。

3　《金佗稡編》卷 9《遺事》，《諸子遺事》，《宋會要》職官 34 之 5。

4　《金佗稡編》卷 11《乞先推劉光世軍掎角賞奏》，卷 16《復三州奏》，《會編》卷 159，《要錄》卷 76 紹興四年五月，卷 85 紹興五年二月癸巳，《皇宋十朝綱要》卷 22，《宋史》卷 27《高宗紀》，卷 465《李道傳》。《會編》和《要錄》載復唐州的時間係誤。各書並未直接記述崔邦弼軍復信陽軍。《要錄》載崔邦弼與李道同受金束帶之賞，《梁溪全集》卷 92《乞遣兵策應岳飛奏狀》載崔邦弼後防守信陽軍，今作以上推論。

漢之役已經取得全勝，酈瓊軍空跑一回，無仗可打。岳飛特別上奏，懇求給這五千人「先次推賞」，「卒使不霑寸賞，恐咈人情」。酈瓊是相州臨漳縣人，與岳飛也可算是同鄉。他對岳飛用兵行師的巧妙，功成不居的風格，不能不表示敬佩。[1]

在襄漢之戰中，岳家軍遭逢的對手是金、齊聯軍，而不是金軍主力，這同兩三個月前吳玠軍仙人關之戰相比，不免有所遜色。但是，此次戰役是南宋頭一次收復了大片失地，其中包括原先在李橫轄區之外，而由偽齊控制的唐州和信陽軍，這又是南宋立國八年以來，進行局部反攻的一次大勝利。

克復襄漢是岳飛的第一次北伐。

第四節　措置襄漢防務

襄陽府等六郡「久罹兵火」，當地百姓「或被驅虜，或遭殺戮，甚為荒殘」，「百里絕人，荊榛塞路，虎狼交跡」，「野無耕農，市無販商，城郭隳廢，邑屋蕩盡，而糧餉難於運漕」。[2]因此，在收復之後，如何防守，又是一個難題。宋高宗給岳飛手詔中說，「若少留將兵，恐復為賊有」，「若多留將兵，唯俟朝廷千里饋糧，徒成自困，終莫能守」。他命岳飛「用心籌畫全盡之策」。[3]

為了免於千里運糧，造成根本不能承受的後勤負擔，岳飛只能將大軍撤走，而留少量兵力戍守。

岳飛命張旦任唐、鄧、郢州、襄陽府安撫使、兼襄陽知府，牛皋任安撫副使，李道任唐、鄧、郢州、襄陽府四州都統制，輔以孫革、李尚義、

1　《金佗稡編》卷 9《遺事》，卷 11《乞先推劉光世軍犄角賞奏》，《要錄》卷 78 紹興四年七月癸酉。酈瓊的鄉貫據《金史》卷 79《酈瓊傳》。

2　《金佗稡編》卷 10《條具荊襄相度移治及差官奏》，《梁溪全集》卷 81《論襄陽形勝劄子》，《湖北金石志》卷 11《大洪山遂禪師塔銘》。

3　《金佗稡編》卷 1 高宗手詔。

王昇、李霖、周冲翼、姚禾等屬官，配置軍士二千人，守衛襄陽府。岳飛還命周識和李旦率一百五十名軍士守郢州，孫翬和蔣庭俊率二百名軍士守隨州，高青和單藻守唐州，張應、党尚友和邵俅守鄧州，舒繼明和訾諧守信陽軍。唐、鄧州的守軍則在戍守襄陽府的二千人中分撥。在上述這些官員中，既有文官，也有武將。舒繼明是信陽軍羅山縣（今河南羅山縣）人，身高七宋尺，善騎射，箭不虛發。因他身材特別高大魁梧，人稱「金剛」。岳飛特別向宋廷舉薦他守衛鄉土。

岳飛命令這些官員在收復地區整治城壁樓櫓，修葺防城器械，加強守備。襄漢六郡原先耕地膏腴，灌溉設施發達。岳飛為恢復農業生產，大力興辦營田，招徠歸業農民，向他們借貸耕牛和種子，並規定免稅三年，未歸業前的官、私債負一律免除。[1]

宋廷特別將原先分屬京西南路和北路的襄漢六郡，單設襄陽府路。除在襄陽府設安撫使司外，不按制度差「監司」，即不設轉運使司等衙門，「止委制置使岳飛措置」。[2]

經岳家軍將士和當地居民的多年努力經營，襄漢六郡終於成為南宋強固的前沿陣地。偽齊軍雖也時或進行一些襲擾，但終究不可能奪回襄漢六郡的控制權。[3]

岳飛平襄漢六郡後，上奏辭制置使，說自己「人微望輕，難任斯職」，請求宋廷另外「委任重臣，經畫荊、襄」。[4]宋高宗當然是不可能同

1　關於岳飛措置襄漢防務，參見《金佗稡編》卷 9《遺事》，卷 10《條具荊襄相度移治及差官奏》，卷 11《收復唐鄧信陽差官奏》，《襄陽差職官奏》，《荊襄寬恤畫一奏》，《金佗續編》卷 6《措置防守襄陽隨郢等州省劄》，《檢會前劄》，《要錄》卷 78 紹興四年七月丁丑，卷 79 紹興四年八月甲辰，卷 82 紹興四年十一月乙丑，《輿地紀勝》卷 80《信陽軍》。

2　《要錄》卷 79 紹興四年八月癸卯，《宋會要》職官 40 之 8。

3　關於偽齊軍的襲擾，如《要錄》卷 85 紹興五年二月，《宋史》卷 28《高宗紀》，《輿地紀勝》卷 80《信陽軍》載，商元偷襲信陽軍，舒繼明被俘遇難。時岳飛入朝，改命李迪戍守。《要錄》卷 91 紹興五年七月壬午，《宋史》卷 28《高宗紀》載，偽齊乘岳飛鎮壓楊么之機，犯唐州湖陽縣，俘高青，旋即放回。《金佗稡編》卷 9《遺事》，《要錄》卷 100 紹興六年四月甲辰，《宋史》卷 28《高宗紀》載，偽齊乘岳飛守母喪之機，攻陷唐州，官員鄢從舉、張義之死難。《要錄》卷 111 紹興七年五月，《宋史》卷 28《高宗紀》載，偽齊乘岳飛辭職上廬山之機，攻陷隨州。

4　《金佗稡編》卷 13《乞罷制置職事奏》。

意的。趙鼎說：「湖北鄂、岳，最為沿江上流控扼要害之所，乞令飛鄂、岳州屯駐。不惟淮西藉其聲援，可保無虞，而湖南、二廣、江、浙亦獲安妥。」[1] 宋高宗同意他的主張，確定岳飛改駐鄂州。

岳飛部署好前沿防務後，便率大軍回駐鄂州。鄂州城據傳還是三國時代孫吳所建，是座因山附險的石城，只開約兩三個城門，周環不過二、三宋里。石城之外，則市肆居屋，鱗次櫛比，著名的南草市（簡稱南市）長幾宋里，是宋朝重要的貿易中心。鄂州的居民至少有好幾萬戶。[2] 這個繁華的都會，荊湖北路的首府，雄崎大江的重鎮，正式成為岳家軍的大本營。

岳飛認為，單憑自己這支二萬八千餘人的隊伍，其中又包括火頭軍、輜重兵等非戰鬥人員，要防守如此廣闊的地區，是相當困難的。他上奏朝廷說：

> 六州之屯，宜且以正兵六萬，為固守之計。就撥江西、湖南
> 糧斛，朝廷支降券錢，為一年支遣。候營田就緒，軍儲既成，則
> 朝廷無饋餉之憂，進攻退守，皆兼利也。惟是葺治之初，未免艱
> 難，必仰朝廷微有以資之。

宋時軍士出戍，往往增發口券，憑券領錢，作為加俸，這就是岳飛所說的「券錢」。宋廷回覆岳飛，同意他擴充兵力，「然必待楊么賊平，然後抽摘」，方能湊足六萬人之數。[3] 經岳飛力爭，宋廷後來終於將崔邦弼和顏孝恭兩部，正式撥入岳家軍，使岳飛的隊伍擴大到三萬人以上。[4]

1　可參《金佗續編》卷 29 趙鼎《乞於岳鄂屯駐人馬》。據《要錄》卷 65，宋廷接此奏日期為紹興三年五月二十六日庚辰，說明趙鼎早有此議。《金佗粹編》卷 6《鄂王行實編年》於紹興四年載此說大約是另一口奏，文字有異。

2　《輿地紀勝》卷 66《鄂州》，《會編》卷 144，《畫墁集》卷 8《郴行錄》，《渭南文集》卷 46，卷 47《入蜀記》，《吳船錄》卷下。

3　《金佗粹編》卷 10《畫守襄陽等郡劄子》，卷 18《措置襄漢乞兵申省狀》，《金佗續編》卷 6《照會措置防守已收復州郡省劄》。

4　《要錄》卷 85 紹興五年二月癸巳載，崔邦弼時已任荊、襄制置司統制。又《要錄》卷 142 紹興十一年十一月乙巳載，岳飛入冤獄時，顏孝恭任隨州知州。這兩部無疑已併入岳家軍了。

荊湖北路和襄陽府路戰區，西鄰川、陝，東接兩淮，南面屏障大江中游，北面距東京開封府和西京河南府最近，天然地成為宋朝北伐反攻的主戰場。正如岳飛上奏請纓所說，「恢復中原，此為基本」。後來李綱對這個戰區，有一段精彩的評論說：

> 遣大帥率師以鎮之，如置子於局心，真所謂欲近四旁，莫如中央者也。既逼僭偽巢穴，賊有忌憚，必不敢窺伺東南。將來王師大舉，收京東、西及陝西五路，又不敢出兵應援。則是以一路之兵，禁其四出，因利乘便，進取京師，乃扼其喉，拊其背，制其死命之策也。朝廷近拜岳飛為荊、襄招討使，其計得矣。[1]

岳飛此後一直擔任這個戰區的統帥，當然是再合適不過的人選，也是他多年以來，夢寐以求的宿願。早在六月，當襄陽府戰事已經結束，正準備進軍鄧州之際，岳飛應宋高宗手詔之命，在討論襄陽府等如何防守的奏劄中，便批判了朝廷的畏敵思想，懇請繼續進兵北征，他說：

> 臣竊觀金賊、劉豫皆有可取之理。金賊累年之間，貪婪橫逆，無所不至，今所愛惟金帛、子女，志已驕墮。劉豫僭臣賊子，雖以儉約結民，而人心終不忘宋德。攻討之謀，正不宜緩。苟歲月遷延，使得修治城壁，添兵聚糧，而後取之，必倍費力。陛下淵謀遠略，非臣所知，以臣自料，如及此時，以精兵二十萬直擣中原，恢復故疆，民心效順，誠易為力。此則國家長久之策也，在陛下睿斷耳。[2]

動用全國約二十萬兵力直擣中原的計劃，取決於宋高宗的「睿斷」；而皇帝的「睿斷」，卻只能使岳飛此種軍事設想成為畫餅。

1　《梁溪全集》卷 81《論襄陽形勝劄子》。
2　《金佗粹編》卷 10《畫守襄陽等郡劄子》。

第五節　壯懷激烈

克復鄧州的捷報傳至臨安府，宋高宗得知岳飛已穩操勝券，才使自己忐忑不安的心安定下來。他對大臣們說：「朕素聞岳飛行軍極有紀律，未知能破敵如此。」新任簽書樞密院事胡松年說：「惟其有紀律，所以能破賊。若號令不明，士卒不整，方自治不暇，緩急安能成功？」[1]

從此以後，岳家軍既以秋毫無犯，安堵不驚而聞名，又以鼓勇敢戰，摧鋒決勝而著稱。八月，宋廷按宰相朱勝非早先的許諾，將岳飛由正四品的正任鎮南軍承宣使超升為從二品的清遠軍節度使，其實職差遣改為荊湖北路、荊、襄、潭州制置使，依前神武後軍統制。此處的「荊」是指荊南府（治江陵，今湖北荊州市），「襄」是指襄陽府。宋廷命岳飛「制置」荊湖南、北路的首府潭州和荊南府，以及荊湖北路，是因為王瓊鎮壓楊么，「制置無功」，決定專委岳飛「措畫討捕」。[2]

宋承唐制，將一些要衝大郡作為節度使的「節鎮」。但節度使只是武將及宗室、勳戚、某些文臣的虛銜，一般「不必赴鎮」。節鎮和武將的軍事轄區無須一致。例如清遠軍設在廣南西路的融州（治融水，今廣西融水苗族自治縣），而岳飛本人從未去過此地。[3]

凡封拜節度使，朝廷要授予一套「旌節」，包括龍、虎紅繒門旗各一面，畫白虎的紅繒旌一面，用一束紅絲作旄的節一杆，麾槍兩枝，用赤黃色麻布做的豹尾兩枝。全套旌節共五類八件，都用黑漆木杠，加以種種裝飾，製作精美。旌節自宋廷發出後，沿途所至，寧可「撤關壞屋，無倒節禮，以示不屈」。隆重而別致的「建節」儀式為另外的文官武將所

1　《要錄》卷 79 紹興四年八月癸未，《宋會要》兵 14 之 25。

2　《金佗續編》卷 2《清遠軍節度使湖北路荊襄潭州制置使特封武昌縣開國子食邑五百戶食實封貳伯戶制》，卷 6《除湖北荊襄潭州制置使省劄》，《除清遠軍節度使湖北荊襄潭州制置使依前神武後軍統制省劄》，《會編》卷 161，卷 213 朱勝非行狀，《要錄》卷 79 紹興四年八月壬寅。

3　《卻掃編》卷上，《宋史》卷 90《地理志》。

無，用以顯示節度使是武人升遷梯級中最重要、最榮耀的虛銜。[1]

當時已建節的大將有劉光世、韓世忠、張俊和吳玠四人。因抗金戰功而建節者，岳飛是第二人。他的戰功暫時還次於吳玠，卻已遠勝於其他三人。至於在三十二歲的年齡建節，在當時更是絕無僅有的。[2]但岳飛「自列校拔起」，一旦驟然與諸大將平列，也招致韓世忠和張俊的忌妒，[3]特別是過去曾三次任岳飛上級的張俊，更是憤憤不平。

岳飛再三再四地上奏辭免節度使。[4]這種做法在當時已是司空見慣，人皆有之，照例是誠偽莫辨，宋高宗也絕不會因此而收回成命。當清遠軍節度使的旌節自臨安府發到鄂州，全軍將士都引以為榮。

一天，岳飛登上鄂州的一座高樓，憑欄俯瞰江流，仰眺遠天。時值雨後天晴，錦繡山河分外明媚。岳飛觸景生情，思潮澎湃，祖國的危難，個人的遭際，一齊湧上心頭。北方的故土有待收復，同胞的淚眼南望欲穿。往後的征途修遠而漫長，襄漢之役的成功又何足掛齒。至於個人的功名利祿，更如塵土一般，不足縈懷。岳飛肺腑的滿腔熱忱，終於化為吭喉的一曲長歌《滿江紅》：

> 怒髮衝冠，憑闌處，瀟瀟雨歇。擡望眼，仰天長嘯，壯懷激烈。
> 三十功名塵與土，八千里路雲和月。莫等閑白了少年頭，空悲切！
> 靖康恥，猶未雪；臣子恨，何時滅？駕長車踏破，賀蘭山缺。壯志
> 饑餐胡虜肉，笑談渴飲匈奴血。待從頭收拾舊山河，朝天闕。[5]

1　《宋會要》輿服 6 之 22，《宋史》卷 150《輿服志》，卷 474《賈似道傳》。

2　《要錄》卷 79 紹興四年八月壬寅。《建炎以來朝野雜記》乙集卷 11《將相四十以下建節者》共舉九人，其中李顯忠三十歲建節；而據《要錄》卷 147 紹興十二年十二月癸酉，《宋朝南渡十將傳》卷 3《李顯忠傳》，《琬琰集刪存》卷 3 李顯忠行狀，他應為三十三歲建節，仍比岳飛晚一歲。

3　《要錄》卷 78 紹興四年七月乙卯，卷 90 紹興五年六月丁巳，《浪語集》卷 33《先大夫行狀》。

4　《金佗稡編》卷 13 載有四個辭建節劄子和《繳節度告奏》。

5　明嘉靖刻本《桯史》附錄。明嘉靖刻本《岳集》卷 5 亦載此詞，「饑餐」作「饑飡」，稍異。又今存湯陰縣明天順二年（西元 1458 年）王熙書《滿江紅》詞碑，尾句作「朝金闕」。此詞近人或疑為偽作。《鄧廣銘全集》第 8 卷《再論岳飛的〈滿江紅〉詞不是偽作》和郭光先生《岳飛集輯注》的《岳飛的〈滿江紅〉是贗品嗎？》辨析最詳，另可參見拙作《岳飛〈滿江紅〉詞真偽之爭辨及其繫年》，載《絲毫編》，河北大學出版社，2009 年。

千百年來，岳飛這首愛國主義的絕唱，一直激勵着華夏子孫，為着祖國而獻身效命。

第六節　初援淮西

岳飛派往偽齊的王大節回到鄂州，帶來了金、齊聯軍大舉進犯兩淮的情報。

王大節混入劉豫之子劉麟的「皇子府」，當上屬官，卻沒有機緣同李成接觸，他對爭取李成的工作事實上也不抱什麼希望。一天，劉麟突然向他徵詢「征江南之策」。王大節以四川人的身份，建議先攻四川，然後再順江東下，江南的戍軍肯定會「魂喪膽裂」。於是劉麟向他透露底蘊，說金朝已有成命，準備會合偽齊軍攻佔兩淮，渡過大江，直犯臨安府。王大節仍然固執己見，說如果宋軍扼守大江，必然使金和偽齊聯軍頓兵挫銳；不如打四川，雖然遲回迂遠，卻是萬全之計。劉麟當然不可能輕易改變金朝的成命，而冒重蹈仙人關覆轍的風險。王大節便脫身而歸。岳飛又將他送往臨安府，向朝廷報告敵情。[1]

原來在紹興三年四月、五月，宋朝明州守將徐文航海叛逃。[2] 他向劉豫報告，宋高宗在臨安府和明州昌國縣（今浙江舟山市）聚船積糧，以便萬一有風吹草動，再次逃往海上。劉豫據此向金朝時已升任都元帥的完顏粘罕提議，由海道襲擊昌國縣，再趨明州，直抵錢塘江口，得到完顏粘罕一派的首肯。然而實際掌兵的左副元帥完顏訛里朵和元帥左都監完顏兀術堅決反對，金太宗自然又偏袒他們，最後決定仍取陸路。海道和陸路之爭，標誌着完顏粘罕雖據有都元帥的最高軍職，其實徒有虛名，正處在

1　《會編》卷 161，《要錄》卷 80 紹興四年九月壬申注。
2　《會編》卷 155，《要錄》卷 64 紹興三年四月庚子，辛亥，卷 65 紹興三年五月丙辰，卷 67 紹興三年八月丙戌，《宋史》卷 27《高宗紀》，卷 399《仇悆傳》，《金史》卷 79《徐文傳》。

失勢之中。[1]

半年之間，在西部和中部戰場接連兩次大敗，使女真貴族和偽齊頭目惱羞成怒，急於報復。但是，他們已無勇氣與西部戰場的吳玠軍、中部戰場的岳家軍再次硬拼，只能避實擊虛，向東部的淮南東、西路進攻。兩淮距離臨安府最近，往往成為金、偽齊攻宋的主戰場。

連年征戰的損耗，使女真族的兵源漸趨枯竭，必須向各個被統治民族搜羅壯丁。金朝在遼東和燕、雲地區徵調渤海、漢兒軍五萬人，並且規定，凡是被徵發的漢人，一律不准由別人代替。

金軍由左副元帥完顏訛里朵、剛升任的右副元帥完顏撻懶和元帥左都監完顏兀術三員大將統率，偽齊軍由劉麟指揮，在九月下旬分路渡過淮河。他們採納李成的意見，遠遠避開岳家軍的防區，以免岳飛出兵，使自己腹背受敵。劉豫在出兵前還發佈偽詔，揚言要「直搗僭壘，務使六合混一」。[2]

消息傳來，宋廷「舉朝震恐」。很多官員建議宋高宗解散「百司」，遠遁避敵。唯獨宰相趙鼎反對，說：「戰而不捷，去未晚也。」[3]

東南地區有韓世忠、劉光世和張俊三支大軍，另加楊沂中神武中軍等，兵力總計十五萬人以上，[4]比西部戰場的吳玠軍、中部戰場的岳家軍多了好幾倍，然而在失敗主義情緒的籠罩下，連淮南東、西路也不能守住。

劉光世按未戰先遁的慣例行事，立即退兵江南，將整個淮南西路拱手讓給敵軍。狡猾的張俊表面上說「避將何之」，但主張劃江而守，「當聚天下兵守平江，俟賊退，徐為之計」，迴避自己一軍與敵對抗。他以「墜馬傷臂」為藉口，拒不出兵渡江。趙鼎發怒，派人監督他發兵，並奏請嚴懲

1　《要錄》卷80紹興四年九月乙丑，《金史》卷74《宗翰傳》，卷77《劉豫傳》。

2　《要錄》卷80紹興四年九月乙丑，壬申，《宋史》卷475《劉豫傳》。

3　《要錄》卷80紹興四年九月乙丑，《宋史》卷360《趙鼎傳》。

4　《宋會要》禮25之20，《要錄》卷80紹興四年九月辛酉，《建炎以來朝野雜記》甲集卷18《紹興內外大軍數》載，當時張俊、楊沂中兩軍加上班直等共七萬二千八百餘人，劉光世、韓世忠、岳飛和王瓊四軍共十二萬一千六百餘人，減去岳家軍二萬八千六百餘人，王瓊軍一萬五千人，則東部戰場劉、韓、張、楊等軍共計十五萬人以上。

張俊，但因宋高宗的姑息，也毫無結果，不了了之。[1] 韓世忠軍在大儀鎮、鴉口橋和承州獲得三次小勝，然而終究獨力難支。最後，張俊軍退守常州，韓世忠軍退守鎮江府，劉光世軍退守建康府，只能憑藉大江天塹，阻遏敵人。[2]

李綱向宋廷上奏建議，「岳飛新立功於襄漢，其威名已振」，「陛下倘降明詔，遣岳飛以全軍間道疾趨襄陽」，「搗潁昌以臨畿甸，電發霆擊，出其不意；則偽齊必大震懼，呼還醜類，以自營救，王師追躡，必有可勝之理」，「此上策也」。[3] 參知政事沈與求也對宋高宗說：「諸將之兵，分屯江岸，而敵騎逡巡淮甸之間，恐久或生變。當遣岳飛自上流取間道，乘虛擊之，敵騎必有反顧之患。」

李綱與沈與求的意見，可謂不謀而合。宋高宗表面上也同意沈與求的建議，說「當如此措置，兵貴拙速，不宜巧遲」云云。[4] 其實，他在東部戰場聚集如此眾多兵力的情勢下，仍要岳飛這支不足三萬人的隊伍赴援。他寫手詔給岳飛說：

> 近來淮上探報緊急，朕甚憂之，已降指揮，督卿全軍東下。卿夙有憂國愛君之心，可即日引道，兼程前來。朕非卿到，終不安心，卿宜悉之。[5]

在宋高宗偏安一隅的消極防禦軍事思想指導下，只能頭疼醫頭，腳痛治腳，絕不會採納李綱提出的上策。岳飛不能完全遵照宋高宗的命令行事，而「全軍東下」，他以一半兵力部署襄漢一帶防務，命令徐慶和牛皋

1 《金佗稡編》卷 8《鄂王行實編年》，《會編》卷 164，《要錄》卷 80 紹興四年九月乙丑，《宋史》卷 369《張俊傳》。
2 《會編》卷 165，《要錄》卷 82 紹興四年十一月戊午，《宋史》卷 27《高宗紀》，卷 370《呂祉傳》。參見拙作《韓世忠大儀鎮之戰述評》，載《點滴編》，河北大學出版社，2010 年。
3 《梁溪全集》卷 77《陳捍禦賊馬奏狀》。
4 《要錄》卷 81 紹興四年十月丁酉，《宋史》卷 372《沈與求傳》。
5 《金佗稡編》卷 1 高宗手詔。又《要錄》卷 82 紹興四年十一月己未，《朱文公文集》卷 95 張浚行狀載，張浚也提出岳飛援淮西之建議。

帶二千餘騎為先鋒，自己和李山等部將率大軍為後繼，馳援淮西。

盧州知州、兼淮南西路安撫使仇悆正處於險境。兩三個月以來，劉光世江東、淮西路宣撫司的急件不絕於道，其內容無非是命令他焚燒積聚，放棄盧州（治合肥，今安徽合肥市）。按照宋朝官制，淮西安撫使本應全權負責本路的防務；但因為在非常形勢下，仇悆之上，又有了劉光世作為上級。仇悆拒絕執行劉光世的錯誤軍令。最後，劉光世派統制張琦帶領幾千兵士前來盧州城，企圖以武力劫持仇悆，脅迫他帶頭逃跑。仇悆大怒，說：「若輩無守土責，吾當以死殉國！寇未至而逃，人何賴焉！」

張琦只好一走了之。仇悆召集盧州和壽州（治下蔡，今安徽鳳臺縣）守軍幾百人，加上二千鄉兵，幾次打退來犯之敵。十二月，劉麟又增兵攻打盧州，完顏兀術親自為後繼，形勢危急。仇悆自認為只能實踐殉國的諾言了。

徐慶和牛皋率領部伍及時趕到盧州，使仇悆喜出望外。岳家軍匆忙吃完午飯，留下一部份人守城，一部份人在城南紮營，其餘緊急出城迎敵。牛皋命令部兵展開「岳」字旗和「精忠岳飛」旗示敵，五千敵騎大為驚愕，他們料想不到會在此地出現岳家軍。

不足二千的宋方騎兵展開隊形，以少擊衆，與敵軍短兵相接，前後交鋒三個回合，所向披靡。但金、齊聯軍也迭退更進，沒有潰散。突然，徐慶墜下馬來，敵騎一擁而上，企圖活捉或殺害他。牛皋眼明馬疾，搶先趕到，將徐慶扶掖上馬，連殺幾個敵人。他脫去頭鍪，大聲呼喝：「我牛皋也，嘗四敗兀術，可來決死！」

牛皋舞稍直貫敵陣。岳家軍的騎士形成一股不可阻擋的鐵流，將敵軍衝得七零八落，潰不成軍。戰鬥從申時打到酉時，斬殺敵人一批將領，活捉八十多名敵軍，奪得八十多匹戰馬。徐慶和牛皋率軍追奔三十多宋里，才收兵回城。

仇悆讚歎岳家軍驍勇善戰，寫信向岳飛致謝，信中特別表彰了牛皋的功勞。岳飛卻偏信徐慶，在上報朝廷的五百四十六名立功官兵中，將徐慶列為奇功。

在徐慶和牛皋軍立功之翌日，岳飛親統大軍來到盧州，再次擊破敵軍。

金、齊聯軍既無力渡江，又敗衄於盧州，歲末嚴寒，大雪紛飛，糧餉

不通，野無所掠，只能殺馬作食。漢族的簽軍極為憤恨，有的甚至向金將遞送匿名信件，說衆人被驅逼到如此地步，如果渡江，一定活捉酋領們獻給南朝。即使女真軍也叫苦連天。此時，又傳來了金太宗病危的消息。於是完顏訛里朵、完顏撻懶和完顏兀術再也不敢停留，慌忙撤兵。劉麟接到金軍的命令，立即拋棄全部輜重，晝夜兼程，一口氣逃奔二百餘宋里。偽齊「六合混一」的大話至此成為笑柄。[1]

岳飛在敵人撤退後，率全軍的一半人馬暫駐江南東路的池州。張俊和劉光世為敷衍朝廷，虛報戰功，也乘機派兵渡江，收拾小股殘敵。劉光世的副手王德率部到達廬州。他也頗感難堪，對部屬說：「當事急時，吾屬無一人渡江擊賊。今事平方至，何面目見仇公耶！」[2]

廬州之戰並非大戰，卻是擊破了金、齊聯軍的最後一次攻勢。岳家軍的東援，也適同劉光世和張俊的怯戰避敵，形成鮮明對照。在東部戰場三大主力退縮江南之際，岳飛以孤軍進援，保全淮南西路的首府，對扭轉戰

1　《要錄》卷 83 紹興四年十二月庚子。

2　關於廬州之戰，以《宋史》卷 399《仇悆傳》記述最詳，另參據《金佗稡編》卷 19《廬州捷報申省狀》，《會編》卷 164，卷 207《岳侯傳》，《要錄》卷 83 紹興四年十二月壬辰，卷 89 紹興五年五月戊戌，《宋會要》兵 18 之 34—35，《宋史》卷 368《牛皋傳》，《皇宋十朝綱要》卷 22，《相山集》卷 21《選將戌合肥劄子》，卷 22《論廬帥久任狀》。今作以下說明：

第一，《金佗稡編》卷 6《鄂王行實編年》和《宋史》卷 368《牛皋傳》說岳飛親往參加廬州之戰，今以《金佗稡編》卷 19《廬州捷報申省狀》為準。唯有《皇宋十朝綱要》卷 22 載，岳飛於次日「親以大軍鏖戰，復大破之」。

第二，《金佗稡編》卷 19《廬州捷報申省狀》說徐慶、牛皋等帶領官兵二千餘人，據《宋史》卷 399《仇悆傳》，乃是騎兵。

第三，《金佗稡編》卷 6《鄂王行實編年》說：「先臣奉詔，出師池州。」《金佗續編》卷 3 紹興五年春的《自池州移軍潭州獎諭詔》有「連萬騎之衆」之語。《金佗稡編》卷 9《遺事》載，當時岳飛「所部兵二萬餘人，守禦者半，攻討者半」。估計岳飛援淮西兵力約一萬幾千。

第四，《會編》卷 207《岳侯傳》說援廬州尚有部將李山。李山未在廬州參加初戰，當是隨岳飛本人援淮西的部將之一。

第五，《宋史》卷 399《仇悆傳》說初戰中牛皋為主將，徐慶為副將。按牛皋官位雖高於徐慶，但據《金佗稡編》卷 19《廬州捷報申省狀》和《宋會要》兵 18 之 34—35，徐慶應是主將。

第六，《會編》和《要錄》說牛皋以十多騎或幾十騎嚇退敵人，當屬誇張，今以《宋史》卷 399《仇悆傳》為準。

第七，《要錄》說劉光世派統制張琦，與牛皋同時援廬州，係誤。今以《宋史》卷 399《仇悆傳》和《相山集》卷 22《論廬帥久任狀》為準。

局有重要影響。

故到紹興五年（西元 1135 年）二月，宋廷便將岳飛晉升為鎮寧、崇信軍節度使。[1] 鎮寧軍為開德府之節鎮名，崇信軍為隨州之節鎮名。[2] 宋朝授予兩鎮和三鎮節度使是「希闊之典」。後來岳飛在奏中曾說：

> 竊以兩鎮節旄，國朝盛典，非有大勳，豈容輕授。

宋高宗時，只有劉光世、韓世忠和張俊授三鎮節度使，吳玠和岳飛授兩鎮節度使。[3]

紹興四年是宋金戰爭轉折性的一年。金、偽齊軍先後在川陝、襄漢和兩淮連遭失敗，已喪失進攻能力；而岳飛的首次北伐成功，又初步顯示了宋軍的反攻能力。但是，宋高宗和宰執大臣關注的中心，是如何因勢利導，鎮壓洞庭湖的楊么叛軍。故以後一年多時間內，宋與金、偽齊大致處於休戰狀態。

1　《金佗續編》卷 2《兩鎮節度使加食邑制》，《要錄》卷 85 紹興五年二月丙子。

2　《宋史》卷 85，卷 86《地理志》。

3　《金佗粹編》卷 15《辭除兩鎮在京宮觀第二劄子》，《宋史》卷 166《職官志》，《建炎以來朝野雜記》甲集卷 12《兩鎮三鎮節度使》。

第八章

洗兵湖湘

第一節　鍾相叛亂

鍾相家居荊湖北路鼎州州治武陵縣（今湖南常德市）唐封鄉水連村，地名天子岡，位於浩渺的洞庭湖西岸。他是一個巫師，自稱「有神通與天通」，能救人疾患，「若受其法，則必田蠶興旺，生理豐富，應有病患，不藥自安」。鍾相大約認為自己有天子岡的風水勝地，故萌發了應天承運的野心，乃自稱「天大聖」。在宋徽宗時，便利用民間結社，進行反抗宋朝統治的鼓動，他說：「法分貴賤貧富，非善法也。我行法，當等貴賤，均貧富。」

鍾相所謂的「法」，當然是指含有迷信色彩的神法。在一個弱肉強食，很多農民終生勞苦，不得溫飽的社會裏，「等貴賤，均貧富」的口號，對勞苦大眾自然是有吸引力的。當地百姓稱鍾相為「鍾老爺」，宋時一般不用「老爺」的稱呼，「老爺」意為老父。即使遠在數百宋里外的百姓，也爭先恐後地前來「拜爺」，即「拜父」，將自己辛苦積攢下來的一點錢物，奉送鍾相。久而久之，鍾相便成為當地一家巨富。但他並不因此而滿足，仍在窺伺時機，希望實踐自己當天子的野心。他擁有成千上萬的信徒，但是，他與大多數普通信徒之間，其實也是貧富差別懸殊。

北宋末年，鍾相長子鍾子昂組織了一支三百人的「勤王民兵」北上，他們到達南京應天府，正值宋高宗即位，鍾子昂所率民兵便被遣散回鄉。但鍾相父子看到世事擾攘，便將原來招募的民兵「團集在家，結成隊伍，多置旗幟、器甲，意要作亂」。

從建炎元年到三年，荊湖北路也和很多地區一樣，動亂造成更深重的苦難，苦難又孕育更厲害的動亂。建炎四年二月，盜匪孔彥舟的隊伍

殺到鼎州北面的澧州（治澧陽，今湖南澧縣）。他原是京東西路東平府的鈐轄，因為和某個趙姓宗室女子私通，被人揭發，便乘亂作亂。[1]孔彥舟帶領部伍南下流竄，風高放火，月黑殺人，無惡不作。鍾相乘着孔彥舟犯鼎州，地方官員們逃遁的機會，也發動了反宋的叛亂。

鍾相自稱楚王，改元天載，由於原先有結社「拜爺」的基礎，鍾相軍很快佔據了鼎州全境的武陵、桃源（今湖南桃源縣）、龍陽（今湖南漢壽縣）、沅江（今湖南沅江市）四縣，澧州全境的澧陽、石門（今湖南石門縣）、安鄉（今湖南安鄉縣）、慈利（今湖南慈利縣）四縣，荊南府八縣中的枝江（今湖北枝江市）、松滋（今湖北松滋市北）、石首（今湖北石首市）、公安（今湖北公安縣）四縣和峽州宜都縣，岳州華容縣（今湖南華容縣），辰州州治沅陵縣（今湖南沅陵縣），潭州十二縣中的益陽（今湖南益陽縣）、寧鄉（今湖南寧鄉縣）、湘陰（今湖南湘陰縣）、安化（今湖南安化縣）四縣。圍繞着洞庭湖濱，建立了割據政權。

鍾相叛軍自稱「爺兒」，所到之處，宣佈要保障「執耒之夫」的安全，卻要殺官吏、儒生、僧道、巫醫和卜祝五類人，謂之「行法」。此外，他們還稱宋之「國典為邪法」，「謂劫財為均平，病者不許服藥，死者不許行喪，惟以拜爺為事」。一時之間，「人皆樂附而行之，以為天理當然」。在鍾相宗教迷信的蠱惑下，廣大貧苦百姓成了大批狂熱信徒。其所作所為有反抗社會弊病的理想或合理成份，也有荒唐怪誕的做法，卻又都服從於鍾相個人的野心。

鼎州的官員們棄城逃跑後，州城的「府民」，在無可奈何之中，只能將孔彥舟當作福星和救主。城市居民宋代稱為「坊郭戶」，其中「有物業戶」都是地主、商人一類「兼併之家」。[2]他們自然十分害怕鍾相軍入城後「行法」和「均平」。「府民」們「設香花鼓樂」，「多備金帛犒設」，歡迎孔彥舟的隊伍進駐州城。不料鍾相軍乘孔彥舟不備，掩襲他的後軍，使之損兵折將。孔彥舟獸性發作，在州城內外的二十宋里之間，大縱屠戮，殺

1　《會編》卷 137，《金史》卷 79《孔彥舟傳》。

2　《宋會要》食貨 4 之 19。

個雞犬不留。

鍾相和孔彥舟兩軍相持，互有勝負。孔彥舟於是設法分派部屬，偽降鍾相，詭稱「入法」。凡捉獲鍾相軍士，便用竹籤插在他們頭髮上，然後放回。竹籤上題辭說：

> 爺若休時我也休，依舊乘舟向東流。[1]

此處的「爺」自然是專指「鍾老爺」。孔彥舟又下令大造竹筏，佯裝準備離開鼎州。鍾相因此喪失警惕。孔彥舟軍在「入法之人」的配合下，一舉擊破鍾相寨柵，鍾相和妻子伊氏、長子鍾子昂等被俘處死。[2]

第二節　楊么再起

孔彥舟匪軍在鼎州、潭州等地大肆殺掠後，便北上投降金朝「子皇帝」劉豫。

鍾相死後，其餘部繼續在洞庭湖濱活動。慈利縣的陳寓信、松滋縣的李合戎、澧陽縣的英宣等，也相繼被官軍鎮壓，[3]而澧州的雷德進和雷德通兄弟據險立柵，堅持頗久。[4]楊太領導的部份隊伍，則轉移到龍陽縣，團聚了多支餘部，形成較大的勢力。白德保護鍾相之子鍾子義，[5]與楊太會合，

1　《中興小紀》卷 8，「舟」，《皇朝中興紀事本末》卷 13 作「船」。
2　本節據《金佗續編》卷 25《楊么事蹟》，《會編》卷 137，《要錄》卷 31 建炎四年二月甲午，己亥，辛丑，卷 32 建炎四年三月癸卯朔，戊辰，《中興小紀》卷 8，《皇朝中興紀事本末》卷 13，《宋會要》兵 13 之 6—7，《斐然集》卷 15《繳湖北漕司辟許宜卿為桃源令》，卷 17《寄張德遠》。伊氏，或作尹氏。
3　《中興小紀》卷 8，《皇朝中興紀事本末》卷 13 作李合式、吳宣。
4　雷德進，有些記載稱雷進，他雖與楊么軍有聯繫，卻一直自成一軍，遲至紹興六年被鎮壓。參見《金佗續編》卷 26《楊么事蹟》，《要錄》卷 98 紹興六年二月乙卯，卷 101 紹興六年五月庚寅，《宋史》卷 28《高宗紀》，卷 404《張運傳》，《梁溪全集》卷 66《具荊湖南北路已見利害奏狀》，《忠正德文集》卷 8《丙辰筆錄》。
5　《金佗續編》卷 28《孫逌編鄂王事》。鍾子義，有些記載稱鍾子儀。

大家推舉鍾子義為「太子」。楊太年輕，荊湖一帶的方言呼幼為么，人們習慣稱他為楊么。[1]

建炎四年六月，宋廷發表程昌寓任鼎、澧州鎮撫使，兼鼎州知州。這個繼杜充和郭仲荀之後，丟棄開封南逃的懦夫，帶領隨從和軍馬，分水陸兩路前往鼎州赴任，水路的船隊滿載着搜刮來的民脂民膏。程昌寓的隨從們在沿途施展淫威，始而強買，繼而攘奪，索酒食，逮豬羊，搶雞鴨，激起村民們的公憤。楊么水寨的人看到舟船甚多，又無多少軍兵防護，便衝殺出來，將整個船隊一網打盡，程昌寓本人僅以身免。叛軍搶佔了程昌寓在開封女藝人中得來的愛妾小心奴，給鍾子義為妻。程昌寓惱羞成怒，恨之入骨，誓與楊么軍為敵。

程昌寓特別設置鐵牀等酷刑，凡是抓着楊么軍，即嚴刑毒打。[2] 鼎州本已凋弊不堪，他卻竭力掠取百姓的膏血贍養部伍，驅使他們為自己賣命。對過往的官員則重贈厚賂，使大家都對朝廷為他稱譽。故有的士大夫也說，程昌寓的「急政豪奪」只是「為楊么驅民」，「激民從賊，牢不可破」。[3]

程昌寓派使者去龍陽縣水寨，招降了叛軍的重要首領楊華。楊華當時在叛軍中的地位尚高於楊么，他出降後，另一個重要首領楊廣被部下所殺，楊么遂獨掌大權。從此這支叛軍由楊么負責攻戰，黃誠主持謀劃。[4]

楊么軍在鼎州和澧州山區，砍伐了幾萬棵松、杉、樟、楠等木材，打造海鰍、棹櫓等船，很快建立一支水軍。程昌寓的部兵都是北方人，不諳水性，眼看敵方的輕船快艦出沒重湖，恣行攻掠，也無可奈何。

---

1 《要錄》卷 34 建炎四年六月庚辰。
2 《中興小紀》卷 13 與《皇朝中興紀事本末》卷 23 引李龜年《記楊么本末》。
3 《斐然集》卷 15《繳程千秋乞不以有無拘礙奏辟縣令》，《再論朱勝非》，《歷代名臣奏議》卷 143，卷 182 胡寅奏。
4 楊華出降時間，各書記載不一，以《中興小紀》卷 8，卷 12 與《皇朝中興紀事本末》卷 13，卷 20 的記載較可信，大致是在紹興元年冬或二年春。從宋朝官方記錄看，紹興二年前往往單稱楊華，或楊華和楊么並稱；紹興二年後則單稱楊么，或楊么和黃誠並稱。《金佗續編》卷 25《楊么事蹟》，《宋史》卷 26《高宗紀》紹興元年八月辛巳載有楊廣的名字。楊廣被殺，參見《中興小紀》。楊么和黃誠掌管叛軍，見《中興小紀》卷 13，《皇朝中興紀事本末》卷 23，《要錄》卷 59 紹興二年十月己酉。

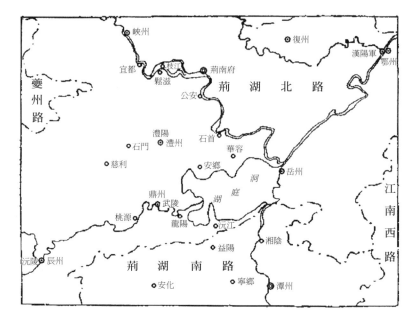

鍾相、楊么叛亂地區圖

　　楊么軍佔據了鼎州的龍陽和沅江兩縣，設有三十多所水寨，離州城
「止三、二十里，遠者不過五、六十里」，[1]所控制的地盤還少於鍾相時。然
而鍾相叛亂為時僅一兩個月，便驟興而忽亡，楊么的水寨卻維持了一個相
當長的時期。他們發佈榜文，指斥宋朝統治者之苛政暴行，「其立說謂從
之者無稅賦差科，無官司法令」，故「愚民樂從，其勢滋長」。[2]

　　但從另一方面看，這個不大的割據政權內部，其實也無「等貴賤，均
貧富」的制度。鍾子義和楊么都稱王，楊么稱「大聖天王」。「官屬名號、
車服儀衛，並擬王者居」，「所居之室稱曰『內』」，鍾子義所用有「金交
牀、金鞍、龍鳳簟」等物品。「黃誠寨」內，又設置「太子樓」，有「龍

1　《梁溪全集》卷 75《楊么佔據洞庭係湖北路本司已遣軍馬把截奏狀》，《金佗稡編》卷
　　6《鄂王行實編年》，參見《宋史研究論文集・中華文史論叢增刊》李涵先生《楊么起
　　義軍水戰地點與寨址問題初探》，又載李涵先生《宋遼金元史論集暨師友雜憶》，臺中
　　高文出版社，2002 年。

2　《梁溪全集》卷 73《乞發遣水軍吳全等付本司招捉楊么奏狀》，卷 75《楊么佔據洞庭係
　　湖北路本司已遣軍馬把截奏狀》，卷 116《與呂相公第八書別幅》。

牀、龍屏之類」。在軍制方面更仿效宋朝，設有三衙。[1] 這仍然是一個等級森嚴的社會制度。叛軍的首領們「多是佔據民田，或雖不佔據，而令田主出納租課」。[2] 宋時所謂田主往往是泛稱有田者，與近代意義上出租田地、收取地租的地主不能等同，但也應包括地主在內。「佔據民田」最初也許是「均平」措施，但此類民田很快便成了首領們的私產，他們成為新的地主。

紹興元年正月，宋廷改荊湖南、北路為東、西路，以鼎州為西路首府，撤銷程昌寓的鎮撫使職務，改任主管荊湖西路安撫司公事，仍舊兼任鼎州知州。[3] 程昌寓雖然當上一路之「帥」，他自認為喪失了原來鎮撫使的一些權益，愈發焦躁。他得到「木匠都料」高宣進獻的車船圖樣，如獲至寶，以為可憑藉車船，置楊么軍於死地。

車船大約發明於南北朝。[4] 一對翼輪設置於船舷兩側，貫軸一根，謂之一「車」。軸上設有踏板，用人工蹬踩，使翼輪激水進退。程昌寓造了兩艘八車船，並安裝護車板。車船的優點是速度較快，「鼓蹈雙輪勢似飛」，缺點是不能在淺水中行駛。[5] 程昌寓求勝心切，立即將兩艘八車船投入戰鬥，攻打夏誠的水寨。結果車船在汜江擱淺，被楊么軍繳獲，都料匠高宣也當了俘虜。程昌寓懊悔莫及。

楊么軍繳獲官軍車船以後，也大造車船。楊么建造「和州載」二十四車大樓船，楊欽建造「大德山」二十二車船，夏誠造「大藥山」船，劉衡造「大欽山」船，周倫造「大夾山」船，高虎造「小德山」船，[6] 劉詵造「小藥山」船，黃佐造「小欽山」船，全琮造「小夾山」船。德山、欽山、

1　《金佗稡編》卷 6《鄂王行實編年》，《金佗續編》卷 28《孫逌編鄂王事》，《要錄》卷 64 紹興三年四月戊戌，卷 90 紹興五年六月癸丑，《中興小紀》卷 15，《皇朝中興紀事本末》卷 27。

2　《宋會要》刑法 3 之 47。

3　《要錄》卷 41 紹興元年正月戊申，乙卯。

4　《陳書》卷 13《徐世譜傳》：「世譜乃別造樓船、拍艦、火舫、水車，以益軍勢。」此處的「水車」應即是後來的車船。

5　《梁溪全集》卷 29 詠車船的五首絕句，卷 103《與宰相論捍賊劄子》，卷 121《與呂安老龍圖書》，《要錄》卷 56 紹興二年七月丁丑。

6　《金佗續編》卷 18《鄂王傳》作「高虎」，《金佗稡編》卷 6《鄂王行實編年》作「高老虎」，《金佗續編》卷 25《楊么事蹟》作「高癩子」或「高癩」，顯然係綽號。

藥山、夾山等全是鼎州和澧州的山名，楊么軍造船即取材於這些山上。此外，還有「望三州」、「渾江龍」等船號。總計造了十多艘車樓船，大的可載兵一千多人。後來更增加到二十九艘，還準備再造十五艘。[1] 他們在車船上裝配拍竿，長十多宋丈，上置巨石，下設轆轤，遇着官軍的戰船，可用拍竿擊碎。幾百艘輕快的海鰍戰船，如眾星拱月，簇擁和協同大車船作戰。[2]

楊么軍中「行移文字」，「並不用紹興年號」，「數出榜文，訛言指斥」，[3] 所謂「指斥」，古時意為「指斥乘輿」，即是斥罵宋高宗本人。他們決心要實現改朝換代的目標。[4]

第三節　王瓊慘敗

在紹興元年至二年間，宋廷關注的中心，是解決荊湖路曹成等四大寇，對實力較小的楊么軍，一時尚不重視。[5] 到紹興三年，由於曹成等匪軍已被剿除，楊么的隊伍卻愈益壯大，宋高宗君臣方認識到，這支叛軍「為腹心害，不先去之，無以立國」。[6]

程昌寓為對付楊么軍，雖絞盡腦汁，仍無計可施。他最後只能乞靈於暗殺。紹興三年五月，他招降到楊欽水寨的一個唐姓「教書」，便向這個村學究打聽潛入楊么水寨的門徑。唐教書極言水寨巡防嚴密，「便大蟲、豹子也則入去不得」，「除是飛，便能入去得」。程昌寓無可奈何地笑着說，世上不會有一個「生肉翅人」可使喚，只好作罷。

1　《金佗續編》卷 5《再據劉愿申楊么賊徒結連作過省劄》。

2　《要錄》卷 59 紹興二年十月己酉，《中興小紀》卷 13，《皇朝中興紀事本末》卷 23。

3　《金佗續編》卷 5《再據劉愿申楊么賊徒結連作過省劄》，《梁溪全集》卷 75《楊么佔據洞庭係湖北路本司已遣軍馬把截奏狀》。

4　本節敘事主要參據《金佗續編》卷 25《楊么事蹟》。

5　《梁溪全集》卷 70《開具錢糧兵馬盜賊人數乞指揮施行奏狀》中開列荊湖路「盜賊」，在四大寇之下，「楊華約有一萬餘人」，「雷進約有八千餘人」，「楊么郎約有五千餘人」。

6　《朱文公文集》卷 95 張浚行狀，《要錄》卷 86 紹興五年閏二月辛酉。

六月，宋廷任命王瓔為荊南府、潭、鼎、澧、岳、鄂等州制置使，[1] 統一指揮各支人馬，共計五萬幾千兵員，圍剿楊么叛軍。

王瓔怯懦無謀，在抗金戰場上常不戰而遁。他愛錢如命，積聚的財寶，「可富數世」。他剛到岳州，就「勞役軍民，營葺居第，修廊複屋，極其宏壯」。由於他恣意克扣軍俸，「士食半菽」，軍紀格外敗壞，部下「剽掠殺傷，莫知其數」。荊湖百姓對王瓔恨之入骨，「願食其肉而不可得」。[2]

程昌寓雖然一籌莫展，卻仍然將剿滅楊么軍的任務，視為禁臠，企圖「獨成其功」。如今要受才能低劣的王瓔「節制」，他無論如何也不能服氣。兩人又有文官與武將之別，勢同水火，互不相讓。程昌寓利用王瓔所部初來湖湘，地理人情生疏，便有意支使他們去緊急危難之處，與楊么軍交鋒，於是不斷出現損兵折將的記錄。

王瓔乘冬季湖淺之機，向楊么叛軍發動總攻，兩軍在鼎口水戰。楊么軍用二、三宋尺長的堅木，兩頭削尖，號稱「木老鴉」，配合矢石，一起向官軍攢射和投擲。[3] 官軍船隻低小，根本不是對手，結果連王瓔本人也中了木老鴉和流矢，倉惶退卻。王瓔仍不死心，自己帶神武前軍一萬多人由陸路進攻，命令統制崔增和吳全的一萬水軍在水上封鎖。楊么軍設計，引誘崔增和吳全的水軍深入陽武口。在寬廣的湖面，叛軍的車船大展威風，來回行駛，把官軍的幾百艘戰船全部衝翻和撞沉，全殲了這支「天下有名」的水軍。楊欽和高虎兩部乘勝攻破社木寨，王瓔陸軍也狼狽逃遁。至此，楊么軍的聲勢已臻極盛。

王瓔在此後虛報戰績，企圖掩飾慘敗，結果還是受臺諫官的彈劾而罷官。他的一萬五千人馬改隸鎮守淮南東路的韓世忠。程昌寓也被宋廷調離鼎州。[4]

1　《要錄》卷 66 紹興三年六月甲午。

2　《要錄》卷 86 紹興五年閏二月丁卯，卷 87 紹興五年三月甲戌朔，《斐然集》卷 12《王瓔降三官》。

3　關於木老鴉，見《要錄》卷 69 紹興三年十月甲辰，《老學庵筆記》卷 1。

4　本節敘事還參據《金佗續編》卷 25，卷 26《楊么事蹟》，《要錄》卷 69 紹興三年十月壬辰，卷 70 紹興三年十一月癸亥，戊寅，卷 85 紹興五年二月辛卯。

第四節　岳飛改變策略

　　紹興四年五月，岳飛復襄漢後，宋廷本已委任他全權「討捕」楊么軍。岳飛也為此進行了一些籌劃和準備，但因金、齊聯軍南侵，使鎮壓行動延擱了半年。紹興五年二月，岳飛自池州前往「行在」平江府，並且隨同皇帝返回臨安府。宋廷除拜岳飛為兩鎮節度使外，又任命他為荊湖南、北、襄陽府路制置使，升神武後軍都統制，「將所部平湖賊楊么」，並賜錢十萬貫，帛五千匹，作為犒軍費用。[1] 三月，岳飛自池州發兵，前往潭州，他所率的大致上是援淮西的部隊。此外，宋廷沿用文臣督軍的慣例，特命右相、兼知樞密院事張浚以都督諸路軍馬的頭銜，親臨湖湘。[2] 僅從上述兩項任命，也足見宋廷為消滅楊么叛軍，下了多麼大的決心。

　　當時，岳家軍的成員也和其他大軍一樣，「並係西北之人，不習水戰」。[3] 宋朝的將領對楊么這支似乎是神出鬼沒的水軍，都頗感束手無策，認為即使動用很多兵力，進行成年累月的圍剿，成功的希望也相當渺茫。岳飛卻主動表示願膺此重任，他說：「兵亦何常，惟用之如何耳。今國勢如此，而心腹之憂未除，豈臣子辭難時耶！」

　　岳家軍進發途中，遇到傾盆大雨，泥淖沒膝，軍士們步行十分艱難。岳飛便親自下馬步行，置全身沾滿泥漿於不顧，以激勵部卒。沿途所至，岳家軍更注意嚴格的軍紀，對民間「無毫髮騷擾，村民私遺士卒酒食，即時還價」。故宋高宗特頒詔獎諭說，「連萬騎之眾，而枹鼓不驚；涉千里之塗，而樵蘇無犯」。「嘉治軍之有法，雖觀古以無慚」。[4]

　　楊么軍佔據的地盤不大，實力有限，「聚兵至數萬」，約有五、六萬

1　《要錄》卷 85 紹興五年二月丙子，丙戌，《宋會要》職官 40 之 8。
2　《要錄》卷 85 紹興五年二月丙戌。
3　《金佗粹編》卷 11《措置楊么水寇事宜奏》。
4　《金佗續編》卷 3《自池州移軍潭州獎諭詔》，《要錄》卷 88 紹興五年四月庚申。

人。[1] 他們對付官軍的策略，是「陸耕水戰」。[2] 叛軍依憑重湖之險，春夏水漲，官軍不能出兵，則耕種田地；秋冬水落，官軍發動攻勢，則收藏糧食，然後出戰。「官軍陸襲則入湖，水攻則登岸」。[3] 但主要是以己之長，攻彼之短，避免陸戰，力爭水戰。

岳飛和張浚吸取了以往程昌寓和王瓔失敗的教訓，改變了策略。

第一，將寒冬用兵改為炎夏作戰，蹂踐楊么叛軍的稼禾，使他們有秋冬斷炊絕糧之虞。岳飛四月上旬抵達潭州後，[4] 並不急於用兵作戰，而是「先分遣軍馬，扼賊要路，斷其糧道，嚴行禁止博易，使賊乏食」。總之，是採用破壞陸耕，長圍久困的辦法，以求瓦解敵之軍心，消泯敵之鬥志。[5]

第二，採取「且招且捕之計」，以政治誘降為主，軍事進攻為輔。「誘致桀黠，以為鄉導」，施行分化和離間，促使楊么軍內訌，以敵制敵。[6]

由於須兼顧襄漢以至鄂州的防務，岳家軍不能全部出動，只能是「守禦者半，攻討者半」。岳飛帶到洞庭湖一帶的兵力約有一萬五千人。[7] 歸他統一指揮者，則有荊湖南路安撫司統制任士安、郝晸、王俊、吳錫、步諒等軍，共有二萬多人；[8] 宋廷調來江南西路安撫司統制祁超等軍，共有八千五百多人；[9] 程昌寓留下的蔡州（治汝陽，今河南汝南縣）兵和鄉兵

---

1 《金佗稡編》卷6《鄂王行實編年》。《金佗續編》卷28《孫迫編鄂王事》作「有衆八萬，號十萬」，與前一說相近。同卷《吳拯編鄂王事》作「其衆數十萬」，《會編》卷208《林泉野記》作「有衆數十萬」，應包括男女老幼在內。《要錄》卷90紹興五年六月丁巳載，楊么失敗後，有丁壯五、六萬人。

2 《水心文集》卷22《故知廣州敷文閣待制薛公墓誌銘》，《宋史》卷380《薛弼傳》。

3 《金佗稡編》卷6《鄂王行實編年》，《中興小紀》卷18與《皇朝中興紀事本末》卷33引李龜年《記楊么本末》。

4 岳飛抵達潭州時間，《金佗稡編》卷1高宗手詔說明詞說是「四月」。岳飛抵達後，黃佐旋即出降，並於四月十四日破周倫寨，故可估計為上旬。

5 《金佗稡編》卷11《招楊欽奏》，《朱文公文集》卷95張浚行狀，《要錄》卷86紹興五年閏二月辛酉。

6 《金佗稡編》卷1高宗手詔，卷11《招楊欽奏》，《要錄》卷85紹興五年二月壬辰。

7 《金佗稡編》卷9《遺事》，《金佗續編》卷3《自池州移軍潭州獎諭詔》有「連萬騎之衆」一語，時崔邦弼和顏孝恭兩部併入岳家軍，總數應有三萬餘人。

8 《金佗續編》卷28《吳拯編鄂王事》，《會編》卷168，《要錄》卷90紹興五年六月甲辰。

9 《要錄》卷78紹興四年七月庚申，《斐然集》卷17《寄張德遠》，《梁溪全集》卷82《論江西軍馬劄子》，卷87《措置招軍畫一奏狀》。

九千人，其中蔡州兵等約八千人，仍由改任都督府左軍統制的杜湛率領。[1]
故官軍兵力總計約有五萬人，[2]同過去王㬎的兵力大略相當，並不比楊么軍
佔多少優勢。但是，由於採用新的策略，加之岳飛本部軍馬素質甚強，楊
么軍就遭逢到前所未遇的勁敵。

楊么叛軍卻仍然墨守對付程昌㝢和王㬎的舊規，三十多個水寨各自為
守，各自為戰，不能最大限度地集中兵力，集中指揮。此外，荊湖路一帶
恰巧逢大旱之年，湖水淺涸，[3]嚴重地影響了吃水甚深的車船的行駛。在官
軍的包圍和封鎖之下，楊么叛軍的處境日益危困。

第五節　楊么軍的瓦解

紹興四年冬，楊么叛軍的一個重要將領周倫，突然派人向岳州知州程
千秋遞送「申狀」，說自己因受程昌㝢的「凌逼」，「不得為王民，且在湖
中苟逃各家老小性命」，請求宋廷撤換程昌㝢，使自己得以「保全老小，
耕田種地，輸納二稅，復為良民」。周倫在申狀中還強調自己並未勾結偽
齊，而是拒絕與之「會合」後又殺掉其來使。

宋廷聞訊後，認為周倫是黃誠的親信，他的申狀大概是出自黃誠的授
意，就急忙遞發黃榜，派人送至周倫等水寨招安。黃榜被送到夏誠水寨，
夏誠招眾頭領看榜，唯獨楊么拒絕前去看榜。[4]

自紹興三年大敗宋軍後，宋軍和楊么軍在紹興四年都並無大的軍事行
動。周倫在並不困難的處境下，卻向宋廷試探招安，其實應是儙於岳家軍
搶先粉碎偽齊與楊么南北攻宋計劃之軍威。但是，周倫的申狀也無疑是一

1　《要錄》卷 71 紹興三年十二月壬午，卷 85 紹興五年二月辛卯，《梁溪全集》卷 69《乞
　　撥還韓京等及胡友等兩項軍馬奏狀》。
2　《金佗續編》卷 28《吳拯編鄂王事》說岳飛有兵八萬，應是號稱，而非實數。
3　《要錄》卷 89 紹興五年五月戊戌，《浪語集》卷 33《先大夫行狀》，《水心文集》卷 22
　　《故知廣州敷文閣待制薛公墓誌銘》，《宋史》卷 380《薛弼傳》。
4　《金佗續編》卷 26《楊么事蹟》，《要錄》卷 85 紹興五年二月戊子。

種緩兵之計，事實上，叛軍的任何一個頭領也未接受黃榜的招安。

岳飛在離開「行在」臨安府時，便向宋廷申請到了「金字牌、旗、榜十副，充招安使用」。[1] 宋高宗還應岳飛的請求下詔，規定楊么、黃誠等「如率眾出首」，可以授予荊湖南、北路的知州差遣，這當然也是很高昂的招安價格。[2] 岳飛本人未至潭州，就派人持檄前往楊么水寨，進行招降。在此之前，宋朝在荊湖路的官員，甚至像李綱那樣的大臣，先後派使者去楊么軍水寨說降，都被叛軍殺死。故岳飛的使者叩頭伏地，說：「節使遣某，猶以肉喂饑虎也。寧受節使劍，不忍受逆賊辱。」岳飛立即令他站起來，大聲叱咤道：「吾遣汝，汝決不死。」使者只得將信將疑，惴惴不安地前往。事實證明，岳飛決非是盲目的自信，因為他已是一個威震荊襄的統帥。楊么軍的頭領們雖未下定投降的決心，也決不敢怠慢來使。

岳飛和張浚雖然採取了新的策略，但並不意味着岳飛初臨湖湘，已有了成熟的軍事計劃。岳飛明知水戰非本軍之長，而最初仍打算建造大艦，以對付楊么水軍。負責後勤供應的荊湖南路轉運判官薛弼字直老，兩浙路溫州永嘉縣（今浙江溫州市）人，他比岳飛大十五歲，是個非常聰明能幹的官員。薛弼乘筵會之機，對岳飛說：「適觀兒戲摸魚，而得一理。」他立即命令小吏端來一盆水，水中放一尾魚。在盆水滿盈之時，魚縱鰭恣意暢遊，無法捕捉；然後將水舀去，魚便無法游動，任人捕捉。薛弼雖不發一語，岳飛看了這番表演，發出了會意的微笑。[3]

岳飛為此更加緊招安工作。他要求張浚都督府對早先投降而「未沾寸祿」的叛軍頭領田明，充任添差衡州兵馬鈐轄。這種添差官不管事務，卻可領取一份俸祿，「庶幾改過之人得以安恤」。[4] 時任潭州兵馬鈐轄的楊華，也奉岳飛之命，「入賊招安」，設法串通舊部，謀殺楊么。[5]

叛軍中最識時務者是黃佐，他知道岳飛決非王瓆可比，對其部屬說：

1 《要錄》卷 85 紹興五年二月丙申。
2 《要錄》卷 85 紹興五年二月戊子。
3 《浪語集》卷 33《先大夫行狀》。《水心文集》卷 22《故知廣州敷文閣待制薛公墓誌銘》和《宋史》卷 380《薛弼傳》載他直接諫勸，情節稍異。
4 《金佗稡編》卷 18《乞田明添差申都督府狀》。
5 《要錄》卷 89 紹興五年五月戊戌。

「吾聞岳節使號令如山，不可玩也。若與之敵，我曹萬無生全理，不若速往就降。岳節使，誠人也，必善遇我。」

他率部眾到潭州投降。岳飛當即保奏他為正七品的武義大夫、閤門宣贊舍人，並給予豐厚的賞賜。岳飛還單騎到黃佐所部的營地巡視一番，進行「撫問」，以示對他們堅信不疑。明日，岳飛又招黃佐赴宴，在酒酣耳熱之際，岳飛以手撫黃佐之背，說：「子真丈夫，知逆順禍福者無如子。子姿力雄鷙，不在時輩下，果能為朝廷立功名，一封侯豈足道哉！吾欲遣子復至湖中，視有便利可乘者，擒之；可以言語勸者，招之。子能卒任吾事否？」黃佐「感激至泣」，再次拜謝岳飛，並接受軍令。

四月十四日，黃佐率部伍攻破周倫的營寨，殺死不少叛軍，俘降統制陳貴等九名頭目，奪取糧食、船隻等，將整個水寨焚毀無遺。周倫仍不投降，率殘部逃到別的水寨存身。岳飛立即將黃佐升一官，為武經大夫，「依便宜指揮」，為他「書填」「空名」官告。[1]

在嚴密封鎖的情勢下，官軍利用私下交易物品的機會，誘捕了數百名叛軍。岳飛將他們集中到教場，問幕僚們當如何處置。眾人說：「彼殘害官軍多矣，宜盡戮之。」唯獨主管機密黃縱不發一言，岳飛向他發問，黃縱說：「誘而執之，不武，此正是兵機。」

岳飛表示贊同，即對眾俘虜說：「汝為盜，殘害一方久矣，今當死，不足以償。」於是眾俘虜皆請死，岳飛說：「主上聖明，以汝曹本皆良民，不幸罹亂，驅脅至此。今命我來，正欲救汝輩耳。」又問：「汝在賊寨中有何可樂？」眾人都說在水寨中如何「荒索愁苦」。岳飛厚加賞賜，令他們去市中購買所需物品，並且私下規定市上必須壓低價格，其虧損的錢額由官府賠償。眾俘虜回楊么軍水寨後，自然起了瓦解軍心的作用。[2]

原先荊湖南路安撫司等軍不服王瓊的指揮，令不能行，禁不能止。任士安隨李綱由福建路調遣荊湖路，是安撫司諸統制的中堅人物。岳飛鞭打任士安一百，以儆其餘，勒令他充當餌兵，前往交戰，如三日之內不獲

1　《金佗稡編》卷 18《增補黃佐官申都督府狀》。
2　《金佗續編》卷 27 黃元振編岳飛事蹟。

勝，便當斬首。五月五日，鍾子義和黃誠集中各寨二萬多名步軍，進攻永安寨。任士安和統領陳照迎戰，他們揚言：「岳太尉[1]兵二十萬至矣！」

叛軍看到任士安兵少，並不畏怯，任士安為嚴令所驅逼，也只能率軍鼓勇直前，雙方進行激戰。待兩軍都打得人困馬乏之際，岳飛預先佈置的伏兵四起，叛軍大敗。任士安等軍追擊，過苟陂山。他與牛皋軍乘勝移屯龍陽舊縣治以南，逼近了楊么大寨。[2]

此戰又俘虜叛軍數百人，眾幕僚說：「前日釋之，已有願歸之心，今亦宜釋之。」黃縱又表示異議，說：「前日不殺，為其誘也。今敢出戰，必有凶渠在其中。」岳飛遂親自檢閱，選擇相貌兇惡者數人，予以處死，又將其他數百人放回水寨。[3]

近兩個月內，岳飛很少用兵，又不斷釋俘，引起荊湖南路安撫使、兼潭州知州席益的懷疑。他對都督張浚說：「岳侯得無他意，故玩此寇。益欲預以奏聞，如何？」

張浚笑着說：「岳侯，忠孝人也，足下何獨不知？用兵有深機，胡可易測？」

張浚身為大臣，其實也不懂用兵的深機。一天，宋廷的詔旨遞發到潭州，命令張浚回「行在」臨安府，商議防秋。張浚眼看楊么叛軍仍依險據守，一時似無可乘之隙，就召見岳飛說：「浚將還矣，節使經營湖寇，已有定畫否？」

岳飛當即取出袖中所藏的小地圖，遞給張浚說：「有定畫矣。」

張浚仔細觀看地圖，仍不明所以，他對岳飛說：「浚視此寇，阻險窮絕，殆未有可投之隙。朝廷方召浚歸，議防秋。盍且罷兵，規畫上流，俟來歲徐議之。」

岳飛連忙攔阻，說：「何待來年，都督第能為飛少留，不八日，可破

1　正二品的太尉為南宋武官最高虛銜，時岳飛尚未授官太尉。宋代太尉一詞又往往作為對武將尊稱。

2　《金佗稡編》卷 16《湖寇捷奏》，《金佗續編》卷 28《吳拯編鄂王事》，《會編》卷 168、卷 207《岳侯傳》，卷 208《林泉野記》，《要錄》卷 90 紹興五年六月甲辰。

3　《金佗續編》卷 27 黃元振編岳飛事蹟。

賊。都督還朝，在旬日後耳。」

張浚根本不信，嚴肅地說：「君何言之易耶？王四廂[1]兩年尚不能成功，乃欲以八日破賊，君何言之易耶！」

岳飛說：「王四廂以王師攻水寇，則難；飛以水寇攻水寇，則易。」

張浚問：「何謂以水寇攻水寇？」

岳飛說：「湖寇之巢，艱險莫測，舟師水戰，我短彼長，入其巢而無鄉導，以所短而犯所長，此成功所以難也。若因敵人之將，用敵人之兵，奪其手足之助，離其腹心之援，使桀黠孤立，而後以王師乘之，覆亡猶反手耳。飛請除來往〔之〕程，以八日之內，俘諸囚於都督之庭。」[2]

岳飛說得如此詳明和透徹，張浚卻依然將信將疑，疑大於信，他上奏宋高宗說：

> 水寨闕食，徒眾頗離，據飛稱：「旬日之間，可見次第。」臣欲更依聖訓起發，慮賊勢轉熾，將士懷疑。欲俟六月上旬，見得水賊未下，即詔（招）飛來潭州訖，兼程赴行在。[3]

岳飛自到荊湖後，一直駐節潭州，至此有了「定畫」以後，方於五月二十五日、二十六日到達前沿鼎州，「置寨列艦」，指揮最後剿滅楊么軍的戰鬥。[4]

楊欽是叛軍中最驍悍的頭領，岳飛早已派黃佐做了許多招誘工作，楊欽依然猶豫觀望，難以做出決斷。六月二日，岳飛派黃縱前往汜州村楊欽水寨，說：「至前塗，更自看事勢如何，以為進退。」黃縱說：「彼正危

1　「四廂」為捧日、天武四廂都指揮使或龍、神衛四廂都指揮使的簡稱，當時屬虛銜。

2　關於岳飛提出八日內破楊么軍，《金佗續編》卷 28《吳拯編鄂王事》，《會編》卷 168，卷 207《岳侯傳》，卷 208《林泉野記》，《要錄》卷 90 紹興五年六月甲辰都有記述，但不如《金佗稡編》卷 6《鄂王行實編年》詳盡。

3　《要錄》卷 90 紹興五年六月甲辰，丁巳。

4　《要錄》卷 90 紹興五年六月甲辰注引張浚奏：「飛約程，今月二十五日可到鼎州。」《要錄》卷 89 載岳飛五月二十五日戊戌「至鼎州之城外」，《宋史》卷 28《高宗紀》載五月二十六日己亥，「岳飛軍次鼎州」。

疑，正當速往以定之。」

他只帶兩名「弊卒」前往。楊欽見到黃縱，仍然藉故推託，說自己尚無法立即出降。黃縱要求在其水寨中「巡歷」。他看到茅屋竹舍，鱗次櫛比，特別易於火攻，便對楊欽說，岳飛等候在鼎州城上，立圭臬，備漏壺，計時以待，若過時不降，踏白軍統制董先早已部署了強弩火箭，要將全寨焚燒一空，他最後說：「公今遲回未往，某固一死，公軍亦無噍類矣。」

楊欽至此已別無選擇，遂率全寨老小一萬多人出降，其中有戰士三千多人。此外，還有大小舟船四百餘艘，牛五百多頭，馬四十多匹。

岳飛聞訊，親自到鼎州城東鄰善灣視察受降的群眾和船隊，再往以報恩光孝寺地基所建的營寨，接受楊欽「降拜」。他立即申報都督張浚，按黃佐的前例，授予楊欽武義大夫的武階官，並且將空名的官告填寫後，立即給付楊欽。岳飛還將宋高宗賜予的金束帶和戰袍也轉贈楊欽，並派副手王貴設筵招待。一系列隆重而優厚的禮遇，使楊欽只恨投降太遲，決定為岳飛盡心竭力。[1] 他又為岳飛勸降了全琮、劉詵等部。

在一批頭領投降後，楊么叛軍的實力大為削弱，但楊么本人仍企圖憑藉地利，負隅頑抗。楊欽又向岳飛獻計，說大車船非一丈深的湖水不可通行，應開閘放水，並可用千萬束青草撒在湖面，以阻遏車船的行駛。[2] 岳飛立即採納，下令用巨筏堵塞鼎州附近湖面的各個港汊，選擇水淺之處，派官軍用小船挑戰，以穢言詈罵，引誘敵軍出戰。

楊么、鍾子義等引水軍出戰，車船護板中的翼輪果然被腐枝爛草纏住，使這些主力戰艦進退兩難，無從發揮威力。岳飛指揮牛皋、傅選等將乘機急攻。楊么叛軍情勢危急，企圖突圍，在各個港口又遇官軍巨筏的攔截。官軍在巨筏上張掛牛皮，遮擋矢石，用巨木撞壞敵方一些戰船。叛軍統制陳瑶等不敢再戰，以鍾子義的座船充當禮品，投降官軍。楊么眼看插着「精忠岳飛」大纛的一批戰船進逼自己座船，就先將鍾子義投入水中，

1　《金佗稡編》卷 11《招楊欽奏》，卷 18《招安楊欽等申都督行府狀》，《金佗續編》卷 26《楊么事蹟》，卷 27 黃元振編岳飛事蹟，《會編》卷 168，《要錄》卷 90 紹興五年六月甲辰。

2　《金佗續編》卷 28《孫逌編鄂王事》。

自己也緊接着跳水逃命。官軍中的水手孟安將楊么從水中挾起，牛皋又用抓子將他拖上官軍戰船。氣息奄奄的楊么被押解到岳飛面前，還叫了幾聲「老爺」（指鍾相），當即被梟首。[1]

鍾子義泅水回到寨柵，守柵的黃誠、周倫等人將他逮捕，押解到潭州的張浚都督行府投降。劉衡、楊收、楊壽、石顆、黃進等叛軍水寨，也相繼被各個擊破，或接受招安，只有白德等個別頭領被殺。[2]

最後，只剩下了夏誠一寨。夏誠綽號叫「夏貓兒」，是叛軍所設三衙的步軍司統帥。[3] 他的水寨地據沚江，背靠峻嶺，三面環水，又設置重城、深壕和陷坑，難攻易守。岳飛仍然採取行之有效的戰術，從沚江上游投放很多草木，順流而下，盈積水中。他又令挑選二千名口齒伶俐的兵士，站在淺水裏毒罵。叛軍中計，向官軍大量投擲瓦石。官軍利用草木和瓦石，鋪成一條進攻之路，終於摧毀了叛軍最後一個水寨。夏誠也不得不向官軍投降。[4]

從岳飛至鼎州後，到擊破夏誠水寨，約十四、五日，而黃誠、周倫等到潭州出降則更晚，歷時十八、九天。[5] 雖然超過了岳飛早先保證的八日之限，但張浚仍不能不表示欽佩，說：「岳侯殆神算也！」

由於岳飛堅持以攻心為上，攻兵為下，故戰鬥並不很激烈，殺人不多，而持續六年的一方割據政權終於土崩瓦解了。

岳雲在這次戰役中，功居第一，而岳飛一如既往，不予上報。後張浚得知實情，也頗受感動，說：「岳侯避寵榮一至此，廉則廉矣，然未得為公

1　關於楊么個人結局，衆說各異，參見《鄂國金佗稡編校注》卷 6 紹興五年「先君取君山之木」一段注 2。本書敘事從《金佗稡編》卷 6《鄂王行實編年》，《金佗續編》卷 26《楊么事蹟》，卷 27 黃元振編岳飛事蹟，《宋會要》兵 10 之 37。

2　《金佗稡編》卷 19《平湖寇申省狀》，《金佗續編》卷 28《孫逌編鄂王事》，《宋會要》兵 10 之 37，《中興小紀》卷 18，《皇朝中興紀事本末》卷 33。

3　《金佗續編》卷 28《孫逌編鄂王事》。

4　《金佗續編》卷 28《吳拯編鄂王事》，《會編》卷 168，卷 208《林泉野記》，《要錄》卷 63 紹興三年二月庚寅，卷 90 紹興五年六月癸丑。關於夏誠結局，衆說各異，據《要錄》卷 91 紹興五年七月丙戌，「進士蕭清臣以撫諭劉衡、夏誠有勞」，又《金佗稡編》卷 19《平湖寇申省狀》，《宋會要》兵 10 之 37 載，岳飛「招捉」和「招接到」夏誠，似以投降之說較可信。

5　《要錄》卷 90，《宋史》卷 28《高宗紀》載，破夏誠寨為六月十一日癸丑，黃誠等到潭州出降為十五日丁巳，當年五月共二十九日，今依此推算。

也。」他特別向宋高宗上奏說：

> 湖湘之役，岳雲實為奇功，以雲乃飛子，不曾保明，乞與特
> 推異數。

但岳飛因在紹興五年二月，宋高宗已特授岳雲為閣門宣贊舍人，岳雷
為閣門祗候，當時他上奏力辭而不准，故此次更是向都督行府竭力辭免。[1]

第六節　對失敗者的處置

楊么軍被瓦解後，對如何處置包括家眷在內的約二十多萬失敗者，[2] 引
起一場爭論。牛臯向岳飛提議說：「許大楊么，佔據重湖作過，致煩朝廷之
憂。雖一王四廂大軍數萬人，猶自敗折了空回。今節使太尉提大兵來，討
蕩巢穴，賊眾畏伏虎威，盡已出降，獨遮楊么抗拒，已行擒戮。若不將其
手下徒黨少加剿殺，何以示我軍威？欲乞略行洗蕩，使後人知所怕懼。」

岳飛的看法卻迥然不同，他回答說：「楊么之徒，本是村民，先被鍾相
以妖怪誑惑，次又緣程吏部懷鼎江劫虜之辱，不復存恤，須要殺盡，以雪
前恥，致養得賊勢張大。其實只是苟全性命，聚眾逃生。今既諸寨出降，
又渠魁楊么已被顯誅，其餘徒黨並是國家赤子，殺之豈不傷恩，有何利
益？況不戰屈人之兵，而全軍為上，自是兵家所貴；若屠戮斬馘，不是好
事。但得大事已了，仰副朝廷好生之意，上寬聖君賢相之憂，則自家門不
負重責，於職事亦自無慚也。」他接着又連喊了幾聲「不得殺」，牛臯便
敬服其言而告退。[3]

1　《金佗稡編》卷 9《遺事》，卷 13《辭男雲雷除閣職劄子》，卷 18《辭男雲奇功賞申都
　　督行府狀》，《要錄》卷 85 紹興五年二月乙酉。
2　《要錄》卷 90 紹興五年六月丁巳，《朱文公文集》卷 95 張浚行狀，《宋會要》兵 10 之
　　37。
3　《金佗續編》卷 26《楊么事蹟》。

戰爭必須殺人，但岳飛決不以多殺為快，這正符合佳兵不祥的古訓。無論對虔州叛軍，還是對楊么叛軍，岳飛都是本着此種宗旨進行處置的，說明他用兵仍以仁義為本，是位賢明的將帥。岳飛的措置也得到宋高宗本人的肯定，他給岳飛手詔說：

> 非卿威名冠世，忠略濟時，先聲所臨，人自信服，則何以平積年嘯聚之黨，於旬朝指顧之間。不煩誅夷，坐獲嘉靖，使朕恩威兼暢，厥功茂焉！

　　這份手詔是參知政事沈與求為皇帝草擬的。[1] 在南宋初年，戰禍連綿，人口大量減耗，儘可能多地保存勞動力，以便為國家提供兵源和賦役，這也是宋高宗君臣贊成「不煩誅夷」的一個原因。

　　岳飛對二十多萬失敗者分別作了處置：二萬七千多戶老弱「出給公據」，「各量支米糧歸業」；[2] 幾萬名壯丁則編入軍隊，[3] 其中如周倫等部，另編橫江水軍，並不隸屬岳飛；[4] 另有部份「無所歸著」者，被遣送遙遠的鎮江府，「遂以逃荒之田，令其力農」。[5] 既有強壯者當兵，就不怕老弱者造反；保留老弱者耕田，又可供強壯者口糧。這也是宋朝的傳統政策。

　　岳飛將善後事宜大致處理完畢，便須撤離湖湘，回鄂州等地防秋。臨行之前，焚毀了三十餘所叛軍的寨柵。幕僚黃縱引用諸葛亮七擒孟獲的故事，對岳飛說：「今日不血刃而平大寇，散匿於湖山者亦多矣。賊見德而未見威，甚懼其復反也，宜耀兵振旅而歸。」

　　岳飛認為此說有理，便在鼎州一帶大舉閱兵。岳家軍「軍律嚴整，旗幟精明，觀者無不咨嗟歎息」。岳飛積德行善，也得到鼎州一帶「人心之所感仰」，即使好幾十年後，當地人聽到岳飛的官稱，「必以手加額」，表

1　《金佗稡編》卷 1 高宗手詔，《會編》卷 168，《龜溪集》卷 5《賜岳飛詔》。
2　《金佗稡編》卷 19《平湖寇申省狀》，《要錄》卷 91 紹興五年七月丙子。
3　《金佗續編》卷 27 黃元振編岳飛事蹟。
4　《要錄》卷 92 紹興五年八月癸亥。
5　《嘉定鎮江志》卷 4《軍田》。

達其敬意。[1]

自岳飛兵臨湖湘，為時僅兩個半月，便順利地解決了宋朝積年的心腹之患，贏得了朝野的一片歡呼，「以謂上流既定，則川、陝、荊、襄形勢接連，事力增倍」，從此可以專力抗金，以成「中興之功」。[2]

宋廷為了安定荊湖一帶的社會秩序，恢復生產，也作出了一些減免、倚閣賦稅的規定。洞庭湖沿湖的人戶，凡紹興三年以前的欠稅，可以倚閣三年。「潭、岳、鼎、澧、荊南歸業之民，其田已為他人請佃者，以鄰近閑田與之，仍免三年租稅。即原無產業，願受閑田者，亦予之」。[3]

儘管如此，在紹興五年的一年之內，荊湖路一帶經歷大兵、大火、大旱、大饑、大雪之餘，賦役煩苛，貪官污吏橫行等弊病依然存在。因「岳飛一軍入境，支費浩瀚」，荊湖南路「遂至均科田畝錢」，「每畝先令納子田畝錢二百文」，「竭一路民力，不足充三月之用」。戰亂之後，「多有百姓遺棄田產」，「各思復業，而形勢戶侵奪地界，不許耕鑿」。宋朝的形勢戶為法定的戶名，包括官戶和富裕的吏戶，他們乘機兼併田地。故當地的社會矛盾仍相當尖銳，「民間困急，坐待溝壑」，「十室九空」，「村落窮民有私制緋衣巾，以俟盜起者」。「盜賊迫於饑窮，十數為羣，持杖剽奪行旅、舟船，道路幾於阻絕」。[4]

但是，在岳家軍平定楊么叛軍後，荊湖路一帶再未出現類似規模的叛亂。經過一段時期，生產又有所恢復，社會矛盾也有所緩和，岳家軍在此後的抗金戰爭中，終於有了一個安定的後方。

1　《金佗續編》卷 26《楊么事蹟》，卷 27 黃元振編岳飛事蹟。

2　《朱文公文集》卷 95 張浚行狀。

3　《要錄》卷 90 紹興五年六月丁卯，卷 91 紹興五年七月丙戌，卷 92 紹興五年八月丙寅。

4　《要錄》卷 98 紹興六年二月庚戌，《宋會要》刑法 3 之 48，《斐然集》卷 15《繳戶部乞拘收湖南應副岳飛錢糧》，卷 18《寄張相》（其七），《偽齊錄》卷上。

第九章

長驅伊洛

第一節　岳家軍兵力和編制的擴充

　　瓦解楊么軍的重要成果之一，便是岳家軍兵力的大擴充。楊么叛軍除老弱和家眷外，「丁壯」有五、六萬人，[1] 大都編入岳家軍。[2] 其中有被岳飛委任的水軍統制王缺子，曾企圖重新造反，其母卻派僮僕報告了參謀官薛弼。薛弼採取果斷措施，設計命諸將捉獲王缺子，以迅雷不及掩耳之勢，平息了一場正在萌生的禍亂。[3] 但就原叛軍的絕大多數而言，他們一般都能服從岳飛的管教，而效命於抗金戰場。

　　此外，撥隸岳飛的官軍尚有以下幾支：

　　第一，江南西路安撫司統制祁超、統領高道等部，約八千五百多人。此後，又增撥統領丘贇所部，近一千五百人。[4]

　　第二，荊湖南路安撫司統制任士安、郝晸、王俊、統領焦元等部，約有一萬多人。任士安所部有陳照、馬準和李建三員統領。後任士安因江南西路安撫制置大使李綱之要求，調任江南西路；但他的部伍仍然留在岳飛

1　《要錄》卷 90 紹興五年六月丁巳，《朱文公文集》卷 95 張浚行狀作「丁壯至五、九萬」，「九」字係誤。

2　《金佗續編》卷 27 黃元振編岳飛事蹟。

3　《浪語集》卷 33《先大夫行狀》。按《金佗續編》卷 28《孫逌編鄂王事》載楊么軍有統制黃缺子，應即是此人。

4　《梁溪全集》卷 82《論江西軍馬劄子》，卷 85《乞差兵將討捕虔吉盜賊及存留李山彈壓奏狀》，《乞將丘贇下存留洪州軍兵充親兵奏狀》，卷 87《措置招軍畫一奏狀》，《斐然集》卷 17《寄張德遠》。

麾下，並未一併調離。[1] 郝晸任中軍副統制，充當王貴的副手；王俊任前軍副統制，充當張憲的副手。[2]

第三，都督府左軍統制杜湛率領的幾千蔡州兵。杜湛本人改任岳飛統轄的黃州武將知州。[3]

岳家軍由三萬多人陸增至十萬人以上，在往後的歲月裏，也大體維持此數。[4] 與當時各支大軍相比，岳家軍不但兵力最多，而且素質最好，成為名副其實的抗金主力軍。

紹興五年歲末，宋廷下令更改五支屯駐大兵的軍號，命名為行營護軍。張俊軍稱行營中護軍，韓世忠軍稱行營前護軍，岳飛軍稱行營後護軍，劉光世軍稱行營左護軍，吳玠軍稱行營右護軍。[5] 岳家軍前後更改了神武右副軍、神武副軍、神武後軍和行營後護軍四個軍號。當時人們習慣「以姓為軍號」，如有張家軍、韓家軍、岳家軍之稱。[6] 然而隨着時光之流逝，不論是岳家軍的四個正式軍號，還是張家軍等習慣稱呼，都被人們所遺忘，唯有岳家軍永葆盛譽，這當然決非偶然，正是歷史的公正選擇和淘汰。

各支大軍都有軍、將、部、隊等編制單位。軍一級的統兵官有統制、同統制、副統制等名目。此外，統領、同統領、副統領等，他們或者當統

---

1 據《要錄》卷 102 紹興六年六月戊午，《斐然集》卷 15《繳戶部乞拘收湖南應副岳飛錢糧》，卷 17《寄張德遠》，《寄趙相》，《梁溪全集》卷 65《乞撥還陳照等人兵奏狀》，卷 91《乞撥韓京等軍馬奏狀》，卷 104《與李尚書措置畫一劄子》，荊湖南路安撫司軍共二萬餘人，因吳錫、步諒等軍並未併入岳家軍，併入者為一萬餘人。

2 《金佗稡編》卷 8《鄂王行實編年》，卷 16《復西京奏》，《要錄》卷 141 紹興十一年九月癸卯。

3 《要錄》卷 109 紹興七年二月丁巳。

4 《金佗稡編》卷 9《遺事》，《金佗續編》卷 14《湖北轉運司立廟牒》，卷 28《孫逌編鄂王事》引邵緝《滿庭芳》詞，《會編》卷 206，《獨醒雜誌》卷 7，《鴻慶居士集》卷 36 万俟卨墓誌銘，又《金佗稡編》卷 23《山陽辨》和《中興小紀》卷 29，《皇朝中興紀事本末》卷 57 所載與万俟卨墓誌銘同。此外，《金佗續編》卷 8《督府令收掌劉少保下官兵劄》載劉光世軍為五萬二千餘人，《雞肋編》卷下說岳家軍所費錢糧比劉光世軍「加倍」，亦可資旁證。《周益國文忠公集·書稿》卷 11《荊鄂郭都統（杲）》，卷 12《鄂州閻都統（世雄）》說岳飛兵不滿六萬，《古今紀要逸編》說岳飛軍三十萬，係誤。

5 《會編》卷 168 記載五大軍軍號有誤，應以《要錄》卷 96 紹興五年十二月庚子為準。又《要錄》說五支行營護軍中，岳飛兵力最少，亦誤。

6 《會編》卷 202，《要錄》卷 137 紹興十年七月乙卯，《止齋先生文集》卷 19《赴桂陽軍擬奏事劄子第三》，《雲麓漫鈔》卷 7，《鶴林玉露》乙編卷 2《旌忠莊》。

制的助手，或者在統制之下分統軍馬。將一級的統兵官有正將、副將、準備將等名目，總稱「將官」。將官之下，有訓練官、部將、隊將、隊官等。北宋禁兵的各級軍官稱「軍職」，到南宋初，因軍隊編制的改變，統領、統制、都統制等又成了新的「軍職」。[1]「軍職」為宋朝官員實職差遣之一種。

由於岳家軍的兵力增加兩倍，朝廷命令岳飛將原先十將的編制擴充至三十將的編制，[2] 平均每將兵力達三千三百人以上。此後將一級的編制繼續增加，而每將兵力則相應減少。到紹興九年（西元 1139 年），增至八十四將，平均每將兵力減至近一千二百人。

岳家軍軍一級的編制至少擴充至十二軍，計有：一、背嵬軍；二、前軍；[3] 三、右軍；[4] 四、中軍；[5] 五、左軍；[6] 六、後軍；[7] 七、遊奕軍；[8] 八、踏白軍；[9] 九、選鋒軍；[10] 十、勝捷軍；[11] 十一、破敵軍；[12] 十二、水軍。

「背嵬之名，始於西番」，岳飛仿效韓世忠的做法，將親軍的軍號以背嵬命名。背嵬軍之戰士經過優先選拔，「犒賞異常，勇健無比」，「背嵬軍馬戰無儔」，[13] 是無堅不摧的精銳。遊奕是巡綽之意，[14] 踏白是武裝偵察之意，選鋒是指選拔鋒銳之士，但用作軍名，其實已失去原意，只是成為吉利和

1　《宋史》卷 161《職官志》，《金佗續編》卷 24《襄陽石刻事蹟·爵秩》。

2　《金佗續編》卷 6《照會添置將分省劄》。

3　《金佗稡編》卷 16《陳州潁昌捷奏》。

4　《會編》卷 137。

5　《金佗稡編》卷 16《鄭州捷奏》。

6　《宋史》卷 368《牛皐傳》。

7　《會編》卷 151，《要錄》卷 53 紹興二年閏四月丙申。

8　《金佗稡編》卷 16《陳州潁昌捷奏》。

9　《金佗稡編》卷 16《陳州潁昌捷奏》。

10　《宋史》卷 465《李道傳》。

11　《要錄》卷 136 紹興十年閏六月丙申。

12　《要錄》卷 160 紹興十九年七月甲辰載，在岳飛身後，鄂州大軍進行縮編，仍保留此軍名。

13　《金佗稡編》卷 22《淮西辨》，《金佗續編》卷 21《鄂王傳》，卷 30 王自中《郢州忠烈行祠記》，《蒙齋集》卷 20《岳忠武祠》（其三）。按北宋《夢溪筆談》卷 5 載有「銀裝背嵬打回回」之詩句。南宋《演繁露》卷 9《背嵬》和《雲麓漫鈔》卷 7 對「背嵬」作了不同解釋。「背嵬」一詞應如《鄂王傳》所說，「始於西番」。參見《宋史研究論文集》（1987 年年會編刊）湯開建先生《有關「鐵鷂子」諸問題的考釋》，《宋史研究論叢》第 9 輯楊倩描先生《從俄藏黑水城文獻看宋代的「背嵬」》。

14　《南史》卷 67《樊毅傳》，《雲麓漫鈔》卷 6。

悅耳的軍號而已。岳家軍原先「並無舟船」和水軍。[1] 平楊么後,軍中頓時增添大批慣於弄潮的健兒,又繳獲一千多艘戰船,包括幾十艘作為主力艦的大車船。「鄂渚水軍之盛,遂為沿江之冠」。與鄂州隔江相望的漢陽軍城,「自紹興之初殘破之後,並無居民」,岳飛遂令於漢陽軍城的荒地建造水軍營寨,所佔之地為軍城的三分之一。[2]

據紹興九年統計,岳家軍的十二軍由二十二名統制、五名統領和二百五十二名將官分別率領,[3] 在二百五十二名將官中,應是八十四將的編額,每將各有正將、副將和準備將一名。王貴任中軍統制、提舉一行事務,[4] 張憲任前軍統制、同提舉一行事務。[5] 提舉一行事務之全稱應為「提舉諸軍一行事務」,[6] 一般刪略「諸軍」兩字。他們兼有這兩個級別略有高低的差遣,成為岳飛的左、右手,可以代替岳飛主持全軍事務,指揮其他統制作戰。宋廷曾規定岳飛的行營後護軍可設置都統制和副都統制,[7] 但因某種原因,王貴和張憲仍無都統制和副都統制的頭銜。徐慶同樣是岳飛最器重的統制之一。牛皋和董先兩人雖有過投降偽齊的污點,也都以驍勇著稱。牛皋嗜酒,董先貪財,使他們在治軍統兵方面,不免有所遜色。[8] 總的說來,這五人無疑是岳家軍諸統制中的中堅人物。

岳飛自湖湘回軍鄂州後,宋廷命他兼任淮南西路蘄州和黃州制置使,並在兩鎮節度使以外,另加檢校少保的虛銜,以為平楊么的賞功。[9] 紹興五年十二月,由於岳飛「已除檢校少保,理宜增重使名」,宋廷又改命他為荊湖北路、襄陽府路招討使。招討使也是大戰區的長官,南宋初年,將招討使「定位在宣撫使之下,制置使之上,著為定制」。岳飛的差遣升高,

1 《歷代名臣奏議》卷 222 趙鼎奏,《宋會要》食貨 50 之 14—15,《金佗稡編》卷 11《措置楊么水寇事宜奏》反映直至紹興三年、四年間,岳飛並無水軍。
2 《勉齋先生黃文肅公文集》卷 7《與綦總郎書(奎)》。
3 《要錄》卷 126 紹興九年二月己巳。
4 《金佗稡編》卷 16《復西京奏》。
5 《金佗稡編》卷 16《復潁昌府奏》,《金佗續編》卷 7《目疾令不妨本職治事省劄》。
6 《金佗續編》卷 14《張憲復官指揮》。
7 《要錄》卷 111 紹興七年五月己丑。
8 《要錄》卷 132 紹興九年九月己亥,《中興小紀》卷 27。
9 《金佗續編》卷 2《檢校少保加食邑制》,《會編》卷 168,《要錄》卷 93 紹興五年九月壬午。

但轄區卻少了荊湖南路。[1]因荊湖南路已無戰事，宋廷便將對此路的軍務的處置收歸中央，不再令岳飛負責。但當時的抗戰派宰相張浚還是真心實意地期望岳飛北上「招討」。

宋朝武將被視為「粗人」，[2]「少能深識義理」，[3]而岳飛卻在軍務之暇，「峨冠褒衣」，裝扮成一個動合禮法的儒生。[4]他不是儒將，卻是個重儒之將，在諸大將中「獨以垂意文藝稱」，[5]「禮士恤民」，[6]極喜延攬文士，「食客所至常滿，商論古今」。[7]有個北宋時的太學生侯邦，在統制郝晸手下當門客。平楊么叛軍時，經幕僚黃縱舉薦，岳飛打算引用侯邦。當時郝晸尚未併入岳家軍，他懷疑侯邦說了自己軍中的陰私，企圖殺死侯邦。岳飛得知後大怒，說：「郝晸何人，敢殺士人！」他嚴令郝晸立即將侯邦送來，如敢動他一根毫毛，便以軍法論處。郝晸萬般無奈，只得老實執行岳飛的命令。[8]

在宋朝崇文抑武的積習影響之下，士大夫往往不屑於當武將的幕僚。凡擔任幕職者，不論是幹才，或者是庸夫，經常被人嗤之以鼻，號稱「從軍」，於是「士大夫多恥從軍」，「好士人豈肯從軍」之說流行一時。[9]但是，也有些愛國心頗強的士人，卻以中興大業為重，不顧別人的鄙薄和譏笑，毅然決然地帶筆「從軍」。

一方面是時勢的需要，另一方面是岳飛本人的謙恭禮遇和人格魅力，遂使「一時名人皆萃於幕府」。[10]當時士人們踴躍參加岳家軍，成為一種風尚。一位崇尚氣節的名士王庭珪，曾為周姓解元「赴岳侯軍」，寫下兩首

1 《金佗續編》卷6《除湖北襄陽招討使省劄》，《宋會要》職官42之64，《宋史》卷167《職官志》。按《金佗稡編》卷6《鄂王行實編年》，《要錄》卷96紹興五年十二月己亥朔，《宋史》卷28《高宗紀》載岳飛轄區仍保留荊湖南路，係誤。
2 《要錄》卷110紹興七年四月壬子。
3 《要錄》卷28建炎三年九月丙午朔。
4 《金佗稡編》卷9《遺事》，《金佗續編》卷14《忠愍諡議》。
5 《寶真齋法書贊》卷15《黃魯直先王賜帖》。
6 《會編》卷208《林泉野記》。
7 《金佗稡編》卷9《遺事》，《金佗續編》卷30王自中《鄂州忠烈行祠記》。
8 《金佗續編》卷27黃元振編岳飛事蹟。
9 《金佗續編》卷27黃元振編岳飛事蹟，《要錄》卷89紹興五年五月戊子，《竹軒雜著》卷3《乞遴選諸將賓佐狀》，《揮麈後錄》卷11。
10 《金佗稡編》卷9《遺事》，《金佗續編》卷14《忠愍諡議》。

絕句，抒發從軍的壯心：

> 將軍欲〔辦〕斬樓蘭，子欲從之路非艱。
> 十萬奇才並劍客，會看談笑定天山。
> 書生投筆未封侯，拔劍聊為萬里遊。
> 燕頷果能飛食肉，要令豹尾出兜鍪。[1]

當然，他的幕府中也不免魚龍混雜，有好有壞。士人袁溉評論岳飛身為「武人而泥古，幕府無圓機之士」。[2]事實上，岳飛的大部份幕僚確非圓滑而看風使舵的角色，而是有骨氣，有棱角，追隨岳飛堅持抗金的志士。

例如嚴州桐廬縣人朱夢說，是個博學之士。他在宋徽宗時曾上書言事，痛陳時弊，北宋末又參加開封的抗金活動。岳飛聞其賢名，將他辟為軍中的幹辦公事，兩人志同道合，十分融洽。有一次，朱夢說隨岳飛入朝，看到朝廷「尚禽色之樂，多無用之物」，「上無良相，朝乏賢臣」，而根本不以「二聖播遷」，「中原陷沒」，「萬民塗炭」為意，就修書御史中丞辛炳，責備他不進行規諫。辛炳感到難以為情，他袖藏朱夢說的書信，上殿奏陳宋高宗。宋高宗看後，十分不悅，迫令岳飛辭退了朱夢說。[3]

岳飛擔任招討使，統率着一支大軍，更需要一個精幹的幕僚機構，幫他出謀劃策，處理招討使司的許多事務，草擬公文和奏劄。按照朝廷的規定，岳飛招討司的幕僚編制如下：一、參謀官一員；二、參議官一員；三、主管機宜文字一員；四、書寫機宜文字一員；五、幹辦公事六員；六、準備差使八員；七、點檢醫藥飯食二員。[4]當時文武大臣主持的都督府、宣撫使司、制置使司等機構，其幕僚的名目和等級也大體相似，人員的數額則或多或少。

1　《盧溪文集》卷 21《送周解元赴岳侯軍二絕句》。
2　《浪語集》卷 32《袁先生傳》。
3　《會編》卷 159，《要錄》卷 78 紹興四年七月戊辰。朱夢說於紹興四年「春夏之間」至泰州任軍事判官，則他隨岳飛入朝應在紹興三年九月。
4　《金佗續編》卷 6《從申踏逐辟差官屬省劄》。

在平楊么期間，岳飛很欣賞薛弼的才幹。宋廷將薛弼升一官，岳飛嫌「賞薄」，並為此上奏保舉，薛弼因而又升一官。[1] 此後，岳飛又特別辟奏薛弼任自己的參謀官，成為軍中地位最高的幕僚。擔任參議官的叫李若虛，河北西路洺州曲周縣（今河北曲周縣）人。他是北宋末年以死難聞名的李若水的胞兄。李若虛繼承其弟未竟之志，腳踏實地，盡智竭力協助岳飛，至死不渝。胡閎休字良弼，開封人，任岳飛招討司的主管機宜文字。他的官銜先後為武階承信郎、保義郎和成忠郎，後又兼任岳家軍的正將。胡閎休曾著兵書二卷，是個文武全才的人。岳雲儘管是少年虎將，按照宋朝的制度，「充本司書寫機宜文字」。[2]

岳飛所轄的招討司以及後來的宣撫司幕僚，並非是清一色的文官，而是文武相參。唐時官場尚強調門第，而宋時官場強調出身，文官以科舉出身為榮。但岳飛的幕僚，或「擢參兵謀，非由科第」，甚至「多由小吏識拔」，卻「有功邊境」。[3]

岳飛在鄂州專心致志地從事軍隊的整編和操練工作，並按宋廷命令，在襄陽府、唐州、鄧州、隨州、郢州、信陽軍、復州（治景陵，今湖北天門市）、漢陽軍等地部署「民社」，安排「山城水寨」的防禦。但他心中一直惦記沈與求為宋高宗起草手詔中的話：

腹心之患既除，進取之圖可議。[4]

第二節　連結太行義士

幾年之前，岳飛已制訂了「連結河朔之謀」。當他的謀略有可能付諸實施時，正逢金軍殘暴剿殺之後，北方人民的反抗鬥爭處於低潮。但是，

1　《要錄》卷 91 紹興五年七月丙戌，《斐然集》卷 13《薛弼劉延年轉官》。
2　《金佗稡編》卷 14《辭男雲轉三官剳子》，《宋會要》刑法 1 之 20。
3　《金佗稡編》卷 9《遺事》，《至順鎮江志》卷 17 引《武昌志》。
4　《金佗稡編》卷 1 高宗手詔，《會編》卷 168，《龜溪集》卷 5《賜岳飛詔》。

光復故土、重新統一的渴望，卻仍將南北人民的心連結在一起。

北宋末年，金軍攻破太原府後，梁興、趙雲、李進等人組織太原府和絳州（治正平，今山西新絳縣）的「忠義人兵」，抗擊金軍。他們先後曾克復河北路的懷州和河東路的澤州、隆德府、平陽府（治臨汾，今山西臨汾市）等地。梁興等人曾率領部伍，衝過黃河，企圖投奔宋朝，因遭偽齊軍的攔阻，不得不中途折回。

於是，梁舉等人就在太行山建立根據地，組織「忠義保社」，四出遊擊。他們還引軍東下，攻擊磁州、相州一帶的金軍。

八、九年間，梁興等人所率的抗金義軍，同敵軍大小戰鬥幾百次，光殺死對方頭目即有三百多人。在翟興遇害，翟琮南撤之後，忠義保社成了北方人民抗金武裝的核心和台柱，聲威遠播。河東、河北各路民眾都親切地稱呼梁興為「梁小哥」。

梁興出身貧寒，父親梁建和母親喬氏都是淳樸、善良而勇敢的平民布衣，他們積極地訓誨和勉勵兒子以身許國。老夫妻更是歷盡磨難和苦楚，最後被金兵殘害。這益發增強了梁興的敵愾，父母的英靈激勵他在抗金鬥爭中百折不撓，一往無前。[1]

趙雲也有類似的遭遇，金軍逮捕了他的父親趙福和母親張氏，並以平陽府路副總管的官封，對趙雲進行脅降。趙雲的抗金意志堅如磐石，紋絲不動，於是趙福遇害，張氏被囚禁在絳州垣曲縣（今山西垣曲縣東南）。紹興四年十一月，趙雲乘金和偽齊聯軍攻打兩淮的機會，突破封鎖，投奔岳飛。岳飛後來派他帶領人馬北上，渡黃河，破垣曲縣，方得以救出其母張氏。從此以後，岳飛同太行山寨開始建立了聯繫。

大約在紹興五年，岳飛派遣邊俊、李喜等人渡過黃河，以加強連結河朔的工作。北方人民抗金武裝奮勇出擊，張橫在河東路憲州（治靜樂，今山西靜樂縣）打敗金軍一千五百人，敵人望風逃竄，很多金朝將士墜崖死亡。起義者擒獲金朝憲州和嵐州（治宜芳，今山西嵐縣北）的同知州，岢嵐軍（治嵐谷，今山西岢嵐縣）的軍事判官。

1　《東窗集》卷7追贈梁建和喬氏的制詞。

梁興忠義保社的隊伍日益壯大，達到四千人。他們攻破平陽府神山縣（今山西浮山縣）後，金朝平陽帥府派總管判官鄧奭帶兵三千，前往鎮壓。金軍遠遠望見梁興忠義保社的戰旗，就不敢進逼。到了夜裏，他們與抗金義軍相距十多宋里，方敢紮營，而又多置火炬，大呼小叫，徹夜巡邏，不得安眠。梁興尚未發動進攻，金軍已在三天夜裏，驚潰了兩次。最後，耶律馬五親臨戰場，將鄧奭訓斥一通，率領精騎與梁興的隊伍鏖戰。梁興以哀師抗驕兵，大敗敵軍，殺死耶律馬五和萬夫長耿光祿。這個建炎三年、四年間西路渡江金軍的酋領，屠洪州的罪魁，被牛皋活捉過的敗將，終於惡貫滿盈。

女真貴族驚慌萬分，連忙調遣大軍，進行圍剿。當年冬天，梁興率百餘名勇銳的騎兵，突過大河，取道襄陽府，抵達鄂州。岳飛見到聞名已久的「梁小哥」，分外高興，當即呈報宋廷。宋高宗同意「優轉官資，以勸來者」。由於梁興留在岳家軍中任職，連結河朔的工作更得以大力開展。北方人民的抗金鬥爭便由低潮轉向新的高潮。[1]

第三節　目疾和母喪

岳飛為紹興六年（西元 1136 年）的北伐作了種種準備，不料有兩件純粹是個人的不幸，糾纏了他整整一年有餘，耽誤了出師北伐的大計。

第一件是目疾。岳飛是北方人，很不適應南方濕熱的氣候。自收復建康府後，相繼六年，都是在炎夏盛暑中用兵打仗。他的眼睛大概是受了病毒感染，連年發病。紹興五年六月，平定楊么叛軍後，病勢加重，「兩目

1　本節敘事還參據《金佗稡編》卷 8《鄂王行實編年》，卷 18《梁興奪河渡申省狀》，《要錄》卷 82 紹興四年十一月丙寅，卷 93 紹興五年秋，卷 97 紹興六年正月癸酉，《宋會要》儀制 10 之 20、33，兵 2 之 59—60，《忠正德文集》卷 8《丙辰筆錄》，《紫微集》卷 19 梁興、趙雲、李進封官制，《中興小紀》卷 19，《皇朝中興紀事本末》卷 35。此外，《大金國志校證》卷 11 將張橫和梁興的勝利繫於皇統二年（紹興十二年），年代有誤，但其敘事情節，本節也加以採用。鄧奭，《要錄》作鄭奭。

赤昏，飯食不進」，「四肢墮廢」。他感到自己「職掌兵戎，繫國利害」，「若貪冒榮寵，昧於進退」，而耽誤「恢復故疆」的大計，實是問心有愧，故再三再四地上奏，懇請解除軍務。

當宋高宗需要以戰求和，以戰求存之時，當然不肯讓享有盛譽的良將退閑。回絕申請的詔書和省劄也不難找到冠冕堂皇的理由，說岳飛「措置上流事務，責任繁重」，「卿當厲忠憤之素心，雪國家之積恥，勉副朕志，助成大勳」，「勿復有請」。[1]

經過一番治療，隨著秋冬季的來臨，岳飛的目疾也有所好轉。張浚期望在新的一年裏有所作為，從紹興六年正月始，就離開臨安府，到前線視師。[2]岳飛和韓世忠、劉光世、張俊都被召到鎮江府的都督行府，商議軍事。二月，岳飛自鎮江府途經常州、平江府到達「行在」臨安府。[3]他向朝廷建議，襄陽府路應恢復京西南路的舊名，「以稱朝廷正名責實，不忘中原之意」，得到批准。[4]

張浚不斷向宋高宗稱讚韓世忠的忠勇、岳飛的沉鷙，可以倚辦大事。三月，宋廷發表韓世忠為京東、淮東路宣撫處置使，岳飛為荊湖北路、京西南路宣撫副使，並且移鎮為武勝、定國軍節度使。武勝軍是鄧州的節鎮名，定國軍是同州（治馮翊，今陝西大荔縣）的節鎮名。[5]按宋朝官制，，「節度以移鎮為恩寵」之典。[6]宣撫使的職責與制置使、招討使相同，而級別最高。由於岳飛官位尚低，故只能「以副使為名」。但與原招討使相比，則仍屬升遷之列，其上也不設宣撫使，岳飛是以副使的名義行正使的實職差遣。[7]由於京東路和京西路尚屬淪陷區，故朝廷的兩項任命，就是正式宣

---

1 《金佗稡編》卷 13 三個乞宮祠劄子，《金佗續編》卷 3《乞罷制置使界以祠祿不允詔》。從三個劄子內容分析，最早一個六月十八日的劄子今已佚失，今存《乞宮祠劄子》應為第三劄子，而《乞宮祠第三劄子》應為第四劄子。據北京同仁醫院張玲大夫分析，岳飛的眼病大致應是病毒性結膜炎或角膜炎。

2 《要錄》卷 97 紹興六年正月丙戌。

3 《金佗續編》卷 6《催赴行在奏事省劄》，《要錄》卷 98 紹興六年二月丙辰。

4 《金佗稡編》卷 18《乞襄陽府路仍作京西路申都督府劄子》，《要錄》卷 98 紹興六年二月戊申，《宋會要》方域 5 之 18。

5 《宋史》卷 85，卷 87《地理志》。

6 《要錄》卷 189 紹興三十一年三月庚寅。

7 《宋史》卷 167《職官志》，《建炎以來朝野雜記》甲集卷 11《宣撫副使》。

告宋朝銳意於收復失地。宋廷規定，岳飛在「襄陽府置司」，比鄂州更加逼近前沿。若一旦進軍之時，岳飛可在自己的官名上，添入宣撫「河東」及「節制河北路」頭銜。[1]

岳飛匆忙趕回鄂州，又遭遇第二件不幸的事——老母病逝。姚氏在淪陷區飽受憂患、驚悸和折磨之後，到得南方，又不服水土。這個年過七旬的老人，成年臥病，最後在紹興六年三月二十六日，與世長辭。

岳飛對老母從來是極其孝順和體貼的，儘管軍務繁冗，只要不出兵，總是晨昏侍候，親自調藥換衣，無微不至。為照顧姚氏的休息和調養，連走路和咳嗽都不敢出聲。兩年前，岳飛在克復襄漢六郡後，就因姚氏病重，「別無兼侍，以奉湯藥」，上奏懇請暫解軍務，建議由王貴和張憲兩人代統岳家軍。一旦老母身故，其悲慟之狀更可想見。三天之中，岳飛連水漿也不喝一口，哭得雙目紅腫，舊病復發。

岳飛和岳雲等人跣腳徒步，扶着姚氏的靈柩，直往江州的廬山。宋高宗為此特賜銀一千兩，絹一千匹。岳飛平日自奉儉薄，但此次卻例外地大事鋪張，「儀衛甚盛，觀者填塞，山間如市」。他認為既然在老母生前不能盡孝，死後的厚葬，乃是最後一次盡孝的機會。喪葬完畢，岳飛就在著名的古刹東林寺中，為母守孝。[2]

按中國古代禮法，岳飛必須「丁憂」三年，實際上是不滿二十七個月；如有特殊情況，方可居官守喪，稱為「起復」。丁憂，這是岳飛所要堅持，而宋高宗和趙鼎、張浚等大臣所決然不允的。李綱深悉岳飛是個大孝子，認為一方要「終制」，另一方要「起復」，勢必大費周折。他上奏宋廷，要求為此「早降處分」，以免耽誤大事。此外，他還單獨給岳飛寫信說，「宣撫少保以天性過人，孝思罔極，銜哀抱恤」，但也懇切希望他不「以私

---

1 《金佗續編》卷 2《武勝定國軍節度使充湖北京西路宣撫副使置司襄陽加食邑制》，卷 7《督府令將帶精兵前去襄陽劄》、《除湖北京西路宣撫副使省劄》、《進發至京西路添入河東及節制河北路字劄》，《要錄》卷 98 紹興六年二月辛亥，卷 99 紹興六年三月己巳，己卯，《朱文公文集》卷 95 張浚行狀，《梁溪全集》卷 84《論進兵劄子》。

2 《揮塵三錄》卷 3。《周益國文忠公集・雜著述》卷 7《泛舟遊山錄》載，岳飛為母親修墳，拆山路石磴，「取去」「晉朝三杉」。但《渭南文集》卷 46《入蜀記》說相傳晉時的五株老杉，由「主僧了然輒伐去」。則周必大所記未必確切，姑以存疑。另參見《嘉靖九江府志》卷 3。

恩而廢公義」,「幡然而起,總戎就道,建不世之勳,助成中興之業」。

事實上,岳飛的「起復」事宜果然費盡周折。宋高宗命令宦官鄧琮前往江州廬山東林寺,岳飛「欲以衰服謝恩」,鄧琮堅持不允,連皇帝的親筆手詔等似乎也不發生效力,「三詔不起」。最後,朝廷下達了最嚴峻的命令,說岳飛「至今尚未祗受起復恩命,顯是屬官等並不體國敦請」,「如依前遷延,致再有辭免,其屬官等並當遠竄」。在全體僚屬都須以「重憲」論處的嚴令下,岳飛的決心終於動搖了。偽齊將王威又乘機攻陷唐州,殺害團練判官扈從舉、團練推官張漢之。[1] 岳飛便不得不拖着消瘦疲乏的身體,紅腫未痊的眼睛,重返鄂州,帶兵出屯襄漢。他將姚氏「刻木為像,行溫清定省之禮如生時」,以寄託自己終生的哀思。[2]

第四節　張浚改變部署

右相兼都督張浚雖是個抗戰派,卻又是個志大才疏、剛愎自用的人,往往成事不足,而敗事有餘。他負責各支大軍的戰略指揮,其實並不能勝任。在他自己的軍事學裏,幾乎沒有集中兵力和各支大軍協同作戰的觀念。

鎮江府的都督行府軍事會議決定:韓世忠軍由承州、楚州出兵,進攻京東東路的淮陽軍(治下邳,今江蘇邳州市西南);岳飛軍由鄂州進屯襄陽府,挺進中原;張俊軍由建康府進駐泗州州治盱眙縣(今江蘇盱眙縣),劉光世軍由太平州(治當塗,今安徽當塗縣)進駐廬州,楊沂中的殿前司軍充當張俊軍的後援。韓世忠和岳飛兩軍採取攻勢,而張俊和劉光世兩軍採取守勢。劉光世的任務只是招降敵人,張俊的部份軍隊還須留在建康府

1 《要錄》卷 100 紹興六年四月甲辰,《金佗稡編》卷 9《遺事》,兩處人名有異。

2 關於姚氏的疾病和喪葬,參據《金佗稡編》卷 1 高宗手詔,卷 9《遺事》,卷 13《乞侍親疾劄子》,卷 14 乞終制等五個劄子,《金佗續編》卷 2《內艱起復制》,卷 3《辭免起復不允詔》,卷 7 賜銀絹等五個省劄,卷 29 趙鼎《乞起復》,《要錄》卷 100 紹興六年四月乙巳,《宋會要》禮 44 之 20,《梁溪全集》卷 86《乞催起岳飛軍馬劄子》,卷 128《與岳少保第一書》。

訓練。這個戰略部署，一方面是張浚拙劣軍事指揮的產品，另一方面也是遷就張俊和劉光世擁兵玩敵、怯爭避戰的成果。至於川、陝的吳玠軍，就更不在張浚的軍事計劃之內，按兵不動。[1]

軍事會議剛結束，韓世忠急於收復失地，於二月中旬就發動攻勢。當時，岳飛正在「行在」臨安府朝見宋高宗，根本無以配合。韓世忠軍在淮陽軍宿遷縣（今江蘇宿遷市）打敗敵軍，進圍重兵守禦的淮陽軍城，猛攻六日，因金和偽齊救兵趕到，韓世忠被迫全師而返。[2]

韓世忠攻勢受挫後，深感兵力不足，要求得到張俊的支援，並且指名道姓，要張浚為他抽調統制趙密所部。張俊自然不肯割愛。最後，左相趙鼎採取偷樑換柱的辦法，將趙密調往臨安府殿前司，而以楊沂中軍支援韓世忠。楊沂中軍在六月前後進屯泗州，卻又不歸韓世忠統轄。於是韓世忠再謀進擊的計劃便擱淺了。[3]

韓世忠如此，岳飛如彼，到得六月，張浚眼看盛夏將逝，決定放棄進攻計劃，轉入防秋。秋高馬肥，正是女真騎兵最活躍善戰的時節。張浚「以方略諭諸帥，大抵先圖自守，以致其師，而後乘機擊之」。[4] 這完全是消極防禦的軍事部署。

當時王彥所統的八字軍駐守荊南府，其正式軍號為前護副軍，王彥任都統制。王彥身患重病，左相趙鼎和右相張浚商議，萬一王彥病故，其軍便無人統率，不如將此軍移屯襄陽府，由王彥出任知府、兼京西南路安撫使，受岳飛「節制」。等岳飛移軍襄陽府，作為其宣撫司駐地後，就將八字軍併入岳家軍。宋廷於紹興六年二月發表了王彥此項新命。

岳飛的威名戰功已凌駕於王彥之上，王彥因十年前的嫌隙，現在居然要受舊日部將的「節制」，這是他無論如何不能接受的。王彥堅決上奏辭免新命，而他的健康狀況又有好轉，宋廷為息事寧人，又下令將八字軍調

---

1 《要錄》卷 97 紹興六年正月丙戌，卷 98 紹興六年二月辛亥，《朱文公文集》卷 95 張浚行狀。行狀稱，經此番部署後，「形勢既立，國威大振」，純屬虛美不實之詞。
2 《會編》卷 169，《要錄》卷 98 紹興六年二月乙卯，丙辰，辛酉。關於韓世忠淮陽軍之戰，李綱有中肯的批評，參見《梁溪全集》卷 125《與張相公第十三書》。
3 《要錄》卷 99 紹興六年三月乙亥，卷 102 紹興六年六月己酉。
4 《要錄》卷 102 紹興六年六月己酉，《朱文公文集》卷 95 張浚行狀。

駐臨安府。王彥率領本部一萬人馬，準備由荊南府乘船，順江東下。

岳飛對八字軍不能歸自己統屬，自然深感惋惜。他派人邀請王彥在鄂州稍事停留，以釋嫌言歡，王彥表示同意。七月初秋的一天，岳飛率領眾多部將和幕僚，來到鄂州江邊，恭候王彥。不料王彥卻違約食言，指揮船隊乘風揚帆，飛駛而去。岳飛受到如此無禮的對待，並不介意，仍然對部將和幕僚敘述王彥昔日的立身行事，表示歎服。[1]

儘管都督張浚已經發佈防秋的命令，王彥八字軍的東調，又加重了岳家軍的負擔，岳飛決定仍按業已延擱數月的計劃，由襄陽府和鄧州北上出擊。當然，岳家軍也只能是孤軍獨進，得不到任何支援和協同，其處境和半年前的韓世忠軍一模一樣。

第五節　第二次北伐

紹興六年七月、八月間，岳家軍進行第二次北伐。秋天本是宋軍的防禦季節，現在發動進攻，以便出奇制勝，使敵人措手不及。偽齊虢州欒川縣（今河南欒川）知縣、修武郎李通，在當年春季向岳飛投誠，帶來部伍五百多人，為此次北伐提供了情報，並擔任嚮導。[2]

左軍統制牛皋為先鋒，進攻偽齊新設的鎮汝軍（大約是牛皋故鄉魯山縣）。偽齊守將薛亨，素稱悍勇善戰，牛皋向岳飛保證，一定要「生擒以獻」。左軍以雷霆萬鈞般的威力，很快就擊破這個堅壘。當薛亨作為戰俘押解到宣撫司時，連岳飛也頗感驚訝。牛皋繼續揮兵東向，掃蕩潁昌府，直至蔡州，焚燒偽齊軍積聚的糧草、器械而凱旋。[3]

1　《金佗續編》卷 29 趙鼎《奏王彥移軍事宜》，《會編》卷 169，卷 198 王彥行狀，《要錄》卷 98 紹興六年二月丙辰，卷 100 紹興六年四月己未，卷 103 紹興六年七月辛巳。

2　《金佗粹編》卷 11《李通歸順奏》，《皇宋十朝綱要》卷 23。

3　薛亨在十一月時，由岳家軍參議官李若虛押送至臨安府，宋高宗命他在岳家軍中戴罪立功。二十多年後，他仍在鄂州軍中服役，參見《會編》卷 169，《要錄》卷 104 紹興六年八月甲辰，卷 106 紹興六年十一月庚寅，《宋會要》兵 15 之 8。《金佗粹編》卷 7《鄂王行實編年》說薛亨在當年冬被擒，《皇宋十朝綱要》卷 23 說薛亨被董先所擒，係誤。

岳飛採取聲東擊西的戰術，以牛皋左軍的佯攻，掩蔽大軍的主攻方向。牛皋初戰告捷後，岳飛的大部隊往西北方向進擊。八月初，王貴、董先、郝晸等將攻佔虢州州治盧氏縣（今河南盧氏縣），殲滅偽齊守軍，繳獲糧食十五萬宋石。偽齊武義郎、監盧氏縣酒稅楊茂「挺身歸附」。[1] 接着，岳家軍又分兵奪取了虢略（今河南靈寶市）、朱陽（今河南靈寶市西南朱陽鎮）和欒川三縣。

　　王貴在虢州得手後，繼續統軍西向，又克復商州全境，包括上洛（今陝西商洛市商州區）、商洛（今陝西商洛市商州區東南）、洛南（今陝西洛南縣）、豐陽（今陝西山陽縣）、上津（今湖北鄖西縣西北）五縣。[2]

　　商、虢兩州都屬陝西路，本非岳家軍的戰區。吳玠部將邵隆即是當年陝西解州神稷山抗金義軍首領邵興，因避宋高宗紹興年號而改名。他曾上奏宋廷，認為商州乃是「要害之地」，只有力取商州，方能經營關中。於是宋廷任命他為商州知州，令他和金州（治西城，今陝西安康市）守將郭浩共同負責收復商州。岳飛攻克商州後，便催促邵隆儘快赴任，以減輕本部人馬的戍守負擔。

　　商州和虢州確是軍事要衝，北可控扼黃河，與北方抗金義軍直接聯繫，東可奪據西京河南府，西可進攻關中，幾乎將偽齊的統治區一劈兩爿。岳家軍接連三戰告捷，宋廷為此下詔嘉獎說，「遂復商於之地，盡收虢略之城」，「長驅將入於三川，震響傍驚於五路」。[3]「商於」和「虢略」已成兩州別名。「三川」為秦朝設三川郡的古地，意指此處有河、洛、伊三川。「五路」者，是指宋朝於陝西沿邊設秦鳳、涇原、環慶、鄜延和熙河五路。[4]

　　偽齊在驚慌失措之餘，派兵騷擾岳家軍的後方，攻擊德安府應山縣

1　《要錄》卷 109 紹興七年三月庚寅。
2　《金佗續編》卷 28《吳拯編鄂王事》，《會編》卷 208《林泉野記》都說王貴所部破敵於商州。關於商、虢之戰，另可參見《會編》卷 169，《要錄》卷 105 紹興六年九月丙寅朔，丁卯，己巳。
3　《金佗續編》卷 3《復商虢二州及偽鎮汝軍撫問詔》。
4　《宋史》卷 87《地理志》。

（今湖北廣水市），劫掠鄧州高安鎮。[1]

岳家軍擊破偽齊軍的抵抗，向前突進，取道欒川縣，進據原翟興的基地西碧潭與太和鎮，直取偽齊順州州治伊陽縣。順州為偽齊割原屬西京河南府的伊陽、長水（今河南洛寧縣西南）、永寧（今河南洛寧縣）和福昌（今河南洛寧縣東北）四縣而設。[2]

王貴命令第四副將楊再興統軍由盧氏縣向長水縣進發。八月十三日，偽齊順州安撫司都統制孫某與後軍統制滿在，在長水縣界的業陽率部迎戰。勇猛的楊再興當即分佈軍馬，將幾千敵軍打得落花流水，斬殺孫某等五百餘人，生擒滿在等一百多人。十四日，楊再興抵達孫洪澗，偽齊順州安撫使張某率二千多人隔澗列陣。兩軍隔水互相射箭，楊再興指揮軍隊猛烈衝鋒，又將敵軍擊潰。在十五日夜間二更時分，岳家軍進而奪取縣城，繳獲糧食二萬宋石。楊再興當即下令，把糧食分配給軍士和當地百姓食用。永寧和福昌兩縣也相繼攻克。[3]

岳家軍收復福昌縣後，距西京河南府城，已近在咫尺。岳家軍在此次北伐中，還奪取一個偽齊馬監，繳獲上萬匹戰馬，可以大大充實自己的騎兵部隊。

岳飛長驅伊、洛，是南宋立國後初次堂堂正正的大規模反攻。李綱接到岳在前方的捷報，寫信說：

> 屢承移文，垂示捷音，十餘年來所未曾有，良用欣快。[4]

此種評價，確非過譽。

---

1 《要錄》卷 104 紹興六年八月壬戌，《梁溪全集》卷 90《乞撥那軍馬奏狀》。

2 《金史》卷 25《地理志》。

3 《金佗稡編》卷 16《復西京長水縣捷奏》，《會編》卷 169，《要錄》卷 104 紹興六年八月戊申，《宋史》卷 368《楊再興傳》，《宋會要》兵 14 之 27，《梁溪全集》卷 92《乞遣兵策應岳飛奏狀》。

4 《梁溪全集》卷 128《與岳少保第二書》。

京西兩路在宋金戰爭中破壞最為慘烈，[1]人口銳減。在偽齊的苛政暴斂之下，倖存者也大抵在饑餓死亡線上掙扎。當時從岳家軍大本營的鄂州到襄陽府，還非常荒涼，「經亂離之後，長塗莽莽，杳無居民」，「墟落尤蕭條。虎狼肆暴，雖軍行結隊伍，亦為所虐」。[2]「自商、虢至伊陽六七百里」，在北宋晚期尚且「山巖重複，林木蔽密」，[3]如今經歷多次兵禍，地僻人稀，自更不待言。

岳家軍轉戰於山區，道路崎嶇，運輸不便，軍糧供應不足。岳飛固然設法因敵之糧，在「殺獲甚眾」之餘，從敵方奪到大批糧食。但是，糧食既要供給軍人和馬匹，又要賑濟饑乏的百姓，則仍感不足。後方也傳來消息，因供應匱乏，「在寨卒伍有饑餓閃走」。[4]於是岳飛只得暫停進攻，率領主力班師，[5]留提舉一行事務王貴等在前沿駐守。

新收復地區嚴重缺糧，只能留下少量守軍。鄂州距離這些州縣路程遙遠，支援不可能及時。襄陽府這個前沿基地亦元氣未復，不能屯紮重兵，況且襄陽府距離新收復州縣也有相當長的路程。因此，一些地區終於得而復失，「賊地陷偽，忠義之人旋被屠殺」。[6]另有很多愛國居民則寧肯背井離鄉，隨軍南撤。岳飛抽調一萬宋石軍糧，接濟他們，並且「撥牛借種，召募耕種」，安排他們的生活和生產。[7]

伊、洛之役的戰果不很理想，但並非毫無所獲。商州的全境和虢州的部份地區仍為岳家軍所控制。邵隆在當年年底赴商州就任知州，「披荊

1 《會編》卷176，《歷代名臣奏議》卷90，《忠穆集》卷2《上邊事善後十策》：「京西路殘破為甚，京畿次之，唯京東〔東〕路、河北東路不曾經兵火。」此說亦不確切，如濟南府屬京東東路，開德府和冀州屬河北東路，據《會編》卷119，《金文最》卷22何弼《濟陽縣創修縣衙記》，卷75路伯達《冀州節度使王公（名魯）重修廟學碑》，就反映了兩路戰禍後的殘破。
2 《夷堅支景》卷1《王宣樂工》，《陽臺虎精》。
3 《宋朝諸臣奏議》卷44韓宗武《上徽宗答詔論日食》。
4 《金佗續編》卷1紹興七年出師疏。
5 關於岳家軍第二次北伐，《金佗續編》卷30陳公輔《論已破汝潁商虢伊陽長水乞豫防虜叛會合之計奏劄》，《梁溪全集》卷89《乞降詔諸帥持重用兵劄子》，《忠正德文集》卷8《丙辰筆錄》保存五次捷奏的梗概，今僅存《金佗粹編》卷16《復西京長水縣捷奏》一份。《金佗粹編》卷7《鄂王行實編年》，《會編》和《要錄》的記事都殘缺不全。
6 《金佗續編》卷1紹興七年出師疏。
7 《要錄》卷108紹興七年正月己巳，《宋會要》兵15之6。

棘，立官府，招徠離散，各得其心」，逐漸將商州建設為堅固的要塞。[1]

九月下旬，岳飛回到鄂州後，[2]眼病劇烈地发作，一卧不起，痛楚异常，以至白日的卧室窗户，也必須用重帘遮蔽光線。他已不能主持軍務，由於提舉一行事務王貴尚在前沿，宣撫司的日常軍務就由同提舉一行事務張憲和參謀官薛弼、參議官李若虛主持。朝廷聞訊後，特派眼科医官皇甫知常与和尚中印两人，乘驛馬急馳鄂州。[3]在他們的悉心治療下，岳飛的目疾得以好轉。

儘管岳飛病體未愈，然而急劇變化的軍事形勢，又迫使他急匆匆地踏上新的征途。

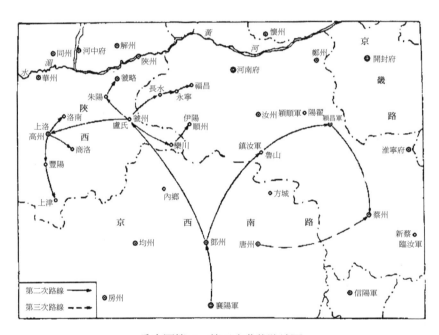

岳家軍第二、第三次北伐路線圖

1 《會編》卷 170，卷 208，卷 214，《要錄》卷 146 紹興十二年八月，卷 153 紹興十五年四月庚寅。
2 岳飛回鄂州日期，《會編》卷 170 作九月十日乙亥，《要錄》卷 105 作九月十七日壬午，《金佗續編》卷 7《目疾令不妨本職治事省劄》：「宣撫岳少保於九月二十八日巡邊回到鄂州軍前。」《金佗稡編》卷 18《乞致仕養疾申省狀》同，應以兩原始文件為準。
3 《金佗稡編》卷 1 高宗手詔，卷 14《目疾乞解軍務劄子》，卷 18《乞致仕養疾申省狀》，《金佗續編》卷 7《目疾令不妨本職治事省劄》。

第十章

進軍蔡州

第一節　再援淮西

　　岳飛的第二次北伐，是宋金雙方實力對比繼續變化的標誌。岳家軍的成就表明，光復故土，已非可望而不可及的事；而北伐的中途夭折，又證實宋廷的戰略指導有徹底改變之必要。

　　張浚對軍事形勢相當樂觀，他力主將宋高宗的「行在」由臨安府遷往建康府，以便部署日後的恢復大計，而萎靡卑瑣、不識大體的文臣們卻群起反對。最後，作為反對者之一的左相趙鼎，提出一個折中方案，將「行在」遷移到平江府，距離前沿稍近。

　　九月一日，宋高宗於「行在」搬遷之前，先去上天竺燒香，為內心深處其實不太想迎還的「二聖」祈福。路過中天竺，恰遇岳飛派遣的武翼郎李遇執黃旗報捷。宋高宗接到岳家軍第二份克復虢州盧氏縣的捷報，心中反而忐忑不安，憂心忡忡。他對張浚說：「兵家不慮勝，唯慮敗耳。萬一小有蹉跌，不知後段如何？」

　　張浚為了使皇帝安心，向他介紹了梁興在敵後堅持鬥爭的情況，說岳飛「措置甚大」，看來必與河陽、太行一帶的山寨有聯繫。趙鼎補充說，河東山寨如韋壽佺等人，雖力屈就招，並沒有下山，隊伍器甲照舊，據險自保，耕種自如。如果官軍一旦渡河，他們一定會出兵嚮應。

　　君臣抵達平江府後，韓世忠前來朝見。他說，得到情報，龍虎大王完顏突合速率大批金軍，由李固渡渡黃河南下，準備支援劉豫。十三日，岳飛第五份收復長水縣的捷奏和班師奏同時遞送到「行在」平江府。這兩份晚到的奏報，在途中竟費時一月之久。九月下旬，張浚決定前往鎮江府，

視察前沿。[1]

劉豫自紹興四年冬大敗以後，用一年多時間重整軍備，恢復元氣，不料又遭岳家軍的猛烈攻擊，當然不肯善罷甘休。但因自己沒有足夠的軍力，不得不向金朝求援。

金太宗病死後，姪孫完顏合剌（漢名亶）繼位，是為金熙宗。金熙宗作為金太祖的嫡系，雖然年幼，卻不願聽任完顏粘罕的擺佈。他即位不久，便明升暗降，免去完顏粘罕都元帥之最高軍職。左副元帥完顏訛里朵於紹興五年夏去世後，右副元帥完顏撻懶和元帥左監軍完顏兀術成為最有權勢的將領。金熙宗還令劉豫「稱臣勿稱子」。[2]

劉豫終於發現，他原先竭力奉承的金太宗、完顏粘罕和高慶裔三人，其權勢已如冰消瓦解，無以指靠。他此次告急求援，幾乎受到全體女真貴族的冷遇。特別是最早扶植劉豫的完顏撻懶，對劉豫背棄自己，另投新主的行為，十分憎恨。金朝不再同意為劉豫出兵攻宋，只是派完顏兀術屯兵濬州黎陽縣（今河南浚縣西北），觀望形勢。

劉豫求援碰壁後，更是焦躁萬分。在無可奈何的情勢下，決定鋌而走險。他強行簽發鄉兵二十萬，號稱七十萬，在九月間分兵三路，進犯淮南西路。東路軍由姪子劉猊統領，從紫荊山出渦口，攻打濠州定遠縣（今安徽定遠縣）。中路軍由兒子劉麟率領，從壽春府（即壽州）攻打廬州。西路軍由孔彥舟指揮，企圖奪取光州（治定城，今河南潢川縣），直指六安軍（治六安，今安徽六安市）。劉豫還派遣鄉兵，身穿「胡服」，在京西各州縣往來招搖，詭稱金軍已到，既為偽齊軍壯膽，又藉以恫嚇宋軍。[3]

劉豫色厲內荏的攻勢，居然嚇壞了不少宋朝的文官武將。駐守淮西的張俊和劉光世首當其衝，他們虛報敵情，張大寇勢，爭先恐後地要求增

---

1 《要錄》卷 104 紹興六年八月甲辰，卷 105 紹興六年九月丙寅朔，丁卯，己巳，庚寅，《忠正德文集》卷 8《丙辰筆錄》，《朱文公文集》卷 95 張浚行狀。

2 《會編》卷 166，《要錄》卷 84 紹興五年正月，卷 90 紹興五年夏，《金史》卷 4《熙宗紀》，卷 19《世紀補》，卷 74《宗翰傳》。

3 《會編》卷 169，《要錄》卷 105 紹興六年九月庚寅，《朱文公文集》卷 95 張浚行狀，《梁溪全集》卷 91《奏陳防秋利害劄子》。劉豫所簽鄉兵數，《要錄》作三十萬人，今從《會編》。

兵，其實不過是為退遁製造藉口。

左相趙鼎是個依違於抗戰和投降之間的人物。他加入政府後，曾做過兩件好事：一是舉薦岳飛收復襄漢六郡；二是在紹興四年冬金和偽齊聯軍南侵時，力主抗擊。如今他卻完全信從張俊和劉光世的謊報，匆忙做出三項決定：第一，允許劉光世、張俊等軍撤至大江以南；第二，火速調遣岳家軍東援淮西；第三，宋高宗的「行在」撤回臨安府。這些決定當然正中宋高宗的下懷。

張浚抵鎮江府後，得到了並無金軍配合南侵的確切情報，而偽齊劉麟的中路軍不過六萬人，認為是個不應錯過的良機。他正準備部署反擊，卻接連得到趙鼎等人的七、八封書信，最後又是趙鼎等人草擬，而由宋高宗親筆書寫的「條畫項目」，方知宋高宗、趙鼎等人已經完全驚慌失措。於是，張浚連忙上奏說，淮南的駐軍是為了屏蔽大江，如果張俊、劉光世等軍渡江，淮南失守，則大江天險便與敵人所共有。偽齊軍佔據淮西，因糧就便，江南又如何能防守？現在合兵掩擊淮西敵寇，可保必勝。若一有退卻之意，大勢便無從挽回。張浚還反對岳家軍東援，說：

> 今岳飛之軍控制上流，利害至大。倘使之全軍而來，萬一虜、叛出沒此處，何以支捂？其為患害與淮西同。

宋高宗得知無金軍南下的確訊，才安定了一顆惶恐的心，轉而同意張浚的主見。十一月，張浚派人以嚴令制止劉光世退軍江南：「若有一人渡江，即斬以徇！」宋高宗也以御筆交付張浚：

> 有不用命，當依軍法從事！

已撤出廬州的劉光世為之大驚失色，知道此次再不能按擁兵玩敵的舊例行事了。他對部屬們大聲呼喊：「汝輩且向前，救取吾首級！」王德和酈瓊的前鋒部隊在壽春府霍丘縣（今安徽霍邱縣）等地打敗劉麟軍，遏制了偽齊的攻勢。楊沂中會合張俊部將張宗顏等，在定遠縣附近的藕塘，大敗

劉猊軍。由荊湖南路調任殿前司摧鋒軍統制的吳錫，在此戰中起了相當大
的作用。孔彥舟軍圍攻光州不下，也聞風退遁。

偽齊的進犯很快被擊退，但宋軍的追擊和反攻也並不順利。劉光世追
趕劉麟，遭到伏擊，損兵折將，連他本人也險些被俘。張俊和楊沂中合兵
攻打壽春府，也不克而還。

張浚在勝利的形勢下回到平江府，自然有足夠的說服力，勸阻了宋高
宗將「行在」後撤臨安府。[1]

在鄂州眼病未痊的岳飛，接到宋高宗的「累降詔旨」和宋廷省劄，急
令他「催促全軍人馬前去江、池州」，「如兵之在遠者，自當日下抽還」，
「星夜兼程」，「赴此期會」。宋高宗在手詔中還特別強調：「想卿不以微
疾，遂忘國事。」岳飛在如此緊迫的命令下，馬上整軍沿江東下，連在襄
陽府等地的前沿兵力，也不得不「勾抽」前往江州。

在宋廷向鄂州遞發詔旨和省劄時，淮西的劉光世、張俊等已奉命還軍
迎戰。然而宋高宗「猶慮其不足任」，仍堅持召岳家軍東下。在岳飛出兵
的問題上，張浚又與宋高宗、趙鼎等達成妥協，不再堅持原議。他也以都
督行府的名義，令岳飛「依累降指揮施行」。淮西宋軍的告捷，越發證明
這項軍事調遣純屬無謂的盲動；而襄陽府等地兵力的減弱，又授金、偽齊
方面以可乘之機。[2]

岳飛率軍抵達江州，淮西戰事已成定局，再無前進的必要了。宋高宗
得知此訊，只好以親筆手詔褒獎一番，發令岳家軍回鄂州。趙鼎從旁自我
解嘲，說：「此有以見諸將知尊朝廷，凡所命令，不敢不從。」宋高宗說：
「劉麟敗北，朕不足喜；而諸將知尊朝廷，為可喜也。」[3]君臣兩人一唱一
和，顧左右而言他，為自己的失策文過飾非。

---

1 關於淮西戰事和宋廷爭議，參據《會編》卷 170，《要錄》卷 106 紹興六年十月丁酉，
　戊戌，甲辰，癸丑，卷 107 紹興六年十二月戊戌，《歷代名臣奏議》卷 232 張浚奏，《朱
　文公文集》卷 95 張浚行狀，《忠正德文集》卷 8《丁巳筆錄》。
2 《金佗稡編》卷 1 高宗手詔，卷 14《目疾乞解軍務劄子》，《金佗續編》卷 7《目疾令
　不妨本職治事省劄》。據《要錄》卷 106，十月四日戊戌，張浚已督劉光世還軍，十月
　十日甲辰，楊沂中捷於藕塘；而岳飛遲至十月十六日，尚未發兵，都督府亦於同日仍
　催促岳飛出兵。
3 《金佗稡編》卷 1 高宗手詔，《要錄》卷 106 紹興六年十一月癸酉。

第二節　金齊進犯江漢

　　偽齊在岳飛第二次北伐班師後，立即攻打淮南西路，這本是出奇之舉。[1] 不料在新敗之餘，又馬上發起新的攻勢，分路侵犯江漢，企圖攻岳家軍之不備。當岳家軍第二次北伐行將結束時，金朝發「龍虎（大王）軍由李固渡過河，凡渡四晝夜，精兵三萬餘人，內分騎兵一萬之京西，以應岳飛」。[2] 當時並未與岳家軍接戰，而劉豫此次終於請到了一部份金軍，聯合作戰，聲勢並不比攻打淮西時小。然而在岳家軍方面，由於襄陽府等地的前沿兵力被「勾抽」，不免增加了防守的困難。

　　在商州，金、偽齊聯軍一萬多人，於十一月一日進犯東部的商洛縣。當時商州知州邵隆尚未赴任，只有岳家軍的準備將賈彥率部抵抗。

　　在虢州，金軍一萬五千多人，馬三千多匹，偽齊軍二萬多人，馬二千多匹，向岳家軍猛撲。十月二十七日，敵軍攻打鐵嶺關，守隘的鄉兵統領眼看抵擋不住，急報統制寇成。寇成所統人馬不多，遂移軍於橫澗設伏。二十九日，寇成軍掩擊一千多名敵騎，殺死一百多人，奪得馬二十幾匹，從敵人的棄屍中，可辨認出二、三十名女真人。三十日，寇成軍又同二千多敵騎交鋒，殺死幾十人，活捉八人。七名女真人的俘虜都因傷重身死，只剩一名偽齊軍高收通，招供了軍情。寇成深感形勢嚴峻，下令將營寨遷移到朱陽縣五里川，向岳飛請求「火速星夜差撥軍馬，前來救援」。

　　在鄧州，敵人於鎮汝軍集結重兵，從十一月初發動進攻。

　　在唐州，十一月初，劉豫之弟五大王劉復[3] 於唐州北部的何家寨調集金和偽齊的大部隊，到唐州的舊州治安營紮寨，企圖直犯襄陽府。這一支顯然是敵軍的主力。何家寨和劉家寨被偽齊「號為新唐州」。[4]

　　在信陽軍，十一月六日，敵人侵犯軍界，統制崔邦弼派將官秦祐出

1　《梁溪全集》卷 91《論擊賊劄子》。
2　《忠正德文集》卷 8《丙辰筆錄》。
3　《會編》卷 181 有兩說，一說劉復為劉豫親弟，另一說為堂弟。
4　《金佗續編》卷 5《照會偽齊已差人佔據州郡省劄》。《金佗稡編》卷 7《鄂王行實編年》說「時偽齊於唐州北何家寨置鎮汝軍」，係誤。

戰，在長臺鎮（今河南信陽市北長臺關）「殺散賊馬」，追奔到望明港（今河南信陽市北明港）大寨，方才收兵。

總之，從西到東，在岳家軍的整個防區，少量前沿部隊與敵軍展開了全面交鋒。[1]

第三節　第三次北伐

岳飛率軍返回鄂州後，席不暇暖，就收到前沿各地的警報。他得悉軍情緊急，「目疾雖昏痛愈甚，深唯國事之重，義當忘身」，遂於十一月十五日星夜率軍，急渡大江，「前去措置賊馬」。[2]

當時任江南西路安撫制置大使的李綱，在抗金目標上固然與岳飛志同道合，在地理位置上，他的轄區也與岳飛的戰區唇齒相依。他接到岳飛的公文後，不免有些擔心，立即上奏宋廷，說「虜、偽併力」，「兵勢厚重，謀慮非淺」，「伏望聖慈速降睿旨，令劉光世遣發軍馬，前來策應，及命重臣統大兵屯駐九江督戰」。李綱還給張浚寫信說，「雖岳帥勇銳，深慮孤軍難以獨抗不測之虜」，「如蒙鈞旆親臨，一號令，尤事之善者也」。[3]事實上，李綱的憂心是多餘的，當他上奏和發信之時，岳家軍已擊退來犯之敵，並且轉入反攻。

在虢州，寇成得到援兵後，擊敗敵人。但是，他違背岳飛的政策，將俘獲的五百名敵軍官兵全部殺掉，因而受到岳飛的責備和彈劾。[4]

在偽齊西京留守司統制郭德、魏汝弼、施富、任安中等人指揮下，進犯鄧州的敵軍有好幾萬人。張憲率一萬兵迎敵。雙方在內鄉縣（今河南西峽縣）相持兩天。張憲召郝晸、楊再興等將商議說：「賊勢甚銳，必欺敵。

1　《梁溪全集》卷92《乞遣兵策應岳飛奏狀》。
2　《金佗稡編》卷18《進兵渡江申省狀》。
3　《梁溪全集》卷92《乞遣兵策應岳飛奏狀》，卷125《與張相公第十四書》。
4　《金佗稡編》卷9《遺事》，《金佗續編》卷3《寇成等擅殺賊兵宣諭戒勵諸軍詔》，《要錄》卷107紹興六年十二月己亥。

我以輕兵迎戰，佯敗退走。賊見，必來追我，我即伏兵取勝。」大家都贊同此計。第三天會戰，岳家軍的餌兵退卻後，偽齊軍果然乘勢追趕，遭到正兵和奇兵的前後夾攻。郭德、施富等一千人當了俘虜，岳家軍奪得戰馬五百餘匹。魏汝弼等收殘兵逃回西京河南府。

牛皋率將官王剛等人，以步兵八千，在唐州方城縣（今河南方城縣）東北的昭福痛擊敵軍，一直追至和尚寨，斬偽齊將馬汝翼，降敵軍一千人，得馬三百多匹。[1]

十一月十日，即岳飛渡江前五天，王貴率軍在離何家寨四十宋里的大標木，與依山佈陣的五大王劉復主力軍激戰。劉復「務聚斂」，「乏遠圖」，「無他才能」，[2] 不懂用兵打仗，卻憑藉與劉豫的親屬關係，充當一軍的主將。他的兵力幾乎是王貴的十倍，卻不堪一擊，被殺得屍橫遍野，劉復本人匹馬隻身而遁。

岳飛率援軍到達前沿時，王貴的追兵已楔入偽齊控制的蔡州地界。岳飛考慮到再次大舉深入的準備還不充分，決定先進軍蔡州，如能攻佔州城，則相機奪取，佈置完防務，再行班師。[3]

岳飛領兵二萬前往，其中戰士一萬四千人，輜重兵、火頭軍等非戰鬥人員六千人，共準備了十日口糧。王貴、牛皋、董先、傅選、李建等將都參加這次北伐。隊伍從夜間二更部署，三更出發，進逼蔡州城。岳飛身先士卒，親自偵察，只見城壁嚴整，城濠既深且寬，城上豎立黑旗，卻無守軍。金朝初年，按漢族沿用甚久的五行之說，採用「水德」，以取代宋之「火德」，故「凡用師行征伐，旗幟尚黑」，連軍服也用黑色。[4] 偽齊傀儡政權自然亦步亦趨，也使用黑旗之類。當岳家軍作出攻城的態勢時，黑旗立即揮動，一隊偽齊兵上城抵禦；岳家軍作出停止攻城的態勢時，這隊敵軍也相機撤下城去。顯然，這是一座守備堅固的要塞，一時不可能強攻急下。

---

1 《會編》卷 207《岳侯傳》。王剛，原作王綱，據《金佗稡編》卷 16《鄧城縣北并垣曲縣等捷奏》，《金佗續編》卷 12《乞追回王剛所帶人數當直使喚省劄》改。

2 《會編》卷 181。

3 《金佗稡編》卷 19《何家寨捷報申省狀》，《宋會要》兵 18 之 38。

4 《會編》卷 70，卷 244《金虜圖經》，《宋史》卷 103《禮志》大火之祀，《金佗稡編》卷 5《鄂王行實編年》。

由於所帶糧食無法維持曠日持久的戰鬥，岳飛當機立斷，下令撤軍。

蔡州城確是偽齊佈置的陷阱，李成、李序、商元、孔彥舟、王彥先、賈潭等十將已帶兵在附近埋伏。[1]他們準備在岳家軍頓兵挫銳之際，進行圍殲。劉豫給他們十人預賜華麗的第宅一區，宮女十名，以資鼓勵。李成又給每名軍士發一條繩索，規定凡捉住一名岳家軍士兵，就用繩索穿其手心，捉住十人，就可連成一串。他們妄想在消滅這支進擊蔡州的銳師後，「鼓行東下」，「直造鄂州」。

岳家軍撤至白塔，李成的軍隊追來，企圖堵截岳家軍的歸路。王貴當即指揮騎兵搏鬥，打敗偽齊軍，追殺了五宋里有餘。

李成仍不肯甘休，他增加兵力，窮追不捨。這回輪到董先殿後，他選擇險要的地形，命令踏白軍將士埋伏在樹林裏，自己單人匹馬，佔據一座河橋待敵。李成率偽齊軍趕到橋邊，就舉起繩索，大聲吆喝：「汝勿走，我今先擒汝！」董先冷笑着說：「我定不走，只恐汝走耳！」

董先從容鎮定的舉止，不能不引起敵方的懷疑。李成每次派兵挑戰，董先只用小旗一揮，小鼓一敲，樹林中便沖出一、二隊戰士。偽齊軍稍一退卻，他們又重返林中。這使李成更加疑惑不定，進退不得。雙方僵持頗久，岳飛親率大軍前來接應。李成遠遠望見一股銀流從群山直湧而出，就搶先逃命，於是全軍崩潰。

偽齊軍逃奔幾十宋里，到了一個叫牛蹄的地方，已是人困馬乏，連忙進食。突然之間，四面山崗上遍豎起岳家軍的戰旗，喊殺聲震天，雄兵猛將從四面八方分進合擊，殺得敵軍的屍體遍佈山谷。

此戰俘虜偽齊幾十員將領，幾千名兵士，還奪得馬三千匹。岳飛下令將偽齊武將押解到「行在」平江府，而給兵士們分發銅錢，將他們全部釋放。岳飛親自對他們訓話說：「汝皆中原百姓，國家赤子也，不幸為劉豫驅而至此。今釋汝，見中原之民，悉告以朝廷恩德。俟大軍前進恢復，各率豪傑，來應官軍。」俘虜們歡呼而去。岳飛還託他們捎帶一封信，給偽齊

1　王彥先和賈潭，《金佗粹編》卷7《鄂王行實編年》作「王爪角」和「賈關索」，無疑都是綽號。據《會編》卷207《岳侯傳》，偽齊將有賈潭者，應是賈關索的真名。《會編》卷201《順昌戰勝破賊錄》說，王彥先綽號為王爪角。

蔡州知州。這種正確的俘虜政策，日後取得了良好效果。[1]

　　岳家軍的第三次北伐，按其規模和聲勢，都比前兩次小。淮西戰場有劉光世、張俊和楊沂中三部共同作戰，而從商州到信陽軍，地面更加廣闊，卻只有岳家軍單獨作戰。岳家軍少數前沿部隊承受金和偽齊大軍的突然襲擊後，很快由防守轉入反攻，顯示了這支雄師的威力。事後王貴和牛皋因「掩殺逆賊五人王劉復、李成等，累立奇功」，分別晉升為正任的棣州防禦使、龍、神衛四廂都指揮使和建州觀察使。[2]宋廷嘉獎岳飛的制詔中，也說這次北伐「加兵宛、葉之間，奪險松栢之塞」，「至於牛蹄之役，尤嘉虎鬥之強，積獲齊山，俘累載道」，此類文學性的描述，仍反映了實際情形。[3]

　　當時在江南西路任職的李綱，雖然與岳飛未曾見面，卻對岳飛的志向、品行和軍事才能，有了越來越多、越來越深的瞭解，他完全拋開當時崇文抑武，文臣輕視武將的積習，給予岳飛以最高度的器重。他致信說：「竊承目疾為梗，邇來計已痊復。戎事方興，朝廷以荊、襄大計仰成少保，願言益勵壯猷，早建大勳，為中興功臣之首，誠所望於左右也。」[4]這當然決不是客套話，在李綱眼裏，岳飛理應成為中興功臣的第一人，而非他人可比。

第四節　儲糧蓄銳

　　連續半年不間斷的行軍作戰，岳家軍最後冒着歲暮的風雪嚴寒，凱歌回鄂州。[5]雖然戰果不完全理想，但全軍將士信心倍增，鬥志昂揚，渴望在新的一年裏大顯身手。

1　《金佗續編》卷 27 黃元振編岳飛事蹟，卷 28《孫逌編鄂王事》。
2　《要錄》卷 109 紹興七年三月甲子，《宋會要》兵 18 之 38。
3　《金佗稡編》卷 1 高宗手詔，《金佗續編》卷 2《起復太尉加食邑制》。
4　《梁溪全集》卷 128《與岳少保第四書》（十月十六日）。
5　《金佗續編》卷 3《行軍襄漢正當雪寒撫諭將士詔》，卷 8《雪寒撫諭將士黃榜》，《要錄》卷 107 紹興六年十二月癸卯。

痛苦的眼病糾纏了岳飛一年有餘，終於逐漸痊癒，使岳飛得以有更旺盛的精力，去總結紹興六年兩次北伐的經驗和教訓，籌劃今後的用兵事宜。

杜甫詩有「便下襄陽向洛陽」之句，[1] 自襄陽府到西京河南府，這是古老的南北交通孔道，也是岳飛第二次北伐的戰場。事實證明，在山嶺重疊、人煙稀少的地區，後勤供應艱難，不可能成為理想的戰場。岳飛吸取教訓，着眼於選擇京西路東部平坦的原野，作為新的北伐戰場。第三次北伐攻打蔡州，僅是一次嘗試而已。

「連結河朔」的工作，有了很大的進展。許多史冊上無名的愛國者，以他們的滿腔熱忱，在淪陷區從事於聯絡和組織民眾的工作，取得相當可觀的成績。

紹興七年（西元 1137 年）初，岳飛和幕僚黃縱討論今後的軍事行動計劃時，黃縱說：「當以取汝、穎為失計，而改圖之。既取之，不可守而復失之，亦徒勞爾。」岳飛說：「安坐而不進，則中原何時可復？」黃縱說：「取中原非奇兵不可。」

岳飛問：「何謂奇兵？」黃縱說：「宣撫之兵，眾之所可知可見者，皆正兵也。奇兵乃在河北。」他針對紹興六年兩次北伐進軍，而無奇兵的配合，提出了批評。岳飛聽後，十分高興，說：「此正吾之計也。相州之眾，盡結之矣。關渡口之舟車與夫宿食之店，皆吾人也，往來無礙，宿食有所。至於綵帛之鋪，亦我之人，一朝眾起，則為旗幟也。今將大舉，河北嚮應，一戰而中原復矣！」[2] 岳飛似乎已經親眼看到了正兵和奇兵協同作戰的壯觀，簡直難於抑制自己的興奮。

然而十萬大軍，連同幾十萬軍人家眷的後勤供應，依然是一個困擾岳飛用兵的大問題，特別是「兵食」，常使岳飛「亂其方寸」。[3]

隨着岳家軍兵力的擴充，錢糧供應的數字也愈來愈大。紹興三年、四年間，岳家軍「月支錢一十二萬三千餘貫，米一萬四千五百餘石，數目浩

---

1 《全唐詩》卷 227《聞官軍收河南河北》。

2 《金佗續編》卷 27 黃元振編岳飛事蹟。

3 《金佗續編》卷 1 紹興七年出師疏。

大」。[1] 這尚是兵力不足三萬前的數字。紹興五年大擴軍後，岳家軍「月用錢五十六萬緡，米七萬餘石」。[2]

儘管岳飛十分注重以愛國正氣維繫士氣，但他也同樣認為，「頒降功賞」，方能「使人蒙恩」，「庶得將士盡力」，「恐將士之賞薄，不能無缺望」。[3] 紹興四年第一次北伐時，朝廷預支「錢六十萬貫，內以二十萬貫充犒設激賞」，[4] 結果在戰事尚未結束時，「錢已支九十七萬五千貫去訖」，[5] 超支的三十七萬五千貫，自然是用於「犒設激賞」者。

此外，製造軍器，也同樣是一筆很大的開銷。紹興九年，樞密院分配江南西路，「發赴岳飛軍，自造軍器」的「物料」，計有「鐵甲葉六十九萬九千四百三十八片，牛角六千三百三十四隻，生黃牛皮九千一百八十三張，牛筋四千一十斤一十二兩，生羊皮一萬八千三百九十二張三十一尺三寸五分，箭笴一十八萬四千七百九十四隻，翎毛五十一萬二千九百八十二堵，各長四寸八分，條鐵七千六百九十四斤一十三兩一錢二分」。[6] 岳家軍的錢、糧、軍需品等由荊湖南路、荊湖北路、江南西路等供應，「諸路應副岳飛錢米」之類，甚至須運至「密邇偽境」的鄂州「交卸」。[7] 僅就江西一路一年「軍器」「物料」之數而言，亦已相當可觀。

為保證岳家軍的後勤供應，往往「以軍期責認州縣划刷倉庫，科斂疲民，公私罄匱」。[8] 特別是月樁錢，須每月向岳家軍輸納，「不問州郡有無，皆有定額，所樁窠名，曾不能給其額之什二、三，自餘則一切出於州縣之吏臨時措畫，銖銖而積，僅能充數。一月未畢，而後月之期已迫矣」，時

---

1 《金佗續編》卷 5《朝省行下事件省劄》，卷 29 趙鼎《乞支降軍馬錢糧》，《忠正德文集》卷 1《乞支降岳飛軍馬錢糧狀》。

2 《雞肋編》卷下。又《中興小紀》卷 20 與《皇朝中興紀事本末》卷 38 載岳家軍「每月費錢三十九萬緡」，稍異。

3 《雲麓漫鈔》卷 1，《金佗稡編》卷 17《再論虔州平盜賞申省劄子》，《金佗續編》卷 27 黃元振編岳飛事蹟。

4 《金佗續編》卷 5《朝省行下事件省劄》。

5 《金佗續編》卷 6《照會措置防守已收復州郡省劄》。

6 武英殿聚珍本《毗陵集》卷 3《措置江西善後劄子》，文淵閣《四庫全書》本為卷 7。

7 《梁溪全集》卷 90《乞撥那軍馬奏狀》，卷 103《與右相條具事宜劄子》，《水心文集》卷 22《故知廣州敷文閣待制薛公墓誌銘》，《斐然集》卷 15《繳戶部乞拘收湖南應副岳飛錢糧》，《偽齊錄》卷上。

8 《梁溪全集》卷 76《乞降度牒撥還兩浙安撫大使司贍軍鹽錢奏狀》。

稱「病民最甚」,「皆係軍兵計日指准,不可稍有欠闕」。[1] 岳飛深知民間疾苦,每次調發軍餉,他總是顰眉蹙額,面帶憂色。岳飛經常對將士們說:「東南民力耗弊極矣!國家恃民以立國,使爾曹徒耗之,大功未成,何以報國?」[2] 為了減輕百姓負擔,保證後勤供應,岳家軍也從事一些營利性的經營。

襄漢一帶的荒蕪土地極多,紹興四年克復襄漢等六郡時,岳飛上奏說:

> 襄陽、隨、郢地皆膏腴,民力不支,苟行營田之法,其利為厚。然即今將已七月,未能耕墾,來年入春,即可措畫。[3]

在中國古代,用百姓耕墾官府荒田,謂之營田;用軍人耕墾官府荒田,謂之屯田。但在事實上,屯田和營田很難嚴格區分。[4]

岳飛設法召募百姓,借貸耕牛、種子、農具之類,耕種營田。宋時營田收成之後,按照慣例,除留足來年種子外,或是官府收租四成,或是實行對分租。有時為鼓勵墾荒,初期每畝只收租一、二宋斗,甚至五宋升。

紹興六年二月,宋廷為恢復生產,措辦營田,任命劉光世、韓世忠、張俊、吳玠和岳飛五大將兼任營田大使或營田使。[5] 由於營田農民的辛勤耕作,岳家軍的稻穀收入最後達十八萬餘石,以穀折米,約可供應兩個月的軍糧。這還不包括作為貨幣地租的「營田雜收錢」在內。[6] 部將武起等人因

---

1 《宋會要》食貨 64 之 79,《梁溪全集》卷 87《措置招軍畫一奏狀》,98《條具利害奏狀》,卷 104《與李尚書措置畫一劄子》,《永樂大典》卷 6524《毗陵集·乞蠲減月椿劄子》。

2 《金佗稡編》卷 9《遺事》。

3 《金佗稡編》卷 10《畫守襄陽等郡劄子》。

4 《樵溪居士集》卷 10《南省策問》:「用兵以耕,名曰屯田;募民以耕,名曰營田。」參見張澤咸、郭崧義先生《中國屯墾史》第 148—149 頁,臺北文津出版社,1997 年。

5 《金佗續編》卷 6《兼營田使省劄》,《要錄》卷 98 紹興六年二月庚子,《宋會要》食貨 63 之 102。關於營田,參見《金佗稡編》卷 11《荊襄寬恤畫一奏》,《宋會要》食貨 63 之 83—126。

6 《要錄》卷 144 紹興十二年三月庚戌。《後村先生大全集》卷 156《墓誌銘·林經略》說湖北路「紹興初,營田歲獲二十四萬斛」,這個數字並未包括京西路,與《要錄》記載有異。

經營營田有功，岳飛還特別予以保奏升遷。[1] 此外，岳飛「又為屯田之法，使戎伍攻戰之暇，俱盡力南畝，無一人遊間（古文中，間與閑或通用）者。其疆理溝洫之制，皆有條緒」。[2]

為了增加收入，岳家軍也開闢其他「利源」。當時官府和軍隊經商牟利，開設酒坊之類，都是合法的。但各軍的情況又頗有差異。如劉光世居然「以八千人為回易」，佔全軍人數近六分之一，而「士卒一月之糧，或闕其半」，至有「健兒不如乞兒」的民謠，嚴重影響軍隊的戰鬥力。但他本人卻沾沾自喜，以春秋時代富商陶朱公自比。[3] 張俊軍中有一首歌謠說：

> 張家寨裏沒來由，使他花腿抬石頭。
> 二聖猶自救不得，行在蓋起太平樓。

所謂「花腿」，是指軍卒「自臀而下，文刺至足」。太平樓是個大酒店。[4] 這首古代的打油詩，也同樣是諷刺張俊工於經商，而拙於用兵。

岳飛決不會採用劉光世、張俊等人的做法，但他也任命一個叫李啟的回易官。李啟精明能幹，平日只穿麻衣草鞋，雨天也躬親操勞，對岳飛的軍用佐助甚多。[5] 據後來統計，鄂州公使、激賞、備邊、回易等十四庫，每年收利息達一百十六萬五千多貫；鄂州關引、典庫、房錢、營田雜收錢，襄陽府酒庫、房錢、博易場每年收入共四十一萬五千多貫。[6] 這些放債、經商、造酒、房租等收入，接近於岳家軍平時三個月的錢幣支出，可在相當程度上補貼平日的軍俸或戰時的犒賞。

經過努力，據說可使岳家軍的「每歲饋運之數，頓省其半」。[7] 此說即使

1　《金佗稡編》卷 9《遺事》，《要錄》卷 122 紹興八年九月庚子。

2　《金佗稡編》卷 9《遺事》。

3　《要錄》卷 110 紹興七年四月壬子，《會編》卷 154。

4　《雞肋編》卷下。

5　《會編》卷 191。

6　《要錄》卷 144 紹興十二年三月庚戌。又《要錄》卷 141 紹興十一年九月癸卯載，岳飛罷兵權後，傳言「軍中有錢二千萬緡」，岳飛承認「所有之數蓋十之九」，疑誤。

7　《金佗稡編》卷 9《遺事》。

有誇張，節省四分之一至少是沒有問題的。但是，由於吏治的腐敗，貪污的猖獗，岳家軍後勤供應的減少，並不一定意味着荊湖北、荊湖南、江西等路人民經濟負擔有所減輕。

此外，營利性經營也不可能不存在一些弊端。例如儘管李啟精明強幹，也仍有「回易逃亡」之弊。[1] 營田或「以抑配百姓，人不聊生，有破產不能償者」。後荊湖北路提點刑獄公事向子忞「罷一切抑配者」，岳飛也欣然同意。[2]

經過多方面的籌措，北伐的準備更充分了，條件更成熟了。岳家軍全軍上下「聞金鼓而樂奮」，「裹糧坐甲，唯敵是求」，[3] 萬眾一心地等待着統帥的進軍令。

---

1 《要錄》卷 184 紹興三十年三月辛巳。
2 《要錄》卷 136 紹興十年六月乙丑，《盧溪文集》卷 47《故左奉直大夫直秘閣向公行狀》。
3 《金佗續編》卷 3《張宗元奏軍旅精銳獎諭詔》。

正己治軍

第一節　嚴以律己

人是有七情六欲的。不論個人出身的富貴貧賤，其侈心往往同他的社會地位成正比。特別是在南宋這樣一個專制政體的階級社會中，統治階級的絕大多數，一旦居高官，得厚祿，便縱情聲色，厚自奉養，甚至因一己之私欲，不惜為傷風敗俗、傷天害理之事，十官九貪，乃勢所必然。但也有少數偉人，他們能以自己的信念、理想和抱負律己，其嘉言懿行彪炳於史冊，垂楷模於後世，成為中華民族精神的組成部份。岳飛即是這樣的偉人之一。

中國人受儒家思想的影響，頗為強調個人的道德修養。凡是與岳飛多所接觸者，無不讚歎他的「盛德懿行，夙夜小心，不以一物累其心」，簡直勝過了「老師宿儒，勉強而力行者」。[1]「略知書傳」的岳飛，[2] 對儒家經典的熟習程度，自然不可能與「老師宿儒」輩相比，但他卻是儒家道德的身體力行者。

岳飛官居兩鎮節度使。自宋太祖「杯酒釋兵權」後，朝廷以優厚的俸祿，作為政治交易的代價。終宋一代，節度使的俸祿特別高。如正一品的宰相「料錢」每月三百貫，從二品的節度使卻是四百貫；宰相「祿粟」每月一百宋石，節度使卻是一百五十宋石。按北宋前期規定，節度使另有「公用錢」，其實是私用錢，每年自三千貫到一萬貫，分為四等。[3] 北宋後

1　《金佗續編》卷 27 黃元振編岳飛事蹟。
2　《會編》卷 208《林泉野記》。
3　《宋史》卷 171，卷 172《職官志》。

期，減為每年二千貫至五千貫。[1] 南宋初，因財政拮据，甚至連岳飛那樣的統兵節度使，也不能支全俸。後來升至太尉，方「並支真俸」。[2] 即使如此，也仍有借減之法，如「祿粟」只支「米、麥四十五石」。[3]

除上述「料錢」、「祿粟」、「公用錢」等外，後岳飛升太尉、開府儀同三司等，按規定也應另加「料錢」一百貫，以及羅、綾、絹、綿等，節度使另有「傔人衣糧」五十人，鹽七宋石或五宋石等。[4] 自岳飛升節度使後，宋廷還給他封爵，最後爵至武昌郡開國公，隨封食邑六千一百戶，食實封二千六百戶。[5] 舊制，每實封一戶，隨月俸給二十五文，其加封則自有格法」。[6] 岳飛的食實封加俸究竟有多少，今亦難知其詳。

此外，宋高宗為了籠絡岳飛，也不時頒發重賞厚賜。

依憑豐厚的收入，岳飛要鋪陳豪侈的生活，並無絲毫困難。事實上，韓世忠、劉光世、張俊和吳玠四大將都過着窮奢極侈的生活，唯有岳飛是個例外，他始終保持着簡樸的生活作風。

在中國古代農業社會裏，主要的財產自然是土地。致富的要訣，就是兼併土地。當時的武將大都是貪婪的土地兼併狂。張俊每年收租達六十萬宋石（另一說為一百萬宋石）。他的子孫一次捐獻給朝廷十萬宋石租米，清單上分別開列了江南東和兩浙路六個州府所屬十個縣，共計十五個莊的租米數額。他家還將淮南東路真州和盱眙軍的田產捐獻朝廷，共計三萬七千多宋畝。[7]

劉光世駐守淮東時，派遣「幹當使臣」掠奪民間膏腴良田，光上報給宋高宗者即達三萬宋畝，實際上決不止此數。[8] 韓世忠曾向宋高宗提出要求，願用三萬八千貫錢購買江南西路臨江軍新淦縣沒官田宅，後又提出要

1　《宋會要》禮 62 之 23，30。
2　《金佗續編》卷 8《照會依張俊例批勘請俸省劄》。
3　《宋會要》職官 57 之 80。
4　《宋史》卷 171，卷 172《職官志》，《文獻通考》卷 65。
5　《金佗續編》卷 2《武勝定國軍節度使萬壽觀使奉朝請制》。
6　《朝野類要》卷 3《食邑》。
7　《會編》卷 237，《要錄》卷 135 紹興十年四月乙丑，《宋會要》食貨 3 之 14，《宋宰輔編年錄校補》卷 16。
8　《要錄》卷 84 紹興五年正月癸酉。

買北宋奸臣朱勔的平江府南園，請佃官田一千二百宋畝，宋高宗順水推舟，全部賜他。宋高宗還認為韓世忠「持身廉」，將著名的永豐圩賜他。韓世忠力辭，就算是廉上加廉。他家每年所收租米多達數萬宋石。[1]劉光世部將酈瓊，其地位次於王德，約相當於岳飛部下的張憲，他在鎮江府也有四千三百宋畝水陸田。[2]

岳飛從一個普通的耕夫，驟然升遷高官後，故鄉湯陰縣的岳氏宗族不能忍受女真貴族的奴役，便聞訊紛紛南逃，投奔岳飛。為了安置其宗族，岳飛在江州廬山之南，先後購置田七宋頃八十八宋畝，地十一宋頃九十六宋畝，水磨五所。宋時南方所謂「地」，往往是指瘠薄而出產甚少的旱地。岳飛的近十二宋頃地中，只有近九十二宋畝是熟地，其餘都是荒地，故田地的收入，主要指靠這七、八宋頃水田，「盡以贍守家者」。此外，岳飛還先後蓋造或購買房廊、草屋和瓦屋四百九十八間，其中三十八間建在江州城中，作為自己私宅，其餘的房屋主要集中在廬山的岳家市。岳家市既是岳母葬地，又是岳氏宗族的聚居地。[3]

岳飛在江州購買或建造田地、房產，固然是準備將來功成身退之用；但在他生前，主要的受益者自然是其宗族。岳飛的田產主要用於出租，抑或宗族自耕，抑或兩者兼而有之，今已不知其詳。但是，岳飛即使按其正常的俸祿收入，也足以購置遠遠超過上述數字的田地和房產，他卻並未如此購置，故他的田產遠遠少於同時代的武將，則是確定無疑的。

宋朝的衣着仍以絲織品和麻織品為主，棉花產量頗少，棉織品視為稀珍。當時所謂的「布」，是專指麻布，窮苦百姓沒有能力穿戴絲綢，只能用粗麻片裹身。很早以來，「布衣」就成了平民的代名詞。岳飛平日只穿麻布，不着綢緞。有一回，他看到李娃穿着繒帛的衣裳，雖非高等的綾羅，岳飛已經很不高兴，說：「吾聞後宮妃嬪在北方，尚多寠乏。汝既与吾

1 《要錄》卷 54 紹興二年五月乙亥，卷 74 紹興四年三月乙亥，卷 101 紹興六年五月丙戌，卷 127 紹興九年四月乙亥，卷 147 紹興十二年十二月己卯，《宋會要》食貨 61 之 47—48。韓世忠歲收租米額，以文津閣《四庫全書》本《要錄》為準，文淵閣本有錯字。

2 《要錄》卷 135 紹興十年五月辛卯。

3 《金佗稡編》卷 9《遺事》，《金佗續編》卷 13《天定別錄序》，《戶部復田宅符》，《宋會要》崇儒 2 之 34，方域 4 之 25，《周益國文忠公集·雜著述》卷 7《泛舟遊山錄》。

同憂樂，則不宜衣此。」[1]從此以後，全家人再不敢穿戴絲綢了。

岳飛是北方人，到南方後，日常食物依然是麥麵加虀菜，如果用葷食，也只是一味。即使同部屬會餐，一般也只是家常便飯，另加豬肉。有一次會食，廚師供應雞肉，岳飛感到奇怪，問道：「何為多殺物命？」廚師回答，雞乃是鄂州知州衙門所供，岳飛立即命令，「後勿復供」。他在部將郝晸那裏做客，郝晸知道岳飛的性格，只用一種素麵食招待他。岳飛問此為何名，郝晸說是「酸餡」。岳飛說自己平生從未吃過這種麵食，命令將餘留的酸餡作晚餐。他這種頗有點過份的節約，使眾人感到驚愕和慚愧。[2]

岳飛對兒子們的管教極嚴。除了激勵他們從戎報國外，在讀書的餘暇，不論是岳雲或岳雷，都必須在田圃裏把犁握鋤，操持農務。岳飛認為：「稼穡艱難，不可不知也。」至於飲酒，更是在嚴禁之列。[3]

宋儒雖強調清心寡欲，但文人「士大夫多是死於欲」，[4]明知女色是伐性之斧，也縱欲而亡身。至於韓世忠、劉光世、張俊、吳玠等將帥都是姬妾滿堂，縱情享樂。吳玠後來因為服用丹石，酒色過度，咯血而死。[5]韓世忠污辱部將妻女，最後竟迫使猛將呼延通自殺。[6]按照宋朝規矩，官員的正妻方能得到「外命婦」的封號。劉光世別出心裁，請求朝廷封贈姬妾，此例一開，韓世忠和張俊自然也不能例外。於是「國夫人」、「郡夫人」、「淑人」、「碩人」等封號紛至沓來，居然成為曠世之典。[7]

唯獨岳飛不近女色，「旁無姬妾」，維持了一夫一妻，同李娃恩愛相始終。吳玠的屬官到岳飛處商議軍事，岳飛請他吃飯。這位屬官對飯菜的簡單，別無姬妾、歌童、舞女之類作陪和勸酒，頗感驚訝。他回去報告吳玠

1 《金佗稡編》卷 9《遺事》。
2 《金佗續編》卷 27 黃元振編岳飛事蹟。
3 《金佗稡編》卷 9《遺事》。
4 《朱子語類》卷 89《昏》。
5 《要錄》卷 129 紹興九年六月己巳，《宋史》卷 366《吳玠傳》。
6 《揮麈三錄》卷 2，《要錄》卷 16 建炎二年六月乙丑，《燭湖集》卷 10《跋趙叔近遺事》載王淵和張俊為搶奪一個周姓妓女，殺害宗室趙叔近，又將此妓女轉送韓世忠。《會編》卷 204，《要錄》卷 138 紹興十年十二月載呼延通自殺事。
7 《要錄》卷 85 紹興五年二月辛丑，卷 134 紹興十年二月，卷 149 紹興十三年六月丙戌朔，《武林舊事》卷 9，《琬琰集刪存》卷 1 韓世忠神道碑。

後，吳玠花費二千貫，買到一個仕宦之家出身的女子，並置辦許多金玉珠寶作為妝奩，不遠千里而送至。於是，岳相公納妾的新聞便不翼而飛。岳飛卻將這個女子安置在一間空屋，兩人隔着屏風交談。岳飛說：「某家上下所衣紬布耳，所食齏麵耳。女娘子若能如此同甘苦，乃可留，不然，不敢留。」當他聽到屏風後一陣不以為然的笑聲，就將未見一面的「名姝」「國色」退回了。

有人勸岳飛說：「相公方圖關陝，何不留此以結好。」岳飛說：「吳少師於飛厚矣。然國恥未雪，聖上宵旰不寧，豈大將宴安取樂時耶！」吳玠得知此事後，也益加敬佩岳飛。[1]

岳飛平日沉默寡言，語不輕發，一旦發話，又往往言簡意賅，語重而心長。他對僚屬有所批評，經常是在言語中稍微有所暗示，而僚屬輩已聞之悚然。[2]但是，這并不表明他胸中有很深的城府，事事處處須顯示居高臨下的身份；相反，岳飛的不矯飾，不矜持，不掩過，誠懇和謙虛，在當時是有名的。

每次出戰，岳飛總是召集全體統制官，共同商討，研究敵軍可能擊敗我軍的各種方案，大家殫精竭慮，謀定計審，然後再採取軍事行動，故其用兵往往「有勝而無敗」。[3]大致在紹興五年和六年間，宋廷曾命令岳飛移鎮荊南府。岳飛大會諸將，共同討論，眾人「皆以為可」，唯有任士安一言不發，岳飛一時有些怒意，任士安至此不得不進直言，說：「大將所以移鎮江陵，若是時，某安敢不說。某為見移鎮不是，所以不敢言。據某看，這裏已自成規模，已自好了。此地可以阻險而守，若往江陵，則失長江之利，非某之所敢知。」岳飛還是聽從他的勸告，申奏朝廷，「留軍鄂渚」。[4]

對於文士和幕僚，岳飛更是以「禮士」和「虛心」聞名。他很樂意同他們談古論今，以問求學，並歡迎別人直率無隱的究詰。岳飛往往同他們

1　《金佗稡編》卷 9《遺事》，《金佗續編》卷 27 黃元振編岳飛事跡。
2　《金佗續編》卷 27 黃元振編岳飛事跡。
3　《慈湖遺書》卷 16《論兵》。
4　《朱子語類》卷 127。

談論到深夜，方才就寢。[1]他時常對文士和幕僚說：「某被主上拔擢至此，倘有纖毫非是，被儒生寫在史書上，萬世揩改不得。」他要求別人發現自己的過錯，必定見告。

大凡混跡官場較久，特別是一旦擁有高官厚祿，往往沾染上令人憎惡的官氣。然而在升遷至一、二品大官，身任一支最強大的方面軍統帥的岳飛身上，卻無絲毫官氣的蹤影。他表裏如一，坦誠待人，連自己年輕時酗酒的小過失，也並不對部屬隱諱。[2]

岳飛立身行事所體現的高風亮節，歸根結蒂，是由他許身抗金戰爭的理想所支配。他在自己的戰袍上刺繡了「誓作中興臣，必殄金賊主」十個字，以示與敵人誓不俱生。宋高宗打算在臨安府為他建造第宅，岳飛引用漢朝霍去病的話力辭：「北虜未滅，臣何以家為！」[3]唯其如此，岳飛把官位看得十分淡薄，他在一個辭官奏中，傾訴自己的心聲：

> 臣頃自天下兵興時，實有志於奮張皇威，削平僭亂，以為北虜不滅，臣死不瞑，初不敢萌覬覦高爵厚祿之念。既而誤蒙陛下使令，付以兵柄責任以來，荏苒積年，腥羶叛逆之族，尚據中土，而臣之官職歲遷月轉，豈不有負初心。[4]

有一次，岳飛命令將「宅庫」裏的所有物品，除了「宣賜金器」外，全部變賣，交付軍匠，造弓二千張。幕僚黃縱說：「此軍器，當破官錢。」岳飛卻淡淡地回答：「幾個剗子乞得，某速欲用，故自為之。」[5]在一個貪污熾盛的社會裏，能「一錢不私藏」，公私分明，已極其不易，而岳飛則更進了一步，「所得錫賚，率以激犒將士，兵食不給，則資糧於私廩」。[6]後岳

1　《金佗稡編》卷 9《遺事》，《金佗續編》卷 30 王自中《鄂州忠烈行祠記》，《会編》卷 208《林泉野記》。

2　《金佗續編》卷 27 黃元振編岳飛事迹。

3　《金佗稡編》卷 9《遺事》。

4　《金佗稡編》卷 14《辭太尉第二剳子》。

5　《金佗續編》卷 27 黃元振編岳飛事蹟。

6　《金佗稡編》卷 9《遺事》，《金佗續編》卷 30 王自中《鄂州忠烈行祠記》。

飛遇難，秦檜派人抄家，除了江州的田地、房產外，其家僅存金、玉、犀帶數條，還有瑣鎧、兜鍪、南蠻銅弩、鑌刀、弓、劍、鞍轡之類，錢一百餘貫，書籍數千卷。岳飛家中的剩錢只有其節度使俸的幾分之一，卻另藏有麻布和絲絹三千餘匹，米和麥五千餘斛。[1] 巨額的布、絹、米、麥貯藏，當然主要還是為了貼補軍用，而不是供本家消費的。據說上述財產估計共值九千貫，這在宋代當然不是一個小數目，但他家中並無一件金玉珍寶，卻又有如此數額的準備貼補軍用的物資，確是堪稱「家無剩財」了。[2]

岳飛身處國難當頭、國恥深重之際，對官場和軍界的腐敗，尤其有切膚之痛、切齒之恨，他作為一代名將，深知國難和國恥之由。有一次朝見時，宋高宗隨便感歎說：「天下未太平。」岳飛當即回答：

文臣不愛錢，武臣不惜命，天下當太平。

這句言簡意賅的名言，很快就傳誦一時，以至後世，成為岳飛一身正氣的寫照。[3]

岳飛「平居潔廉，不殖貨產，雖賜金己俸，散予莫嗇，則不知有其家」，在當時得到了公認。[4] 他忠實地履行自己一不愛錢，二不惜命的名言。他的人格魅力對將士、幕僚和世人起了極大的表率作用，產生了巨大的感召力。

人生在世，酒、色、財三關決不易過，岳飛卻泰然超越三關。由於他對功名，即他心目中至神至聖的抗金事業十分熱衷，對個人的利害得失也就十分恬淡。他說：「大丈夫欲立功業，豈可有所好耶！」其實，作為一個有血有肉的人，岳飛不可能沒有自己的嗜好。他十分嗜渴瓊漿玉液，但鑒於兩次酗酒的教訓，將飲酒的嗜好也戒掉了。有時一些部屬好意勸酒，只

1　《楓窗小牘》卷下。
2　《朝野遺記》。
3　《朱子語類》卷 112，《金佗稡編》卷 9《遺事》，《金佗續編》卷 28《吳拯編鄂王事》，《齊東野語》卷 13《秦會之收諸將兵柄》都有類似記載。
4　《金佗續編》卷 14《武穆諡議》。

能使他發怒。岳飛一直盼望着攻破黃龍府（今吉林農安縣）時，能一破酒戒，開懷暢飲。[1] 黃龍府原是遼邊境城市，金太祖攻遼，黃龍府為金朝最早奪取之重鎮。[2] 岳飛一直將黃龍府作為金之老巢和統治中心。[3] 他和全軍將士一樣，深信總有一天，白山黑水之間將迴蕩着岳家軍的凱歌。

第二節　仁嚴兼濟　治軍風範

岳飛自建炎三年獨立成軍後，一直以「紀律嚴明，秋毫不犯」，[4]「兵不犯令，民不厭兵」，[5] 而著稱於世。岳飛在軍界初露頭角之際，給人印象最深的，尚不是戰功，而是軍紀。岳飛於紹興元年曾對張俊說：「用兵者無他，仁、信、智、勇、嚴五事，不可不用也。有功者重賞，無功者重罰，行令嚴者是也。」[6] 關於為將之「五德」，並非岳飛的發明，在《孫子》兵法中早已有之。孫武說：「將者，智、信、仁、勇、嚴也。」[7]

岳飛將「五德」的次序有所調整，而將「仁」字放在第一位，應是受儒家思想的影響。岳飛在奏中曾說：

> 臣聞正己然後可以正物，自治然後可以治人。[8]

岳飛治軍，主要還是以「廉」字「正己」「自治」，以「仁」和「嚴」字「正物」「治人」。

1　《金佗稡編》卷 9《遺事》，《金佗續編》卷 27 黃元振編岳飛事蹟。
2　《金史》卷 2《太祖紀》，卷 24《地理志》。
3　參見祖慧先生《「黃龍府」再考》，載《岳飛研究》第 3 輯。
4　《金佗續編》卷 1 高宗手詔。
5　《金佗稡編》卷 1 高宗手詔。
6　《會編》卷 207《岳侯傳》，《金佗稡編》卷 9《遺事》大致應是抄錄《岳侯傳》。
7　吳九龍、楊炳安、吳如嵩、穆志超、黃樸民先生《孫子校釋·計篇》，軍事科學出版社，1990 年。
8　《金佗稡編》卷 15《辭男雲特轉恩命第四劄子》。

岳飛的出身和經歷，使他熟知百姓受軍隊欺壓，士卒受將領凌虐的痛苦，對腐敗的軍政和軍風深惡痛絕。他不惜用鐵的手段，以維護軍隊的紀律和聲譽。岳飛的部衆原來大都是「四方亡命、樂縱、嗜殺之徒」，所以能「奉令承教，無敢違戾」，[1]主要只能憑藉刀斧棍棒之威。

　　紹興元年，岳飛討伐李成，途經徽州，有百姓控告他舅父姚某「騷擾」。岳飛當着姚氏的面，責備舅父說：「舅所為如此，有累於飛，飛能容，恐軍情與軍法不能容。」姚氏也對她所鍾愛的弟弟作了一番規勸。不料姚某懷恨在心，有一回竟向岳飛施放冷箭，射中鞍橋。岳飛將姚某擒獲，「自取佩刀破其心」，並向老母解釋說：「若一箭或上或下，則飛死矣。飛為舅所殺，母雖欲一日安，不可得也。所以中鞍橋者，乃天相飛也。今日不殺舅，他日必為舅所害，故不如殺之。」姚氏也覺得此說有理，就此甘休。[2]岳飛平時雖「恂恂若一書生」，[3]畢竟還保留着起起武夫的粗豪本色。

　　紹興二年破曹成時，岳家軍基本上是北方人，冒着荊湖和廣南的酷暑，負荷衣甲、糧食和兵器，奔襲數千里，使很多人感到「艱辛勞苦」，難以忍受，以至有四百七十八名官兵逃亡。其他部份宋軍乘機招羅逃亡者，以擴大實力。岳飛認為此風不可長，上奏宋廷，要求在各支軍隊中「根緝收捉」逃亡者，「押赴飛軍前，對衆依軍法號令」，使別人「不敢仿效逃竄」。宋廷為此下令，凡逃亡的使臣設賞錢三百貫，效用和軍兵設賞錢一百貫，以獎勵告發和搜捕。[4]南宋初年，各軍戰士大致有使臣、效用和軍兵三等。使臣為低品武官，因立戰功而授官者甚多，統兵官名額有限，以至有官為正七品武翼大夫至武功大夫，通稱「諸司正使」，官位更高於使臣，也只能「執長行身役」，即作為普通戰士。[5]

　　岳飛為維護軍紀，有時也儘量使軍人和百姓不接觸或少接觸，「每屯

<hr>

1　《金佗稡編》卷9《遺事》。
2　《會編》卷144，《要錄》卷41紹興元年正月己酉。
3　《金佗稡編》卷9《遺事》，《金佗續編》卷14《忠愍諡議》，卷28《孫迫編鄂王事》引建炎四年邵緝薦書。
4　《梁溪全集》卷72《奏知段恩招誘本司軍兵逃走奏狀》。
5　《偽齊錄》卷上《偽齊詔諭士民榜》。

數萬眾，而市不見一卒，惟閱試振旅，則人始幸觀之」。[1] 每到一地，岳飛「必自從十數騎周遭巡歷」，檢查軍紀的執行情況。[2] 有一次行軍，岳飛發現一所新蓋的店屋上缺少一片茅草，便立即傳問店主。店主說，軍隊並未打擾百姓，屋頂上本來就缺一片茅草。岳飛不信，下令追查，終於找到一個馬軍。他承認正在店中飲食，聽說岳飛將至，急於上馬，不慎掣下一束茅草。店主全家為之哭泣求情，才免於處斬，而責打一百軍棍。[3]

岳家軍行經鄉村，一般都露宿在民戶門外，百姓開門接納，兵士也不敢進屋。早晨啟程時，民家屋外堆放的草葦依然如舊而不亂。[4] 紹興三年，岳飛赴吉州和虔州「征羣盜」，經廬陵縣，一些軍士借宿廬市的民家。天明以後，便主動為主人灑掃門宇，洗滌盆盎，然後整裝出發。吉州知州要為岳飛餞行，不料他已混雜在偏裨之中，不辭而別。[5]

岳飛以嚴格的軍法約束其官兵，「有踐民稼，傷農功，市物售直不如民欲之類，其死不貸」。「取人一錢者，必斬」。有一個兵士因為取民家一縷麻束縛芻草，岳飛追查盤問後，立即將他斬首。有個兵士向湖口縣人項某購買薪柴，項某「愛其不擾」，自願少收二文錢，這個兵士一定不肯，說：「吾可以二錢易吾首領耶？」[6]

經過成年累月嚴格軍紀的實踐，岳家軍逐漸概括出兩句著名的口號：

凍殺不拆屋，餓殺不打虜。[7]

南宋初年，財政拮据，軍士們菲衣惡食，生計艱窘。由於錢糧供應不足或不及時，軍隊斷炊、缺衣等情況是經常發生的。紹興二年，岳家軍破

1　《金佗續編》卷 28《吳拯編鄂王事》。
2　《獨醒雜誌》卷 7。
3　《金佗續編》卷 27 黃元振編岳飛事蹟。
4　《金佗稡編》卷 9《遺事》，《金佗續編》卷 30 王自中《郢州忠烈行祠記》，《新安文獻志》卷 54 呂午《和岳王廟壁上韻》。
5　《周益國文忠公集·平園續稿》卷 37《龍洲居士嚴君（致堯）墓碣》，《齊東野語》卷 20《岳武穆御軍》。
6　《金佗稡編》卷 9《遺事》，《金佗續編》卷 27 黃元振編岳飛事蹟。
7　《金佗稡編》卷 9《遺事》，《金佗續編》卷 21《鄂王傳》作「餓殺不虜掠」，稍異。

曹成後屯駐江州，「錢糧闕乏」，「致本軍殺馬，剪髮，賣鬻妻、子」，以「博易米斛」，但居然並未發生搶掠事件，後將部份軍隊移屯於筠州、臨江軍、興國軍等地，方得以度過難關。[1]「凍殺不拆屋，餓殺不打虜」的口號，正是岳家軍在忍饑受凍的情勢下，仍大致維持軍紀的真實寫照。

岳飛治軍雖嚴，卻嚴而不酷。他對部屬，對百姓，甚至對降敵，都貫穿着儒家倡導的「仁心愛物」的理念。[2] 他嚴禁軍隊搶劫和騷擾百姓，正是體現他的「恤民」精神。[3]

有一回，他看到提轄官杖責軍士，就立即制止，說：「且教訓之，勿輕笞辱也。」[4] 在宋時的軍隊中，長官「笞辱」軍士，本是屢見不鮮的事，而岳飛卻採取慎重的態度。

裨將楊貴的一個兵士擅離隊伍，楊貴大怒，將他臠割致死。岳飛調查此事，說：「擅離隊伍，罪未至是，汝當以死償之！」他當即脫下自己的衣服，以收斂這個兵士的屍身。楊貴惶恐萬分，經衆將「羅拜祈免」，岳飛才允許楊貴立功贖罪。[5]

在物資供應十分菲薄和匱乏的情況下，岳飛特別注意撫恤軍卒。他「奉己至薄」，經常與最下等的軍士共餐。酒肉一定均分部屬，如果酒太少，則攪水共啜。行軍時，逢軍士露宿，自己不入館舍；出戍或出征時，命妻子李娃遍訪將士家屬，噓寒問暖，以金帛賙濟；戰鬥時，只簡單要求軍士「手執得槍住，口有唾得咽，則已是勇也」，而常「自為旗頭，身先士卒」，「親冒矢石」，「摧精擊銳，不勝不止」。傷病者則親自慰問，甚至親手調藥；戰死者則弔唁盡哀，撫育孤寡，「或以子婚其女」。岳飛大兒媳鞏氏或二兒媳溫氏之父，即是「死事者」。[6]

岳飛重視對軍隊的愛國主義教育。每次「臨戎誓衆」，他「言及國

1 《金佗續編》卷 29 趙鼎《乞支降軍馬錢糧》，《忠正德文集》卷 1《乞支降岳飛軍馬錢糧狀》，《要錄》卷 62 紹興三年正月丁卯。
2 《金佗續編》卷 27 黃元振編岳飛事蹟。
3 《會編》卷 208《林泉野記》。
4 《金佗續編》卷 27 黃元振編岳飛事蹟。
5 《獨醒雜誌》卷 7。
6 《金佗稡編》卷 9《遺事》，《金佗續編》卷 14《忠愍諡議》，《武穆諡議》，卷 27 黃元振編岳飛事蹟，卷 28《孫逌編鄂王事》引建炎四年邵緝薦書。

家之禍」，往往「仰天橫泗，氣塞莫能語」，兵士們都歃歠感奮，願效死力戰。[1]

岳飛的努力取得相當的成功。在惡濁的社會環境中，岳家軍當然不可能弊絕風清。但一般說來，貪污舞弊的行為尚能得到制裁，沒有發展到很嚴重的程度。[2] 幕僚黃縱看到一名兵士，在嚴寒的天氣裏只穿一件單麻布衫，便問他：「汝怨乎？」這個兵士回答：「不怨也。他軍所得請給，則有減剋。又如科作納襖之類，自身雖暖，老小則凍餒矣。宣撫則不然，所請食錢若干，不減一錢，聽士自用之。某自因家累重而費之，非在上者有剋於我也，何怨之有。」[3]

由於岳飛仁嚴兼濟，恩威並施，「小善必賞，小過必罰」，「勤惰必分，功過有別」，[4] 故在岳家軍中，養成了一種雷厲風行的軍風，令下如山倒，「御眾得其死力」。岳飛在盧州，「遣騎馳奏」，恰遇大江「風暴禁渡」，別人制止這名騎士渡江，這名騎士卻說：「寧為水溺死，不敢違相公令！」便自駕一葉輕舟，出沒狂風巨浪之中，終於抵達彼岸。[5] 故人稱凡是在岳飛「麾下者，人百其勇」。[6] 這固然是誇張之詞。但是，由於主將品格的差異，管教的不同，而形成軍隊素質和戰鬥力的差距，卻是無可否認的事實。

在中國古代，軍政腐敗，軍紀放縱，是司空見慣的。軍隊戰勝，須以擄掠維繫士氣；[7] 軍隊戰敗，須以搶劫平息怨憤。當時縱暴記錄最多的是張

1　《金佗粹編》卷9《遺事》，《金佗續編》卷30王自中《郢州忠烈行祠記》。
2　關於岳家軍中貪污舞弊事件。第一，據《金佗粹編》卷9《遺事》，岳飛「嘗命其將支稿」，「匿金歸己，杖而殺之」。《會編》卷155載任士安有類似情況，係誤。第二，據《金佗續編》卷1紹興七年出師疏，《要錄》卷113紹興七年八月丙申，《宋會要》食貨56之44，《筠溪集》卷4《霍蠡總領荊〔襄〕財用轉一官》，岳飛第二次北伐時，「在寨卒伍有饑餓閃走」，後霍蠡查出，「吏或侵漁，軍多冗濫，致饋餉不繼於道」。第三，《金佗粹編》卷8《鄂王行實編年》載張憲前軍統制王俊「屢以奸貪為憲所裁」。
3　《金佗續編》卷27黃元振編岳飛事蹟。
4　《金佗續編》卷30王自中《郢州忠烈行祠記》，《獨醒雜誌》卷7。
5　《金佗粹編》卷9《遺事》。
6　《金佗續編》卷14《武穆諡議》。
7　參見《資治通鑒》卷198貞觀十九年六月唐太宗征高麗，《宋史》卷255《王全斌傳》平後蜀的記載。

俊軍，號稱「自在軍」。[1] 岳飛嚴明軍紀，整肅軍政，端正軍風，是一種罕見的難能可貴的特例。這固然是時代之所需，抗金之所需，也是與岳飛個人的理想、抱負、品格和特殊努力分不開的。南宋後期的呂午寫詩稱頌說，「當年惟說岳家軍，紀律森嚴孰與鄰。師過家家皆按堵」，「威名千古更無敵」。[2]

的確，岳飛的治軍，無疑在中國軍事史上是一大貢獻，他自己也對本軍的素質感到自豪，曾說：「某之士卒真可用矣！」[3]

1　參見《會編》卷 136，卷 180，卷 230 崔淮夫等上兩府劄子，《要錄》卷 114 紹興七年九月辛未。
2　《新安文獻志》卷 54 呂午《和岳王廟壁上韻》。
3　《金佗續編》卷 27 黃元振編岳飛事蹟。

淮西兵變

第一節　淮西軍易將

　　紹興七年二月，當岳飛前往「行在」平江府時，[1] 朝廷已作出一項重要的人事更動，又正在醞釀另一項重要的人事更動。

　　左相趙鼎和右相張浚的分岐，已發展到完全不能共事的地步。張浚力主「行在」遷往建康府，趙鼎卻圖謀撤回臨安府。一個計劃「乘勝取河南地，擒劉豫父子」；另一個認為，劉豫雖是「几上肉」，既有金朝作後盾，「強弱不敵，宜且自守」。一個提議，「劉光世驕惰不戰，不可為大帥」，應當罷免其兵權；另一個反對，「若無故而遂罷之」，「恐其士卒自此不安」。張浚既然對偽齊紹興六年冬的進犯處置合宜，自然是理直而氣壯。趙鼎自愧弗如，便提出辭呈，於當年十二月外任紹興府知府。[2]

　　張浚逐走趙鼎，卻引進老奸巨猾的秦檜。秦檜閑廢五年後，又重新出任樞密使，地位僅次於張浚。他甚至在罷黜期間，依然明目張膽地宣揚投降主義主張。秦檜上奏說，「言戰者專欲交兵，而彼己之勢未必便」，「自古兩國相敵，力強者驕，不足深較」，「乞安慰狂虜」，「明言」「不敢輕犯大國」。[3] 張浚被秦檜在北宋末年的表現所蒙蔽，又誤認為他「柔佞易制」，

1　《金佗續編》卷 8《令赴行在奏事省劄》，《再令疾速赴行在奏事省劄》，《要錄》卷 109 紹興七年二月庚子，岳飛接宋廷紹興六年十二月和紹興七年正月省劄後，於二月到平江府。《金佗稡編》卷 7《鄂王行實編年》作「春正月，入見」，係誤。

2　《會編》卷 170，《要錄》卷 107 紹興六年十二月戊戌，壬寅。

3　秦檜奏見《會編》卷 172 紹興七年正月十五日，《要錄》卷 87 紹興五年三月。時間應以《要錄》為準，內容應以《會編》為準，因為清人修《四庫全書》時，對《要錄》文字作了篡改。

以為可以拉攏他，當一個理想的「備員」。[1]秦檜也儘量克制自己恣睢暴戾的本能，明充「備員」，暗當奸細。

由於右相張浚獨攬大權，劉光世的罷免就勢不可免，問題在於由誰接管這支屯駐淮西的行營左護軍。岳飛到達平江府後，大約也聽到了一些傳聞。他知道行營左護軍還有不少強兵悍將，如將這支部隊撥歸自己指揮，對北伐的裨益是不言而喻的。

紹興七年正月，金朝向宋朝通報了宋徽宗的死耗，故宋高宗每次召見臣僚，總得表演出一副涕淚滿面、哀不自勝的模樣。[2]他和岳飛見面後，談論一番國勢軍情，順便問及岳飛是否有良馬。岳飛靈機一動，作出了巧妙的回答：

> 驥不稱其力，稱其德也。臣有二馬，故常奇之。日啖芻豆至數斗，飲泉〔至〕一斛，然非精潔，則寧餓死不受。介冑而馳，其初若不甚疾，比行百餘里，始振鬣長鳴，奮迅示駿，自午至酉，猶可二百里。褫鞍甲而不息不汗，若無事然。此其為馬，受大而不苟取，力裕而不求逞，致遠之材也。值復襄陽，平楊么，不幸相繼以死。
>
> 今所乘者不然，日所受不過數升，而秣不擇粟，飲不擇泉。攬轡未安，踴躍疾驅，甫百里，力竭汗喘，殆欲斃然。此其為馬，寡取易盈，好逞易窮，駑鈍之材也。

岳飛將自己比作「致遠之材」，足以勝任直搗黃龍府的偉業。他希望宋高宗高瞻遠矚，不要耿耿介懷於去年北伐的成效不理想，而能交付給自己更多的軍隊和權力，以承擔再次大舉的重任。

岳飛這番言談引起皇帝的重視。宋高宗讚賞他「見〔識極〕進，論議

---

1 《會編》卷220《中興姓氏錄》，《要錄》卷107紹興六年十二月甲午朔，卷108紹興七年正月丁亥。

2 《要錄》卷108紹興七年正月丁亥，庚寅。

皆可取」。[1] 趁論功行賞的機會，將岳飛由檢校少保升至正二品的太尉，並將宣撫副使、兼營田使晉升為宣撫使、兼營田大使。[2] 太尉「同二府之列」，「崇以輔臣之禮」。[3] 按照宋制，宰相所轄三省和樞密使等所轄樞密院，號稱二府。除宰相外，樞密使、參知政事等稱執政，即「輔臣」。自宋朝「祖宗以來，所置使名莫重於宣撫，多以見任執政官充使」。[4]「以宣撫之重名，實寄專征之大事」，唯有「廊廟近臣、勳伐高世者」可膺此重任。[5] 岳飛官拜太尉後，便「理宜增重使名」，[6] 使虛銜和實職一致，都作為執政級高官的待遇。但是，檢校少保、太尉等只是作為錦上添花的加銜，岳飛的兩鎮節度使虛銜仍舊保留而不變。此時，岳飛的實職差遣已超越吳玠，而與韓世忠、劉光世、張俊三大將平列。

三月，在張浚的主持下，宋高宗的「行在」遷往建康府。在平江府停留了二十多日的岳飛，也奉命「將帶馬軍」，「禁衛從行」。[7] 九日到達建康府後，宋高宗撤開以背嵬親軍護衛的韓世忠，在「寢閣」單獨召見岳飛，對他說：「中興之事，朕一以委卿，除張俊、韓世忠不受節制外，其餘並受卿節制。」[8]

所謂「節制」，是指暫時指揮或間接指揮。[9] 岳飛節制的範圍，不僅包括劉光世的行營左護軍五萬二千餘人，還應包括仍為宣撫副使的吳玠行營右

1　《要錄》卷 109 紹興七月二月己酉，《宋史全文續資治通鑑》卷 20。
2　《金佗續編》卷 2《起復太尉加食邑制》，《會編》卷 177，《要錄》卷 109 紹興七月二月丁巳，《宋會要》職官 1 之 13。
3　《金佗續編》卷 3《再辭免起復太尉仍加食邑不允詔》。
4　《宋會要》職官 41 之 24—25。《梁溪全集》卷 65《論宣撫兩司職事乞降處分奏狀》作「多以見任宰相、執政官充使」，「宰相」兩字疑衍。
5　《金佗稡編》卷 14《辭宣撫副使劄子》。
6　《宋會要》職官 41 之 33。
7　《金佗續編》卷 8《令鑾車駕幸建康省劄》。
8　《金佗續編》卷 27 黃元振編岳飛事蹟。韓世忠率親軍護衛，見《要錄》卷 109 紹興七月三月癸亥朔。
9　《朝野類要》卷 4《節制》：「節制之稱，所以使寄戍之軍服其權也。若平時鎮江府武鋒軍駐楚州，則其州守臣有統轄屯戍之兼職。」此為間接指揮之意。《金佗續編》卷 5《朝省行下事件省劄》規定岳飛「節制使喚」顏孝恭、崔邦弼等軍，有暫時指揮之意。

護軍六萬八千四百餘人，[1] 楊沂中殿前司軍約三萬人，[2] 侍衛馬軍司和侍衛步軍司軍一萬二千六百人以上，[3] 總計約十六、七萬人；不歸節制的韓世忠的行營前護軍約三萬人，[4] 張俊的行營中護軍約七萬餘人，[5] 總計約十萬人。

眼前的要務，首先自然要確定淮西行營左護軍的歸屬。宋高宗將親筆手詔交付岳飛，以備他去淮西接管行營左護軍時，面授王德、酈瓊等統制。宋高宗在手詔中寫道，「朕惟兵家之事，勢合則雄」。「今委岳飛盡護卿等，蓋將雪國家之恥，拯海內之窮」。「所宜同心協力，勉赴功名，行賞答勳，當從優厚。聽飛號令，如朕親行，倘違斯言，邦有常憲」。[6]

南宋各軍不能協同配合，是個嚴重的戰略弱點，在過去的戰事中，特別是在紹興六年的戰事中，已經暴露無遺。宋高宗本人也承認，岳飛「素志殄虜，常苦諸軍難合」。[7] 這種弱點，也只有由智勇兼備的岳飛負責統一指揮，才能彌補和克服，此外別無良策。

宋高宗將全國大約七分之五的兵力，慷慨地授予岳飛一人指揮和節制，這在宋朝尚無此先例，不能不使岳飛欣喜若狂。岳飛非常感激皇帝的恩遇，更渴望抗金功成，他用工整的楷書寫了一篇奏劄，於十一日進呈皇帝：

> 臣伏自國家變故以來，起於白屋，實懷捐軀報國、雪復讎恥
> 之心，幸憑社稷威靈，前後粗立薄效。而陛下錄臣微勞，擢自布
> 衣，曾未十年，官至太尉，品秩比三公，恩數視二府，又增重使
> 名，宣撫諸路。臣一介賤微，寵榮超躐，有逾涯分；今者又蒙益

1　《要錄》卷 111 紹興七年五月壬午，《宋史》卷 374《李迨傳》。
2　據《會編》卷 205，《要錄》卷 139 紹興十一年正月己巳，《宋史》卷 367《楊存中傳》，後楊沂中以三萬兵赴淮西，今姑依此數。
3　《要錄》卷 108 紹興七年正月戊寅，卷 110 紹興七年四月丙申。
4　《會編》卷 206，《要錄》卷 140 紹興十一年六月癸未，《宋史》卷 364《韓世忠傳》。
5　據《會編》卷 219《林泉野記》，《中興小紀》卷 29，《皇朝中興紀事本末》卷 55，《金佗稡編》卷 8《鄂王行實編年》，張俊最後兵力達八萬人。另據《會編》卷 212，《要錄》卷 117 紹興七年十一月甲午，後王德以八千人隸張俊，方達八萬兵力，故其時應為七萬餘人。
6　《金佗稡編》卷 1 高宗手詔。
7　《金佗稡編》卷 3 高宗手詔。

臣軍馬，使濟恢圖。臣實何人，誤辱神聖之知如此，敢不晝度夜思，以圖報稱。

臣〔竊〕揣敵情，所以立劉豫於河南，而付之齊、秦之地，蓋欲荼毒中原生靈，以中國而攻中國。粘罕因得休兵養馬，觀釁乘隙，包藏不淺。臣不及此時稟陛下睿算妙略，以伐其謀，使劉豫父子隔絕，五路叛將還歸，兩河故地漸復，則金賊詭計日生，它時浸益難圖。

然臣愚欲望陛下假臣日月，勿復拘臣淹速，使敵莫測臣〔之〕舉措。萬一得便可入，則提兵直趨京、洛，據河陽、陝府、潼關，以號召五路叛將，則劉豫必捨汴都而走河北，京畿、陝右可以盡復。至於京東諸郡，陛下付之韓世忠、張俊，亦可便下。臣然後分兵濬、滑，經略兩河，劉豫父子斷可成擒。如此則大遼有可立之形，金賊有破滅之理，四夷可以平定，為陛下社稷長久無窮之計，實在此舉。

假令汝、潁、陳、蔡堅壁清野，商於、虢略分屯要害，進或無糧可因，攻或難於饋運，臣須斂兵，還保上流。賊定追襲而南，臣俟其來，當率諸將或剉其銳，或待其疲。賊利速戰，不得所欲，勢必復還。臣當設伏，邀其歸路，小入必小勝，大入則大勝，然後徐謀再舉。設若賊見上流進兵，併力來侵淮上，或分兵攻犯四川，臣即長驅，擣其巢穴。賊困於奔命，勢窮力殫，縱今年未盡平殄，來歲必得所欲。亦不過三、二年間，可以盡復故地。陛下還歸舊京，或進都襄陽、關中，唯陛下所擇也。

臣聞興師十萬，日費千金，邦內騷動七十萬家，此豈細事。然古者命將出師，民不再役，糧不再籍，蓋慮周而用足也。今臣部曲遠在上流，去朝廷數千里，平時每有糧食不足之憂。是以去秋臣兵深入陝、洛，而在寨卒伍有饑餓閃走，故臣急還，不遂前功。致使賊地陷偽，忠義之人旋被屠殺，皆臣之罪。今日唯賴陛下戒敕有司，廣為儲備，俾臣得一意靜慮，不為兵食亂其方寸，則謀定計審，仰遵陛下成算，必能濟此大事也。

異時迎還太上皇帝、寧德皇后梓宮，奉邀天眷歸國，使宗廟
再安，萬姓同歡，陛下高枕無北顧憂，臣之志願畢矣。然後乞身
還田里，此臣夙昔所自許者。[1]

根據內定的安排，岳飛實際上已不再是荊湖北路和京西南路的宣撫
使，而是「宣撫諸路」。除京東東路和西路是韓世忠與張俊兩軍的作戰區
外，其餘京西、陝西、河北、河東等各路轄地，都作為岳飛的作戰區。他
在奏劄中提出全盤作戰計劃，準備用兩三年時間，「盡復故地」。岳飛滿懷
決勝的豪情壯志，他唯一的憂慮就是軍糧供應，故在此奏中特別強調，希
望引起宋高宗的關注。

南宋初年，一度流行着迎還二聖的政治口號，二聖是指被俘的宋徽
宗和宋欽宗。這個口號最初出自宋高宗的即位詔中有「同徯兩宮之復」之
語。[2] 由於宋徽宗已死，金人又不斷放出風聲，要以宋欽宗或宋欽宗之子組
織傀儡政權，故岳飛在此奏中便不再沿用這個已經過時的政治口號，而只
將宋欽宗包括在「天眷」之中。

宋高宗讀完岳飛奏劄，當即親筆批示：

覽奏，事理明甚，有臣如此，顧復何憂。進止之機，朕不中
制。惟敕諸將廣布寬恩，無或輕殺，拂朕至意。[3]

十四日，宋廷和都督府又發給岳飛三個省劄和都督府劄，命令岳飛招
納偽齊臣僚，規定岳飛「如行軍入賊境」，「許便宜施行」「軍期事務」，而
後奏報。其中的都督府劄則是開列劉光世軍的人馬清單，包括行營左護軍
所屬十個軍的統制名單，共計有五萬二千三百十二人，馬三千零十九匹。
由於罷免劉光世的命令尚未宣佈，故規定此劄由岳飛「密切收掌」，不得

1　《金佗續編》卷 1 紹興七年出師疏，以《金佗稡編》卷 11《乞出師劄子》參校，兩處文
　　字有異，但前者為岳飛手跡原件，應以為準。
2　《會編》卷 101。
3　《金佗續編》卷 1 高宗手詔。

下發宣撫司機構，以免洩漏朝廷機密。[1]

　　岳飛在行朝已暫住了一月有餘，他急於離開建康府。宋廷特別規定，紹興六年立功將佐的升官官告，可「免進入」門下省審覆，而由官告院直接發付岳飛帶回鄂州。[2]

　　宋高宗自紹興元年以來，雖降金之心不死，但因偽齊堵絕了求和之路，有時不得不在表面上贊成抗金。金朝女真貴族經歷幾次挫敗，滅宋的欲望已不很迫切；劉豫卻不然，他認為若不滅宋，自己的「子皇帝」和「臣皇帝」的寶座就坐不穩當。他為此採取了一切可能的手段，包括搜羅宋高宗個人的穢行醜聞，出文榜「毀斥詬罵，無所不至」。[3]

　　宋高宗身為九重之主，竟然遭受這個舊日臣僕的糟蹋，也不免氣憤難平，意欲進行報復。近年來的一系列征戰，使岳飛的軍事聲望後來居上，無論是劉光世和張俊，還是吳玠和韓世忠，都不能與他並駕齊驅。真正要在抗金方面有所作為，自然非岳飛莫屬。正值宋徽宗的凶耗傳來，宋高宗在一時的感情衝動之下，似乎是「寢閣之命，聖斷已堅」，[4]決定重用岳飛，然而他的決定，也僅僅是一時衝動而已。[5]

第二節　岳飛辭職　淮西兵變

　　岳飛的北向用兵計劃，很快遭到右相兼都督張浚的反對，以及樞密使秦檜的破壞。

1　《金佗續編》卷8《詔諭靖康叛臣能束身以歸當復爵秩省劄》，《許令便宜行事省劄》，《督府令收掌劉少保下官兵劄》。

2　《要錄》卷109紹興七年三月乙亥，《宋會要》職官11之70。

3　《金佗續編》卷1高宗手詔。

4　《金佗稡編》卷12《乞本軍進討劉豫劄子》。

5　因秦檜父子篡改歷史，在《金佗稡編》問世前，宋朝官史對宋高宗曾委派岳飛節制大部份軍隊的史實，一直諱莫如深。《要錄》卷109紹興七年三月乙亥，卷110紹興七年四月丁未及《中興小紀》卷21，《皇朝中興紀事本末》卷40載，岳飛朝見時，「欲併統淮右之兵」，宋高宗當即駁回，並對北伐計劃提出詰難，乃承襲秦熺主編《高宗日曆》之曲筆。

張浚不滿於當空名都督，企圖將行營左護軍作為都督府的直屬部隊；而岳飛「宣撫諸路」，其實已在相當程度上取代了都督府的職權。張浚一向自視甚高，去冬淮西的勝利，更使他居功自傲，忘乎所以。在他眼裏，統一節制全國軍馬，指揮北伐戰爭，只有自己才名實相符，岳飛是不夠資格的。

　　秦檜身為奸細，破壞抗金自是他的本份。如今既有張浚出面反對岳飛併統各軍，秦檜更樂於在煽風點火之後，充當「備員」。

　　張浚和秦檜要說服宋高宗，是毫不困難的。宋太祖以武將身份發動政變，黃袍加身，故猜忌和防範武將，遂成趙宋世代相傳的家規。儘管對國勢卑弱的影響愈來愈大，變得有弊而無利，趙氏子孫仍恪守不違。張浚和秦檜無非是設法提醒宋高宗，不要忘記列祖列宗的家訓，讓岳飛掌太大的軍權，一旦功蓋天下，威略震主，就後悔莫及了。

　　宋高宗被張浚和秦檜提醒後，當即翻悔。但自古君無戲言，如何對岳飛取消信誓旦旦的皇命，卻頗費斟酌。宋高宗給岳飛連發三份手詔。第一份手詔說：

> 　　前議已決，不久令宰臣浚至淮西視師，因召卿議事。進止之幾，委卿自專，先發制人，正在今日，不可失也。[1]

至於「議事」的內容為何，似不便明說。第二份手詔說：

> 　　覽卿近奏，毅然以恢復為請，豈天實啟之，將以輔成朕志，行遂中興邪！嘉歎不忘，至於數四。自餘令相臣浚作書具道。惟卿精忠有素，朕所簡知，謀議之間，要須委曲協濟，庶定禍亂。[2]

估計到張浚出面「具道」後引起的不快，故宋高宗一方面對岳飛大加

1　《金佗續編》卷 1 高宗手詔。
2　《金佗續編》卷 1 高宗手詔。

褒獎，另一方面又要求他「要須委曲協濟」。第三份手詔說：

> 淮西合軍，頗有曲折。前所降王德等親筆，須得朝廷指揮，
> 許卿節制淮西之兵，方可給付。仍具知稟奏來。[1]

命岳飛「具知稟奏來」，更表明了宋高宗收回成命的急切心情。岳飛不料事情突然變卦，其憤怒的心情真是難以言喻。

由於宋高宗不便再次召見，就由張浚出頭露面，將岳飛召至都督行府。張浚也同樣編造不出冠冕堂皇的理由，可以對岳飛堂堂正正地作些說明。他只能裝出根本沒有發生過令岳飛統率淮西軍的事，轉彎抹角地發問：「王德之為將，淮西軍之所服也。浚欲以為都統制，而命呂祉以都督府參謀領之，如何？」

顯然，張浚的發問絕非是徵求意見，而是通知岳飛，淮西行營左護軍的指揮已有新的安排。但岳飛以抗金大局為重，還是率直地作了回答：「淮西一軍多叛亡盜賊，變亂反掌間耳。王德與酈瓊故等夷，素不相下，一旦擢之在上，則必爭。呂尚書（呂祉以兵部尚書兼都督府參謀軍事）雖通才，然書生不習軍旅，不足以服其眾。飛謂必擇諸大將之可任者付之，然後可定，不然，此曹未可測也。」

張浚又問：「張宣撫（俊）如何？」

岳飛說：「張宣撫宿將，飛之舊帥也。然其為人暴而寡謀，且酈瓊之素所不服，或未能安反側。」

張浚再問：「然則楊沂中耳。」

岳飛說：「沂中之視德等爾，豈能御此軍哉。」

岳飛直言不諱，張浚卻認為岳飛無非是執意擴大自己的軍隊實力，艴然而怒，說：「浚固知非太尉不可也！」

岳飛也憤憤然回答：「都督以正問，飛不敢不盡其愚，然豈以得兵為計耶！」

---

1 《金佗稡編》卷 1 高宗手詔。

岳飛對宋高宗君臣的出爾反爾，憤慨已極，他上奏請求解除軍務。其表面理由是與宰相張浚議論不合，其實當然決不是針對張浚個人的。按當時的專制禮法，臣僚提出辭呈，須經皇帝首肯，方可離職。岳飛一怒之下，不經宋高宗許可，就在往鄂州的歸途中，一面上奏，一面逕自往江州廬山東林寺，給亡母「持餘服」守孝。此種做法，近乎驚世駭俗的「抗上」行為，反映了岳飛的武人氣質和性格的倔強。

張浚得知岳飛擅自離職，也怒不可遏。他屢次上奏宋高宗，說：

岳飛積慮，專在併兵，奏牘求去，意在要君。[1]

他通過宋高宗，委派其親信兵部侍郎、兼都督府參議軍事張宗元任湖北、京西路宣撫判官，準備乘機剝奪岳飛軍權。狂躁的張浚「方謀收內外兵柄」，使天下有識之士為之「寒心」。[2] 秦檜當然是無條件支持張浚的愚蠢做法，然而為使自己的政治地位萬無一失，還必須窺測宋高宗的意向。

宋高宗也是滿腹惱怒。他召見左司諫陳公輔時，隱瞞了自己在行營左護軍歸屬問題上的反覆無常，歪曲事實真相，指責岳飛驕橫跋扈。陳公輔是抗戰派，向來被指為李綱的同黨。他仔細回味皇帝說得不圓的謊話，感到岳飛勇於承擔平定劉豫，收復中原的重任，「要當以十萬眾橫截虜境」，還是十分可取的。他於是上奏說，「飛本粗人，凡事終少委曲」。「前此採諸人言，皆謂飛忠義可用，不應近日便敢如此。恐別無他意，只是所見有異」，婉轉地請求宋高宗予以諒解。宋高宗尚比張浚清醒，他權衡利害得失，為了自己的帝座，尚不得不用岳飛掌軍。他拒絕了張浚的收岳飛兵柄之謀，在手詔中「封還」岳飛的三份辭職奏劄，不准岳飛「求閑自便」。[3] 宋高宗發佈嚴令，命湖北、京西路宣撫司提舉一行事務王貴和參議官李若虛

1　《宋史》卷 28《高宗紀》。

2　《会編》卷 199《秀水閑居錄》，《中兴小紀》卷 21 与《皇朝中兴紀事本末》卷 40 注引《秀水閑居錄》。

3　《金佗稡編》卷 1 高宗手詔。岳飛三份辭職奏乃據三份高宗手詔的文字推斷，原件今已佚失。

趕往廬山，敦請岳飛出山。

張宗元到鄂州，岳家軍將士都感到莫名其妙，遂致人心惶惶，又恰逢同提舉一行事務張憲告病假休養，一時流言紛起，都說：「朝廷使張侍郎代公，公不復還矣！張太尉以此辭疾。」

參謀官薛弼害怕發生兵變，忙請張憲扶病主持軍務，「勒諸軍各安營部，偶語者斬」。張憲對將校們說：「我公心腹間事，參謀獨知之，欲知其詳，問之可也。」

趁眾將前來詢問之機，薛弼說：「張侍郎來，由公之請，汝輩豈不聞乎？公解軍幾何時，汝輩敗壞軍法如此，公聞之且不樂。今朝廷已遣敕使，強公起復，張侍郎非久留者。」在張憲和薛弼的勸解下，全軍將士的情緒方得以安定下來。[1]

張宗元赴任鄂州，原來自然對岳飛懷有某種敵意。但他目睹了岳家軍雄威的軍容，昂揚的士氣，「旗甲精明，卒乘輯睦」，將士們正在厲兵秣馬，準備「深入」中原，「橫行」漠北的情景，也不禁為之感動，轉而激發起對統帥岳飛的敬意。[2]

王貴和李若虛帶了詔旨來到廬山東林寺，任憑他們左勸右說，岳飛執意不肯下山復職。拖到第六天，李若虛眼見已瀕臨絕境，不得不以份量最重的語言，責備岳飛說：「是欲反耶？此非美事！若堅執不從，朝廷豈不疑宣撫。且宣撫乃河北一農夫耳！受天子之委任，付以兵柄，宣撫謂可與朝廷相抗乎？宣撫若堅執不從，若虛等受刑而死，何負於宣撫？宣撫亦豈不愧若虛等受刑而死？」薛弼之弟，紹興三年前後曾不斷上奏舉薦岳飛的薛徽言，也專門寫信，規勸岳飛。[3]岳飛也終於明白，若再固執下去，對抗金大業不會有任何好處，最後不得不接受宋高宗的詔旨。

但是，在復職視事之前，岳飛還必須再次去「行在」建康府，向本來理虧的宋高宗請「罪」。張浚為了維護朝廷及本人的尊嚴，向岳飛作了此

1 《要錄》卷 112 紹興七年七月丁卯，《浪語集》卷 33《先大夫行狀》，《水心文集》卷 22《故知廣州敷文閣待制薛公墓誌銘》，《宋史》卷 380《薛弼傳》。
2 《金佗續編》卷 3《張宗元奏軍旅精銳獎諭詔》。
3 《浪語集》卷 33《先大夫行狀》。

種示意。岳飛在六月朝見宋高宗，[1]他上奏說：

> 臣妄有奏陳乞骸之罪，明正典刑，以示天下，臣待罪。[2]

宋高宗回答他的，是形似寬慰，實則儆戒的一席話：「卿前日奏陳輕率，朕實不怒卿。若怒卿，則必有行遣。太祖所謂犯吾法者，惟有劍耳！所以復令卿典軍，任卿以恢復之事者，可以知朕無怒卿之意也。」

幾個月前，岳飛一度是宋高宗最賞識的大將，如今卻成為皇帝最猜忌的武人。宋高宗的話中隱隱地透露出殺機。他一時尚不得不在表面上對岳飛作些應付和酬酢，骨子裏卻深懷戒備之心，毫無誠意。秦檜也表示憤憤不平，以取悅於宋高宗。[3]統率各軍，大舉北伐的幻想破滅後，岳飛只能立足於依靠本部人馬。他返回鄂州，又向宋高宗上奏：

> 賊豫通誅，尚穴中土，陵寢乏祀，皇圖偏安，陛下六飛時巡，越在海際。天下之愚夫愚婦莫不疾首痛心，願得伸鋤奮梃，以致死於敵。而陛下審重此舉，累年於茲，雖嘗分命將臣，鼎峙江、漢，而皆僅令自守以待敵，不敢遠攻而求勝。是以天下忠憤之氣，日以沮喪；中原來蘇之望，日以衰息。歲月益久，汙染漸深，趨向一背，不復可以轉移。此其利害，誠為易見。
>
> 臣待罪閫外，不能宣國威靈，克殄小醜，致神州隔於王化，虜、偽穴於宮闕，死有餘罪，敢逃司敗之誅！陛下比者寢閣之命，聖斷已堅；咸謂恢復之功，指日可冀。何至今日，尚未決策北向。臣願因此時，上稟〔陛下〕成算，不煩濟師，只以本軍進

1　《宋史》卷 28《高宗紀》。

2　《金佗續編》卷 3《上章乞骸有旨不允繼赴行在入見待罪降詔慰諭》。

3　關於岳飛辭職的經過，參據《會編》卷 177，卷 178，《要錄》卷 109 紹興七年三月乙亥，卷 110 紹興七年四月丁未，庚戌，壬子，卷 112 紹興七年七月丁卯，卷 113 紹興七年八月乙未，丙申，《齊東野語》卷 2《張魏公三戰本末略》。但《會編》和《要錄》的記述頗有訛謬，甚至荒誕的成份。《金佗稡編》卷 9《遺事》：「劉光世之兵，上初以畀先臣。秦檜知其有大舉北征意，沮之，寢其命，略無慍色。」亦為岳珂故作曲筆。

討，庶少塞瘝官之咎，以成陛下寤寐中興之志。順天之道，因民
之情，以曲直為壯老，以逆順為強弱，萬全之效，茲焉可必。惟
陛下力斷而行之！[1]

岳飛率直地批判朝廷「僅令自守以待敵，不敢遠攻而求勝」的消極防
禦戰略方針，並且提醒宋高宗，不要自食幾個月前「寢閣」的「聖斷」。
宋高宗讀到此奏，多少有些難堪，他回手詔說：

覽卿來奏，備見忠誠，深用嘉歎。恢復之事，朕未嘗一日敢
忘於心，正賴卿等乘機料敵，力圖大功。如卿一軍士馬精銳，紀
律修明，鼓而用之，可保全勝，卿其勉之，副朕注意。[2]

與幾個月前的「聖斷」和手詔相比，宋高宗勉強敷衍的神情已躍然
紙上。

岳家軍的精士健馬正準備出擊，淮西卻爆發了大規模的兵變。劉光世
被撤職後，王德升任行營左護軍都統制，[3] 十分驕倨。有一天，教場閱兵，
眾將執梃，用軍禮拜謁，酈瓊素來有些畏忌王德，便卑詞進言：「尋常伏
事太尉不周，今日乞做一牀錦被遮蓋。」粗魯的王德不懂得乘機安撫人
心，竟不答一言，上馬揚塵而去。[4] 王德既犯眾怒，酈瓊在寒心之餘，夥同
眾將，聯名上告王德。宋廷為調解衝突，又任命酈瓊為行營左護軍副都統
制。張浚仍然按其原定計劃，派兵部尚書、兼都督府參謀軍事呂祉前去監
軍，而將王德的八千人馬調駐建康府。[5]

呂祉善於紙上談兵，卻並無治軍經驗。他沿襲宋朝崇文抑武的積習，
妄自尊大，對行營左護軍的將佐傲慢無禮。酈瓊陰蓄異志，乘機拉攏了大

1　《金佗稡編》卷12《乞本軍進討劉豫劄子》，以《金佗稡編》卷7《鄂王行實編年》參校。
2　《金佗稡編》卷1高宗手詔。
3　《要錄》卷111紹興七年五月乙丑。
4　《齊東野語》卷2《張魏公三戰本末略》。
5　《要錄》卷111紹興七年五月甲申，六月戊申。關於王德調駐建康府的兵力，據《要錄》
　　卷113紹興七年八月戊戌注。

部份將領。呂祉發現情況不妙，急忙上奏，請求派大將進駐淮西，罷免酈瓊之輩。不料其奏章的內容，竟被書吏洩漏給酈瓊。朝廷發表張俊為淮西宣撫使，楊沂中為淮西制置使，消息傳到行營左護軍中，恰好成了導火線。[1] 八月八日，酈瓊發動兵變，殺呂祉等人，裹脅全軍四萬餘人投降偽齊。宋朝前沿的四大軍區之一，一時竟處於防衛空虛的狀態。朝野震驚，宋廷更是亂成一團。[2]

宋高宗慌忙給岳飛遞發手詔，說「聞瓊與卿同鄉里，又素服卿之威望」，命岳飛寫信，爭取酈瓊歸宋，「不特已前罪犯一切不問，當優授官爵，更加於前」。然而宋高宗的「皇恩」，岳飛的書信，終究不能使酈瓊回心轉意。[3]

淮西之變使岳飛的先見之明完全得到了應驗，但這種應驗卻給他帶來了更深的痛苦。

第三節　建議立儲

岳飛得知淮西兵變後，馳奏「行在」建康府，說：

> 淮甸迫近行在，臣願提全軍進屯，萬一番、偽窺伺，臣當奮
> 擊，期於破滅。

宋高宗並不批准岳家軍移駐淮南西路，只是禮貌性地「降詔獎諭」。[4] 他乘機將岳飛的北伐計劃一筆勾銷，向岳飛發手詔說：

1　《金佗稡編》卷1高宗手詔，《要錄》卷113紹興七年八月乙未。
2　《要錄》卷113紹興七年八月戊戌。
3　《金佗續編》卷1高宗手詔，《忠正德文集》卷8《丁巳筆錄》。
4　《金佗稡編》卷12《乞進屯淮甸劄子》，《要錄》卷114紹興七年九月癸酉。

淮西兵叛，事既異前，未遑丞舉。[1]

岳飛「部率軍馬前去襄漢」，[2]「盛秋之際，提兵按邊」，本擬大舉進擊。他奉詔被迫中止後，又接宋高宗手詔，令他遣發水軍，前往蘄州蘄春縣蘄陽鎮和江州，部署江防。[3] 岳飛便親率舟師，屯駐江州，「為淮、浙聲援」。

接着，宋廷又令岳飛和參謀官薛弼「入覲」。薛弼從鄂州出發，順江東下，到江州會合岳飛，一同前去「行在」建康府。薛弼在船上看到岳飛不時練習小楷，感到有點蹊蹺，遂「究詰端倪」。岳飛被逼無奈，就告訴薛弼，自己正在寫一份密奏，建請宋高宗立皇儲，此事連宣撫司書寫機宜文字岳雲也不予告知，切望薛弼務須保密。

宋高宗才三十一歲，正當盛年。只因建炎三年揚州逃難，一場淫樂時的驚嚇，使他喪失了生育能力。他的一個幼子又很快夭亡。宋高宗不得不接受隆祐皇太后和一些臣僚的建議，選宋太祖七世孫趙伯琮，改名趙瑗，即後來的宋孝宗，養育宮中。但宋高宗又不甘心於自己不能生子，他千方百計，求醫問藥，祈禱神靈，而根本不肯及早確立趙瑗的皇儲地位。

岳飛曾在入朝時，去過趙瑗讀書的資善堂，見到這個十歲或十一歲的孩童，聰慧可愛，極有好感，感歎地說：「中興基本，其在是乎！」[4] 此時岳飛根據諜報，獲悉金朝女真貴族準備廢黜劉豫，改立宋欽宗的兒子為傀儡皇帝，圖謀製造兩個宋朝南北對立的局面。宋高宗不能生育的宮闈秘聞其實早已傳遍遐邇。岳飛認為，應當及時確定趙瑗的皇儲地位，以擊破敵人的陰謀。

薛弼瞭解岳飛的用心後，頗有些擔心，說大將不當參預立皇儲的大計。岳飛卻堅持認為，文官和武將都是宋朝臣僚，憂心國事，「不當形跡是顧」。

1　《金佗稡編》卷 2 高宗手詔。
2　《梁溪全集》卷 100《奏陳利害劄子》。
3　《金佗稡編》卷 2 高宗手詔，《梁溪全集》卷 100《乞令湖北京西宣撫司差兵控扼江州奏狀》。
4　《金佗稡編》卷 21《建儲辨》載，《野史》等書說岳飛曾去資善堂見過趙瑗，但無具體時間。《金佗稡編》卷 8《鄂王行實編年》將此事繫於紹興八年，未必確切。

岳飛大約在九月中下旬或十月到建康府後，趁着朝見之機，向宋高宗宣讀這份密奏。由於薛弼的規勸在先，他的精神不免有些緊張，恰好有風陣陣吹來，紙張搖動，他的聲音也顫抖起來，古代漢文又無標點符號，更使他讀不成句。岳飛讀奏劄時的神情，益發加重了宋高宗的疑忌。他終於冷言冷語地回答：「卿雖忠，然握重兵於外，此事非卿所當與也。」

岳飛下殿時，神情頹喪，臉色如死灰一般。薛弼繼岳飛進對，宋高宗向他詳細追問。聰明的薛弼早有準備，將自己在船上的見聞敘述一遍，既為岳飛圓場，也為自己開脫。宋高宗轉念自己正在用人之際，呵斥岳飛之餘，也須適當撫慰，便對薛弼說：「飛意似不悅，卿自以意開諭之。」

宋高宗正求子心切，對岳飛此奏十分嫌惡。他翌日又對新上任的左相趙鼎說及此事，發洩自己的惱怒。趙鼎說：「飛不循分守，乃至於此。」他退朝後，召見薛弼說：「大將總兵在外，豈可干與朝廷大事，寧不避嫌。飛武人，不知為此，殆幕中村秀才教之。公歸，語幕中毋令作此態，非保全功名終始之理。」[1]趙鼎此語，當然也是冤枉了岳飛宣撫司的幕僚們。

岳飛的建儲議，本是出自對宋皇朝，對抗金大業的耿耿忠心，這是以一己私利為重的宋高宗所不能，也不願理解者。岳飛上密奏的結果，不僅未能對設皇儲起推進作用，反而更加深了他與宋高宗之間的裂痕。

安內重於攘外，是宋朝的傳統國策。安內的一項重要內容，就是對武將嚴加防範。南宋初年，宋高宗迫於形勢，不得不讓將帥居高位，掌重兵。但是，他與宰執大臣，不論是投降派，還是抗戰派，大多對將帥抱着且用且疑的態度。經過紹興四年和六年的幾次戰爭，使宋高宗對於在東南偏安，已具有相當信心；而發生在紹興七年的幾件事，又使他對諸將帥，特別是岳飛相當寒心。

1　關於岳飛建議立儲，參見《金佗稡編》卷 21《建儲辨》，《要錄》卷 109 紹興七年二月庚子，《中興小紀》卷 21，《皇朝中興紀事本末》卷 40，《浪語集》卷 33《先大夫行狀》，《忠正德文集》卷 9《辯誣筆錄》，《寶真齋法書贊》卷 27《朱文公儲議帖》，《朱子語類》卷 127。岳珂為諱避宋高宗和岳飛的矛盾，在《建儲辨》中竭力否認紹興七年建儲之議，但趙鼎的《辯誣筆錄》等卻提供了確證。《要錄》和《中興小紀》、《皇朝中興紀事本末》將岳飛提議建儲的時間繫於二月或四月，據《辯誣筆錄》，應在九月十七日丙子趙鼎再次任相後。

宋高宗不斷焦思苦慮之後，盤算了一個計劃。他準備用一兩年的時間，「撫循偏裨」，取代大帥，再對各支大軍實行分割和縮編。唯有大將兵分以勢弱，他方能高枕而無憂。在一次對監察御史張戒談話時，宋高宗有意無意將此計劃透露出來。[1]

　　宋高宗決心模仿宋太祖，實施宋代的第二次「杯酒釋兵權」。然而歷史並未重演。宋太祖表演的是喜劇，而宋高宗表演的卻是醜劇。宋太祖成為維護中原統一的明君，而宋高宗卻只能是助成南北分裂的罪人。

1　《要錄》卷 119 紹興八年五月戊子，《中興小紀》卷 24，《皇朝中興紀事本末》卷 44。

第十三章

反對和議

第一節　宋金醞釀和議

　　淮西之變後，右相兼都督張浚成為為眾矢之的，他的去位已勢不可免。其實，若真要追究罪責，主兵的樞密使秦檜也難辭其咎。秦檜依憑其做事隱蔽，不僅沒有挨受一支彈劾之箭，反而覬覦着行將空缺的相位。

　　張浚罷相時，宋高宗曾問：「秦檜何如？」張浚回答：「近與共事，方知其闇。」[1]

　　他對秦檜算是有所覺察，卻為時已晚。趙鼎重新出任左相。他將張浚的措置失當歸結為「不量力之過」，說國家「元氣」不足，「唯有安靖不生事」。[2] 宋高宗要趙鼎決定執政們的「去留」，回答是「秦檜不可令去」。[3] 趙鼎和秦檜共同策劃，將「行在」自建康府後撤臨安府，以遂宿願。[4]

　　李綱對朝廷的所作所為，憂慮已極。他不斷苦口婆心地上奏諫勸，希望宋高宗「臨大難而不懼」，不要「望風怯敵，遽自退屈」，「棄前功，蹈後患，以自趨於禍敗」。在滿朝文官中，具備遠見卓識，足以主持抗金大局者，唯李綱一人而已。然而宋高宗從無命李綱再相之意，因忠言逆耳，又免除他江西安撫制置大使的差遣，改任閑官。[5] 烈士暮年，壯心不已，李綱又受了一次打擊。

1　《朱文公文集》卷 95 張浚行狀，《要錄》卷 113 紹興七年八月甲辰。
2　《忠正德文集》卷 8《丁巳筆錄》，《要錄》卷 116 紹興七年閏十月癸亥，《宋史》卷 360《趙鼎傳》。
3　《要錄》卷 115 紹興七年十月戊戌。
4　《要錄》卷 116 紹興七年閏十月辛巳。
5　《要錄》卷 115 紹興七年十月戊戌，卷 116 紹興七年閏十月辛巳，《宋史》卷 359《李綱傳》，《梁溪全集》卷 100《奏陳利害劄子》，《奏陳車駕不宜輕動劄子》《歷代名臣奏議》卷 85。

在金朝女真貴族各派系的互相傾軋中，領三省事完顏粘罕徹底失敗，他的心腹高慶裔等人相繼被殺或被黜，完顏粘罕本人也恚悶而死，或說他被縊殺獄中，劉豫的靠山完全崩塌了。[1] 左副元帥完顏撻懶和金太宗子、領三省事完顏蒲魯虎（漢名宗磐），金太祖子、後任尚書左丞相的完顏訛魯觀（漢名宗雋）等主和派把持朝政。金朝對酈瓊投降的第一個反應，是急令解散這四萬人馬，表面理由是防止詐降，其實是為制止劉豫擴充軍力。[2] 完顏撻懶等人完全無意於利用宋的淮西兵變，乘機南侵，他們事實上已將劉豫視為完顏粘罕的殘餘勢力。十一月，左副元帥完顏撻懶和右副元帥完顏兀朮兩個最高統兵官，假稱助劉豫攻宋，率兵到開封府，正式廢除偽齊政權。金人還放出風聲，準備命宋欽宗回舊都當傀儡皇帝。[3]

恰好宋高宗派遣的迎奉梓宮使王倫到達北方，完顏撻懶按照「以和議佐攻戰」的策略，對王倫說：「好報江南（金方不用宋的國號），既道途無壅，和議自此平達。」

完顏撻懶以歸還宋徽宗的梓宮（棺材）、宋高宗的生母韋氏以及黃河以南的土地為誘餌，發動政治攻勢。儘管有完顏兀朮為首的主戰派反對，主和派的政見還是佔了上風。

王倫在紹興七年十二月回朝。宋高宗不料自己十一年來朝夕盼望的和談實現在即，心中大喜，卻又裝出愁眉苦臉的表情，說：「朕以梓宮及皇太后、淵聖皇帝（宋欽宗）未還，曉夜憂懼，未嘗去心，若虜人能從朕所求，其餘一切非所較也。」他正式表示願不惜一切代價，嚮應金朝的和談之議。[4]

劉豫被廢黜的消息傳到軍中，又使悶悶不樂的岳飛和全軍將士感到振奮。岳飛連忙上奏，懇請「宜乘廢立之際，搗其不備，長驅以取中原」。

---

1 《會編》卷178，《要錄》卷111紹興七年夏，卷112紹興七年七月辛巳，《金史》卷4《熙宗紀》，《靖康稗史箋證·呻吟語》。

2 《會編》卷182，《要錄》卷114紹興七年九月，《宋史》卷475《劉豫傳》。

3 《會編》卷180，卷181，卷182，《要錄》卷117紹興七年十一月乙巳，丙午，丁未，《宋史》卷475《劉豫傳》，《金史》卷77《劉豫傳》，《偽齊錄》。

4 《要錄》卷109紹興七年二月庚子，卷117紹興七年十二月癸未，《宋史》卷371《王倫傳》，《攻媿集》卷95王倫神道碑，《金史》卷69《宗雋傳》，卷76《宗磐傳》，卷77《撻懶傳》，卷79《王倫傳》

宋高宗君臣卻根本不予理睬。紹興八年（西元 1138 年）二月，岳飛自江州還軍鄂州。他向朝廷提出增兵的請求，這又正好觸犯了宋高宗的深忌，他說：「上流地分誠闊遠，寧與減地分，不可添兵。今日諸將之兵，已患難於分合。末大必折，尾大不掉，古人所戒。今之事勢雖未至此，然與其添與大將，不若別置數項軍馬，庶幾緩急之際，易為分合也。」[1]

同一個宋高宗，幾年前卻是另一種說法：「議者多言諸大將不宜益兵。漢高祖定天下，諸將兵至十數萬，未嘗以為疑，故能成功。」[2]真可謂是此一時也，彼一時也，兩種腔調，其實無非源於一己之私利。

三月，岳飛接到樞密院劄子，要他「條具」北伐的計劃措置。他「喜而不寐」，真以為「陛下慨然英斷，將欲興王師，舉大事，以雪積年之恥」，急忙派人馳奏「行在」臨安府，「周述利害」。及至所差的人回鄂州，報告「未蒙朝廷處分」，方知仍是一陣空忙而已。[3]在求和心切的宋高宗眼裏，岳飛此類奏議無異於癡人說夢，甚至不屑於敷衍和搪塞。

隨着偽齊的倒臺，很多金和原偽齊官兵紛紛倒戈降宋。岳飛堅持正確的俘虜政策，做了很多分化瓦解工作，收到相當成效。早在紹興七年三月前，偽齊武將李清「率衆歸正」，投奔岳飛。[4]十一月，敵方臨汝軍（治新蔡，今河南新蔡縣）知軍崔虎又向岳飛投誠。[5]紹興八年正月，經過宣撫司幕僚張節夫的「招諭」，蔡州知州劉永壽、提轄白安時在全城軍民支持下，殺金將兀魯孛堇，帶領大批軍民南下，岳飛命同提舉一行事務、兼前軍統制張憲率兵接應。[6]八月、九月間，金朝鎮汝軍知軍、馬軍統制胡清率一千一百零八人起義歸宋，岳飛予以熱情接待，[7]並任命他為選鋒軍副統

1　《要錄》卷 118 紹興八年二月壬戌。
2　《要錄》卷 68 紹興三年九月戊辰。
3　《金佗稡編》卷 12《奏審已條具曲折未准指揮劄子》。
4　《要錄》卷 109 紹興七年三月丙子，《宋會要》兵 15 之 6。
5　《會編》卷 182，《要錄》卷 117 紹興七年十一月。
6　《會編》卷 183，《要錄》卷 118 紹興八年正月辛丑，卷 121 紹興八年八月戊辰，《宋會要》兵 15 之 6。
7　《金佗稡編》卷 18《收到胡清等申省狀》，《要錄》卷 122 紹興八年十月辛酉，《宋會要》兵 15 之 6—7。

制。[1] 此外，敵方統制王鎮、統領崔慶、將官李觀，以及華旺、孟皋等人，也先後帶領部伍投歸岳飛。[2] 前偽齊河南府尹孟邦傑，雖與翟琮等人有殺兄孟邦雄之仇，也起兵反金，逮捕永安軍（原為宋朝河南府永安縣，今河南鞏義市南）的知軍，將他處死，然後南下投歸岳飛。[3]

一批又一批的「歸正人」，絡繹不絕，既有投岳家軍的，也有投其他屯駐大兵的。[4] 當時金、偽齊投宋者稱「歸正人」。此外，應天府（金、偽齊改名歸德府）還爆發了二萬偽齊軍的起義。[5]

敵人的分化，是個可喜的動向，也從某個角度證實了岳飛的判斷，敵人軍心不穩，民心不服，目前確是北伐的良機。但是，宋高宗君臣卻把岳家軍禁錮在防區之內，不准向北跨越一步。眼睜睜坐待時機的消逝，使岳飛坐臥不寧，度日如年。

四月，新任樞密副使王庶到江、淮前沿視師。王庶不久前任荊南知府、荊湖北路安撫使，同岳飛已有交往。當時岳飛的參議官李若虛已調赴行朝，任軍器監丞。王庶要求李若虛同行，並且保奏他為樞密行府的諮議參軍。[6] 岳飛得知此訊，立即寫公文「咨目」給王庶，說：

今歲若不舉兵，當納節請閑！[7]

他寧願向朝廷繳納兩鎮節度使的旌節，請求辭職，也決不願素餐尸祿，坐縻歲月，表達了難以言喻的憤慨。岳飛和王庶會面後，岳飛又「抵掌擊節」，慷慨陳詞說：「若失今日機會，他日勞師費財，決無補於事功！」

1　《金佗稡編》卷 16《王貴潁昌捷奏》。
2　《金佗稡編》卷 8《鄂王行實編年》，《要錄》卷 117 紹興七年十一月注。
3　據《皇宋十朝綱要》卷 22，《金石萃編》卷 159《孟邦雄墓誌》，孟邦傑接替孟邦雄，任河南府尹，同翟琮等軍作戰。《金史》卷 90《張九思傳》載，永安知軍在天眷初，即紹興八年，被孟邦傑所殺。
4　《要錄》卷 118 紹興八年二月戊午，《宋會要》兵 29 之 28。
5　《金史》卷 128《張奕傳》。
6　《要錄》卷 119 紹興八年四月壬戌，丙寅。
7　《會編》卷 183，卷 186，《要錄》卷 119 紹興八年五月丁未，卷 120 紹興八年六月戊辰，《宋史》卷 372《王庶傳》。

王庶對朝廷惡濁的和談政治氣氛相當厭惡，面對岳飛，還有韓世忠如此激昂的表態，倍覺珍貴，也格外讚賞。他決心回朝以後，不計成敗利鈍，奮力一爭。[1]

第二節　面折廷爭

　　自紹興八年開始的四年之間，南宋抗戰派和投降派的鬥爭空前激烈，亦為史無前例。宋高宗和秦檜原以為推行其降金政策，麻煩是在同金朝如何討價還價，他們似乎並未預想到會招致國內如此強烈的反對。

　　很多抗戰派也實難測度宋高宗的用心。建炎年間，他逃竄於維揚，流亡至海上，國勢危如累卵，向金朝告哀祈和，尚可說是迫不得已。如今國威既振，強敵屢敗，不與金朝和議，依然可穩居帝位，為什麼非要向殺父之仇人屈膝求和不可。「高宗之為計也，以解兵權而急於和」，[2] 此說是有相當道理的。當然，宋高宗身為萬乘之主，「膺無敵之貴，享無倫之富」，而甘心情願受曠古未有之恥，忍曠古未有之辱，[3] 這應與他個人的品格，欲當太平風流天子的心理等有關。

　　宋高宗的屈膝求和政策，自然違背大多數人的意願和利益，然而在專制主義中央集權的政治體制下，皇帝的獨夫之志，卻可逆萬衆之心而行，對和戰的大政方針起決定作用。

　　投降派固然是由統治集團中保守的、腐朽的部份所組成，其實也是同牀異夢，各懷鬼胎。就其大多數人而言，無非出自觀風使舵、鑽營利祿的欲念，也未必有確定的政治傾向。但是，各人狹隘動機之總和，恰好構成這個政治派別的狹隘私利。

　　當時的宰執共有四人，新近升為右相的秦檜自不待言。左相趙鼎和參

1　《會編》卷 186，《要錄》卷 120 紹興八年六月癸酉。
2　《宋論》卷 10。
3　《會編》卷 227 何宋英上書：「自曠古來，未有受辱如朝廷也！未有忍辱如陛下也！」何宋英或作何廷英。

知政事劉大中「首鼠兩端」，[1] 其實仍傾向於降金。趙鼎的政治傾向大致是出自害怕戰爭，希圖苟安的心理。宋高宗的降金乞和活動開場後，「物議大訕，羣臣登對，率以不可深信為言」。宋高宗「意堅甚，往往峻拒之，或至震怒」。趙鼎便為他出謀劃策說，「屈體請和，誠非美事。然陛下不憚為之者，凡以為梓宮及母、兄耳」。「但得梓宮及母、兄，今日還闕，明日渝盟，吾所得多矣」。「羣臣以陛下孝誠如此，必能相諒」。[2] 於是宋高宗不厭其煩地做出聲淚俱下的表演，說「朕北望庭闈」，「幾於無淚可揮，無腸可斷，所以頻遣使指，又屈己奉幣者，皆以此也」。[3]

然而趙鼎同秦檜的意見並不一致，他要求顧全皇帝的一點體面，議和後的禮數不要太屈辱，還主張以黃河故道為界，而得到黃河改道前的數州之地。[4] 急於求成的宋高宗卻深怕和談因此告吹，對趙鼎愈來愈不能容忍，秦檜則投其所好，得其歡心。

王庶在宰執中地位最低，又是一人對三人，卻大義凜然，據理力爭。他聽到金使南來的消息，就奉命提前在六月趕回行朝。王庶多次上奏，他列舉岳飛、韓世忠等將踴躍求戰的事實，說：「觀此則人情思奮，皆願為陛下一戰，望陛下英斷而力行之。」他還堅決表示，絕不「簽書和議文字」，「願陛下惟責臣以修戎兵，不以講和之事命臣」。[5]

金使兀林答贊謨（烏陵思謀）[6] 來到臨安府，與宰執們會面。趙鼎問：「地界何如？」他立即應答：「地不可求而得，聽大金還與汝。」

王庶目睹仇敵無比驕狂，宋高宗「反加禮意」，宰執們更是卑躬屈節，「溫顏承順」，更使他「心酸氣噎」。但皇命在上，他只能對金使不看

---

1 《會編》卷 187，《要錄》卷 122 紹興八年十月戊寅。

2 《要錄》卷 120 紹興八年六月丙子。

3 《要錄》卷 142 紹興十一年十一月丁巳。

4 《要錄》卷 121 紹興八年七月戊戌，《忠正德文集》卷 9《使指筆錄》，《朱子語類》卷 131。

5 《會編》卷 186，卷 187，《要錄》卷 120 紹興八年六月戊辰，癸酉，卷 121 紹興八年七月戊子，卷 122 紹興八年十月戊寅。

6 兀林答贊謨，宋人一般譯為烏陵思謀，今據陳述先生《金史拾補五種》（科學出版社，1960 年版）第 92 頁統一譯名。

一面，不交一語，以表示抗議。[1]

宋高宗決意講和，雖不乏力排眾議的勇氣，但也不能不考慮到擁有重兵的三大將的態度。儘管對三大將的情況已相當瞭解，宋高宗仍然希望做一些說服和籠絡的工作，以減少對金求和的阻力。於是他下令召岳飛、韓世忠和張俊三人到「行在」臨安府。

岳飛在給王庶「咨目」和會面後，就「累具奏聞，乞歸田野，以養殘軀」。他深悉宋高宗的用心，也明白朝廷對金乞和的方針已無改變的可能。不料八月八日又接金字牌快遞的命令，要岳飛「赴行在奏事」。他不得不在十二日啟程，勉為此行，一路上卻不斷上奏，請求「屏跡山林」。岳飛心灰意懶，對此次朝見不抱任何希望，不存半點幻想，他只求履踐自己若不出兵，便納節致仕的誓言。但宋高宗卻「累降詔旨不允，不許再有陳請」，岳飛拖延到九月，方才抵達臨安府。[2]

君臣見面後，岳飛只是字斟句酌地對宋高宗表明自己的決絕態度：

> 夷狄不可信，和好不可恃，相臣謀國不臧，恐貽後世譏議。

宋高宗只能報以難堪的沉默。岳飛所謂「相臣」，當然並非專指右相秦檜，揆情度理，主持和談的左相趙鼎本應是指責的重點。但當時趙鼎的地位已有所動搖。岳飛朝見後，又上奏說：

> 不可與和，緣虜人犬羊之性，國事陵深，何日可忘！臣乞整兵復三京、陵寢，事畢，然後謀河朔，復取舊疆，臣之願也。臣受陛下深恩厚祿，無一時敢忘。

1　《會編》卷 183，《要錄》卷 120 紹興八年六月丁丑，卷 121 紹興八年七月戊子。
2　《金佗續編》卷 9《乞致仕不允仍令前來行在奏事省劄》，《辭免赴行在奏事不允省劄》，《同前第二劄》，《再乞致仕不允省劄》，《會編》卷 184。由於秦檜父子篡改歷史，《要錄》承襲《高宗日曆》，不載此次朝見。

岳飛此次表態，遂成他與秦檜結仇之開端。[1]韓世忠也與岳飛持同樣的政見。他後來又接連上十多份章疏，堅持反對和談，懇求「舉兵決戰，但以兵勢最重去處，臣請當之」。[2]

　　唯有「任數避事」的張俊，[3]卻看準時機，對宋高宗和秦檜的求和活動表示絕對支持。張俊人稱「鐵頷」，「謂無廉恥，不畏人者」。[4]他在淮西兵變後，嚇得喪魂落魄，「擅棄盱眙而歸」。[5]紹興八年春，他因尚未把握朝廷的動向，又害怕朝廷追究其棄地的罪責，便在宋高宗面前大吹大擂：「臣當與岳飛、楊沂中大合軍勢，期於破敵，以報國家。」[6]

　　曾幾何時，大言猶在人耳，畏敵怯戰、貪圖富貴的心理，使他作此急遽的轉變。從此張俊遂成為皇帝最寵信的大將，宋高宗後來說：「武臣中無如張俊者，比韓世忠相去萬萬！」[7]

　　宋高宗過去急需識拔良將，現在則又更須倚重庸將。秦檜「任將帥，必選駑才」的方針，[8]正中宋高宗的下懷，駑將的好處是唯唯諾諾，不必擔心他們會有危及趙氏稱孤道寡的活動。

　　在五大帥中，岳飛原先的資歷最淺，當劉光世、韓世忠和張俊升任節度使時，他還是一個低品的偏裨。岳飛的戰功和聲望後來居上，使韓世忠和張俊忌妒不平。岳飛從抗金的大局出發，先後給兩人寫了幾十封書信，殷勤致意，韓世忠和張俊都置之不理。平定楊么後，岳飛又向兩人奉送人員和裝備齊全的大車船各一艘。韓世忠十分高興，從此與岳飛釋嫌言歡。張俊得到那艘長三十宋丈，高五宋丈的巨艦，反而認為岳飛炫耀戰功，格外惱恨。[9]

1　《會編》卷 207《岳侯傳》。

2　《會編》卷 217 韓世忠神道碑，《宋朝南渡十將傳》卷 5《韓世忠傳》，《宋史》卷 364《韓世忠傳》。《要錄》卷 122，卷 123 摘引其中七個奏章。

3　《水心別集》卷 12《四屯駐大兵》。

4　《雞肋編》卷下。

5　《要錄》卷 119 紹興八年四月丙寅，《朱文公文集》卷 97 朱松行狀。

6　《要錄》卷 118 紹興八年二月壬戌。

7　《要錄》卷 167 紹興二十四年八月丙午，《渭南文集》卷 16《德勳廟碑》。

8　《要錄》卷 169 紹興二十五年十月丙申。

9　《要錄》卷 90 紹興五年六月丁巳，卷 109 紹興七年二月丁巳，《浪語集》卷 33《先大夫行狀》，《石林奏議》卷 10《奏乞參酌古制造戰船狀》。

通過此次朝見和表態，岳飛和韓世忠益發情投意合，而張俊則更蓄意要排擠和陷害岳飛。

第三節　羣情激憤

到紹興八年冬，為了壓制不同政見，宋高宗斷然罷免了趙鼎、劉大中和王庶三人，他決心重用秦檜，全力推進和議。秦檜卻心存當年罷相的餘悸，他既渴望大顯身手，又深怕皇帝翻覆無常，便單獨對宋高宗說：「若陛下決欲講和，乞陛下英斷，獨與臣議其事，不許羣臣干與，則其事乃可成，不然，無益也。」

宋高宗首肯後，他還要皇帝「精加思慮三日」。三天以後，他又要宋高宗「更思慮三日」。再過三日，秦檜奏事，「知上意堅確不移」，便進呈和議方案，要求授以全權，宋高宗欣然同意。[1] 從此秦檜得以獨攬中樞大政，並引進黨羽孫近為參知政事，肆無忌憚地進行降金乞和活動。

面對朝野反對和議的強烈呼聲，秦檜一時頗感束手無策。中書舍人勾龍如淵向他獻計說：「相公為天下大計，而邪說橫起，盍不擇人為臺諫，使盡擊去，則相公之事遂矣。」秦檜大為讚賞，便通過宋高宗，任命勾龍如淵為御史中丞。[2] 宋朝的御史臺官和諫官控制言路，可以糾劾百官，評議時政得失。自勾龍如淵當御史台長官後，臺、諫官逐漸成為秦檜箝制輿論，排除異己的工具。

十一月，金朝詔諭江南使張通古攜帶金熙宗詔書，偕同宋使王倫南下。金使不稱宋國，而稱「江南」，不稱通問，而稱「詔諭」，這已使秦檜也感到難於對文官武將作出交待。更有甚者，按金方規定的禮節，宋高宗必須面北跪拜於張通古的足下，接受詔書，「奉表稱臣」。昔日劉豫曾當金

1　《會編》卷 184，《要錄》卷 122 紹興八年十月甲戌注，《宋史》卷 473《秦檜傳》。
2　《會編》卷 186，《要錄》卷 123 紹興八年十一月甲辰，《宋史》卷 380《勾龍如淵傳》，卷 473《秦檜傳》。

太宗的「子皇帝」，現在宋高宗自願稱臣，自然更卑辱十倍。但宋高宗實際上仍盤算着採取包羞忍恥的態度。[1]

面對如此的奇恥大辱，很多稍有血性的官員，無不怒火滿腔。一時羣情激憤，抗議的風潮一浪高於一浪。退閑的李綱，貶黜的張浚，也以極大的憤慨，上疏反對和議。[2] 連宋高宗親信的主管殿前司公事楊沂中，也同主管侍衛馬軍司公事解潛、主管侍衛步軍司公事韓世良到都堂見秦檜，說：「聞官家受虜書，必欲行屈己之禮，萬一軍民洶洶，即某等彈壓不得。」他們還強調，如讓皇帝對金使行跪拜禮，將來他們必然要受岳飛、韓世忠等的責備。[3]

秘書省校書郎范如圭除與別人聯名上奏外，還單獨寫信指斥秦檜說，「相公嘗自謂我欲濟國事，死且不〔恤〕，寧避怨謗」，以此作為「忘讎辱國」的口實。「苟非至愚無知，自暴自棄，天奪其魄，心風發狂者，孰肯為此」，「必且遺臭萬世矣」！[4]

嚴州桐廬縣主簿賈廷佐上書尖銳指責，說降金則「無天可戴，無地可覆，雖生不如無生之為愈」。「陛下二、三將，如岳飛、韓世忠，皆忠義可使」。「王庶忠勇有謀，將士無不服其威名」，主張「召還王庶，以監督諸將」，「則中興之業，指日可成」。[5]

樞密院編修官胡銓的奏章，更引起了朝野的轟動。他實際上近乎斥罵宋高宗本人了。「陛下尚不覺悟，竭民膏血而不恤，忘國大讎而不報，含垢忍恥，舉天下而臣之甘心焉」。他堅決主張斬秦檜、孫近和王倫，以謝天

1 《會編》卷 188，卷 189，《要錄》卷 123 紹興八年十一月戊申，卷 124 紹興八年十二月戊午，《宋史》卷 473《秦檜傳》，《金史》卷 83《張通古傳》。

2 《要錄》卷 124 紹興八年十二月戊戌，卷 125 紹興九年正月丙戌，庚寅，126 紹興九年二月己未，《宋史》卷 359《李綱傳》，《梁溪全集》卷 102《論使事劄子》，《朱文公文集》卷 95 張浚行狀，《歷代名臣奏議》卷 334 張浚奏。

3 《要錄》卷 124 紹興八年十二月庚午。

4 《會編》卷 187，《要錄》卷 123 紹興八年十一月辛亥，《宋史》卷 381《范如圭傳》，《朱文公文集》卷 89 范如圭神道碑。

5 《敬鄉錄》卷 5《上高宗論遣使書》。

下，「臣備員樞屬，義不與檜等共戴天」！[1] 這篇討伐投降主義的雄文，很快被民間刊印出來，廣為流傳。[2] 金朝統治者出重金買到副本，讀後也大為震驚。[3]

臨安城全城鼎沸，軍民們憤憤不平，街上出現了醒目的榜帖：「秦相公是細作！」有的愛國軍人甚至揚言要發動兵變，殺死秦檜。[4] 在萬眾唾罵聲中，秦檜嚇得心驚肉跳，魂夢不安，他不得不與孫近一同「上表待罪」，[5]「寧避怨謗」的那種囂張氣焰掃地以盡。

事已至此，宋高宗只能撕下博聽眾議的假面，憑藉專制淫威，自己出來支撐危局，扶持秦檜。他氣急敗壞地下令，說秦檜「無罪可待」，將胡銓「送昭州編管，永不收敘」。[6] 按宋太祖不得殺言事官的秘密誓約，這已是不能再重的處置。宋高宗以胡銓為打擊對象，懲一儆百，他立即下詔告誡百官，不准再用「浮言」動搖求和的「大計」。[7]

宋高宗雖然乞靈於高壓手段，也不敢冒天下之大不韙。當年歲末，他以給宋徽宗守喪為藉口，由右相秦檜等代他向金使行跪拜禮。張通古原先氣燄萬丈，揚言不得虧半點禮節，至此也迫於形勢，同意降低禮節規格。雙方草草拍板成交，演完了稱臣的醜劇。[8]

1　《揮塵後錄》卷 10，《胡澹庵先生文集》卷 7《戊午上高宗封事》，《歷代名臣奏議》卷348，《會編》卷 186，《要錄》卷 123 紹興八年十一月丁未，《宋史》卷 374《胡銓傳》。各書文字稍有出入，《要錄》文字在修《四庫全書》時，經清人篡改。

2　《會編》卷 186，《要錄》卷 123 紹興八年十一月丁未，辛亥，卷 124 紹興八年十二月丙辰，卷 126 紹興九年二月乙亥，《宋史》卷 374《胡銓傳》。

3　《會編》卷 221 洪皓行狀，《盤洲文集》卷 74《先君述》，《誠齋集》卷 82《澹庵先生文集序》，《四朝聞見錄》甲集《請斬秦檜》，《鶴林玉露》甲編卷 6《斬檜書》。

4　《朱子語類》卷 131，《朱文公文集》卷 97 朱松行狀，《筠溪集》附錄《筠溪李公家傳》。

5　《會編》卷 186，《要錄》卷 123 紹興八年十一月丁未，辛亥。

6　《會編》卷 186，《要錄》卷 123 紹興八年十一月丁未，辛亥。

7　《會編》卷 188，《要錄》卷 124 紹興八年十二月丙辰。

8　《金佗稡編》卷 2 高宗手詔：「今月二十七日，已得大金國書，朕在諒陰中，難行吉禮，止是宰執代受。」《要錄》卷 124 紹興八年十二月庚辰等記載相同。《金史》卷 83《張通古傳》稱宋高宗「受詔拜起皆如儀」，係誤。

第四節　矢志燕雲

八、九年前，岳飛天真地以為一旦當上大軍的統帥，即可一快平生的銳志。如今身任上將，卻仍然受制於朝廷。直搗黃龍府的壯志難酬，踏破賀蘭山的雄心莫伸，瞻念前程，簡直渺茫得很。宋高宗在辦理對金稱臣手續的前後，下手詔給岳飛等大將，進行安撫，說「卿等戮力練兵，國威稍振，是致敵人革心如此」。「卿等扶危持顛之效，功有所歸，朕其可忘」。[1]岳飛讀後，很難克制對皇帝的不滿，他對幕僚們氣憤地說：「犬羊安得有盟信耶！」

紹興九年正月，宋高宗因乞和成功，立即宣佈大赦，並對武將一律加官進爵，藉以粉飾太平，平息軍憤。[2]

正月十二日，宋廷的赦書傳遞到鄂州，岳飛當即命幕僚張節夫起草一封謝表。張節夫是相州安陽縣人，字子亨，性格豪邁，崇尚氣節，極富文采。[3]他將對敵人的仇恨、故土的眷戀、和議的憤懣，都凝聚於筆端，寫成一篇悲壯激越、氣勢雄渾的傑作：

> 竊以婁敬[4]獻言於漢帝，魏絳發策於晉公，皆盟墨未乾，顧口血猶在，俄驅南牧之馬，旋興北伐之師。蓋夷虜不情，而犬羊無信，莫守金石之約，難充谿壑之求。圖苟安而解倒垂，猶之可也；欲長慮而尊中國，豈其然乎！
>
> ⋯⋯　⋯⋯
>
> 臣幸遇明時，獲觀盛事。身居將閫，功無補於涓埃；口誦詔書，面有慚於軍旅。尚作聰明而過慮，徒懷猶豫以致疑：與無事而請和者謀，恐卑辭而益幣者進。願定謀於全勝，期收地

1　《金佗稡編》卷2高宗手詔。

2　《會編》卷192，《要錄》卷125紹興九年正月丙戌，庚寅，壬辰。

3　《會編》卷192，《要錄》卷49紹興元年十一月壬戌。

4　婁敬，原作婁欽，蓋宋時避宋太祖父趙敬名諱，改婁敬為婁欽，今復原名。

於兩河。唾手燕雲，終欲復讎而報國；誓心天地，當令稽首以稱藩！[1]

此份謝表剛發送臨安府，二十四日，岳飛又接到由正二品太尉進秩從一品開府儀同三司的制詞。「不允」辭免的詔書也紛至遝來，理由是「軍聲既張，國勢益振，致鄰邦之講好，歸故地以效誠」。[2] 按此邏輯，「講好」應有岳飛張「軍聲」，振「國勢」的一份功勞。這對岳飛當然是一種莫大的難堪，他絕不願將恥辱當作光榮，「每懷尸素之憂，未效毫分之報」，「至於將士三軍亦皆有靦面目」，「得所當得，固以為榮；受所非受，反足為辱」。岳飛接二連三地上奏力辭：

> 臣待罪二府，理有當言，不敢緘默。夫虜情奸詐，臣於面對，已嘗奏陳。切惟今日之事，可危而不可安，可憂而不可賀。可以訓兵飭士，謹備不虞；而不可以行賞論功，取笑夷狄。事關國政，不容不陳，初非立異於眾人，實欲盡忠於王室。欲望速行追寢，示四夷以不可測之意。萬一臣冒昧而受，將來虜寇叛盟，則似傷朝廷之體。[3]

1　謝表文字以《金佗稡編》卷7《鄂王行實編年》，卷10《謝講和赦表》，《會編》卷192，《藏一話腴》甲集卷下進行參校。此外，《要錄》卷125紹興九年正月丙戌，《金佗續編》卷28《孫逈編鄂王事》，《鄂武穆王岳公真讚》也節錄此表，文字稍異。

2　《金佗稡編》卷14《辭開府劄子》，《金佗續編》卷2《開府儀同三司加食邑制》，卷4四份辭免開府儀同三司不允詔。

3　《金佗稡編》卷14存辭開府劄子兩份，佚失兩份。正文所引《辭開府劄子》之《貼黃》，或疑為岳珂偽作。重要理由是「臣待罪二府」一句。按《宋史》卷162《職官志》，樞密院「與中書對持文武二柄，號為二府」。時岳飛尚未罷兵權，任樞密副使，似不應稱「二府」。據《金佗續編》卷1紹興七年出師疏，岳飛自升太尉、宣撫使後，已「恩數視二府」。又《朝野類要》卷2《兩府》：「樞密並直太尉。」可知「臣待罪二府」一句可信而無誤。太尉稱二府還可參見《雲麓漫鈔》卷4，《會編》卷17《北征紀實》，卷205《淮西從軍記》。

岳飛懇辭官封，爭辯和僵持甚久，宋高宗不予允准，強令接受。[1] 在愛國正氣橫遭摧殘的時刻，岳飛身為十萬雄師的統帥，重申收地兩河、唾手燕雲、復讎報國的宏誓，不能不格外振奮人心，鼓舞士氣。對於正在酌酒相賀、彈冠相慶的宋高宗、秦檜等人，也自然引起他們的切齒痛恨。

第五節　祭掃八陵

揆情度理，金朝將陝西和黃河以南的土地歸宋後，自西至東的吳玠、岳飛、張俊和韓世忠四支大軍，應當接管上述地區，沿大河設防。然而宋高宗深怕吳玠、岳飛和韓世忠惹事生非，只命四支大軍原地駐防，另派官員帶少量兵力，前往接收河南之地。表面理由是「不可移東南之財力，虛內以事外」。[2]

秦檜更打算乘機「撤武備，盡奪諸將兵權」。參知政事李光堅決反對，說：「戎狄狼子野心，和不可恃，備不可撤。」他制止了秦檜的陰謀活動。[3]

西京河南府是宋高宗的祖宗陵寢所在地。金朝歸還河南之地後，以孝德自我標榜的宋高宗，居然忘記朝拜祖墳這件頭等的「孝」事。經范如圭提醒後，宋高宗才派宗室、同判大宗正事趙士㒟[4] 和兵部侍郎張燾北上，前往祭掃西京河南府的八陵。[5]

趙士㒟和張燾從臨安府出發，取道鄂州、信陽軍、蔡州、潁昌府等地，前去西京河南府。朝廷規定，二使「祗謁陵寢」的費用，護衛軍馬及修葺陵寢的工匠，由岳飛支撥。岳飛對十二年前守衛西京河南府的日日夜

1　據《金佗稡編》卷 15《辭男雲特轉恩命第三劄子》，直到當年九、十月岳飛赴臨安朝見時，仍「以辭免開府恩命，重蒙玉音戒諭丁寧，又不敢固違天意，跼蹐拜命，已切悚惶」。

2　《要錄》卷 125 紹興九年正月己亥。

3　《宋宰輔編年錄校補》卷 15，《宋史》卷 363《李光傳》。

4　趙士㒟的差遣，《要錄》卷 125 紹興九年正月戊子，《宋史》卷 247《趙士㒟傳》作「判大宗正事」，今據《鄂國金佗續編》卷 9《同判宗士㒟等前去祗謁陵寢省劄》。

5　《要錄》卷 125 紹興九年正月戊子，《宋史》卷 247《趙士㒟傳》，卷 381《范如圭傳》，卷 382《張燾傳》，《朱文公文集》卷 89 范如圭神道碑。

夜，是不可能遺忘的。他早就上奏宋廷，說「自劉豫盜據以來，祖宗陵寢久〔廢〕嚴奉」，「欲乞量帶官兵，躬詣灑掃」。宋廷批准此奏，命他與趙士㒖、張燾同行。[1] 岳飛此行的目的，也想乘機深入前沿，觀察敵情，他在另一份上奏中說：

> 北虜自靖康以來，以和款我者十餘年矣，不悟其奸，受禍至此。今復無事請和，此殆必有肘腋之虞，未能攻犯邊境。又劉豫初廢，藩籬空虛，故詭為此耳。名以地歸我，然實寄之也。臣請量帶輕騎，隨二使祇謁陵寢，因以往觀敵釁。[2]

宋高宗和秦檜接到此奏，十分驚慌，急忙連發詔劄到鄂州，「令岳飛更不須親往」，只允許他「選差將官壹、兩員，部押壕寨人匠、軍馬，共壹阡人」，隨同趙士㒖和張燾二使前去。[3] 按此規定，不僅岳飛，連岳家軍軍一級的統制、統領官也在限制前往之列，只能「選差」將一級的正將、副將或準備將「部押」人馬。

趙士㒖和張燾抵達鄂州後，岳飛一見如故，盛情招待，同他們促膝懇談。岳飛提醒說，敵人其實無意於斂兵講和，此行有關國體，沿途必須小心。為了保障趙士㒖和張燾一行的安全，岳飛仍不顧朝廷的限制，特命同提舉一行事務、前軍統制張憲率兵護送。短暫的接觸，使趙士㒖對岳飛的耿耿丹心，留下難以磨滅的印象。[4]

五月，趙士㒖和張燾到達西京河南府，人民「夾道歡迎」，大家都說：「不圖今日復得為宋民，雖夕死無憾。」有些人甚至感泣起來。

其實，重新做宋朝的百姓，水深火熱的生活處境也不見得真正有所

1　《金佗稡編》卷 12《乞祇謁陵寢奏》，《金佗續編》卷 9《同判宗士㒖等前去祇謁陵寢省劄》，《要錄》卷 126 紹興九年二月己巳。

2　《金佗稡編》卷 12《論虜情奏略》。

3　《金佗續編》卷 4《乞同齊安郡王士㒖等祇謁陵寢因以往觀敵釁詔以將闕不可久虛不須親往詔》，卷 9《同判宗士㒖等前去祇謁陵寢省劄》等五個省劄，《寶真齋法書贊》卷 3《高宗皇帝御筆臨王操之舊京帖》。

4　《山房集》卷 5《跋鞏洛行記後》，卷 8《雜記》，《齊東野語》卷 13《岳武穆逸事》。

改善。新委派的州縣長吏，是一批「皆以賄得」的貪官，「公肆侵漁，取償百姓」。人民的歡迎和眼淚，只是反映了他們渴望南北重新統一的愛國熱情。

　　按中國古代迷信風俗，挖掘祖墳，破壞風水，也可成為政治鬥爭的手段。北宋八陵之被盜掘破壞，固然也是大宋列祖列宗虐民厚葬的報應，然而在宋金民族戰爭的條件下，更成為宋朝奇恥大辱的象徵。六月間，趙士儇和張燾返回「行在」臨安府，張燾報告宋高宗說：「金人之禍，上及山陵，雖殄滅之，未足以雪此恥，復此讎也。」宋高宗還要追問：「諸陵寢如何？」張燾不願再作正面回答，只說一句：「萬世不可忘此賊！」宋高宗無言對答，只能報以難堪的沉默。[1] 因為他的「孝」字號遮羞布，已被撕得粉碎了。

　　岳飛對於繼續執掌重兵，有着一種深重的負疚之感，特別是在宋高宗強迫他接受開府儀同三司的高官以後。他又上奏請求「解罷兵務，退處林泉」，「就營醫藥」。他在奏中沉痛地說，「臣叨冒已逾十載，而所施設，未效寸長，不惟曠職之可羞，況乃微軀之負病」，「今講好已定」，「臣之所請，無避事之謗」。[2] 解除岳飛的軍權，這本是宋高宗近年來夢寐以求的宿願，但迫於當時的政治和軍事形勢，他仍不敢同意秦檜的建議，冒此風險。岳飛至此也只能訓兵飭士，以觀世變。

　　出使金朝被拘的宋汝為，「間行投岳飛軍中」，岳飛「遣赴行在」。宋汝為熟悉金朝的內情，明瞭「金人兵老氣衰」。他「作《恢復方略》獻於朝」，強調「今和好雖定，計必背盟，不可遽弛武備」。[3]

　　紹興九年歲末，宋高宗御筆書寫歷史上曹操、諸葛亮和羊祜屯田足食的故事，頒賜岳飛。他將屯田列為保守半壁殘山剩水的重要措施。岳飛在紹興十年（西元 1140 年）正月初一日，寫跋文回答皇帝，他指責曹操「酷虐變詐」，認為諸葛亮和羊祜「德過於操遠矣」。岳飛在跋文的末尾說：

1　《會編》卷 195，卷 248 張燾行狀，《要錄》卷 128 紹興九年五月戊子，卷 129 紹興九年六月己巳，《宋史》卷 382《張燾傳》。

2　《金佗稡編》卷 15《乞解軍務劄子》，《乞解軍務第二劄子》。

3　《要錄》卷 139 紹興十一年三月丁卯，《宋史》卷 399《宋汝為傳》。《要錄》文淵閣《四庫全書》本作「宗汝為」，《宋史》本傳將他「亡歸」繫於「紹興十三年」，皆誤。宋汝為「投岳飛軍中」，並「遣赴行在」，應為紹興九年事。

用屯田以足兵食，誠不為難。臣不揆，願遲之歲月，敢以奉詔。要使忠信以進德，不為君子之棄，則臣將勉其所不逮焉。若夫鞭撻四夷，尊強中國，扶宗社於再安，輔明天子，以享萬世無疆之休，臣竊有區區之志，不知得伸歟否也？[1]

岳飛批評曹操，隱含指責秦檜之意。他擁護加強屯田，但不贊成以此作為對金求和的資本。岳飛利用巧妙發問的方式，再次表明了自己的原則立場，並對宋高宗進行了懇切的諫勸。

第六節　北方抗金義軍重新活躍

完顏撻懶等所以慷慨歸還河南之地，是包藏禍心的，正如岳飛所說，不過是寄地而已。由於金軍屢挫於大江天塹，完顏撻懶似乎企圖將以步兵為主的宋軍，誘至河南廣闊平原，以便女真騎兵進行聚殲。[2]金朝既有捲土重來之意，所以把「黃河船盡拘北岸」，並且有意保存了陝西同州與金朝所佔的河中府之間的黃河橋，可以「往來自若」。金朝在河南之地所置官吏，也按「誓約」規定，宋朝「不許輒行廢置，各守厥官」。[3]

宋高宗對金人其實不存戒心，他最害怕的是統兵在外的將帥惹事生非，得罪金人，故又對岳飛作出新的約束。宋高宗手詔說，「過界招納，得少失多」，命令岳飛不得再接納河北、河東、燕雲等地的豪傑。[4]凡是北來者，必須送還金朝。岳飛所派遣的「渡河之士」，也務必全部撤回。

1　《金佗稡編》卷10《御書屯田三事跋》，《金佗續編》卷1。
2　《藏一話腴》甲集卷下說金方《南遷錄》載此密謀，今存《南遷錄》亦載。按《南遷錄》係偽作，而《金史》不載此事。完顏撻懶等後在金朝派系鬥爭中被殺，《金史》所載，實是按完顏兀術等勝利者的政治需要，將歸還河南之地列為完顏撻懶等的罪狀。按完顏撻懶等歸還宋土地，而別無圖謀，似於情理不通，今姑依此說。
3　《會編》卷195，《要錄》卷125紹興九年正月丙申，卷129紹興九年六月己巳，《宋史》卷382《張燾傳》，卷388《陳槖傳》，《歷代名臣奏議》卷91陳槖奏。
4　《金佗稡編》卷2高宗手詔，《要錄》卷119紹興八年四月。

岳飛事實上並未被這些禁令束縛住手腳，他認為自己決不能出賣北方同胞，也一定要堅持連結河朔之謀。

女真貴族進入中原已十多年，掠奪和役使奴隸的嗜欲卻並無多少減退。天眷元年（即紹興八年）夏，金元帥府下令，凡積欠公私債務而無力償還者，即以本人和妻子兒女的人身抵償。由於女真貴族「回易貸縑，遍於諸路」，貫徹此令，就可得到成千上萬的債務奴隸。於是，一切不願做奴隸的人們便紛起反抗，或者逃亡他鄉，或者殺死債主，「嘯聚山谷」。

完顏撻懶為強制推行奴隸制，又於天眷二年（即紹興九年）夏另頒新令，規定凡藏匿逃亡者之家，家長處死，產業由官府和告發者均分，人口一半當官府奴婢，一半當告發者私人奴婢，連犯罪者的四鄰也須繳納「賞錢」三百貫。他還出動大批金軍，到處搜捕。搜捕隊凡遇着村民，即行拷掠，或迫使自誣，或威逼誣人。「生民無辜，立成星散，被害之甚，不啻兵火」。或有持棍棒反抗，則被捕被殺，「積屍狼藉，州縣囹圄為之一盈」。在苛政、暴刑、重賦、饑荒等交相煎逼之下，大批大批的人們宰耕牛，焚廬舍，上山寨，加入抗金義軍的行列。[1]

北方民間抗金武裝的活動，至紹興初年趨向低落，自岳飛大力開展連結河朔的工作後，又出現新的高潮。

與岳飛有直接聯繫的太行義士最為活躍，河東路的很多通道被他們截斷。高岫和魏浩率領人馬攻佔懷州河內縣的萬善鎮。[2]另一支步佛山「忠義人」王忠植的隊伍，也轉戰和攻取河東路的一些州軍，並與陝西的宋軍取得聯繫。[3]

在京東路，岳飛派遣的李寶，開闢了新的抗金遊擊戰場。李寶是興仁府乘氏縣（今山東菏澤市）人，綽號「潑李三」。他慣舞雙刀，勇鷙絕倫，[4]早先聚眾三十多人，企圖殺死金朝的濮州（治鄄城，今山東鄄城縣北）

---

1 《會編》卷 197《金虜節要》，《要錄》卷 120 紹興八年夏，卷 132 紹興九年秋，《中興小紀》卷 26，《皇朝中興紀事本末》卷 48。

2 《會編》卷 178《金虜節要》，卷 133 紹興九年冬，《金佗稡編》卷 8《鄂王行實編年》。

3 《要錄》卷 132 紹興九年秋，卷 133 紹興九年冬，《宋史》卷 448《王忠植傳》，《紫微集》卷 18 追贈王忠植制詞。

4 《歷代名臣奏議》卷 238 洪邁奏。

知州，沒有成功，脫身南歸，來到「行在」臨安府。宋廷正忙於求和活動，根本不理睬他。紹興九年九月、十月間，岳飛到行朝奏事，[1]李寶乘機找到這位慕名已久的統帥。岳飛收留了他，將他帶回鄂州當馬軍。李寶見朝廷不准出師，怏怏不樂，暗中結識四十餘名軍士，準備私渡大江，北上抗金。此事被發覺後，李寶挺身而出，說「乃寶之罪，眾皆不預」。岳飛更為賞識他，授以「統領忠義軍馬」的頭銜，發遣北上回鄉。李寶回到京東後，與孫彥、曹洋等組織抗金武裝，到處攻襲金軍。[2]

除了李寶外，一些和岳飛沒有聯繫的北方起義者，也使用岳家軍的旗號，對金作戰。紹興九年夏，一支「岳家軍」進襲東平府。金東平府尹完顏奔睹（漢名昂）帶兵出戰，雙方相持數日，這支隊伍才泛舟而去。淮陽軍（金朝稱邳州）也出現一支「岳家軍」，圍攻城壘。由於金朝援軍的到達，方撤出戰鬥。[3]

此外，張青還指揮一支抗金義軍，渡海直抵遼東。他使用宋軍旗號，攻破蘇州（治來蘇，今遼寧大連市金州區），當地百姓也紛紛起義響應。[4]

面對風起雲湧的反抗鬥爭，金朝統治者也驚慌失措，有的人甚至喪失信心。兀林答贊謨（烏陵思謀）使宋後，出任懷州知州，他聽到萬善鎮被抗金義軍攻破的消息，對當地百姓說：「爾等各撫諭子弟，無得扇搖，南朝軍來，吾開門納王師。」他每天夜裏輾轉反側，有時披衣起坐，唉聲歎氣說：「我未知其死所矣！」

完顏兀術的心腹、悍將韓常夜飲時，也對人坦白說：「今之南軍，其勇銳乃昔之我軍；今之我軍，其怯懦乃昔之南軍。」[5]

總之，大河以北出現前所未有的抗金義軍活躍的局面，迎候着宋金大會戰，迎候着岳家軍的第四次北伐。

1　《金佗續編》卷 9《今赴行在奏事省劄》，《會編》卷 197。
2　《會編》卷 200，《要錄》卷 132 紹興九年十月。
3　《金史》卷 84《昂傳》。
4　《要錄》卷 133 紹興九年冬。
5　《會編》卷 178，《要錄》卷 133 紹興九年冬。此外，《大金國志校證》卷 9 還記載女真千夫長斜也怯戰，進行迷信活動的故事。

第十四章

挺進中原

第一節　金軍毀約南侵

紹興九年（即金天眷二年）七月、八月間，金朝主戰派右副元帥完顏兀術、領三省事完顏幹本（漢名宗幹）發動政變，先後殺領三省事完顏蒲魯虎（宗磐）、領三省事完顏訛魯觀（宗雋），以及由左副元帥降任行臺尚書省左丞相的完顏撻懶等主和派。完顏兀術升任都元帥、領行臺尚書省事，兼掌軍政大權。完顏兀術在給姪兒金熙宗的密奏中，將「誅撻懶」和「復舊疆」聯成一體。[1]他決心在「盟墨未乾」、「口血猶在」的情況下，大驅「南牧之馬」。

完顏兀術先以「大閱」為名，將各部兵力調集祁州（治蒲陰，今河北安國市）的元帥府。他改變秋冬季發動攻勢的常規，而在盛夏用兵。紹興十年五月，金朝分兵四路南下，元帥右監軍完顏撒離喝攻打陝西，李成奪取西京河南府，完顏兀術親率主力，突入東京開封府，聶黎孛堇出兵京東路。金朝騎兵勢如疾風驟雨，很快佔領不設防的河南各州縣。宋朝的官員們或望風而遁，或迎風而降，只有少數人進行認真抵抗。[2]

金朝的變卦，不僅沒有出乎岳飛等眾多抗戰派的預料，而宋高宗和秦檜也早就得到可靠的情報。紹興九年三月，宋使王倫到達東京開封府，與完顏兀術辦理交割河南地界的手續。完顏兀術屬下有個王倫的故吏，他秘密向王倫透露了完顏兀術準備發動政變，殺完顏撻懶等人的圖謀。王倫趕

1　《會編》卷197，《要錄》卷130紹興九年七月己卯朔，卷131紹興九年八月戊午，《金史》卷4《熙宗紀》，卷69《宗雋傳》，卷76《宗磐傳》，卷77《宗弼傳》、《撻懶傳》，卷79《王倫傳》。

2　《會編》卷200，卷202，《要錄》卷135紹興十年五月丙戌，《永樂大典》卷3586《毘陵集‧乞屯兵江州劄子》，《金史》卷77《宗弼傳》，卷84《昊傳》。

緊寫一密奏，報告形勢波詭雲譎，請求宋廷速派張俊守東京開封府，韓世忠守南京應天府，岳飛守西京河南府，吳玠守京兆府，張浚重開都督府，節制諸大將，以備不虞。宋高宗和秦檜卻置之不理，命令王倫照舊出使金朝。六月，王倫渡過黃河，剛到達中山府，即被金朝扣押。[1] 女真貴族發付副使藍公佐回到宋朝，除按約索取「歲貢」外，[2] 又提出宋朝必須使用金朝年號等無理要求，進行挑釁。[3] 形勢逐步發展到劍拔弩張的地步，可是宋高宗仍然不肯令岳飛等大部隊進駐河南，而派劉錡為東京副留守，率軍前往，其啟程和行軍又相當遲緩。[4] 這當然是政治性的調防。在宋高宗和秦檜看來，劉錡官位較低，不至於違抗朝廷，滋生事端。

韓世忠眼看金朝發生變故，連淮陽軍的戍兵和屯田兵都已撤回，上奏主張先發制人，乘虛掩擊。宋高宗卻說他是武夫粗人，「不識大體」，「若乘亂幸災，異時何以使夷狄守信義」。[5] 他對臣僚並無信義，而對殺父的仇邦卻講求信義，寧願坐待金人毀約南侵。

處境最狼狽的，是自許「以誠待敵」[6] 的右相秦檜。按照慣例，完顏兀朮南侵之日，也只能是秦檜引咎辭職之時。既然屈膝求和的政策已經破產，肯定會招致大批猛烈的、尖利的彈劾奏章。然而在兩年時間內，抗戰派官員多被貶黜，秦檜的黨羽已密佈朝廷，臺、諫官更成其掌心之玩物，自下而上的彈劾，秦檜已無需擔心了。關鍵是宋高宗本人的態度，皇帝喜怒莫測，可能因此對秦檜反目。第二次罷相的陰影籠罩在秦檜頭上，使他不寒而慄。經過一番密謀策劃，御史中丞王次翁自願充當說客，他向宋高

1　《攻媿集》卷 95 王倫神道碑，《要錄》卷 127 紹興九年三月丙申，卷 129 紹興九年六月乙亥，《宋史》卷 371《王倫傳》，卷 473《秦檜傳》。王倫故吏密告時間，據王倫神道碑敘事，應在三月交割地界時。

2　關於銀二十五萬兩、絹二十五萬匹的「歲貢」，宋朝原已應允，見《忠正德文集》卷 9《使指筆錄》，《金佗續編》卷 4《金人叛盟兀朮再犯河南令諸路進討詔》，《會編》卷 200，《要錄》卷 135 紹興十年五月戊戌。但據《要錄》卷 132 紹興九年十月辛亥，《攻媿集》卷 95 王倫神道碑，《宋史》卷 371《王倫傳》，紹興九年「歲貢」尚未繳納。

3　《要錄》卷 134 紹興十年正月辛巳，卷 135 紹興十年五月丙戌注引金朝詔書。

4　《要錄》卷 134 紹興十年二月辛亥，卷 135 紹興十年四月壬戌，《宋朝南渡十將傳》卷 1《劉錡傳》。

5　《要錄》卷 131 紹興九年八月丙寅。

6　《會編》卷 225《紹興正論》，《要錄》卷 119 紹興八年五月辛亥，《宋史》卷 376《魏矼傳》，卷 473《秦檜傳》。

宗進言：「前日國是，初無主議。事有小變，則更用他相，蓋後來者未必賢於前人，而排黜異黨，收召親故，紛紛非累月不能定，於國事初無補也。願陛下以為至戒，無使小人異議乘間而入。」

宋高宗深表讚許。秦檜仍不放心，又派給事中馮楫進行試探，向宋高宗建議起用張浚。宋高宗怒衝衝地回答：「寧至覆國，不用此人！」[1]於是秦檜方得以安心。實際上，即使沒有王次翁緩頰，宋高宗也不可能罷免秦檜，因為降金方針的契合，兩人即使異夢，也須長久同牀。

在金軍大舉進犯的形勢下，抗金的招牌已不容不搶。由於秦檜以往全心全力降金乞和，不留餘地，倉卒之際，竟找不到轉圜和文過飾非的口實。多虧官員張嶸為他背誦了《尚書‧商書‧咸有一德》中「德無常師，主善為師」一句話，才幫他擺脫了窘境。《尚書》這句話，既成了護身符，又可作殺威棒。這個老奸巨猾搖身一變，又以堅決的抗戰派自居。以往的主和，今日的主戰，都成為善良的美德，他大言不慚地表示，「願先至江上，諭諸路帥同力招討」，還要宋高宗效法漢高祖，「以馬上治天下」。[2]

表面上，宋廷發佈聲討詔文，以節度使的官銜，銀五萬兩，絹五萬匹，田一百宋頃，第宅一區，懸賞擒殺完顏兀術，[3]又發表韓世忠、張俊和岳飛兼河南、北諸路招討使，[4]似乎要決心收復失地。實際上，投降的方針，依然貫穿於宋廷的戰略指導之中。

1　《會編》卷 200，《要錄》卷 135 紹興十年五月戊戌，卷 136 紹興十年六月丙午，《宋史》卷 380《王次翁傳》，卷 473《秦檜傳》，《揮塵後錄》卷 11。

2　《會編》卷 217，《要錄》卷 136 紹興十年六月甲辰朔，《宋史》卷 473《秦檜傳》，《朱子語類》卷 131，《賓退錄》卷 4，《琬琰集刪存》卷 1 韓世忠神道碑。

3　《金佗續編》卷 12《將帥軍民如能擒殺兀術者除官並賜銀絹田宅省劄》，《會編》卷 200，《要錄》卷 136 紹興十年六月甲辰朔。

4　《金佗續編》卷 2《少保兼河南府路陝西河東河北路招討使加食邑制》，《會編》卷 200，《要錄》卷 136 紹興十年六月甲辰朔，《宋會要》職官 42 之 64。

第二節　宋軍抗擊

宋軍抗擊金軍，事實上劃分成三個戰場。

西部戰場有行營右護軍等部隊。當時四川宣撫使吳玠已經病逝，文臣川、陝宣撫副使胡世將主持軍務，統轄行營右護軍都統制吳璘，川、陝宣撫司都統制楊政和樞密院都統制郭浩三軍。吳璘是吳玠之弟，他和楊政原是吳玠的左右手，驍勇敢戰。金軍佔據陝西大部，但吳璘等三部與金朝元帥右監軍完顏撒離喝相持，互有勝負，彼此都未能給對手以重大打擊。[1]

東部戰場的宋軍主將是京東、淮東路宣撫處置使韓世忠。他命統制王勝等攻取海州（治朐山，今江蘇連雲港市西）。自己率部在淮陽軍附近的泇口鎮、潭城、千秋湖陵等地擊敗敵人，然而卻又頓兵淮陽軍城下，久攻不克。[2]

無論是東部和西部，都不是主戰場，對此次宋金戰爭全局不起決定作用。關鍵是在中部戰場，一方是都元帥完顏兀術指揮的金軍主力，另一方則是岳飛、張俊和劉錡三軍。

劉錡新任東京副留守，帶領近二萬人馬，連同大批將士眷屬，前去開封府。這是宋廷為應付突發事變，而調遣北上的唯一一支較大的兵力。宋廷寧肯捨近求遠，不准岳家軍就近北上駐防，又命劉錡軍拖帶家屬，扶老攜幼，其措置之乖謬，實源於主和的方針。

紹興十年五月，劉錡軍途經京西路的順昌府（治汝陰，今安徽阜陽市）時，得到金軍敗盟南犯的急報。接着，金軍又源源不斷地擁向順昌府。五月、六月間，因進攻屢遭挫敗，完顏兀術親率十多萬大軍前來，雙方眾寡懸殊。秦檜為宋高宗起草手詔，令劉錡「擇利班師」，以便女真騎兵在廣闊原野上追殲這支步兵。

1　《會編》卷 200，卷 202，卷 204，《要錄》卷 135，卷 136，卷 137，《宋史》卷 366《吳璘傳》，卷 367《楊政傳》，《金史》卷 72《虧英傳》，《拔離速傳》，卷 84《杲傳》，《宋會要》兵 14 之 27—33。宋金雙方關於陝西戰事，記載互異。實際情況應是在金軍佔領陝西大部分土地後，雙方處於膠着狀態。
2　《會編》卷 204，卷 217 韓世忠神道碑，《要錄》卷 136，卷 137，《宋朝南渡十將傳》卷 5《韓世忠傳》，《宋史》卷 364《韓世忠傳》，《宋會要》兵 14 之 28—31。

劉錡軍的基幹是十多年前威震太行的八字軍，王彥病死後，此軍歸劉錡指揮，他們擁有豐富的戰鬥經驗，士氣高昂。劉錡身處險境，深知只能犯死求生，可戰而不可卻。他以斬釘截鐵般的語言，激勵士伍，誓與順昌共存亡。完顏兀術驕橫不可一世，他看到如此卑薄殘缺的城垣，說：「順昌城壁如此，可以靴尖踢倒！」

劉錡軍充分利用暑熱天氣，以逸待勞，以少擊衆，大敗金朝最精銳的騎兵部隊。金軍死五千多人，傷一萬多人，戰馬死三千多匹，完顏兀術狼狽逃回開封府。

順昌之戰是繼和尚原與仙人關兩次戰役後，宋朝的第三次大捷。英勇的八字軍首創在平原地區大破金軍的奇跡。金軍「自言入中原十五年，嘗一敗於吳玠，以失地利而敗；今敗於劉錡，真以戰而敗」，「十五年間，無如此戰」。[1]

完顏兀術的攻勢已被擊破，而宋軍則開始轉入反攻。在北方被扣押多年的宋使洪皓，也寫密奏報告宋廷，說順昌戰後，金人「震懼喪魄」，將燕山府的珍寶席捲而北，準備放棄燕、雲以南的土地。[2]可見女真貴族對戰爭前途，已開始喪失信心。

第三節　違詔出師

岳飛聞知金軍毀約的消息，一則以憤，二則以喜，他趕緊以公文通知各大軍區，[3]準備大舉反擊。

岳家軍在鄂州整整被羈束了三年，枕戈待旦。岳飛以無戰之年，為有

1　關於順昌之戰，參見《會編》卷 201，卷 202，《要錄》卷 135，卷 136，《宋會要》兵 14 之 27—28，《宋史》卷 366《劉錡傳》，《宋朝南渡十將傳》卷 1《劉錡傳》，《朱子語類》卷 132。

2　《會編》卷 221 洪皓行狀，《要錄》卷 136 紹興十年閏六月己亥，《宋史》卷 373《洪皓傳》，《盤洲文集》卷 74《先君述》。

3　《要錄》卷 135 紹興十年五月丙戌注載岳飛牒胡世將公文，估計他也應通知其他軍區。

戰之時，十分注重對部隊實施最嚴格的實戰訓練。他自己擅長左右開弓，也教戰士左右開弓，精習射技。全軍將士都身披重鎧，苦練沖陡坡，跳壕塹等戰鬥動作，手腳趫捷，[1] 堪稱「無一不當十」。[2]

由於薛弼的調離，宋廷向岳飛宣撫司委派了一位新的參謀官，名叫朱芾。他是京東路青州益都縣人，原任廣南西路轉運副使。紹興八年，交阯國王身死，他充任弔祭使。[3] 大概在他歸國以後，即往鄂州赴新任。宋高宗和秦檜的本意，是要朱芾充當朝廷耳目，監視岳飛，在軍中貫徹朝廷的意圖。然而朱芾卻和岳飛情投意合，他積極參與軍事謀劃，「慮無遺策」，[4] 成為岳飛的得力助手。

此外，從前不敢隸屬岳飛的趙秉淵，也調任岳家軍的勝捷軍統制。紹興四年冬，當金、偽齊聯軍南犯之時，趙秉淵從和州（治歷陽，今安徽和縣）逃跑，部兵縱火大掠，他受到降官貶秩的處分。[5] 趙秉淵一旦調遣到岳飛麾下，未免惶恐不安。岳飛因當年的酒失，也頗為內疚，他勉勵趙秉淵以戰功洗刷過去的恥辱，而不予歧視。

正當岳飛積極部署出師之際，有個名叫馮時行的士人向他上書，稱譽他「忠勇壯烈，柱石本朝，德望威名，夷夏充滿」。「區區憤激之心，日夜之所冀望以尊主庇民者，如相公之賢，獨一、二數耳」。馮時行建議，「以相公之威望，虜人素所畏服，若能以數萬之眾，徑趨商、虢，使必聞聲股慄，望風破膽，豈徒保衛川蜀，必能據有關陝」。[6] 此信其實也反映了愛國的士大夫輩對岳飛所寄予的重望，認為欲光復故土，已非岳飛莫屬。但岳飛並未採納他的建議，將關陝作為本軍的主攻目標。按岳飛的積極反攻計劃，十萬大軍事實上分成奇兵、正兵和守兵三個部份。

奇兵是深入敵後的遊擊軍。京東路一支由李寶和孫彥指揮。岳飛又另

---

1 《金佗稡編》卷 4《鄂王行實編年》，卷 9《遺事》。
2 《鶴山先生大全文集》卷 71《知南劍州洪公（秘）墓誌銘》。
3 《要錄》卷 11 建炎元年十二月壬申，卷 118 紹興八年三月丁亥，《宋會要》蕃夷 4 之 42—43。
4 《東窗集》卷 12《朱芾落敷文閣待制知徽州制》，《紫微集》卷 12 朱芾轉官制詞。
5 《要錄》卷 82 紹興四年十一月辛未，卷 84 紹興五年正月壬子。
6 《永樂大典》卷 8414《馮縉雲先生集·上岳相公書》

派兩支部隊渡河北上，一支由梁興、趙雲和李進統領，另一支由董榮、牛顯和張峪統領。

正兵是挺進前方的正規軍。在西方，武赳率郝義等將，帶領輕兵，擊破虢州，與陝州「忠義軍兵」首領吳琦、商州知州邵隆諸軍唇齒相依，聯成一體。他們切斷完顏兀術和完顏撒離喝兩支金軍的直接聯繫，護衛岳飛主力軍的後背。[1] 在東部，岳飛親自統率重兵，向遼闊的京西路平原地區疾進。最早出動的，是慣打頭陣的同提舉一行事務、前軍統制張憲，還有遊奕軍統制姚政所部。他們奉命緊急馳援劉錡。[2]

後方守兵自然包括全體水軍。岳家軍甚至還接管了直到江南西路江州和江南東路池州的江防，[3] 拱衛着湖北、江西以至江東三路的安全。

大軍出征前，將士們紛紛同家眷相約，一定要在故土平定之時，舊疆光復之日，再團圓重逢。大家都充滿了必勝的信念，一往無前的銳氣。

岳飛再次親筆上奏，請求宋高宗及時設立皇儲。他認為在舉行軍事攻擊的同時，更須預防金朝利用宋欽宗，進行政治訛詐。宋高宗正在用人之際，當然不能再給岳飛以難堪，於是在手詔中，對他的「忱誠忠讜」「嘉歎」一番。[4]

按照宋高宗的新命，岳飛自從一品的開府儀同三司晉升正一品的少保。[5] 當時太師、太傅和太保稱「三公」，少師、少傅和少保稱「三孤」或「三少」。[6] 岳飛的官位至此已躋入三孤的最低一階。但岳飛仍懇辭新命，他上奏說，「臣聞忠臣之事君，計功而受賞，量力而受官，不為苟得，以貪爵祿。況師旅方興，事功未著，臣方同士卒之甘苦，明將佐以恩威，冀成尺寸之

1　《金佗稡編》卷 12《乞號令歸一奏》，《紫微集》卷 12 郝義等十人轉官制，估計郝義等為武赳部屬。
2　《金佗稡編》卷 2 高宗手詔。
3　《金佗稡編》卷 2 高宗手詔載，命岳飛「遣舟師至江州屯泊」。《石林奏議》卷 11《奏措畫防江八事狀》：「近者又聞岳飛分兵下守池州。」
4　《金佗稡編》卷 2 高宗手詔，卷 12《乞定儲嗣奏略》，卷 21《建儲辨》引《野史》。
5　《金佗續編》卷 2《少保兼河南府路陝西河東河北路招討使加食邑制》，《會編》卷 200，《要錄》卷 136 紹興十年六月甲辰朔，《宋會要》職官 1 之 4。
6　《宋史》卷 161《職官志》。

功，仰報君父之德」。「候將來功績有成，臣將拜手稽首，祗承休命矣」。[1]

按照中國古代儒家的教誨，岳飛對抗戰是熱衷的，而對富貴是淡薄的。他在戎馬倥傯之中，想到了一位舊交，江州廬山東林寺的慧海和尚。紹興六年、七年間，他兩次上廬山，打擾慧海寧靜的、與塵世絕緣的生活。岳飛給慧海寄詩一首，以抒襟懷：

> 湓浦廬山幾度秋，長江萬折向東流。
> 男兒立志扶王室，聖主專師滅虜酋。
> 功業要刊燕石上，歸休終伴赤松遊。
> 丁寧寄語東林老，蓮社從今着力修。[2]

他預料此次北伐的成功，已指日可待，故囑託慧海為自己籌辦退隱事宜。

順昌大戰開始時，宋高宗確實驚慌異常。他深怕劉錡一軍被殲，故頻催岳飛，「多差精銳人馬，火急前去救援」，「不得頃刻住滯」。但是，宋高宗又不願讓岳飛乘機北伐，故命令他「重兵持守，輕兵擇利」，「候到光、蔡，措置有緒，輕騎前來奏事」。[3] 宋高宗規定光州和蔡州為岳飛進軍的極限，不但黃河以北，就是黃河以南的土地，包括東京開封府、西京河南府和南京應天府，都準備一概放棄。「窮邊指淮汜，異域視京洛」，[4] 奪取一個蔡州，即可為兩年前的屈膝求和遮羞，這是宋高宗和秦檜的基本戰略方針。

六月下旬，宋廷特遣往岳飛軍中「計事」的司農少卿李若虛來到鄂州，當時岳飛已率大軍北上，李若虛趕到德安府（治安陸，今湖北安陸市），方與岳飛會晤。岳飛見到前任參議官，這本是高興的事，然而李若虛傳達宋高宗的旨意，卻是「兵不可輕動，宜且班師」！岳飛斷然不從，據理力爭。北伐的計劃已經延擱三年，機不可失，豈容一誤再誤。李若虛

---

1 《金佗稡編》卷 15《辭少保第三劄子》。

2 《金佗稡編》卷 19《寄浮圖慧海》。

3 《金佗稡編》卷 2 高宗手詔。

4 《劍南詩稿》卷 21《醉歌》。

本來就是違心地執行皇命，他激於大義，毅然主動承擔了「矯詔之罪」，在關鍵時刻支持了岳飛。[1]

李若虛目送一隊隊雄赳赳、氣昂昂的健兒奔赴前方，不由得心潮起伏。他的故鄉洺州尚是淪陷區，胞弟李若水殉難已有十四年，看來雪國恥、復家仇的時機終於來臨，他衷心祝願岳家軍的旌旗直指北疆，早傳捷報。

第四節　第四次北伐

完顏兀術敗於順昌府後，他本人與龍虎大王完顏突合速退回開封府，命大將韓常守潁昌府，翟將軍守淮寧府，三路都統完顏阿魯補守應天府。[2]金軍企圖以潁昌、淮寧、應天三府作開封府的前衛，開封府作這三府的後盾，負隅頑抗。

根據敵情，岳飛主力軍的第一步戰略目標，是掃蕩開封府的週邊。

六月初，張憲和姚政率前軍與遊奕軍直抵光州，往東北的順昌府方向疾進。由於順昌府於十二日解圍，張憲便揮兵折向西北，擊破敵軍，襲取蔡州，也可能是順昌解圍前先克復蔡州，為岳家軍此次大舉北伐，舉行了一個奠基禮。岳飛當即派馬羽鎮守蔡州。[3]

牛皋的左軍也接着出戰。十三日，在京西路打敗金軍，兵鋒直指汝

1　《會編》卷 202，《要錄》卷 136 紹興十年六月乙丑，而《金佗稡編》卷 8《鄂王行實編年》隱諱了岳飛違詔出師的史實。

2　《會編》卷 201，卷 202，《要錄》卷 136 紹興十年六月乙卯，《宋朝南渡十將傳》卷 1《劉錡傳》。但《金史》卷 68《阿魯補傳》說守潁州（順昌府）為大撻不野（臭），守許州（潁昌府）為韓常，守陳州（淮寧府）為赤盞暉，守歸德府（應天府）為完顏阿魯補。按《金史》卷 80《赤盞暉傳》和《大臭傳》未載兩人守陳州和潁州，《阿魯補傳》所載有誤。關於三路都統，《會編》卷 181，卷 182 說即是完顏阿魯補（阿魯波、阿魯保），《會編》卷 200，《要錄》卷 117 紹興七年十一月丙午，卷 135 紹興十年五月丁亥，卷 136 紹興十年六月乙卯，閏六月戊戌說是葛王完顏褒，參對《金史》卷 6《世宗紀》，應以前一說為準。

3　《金佗稡編》卷 9《遺事》，《會編》卷 205《淮西從軍記》，《皇宋十朝綱要》卷 23，《宋史》卷 29《高宗紀》。其中《淮西從軍記》所載取蔡州時間有誤。

州。牛皋率左軍攻克他的故鄉魯山等縣，又揮師東向，同大軍會合。[1]

二十三日，統領孫顯在蔡州和淮寧府之間，大破金朝裴滿千夫長的部伍，實際上是對淮寧府作了一次試探性的軍事偵察。[2]

閏六月，岳家軍經過集結和準備後，又發起新的更猛烈的攻勢。

首先出擊的，仍然是能征慣戰的張憲。十九日，同提舉一行事務、前軍統制張憲指揮傅選等將，在離潁昌府四十宋里的地方，同金朝的韓常軍對陣。韓常軍被殺得落花流水，潰不成軍。張憲麾軍追奔逐北，在二十日奪取潁昌府城。[3]

張憲留董先的踏白軍和姚政的遊奕軍守潁昌府城，自己又會同牛皋、徐慶等軍，東進淮寧府。二十四日中午，在淮寧府城外十五宋里，同敵騎三千多人發生遭遇戰。岳家軍擊破金軍，分兵數路，進行追擊。金方翟將軍率領本城兵馬，另加自開封府發來的援軍，在城外幾宋里處「擺佈大陣」。張憲率勵全軍，分進合擊，突入敵陣，粉碎金軍的頑抗，乘勝佔據淮寧府城。這是岳家軍此次北伐以來，與金軍第一次大規模會戰，金將王太保等人被俘，岳家軍還擄獲一批戰馬。[4]

二十五日上午，踏白軍統制董先得悉金軍自本府長葛縣（今河南長葛市）來犯，即同遊奕軍統制姚政出城迎戰。在城北的七里店，金酋鎮國大王、韓常和邪也孛堇率六千餘騎，已經擺開軍陣。顯然，由於得到開封府金軍的增援，韓常企圖奪回潁昌府城。董先和姚政率部頭直搗敵陣，雙方激戰一個時辰，金兵終於敗退。岳家軍追殺三十幾宋里路，方才收兵[5]。

金軍拱護開封府的三個戰略要地，頃刻之間，被岳家軍拔除了兩個。

1 《金佗續編》卷 28《吳拯編鄂王事》，《會編》卷 202，卷 208《林泉野記》，《要錄》卷 136 紹興十年六月丙辰，《宋史》卷 29《高宗紀》。各書未載牛皋戰於京西何地，今據張憲和武起的作戰地區推斷，應為汝州一帶。

2 《會編》卷 202，《要錄》卷 136 紹興十年六月丙寅。裴滿，原作「排蠻」，據《金史拾補五種》統一譯名。

3 《金佗稡編》卷 16《復潁昌府奏》，《會編》卷 204，《要錄》卷 136 紹興十年閏六月壬辰。

4 《金佗稡編》卷 16《陳州潁昌捷奏》，《會編》卷 204，《要錄》卷 136 紹興十年閏六月丙申。《要錄》稱淮寧府守將仍是韓常，係誤。

5 《金佗稡編》卷 16《陳州潁昌捷奏》。

剩下一個南京應天府，原屬京東西路，當時新設應天府路，[1] 應是張俊軍的作戰區。儘管開封府的門戶業已打開，岳飛繼續執行掃除外圍的計劃，他期待張俊和劉錡兩軍北上，以便共同與完顏兀術大軍舉行戰略決戰。

張憲麾軍收復開封府以南地區，戰果輝煌；另一支岳家軍，則在提舉一行事務、中軍統制王貴的指揮下，又接着向開封府以西的地區進軍。

二十五日，王貴派遣的將官楊成等率兵前往鄭州。金軍萬夫長漫獨化帶五千餘騎出城迎戰，岳家軍掩殺敵人，一鼓作氣，攻克鄭州。[2] 二十九日，準備將劉政又率兵突入開封府中牟縣（今河南中牟縣），夜襲漫獨化的營寨。岳家軍殺死很多敵人，奪得三百五十多匹戰馬，一百多頭騾、驢，還有大量衣物器甲，漫獨化本人生死不明。[3]

中軍副統制郝晸統領軍馬，直指西京，在離河南府城外六十宋里紮營。金朝河南知府李成手下有七千多「番人」，三千多「食糧軍」，五千多匹戰馬。七月一日，李成發幾千騎前來挑戰。郝晸命將官張應和韓清指揮馬軍，迎頭痛擊，神速地追殺到西京河南府城下，郝晸也鼓率全軍為後繼。李成心膽俱裂，連夜棄城狂逃。岳家軍於翌日光復了西京河南府。

翟興部將李興早先在商州等地抗金。紹興三年，翟琮軍南撤，偽齊軍佔領襄漢一帶後，李興被迫投降偽齊。金朝歸還黃河以南地域，他重新擔任宋朝西京河南府兵馬鈐轄。此次金軍大舉南下，宋朝西京留守李利用和副總管孫暉都棄城逃跑。承信郎李靚率兵英勇抵抗，俘虜了翟將軍。然而在敵人優勢兵力的攻擊下，李靚戰敗犧牲。[4] 李興只帶七名騎兵，從天津橋轉戰到定鼎門，額顱受傷，昏仆於地。他在半夜甦醒後，跑到伊陽、福昌、永寧三縣，招集民眾，組織抗金武裝，有兵二千人。[5] 岳飛特命中軍統領蘇堅前往聯絡，雙方密切協作，並肩作戰。李興和蘇堅率部隊攻佔西京河南府另外五個縣，又在河清縣（今河南孟津縣東北）打敗金軍，並收復

---

1 《要錄》卷 127 紹興九年三月己亥。

2 《金佗稡編》卷 16《鄭州捷奏》，《會編》卷 204。按《會編》卷 207《岳侯傳》，《要錄》卷 136 紹興十年閏六月丁酉，《宋史》卷 29《高宗紀》載，由郝晸等克鄭州，係誤。

3 《金佗稡編》卷 16《漫獨化捷奏》。

4 周益國文忠公集‧省齋文稿》卷 28《忠義李君傳》，《宋史》卷 453《李靚傳》。

5 《金佗稡編》卷 8《鄂王行實編年》。

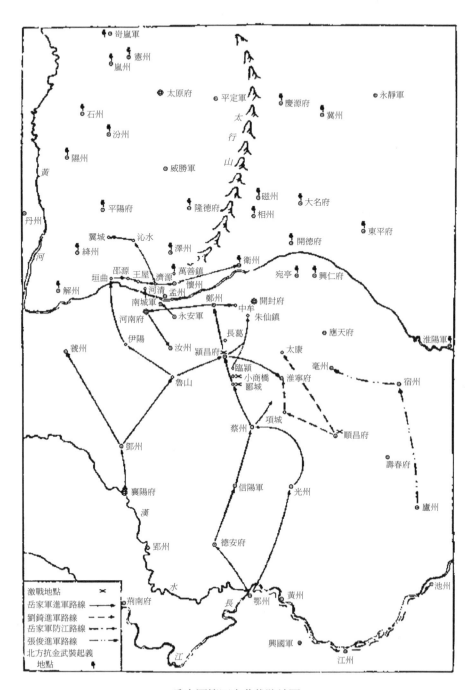

岕嵐軍

憲州

嵐州

太原府

平定軍

慶源府

永靜軍

冀州

石州

汾州

隰州

黃

威勝軍

太行山

丹州

平陽府

隆德府

磁州

大名府

相州

河

翼城

沁水

澤州

東平府

絳州

萬善鎮

衛州

開德府

邵源

王屋

濟源

懷州

宛亭

興仁府

垣曲

河清

孟州

鄭州

開封府

解州

南城軍

永安軍

中牟

河南府

朱仙鎮

伊陽

汝州

長葛

應天府

虢州

潁昌府

淮陽軍

魯山

臨潁

太康

亳州

小商橋

郾城

淮寧府

宿州

項城

蔡州

順昌府

壽春府

信陽軍

光州

鄧州

襄陽府

盧州

漢

郢州

德安府

池州

水

荊南府

長

鄂州

黃州

激戰地點	×
岳家軍進軍路線	——►
劉錡進軍路線	– – ►
岳家軍防江路線	---- ►
張俊進軍路線	----- ►
北方抗金武裝起義地點	

江

興國軍

江州

岳家軍第四次北伐路線圖

汝州城。他們與郝晸所部會合後，岳飛特命李興和蘇堅共守西京河南府。[1]

在不足半個月的時間內，岳家軍凱歌猛進，席捲京西，[2]兵臨大河，勝利地完成了掃清開封府外圍的作戰計劃。

第五節　孤軍深入的形勢

李若虛從岳飛軍前還朝後，說：「敵人不日授首矣，而所憂者他將不相為援。」[3]這實際上是反映了岳飛對戰爭前途的估計。宋高宗和秦檜對李若虛自然非常憎恨，但一時又難於處分其矯詔之罪，因為在李若虛的背後，是個掌重兵的統帥。

岳飛出師時的此種憂慮，很快地變成了現實。東部戰場的韓世忠軍，西部戰場的吳璘、楊政和郭浩軍是努力作戰的，但他們與敵軍處於膠着狀態，不可能直接配合岳家軍作戰；而中部戰場的張俊和劉錡兩部，卻又沒有與岳家軍協同作戰。

張俊手下的第一名統制，原是認張俊為「阿爹」的庸將田師中。田師中娶張俊亡子之妻，對張俊奉承諂媚，因此得到張俊的寵信。[4]淮西兵變後，王德的八千人馬駐紮建康府，無所歸屬。張俊用重金予以收買，方得以有一個善戰的部將。[5]張俊的部伍擴充到八萬人，裝備也很精良。[6]然而他卻將行營中護軍視若私產，抱有一種慳吝的守財奴心理，人馬愈多，裝備愈好，就愈不敢打冒風險的大仗、受損失的硬仗。

順昌大戰時，張俊受命解圍，一直遷延不行。完顏兀術退兵後的第

1　《金佗稡編》卷 9《遺事》，卷 12《李興吳琦轉官告乞付軍前給降奏》，卷 16《復西京奏》，《會編》卷 200，卷 204，《要錄》卷 135 紹興十年五月己丑，卷 137 紹興十年七月癸卯。

2　當時京西路只剩不屬河南之地的滑、孟兩州沒有收復。

3　《要錄》卷 144 紹興十二年正月戊申。

4　《會編》卷 206，《要錄》卷 140 紹興十一年五月甲子。

5　《會編》卷 212，《要錄》卷 117 紹興七年十一月甲午，《建炎以來朝野雜記》甲集卷 18《紹興內外大軍數》。

6　《金佗稡編》卷 8《鄂王行實編年》，《會編》卷 219《林泉野記》，《中興小紀》卷 29，《皇朝中興紀事本末》卷 55。

十一天，即六月二十三日，王德領數千騎兵姍姍來遲，抵達順昌府，算是盡了策應之責，施即還軍。[1] 閏六月，張俊發兵北上，金朝宿州（治符離，今安徽宿州市）知州馬秦兵敗投降，亳州（治譙縣，今安徽亳州市）知州酈瓊率部逃遁，近乎兵不血刃，便佔領兩州。當地百姓激於愛國熱忱，「列香花迎軍」。不料張俊軍「虜掠良人妻妾，奪取財物，其酷無異金賊」，並在數日後班師，「民皆失望」。[2]

兩次不足道的小捷，邀賞卻是漫天討價。第一，張俊請求宋廷將王德和田師中升至僅次於節度使的正任承宣使；第二，張俊上報說，行營中護軍竟有四萬多人立「功」，須論「功」行賞。依火頭、輜重兵等佔全軍四分之一計，[3] 則上報的「有功之士」，竟佔戰士的三分之二。他的所作所為，連給秦檜出謀劃策的張嵲也憤憤不平，說張俊「不俟命而擅退師，使岳飛軍孤」，「何應罰而反賞」。[4]

其實，擅自退兵的指責，也冤枉了張俊。依宋高宗和秦檜的軍事部署，只「令張俊措置亳州」。[5] 如今張俊多取一個宿州，已屬錦上添花，焉有不賞之理。宋高宗既已偏心於張俊，自然須慷慨地滿足他的請求。

劉錡的部隊編成前、右、中、左、後、遊奕和選鋒七軍。順昌府解圍後，劉錡派左軍和右軍護送家屬、傷患及輜重等先行，按宋廷接二連三的命令，撤往鎮江府。[6] 劉錡本人率領剩下的一萬幾千人馬，留駐順昌府，既不違詔北進，也未遵命南撤。劉錡自順昌一戰成名，身價百倍，頗為躊躇滿志，事實上已無意於另立新功。

張俊如此，劉錡如彼，則中部戰場岳飛的孤軍深入，已成定局。

隨着光復地區的日益擴大，岳家軍的兵力也日益分散。宋高宗和秦檜以順昌府原屬京西路為藉口，令岳飛「分撥兵將，嚴為守備」，以接替劉

1　《會編》卷 201，《要錄》卷 136 紹興十年六月丙寅。

2　《會編》卷 204，卷 230，《要錄》卷 136 紹興十年閏六月丙戌，戊戌，庚子。

3　參見拙作《宋朝軍制初探》（增訂本）第八章第五節入隊和不入隊、隊外，中華書局，2011 年。

4　《紫微集》卷 25《為張俊乞賞繳奏狀》，《為王德田師中除正任承宣使繳奏狀》，《宋史》卷 445《張嵲傳》。

5　《金佗稡編》卷 2 高宗手詔。

6　《會編》卷 201。

錡全軍南撤後的防務。岳飛上疏反對，說自己的部隊分佈在陝州、虢州、西京河南府、鄭州、汝州、穎昌府、淮寧府、蔡州等廣大地域，還有軍隊派遣到河東、河北等路，懇請將劉錡一軍留在順昌府，「庶幾緩急可以照應」。[1] 岳飛還上奏要求將駐虢州的武起一軍撤回，把原屬陝西路的陝、虢兩州交付川、陝宣撫司管轄。由李興任河南府知府兼新設的河南府路安撫使，獨立負責本路防務。此外，蘄、黃、光三州的防務，也請撥還張俊的淮西宣撫司照管。[2]

由於岳飛面臨孤軍深入，而又兵力分散的不利態勢，開封府的金軍主力又近在咫尺，因此急於縮小防區，集中兵力。事實上，在收復西京河南府後，岳家軍已停止正面的推進，開始逐步向開封府附近集結兵力。完顏兀朮看到有機可乘，不待岳家軍集結完畢，搶先發動了大規模的反攻。

第六節　郾城和穎昌大捷

七月初，金朝都元帥完顏兀朮指揮的主力部隊，經過一個半月的休整，並增添了由蓋天大王完顏賽里等所率領的生力援軍後，[3] 傾巢而出，直撲郾城。在此之前，完顏兀朮還發付金軍家屬渡河北上，預作撤退的準備。[4] 總之，完顏兀朮在屢戰失利後，雖心虛膽怯，卻仍不甘心失敗，他利用閏六月後的「弓勁馬肥」有利時節，[5] 企圖作孤注一擲。

八日，有探事人報告岳飛，完顏兀朮督龍虎大王完顏突合速、蓋天大王完顏賽里、昭武大將軍韓常等將，統領精銳馬軍一萬五千多騎，披

1　《金佗稡編》卷 12《乞劉錡依舊屯順昌奏》。
2　《金佗稡編》卷 12《乞號令歸一奏》。
3　《靖康稗史箋證》之《青宮譯語》、《呻吟語》、《宋俘記》載，蓋天大王即完顏賽里，《金史》卷 70 有《宗賢傳》，據《金史》卷 135《國語解》，「賽里」意為「安樂」。又據《石林奏議》卷 12《奏乞立賞格募人擒捕兀朮等用事首領十三人劄子》載，完顏賽里最初「在濬、滑，以主簽軍」。
4　《金佗稡編》卷 12《乞乘機進兵劄子》，《金佗續編》卷 10《收復趙州獲捷照會楊沂中除淮北宣撫劉錡除宣撫判官》。
5　《金佗稡編》卷 2 高宗手詔。

掛着鮮明的衣甲，自北方趕來，距郾城縣只有二十多宋里路。顯然，這一萬五千人既是十幾萬大軍的前鋒，又是其精華，金軍中充當步兵的漢人簽軍，是沒有多少戰鬥力的。當時岳飛麾下只有背嵬軍和一部份遊奕軍，遊奕軍的另一部份則隨統制姚政駐守潁昌府。完顏兀術應是得到郾城兵少的情報，故親率主力進行突擊，企圖一舉摧毀對方的司令部。

岳飛深知將會有一場前所未遇的惡戰，以寡敵衆的硬仗，也堅信自己的將士能夠承受嚴酷的考驗。他首先命令岳雲率領背嵬和遊奕馬軍，出城迎擊。岳飛神色嚴毅，對兒子說：「必勝而後返，如不用命，吾先斬汝矣！」

當天下午，岳雲舞動兩杆鐵錐槍，揮軍直貫敵陣。雙方的騎兵開始激烈的鏖戰。岳家軍主要依靠繳獲的戰馬，裝備了相當規模的騎兵。[1] 其騎兵的數量和質量都勝過其他各支宋軍，能夠與金朝引以為驕傲的騎兵單獨周旋。在平原曠野上馳突，正是女真騎兵的長技。岳家軍不可能依託山險，也沒有憑藉城垣，卻是在最有利於女真騎兵發揮威力的地形，進行騎兵會戰。這在宋金戰爭中尚屬首次，也是郾城之戰不同於和尚原、仙人關、順昌等戰的特點。

金方的後續部隊源源不絕地擁來。岳雲的馬軍經過一個回合的戰鬥，打敗敵騎的一次衝鋒後，又招致更多的敵騎進行第二次衝鋒，舉行兩軍第二回合的戰鬥。形勢逐步發展到與完顏兀術「全軍接戰」的地步，[2] 金方十餘萬大軍先後開進戰場。楊再興要活捉完顏兀術，單騎衝入敵陣，殺金軍將士近百名。[3] 他自己也身中數十槍，遍體創傷，仍然戰鬥不止。

在戰鬥最激烈的時刻，黃塵蔽天，殺聲動地，岳飛親率四十騎突出陣前。都訓練霍堅急忙上前挽住戰馬，說：「相公為國重臣，安危所係，奈何輕敵！」岳飛用馬鞭抽了一下霍堅的手，說：「非爾所知！」他躍馬馳突於

1　《金佗稡編》卷 22《淮西辨》載，紹興十一年援淮西時，光背嵬「親軍」即有「八千餘騎」，郾城之戰時當亦接近此數。

2　《金佗續編》卷 10《獎諭郾城獲捷省劄》，《郾城獲捷支犒士卒省劄》。

3　《會編》卷 204，而《金佗稡編》卷 8《鄂王行實編年》，《要錄》卷 137 紹興十年七月己酉作「數百人」。

敵陣之前，左右開弓，箭無虛發。將士們看到統帥親自出馬，士氣倍增。[1]

女真騎兵的擅長是弓箭，然而宋朝發達的經濟技術條件，使岳家軍配備的弓弩射程更遠，穿透力更強。至於白刃近戰，更是女真騎兵之所短。女真騎兵能夠堅忍不拔地進行韌性戰鬥，然而岳家軍持續交鋒了幾十個回合，也毫無倦色和餒意。金軍慣用左、右翼騎兵，進行迂迴側擊。按宋時行陣術語，左、右翼騎兵稱「拐子馬」。[2]岳飛也指揮軍隊，運用巧妙的戰術，對付敵之兩翼拐子馬，「或角其前，或掎其側，用能使敵人之強，不得逞志於我」。[3]

完顏兀術眼見騎兵會戰不能取勝，焦躁萬分，下令將披掛「重鎧全裝」的「鐵浮圖」軍投入戰鬥。「鐵浮圖」軍也稱鐵塔兵，形容重甲騎士裝束得如同鐵塔一般，都是完顏兀術麾下精練的親兵。[4]此次「鐵浮圖」軍每三匹馬用皮索相連，「堵牆而進」，進行正面衝擊。由於金軍一反以左、右翼拐子馬迂迴側擊的慣技，「自謂奇計」。完顏兀術希圖以嚴整的、密集的騎兵編隊，擊潰對方較為散亂的騎兵。岳飛當即令步兵上陣，他們手持麻扎刀、提刀、大斧之類以步擊騎的利器，[5]專劈馬足。只要一匹馬仆地，另外兩匹馬就無法奔馳，「鐵浮圖」軍亂作一團。[6]岳家軍步兵與敵騎「手拽廝

1　岳飛親自出戰，《金佗稡編》卷8《鄂王行實編年》繫於十日，與《金佗稡編》卷16《郾城縣北并垣曲縣等捷奏》相牴牾，應為八日大戰時事。

2　《武經總要》前集卷7，《會編》卷201，卷202，卷244《金虜圖經》，《歷代名臣奏議》卷90呂頤浩奏，《水心別集》卷16《後總》，《琬琰集刪存》卷3李顯忠行狀，《宋朝南渡十將傳》卷1《劉錡傳》。

3　《紫微集》卷12梁吉等轉官制。

4　《會編》卷201，卷202，卷243《煬王江上錄》，《宋朝南渡十將傳》卷1《劉錡傳》，《宋史》卷377《陳規傳》，《石林居士建康集》卷1《聞兀術將過淮再遣晁公昂覘師》。《煬王江上錄》說，後金海陵王完顏亮遷都燕京時，仍有「鐵浮圖一十萬」隨行，但不作為親兵。浮圖即是寶塔之意。

5　《會編》卷215《征蒙記》，《鶴林集》卷20《邊備劄子》。麻扎刀為「制馬之具」，「以截其脛」。大斧在大儀鎮、柘皋等戰中也發揮很大威力。

6　《會編》卷202汪若海劄子載順昌之戰時，金軍「三人為伍，以皮索相連」，乃是「鐵塔兵」用於攻城，捨馬步戰。《金佗稡編》卷8《鄂王行實編年》所載，乃騎兵「貫以韋索，凡三人為聯」。岳珂所述，將「拐子馬」與「鐵浮圖」混為一談，係誤。據《晉書》卷107《石季龍載記》，慕容恪「乃以鐵鎖連馬，簡善射鮮卑勇而無剛者五千，方陣而前」，也與金軍此種戰術相似。《金佗稡編》卷2高宗手詔稱此戰「虜以精騎衝堅，自謂奇計」，應即是指採用三馬相聯的戰術。若僅用左、右拐子馬，此乃慣技，不可謂「奇計」。

劈」，殺得屍橫遍野，天色業已昏黑，金軍一敗塗地，狼狽潰逃。岳家軍在此戰中「戕其酋領」，還奪得二百餘匹戰馬。[1]

在此次大戰中，不僅梁吉等一大批武將，還有宣撫司幹辦公事韓之美，準備差遣楊光凝、吳師中等幕僚，都立有戰功。[2]

完顏兀術經歷此次失敗，仍不甘心，試圖反撲。十日下午，巡綽馬軍飛報宣撫司，說有金軍騎兵一千多人，徑來進犯郾城縣北的五里店。在這支金軍的後面，征塵滾滾，更不知有多少軍馬。岳飛當即率領軍馬出城，並差背嵬軍將官王剛，帶背嵬使臣五十多騎，組成一支精悍的軍官隊，前往偵察。

王剛等到達五里店，只見金軍已擺佈一字陣，其間有個敵將，身穿紫袍，當是頭領無疑。於是王剛根據擒賊先擒王的原則，率使臣們閃擊敵軍，大家揮舞兵刃，一擁而上，先把這名金將砍死。一千多名敵騎驚惶失措，如鳥獸散。岳家軍在敵屍和馬鬃上，分別摘到兩個紅漆牌，上面寫有「阿李朵孛堇」字樣，證明是敵方一個悍將。王剛以五十多騎殺退金軍一千多騎後，還乘勝追趕了二十多宋里，而後收兵。[3]

郾城之戰是空前的大捷，宋廷不得不在獎諭詔中，作出了極高的評價：

> 自羯胡入寇，今十五年，我師臨陣，何啻百戰。曾未聞遠以孤軍，當茲巨孽，抗犬羊並集之眾，於平原曠野之中，如今日之用命者也。蓋卿忠義貫於神明，威惠孚於士卒，暨爾在行之旅，咸懷克敵之心，陷陣摧堅，計不反顧，鏖鬭屢合，醜類敗奔。[4]

---

1 《金佗稡編》卷 2 高宗手詔，卷 16《龍虎等軍捷奏》，《宋會要》兵 14 之 30，《會編》卷 204，《要錄》卷 137 紹興十年七月己酉。據高宗手詔，可知岳飛另有一補充捷奏，今已佚失，故不知被戕金軍「酋領」為何人。

2 《紫微集》卷 12 梁吉等轉官制，韓之美轉官制，卷 13 楊光凝、吳師中轉官制。按梁吉等將只轉一官，屬戰功較小者，而戰功較大者已無轉官制傳世。

3 《金佗稡編》卷 16《郾城縣北并垣曲縣等捷奏》，《會編》卷 204。

4 《金佗續編》卷 4《郾城斬賊將阿李朵孛堇大獲勝捷賜獎諭詔仍降關子錢犒賞戰士》，《新安文獻志》卷 2《獎諭武勝定國軍節度使湖北京西宣撫使岳飛郾城勝捷仍降犒賞詔》。

第十四章　挺進中原

279

完顏兀朮慘敗之餘，雖不敢再窺伺郾城縣，卻仍想作一番掙扎。他以大軍插入郾城縣和潁昌府之間的臨潁縣（今河南臨潁縣），妄圖切斷岳飛和王貴兩軍的聯繫。

岳飛兵力不多，不能立即向臨潁縣發動進攻。他估計完顏兀朮可能會調轉兵鋒，攻打潁昌府，命岳雲率領一部背嵬騎兵，繞道急馳，前往增援。岳飛一方面加速調集兵力，另一方面還向順昌府的劉錡寫信求援，請求他的軍隊北上，參加會戰。

張憲等統制大約先後從淮寧府等地率部前來郾城縣。十三日，張憲奉命率領背嵬軍、遊奕軍、前軍，還有其他一些軍組成的雄厚兵力，挺進臨潁縣，尋求與完顏兀朮大軍決戰。

將官楊再興和王蘭、高林、羅彥、姚侑、李德等以三百騎為前哨。他們抵達臨潁縣南的小商橋時，與金方大軍猝然相遇。金軍進行包抄圍掩。儘管眾寡懸殊，楊再興也毫無懼色，率三百騎士奮不顧身地進行殊死戰。最後，楊再興與三百將士全部犧牲。金軍也支付了更慘重的代價，光被殺的即有二千餘人，其中包括萬夫長（忒母孛堇）撒八、千夫長（猛安孛堇）、百夫長（謀克孛堇）、五十夫長（蒲輦孛堇）等百餘人。[1]當時恰值大雨滂沱，溪澗裏都注滿了血水。[2]

完顏兀朮再無勇氣同張憲的大軍較量，他留下八千金兵守臨潁縣，自己帶領主力軍轉攻潁昌府。

十四日天明，張憲指揮的大部隊直逼臨潁縣，以摧枯拉朽之勢，掃蕩金軍，一直追過縣城三十多宋里。敵人或往潁昌府方向，或往開封府尉氏

---

1 據《會編》卷3，卷244《金虜圖經》，《金史》卷44《兵志》，金軍自五夫長、十夫長至萬夫長，有六級編制單位。《金佗稡編》卷8《鄂王行實編年》說殺「萬戶撒八字堇、千戶、百人長、毛毛可百餘人」，毛毛可即謀克之歧譯，似與百人長重複，然《宋會要》兵14之34也有類似記載，估計《鄂王行實編年》所載應包括五十夫長在內。

2 《會編》卷204，《要錄》卷137紹興十年七月乙卯稱楊再興等死於潁昌之戰，係誤。關於楊再興之軍職，紹興六年為副將，紹興十年時，《金佗稡編》卷2高宗手詔說明詞為「小校」，《要錄》卷137紹興十年七月己酉和《宋史》卷29《高宗紀》說為「統制」，《要錄》卷137紹興十年七月乙卯說為「將官」，估計他至多是「將官」中正將一級，如當一軍統制，不會只率三百騎前往巡綽。

縣方向逃跑。[1] 岳家軍獲得楊再興的戰屍，焚化以後，竟得箭鏃兩升，[2] 足見當日戰事之慘烈，捐軀之英勇。岳飛和將士們都痛悼不已，對三百猛士深致敬意。岳飛特地上奏，要求宋廷對楊再興、王蘭、高林等將追贈七官或六官。[3]

在張憲軍輕易取勝的當天上午，潁昌府也展開了大會戰。完顏兀術、鎮國大王和韓常，另有四名萬夫長，以騎兵三萬多騎，在城西列陣。接着，十萬名步兵也陸續到達戰場，大約由龍虎大王完顏突合速、蓋天大王完顏賽里等率領。金軍在舞陽橋以南擺開陣勢，橫亙十多宋里，金鼓震天。

戍守潁昌府的共有五個軍，然而除踏白軍外，中軍統領蘇堅在西京河南府，選鋒軍統制李道在外地，背嵬軍和遊奕軍的一部份又在郾城縣和臨潁縣，都不是全軍。王貴令統制董先率踏白軍，副統制胡清率選鋒軍守城，自己和姚政、岳雲等率中軍、遊奕軍與背嵬軍出城決戰。顯然，這又是一場以少擊衆的硬仗和惡戰。

二十二歲的虎將岳雲掄槍縱馬，率領八百名背嵬騎士，首先馳擊金軍。步兵也展開嚴整的隊列繼進，翼蔽馬軍，與敵軍左、右拐子馬搏戰。一方面依仗兵多勢衆，另一方面憑藉士氣勇銳，愈鬥愈烈。兩軍苦戰了整整幾十個回合，依然難分高低勝負。岳雲前後十多次出入敵陣，身受百餘處創傷。[4] 很多步兵和騎兵也殺得「人為血人，馬為血馬」。在最艱難的時刻，連宿將王貴也不免有些氣餒怯戰，岳雲以自己的堅定，制止了王貴的動搖，終於使全軍「無一人肯回顧者」。[5]

到了正午，守城的董先和胡清分別率領踏白軍和選鋒軍兩支生力軍，出城增援，戰局才很快得以扭轉。完顏兀術全軍潰敗。

潁昌大捷戰果輝煌，岳家軍殺敵五千多人，俘敵二千多人，馬三千多匹，金、鼓、旗、槍、器甲之類更是多得不計其數。完顏兀術的女婿、

1　《金佗稡編》卷 16《小商橋捷奏》。
2　《金佗稡編》卷 9《遺事》，《會編》卷 204，《要錄》卷 137 紹興十年七月乙卯。
3　《紫微集》卷 19 楊再興、王蘭、高林、羅彥、姚侑、李德等追贈制詞。
4　《金佗稡編》卷 9《遺事》，《諸子遺事》。
5　《金佗續編》卷 27 黃元振編岳飛事蹟。

統軍使、金吾衛上將軍夏姓萬夫長當陣被殺。副統軍粘汗孛堇身受重傷，抬到開封府後死去。岳家軍還殺死金軍千夫長五人，活捉渤海、漢兒都提點、千夫長王松壽，女真、漢兒都提點、千夫長張來孫，千夫長阿黎不，左班祗候承制田瓘等七十八名敵將。[1]

鄢城和潁昌兩戰，是岳家軍在第四次北伐中關鍵性的大捷。在孤軍深入，而兵力來不及集中的險境之下，岳家軍依靠將士的勇敢和技藝，經歷酷烈的戰鬥，熬過嚴峻的形勢，擊破敵軍的優勢兵力，終於邁入走向勝利的坦途。

完顏兀術自紹興元年後，親自經歷了和尚原、仙人關、順昌、鄢城和潁昌五次大敗，而最後兩戰又是在金軍完全得天時地利條件下的大敗。他率殘兵敗將奔回開封府，事實上已最後喪失還手之力；至於往後能否招架住岳家軍的進攻，也毫無把握。金軍在紹興十年以前，尚未和岳家軍進行過嚴重的較量，這回才真正領教了岳家軍的威力。金軍中從此流傳了一句著名的評語：

撼山易，撼岳家軍難！[2]

他們不得不承認，這是一支排山倒海般的攻勢不足以衝散的哀師，轟雷飛電般的重擊不足以摧毀的鐵軍。

劉錡的援軍出發了，可惜並非全軍，只是由雷仲和柳倪指揮的約數千步兵的偏師。他們按劉錡指令，沒有奔赴戰場，而是直奔開封府南部的太康縣。由於岳家軍已經擊潰了敵軍，他們到達太康縣後，不見金軍的

---

1 據《金佗稡編》卷 16《王貴潁昌捷奏》，當另有一補充捷奏，今已佚失。《金佗稡編》卷 8《鄂王行實編年》關於戰績的敘述，當另有所據，實際上應來源於補充捷奏。其中「殺其統軍、上將軍夏金吾（失其名）」，據《金史》卷 55，卷 57《百官志》，即是正三品統軍使、金吾衛上將軍，《王貴潁昌捷奏》稱「當陣殺死萬戶一人」，估計即是此人。《鄂王行實編年》「擒渤海、漢兒王松壽，女真、漢兒都提點、千戶張來孫」一句，在「王松壽」之上，應脫「都提點、千戶」五字，兩軍應為渤海人、女真人與原遼統治區漢人混合編組。《會編》卷 204，《要錄》卷 137 紹興十年七月乙卯載潁昌之戰，其中顯然有訛。
2 《金佗稡編》卷 9《遺事》，《金佗續編》卷 30 王自中《郢州忠烈行祠記》。

蹤影，即行撤回。其實，趁完顏兀朮大軍傾巢而出之機，主動乘虛直搗開封，方是積極進取的軍事謀略。然而在宋朝保守的消極防禦的軍事傳統影響下，劉錡似乎根本未作此考慮，他的謀劃只是出兵「牽制」敵勢而已。[1]

第七節　北方抗金義軍勝利出擊

在岳家軍正兵連戰皆捷的同時，插入敵後的奇兵，也與當地民眾密切配合，襲擊金軍，切斷道路，克復了很多州縣。

京東路的李寶和孫彥所部，是紹興十年同金軍交鋒的第一支岳家軍，時李寶軍有八千人。[2] 五月間，完顏兀朮大軍剛南侵時，李寶率眾來到故鄉興仁府一帶。他探聽到金軍有四個千夫長提領四千餘騎，到宛亭縣（今山東菏澤市西南）的荊堌埜營，便與孫定、王靖、曹洋等分兵兩路，在二十四日乘船夜襲金營。金軍因人困馬乏而酣睡，毫無戒備，僅在夢寐中被刀斧斫殺者，就有幾百人。待到金軍發覺遭受奇襲後，更是一片混亂，人不及甲，馬不及鞍，或被岳家軍所殺，或從河堤墜落，淹死在黃河。四名千夫長全部喪命，其中有一個叫「鶻旋郎君」，即是宗室完顏鶻旋，他的白旗上寫明其軍職為「都元帥越國王前軍四千戶」，是這支金軍的酋領。此外，岳家軍還繳獲戰馬達一千匹。

六月二日，金朝一名「金牌郎君」，按金朝官制，「金牌以授萬戶」，[3] 估計此人為宗室，姓完顏的萬夫長，督率自東京開封府以北發來的大隊人

1　《會編》卷 205《淮西從軍記》，《宋朝南渡十將傳》卷 1《劉錡傳》，兩書所載因誇張劉錡戰功而失實。自七月八日鄖城之戰至七月十四日潁昌之戰，為時僅七日。劉錡從接岳飛書信，到發兵至太康縣，為時已晚，不可能起到援助岳飛的作用。相反，雷仲和柳倪的偏師未遇金兵，恰好享受了岳家軍破敵的戰果。《三朝北盟會編》卷 205《淮西從軍記》和《宋朝南渡十將傳》卷 1《劉錡傳》都不載雷仲和柳倪軍與金軍交鋒，唯有《皇宋十朝綱要》卷 23 所載：「（七月）庚申，劉錡遣統制雷仲掩襲金人千戶樂也字董於太康縣圉鎮，連敗之。」只是與一金軍千夫長交鋒，且於十四日乙卯潁昌之戰後五天，即十九日庚申，顯然未對岳家軍自鄖城至潁昌的戰局起何作用。
2　《金佗稡編》卷 8《鄂王行實編年》。
3　《金史》卷 58《百官志》。

馬，企圖進行報復。李寶和孫彥率部迎頭痛擊，再次打敗金軍，追殺二十多宋里。金軍大批被殺傷，或被擁掩入黃河中淹死。岳家軍還繳獲了不少兵器和甲冑。[1]李寶一軍吸引了一部份金軍兵力，有力地支援了當時的順昌之戰。

忠義軍馬統制孟邦傑奉命掃蕩京西路大河以南的殘敵。他一舉攻克北宋皇陵所在的永安軍，[2]向西北的南城軍（治孟津，今河南偃師市北）推進。七月四日夜二更時分，孟邦傑的部將楊遇率領勇士，從軍城的北角攀登而上。金軍對來自北城的奇襲並無準備，亂作一團，被殺者有三千餘人，擁掩入水者不計其數。楊遇所部奪到鞍馬、舟船、器甲、弓箭、旗、槍等很多戰利品。一部份殘敵乘船逃過黃河。[3]

梁興自投奔岳飛後，大約在紹興六年冬或七年春，為實施岳飛當時的北伐計劃，又重返太行山區。由於北伐計劃遭受破壞而流產，梁興只能孤軍奮戰於敵後。紹興八年，他的隊伍遭受金將徐文的圍攻，[4]撤回鄂州。此次他和董榮等帶領兩支人馬北上，形勢已根本改觀，兩河地區幾乎到處是起義的烽火、抗金的義旗。

梁興、趙雲、李進和董榮、牛顯、張峪率領的兩支隊伍，途經伊陽等縣，[5]在七月一日到達西京河南府以西的黃河沿岸，二日清晨渡黃河。他們逐走河北岸的三十多名金朝騎兵，追趕到絳州垣曲縣。梁興和董榮先禮後兵，「張榜說諭」，敵人「不肯歸降」。岳家軍便絞縛雲梯，捷足登城，殺散守軍，活捉千夫長劉來孫等十四人，奪取戰馬一百多匹以及器仗之類。[6]

四日，梁興和董榮兩軍揮戈東向，前往京西路孟州王屋縣（今河南王屋），在酉陽和邵源兩地紮營。當即有漢兒軍張太保等帶六十多人投誠。五日，梁興和董榮兩軍攻破東陽敵寨，直逼縣城。守城金軍不敢抵抗，棄

1　《金佗稡編》卷19《鶻旋郎君捷報申省狀》，《會編》卷200，《要錄》卷135紹興十年五月辛卯。《會編》所載與捷報頗有出入，應以捷報為準。

2　《金佗續編》卷28《吳拯編鄂王事》，《會編》卷208《林泉野記》。

3　《金佗稡編》卷16《復南城軍捷奏》。

4　《金史》卷79《徐文傳》。

5　《金佗稡編》卷12《李興吳琦轉官告乞付軍前給降奏》。

6　《金佗稡編》卷16《郾城縣北并垣曲縣等捷奏》

城而逃。岳家軍乘勝趕過縣城，追奔二十多宋里，殺敵三十多人，繳獲到八匹戰馬和其他戰利品。梁興等令當地「百姓首領」王璋等五十多人，負責召集人民，守衛縣城。

六日，他們又挺進至濟源縣（今河南濟源市）西的曲陽。金將高太尉率領五千餘人馬前來，雙方血戰了整個上午。金軍大敗，在十多宋里的路上橫屍遍野，遺棄的刀、槍、旗、鼓等器械無數。梁興和董榮等正待收兵休整，高太尉又帶領懷州、孟州（治河陽，今河南孟州市）和衛州發遣的一萬多人馬，進行反撲。梁興、董榮和兩軍將士「不顧死生」，忍受疲勞，又浴血奮戰了一個下午，再敗高太尉，殲滅敵人步軍十分之八，活捉一百多人，奪取戰馬、騾、驢等二百多匹。因連日鏖戰，梁興和董榮兩軍的傷患很多，於是暫往濟源縣北十多宋里的燕川「歇泊下寨」。[1]

由於民眾的配合和支援，梁興等部的聲勢愈益壯大。在河東路，他們攻佔了絳州翼城縣（今山西翼城縣）、澤州沁水縣（今山西沁水縣）等地，殺金朝千夫長阿波那孛堇。在河北路，梁興等軍又深入懷州和衛州地界。[2]

河北路衛州的岳家軍忠義統制趙俊出兵北上，會合另一忠義統制喬握堅的隊伍，收復慶源府。[3]磁州、相州、開德府、冀州（治信都，今河北冀州市）、大名府、[4]澤州、隆德府、平陽府、絳州、汾州（治西河，今山西汾陽市）、隰州（治隰川，今山西隰縣）等地民眾也都揭竿而起，「期日興兵」。

王忠植領導的河東路人民抗金武裝，克復了嵐州、石州、保德軍（今山西保德縣）等十一州軍，活躍於河東路的北部。[5]陝西忠義統制吳琦也派

1　《金佗稡編》卷 16《河北潁昌諸捷奏》，《金佗續編》卷 28《吳拯編鄂王事》，《會編》卷 208《林泉野記》。
2　《金佗續編》卷 11《令契勘梁興見今措置事宜開具申聞省劄》，《會編》卷 207《岳侯傳》，卷 208《林泉野記》。
3　《金佗稡編》卷 12《乞乘機進兵劄子》，《金佗續編》卷 10《收復趙州獲捷照會楊沂中除淮北宣撫劉錡除宣撫判官》。
4　《金史》卷 87《僕散忠義傳》。
5　《會編》卷 204，《要錄》卷 133 紹興九年冬，《宋史》卷 448《王忠植傳》，《紫微集》卷 18 追贈王忠植制詞。《金史》卷 77《宗弼傳》說，岳飛「復出兵涉河東，駐嵐、石、保德之境」。按岳家軍並未到達河東路北部，王忠植亦未受岳飛指揮，《宗弼傳》所載可能是指王忠植抗金義軍使用岳飛旗號，或因岳家軍為抗金之重心，故將與岳飛無關的軍事行動亦歸之岳飛。

統領侯信渡河，攻劫金軍在中條山柏梯谷的營寨，殺敵和俘敵各二百多人，奪馬二十多匹。接着，侯信又轉戰到解州境內，破金軍七千多人，俘敵五百多人，奪馬五十多匹，器甲七百多件，斬金將千夫長乞可。[1]

　　梁興的報告遞發到岳飛的宣撫司，說：

> 河北忠義四十餘萬，皆以岳字號旗幟，願公早渡河。[2]

　　父老百姓們也都爭先恐後地牽牛挽車，「以饋義軍」。金朝自燕山以南，「號令不復行」。岳家軍和北方民眾抗金義軍相互配合，協同作戰，這在中國古代軍事史上蔚為奇觀。只有在女真貴族強制對廣大漢人剃頭辮髮，推行奴隸制等特殊的歷史條件下，才會出現如此波瀾壯闊的愛國壯舉。

第八節　朱仙鎮之戰

　　金朝女真貴族在以岳家軍為中堅的宋軍，以及北方抗金義軍的痛擊下，銳氣喪盡，軍心渙散。都元帥完顏兀朮仍企圖在北方強行簽軍，卻已難以再抓到兵夫，他哀歎說：「我起北方以來，未有如今日屢見挫衄！」[3]

　　龍虎大王完顏突合速的親信、姓紇石烈的合扎（親軍）千夫長，還有張仔、楊進等金將，都密受岳飛的旗和榜，主動率部投誠，紇石烈千夫長更改用漢姓漢名高勇。[4] 以勇悍著稱的昭武大將軍韓常，在順昌戰敗後，

1　《會編》卷 204，《要錄》卷 137 紹興十年八月戊寅，《宋會要》兵 14 之 32—33，《紫微集》卷 12 侯信轉官制。
2　《金佗續編》卷 14《忠愍諡議》。
3　《金佗續編》卷 14《忠愍諡議》，《會編》卷 202 汪若海劄子。
4　《金佗稡編》卷 8《鄂王行實編年》原作「忔查千戶高勇」。據《金史》卷 44《兵志》，「合扎者，言親軍也」。「忔查」和「合扎」為女真語之歧譯，此千夫長必是女真人無疑。據《金史》卷 135《金國語解》，《會編》卷 3，女真姓「紇石烈」和「那懶」的相應漢姓為「高」，今姑取其一。

曾被完顏兀朮以柳條鞭撻九十。[1] 此次潁昌之戰，完顏兀朮的女婿夏姓統軍使、萬夫長被殺，使他更不敢回軍開封府。韓常屯軍在潁昌府北的長葛縣（今河南長葛市東北），派密使向岳飛請降。岳飛派賈興回報，表示允許。

岳飛為大河南北頻傳的捷報所鼓舞，他對部屬說：

今次殺金人，直到黃龍府，當與諸君痛飲！[2]

岳飛曾經憂慮各支大軍不能協同，影響戰局；如今則勝券在握，必欲光復舊物，犁庭掃穴，以大快人心。

經過三日休整，岳家軍開始向開封府進兵。七月十八日，駐臨潁縣的同提舉一行事務張憲同徐慶、李山、傅選、寇成等諸統制，率領幾個軍的兵力，往東北方向進發。路上遭遇金人騎兵六千，張憲命眾統制以馬軍衝鋒，很快擊潰敵軍，追殺十五宋里，「橫屍遍野」，繳獲戰馬一百多匹。[3] 王貴也自潁昌府發兵，五十四歲的牛皋率領左軍，在進軍路上打敗敵軍，戰功卓著。[4]

完顏兀朮以十萬大軍，駐紮於開封府城西南四十五宋里的朱仙鎮，希圖再次負隅頑抗。岳家軍北上，到距離朱仙鎮四十五宋里的尉氏縣（今河南尉氏縣）駐營，「南有南營，北有北營，東有小寨，西有大營」，作為「制勝之地」。[5] 岳家軍前哨的五百背嵬鐵騎抵達朱仙鎮，雙方一次交鋒，敵

1　《會編》卷 201，卷 202。

2　《金佗續編》卷 14《忠愍謚議》。黃龍府為今吉林省農安縣。鄧廣銘先生認為，岳飛所說的黃龍府其實是指燕京，參見《「黃龍痛飲」考釋》，載《鄧廣銘全集》第 8 卷；祖慧先生認為，黃龍府是宋人泛指遼金統治中心，其實是指金朝上京會寧府，參見《「黃龍府」再考》，載《岳飛研究》第 3 輯。筆者贊同後一說。

3　關於此戰金軍兵力，《金佗稡編》卷 16《臨潁捷奏》作「約五千騎」，《金佗稡編》卷 8《鄂王行實編年》作「六千」，「五」與「六」當有一字刊誤，今姑從後者。

4　《宋史》卷 368《牛皋傳》。

5　《嘉靖尉氏縣志》卷 1《保分》，卷 2《遊寓》載，約四百年後，當地仍保留了「岳寨保、南營保、北營保」的紀念地名。

人即全軍奔潰。[1]女真騎兵的士氣全靠進攻維繫，在迭受挫敗之餘，終於落到不堪一擊的地步。

完顏兀朮最後只剩下一條路，放棄開封府，準備渡河北遁。[2]被拘留的宋使洪皓在家書中說：

> 順昌之敗，岳帥之來，此間震恐。[3]

宋高宗曾在給岳飛手詔中憂慮「恐至高秋馬肥，不測冢突」，「至秋則彼必猖獗」。[4]如今事實證明，岳家軍已完全打破了以往的戰爭常規，正是在女真騎兵最活躍的時節和地形，大敗敵人。金朝女真貴族惶恐萬狀，而又一籌莫展。

十二年前，岳飛被迫隨杜充撤離舊京的情景，尚記憶猶新；如今用民衆迎勞之壺漿，以洗滌恥辱的時刻終於來臨。十三年前，宗澤「過河」的吶喊，尚縈繞岳飛耳際；如今用將士慶功之美酒，以慰藉英靈的時刻也終於來臨。開封高大的城垣，宏麗的宮殿，縱橫交錯的街道，對岳家軍說來，已是可望而可及。

---

1 《會編》和《要錄》不載朱仙鎮之戰，說潁昌戰後，岳飛即停止進兵，準備班師。今存此戰的最早記錄見於《金佗稡編》卷8《鄂王行實編年》。據《宋史》卷368《牛皋傳》，「飛命皋出師，戰汴、許間」，即開封府與潁昌府之間，「功最」。又《金佗續編》卷14岳霖等《賜諡謝表》：「鼓行將入於京都。」證明《會編》和《要錄》所載不確，《鄂王行實編年》所載應有所據，朱仙鎮之戰未必出自岳珂杜撰。前引《嘉靖尉氏縣誌》卷1《保分》，卷2《遊寓》的記載，更提供了此戰的有力旁證。
2 《金佗稡編》卷8《鄂王行實編年》。又《金史》卷77《宗弼傳》載岳飛「出兵」後，「宗弼遣孔彥舟下汴、鄭兩州」，此實為岳飛班師後之重佔開封府，可與《鄂王行實編年》之說互相印證。
3 《鄱陽集》拾遺《使金上母書》。
4 《金佗稡編》卷2高宗手詔。

第十五章

功廢一旦

第一節 十年之力 廢於一旦

古代的通信技術十分落後，而戰爭形勢往往瞬息萬變，故皇帝對遠征的將帥實行遙控，一般是不適宜的。但是，軍事上十分保守和怯弱的趙宋皇朝，又將遙控視為防範武將、維護皇權的家規。有時，甚至連作戰的陣圖都須皇帝親授，前方每一項軍事行動都須稟命而行，把將帥們隨機應變的主動權剝奪乾淨。

宋代最快速的馬遞是金字牌，用一宋尺多長的朱漆木牌，上寫金字：「御前文字，不得入鋪。」用驛馬接力傳送，不得入遞鋪稍事停留。凡皇帝發下急件，用金字牌傳遞，日行五百宋里。臣僚發給朝廷急件，另用「急遞」，日行四百宋里。[1]事實上，紙面規定日行四百或五百宋里的速度往往達不到，這是由戰爭、道路條件、氣候等多種因素造成的。岳飛自鄂州或前方發往「行在」臨安府的急遞奏狀，行程須十日以上；臨安府行朝用金字牌傳遞詔令，一個來回，約需二十日左右。[2]鑒於如此長的往返時間，宋高宗在手詔中也曾說「朕不可以遙度」，「兵難遙度」等語。[3]但是，為了貫徹他的意圖，有時又非「遙度」不可。

宋廷命李若虛制止岳飛出師未成。宋高宗便又命令岳飛在攻佔蔡州和淮寧府後，於閏六月底終止軍事行動，「輕騎一來相見」。[4]岳飛卻繼續提兵

---

1 《夢溪筆談》卷 11，《宋會要》方域 10 之 25，52，11 之 9，17，20。戲曲、小說之類往往將金字牌作為令牌，實屬誤解。

2 《鄂國金佗稡編校注》卷 8 紹興十年「未幾，所遣諸將」一段注 5，「時大軍在潁昌」一段注 2，「兀術怒其敗」一段注 4，「捷聞，上劄曰」一段注 1，紹興十一年「春正月」一段注 6，「初九日」一段注 2 兩處。

3 《金佗稡編》卷 2 高宗手詔。

4 《金佗稡編》卷 2 高宗手詔。

北上，長驅中原，使宋高宗和秦檜惶惶不可終日。

宋高宗對戰爭前途心存兩怕，一怕全勝，二怕大敗。如果全勝，則武將兵多、功高而權重，會威脅皇權。儘管岳飛再三真心誠意地表示，北伐成功後要解甲退隱，宋高宗總是疑神疑鬼。在他看來，岳飛紹興七年自行解職，奏請建儲等事，不是證明岳飛居心叵測嗎？倘若大敗，則宋高宗有可能成為階下之囚，欲為臨安布衣而不可得。紹興元年以來宋軍的多次勝利，也不可能根除宋高宗的恐敵頑症，他始終對金方的力量估計過高，對宋方的力量估計過低。岳家軍節節推進，宋高宗在深宮中反而惴惴不安，因此，他在手詔中再三叮嚀岳飛，要避免與完顏兀術大軍決戰，「全軍為上」，「佔穩自固」，「必保萬全」。[1]

秦檜身為奸細，與抗金事業勢不兩立。然而兩個多月以來，各戰場傳來的是或大或小的捷報，而無敗報，這使他更急於要從中破壞。秦檜搗鬼有術，然亦有限，單憑他以三省、樞密院的省劄發號施令，對岳飛、韓世忠等官高權重的將帥並無多大約束力。根據若干年來形成的慣例，唯有宋高宗的親筆手詔，才對將帥們具有更大的約束力；而宋高宗的手詔也並非是他個人作品，往往是由他和宰執大臣一起商量，並由他們為之起草。[2]

到七月上旬，秦檜對各戰場的動態有一個基本瞭解。宋、金兩軍在東部和西部戰場處於拉鋸或膠着狀態，進展不大。中部戰場的張俊已經撤軍，唯獨岳家軍卻長驅猛進，攻勢凌厲。顯然，對金戰局的成敗，繫於岳家軍之進退。秦檜看準時機，也透徹瞭解宋高宗的心理，迫不及待地向宋高宗提出班師的建議，理由是岳飛「孤軍不可留」。[3]他還唆使殿中侍御史羅汝楫上奏說：

---

1 《金佗稡編》卷2高宗手詔。
2 《朱文公文集》卷95張浚行狀：「賜諸將詔旨，往往命公擬進，未嘗易一字。」《要錄》卷136紹興十年六月乙卯載，宋高宗命劉錡「擇利班師」的「御筆」，「其實宰相（秦檜）所擬也」。
3 《金佗稡編》卷8《鄂王行實編年》說，秦檜「先詔韓世忠、張俊、楊沂中、劉錡各以本軍歸，而後言於上，以先臣孤軍不可留，乞姑令班師」。按韓世忠班師晚於岳飛，楊沂中軍更是在岳飛班師後，方自臨安出發赴淮西。秦檜所謂「孤軍」，應是指中部戰場張俊軍已撤退，劉錡軍正待撤退，而岳飛以孤軍深入開封外圍的情勢。

兵微將少，民困國乏，岳飛若深入，豈不危也！願陛下降詔，且令班師。[1]

班師，一不至於大敗，二不至於全勝，正中宋高宗下懷。於是，宋高宗在七月八日或稍後，即郾城之戰大致同時，發出了第一道班師詔。

岳飛在七月五日，即郾城之戰前夕，上奏報告梁興、董榮、趙俊、喬握堅等部的勝利，並說：

臣契勘金賊近累敗衄，其虜酋四太子等皆令老小渡河。惟是賊　尚徘徊於京城南壁一帶，近卻發八千人過河北。此正是陛下中興之機，乃金賊必亡之日，若不乘勢殄滅，恐貽後患。伏望速降指揮，令諸路之兵火急並進，庶幾早見成功。[2]

此奏一去十餘日，並無一兵一卒進援的消息。待熬過郾城和潁昌兩次苦戰後，卻盼到一道班師詔，時值十八日，即張憲進行臨潁之戰的當天。岳飛不願，不忍，也不肯捨棄行將到手的勝果，他沒有下令終止向開封府的進軍，而是寫了一封「言詞激切」的奏章，反對「措置班師」，他說：

契勘金虜重兵盡聚東京，屢經敗衄，銳氣沮喪，內外震駭。聞之諜者，虜欲棄其輜重，疾走渡河。況今豪傑嚮風，士卒用命，天時人事，強弱已見，功及垂成，時不再來，機難輕失。臣日夜料之熟矣，惟陛下圖之。[3]

1　《會編》卷 207《岳侯傳》，《要錄》卷 137 紹興十年七月壬戌注。羅汝楫奏乃是概要，原文作「岳某」，當改為「岳飛」。

2　《金佗稡編》卷 12《乞乘機進兵劄子》，《金佗續編》卷 10《收復趙州獲捷照會楊沂中除淮北宣撫劉錡除宣撫判官》，宋廷回劄日期為七月十六日。《金佗稡編》卷 2 高宗手詔：「覽卿七月五日及八日兩奏。」前一奏即此奏。

3　《金佗稡編》卷 12《乞止班師詔奏略》。此奏已佚失，今僅存其概要。《金佗稡編》卷 3 高宗手詔：「得卿十八日奏，言措置班師，機會誠為可惜。卿忠義許國，言詞激切，朕心不忘。」即是指此奏。

隔了兩三日，大軍前鋒已進抵朱仙鎮，而岳飛卻在一天之內，接連收到十二道用金字牌遞發的班師詔。這十二道詔旨全是措辭嚴峻，不容改變的急令：大軍班師回鄂州，岳飛本人去「行在」臨安府朝見皇帝。宋高宗發手詔的時間，大約是在七月十日左右，正是他得到七月二日克復西京河南府捷報之時，就急忙作出喪心病狂的決定。[1]

岳飛遭受自紹興七年以來的又一次政治打擊，而此次打擊的份量要沉重得多。這個敢於藐視刀光、斜睨劍影的大丈夫，不禁悲憤地啜泣起來，他面東朝「行在」臨安府的方向再拜，說：

臣十年之力，廢於一旦！非臣不稱職，權臣秦檜實誤陛下也。

岳飛終於領悟到一條真理，朝廷是決不允許他抗金成功的。他只能作出一生最痛心的決定，下令班師。

撤軍令自然嚴重影響了岳家軍的軍心和士氣。原來將士們與家屬相約，不破金軍不團圓，如今卻功敗垂成，中途折回，又有何面目見人。岳飛看到自己這支在強敵面前不屈不撓、毫無愧色的雄師，居然變得行伍不整，「旌靡轍亂」，真是心如刀割，半天不說一句話，最後，他長歎一聲：「豈非天乎！」[2]

岳飛夜宿荒村野寺，與部將們相對而坐，久久沉默不語，他突然發問：「天下事竟如何？」衆人都不願再說什麼，唯獨張憲回答：「在相公處置耳！」[3]然而他的勸勉未能使岳飛產生回師的勇氣。

岳飛的退師，使京西的百姓大失所望，很多人聞訊攔阻在岳飛馬前，邊哭邊訴，說：「我等頂香盆，運糧草，以迎官軍，虜人悉知之。今日相公

1　關於十二道班師詔之說，最早見於《會編》卷 207《岳侯傳》，而《金佗粹編》卷 1 至卷 3，《金佗續編》卷 1 所保存的八十六份高宗手詔中，並無十二道班師詔。據《金佗續編》卷 13《給還御劄手詔省劄》，《夷堅甲志》卷 15《辛中丞》，宋高宗給岳飛的手詔原有「數百章」，今已大部佚亡。從岳飛七月十八日上奏的語氣看，無十二道班師詔發佈最嚴厲的命令，他是不會放棄垂成之功的。

2　《會編》卷 204，《要錄》卷 137 紹興十年七月壬戌。按岳飛撤軍時，「旌靡轍亂不整」，應有此可能。《宋史》卷 29《高宗紀》載「自郾城還，軍皆潰」，與史實不符，疑來源於秦熺《高宗日曆》之詆誣。

3　《會編》卷 207，《要錄》卷 143 紹興十一年十二月癸巳注引《中興遺史》。

去此，某等不遺噍類矣！」岳飛含淚取詔書出示眾人，說：「朝廷有詔，吾不得擅留！」

大軍撤至蔡州時，又有成百上千的人擁到衙門內外，其中有百姓，有僧道，也有書生。一名書生率眾人向岳飛叩頭，說：「某等淪陷腥膻，將逾一紀（十二年）。伏聞宣相整軍北來，志在恢復，某等跂望車馬之音，以日為歲。今先聲所至，故疆漸複，醜虜獸奔，民方室家胥慶，以謂幸脫左衽。忽聞宣相班師，誠所未諭，宣相縱不以中原赤子為心，其亦忍棄垂成之功耶？」岳飛又以班師詔出示眾人，大家都失聲痛哭。最後，岳飛決定留軍五日，以掩護當地百姓遷移襄漢。

大軍從蔡州南下，回到鄂州。岳飛本人在七月二十七日，率騎兵二千，取道順昌府，渡過淮河，前往「行在」臨安府。他上奏說，自己「恭依累降御筆處分，前赴行在奏事」。[1]

第二節　金軍重佔河南

完顏兀術原以為此次戰爭敗局已定，他夜棄開封城後，正準備渡過黃河，有個北宋時的無恥太學生卻要求進見，對完顏兀術說：「自古未有權臣在內，而大將能立功於外者。以愚觀之，岳少保禍且不免，況欲成功乎！」

完顏兀術經此人提醒後，決定暫不過河。他想起被殺的族叔完顏撻懶為金朝留下了奸細秦檜，決定加以利用。完顏兀術在迭遭挫敗之餘，開始了從主戰派到主和派的轉變。

岳飛撤兵的消息被證實後，完顏兀術喜出望外，立即整軍捲土重來。在前一階段的戰爭中，完顏兀術很不信任原偽齊降附的兵痞，除李成外，如孔彥舟之流「只單馬隨軍，並無兵權」。[2] 此時才利用了孔彥舟、徐文等

1　《金佗稡編》卷 12《赴行在劄子》，《金佗續編》卷 10《令疾速赴行在奏事省劄》，《會編》卷 207《岳侯傳》，《要錄》卷 137 紹興十年七月壬戌。據《鐵網珊瑚》書品卷 2《宋兩朝御劄墨本》引宋高宗賜楊沂中手詔：「得岳飛奏，措置班師。」可知岳飛「措置班師」原奏今已佚失。

2　《會編》卷 202 汪若海劄子。

人。完顏兀朮以孔彥舟為前鋒，重新回軍開封府。

岳飛部署「王貴等在蔡州」，[1] 在前沿尚留下少量部隊，是為掩護河南百姓南遷，並且接應大河以北梁興等軍撤退者。他們在兵力單薄、士氣受挫的情勢下，難以抵擋金方大軍的進攻。孔彥舟襲擊鄭州時，曾夜劫中牟縣敵營的準備將劉政不幸被俘。留駐西京河南府登封縣（今河南登封市）的孟邦傑，守汝州的郭清、郭遠等軍，也接着敗退。[2]

八月上旬，金朝翟將軍率部包圍淮寧府。新任知州趙秉淵一掃昔日的怯戰心理，勇敢地進行抵抗。岳飛派遣李山和史貴的部隊，劉錡派遣韓直的部隊，內外夾攻，打敗金軍。他們結束了岳家軍第四次北伐的最後一戰，然後撤兵。[3] 岳家軍作戰仍十分勇猛，小軍官楊興率領幾十人，在淮寧府沿河同數百敵騎接戰，楊興左臂中六箭入骨，「猶堅力向前」，從上午苦戰到下午，金軍死傷累累，最後被迫遁走。[4]

岳家軍的班師，使整個戰局發生逆轉。八月，韓世忠因久攻淮陽軍不克，也在宋廷的命令下撤軍了。[5]

宋高宗得到岳飛郾城之戰的捷報，特別是接到他七月十八日反對班師的上奏後，又略為回心轉意。七月二十五日，即岳飛班師後幾天，楊沂中的殿前司軍奉命自「行在」臨安府開赴淮南西路。宋高宗接着又發手詔，改令岳飛「且留京西，伺賊意向，為牽制之勢」。[6] 此類手詔當落筆之際，其實已成廢文。

八月中旬，楊沂中軍到達宿州，以五千騎兵夜襲臨渙縣（今安徽臨渙）柳子鎮，卻不見金軍蹤影。他得知金方以重兵埋伏於歸路，「遂橫奔而潰」。

1　《鐵網珊瑚》書品卷 2《宋兩朝御劄墨本》高宗賜楊沂中手詔。

2　《金史》卷 77《宗弼傳》，卷 79《孔彥舟傳》，《徐文傳》。

3　《會編》卷 204，《要錄》卷 136 紹興十年閏六月丙申載，張憲軍克淮寧府後，岳飛即命趙秉淵任知府，係誤。據《金佗稡編》卷 18《論劉永壽等棄淮寧府申省狀》，《差趙秉淵知淮寧府申省狀》，趙秉淵乃接替棄淮寧府之劉永壽，繼任知府。趙秉淵等戰淮寧府，據《金佗稡編》卷 9《遺事》，《會編》卷 204，卷 207《岳侯傳》，《要錄》卷 137 紹興十年七月壬戌，乙丑。

4　《紫微集》卷 17 楊興轉官制。

5　《要錄》卷 137 紹興十年八月乙亥，九月壬寅朔。

6　《金佗稡編》卷 3 高宗手詔。

金軍乘勝佔領宿州，因當地百姓歡迎過宋軍，遂恣意報復，大肆屠戮。[1]

紹興十年的宋金大戰，從順昌之戰開始，至宿州失陷告終。宋高宗和秦檜的戰略指揮，幫助了金軍重佔河南之地，使宋軍屢次大捷的輝煌戰果毀於一旦。

岳飛前往「行在」臨安府的路途已走了大半，又不斷接到宋高宗前後自相矛盾的手詔，還有秦檜以三省、樞密院名義遞發的省劄。儘管來回更改，最後仍是令他「疾馳入覲」，「赴行在奏事」。[2]他對此類詔劄，只能報以苦笑。當岳飛不斷聽到中原傳來的意料中的凶耗，不由悲憤地說：

> 所得諸郡，一旦都休！社稷江山，難以中興！乾坤世界，無由再復！[3]

岳飛以本軍單獨完成北伐的希望至此徹底幻滅。他八月到行朝，不願再說廢話，只是一心一意力請解除軍務。岳飛還懇辭新加的少保官銜，他痛切地說，「比者羯胡敗盟，再犯河南之地，肆為殘忍，人神共憤」。「今則虜騎寇邊，未見殄滅，區區之志，未效一、二。臣復以身為謀，惟貪爵祿」，「萬誅何贖」！[4]

在潁昌大戰中，岳雲「功先諸將」，但岳飛按照慣例，不予上報。宋廷查明後，承認「顯賞未行，殊非國典」，將岳雲升遷左武大夫、忠州防禦使。其升官制詞說，「成功行封，猶有遺者」，「大帥之子，能以勇聞。比從偏師，親與敵角，刈旗斬將，厥功為多」。岳飛仍然上奏力辭，說「父之教子，豈可責以近功」。「賞典過優，義不遑處」。[5]

宋高宗針對岳飛辭職的回詔說：

---

1 《會編》卷 204，《要錄》卷 137 紹興十年八月丁亥。《宋史》卷 367《楊存中傳》作「五百騎」。據《元豐九域志》卷 5，柳子鎮屬臨渙縣。

2 《金佗稡編》卷 3 高宗手詔，《金佗續編》卷 10《令疾速赴行在奏事省劄》。

3 《會編》卷 207《岳侯傳》。

4 《金佗稡編》卷 15《辭少保第五劄子》。

5 《金佗稡編》卷 9《遺事》，《諸子遺事》，卷 15《辭男雲特轉恩命劄子》，《紫微集》卷 16 岳雲轉官制。

未有息戈之期，而有告老之請。雖卿所志，固當在於山林；
而臣事君，可遽忘於王室？所請宜不允。[1]

儘管猜忌已甚，只因「未有息戈之期」，宋高宗還不敢順水推舟地削
奪岳飛的兵柄。岳飛無可奈何地返回鄂州。戰事看來尚須進行，結果無非
是今日收復一地，明日又放棄一地，養敵殘民，無補國事。捐軀者血沃中
原，肉肥廣野，作出了慘重的犧牲，自己的祖國卻南北分裂如故。岳飛每
念及此，真是心如刀割。

第三節　北方抗金義軍的失敗

宋朝的正規軍撤退了，而北方的愛國軍民卻依然在敵後苦鬥。

李寶軍在開德府一帶被金將徐文所敗，[2]被迫向南方轉移。抗金義軍在
廣濟軍奪取金人的綱船隊，擄獲很多銀、絹、錢、糧，乘船沿運河南下。
到達徐州（治彭城，今江蘇徐州市）時，李寶依曹洋的建議，襲擊一支前
往增戍的金軍，殺敵無數，捉住七十餘人當活口。這支義軍途經金朝前沿
要寨淮陽軍時，有賈姓知軍率數十騎追來，問為何人，李寶說：「我曹州潑
李三也，欲歸朝廷耳！」他引弓一發，賈知軍應聲中箭墜馬。

李寶率五千部兵到達楚州後，將七十多名俘虜交付韓世忠。韓世忠殷
勤款留，李寶截髮大哭，表示一定要還歸岳家軍。韓世忠只好寫信徵詢岳
飛的意見，岳飛回覆說：「是皆為國家報虜，何分彼此。」於是，李寶就在
韓世忠軍中正式任職。[3]

在京東，襲慶府奉符縣（金改為泰安州，今山東泰安市）「卒徒」張貴

1　《金佗續編》卷 4《潁昌捷後俄詔班師上章力請解兵柄致仕不允詔》。

2　《金史》卷 79《徐文傳》。

3　《金佗稡編》卷 9《遺事》，《會編》卷 204，《要錄》卷 138 紹興十年十月丙戌，《紫微
　　集》卷 12 李寶轉左武大夫和除遙郡刺史制。

領導的抗金義軍，被金將王伯龍所鎮壓。[1]

鎮守西京河南府的李興軍，屢次挫敗金將李成的反撲。李成無可奈何，請求完顏兀朮增援了大批軍馬。紹興十年九月，李興因眾寡不敵，放棄河南府城，轉移到永寧縣白馬山寨。李成在冬季圍攻山寨，李興揮兵夜焚敵營，一直追殺過洛水以北十八宋里，直至福昌縣三鄉鎮（今河南三鄉），[2]連戰克捷，李成逃竄，奔回河南府。紹興十一年（西元 1141 年）六月，李興組織軍民萬人南撤，在大章谷打退金朝幾千騎兵的邀擊，歷盡艱辛，直抵鄂州。宋廷命李興擔任左軍同統制，成為牛皋的副手。[3]

梁興、趙雲等人聞知大軍班師後，不肯渡河南撤，仍在大河以北與金軍作戰。他們轉戰各地，在大名府、開德府一帶，截取了金朝山東路的金、帛綱，河北路的馬綱。[4]梁興、趙雲等人出生入死，迭挫強敵，飽經磨難，在紹興十一年或紹興十二年（西元 1142 年）初，殺回鄂州。[5]

河北抗金義軍控制下的冀州和北京大名府，也相繼被金軍攻破。[6]

王忠植所率抗金義軍，奉川、陝宣撫司之命，轉移至陝西，解救被圍的慶陽府（治安化，今甘肅慶陽市）。他率部途經延安府（治膚施，今陝西延安市）時，不幸被叛將趙惟清所俘。金軍將王忠植押到慶陽城下勸降，他大聲疾呼：「我河東步佛山忠義人也，為金人所執，使來招降。願將士勿負朝廷，堅守城壁，忠植即死城下！」金朝元帥右監軍完顏撒離喝大怒，王忠植披襟高喊：「當速殺我！」遂慷慨就義。[7]

北方很多愛國軍民臨危不懼，以「勿負朝廷」互相勉勵。然而宋高宗和秦檜控制下的宋廷，卻置故土遺民於不顧。北方廣大的抗金義軍，因缺乏正規軍的支援，與金朝軍力對比懸殊，終於陷於失敗。

---

1 《金史》卷 81《王伯龍傳》。
2 據《金史》卷 25《地理志》，三鄉鎮屬福昌縣。
3 《會編》卷 204，卷 206，《要錄》卷 137 紹興十年八月壬午，九月戊申，卷 138 紹興十年十二月，卷 140 紹興十一年六月甲申，《宋史》卷 29《高宗紀》，《金史》卷 79《李成傳》。
4 《金佗續編》卷 11《令契勘梁興見今措置事宜開具申聞省劄》。
5 據《北山文集》卷 1《勘襄陽府疏》，在紹興十一年底或紹興十二年初，梁興已與選鋒軍統制李道共守襄陽府。《要錄》卷 82 紹興四年十一月丙寅注，卷 97 紹興六年正月癸酉注，《宋會要》儀制 10 之 20，33 載有梁興和趙雲在紹興十二年六月的自敘狀。
6 《金史》卷 87《僕散忠義傳》。
7 《宋史》卷 448《王忠植傳》，《紫微集》卷 18 追贈王忠植制詞。

第四節　三援淮西

金朝都元帥完顏兀術在紹興十年戰爭的最後階段，得到便宜，又趾高氣揚起來。紹興十一年春，他以重兵突入淮南西路。由於以往戰事中的損兵折將，此次金軍入侵，名為十三名萬夫長的編額，其實只有九萬餘人，[1]兵勢非復往年之盛。

宋朝在淮南西路有三支大軍，淮西宣撫使張俊有兵八萬人，淮北宣撫副使楊沂中有兵三萬人，[2]淮北宣撫判官劉錡有兵約二萬人，[3]總兵力超過其他各大戰區，完全足以抵禦金軍的進攻。但是，宋高宗每逢感到軍情緊急時，最急需的將帥還是岳飛。一道道金字牌傳遞的急件，如星飛電馳，直發鄂州的湖北、京西路宣撫司。宋高宗在手詔中用盡了甘言美語，「卿忠智冠世」，「朕素以社稷之計，倚重於卿」，「破敵成功，非卿不可」，「朝夕需卿出師之報」。[4]驚慌失措的神態，躍然紙上。

「一聞戰鼓意氣生，猶能為國平燕趙」。[5]岳飛恢復故土的希冀，似乎又有點死灰復燃了。他得到「虜酋將自壽春等處入寇淮西」的「探報」，尚未知金軍侵淮西之確訊，而更在宋高宗手詔下達之前，就主動上奏，請求「令臣提軍前去，會合諸帥，同共掩擊，兵力既合，必成大功」。[6]二月四日，岳飛又連發兩奏，說「虜既舉國來寇，巢穴必虛，若長驅京、洛」，「勢必得利」。這當然是出奇制勝的上策，中國軍事史上早有「圍魏救趙」的成功戰例。雖然金將李成帶領一萬五千多人駐守蔡州，[7]也決非是岳家軍的對手。但是，岳飛素諳宋高宗的脾胃，估計到皇帝決不會接受此策，故又於當日第二奏中提出了中策，他說，「虜知荊、鄂宿師必自九江進援」，

1　《金佗續編》卷 11《照會四太子勾諸處軍馬攻打楚州省劄》。

2　《會編》卷 205，《要錄》卷 139 紹興十一年正月己巳，《宋史》卷 367《楊存中傳》。

3　《會編》卷 205《淮西從軍記》，《要錄》卷 139 紹興十一年正月己未。

4　《金佗稡編》卷 3 高宗手詔。

5　《劍南詩稿》卷 3《老馬行》。

6　《金佗稡編》卷 12《乞會諸帥合兵破敵奏》。

7　《金佗續編》卷 12《照會虜賊韓常等犯界省劄》。

「乞且親至蘄、黃，相度形勢利害，以議攻卻」，「貴得不拘，使敵罔測」。[1] 岳飛認為，本軍若改由蘄州和黃州一帶渡江，出敵不意，或可收腹背夾擊之效。果然不出岳飛所料，宋高宗看到「長驅京、洛」的奏章，當即回絕：

備悉卿意，然事有輕重，今江、浙駐蹕，賊馬近在淮西，勢所當先。

在另一道手詔中，宋高宗批准了岳飛的中策。[2]

由於公文往返頗費時日，在宋高宗寫這兩份手詔前，岳飛已於二月九日，接到宋高宗在正月二十九日發出的第一份援淮西手詔，立即上奏，報告本軍「擇定十一日起發，往蘄、黃、舒州界」。這是岳家軍第三次馳援淮西，「見苦寒嗽」的岳飛，親率八千多背嵬鐵騎，以為前驅。[3]

十八日，岳家軍尚未趕到戰場，淮西的宋、金兩軍已在無為軍巢縣（今安徽巢湖市）西北的柘皋鎮，[4] 舉行了大規模的會戰。此戰的特點是兩軍的主將張俊和完顏兀術都未親臨戰場。張俊在名義上是主將，其實與楊沂中、劉錡各自成軍，「不相節制」，只是各軍進退由他一人決定。[5] 王德隸屬張俊後，任都統制，張俊多少有點自知之明，故讓王德負責戰場指揮。[6] 張俊素來怯戰，他未親臨戰場，在某種意義上是成全了這次會戰。[7] 完顏兀術此次出兵，其副手是元帥左監軍、龍虎大王完顏突合速和五太子、邢王完

1 《金佗稡編》卷 12《乞出京洛奏略》，《乞出蘄黃奏略》，兩奏原文已佚，今僅剩概要。
2 《金佗稡編》卷 3 高宗手詔。
3 《金佗稡編》卷 3 高宗手詔，卷 22《淮西辨》。據《宋史》卷 29《高宗紀》，宋高宗第一份令「岳飛進兵江州」的手詔發於正月二十九日己巳。又岳飛出師後，宋高宗於二月「十七日」，方接到岳飛二月四日兩奏，並發兩份回詔。
4 據《元豐九域志》卷 5，柘皋鎮屬巢縣。
5 《會編》卷 205《淮西從軍記》。
6 《要錄》卷 136 紹興十年閏六月戊戌。
7 《會編》卷 205《淮西從軍記》，《要錄》卷 139 紹興十一年二月丁亥，《宋會要》兵 14 之 34，《宋史》卷 368《王德傳》，卷 369《張俊傳》，《宋朝南渡十將傳》卷 6《張俊傳》等明確記載張俊未參加此戰。《會編》卷 205，卷 219《林泉野記》，《海陵集》卷 23《張循王神道碑》等載張俊親自參戰，係誤。

顏阿魯補（漢名宗敏），[1] 而柘皋的金軍由完顏阿魯補、韓常等指揮，完顏突合速亦未參戰，參戰兵力估計應只有幾萬人。[2] 宋方有楊沂中、劉錡兩軍，另加王德所率行營中護軍的一部份，參戰兵力估計在十萬上下，比金軍佔有優勢。雙方接戰後，金兵依舊用左、右翼拐子馬奔突進擊，宋方的步兵揮長柄大斧迎戰，打敗了金軍。這也是一次激烈的鏖兵。

柘皋戰勝後，金軍退出廬州。張俊根據不確實的情報，以為敵人已經退兵，命令劉錡軍渡江回太平州，自己準備和舊部屬楊沂中「耀兵淮上」，再行班師，其實是企圖排擠劉錡，獨吞戰功。[1] 岳飛兵臨廬州，也接到張俊的咨目，說敵軍已退，「前途糧乏，不可行師」，實際上是給這支客軍下逐客令。岳飛明白張俊的居心，就退兵舒州，上奏宋廷，請宋高宗決定進止。[4]

不料完顏兀朮為了報復，用酈瓊之計，以孔彥舟作先鋒，在三月四日，即張俊令劉錡班師的前一日，已急攻濠州（治鍾離，今安徽鳳陽縣）。[5] 濠州的流星馬前來告急求援，方驚破了張俊的美夢，他立即召回業已南撤的劉錡軍，共同進兵北上。三月九日，張俊、楊沂中和劉錡約十三萬大軍趕至黃連埠，距濠州城尚有六十宋里，便接到八日州城陷落的消息。[6] 金兵破城後，大肆燒殺剽掠，驅擄居民而去。張俊得到探報，說濠州已無金兵，又希圖去空城耀武揚威一番，以掩飾赴援不及的窘態。他命王德和楊沂中率「兩軍所選精銳」六萬人，包括二千餘騎前往。不料遭金軍伏擊，楊沂中和王德隻身逃回，部衆大部被殲，沿途遺棄的兵器和甲冑無

1　《金佗續編》卷 11《照會四太子勾諸處軍馬攻打楚州省劄》，《會編》卷 215《征蒙記》。據《金史》卷 69《宗敏傳》，邢王即完顏阿魯補。《會編》卷 18 說邢王乃金太祖第八子，另有「五太子」完顏窩裏混。《大金國志校證‧金國世系之圖》則說窩裏混「改名宗敏」。《宋會要》兵 14 之 34 有「五太子生兵」之語，《金史》中並無完顏窩裏混的記載，「五太子」和邢王估計為同一人。

2　《要錄》卷 139 紹興十一年二月丁亥。按宋方記載，包括《江蘇金石志》卷 11《少保王公神道碑》說金方參戰兵力十餘萬，乃誇張失實。金軍入淮西總計九萬餘人，參戰者僅部份兵力，應只有幾萬人。

1　《會編》卷 205《淮西從軍記》。

4　《金佗稡編》卷 3 高宗手詔，卷 22《淮西辨》。

5　《金佗稡編》卷 3 高宗手詔，《會編》卷 205，《要錄》卷 139 紹興十一年三月癸卯，《金史》卷 79《孔彥舟傳》。

6　《會編》卷 205《淮西從軍記》。《宋朝南渡十將傳》卷 1《劉錡傳》作「至黃蓮埠」，「頓兵不進，濠州失守」，與前一說有異。

數。在黃連埠的張俊和劉錡聞訊後，也拔寨南撤。[1]

韓世忠奉命自楚州率軍趕到濠州時，敗局已無可挽回。金軍企圖阻遏他的歸路，韓世忠軍且戰且退，全師而還。[2]

尚在舒州待命的岳飛，[3] 得知戰局變化的某些消息，宋高宗一份三月一日發出的手詔，又令他「盡行平蕩」，「以除後患」，[4] 就統兵倍道兼程北上。行軍途中，岳飛先後接到張俊和韓世忠兩軍的凶耗，悲憤的心情再也難以克制，一句跡近「指斥乘輿」，即責罵皇帝的話，便奪口而出：「國家了不得也，官家又不修德！」實際上，這正是他鬱結半年有餘的心聲。

岳飛還怒衝衝地對張憲說：「似張家人，張太尉爾將一萬人去跐踏了。」他又指著董先說：「似韓家人，董太尉不消得一萬人去跐踏了。」此類氣話無非是埋怨張俊和韓世忠兩軍「不中用」。[5] 十二日，岳家軍抵達濠州以南的定遠縣，金軍聞風渡淮北撤。

兒戲似的淮西之戰結束了，宋軍先勝後敗，張俊負有不可推卸的責任。但他回朝後，卻反誣劉錡作戰不力，岳飛逗遛不進，以求推諉罪責。[6] 宋高宗和秦檜自然完全偏袒張俊。秦檜的黨羽更是一哄而起，蜚短流長，對岳飛竭盡詆謗、中傷之能事。[7]

1　關於濠州之敗，參見《會編》卷 205，卷 205《淮西從軍記》，《要錄》卷 139 紹興十一年三月丁未，戊申，《宋朝南渡十將傳》卷 1《劉錡傳》，《宋史》卷 366《劉錡傳》，卷 367《楊存中傳》。

2　關於韓世忠在濠州之敗退，《會編》卷 217 韓世忠神道碑，《宋會要》兵 14 之 34—35 載韓世忠捷報，乃諱敗而虛報無疑。今據《會編》卷 205，卷 236，《要錄》卷 139 紹興十一年三月辛亥，卷 193 紹興三十一年十月戊午，《江湖長翁文集》卷 27《上趙丞相劄子》。

3　《要錄》卷 139 紹興十一年三月庚戌，秦檜奏稱岳飛軍已退至與舒州對江的池州，係誤。據《金佗稡編》卷 3 高宗最後一份援淮西手詔，只說岳飛「往來廬、舒間」，根本未提池州。

4　《金佗稡編》卷 3 高宗手詔。

5　《金佗稡編》卷 24《張憲辨》，《建炎以來朝野雜記》乙集卷 12《岳少保誣證斷案》。

6　《會編》卷 219《林泉野記》，《要錄》卷 141 紹興十一年七月甲寅，《宋史》卷 366《劉錡傳》。

7　關於岳飛三援淮西，《會編》卷 205，《要錄》卷 139 紹興十一年三月庚戌等記載，基本上承襲了張俊等人的誣謗。《金佗稡編》卷 3 提供了宋高宗十五道手詔的原文，卷 22《淮西辨》也對史實真相作了有說服力的澄清。但是，岳珂的記述和辯白也有個別誇張失實之處。如《金佗稡編》卷 8《鄂王行實編年》說岳飛「師至廬州」，金軍「望風遠遁」，而廬州乃是淮西宋軍乘柘皋之勝而收復的。

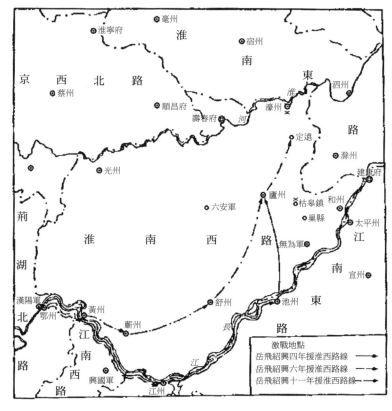

淮西形勢圖

第五節　削除兵權

　　害怕諸大將久握重兵，跋扈難制，這是宋高宗和宰執們始終藏於胸臆的隱憂。張浚和趙鼎任相時，「屢欲有所更張，而終不得其柄」。[1] 王庶任樞密副使，曾令韓世忠和張俊的部將分兵移屯，為張俊所覺察，託人向王庶傳話，表示反對。[2] 秦檜獨相後，向宋高宗「乘間密奏」，說各行營護軍目

1　《要錄》卷 169 紹興二十五年十月丙申。

2　《要錄》卷 120 紹興八年六月乙亥，《中興小紀》卷 24 與《皇朝中興紀事本末》卷 44 引張戒《默記》。《要錄》此處稱張俊排行為「張十」，據《會編》卷 230，《要錄》卷 138 紹興十年十月丁亥注，《揮塵錄餘話》卷 2，《雞肋編》卷下和《中興小紀》與《皇朝中興紀事本末》，當作「張七」。

前號稱張家軍、韓家軍等，表明「諸軍但知有將軍，不知有天子，跋扈有萌，不可不慮」。宋高宗為此更「決意和戎」。[1] 罷大將兵權之事，雖醞釀多年，真欲付諸實施，其關鍵又在於「有息戈之期」。

淮西戰事雖暫時休止，陝西的爭奪正難分難解，吳璘軍直到當年九月，又贏得著名的剡灣之捷，[2] 其他地區的小仗也接連不斷。[3] 在表面上，似並「未有息戈之期」的徵象。然而宋高宗和秦檜通過各種渠道，已洞悉金方願和的底蘊，對偏安東南有了足夠的把握。七、八個月前，岳飛主動辭免兵柄，宋高宗尚無允准的膽量；如今他卻和秦檜接受范同之建議，[4] 準備主動地採取斷然措施。[5]

三月二十一日及稍後，宋廷發出省劄，「令岳飛先次遣發軍馬回歸」鄂州，本人由舒州往「行在」臨安府「奏事」。[6] 四月下旬，岳飛到行朝時，韓世忠和張俊已早到六、七日。宋高宗、秦檜及其心腹王次翁等十分焦急不安，只是成天用美酒和佳餚招待韓世忠和張俊，拖延時日。岳飛來到後，宋廷一面繼續在西湖為之舉辦盛筵，一面卻連夜起草制詞，發表韓世忠和張俊任樞密使，岳飛任樞密副使，留朝任職，明升暗降，削除兵權。宋朝歷史上第二次「杯酒釋兵權」終於實現了。岳飛保留少保的階官，其兩鎮節度使的虛銜和宣撫使、招討使、營田大使的實職同時撤銷。[7]

張俊率先表示擁護，帶頭交出所統行營中護軍，「撥屬御前使喚」。實

1　《鶴林玉露》甲編卷 5《格天閣》。

2　《會編》卷 206，《要錄》卷 141 紹興十一年九月辛亥，丙辰，癸亥，《琬琰集刪存》卷 1 吳璘神道碑，《宋史》卷 366《吳璘傳》。

3　如《金佗續編》卷 12《令體探賊馬侵犯光州速差兵應援省劄》，《令措置應援光州省劄》載光州之小捷，即為一例。

4　《要錄》卷 140 紹興十一年四月辛卯，《宋史》卷 380《范同傳》，卷 473《秦檜傳》。

5　據《會編》卷 206，《要錄》卷 141 紹興十一年九月戊申，乙卯，《金史》卷 4《熙宗紀》，卷 60《交聘表》，卷 77《宗弼傳》，宋金雙方正式互通國書議和，始於紹興十一年九月，而暗使往返應早於此。宋高宗若無和議的把握，決不敢自三月、四月始，便採取一系列自壞長城的斷然措施。

6　《金佗續編》卷 12《令權暫駐劄舒州聽候指揮前來奏事省劄》。此劄發於三月二十一日，此後命岳飛赴行朝的省劄今已佚失。

7　《金佗續編》卷 2《樞密副使加食邑制》，卷 28《鄂武穆王岳公真讚》，《會編》卷 206，《要錄》卷 140 紹興十一年四月辛卯，壬辰，癸巳，《宋宰輔編年錄校補》卷 16，《山房集》卷 8《雜記》，《齊東野語》卷 13《秦檜之收諸將兵柄》，《宋史》卷 380《王次翁傳》，卷 473《秦檜傳》。

際上，他與秦檜早有默契，「約盡罷諸將，獨以兵權歸俊」，才能雖低，而野心不小。張俊從此更與秦檜沆瀣一氣，「同主和議」。[1]

岳飛雄圖不展，壯志難酬，繼續執掌大兵，對他無異於大恥大辱，故早已提出辭呈。他雖未料想到朝廷此番精心設計和突然措置，對兵柄也毫不留戀。他請求朝廷將自己帶來的親兵，只留少量「當直人從」，其餘發遣回鄂州，「庶使緩急賊馬侵犯，有所統攝，不致誤事」。宋高宗立即予以批准。[2]

韓世忠的京東、淮東宣撫處置司，張俊的淮西宣撫司和岳飛的湖北、京西宣撫司緊接着撤銷了，三宣撫司原轄的行營前護軍、行營中護軍和行營後護軍的軍號也予以取消，各統制官所部都冠以「御前」兩字，以示直屬皇帝，「將來調發，並三省、樞密院同奉聖旨施行」。[3]此外，宋廷還提高各軍總領的職權，規定總領除管理錢糧外，還要負責報發朝廷和各軍之間的往返文件，預聞軍政，實際上起着監軍的作用。[4]

王貴接替岳飛，擔任鄂州駐劄御前諸軍都統制，張憲擔任副都統制，負責指揮原岳家軍。[5]宋廷對他們很不放心，特命秦檜黨羽林大聲出任湖、廣總領，進行監視。[6]宋高宗和秦檜對岳飛的幕僚也十分猜忌，在宣佈岳飛為樞密副使的前兩天，就發表隨同岳飛赴「行在」的參謀官朱芾外任鎮江知府，前參議官李若虛外任宣州知州，旨在不讓他們與岳飛朝夕相處，出謀劃策。[7]岳飛本不願被人視為武夫和粗人，自罷兵權後，更不穿戎裝，成日「披襟作雍容之狀」，居然也引起秦檜的忌恨。[8]

1　《會編》卷 219《林泉野記》，《要錄》卷 140 紹興十一年四月乙未，卷 147 紹興十二年十一月癸巳，卷 169 紹興二十五年十月丙申。

2　《金佗續編》卷 12《照會發回所帶人馬歸本處防拓把截依奏省劄》。

3　《金佗續編》卷 12《改所管制領將副軍兵充御前省劄》，《罷逐路宣司省劄》，《會編》卷 206，《要錄》卷 140 紹興十一年四月乙未，《宋會要》職官 32 之 37，41 之 34。

4　《要錄》卷 140 紹興十一年五月辛丑，《宋史》卷 167《職官志》，《朱子語類》卷 128。《要錄》有「諸軍並聽節制」的記載。「並」，《宋會要》職官 41 之 46，《文獻通考》卷 62《職官考》，《山堂群書考索》後集卷 13，《玉海》卷 132，《景定建康志》卷 26 等作「不」，疑以「不」字為準。

5　《要錄》卷 140 紹興十一年六月甲申，卷 141 紹興十一年九月癸卯。

6　《要錄》卷 140 紹興十一年六月壬申。

7　《要錄》卷 140 紹興十一年四月庚寅。

8　《會編》卷 206，《要錄》卷 140 紹興十一年四月壬辰。

劉錡也遭受張俊的排擠，而被解除兵權。宋廷發表他出任荊南知府，並規定「或遇緩急，旁郡之兵許之調發」，旨在對王貴和張憲起箝制作用。岳飛從抗金大局出發，愛惜劉錡的才勇，奏請留他掌兵，卻被宋高宗和秦檜斷然拒絕。[1]

宋高宗在給岳飛的制詔中說，「朕以虜寇未平，中原未復，更定大計，登用樞臣」。「近資發縱指示之奇，遠輯摧陷廓清之績」。「所願訓武厲兵，一洒讎恥」。[2]他又親自對韓世忠、張俊和岳飛三大將說：「朕昔付卿等以一路宣撫之權尚小，今付卿等以樞府本兵之權甚大。卿等宜共為一心，勿分彼此，則兵力全而莫之能禦，顧如兀術，何足掃除乎！」[3]

在此類冠冕堂皇、慷慨激昂的言詞背後，真正加速的正是向仇敵求降的步伐。儘管宋代輕視武人的積習甚深，不少士大夫仍然看透了宋廷罷三大將兵柄的真意。明州知州梁汝嘉上奏認為，這表明朝廷「無復進取之計」。[4]曾任荊湖北路安撫使的劉洪道聽說岳飛罷宣撫使，為之「頓足抵掌」而「流涕」。[5]

岳飛在紹興十年已承受了第二次政治打擊，但他卻萬萬未曾料到，自罷宣撫使之日始，慘重的大難行將臨頭。

1　《會編》卷 206，《要錄》卷 141 紹興十一年七月甲寅，《宋朝南渡十將傳》卷 1《劉錡傳》，《宋史》卷 366《劉錡傳》。

2　《金佗續編》卷 2《樞密副使加食邑制》，卷 4《辭免樞密副使不允詔》，《再辭免同前不允詔》。

3　《要錄》卷 140 紹興十一年四月乙未。

4　《周益國文忠公集·平園續稿》卷 29《寶文閣學士通奉大夫贈少師梁〔公〕（汝嘉）神道碑》。

5　《要錄》卷 143 紹興十一年十二月丁卯，《宋史》卷 474《万俟卨傳》。

第十六章

冤獄碧血

第一節　直道危行

金朝都元帥完顏兀術經歷紹興十年和紹興十一年幾次大戰的挫敗，不得不承認「南宋近年軍勢雄銳，有心爭戰」，[1] 而決意講和。紹興十年秋，完顏兀術曾正式寫信給秦檜說：

> 爾朝夕以和請，而岳飛方為河北圖，且殺吾婿，不可以不報。必殺岳飛，而後和可成也。[2]

他提出以殺岳飛作為和議的條件，秦檜自然是唯命是從，而關鍵在於宋高宗本人對此書信與講和條件持何種態度。

岳飛是戰功赫赫的將帥，又是身為執政的高官。按宋太祖秘密誓約的規定：「不殺大臣及言事官，違者不祥。」[3] 十五年前，宋高宗殺害上書言事的陳東和歐陽澈，結果只是極大地提高了犧牲者的聲譽，而使自己背負難以洗刷的惡名。此後宋高宗一直引以為訓，不敢輕易開殺戒。秦檜對胡銓恨之入骨，在自己的一德格天閣中寫上胡銓等人的姓名，「必欲殺之而後已」。[4] 然而在宋太祖秘密誓約的約束下，只要宋高宗未予首肯，他始終無法殺害官卑職小，而又貶黜流放的胡銓。

1　《會編》卷 215《征蒙記》。

2　《金佗稡編》卷 8《鄂王行實編年》，卷 20《籲天辨誣通敘》載，此信內容由官員查籥所透露，查籥為宋高宗和宋孝宗時人。

3　《會編》卷 98《北狩聞見錄》，《要錄》卷 4 建炎元年四月，《宋史》卷 379《曹勛傳》，《松隱文集》卷 26《進前十事劄子》，《古今說海》本《避暑漫抄》。

4　《宋史》卷 473《秦檜傳》。

儘管岳飛的生命也受宋太祖誓約的保護，但宋高宗為了對金媾和的成功，加之對岳飛的忌恨，故在秦檜的慫恿下，決定殺害岳飛。在淮西會戰時，宋高宗一方面褒獎岳飛，「卿見苦寒嗽，乃能勉為朕行，國爾忘身，誰如卿者」；[1]另一方面，卻已與秦檜進行罪惡的謀劃。罷岳飛兵權，僅是完成了第一個步驟。[2]

秦檜和岳飛在和戰問題上，自然是勢不兩立。岳飛看到紹興十年秦檜奏中所引「德無常師，主善為師」之語，認為此言「飾奸罔上」，氣憤地說：「君臣大倫，比之天性，大臣秉國政，忍面謾其主耶！」兩人的仇隙更深。

但是，秦檜對韓世忠的憎惡，也不亞於岳飛。紹興八年、九年間，韓世忠曾命部屬假扮紅巾軍，企圖襲殺金使張通古，破壞和議，雖因部將告密，而未成功，卻使秦檜切齒痛恨。按秦檜的如意算盤，是一不做，二不休，先害韓世忠，後殺岳飛，這兩人正是他的主要政敵。

五月上旬，三大帥任樞密使和副使不足半個月，宋廷即命張俊和岳飛前往淮南東路。在名義上，他們的任務是「措置戰守」，「方國步之多艱，念寇讎之尚肆」，「當令行陣之習有素，戰守之策無遺，伐彼奸謀，成茲善計」。事實上，他們的任務一是羅織韓世忠的罪狀，二是肢解原韓家軍，將其大本營由淮東前沿的楚州，撤往江南的鎮江府。這正是宋廷準備降金的又一重大步驟，因為金朝向來反對宋朝在淮南屯駐重兵。張俊的頭銜是「按閱御前軍馬，專一措置戰守」，岳飛的頭銜是「同按閱御前軍馬，專一同措置戰守」，加兩個「同」字，作為副職。宋廷規定，他們對前沿軍務可以「隨宜措置，專一任責」。在樞密使張俊和樞密副使岳飛到前沿後，留在「行在」臨安府的另一樞密使韓世忠，便處於有虛名而無實職的地位。[3]

---

1 《金佗稡編》卷 3 高宗手詔。

2 見《金佗稡編》卷 22《淮西辨》，《要錄》卷 140 紹興十一年四月乙未注，《中興小紀》卷 29，《皇朝中興紀事本末》卷 56，《宋宰輔編年錄校補》卷 16 所引秦檜黨羽的《王次翁敘記》，稱淮西會戰時，「上始有誅飛意」。《王次翁敘記》儘管通篇是誣衊不實之詞，卻提供了宮廷密謀的具體時間。

3 《金佗續編》卷 4《帶樞密本職前去按閱御前軍馬措置戰守詔》，卷 12《令前去按閱專一任責省劄》，《要錄》卷 140 紹興十一年五月丁未。《金佗稡編》卷 8《鄂王行實編年》據省劄日期，將張俊和岳飛受命時間繫於五月十一日，稍誤。省劄乃是受命後另作補充規定，據《要錄》注，他們受命時間應為「五月上旬」。

原來秦檜早已物色到一條走狗，這就是淮東總領胡紡。胡紡原先因奉承韓世忠，「奴事」韓世忠的「親校」耿著等人，步步高升。他後來又看風使舵，趨附秦檜，紹興八年、九年韓世忠襲擊金使的計劃，便是由他出面告密的。三大帥罷兵權後，胡紡依照秦檜的發縱指示，出首控告昔日「奴事」的對象，說耿著自「行在」臨安府回楚州，散佈流言蜚語，「二樞密來楚州，必分世忠之軍」，「呂祉之戒，不可不慮」，「鼓惑眾聽」，並且「圖叛逆」，「謀還世忠掌兵柄」。秦檜下令逮捕耿著，以酷刑逼供，企圖由此牽連韓世忠。[1]

當張俊和岳飛離開臨安府前，秦檜曾在政事堂佈置使命，示意岳飛「以羅織之說，偽託以上意」，並且假惺惺地說：「且備反側！」

耿直的岳飛明瞭秦檜的用心後，便嚴詞回絕，說「世忠歸朝，則楚州之軍，即朝廷之軍也」。「公相命飛以自衛，果何為者？若使飛捃摭同列之私，尤非所望於公相者」。秦檜受岳飛責備後，氣得臉上變色。

岳飛出使後，方得知耿著的冤獄，他說：「吾與世忠同王事，而使之以不辜被罪，吾為負世忠！」岳飛連忙寫信，告知韓世忠。韓世忠接信後，大吃一驚，立即求見宋高宗，大哭大吵一場，「投地自明」。宋高宗本來就無意於殺害這位苗劉之變的救駕功臣，便召見秦檜，示意不得株連韓世忠。於是，這件冤獄便以耿著「杖脊」和「刺配」了結。[2]

六月，岳飛和張俊來到楚州，這是淮東戰區的大本營，控扼運河的重鎮。岳飛巡視城防，憑弔當年趙立和全城軍民苦鬥與死難的遺址，追憶自己當年在淮東的血戰和挫敗，心潮起伏，思緒萬千。

李寶當時正出戍海州，岳飛將他召來，「慰勞甚周至」。李寶發現，這位舊帥在備受挫折之餘，依然我行我素，健旺的鬥志並未衰減。兩人匆匆見面，又很快告別，誰也未曾料想到，這竟是最後的訣別。李寶奉岳飛之命，揚帆出海，北上登州（治蓬萊，今山東蓬萊市）和文登縣（今山東威

1　《要錄》卷 140 紹興十一年五月庚申，卷 141 紹興十一年七月壬寅，卷 147 紹興十二年十二月己未朔，《寶真齋法書贊》卷 2《高宗皇帝隨手札御書》。

2　《金佗稡編》卷 20《籲天辨誣通敘》，《金佗續編》卷 21《鄂王傳》，《要錄》卷 141 紹興十一年七月壬寅，《寶真齋法書贊》卷 2《高宗皇帝親隨手札御書》。

海市文登區）掃蕩一番，為他二十年後的密州膠西縣（今山東膠州市）大海戰，作了一番認真的預演。[1]

岳飛檢點兵籍，發現韓世忠軍才有三萬餘人馬，居然自守有餘，能西援淮西，北上京東，真是位「奇特之士」。他更深切地感到，拒絕朝廷錯誤的政令和軍令，實為責無旁貸。他向張俊懇切地，然而又是強烈地表示，反對拆散原韓家軍，反對將其大本營後撤鎮江府。岳飛說：「今國家唯自家三、四輩，以圖恢復。萬一官家復使之（指韓世忠）典軍，吾曹將何顏以見之？」

韓世忠和張俊一直是同僚和平輩，因私交不壞，終於成為雙重的兒女親家。但張俊此時正做着獨掌天下之兵的迷夢，對岳飛的規勸自然置若罔聞。他只是建議要修繕楚州的城壁、壕塹之類，岳飛不願意回答。張俊便一再追問，岳飛只能以直言相告：「吾曹蒙國家厚恩，當相與戮力復中原，若今為退保計，何以激勵將士？」

儘管耿著的冤獄，已對岳飛預示了險惡的朕兆，但他不忍坐視朝廷和張俊的倒行逆施，只要事關抗金大局，只能據理力爭。他一語道破了提倡修城，無非是為準備撤軍江南。張俊聽後，「艴然變色」。他滿腔惱怒，遂向兩名衛兵發洩，搜剔一點微小的罪名，要將兩人處斬。岳飛為此「懇救數四」，只是更增強了張俊不殺不足以解恨的獸性。岳飛最後看到兩名無辜者之屈死，更憤憤不平。

張俊秉承宋高宗和秦檜的旨意，懷着肢解原韓家軍的鬼胎，處處疑神疑鬼。岳飛住在楚州城裏，他只敢住在城外，以備若有風吹草動，便於逃命。

中軍統制王勝參見之前，有人捕風捉影地報告：「王勝有害樞使意。」王勝在教場整列隊伍，將士們頂盔貫甲，接受張俊檢閱。張俊心虛，便問：「將士何故擐甲？」王勝弄得莫名其妙，答道：「樞使來點軍馬，不敢不帶甲。」張俊忙令卸甲。

儘管有岳飛的反對，又不得軍心，張俊仍然憑藉自己的正職地位和朝

1　《會編》卷 206，《要錄》卷 140 紹興十一年六月癸未。

廷的支持，一意孤行。他下令拆毀位於淮北的海州城，其實是準備割讓金朝，強迫當地居民遷移鎮江府，「人不樂遷，莫不垂涕」。淮東軍也按宋廷的原計劃，自楚州後撤鎮江府，精銳的原韓世忠背嵬親軍，則抽調往臨安府屯駐。[1]宋高宗甚至親下手詔，將在平江府的韓世忠部屬「成閔所管」「百來人」，「撥入背嵬軍，付（張）俊」，「恐走逸了」。[2]一件小事，不憚煩勞，親自過問，足見他對韓世忠的深忌，對罷兵權的關注。

按宋高宗和秦檜的盤算，對原韓家軍作如此措置，既消除了朝廷的一大隱患，也掃除了降金的一大障礙。但張俊卻執意擴充自己的勢力，他緊接着將自己的樞密行府設於鎮江府，[3]以便直接掌管這支原屬韓世忠的部隊。

第二節　罷官賦閑

岳飛不能制止張俊的胡作非為，於七月初回「行在」臨安府後，[4]便憤慨地提出辭呈，請求宋高宗罷免自己的樞密副使，「別選異能，同張俊措置戰守」。

宋高宗和秦檜為對付三大帥，事實上採取利用嫌隙，使之互攻，以坐收漁利的方針。在韓世忠的問題大致解決後，緊接着就準備對岳飛下毒手，更何況岳飛出使時的所作所為，完全拂逆了朝廷的旨意。儘管如此，宋高宗仍然要弄帝王權術，他在不允詔中說，「朕以二、三大帥各當一隅，不足以展其才，故命登於樞機之府，以極吾委任之意」。「今卿授任甫及旬浹，乃求去位，行府之命，措置之責，乃辭不能。舉措如此，朕所未喻。夫有其時，有其位，有其權，而謂不可以有為，人固弗之信也」。詞

1　《金佗稡編》卷 23《山陽辨》，《會編》卷 206，卷 212，《要錄》卷 140 紹興十一年六月癸未。

2　《道園學古錄》卷 11《高宗御書》，《跋高宗御書》。虞集跋將韓世忠親兵背嵬軍，誤作岳飛親兵。

3　《會編》卷 206，卷 219《林泉野記》，《要錄》卷 141 紹興十一年七月。

4　《要錄》卷 141 紹興十一年八月甲戌注。

意如此剴切，宋高宗似乎是全心全意希望岳飛施展才能，「禦敵」抗金，儘管岳飛不識抬舉，而皇恩仍是曲加優容。[1] 其實，這不過是一紙侮弄忠肝義膽的臣僚的文字遊戲。宋高宗再也沒有強令岳飛去行使「措置之責」，前沿的軍務全由張俊設在鎮江府的樞密行府包攬，岳飛和韓世忠一樣，留在行朝，有虛位而無實職。[2]

當得知金朝已再次明確表示了願媾和的意向，倔強的岳飛仍不肯噤默保身，他明知皇帝的主意毫無挽回餘地，卻依然上奏，犯顏直諫。他說，「金虜無故約和，必探我國之虛實」。「今日兀術見我班師，有何懼而來約和？豈不偽詐。據臣所見，見為害，不見為利也」。[3]

宋高宗下不允岳飛辭職詔後，對岳飛的彈劾奏章也接踵而至。這是在秦檜的唆使下，由右諫議大夫万俟卨和御史中丞何鑄、殿中侍御史羅汝楫三名臺、諫官出面的。欲加之罪，何患無辭，但是，像岳飛那樣兢兢業業獻身抗金事業的人，確實並無什麼把柄，可資以糾彈。即使在此類肆意誣衊的奏章中，也不得不承認岳飛「蚤稱敢毅，亟蒙獎拔」，「慨然似有功名之志，人亦以此稱之」。作為攻訐口實者，主要是以下數事。第一，「不避嫌疑，而妄貪非常之功；不量彼己，而幾敗國之大事」。言語含混，其實是指岳飛建議立皇儲和反對與金媾和。此兩事僅一筆帶過，尚不作為攻訐的重點。第二，「自登樞筦，鬱鬱不樂，日謀引去，以就安閑，每對士大夫但言山林之適」，「不思報稱」，「亦憂國愛君者所不忍為也」。第三，淮西之役，「堅拒明詔，不肯出師」，「略至龍舒（舒州別名）而不進」，「以玩合肥之寇」。第四，「銜命出使，則妄執偏見，欲棄山陽（楚州別名）而守江」，「以楚為不可守」，「沮喪士氣，動搖民心」。[4] 後兩條則完全是摭拾張俊之唾餘，含血噴人。

由於張俊對岳飛援淮西的問題，不斷地散佈流言飛語，有人曾勸岳飛

1　《金佗續編》卷 4《乞罷樞密副使仍選異能同張俊措置戰守不允詔》。

2　《會編》卷 206，《要錄》卷 141 紹興十一年七月，八月甲戌注。

3　《會編》卷 207《岳侯傳》，《要錄》卷 141 紹興十一年七月癸丑注。

4　《金佗稡編》卷 21《建儲辨》，卷 22《淮西辨》，卷 23《山陽辨》，《要錄》卷 141 紹興十一年七月壬子，八月甲戌，《鴻慶居士集》卷 36 万俟卨墓誌銘。

與張俊進行「廷辨」，岳飛卻說：「吾所無愧者，此心耳，何必辨。」岳飛胸襟坦蕩，認為不辨自明，然而在事實上，援淮西之謗，卻漸至眾口鑠金、積毀銷骨的地步。

宋高宗也把握時機，親自出面配合，他說：「飛於眾中倡言：『楚不可守，城安用修。』蓋將士戍山陽厭久，欲棄而之他，飛意在附下以要譽，故其言如此，朕何賴焉！」秦檜連忙幫腔說：「飛對人之言乃至是，中外或未知也。」[1]

按照慣例，臺、諫官上章彈劾之日，即是宰執引咎辭官之時。更何況是岳飛，他既明白朝廷的用心，更以素餐尸祿為恥，他上奏沉痛地說，「臣性識疏暗，昧於事機，立功無毫髮之微，論罪有丘山之積」。「豈惟曠職之可虞，抑亦妨賢之是懼，冀保全於終始，宜遠引於山林」。[2] 岳飛通過耿著的冤獄事件，更體察到了秦檜的心狠手辣，他深知自己的退閑，絕不意味着秦檜就能善罷甘休。故岳飛擺脫宋代辭職奏的常規，特別強調「保全於終始」的問題。

八月九日，宋高宗不失時機地解除岳飛樞密副使的職務，為岳飛保留了少保的階官，又「特授」他原來的武勝、定國軍兩鎮節度使，充萬壽觀使的閑職。在罷官制詞中，宋高宗說岳飛的「深釁」，「有駭予聞，良乖眾望」，但他仍然寬大為懷，「記功掩過」，「寵以寬科全祿」，「所以保功臣之終」。他要求岳飛「無貳色猜情」，「朕方監此以御下」。[3] 表面上看，罷官制與岳飛的辭職奏是互相呼應的。其實，宋高宗根本不想「保功臣之終」，而是在「貳色猜情」一句中，埋伏了殺機。岳雲也保留左武大夫、忠州防禦使的遙郡官階，改任提舉醴泉觀，與父親一同退閑。[4] 岳飛的幕僚沈作喆為他作謝表說：

1　《要錄》卷 141 紹興十一年七月癸丑。
2　《金佗稡編》卷 15《乞解樞柄第二劄子》，《乞解樞柄第三劄子》。
3　《金佗續編》卷 2《武勝定國軍節度使萬壽觀使奉朝請制》，《要錄》卷 141 紹興十一年八月甲戌，《宋會要》職官 78 之 41，《宋宰輔編年錄校補》卷 16。按《會編》卷 206，卷 208《林泉野記》，《宋會要》職官 54 之 14 載岳飛充醴泉觀使，係誤。
4　《金佗稡編》卷 9《諸子遺事》，《要錄》卷 143 紹興十一年十二月癸巳。

功狀蔑聞，敢遂良田之請；謗書狎至，猶存息壤之盟。

　　岳飛對「謗書」表明了理所當然的蔑視，但對宋高宗「保功臣之終」的
盟誓，卻仍以臣子之禮，而表示感戴之情。秦檜讀此謝表，更是懷恨在心。[1]

　　宋廷對岳飛的幕僚非常忌恨。岳飛任樞密副使後，尚有于鵬、党尚
友、孔戊、孫革、張節夫等十一人與他過從甚密。岳飛出使楚州時，他們
都被岳飛奏辟，充任其屬官。岳飛不去鎮江府賦閑，儘管事勢的發展，已
顯示了各種險惡的朕兆，他們仍置個人安危得失於不顧，始終不渝地追隨
岳飛。「各請宮祠，平居無事，聚於門下」。宋廷發表他們為地方官，「趣
令之任」，強行遣散，以防他們再與岳飛直接往來，為之出謀劃策。[2] 高穎本
是北宋進士，「陷偽十年，固窮守節」，[3] 他遲至紹興十年九月，方出任岳飛
湖北、京西宣撫司參議官。高穎主動請求，願「裨贊岳飛十年連結河朔之
謀」。[4] 岳飛被解除兵柄後，高穎曾任司農少卿，旋即以「實無他能」為由
而「放罷」。無差遣實職的高穎回到鄂州。宋廷害怕他與王貴、張憲等有
交往，在岳飛罷官的前一日，又發表高穎添差福建路安撫大使司參議官，
「添差」意味着並無實職，「限三日之任」，並且命令湖、廣總領林大聲
「優與津發」。[5]

　　岳飛閑廢後，一無兵，二無權，對皇權已毫無威脅，對宋廷的降金乞
和活動也無力干預。但是，宋高宗和秦檜並未至此甘休，罷官僅是完成了
陷害岳飛的第二步驟。

1　《寓簡》卷 8。

2　《要錄》卷 141 紹興十一年八月甲戌注，己卯。

3　《要錄》卷 132 紹興九年九月戊子，卷 142 紹興十一年十一月辛酉，《宋會要》選舉 34
　　之 52。

4　《金佗續編》卷 10《令措置河北河東京東三路忠義軍馬省劄》，卷 11《令遣發參議官高
　　穎措置三路忠義軍馬省劄》，《要錄》卷 137 紹興十年九月乙卯。

5　《要錄》卷 141 紹興十一年七月辛丑，八月癸酉，《宋會要》職官 70 之 23—24。

第三節　張憲之誣

張俊掌控樞密行府後，又立即在鄂州御前駐劄諸軍另命牛皋「兼提舉一行事務」，董先「承樞密行府差同提舉一行事務」，[1] 重複設官，旨在分割、削弱和牽制都統制王貴與副都統制張憲的兵權，自然也着意顯示張俊的恩典，企圖藉以拉攏和收買原岳家軍的兩員名將。

幾個月來，秦檜和張俊一直在原岳家軍中尋覓代理人。張俊利用諸統制官「各以職次高下，輪替入見」的規定，[2] 命鄂州駐劄御前諸軍都統制王貴第一個來鎮江府的樞密行府參見，趁機進行威脅和利誘。

王貴在潁昌大戰中一度怯戰，岳飛曾準備施行軍法，將他斬首，因衆將懇請求情，方將他赦免。此外，有一次民居失火，王貴中軍的部卒乘機竊取民家的蘆筏，岳飛偶然發現後，立即處斬，並且責打王貴一百軍棍。秦檜和張俊以為王貴一定怨恨岳飛，可以引誘上鈎。然而王貴畢竟是岳飛長期信用的親將，他說：「相公為大將，寧免以賞罰用人，苟以為怨，將不勝其怨矣！」最後，張俊等人又以王貴家的陰私，進行脅持，王貴為了保全自己的身家性命，被迫屈從。

張憲的前軍副統制王俊，綽號稱「王鵰兒」，這是因為他專事搏擊，坑害無辜，無情無義，就如鵰捕食鳥獸一般。他自紹興五年編入岳家軍後，寸功未立，一官不升，卻屢次因奸貪而受張憲的制裁，因此懷恨在心。秦檜的黨羽林大聲到鄂州就任湖、廣總領後，按照自己的特殊使命，物色了王俊，[3] 還串通了姚政、傅選和龐榮三個統制。秦檜和張俊費盡心機，也不過在鄂州全軍二、三百名武將中，收買了四名敗類。

王貴在八月二十三日稍後，自鎮江府返回鄂州。接着，鄂州駐劄御前

1　《宋史》卷 368《牛皋傳》，《武漢文博》2015 年第 2 期武漢市文物考古研究所、武漢大學歷史學院《武漢蔡家嘴墓地發現南宋董先墓及墓誌銘考》引董先墓誌銘。

2　《金佗續編》卷 12《改所管制領將副軍兵充御前省劄》，《要錄》卷 140 紹興十一年四月乙未，《宋會要》職官 41 之 34。

3　《金佗稡編》卷 8《鄂王行實編年》只說「檜、俊使人諭之，輒從」，未載所使何人。從今存史籍看，疑為新任湖、廣總領林大聲。

諸軍副都統制張憲又於九月一日啟程，前往鎮江府的樞密行府，以參見樞密使張俊。八日，王俊便正式向王貴投呈誣告狀，說張憲得知岳飛罷官賦閑後，召見王俊，圖謀裹脅鄂州大軍前去襄陽府，以威逼朝廷將軍權交還岳飛。狀詞並非是刀筆吏的高明手筆，卻是一派拙劣的謊言。張憲既與王俊「同軍而處，反目如仇」，居然在王俊「反覆不從」的情況下，將自己謀反叛逆的全部計劃「吐露無隱」。任何稍有頭腦的人，都能明顯地看出狀詞中的破綻，實屬誣告無疑。[1] 王俊最初將狀紙投送荊湖北路轉運判官榮薿，榮薿拒不接受。[2] 王貴也明知王俊誣告，卻只能違心地將狀紙轉交「專一報發御前軍馬文字」的總領林大聲，林大聲又以急遞發往鎮江府的張俊樞密行府。[3]

王俊誣告的時間顯然是經過精心策劃的。張憲雖然早七天啟程，但沿途須晝行夜宿，而急遞卻是晝夜兼程，反而得以早到。張憲到達鎮江府，恰好是自投羅網。張俊等候王俊的誣告狀到手，就立即逮捕前來參謁的張憲。按宋時的法規，樞密院無權開設刑堂，所以樞密院小吏職級嚴師孟和令史劉興仁拒絕「推勘」，「恐壞亂祖宗之制」。陷害病狂、逼供心切的張俊，哪裏顧得列祖列宗這些規矩，他命親信王應求「推勘」，[4] 又「親行鞫煉」，將張憲拷打得體無完膚，死去活來。同秦檜、張俊等人的預謀相反，張憲沒有屈服於淫刑毒罰，不肯招承。張俊便命人編造了樞密「行府鍛煉之案」，上報秦檜。[5]

王俊在誣告狀中捏造，張憲曾對他說：「我相公處有人來，教我救他。」但他做賊心虛，又在狀紙所附的「小貼子」中補充說：「俊即不曾見有人來，亦不曾見張太尉使人去相公處。張太尉發此言，故要激怒眾人背

1　《金佗稡編》卷 24《張憲辨》，《要錄》卷 143 紹興十一年十二月癸巳注，《揮麈錄餘話》卷 2。據王俊狀詞，直至八月二十三日，王貴尚未返鄂州，鄂州大軍由張憲「坐衙」，處置軍務。

2　《揮麈後錄》卷 11，《要錄》卷 141 紹興十一年九月癸卯注，卷 147 紹興十二年十月丙戌。

3　《金佗稡編》卷 8《鄂王行實編年》，《會編》卷 206 載王貴逮捕張憲，係誤，《要錄》卷 141 紹興十一年九月癸卯已有考證。據《要錄》卷 140 紹興十一年五月辛巳，《宋會要》職官 41 之 46，誣告狀應由林大聲遞發。

4　《會編》卷 206。

5　《金佗稡編》卷 24《張憲辨》節錄「行府鍛煉之案」的部份文字。

叛朝廷。」[1]然而張俊卻不顧連誣告者本人也已否認的事實,上奏說:

> 張憲供通,為收岳飛處文字後謀反,(樞密)行府已有供到
> 文狀。

秦檜急忙奏請,將張憲和岳雲押送大理寺獄「根勘」,並召岳飛至大理寺,一併審訊,宋高宗立即予以批准。[2]

岳飛的罷官制詞中規定他「仍奉朝請」,[3]即每月初一日、初五日、十一日、十五日、二十一日和二十五日,須上朝立班。[4]岳飛不願繼續留在「行在」臨安府,他上奏申請「一在外宮觀差遣」,[5]宋高宗不予批准。[6]岳飛只好告假,回到江州私邸暫住。

雄心壯志一旦破滅,造化還給岳飛留下一個溫暖和睦的家庭。長子岳雲和鞏氏成婚後,已有三個孩子,長孫岳甫四歲,長孫女岳大娘三歲,次孫岳申一歲。十六歲的岳雷也和溫氏結婚,溫氏生下的次孫女岳二娘已有兩歲,她可能又懷有身孕。三子岳霖十二歲,四子岳震七歲,五子岳霭三歲,還有女兒岳安娘。[7]三十九歲的岳飛正當盛年,卻已成為抱兒弄孫的祖父。

白天,兒孫們承歡膝下,尚能使岳飛稍開愁顏;每到夜間,他卻不由不輾轉反側,不能入寐。一個秋夜,不絕的蟋蟀聲,驚破了他千里轉戰的夢魂。醒悟以後,方知凱歌歸故鄉,不過是美夢一場。岳飛的心情倍覺淒涼,就披衣去庭院步月。天明以後,他填寫了一闋《小重山》詞:

---

1 《金佗稡編》卷 24《張憲辨》。

2 《會編》卷 206,《要錄》卷 142 紹興十一年十月戊寅,《建炎以來朝野雜記》乙集卷 12《岳少保誣證斷案》。

3 《金佗續編》卷 2《武勝定國軍節度使奉壽觀使奉朝請制》。

4 《朝野類要》卷 1《六參》,卷 4《奉朝請》。

5 《金佗稡編》卷 15《辭除兩鎮在京宮觀第二劄子》。

6 《金佗續編》卷 4《辭免武勝定國軍節度使依前少保充萬壽觀使仍奉朝請乞一在外宮觀差遣不允詔》。

7 關於岳飛的家庭成員及其年齡,參見《金佗續編》卷 13《先兄甫等復官省劄》,《先兄琛等補官告》,《宋岳鄂王年譜》卷 1,卷 2,卷 4,《岳廟志略》卷 1《繼忠祠》。

昨夜寒蛩不住鳴，驚回千里夢，已三更。起來獨自遶階行，

人悄悄，簾外月籠明。　白首為功名，舊山松竹老，阻歸程。

欲將心事付瑤琴，知音少，弦斷有誰聽。[1]

　　岳飛痛恨那密密重重的悍松惡竹，遮擋了重返故土的征程，然而事到如今，他已完全喪失了斫伐的能力。

　　有位好心的部將、從八品從義郎蔣世雄，乘着改授福州專管巡捉私鹽官的機會，自鄂州飛馬順道急奔江州。他報告岳飛，說自己從進奏官王處仁處，得知王俊上告張憲「背叛」的消息。[2]岳飛至此方才明白，秦檜等人陷害韓世忠的故伎又重演了。幾個月前是胡紡告訐耿著，企圖牽連韓世忠；如今是王俊誣陷張憲，陰謀加害於自己，如出一轍。[3]

　　岳飛在江州居留，為時甚短，就接到宋廷的命令，召他回「行在」臨安府。岳飛深知此行吉凶難卜。他深悉秦檜的奸險，然而他畢竟是皇帝一手提拔的武將，自己的罷官制詞中，宋高宗聲言要「全終始之宜」，「盡君臣之契」，[4]真假是非，應能分辨清楚，韓世忠見到皇帝，不是已逢凶化吉了嗎？

　　岳飛即刻上路，岳雲、岳雷等隨同前往。一個夜裏，他們在某縣驛舍投宿，已有一位巡檢官借住於此，聽說岳少保到來，急忙搬了出來。岳飛見附近並無旅店，就命他在門房暫宿。夜闌更深，堂上依舊點燃蠟燭，岳飛和隨行者環坐，不能安臥。岳雲、岳雷和一些親從都覺得此去凶多吉少，他們上前稟事，細聲密語，力勸岳飛中止此行。岳飛嚴肅地說：「只得前邁！」連勸三次，應答如初。巡檢官從壁縫中窺見此情此景，頗感困惑不解。事後，人們方知岳飛此去「非赴嘉召」，卻仍保持着一種「趨死如歸」的堂堂正氣。[5]

1　《金佗粹編》卷 19。

2　《要錄》卷 143 紹興十一年十二月癸巳注，《建炎以來朝野雜記》乙集卷 12《岳少保誣證斷案》。

3　《寶真齋法書贊》卷 2《高宗皇帝親隨手札御書》。

4　《金佗續編》卷 2《武勝定國軍節度使萬壽觀使奉朝請制》。

5　《金佗續編》卷 28《鄂武穆王岳公真贊》。

第四節　千古奇冤

岳飛到達臨安府後，鄂州大軍的進奏官王處仁又冒着風險，再次向他報告了王俊誣告的事。[1] 他還懇切地勸岳飛上奏「自辨」，岳飛感慨地說：「使天有目，必不使忠臣陷不義；萬一不幸，亦何所逃！」倔強耿直的岳飛不願效法韓世忠，去求見宋高宗，因為宋高宗並不缺乏辨別真偽的能力，沒有辯白的必要。

秦檜和張俊選中了心腹楊沂中，命令他去拘捕岳飛。十月十三日，楊沂中應召來見秦檜，秦檜並未接見，只是派三省的值班官轉交一份「堂牒」，並且轉達了秦檜一句話：「要活底岳飛來！」

楊沂中當即來到岳飛府邸，岳飛出來迎接他，笑呵呵地說：「十哥，汝來何為？」當時諸將結為兄弟，楊沂中排行第十，但仍比岳飛大一歲。[2] 楊沂中相當尷尬，忙說：「無事，叫哥哥。」

岳飛說：「我看汝今日來，意思不好。」說完，就抽身回裏屋去了。楊沂中將堂牒傳送進去後，只見一個小侍婢捧出一杯酒來。楊沂中覺得有點蹊蹺，岳飛是否會在裏屋自殺，並使自己同歸於盡呢？他躊躇片刻，觀察動靜，最後明白自己不過是胡亂猜測，於是把酒一飲而盡。岳飛隨後出來，說：「此酒無藥，我今日方見汝是真兄弟，我為汝往。」[3] 岳飛稍加思索，又語重心長地對楊沂中說：「皇天后土，可表飛心耳！」

岳飛乘轎前往大理寺。他下轎後，不見一人，只見四面垂簾。岳飛稍坐片刻，便有幾名獄吏出來，說：「這裏不是相公坐處，後面有中丞，請相公略來照對數事。」岳飛感慨地說：「吾與國家宣力，今日到此，何也！」

獄吏們帶岳飛拐到另一處，只見張憲，還有岳雲，都已卸脫衣冠，披

1　《要錄》卷 143 紹興十一年十二月癸巳注，《建炎以來朝野雜記》乙集卷 12《岳少保誣證斷案》。

2　據《要錄》卷 107 紹興六年十二月丙午，《建炎以來朝野雜記》乙集卷 11《將相四十以下建節者》，《宋史》卷 367《楊存中傳》，楊沂中比岳飛大一歲，楊沂中後改名存中。

3　《金佗續編》卷 28《鄂武穆王岳公真讚》引楊存中孫楊伯嵒之說，但其中有美化祖父的成份。

戴枷鎖，露體赤腳，渾身血染，痛苦呻吟，慘不忍睹。岳飛滿腔的悲憤，簡直要迸裂五臟六腑，他全身的鮮血，似乎都已被怒火所燃燒。[1]

接着，又有一名胥吏帶紙墨筆硯前來，用一種威脅的口吻說：「汝觀今世烏有大臣繫獄而生者？趣具成案，吾為汝書！」原來迫使岳飛自誣的口供已早有準備，[2]岳飛對他怒目而視，不答一語。

按宋高宗的詔旨，特設詔獄審訊岳飛。宋朝詔獄，是「承詔置推」的罕見的大獄，專設制勘院。[3]宋廷還特別將岳飛「逮繫詔獄」的事，公開「榜示」朝野。[4]御史中丞何鑄和大理卿周三畏被特命為正、副主審官，「奉聖旨，就大理寺置司根勘」。[5]當岳飛被帶到兩名主審官面前時，他再也不能克制自己，指天劃地，情緒激動異常，身體也站立不穩。突然，獄卒們厲聲呼喝道：「叉手正立！」

岳飛才恍然大悟，自己已不再是十萬雄師的統帥，而是階下的囚犯。他只能以最大的努力，壓抑激憤的感情，叉手站立，[6]轉而沉靜地辯白自己的冤屈，既言之有理，又持之有故。最後，岳飛解開衣服，袒露背部。何鑄看到「盡忠報國」四個大字，深嵌於岳飛後背的肌膚，不由不收斂起嚴酷的面孔。

何鑄在兩三個月前曾參與彈劾岳飛，現在終於悔悟了。他不忍心再為此喪天害理的勾當，便去見秦檜，力辯岳飛的無辜。秦檜張口結舌，難以對答，就向何鑄透露底蘊說：「此上意也！」何鑄仍不退讓，說：「鑄豈區區為一岳飛者，強敵未滅，無故戮一大將，失士卒心，非社稷之長計。」秦檜理屈詞窮，遂上奏宋高宗，改命万俟卨為御史中丞，任制勘院的主審官。[7]

1　《會編》卷 207《岳侯傳》，《要錄》卷 142 紹興十一年十月戊寅注。

2　《浪語集》卷 7《周將軍廟觀岳侯石像二首》。

3　《宋史》卷 200《刑法志》。

4　《金佗續編》卷 30 范澄之《南劍州布衣上皇帝書》。

5　《要錄》卷 143 紹興十一年十二月癸巳注，《建炎以來朝野雜記》乙集卷 12《岳少保誣證斷案》。按《金佗粹編》卷 8《鄂王行實編年》，卷 23《山陽辨》說：「先臣下吏，上初不許，檜實矯詔，輿致大理。」乃為諱避宋高宗之罪責，而故作曲筆。

6　《會編》卷 206。關於叉手，參見朱瑞熙先生等《遼宋西夏金社會生活史》第 225 頁，中國社會科學出版社，1998 年，此處係劉復生先生撰寫。

7　《宋史》卷 380《何鑄傳》。

万俟卨是個十分狠毒的小人。他過去擔任荊湖北路轉運判官和提點刑獄時，岳飛雖向來尊敬文人，但知道他人品很壞，予以鄙視，万俟卨一直懷恨在心。他趁入覲的機會，投靠秦檜，在宋高宗面前對岳飛大肆譖諤，從此就留在朝廷，宦運亨通。[1]他接辦岳飛獄案，正好乘機挾私報仇。

　　万俟卨上任伊始，便會同周三畏審訊，他將王俊的誣告狀等擺在岳飛面前，喝問道：「國家有何虧負，汝三人卻要反背？」岳飛回答：「對天盟誓，吾無負於國家。汝等既掌正法，且不可損陷忠臣。吾到冥府，與汝等面對不休。」万俟卨冷笑說：「相公既不反，記得遊天竺日，壁上留題曰，『寒門何日得載富貴』乎？」眾人隨聲附和說：「既書此題，豈不是要反也！」

　　岳飛見他們恣意誣陷，無可理訴，不由長歎一聲，悲憤地說：「吾方知既落秦檜國賊之手，使吾為國忠心，一旦都休！」他合上雙眼，任憑獄卒百般拷打，始終沉默不語，也決不呻吟呼喊。[2]

　　岳飛雖然自幼受盡貧困生活的煎熬，卻從未品嚐過囹圄的苦痛。在他生命垂盡的兩個半月中，各種各色的慘酷刑罰，實際上是給岳飛上人生的最後一課。万俟卨的唯一目標，就是強迫岳飛自誣；岳飛也以倔強的性格，頑韌的意志，進行不屈不撓的抗爭，他決不自誣。

　　最後，岳飛拒進飲食，唯求速死，這也是他僅剩的反抗手段。於是秦檜和万俟卨便將與案情毫無牽連的岳雷，也以「入侍看覷」為名，而投入囹圄。[3]這個其實是尚未成人的青年，在獄中陪伴父親，度過了人生最悲慘的時日。

　　有個名叫隗順的獄卒，非常同情岳飛，盡心竭力地給予他可能的關照和護理。還有一個獄子，頗通君主專制的哲理。有一天，他忽然說：「我平生以岳飛為忠臣，故伏侍甚謹，不敢少慢，今乃逆臣耳！」

　　岳飛請問其故，獄子說：「君臣不可疑，疑則為亂，故君疑臣則誅，

1　《宋史》卷 474《万俟卨傳》。
2　《會編》卷 207《岳侯傳》，《要錄》卷 142 紹興十一年十月戊寅注。
3　《要錄》卷 143 紹興十一年十二月癸巳注，《建炎以來朝野雜記》乙集卷 12《岳少保誣證斷案》。

臣疑君則反。若臣疑於君而不反，復為君疑而誅之；若君疑於臣而不誅，則復疑於君而必反。君今疑臣矣，故送下棘寺，豈有復出之理？死固無疑矣。少保若不死，出獄，則復疑於君，安得不反？反既明甚，此所以為逆臣也。」

岳飛入獄後，當然不可能再對宋高宗有何幻想，但獄子的高論說得如此透徹，也使他悲慨萬端。岳飛仰望着蒼天，長久一發不言。[1] 最後，他提筆在獄案上寫了八個大字：

　　　天日昭昭！天日昭昭！[2]

岳飛入獄的消息傳開後，朝野震驚。一些端人正士不顧宋高宗和秦檜的專制淫威，紛紛設法營救岳飛。

齊安郡王趙士㒟曾因朝拜八陵，對岳飛盡忠國事，印象極深。他身為宋高宗的「皇叔」，[3] 是宋朝宗室中德高望重的一位。趙士㒟對宋高宗說：「中原未靖，禍及忠義，是忘二聖，不欲復中原也。臣以百口保飛無他。」[4]

文士智浹、布衣劉允升、南劍州（治劍浦，今福建南平市）布衣范澄之等，也分別上書言事。范澄之在上書中尖銳指出，「宰輔之臣媚虜急和」，「胡虜未滅，飛之力尚能戡定」，「是豈可令將帥相屠，自為逆賊報仇哉」！他還引用南北朝時宋文帝殺名將檀道濟，自毀長城的鑒戒，懇切希望宋高宗回心轉意。他強調說：「臣之與飛，素無半面之雅，亦未嘗漫刺其門，而受一飯之德，獨為陛下重惜朝廷之體耳。」[5]

參加審訊或詔獄結案的大理寺左斷刑少卿薛仁輔，[6] 與大理寺丞何彥

1　《會編》卷 207。

2　《說郛》卷 19，《說郛》号 23 曾三異《因話錄》。

3　《要錄》卷 5 建炎元年五月。

4　《會編》卷 206，《要錄》卷 142 紹興十一年十一月丁未，卷 144 紹興十二年三月辛亥，《宋史》卷 247《趙士㒟傳》。

5　《金佗稡編》卷 20《籲天辨誣通敘》，《金佗續編》卷 30 范澄之《南劍州布衣上皇帝書》，《會編》卷 208，《要錄》卷 144 紹興十二年正月戊申。

6　《宋會要》職官 63 之 14。

猷、李若樸（李若虛弟）等人，也力排眾議，企圖保全岳飛的性命。

韓世忠也已罷免樞密使，任醴泉觀使的閑職。他「杜門謝客，絕口不言兵」，以躲避秦檜的迫害。但是，為了岳飛的深冤，他仍鼓起勇氣，前去質問秦檜。秦檜冷冰冰地回答：

> 飛子雲與張憲書雖不明，其事體莫須有。

「莫須有」意即「豈不須有」，[1] 韓世忠「艴然變色」，憤憤不平地說：

> 相公！「莫須有」三字，何以服天下？[2]

万俟卨竭盡全力，對岳飛深文周納；周三畏則畏首畏尾，對万俟卨唯唯諾諾。[3] 最後，万俟卨命大理評事元龜年所定的岳飛罪名，主要有三條。第一，岳飛和岳雲分別寫「諮目」給王貴和張憲，策動他們謀反，其中岳飛的「諮目」由幕僚于鵬和孫革執筆。第二，淮西之役，「擁重兵」而「逗遛不進」，「坐觀勝負」。第三，岳飛得知張俊和韓世忠等軍戰敗後，曾說「官家又不修德」。又岳飛曾說：「我三十二歲上建節，自古少有。」此語被引伸和篡改為「自言與太祖俱以三十歲為節度使」。這兩句話被定為「指斥乘輿」的彌天大罪。

第一條罪狀的物證全屬子虛烏有，被說成是王貴和張憲「當時焚燒了當」。第二條罪狀是在岳飛辯駁「甚明」，行師「往來月日」可考，「竟不

1　宋時「莫須」一詞頗為常見，如《金佗稡編》卷 2 高宗手詔：「據事勢，莫須重兵持守，輕兵擇利。」《永樂大典》卷 19735《曾公遺錄》載，宋哲宗主張恢復保甲軍訓，說：「府界莫可先行？」此語《宋史》卷 192《兵志》作「府界豈不可先行」。

2　《金佗稡編》卷 24《張憲辨》，《要錄》卷 143 紹興十一年十二月癸巳，《琬琰集刪存》卷 1 韓世忠神道碑，《江蘇金石志》卷 12《韓蘄王碑》，《宋史》卷 364《韓世忠傳》，《中興小紀》卷 29 引《野史》，各書文字稍異。又《皇朝中興紀事本末》卷 58，《宋宰輔編年錄校補》卷 16 作「必須有」。

3　《會編》卷 207 說周三畏反對冤獄，係誤，見《要錄》卷 144 紹興十二年正月戊申考證。周三畏附會冤獄，而升遷刑部侍郎，故《金佗稡編》卷 20《籲天辨誣通敍》表彰何鑄、薛仁輔、李若樸與何彥猷，唯獨不及周三畏。

能紊」的情況下，強行誣陷定案。第三條本是口說無憑，而董先被追赴大理寺作旁證，又說岳飛無「比並」太祖的「語言」。[1]

万俟卨等人千方百計搜剔而得的岳飛罪名，竟如此可憐，毫無說服力，這在宋高宗和秦檜的內心是十分清楚的。按宋之「國朝著令，劾輕罪，因得重罪，原之，蓋不欲求情於事外也」。[2] 万俟卨等卻是在罪名「無驗」的情況下，[3] 不斷橫生枝節，輾轉推求，羅織新的罪名。由於岳飛非殺不可，什麼太祖誓約，什麼「國朝著令」，什麼罪狀「無驗」，全可棄之不顧。秦檜「於東廂窗下，畫灰密謀」，其妻王氏「贊成之」，說：「擒虎易，放虎難！」[4]

自張憲被捕之日始，岳飛的冤獄拖延了約三個餘月，万俟卨最後也憂心忡忡，「懼無辭以竟其獄」。眼看已到歲末，宋高宗和秦檜為歡度新春，向金朝獻媚，再也等待不及了。十二月二十九日（西元 1142 年 1 月 27 日），万俟卨等通過秦檜，匆匆上報一個奏狀，提出將岳飛處斬刑，張憲處絞刑，岳雲處徒刑，說「今奉聖旨根勘，合取旨裁斷」。他們所擬的刑名，無疑已是最大限度地施加重刑。但宋高宗當即下旨：

> 岳飛特賜死。張憲、岳雲並依軍法施行，令楊沂中監斬，仍
> 多差兵將防護。

按宋朝刑法，岳雲本擬「以官當徒」，[5] 只是「追一官」，即將其左武大夫、忠州防禦使降一官，「罰銅二十斤入官，勒停」，即革職，罰銅二十斤折合銅錢二貫四百文，[6] 卻根本不能滿這個獨夫民賊之意。宋高宗不僅將岳

---

1 《金佗稡編》卷 22《淮西辨》，卷 24《張憲辨》，《要錄》卷 143 紹興十一年十二月癸巳，《建炎以來朝野雜記》乙集卷 12《岳少保誣證斷案》，《揮麈錄餘話》卷 2。
2 《金佗續編》卷 21《鄂王傳》。
3 《宋史》卷 380《何鑄傳》。
4 《山堂肆考》角集卷 42《誤國之報》引《夷堅志》。晚出的《朝野遺記》亦載此事，但說成王氏一語致岳飛遇害，乃誇大其詞。
5 《宋刑統》卷 2。
6 《慶元條法事類》卷 76《罰贖》。

雲超越流刑，改判死刑，還將其他捲入冤獄者逐一法外加刑。[1]

當日，獄官令岳飛沐浴，將他「拉脅」，即猛擊胸脅而死。按照規定，岳飛的屍體應當草草地埋葬在大理寺的牆角下。好心的獄卒隗順含悲忍痛，冒險背負岳飛的屍身，就近走出臨安城西北的錢塘門，偷偷埋葬於九曲叢祠附近北山山麓的平地上，墳前種兩棵橘樹，以作標記，詭稱「賈宜人墳」。宜人是宋時官員「外命婦」的一種名號。[2]岳飛隨身尚有一個玉環，也許是李娃的紀念品吧！妻子至死不渝的深情，陪伴岳飛長眠地下。[3]岳飛死年三十九歲。

張憲和岳雲被綁赴臨安城的鬧市，不僅楊沂中當場監斬，連張俊也按捺不住狂喜，親臨刑場。臨安各城門都以重兵把守，禁衛森嚴，以防民眾鬧事。岳雲死年二十三歲。兩個獻身抗金戰場，出入槍林箭雨的猛士，終於犧牲在宋朝投降派的屠刀之下。岳飛和張憲的家屬被流放到嶺南和福建，宋高宗親自下旨規定，「多差得力人兵，防送前去，不得一併上路」，他們的「家業籍沒入官」。然而在漫長的流放途中，卻不斷有素不相識的人，含淚向岳飛和張憲的家屬慰問致哀。[4]

岳飛的悲劇是個人的悲劇，更是時代的悲劇。時代的悲劇，通過他個人的悲劇，得到了很強烈、很集中的表現。岳飛之死，標誌着南北分裂，北方人民受女真貴族奴役的長久化。

1　《要錄》卷143紹興十一年十二月癸巳，《建炎以來朝野雜記》乙集卷12《岳少保誣證斷案》。按《金佗稡編》卷8《鄂王行實編年》，卷24《張憲辨》引《野史》，還有晚出的《朝野遺記》，說秦檜以「片紙入獄」，殺害岳飛，都屬荒誕不經，應以岳飛刑案原件為準。岳珂於《金佗稡編》單取《野史》之說，是為強調「初未有旨也」，他必須諱避宋高宗殺害祖父之罪責。

2　《宋史》卷163《職官志》，《宋會要》儀制10之28—29。

3　《朝野遺記》，《寶慶四明志》卷9《史浩傳》，《周益國文忠公集‧雜著述》卷2《龍飛錄》。關於岳飛之死和葬，其說各異，如《會編》卷207，《要錄》卷143紹興十一年十二月癸巳注引《中興遺史》，稱岳飛「死於獄中，梟其首」，按岳飛既為「賜死」，應是全屍，此說係誤。《會編》卷207《岳侯傳》說，當年十二月二十七日，「侯中毒而死，葬於臨安菜園內」，其日期與葬地係誤。後世傳說岳飛死於風波亭，宋代無此記載，故並不可信。

4　《金佗續編》卷21《鄂王傳》，《要錄》卷143紹興十一年十二月癸巳，卷147紹興十二年十月壬戌，《建炎以來朝野雜記》乙集卷12《岳少保誣證斷案》，《夷堅丙志》卷15《岳侍郎換骨》。

第五節　蔓引株連

岳飛父子和張憲三人的遇害，只是這次冤獄的高潮，而不是終結。

宋高宗、秦檜和張俊對威震南北的原岳家軍極不放心。鄂州駐劄御前諸軍都統制王貴過去一直是岳飛的親信和副手，他對待冤獄，也只是違心地勉強敷衍。事實上，秦檜和張俊炮製的假案，亦已牽連到王貴，說岳飛父子的「諮目」，是寄給王貴和張憲兩人的。王貴明白自己的危險處境，主動「抗章而自列」，「引疾以為辭」。宋廷順水推舟，授予他侍衛親軍步軍副都指揮使的虛銜，添差福建路馬、步軍副都總管的閑職。

張俊舉薦其寵兒田師中接替王貴，意在併吞原岳家軍，得到宋高宗的批准。田師中這個駑將當鄂州駐劄御前諸軍都統制，很少有人服氣，連附會冤獄的傅選也不例外。[1] 田師中上任後，特別調來「蜀兵數千人自隨，以為彈壓」。[2] 他採取陰謀手段，拉攏一些武將，更打擊和排斥一些武將，將很多反對者以「老病」為由，「皆授添差離軍」。[3]

牛皋反對朝廷降金，經常發牢騷，故撤銷提舉一行事務，仍降為左軍統制，竟被田師中毒死。牛皋臨死時，對親人說：「皋年六十一，官至侍從，幸不啻足。所恨南北通和，不以馬革裹屍，顧死牖下耳！」[4] 岳飛的愛將徐慶從此默默無聞，無疑也是受到排擠，抑鬱而終。另一勇將董先臨時改任背嵬軍統制，[5] 奉命統原岳飛背嵬親軍，「赴行在宿衛。既至，改充（侍

1　《金佗稡編》卷 24《張憲辨》，《會編》卷 208，卷 219《林泉野記》，《要錄》卷 144 紹興十二年三月丁未，卷 153 紹興十五年五月己酉，《東窗集》卷 14《王貴除侍衛親軍步軍〔副都〕指揮使添差福建路副都總管制》。

2　《性善堂稿》卷 6《重慶府到任條奏便民五事》。

3　《要錄》卷 149 紹興十三年六月壬辰，《中興小紀》卷 31，《皇朝中興紀事本末》卷61。

4　《會編》卷 216，《要錄》卷 156 紹興十七年三月丁卯，《宋史》卷 368《牛皋傳》。

5　《會編》卷 216 載董先任背嵬軍統制。董先在紹興十年時尚任踏白軍統制，據《揮麈錄餘話》卷 2 王俊誣告狀，直到紹興十一年八月下旬尚有「背嵬王剛、張應、李璋」之語，根本未提及董先，可知他是此後臨時任命。王剛、張應和李璋三人大約任正將。

衛）步軍司統制」。[1]這是與原韓世忠的背嵬軍作同樣處置，對原岳家軍實施肢解。董先在大理寺作證時，顯然不願完全昧着良心，誣陷主帥。故雖統背嵬軍平安到行朝，[2]也算有功，卻從原同提舉一行事務降為一軍統制。

被肢解後的鄂州大軍還進行縮編，由十萬人以上減至七萬人以下，或四、五萬人。[3]田師中貪饕無厭，將原張俊軍的一套腐敗作風，也帶到鄂州軍中，使鄂州駐劄御前諸軍素質退化，其軍紀和戰鬥力「非復」岳飛統兵時的「規模」。[4]

在宋高宗和秦檜看來，岳飛的部將還算是粗人，對岳飛的幕僚尤須嚴懲不貸。按宋高宗親判的法外加刑，直接捲入冤案的于鵬和孫革，還有給岳飛通風報信的進奏官王處仁和武將蔣世雄，分別受到革職，流放嶺南和「編管」的懲處。文士智浹和張憲門僧澤一分別「決臀杖」和「決脊杖」。澤一「刺面」，發配「三千里外州軍」的廂軍牢城營中「收管」，充當最低等的「小分」兵。智浹本是上書為岳飛辨誣，結果被反誣為受岳雲賄賂，捎信給張憲。他流放到袁州後，因不堪凌虐而死。[5]

此外，朱芾、李若虛、高穎、王良存、夏珙、党尚友、張節夫等十三名幕僚，都被貶逐流放。朱芾的貶官責詞中指責他「詭隨」和「阿諛」岳飛，「坐閱貫盈之惡」。李若虛的貶官責詞中，更肆意謾罵，「以爾凡陋，本無他能，每恣輕僄，殊乏素行」，「甘奴隸之鄙態」，「卒陷鳴梟之惡」。歸根結蒂，無非是李若虛支持岳飛抗金之「素行」，才引起投降派的切齒痛恨。李若虛和朱芾被貶責後，「不自循省」，「竊議時政」，「唱為浮言」，又被加重處分。高穎輾轉歸宋，一意抗敵，不料愛國有罪，竟被流

1　《武漢文博》2015 年第 2 期武漢市文物考古研究所、武漢大學歷史學院《武漢蔡家嘴墓地發現南宋董先墓及墓誌銘考》引董先墓誌銘。
2　參見《京口耆舊傳》卷 8《湯鵬舉傳》。
3　《要錄》卷 158 紹興十八年閏八月乙酉，殿前司「總七萬餘人」，「兵籍為天下冠」。《建炎以來朝野雜記》甲集卷 18《乾道內外大軍數》載，宋孝宗乾道時，鄂州都統司兵力編額為四萬九千人或五萬二千人，估計鄂州大軍縮編後，應接近此數。
4　《歷代名臣奏議》卷 96 李椿奏，《南軒先生文集》卷 24《答朱元晦》（其十）。
5　《會編》卷 208，《要錄》卷 143 紹興十一年十二月癸巳，卷 144 紹興十二年正月戊申，《建炎以來朝野雜記》乙集卷 12《岳少保誣證斷案》。

放嶺南「編管」。李若虛和高穎都飲恨死於貶所。[1]唯有岳飛的前參謀官，明哲保身的薛弼，因為與秦檜、万俟卨曾有交往，未受株連。然而他的內心深處，仍是同情故帥的，故對岳飛和同僚並無落井下石的行為。[2]

岳飛的「親校」王敏求、勝捷軍副將楊浩、部將邢舜舉等，也都受到「除名」、「編管」或其他處罰。[3]至於其他的受迫害者，在史籍上已難於有完整的統計。[4]

齊安郡王趙士㒟受御史中丞万俟卨等人的彈劾，說他「身為近屬」，「交結將帥」，被革職並逐出臨安府，「令建州居住」，施行軟禁。[5]

薛仁輔由宋高宗親自下詔，說他「持心不平，用法反覆」。右諫議大夫羅汝楫上奏彈擊何彥猷和李若樸，說當大理寺官「聚斷」岳飛獄案時，兩人「喧然力爭，以眾議為非，務於從輕」。何鑄則由万俟卨、羅汝楫和殿中侍御史、兼權侍御史江邈交章彈奏，說他「日延過客，密議朝政，以欲緩岳飛之死」，「使親舊騰播」「謂議獄不合」。他們都因此先後罷官。[6]其他反對冤獄的官員，如蔣燦、許暘等，也受罷官處分。[7]

上書營救岳飛的劉允升，被關進大理寺獄，慘遭殺害。另一個范澄之

---

1 《要錄》卷142紹興十一年十一月辛酉，卷144紹興十二年正月乙巳，戊申，二月乙丑朔，卷145紹興十二年五月甲辰，六月乙酉，《宋會要》職官70之25，76之71，《宋史》卷380《薛弼傳》，《羅汝楫傳》，《東窗集》卷12《朱芾落敷文閣待制知徽州制》，卷14《李若虛落秘閣修撰制》。

2 《要錄》卷144紹興十二年正月戊申，《浪語集》卷33《先大夫行狀》，《水心文集》卷22《故知廣州敷文閣待制薛公墓誌銘》，《宋史》卷380《薛弼傳》。按岳珂在《金佗稡編》卷8《鄂王行實編年》，卷21《建儲辨》對薛弼的指責甚重，亦言過其實。

3 《要錄》卷148紹興十三年正月丁未，卷152紹興十四年九月甲子，《夷堅甲志》卷13《邢舜舉》。

4 如《要錄》卷167紹興二十四年七月癸丑，《揮麈三錄》卷3載，「有李將領者」，「坐岳飛累，編置全州」，已不知其名。

5 《金佗稡編》卷20《籲天辨誣通敍》，《會編》卷206，《要錄》卷142紹興十一年十一月丁未，卷144紹興十二年三月辛亥，《宋史》卷247《趙士㒟傳》，卷474《万俟卨傳》，《山房集》卷5《跋鞏洛行記後》，卷8《雜記》，《齊東野語》卷13《岳武穆逸事》。

6 《金佗稡編》卷20《籲天辨誣通敍》，《會編》卷207，《要錄》卷144紹興十二年正月乙巳，戊申，卷146紹興十二年八月丙寅，卷147紹興十二年十月庚辰，卷162紹興二十一年閏四月乙酉，卷173紹興二十六年七月丁未，《宋會要》職官70之25，《宋史》卷380《何鑄傳》，《羅汝楫傳》，卷474《万俟卨傳》。

7 《負暄野錄》卷上《蔣宣卿書》，《京口耆舊傳》卷2《許暘傳》。又《周益國文忠公集‧雜著述》卷6《泛舟遊山錄》也記載有吳姓「寺丞」反對岳飛冤獄。

則在流放地含悲辭世。[1]

　　前荊湖北路安撫使劉洪道也遭万俟卨的攻訐，說他獻媚於岳飛，聽到岳飛罷宣撫使的消息，便大驚失色，「頓足抵掌，倡為浮言，簧鼓將士，幾至變生」。劉洪道因此被流放到廣南的柳州（治馬平，今廣西柳州市）「安置」，「終身不復」。[2] 另一個反對和議的官員張戒，因一度去鄂州投靠岳飛，也受「勒停」階官的處分。[3] 宦官黃彥節「犯顏而出」，贊助岳飛抗金，宋高宗以他受岳飛資助錢財等罪名，「除名」，「枷項」送廣南容州（治普寧，今廣西容縣）「編管」。[4] 直到岳飛身後十五年，江州知州范漈因他任鄂州知州時，「諂事岳飛」，也被罷官。[5]

　　更有甚者，因為憎恨一個「岳」字，居然接受前岳飛幕僚姚岳的荒謬而無恥的建議，宋廷下令，將岳州改名純州，其節鎮名岳陽軍又改為華容軍。[6] 這在宋朝是史無前例的。

　　在秦檜第二次任相當權的十八年間，冤獄之多，不可勝計，而岳飛冤獄的誅戮之慘，株連之廣，卻是絕無僅有的。秦檜嗜殺成癖，卻仍受到宋高宗的約束。宋高宗在不少冤獄中，願意遵守宋太祖的誓約，樂意於扮演一個寬宏大量的角色。他唯獨在岳飛的冤獄中，卻兜相畢露，並無任何偽裝。

第六節　紹興和議

　　宋高宗和秦檜一面殺害岳飛，一面正式對金媾和，兩件事都自九月開始，雙管齊下。金朝都元帥完顏兀術則一面遣使，一面出兵蹂踐淮南，連

1　《金佗稡編》卷 20《籲天辨誣通敘》，《岳廟志略》卷 1。
2　《要錄》卷 143 紹興十一年十二月丁卯，《宋會要》職官 70 之 25，《宋史》卷 474《万俟卨傳》，《周益國文忠公集‧奏議》卷 10《論劉洪道贈官》，《輿地紀勝》卷 112《柳州》。
3　《要錄》卷 147 紹興十二年十一月庚戌，《宋史》卷 30《高宗紀》。
4　《朱子語類》卷 132，《要錄》卷 144 紹興十二年二月庚午。
5　《要錄》卷 125 紹興九年正月己丑，卷 175 紹興二十六年十一月辛巳。
6　《會編》卷 234，《要錄》卷 168 紹興二十五年六月癸卯，《宋會要》方域 6 之 34—35，《鐵庵方公文集》卷 17《書‧劉子栗（縝）》。

破泗州、楚州等地，「淮南大震」，進行訛詐和示威。樞密使張俊以「恐妨和議」為由，不發兵渡江迎戰。[1]

十一月，宋金和談正式拍板成交。重要條款如下：第一，宋朝向金朝奉表稱臣；第二，宋每年向金進貢銀二十五萬兩，絹二十五萬匹；第三，雙方東以淮水為界，西以大散關（今陝西寶雞市西南）為界。對於陷身牢獄的岳飛，這事實上又是下了一道催命符。金朝獲得了在戰場上得不到的大片土地，岳家軍當年攻克的商、虢、唐、鄧等州，吳璘等部收復的陝西州縣，以至吳玠當年堅守的和尚原要塞，都割讓金朝。[2]邵隆堅決反對割讓商州，被秦檜貶官後毒死。[3]

金朝女真貴族成全了宋高宗的「孝心」，允許將宋徽宗梓宮、宋高宗生母韋氏等送還。至於宋欽宗，則仍須扣押在北方，以作政治訛詐的資本。[4]宋高宗以「臣構」的名義敬獻誓表，「既蒙恩造，許備藩方，世世子孫，謹守臣節」，「有渝此盟，明神是殛」。金朝依據誓表，「冊康王為宋帝」。[5]辦完當臣僕的手續後，宋高宗方稱心如意，高枕無憂了。

張俊以為吞併韓世忠和岳飛兩軍，獨掌天下之兵的計謀已經成功，而志得意滿。不料秦檜立即唆使殿中侍御史江邈出面彈奏，說他圖謀不軌，「大男楊存中握兵於行在，小男田師中擁兵於上流。他日變生，禍不可測」，實際上還是將誣害韓世忠和岳飛的故伎，還治張俊自身。宋高宗保他「無謀反之事」，卻又乘機批准他退閒。[6]執柯伐柯，斫伐韓世忠和岳飛的任務一旦完成，張俊這個斧柄也隨之被扔棄。

金朝女真貴族最敬畏岳飛，平日往往不直呼其名，而稱為「岳爺

---

1 《會編》卷206，卷215《征蒙記》，《要錄》卷141紹興十一年九月戊申，乙卯，卷142紹興十一年十月乙亥。

2 《會編》卷208，《要錄》卷142紹興十一年十一月辛丑，卷146紹興十二年八月辛酉朔，月末。據上引記載，宋方最初尚存商州上津和豐陽兩縣，然而按《宋史》卷89《地理志》，《金史》卷26《地理志》，後豐陽縣亦併入金朝。

3 《會編》卷208，卷214，《要錄》卷146紹興十二年八月，卷153紹興十五年四月庚寅。

4 《會編》卷215《征蒙記》載完顏兀術遺囑，「若制禦所不能」，「遺天水郡公桓安坐汴京，其禮無有弟與兄爭」。

5 《金史》卷77《宗弼傳》，《要錄》卷142紹興十一年十一月庚申注。

6 《會編》卷212，卷219《林泉野記》，《要錄》卷147紹興十二年十一月癸巳，卷169紹興二十五年十月丙申。

爺」，[1] 其實是遵從漢人避名諱的習俗，而「爺爺」意為「父」。[2] 他們得知岳飛死耗，個個歡天喜地，酌酒相慶，大家高興地說：「莫予毒也！」他們無法殺害岳飛，卻由宋廷代他們下手。被扣押在北方的宋使洪皓，目擊此情此景，心如刀割，只能吞聲抽泣。[3]

紹興十二年，金使蓋天大王完顏賽里、劉祹等送韋氏和宋徽宗梓宮南歸，[4] 宋高宗為表演自己的「聖孝」，大事張羅一齣「皇太后回鑾」的鬧劇。

不料劉祹竟向宋朝官員發問：「岳飛以何罪而死？」館伴官無言以對，含含糊糊地回答：「意欲謀叛，為部將所告，以此抵誅。」劉祹冷笑一聲，說：「江南忠臣善用兵者，止有岳飛，所至紀律甚嚴，秋毫無所犯。所謂項羽有一范增而不能用，所以為我擒。如飛者，無亦江南之范增乎！」[5] 媚敵求和者到底還是受到了毫不客氣的奚落。

金熙宗之後的金海陵王完顏迪古乃（漢名亮），曾親歷紹興十年的惡戰，領教過岳家軍的威力。岳飛死後二十年，金海陵王大舉南侵時，金軍中還流傳一句話：

> 岳飛不死，大金滅矣！[6]

岳飛身後六十多年，金朝在招誘吳曦叛變的詔書中也承認，岳飛的「威名戰功，暴於南北」。[7] 金人對這個最可畏的敵手，仍心存餘悸。

1　《金佗粹編》卷 20《籲天辨誣通敘》。

2　《劍南詩稿》卷 27《書憤》：「劇盜曾從宗父命。」《老學庵筆記》卷 1：「羣盜降附者百餘萬，皆謂汝霖（宗澤字）曰『宗爺爺』。」

3　《金佗續編》卷 14《忠愍諡議》，《山堂肆考》角集卷 42《誤國之報》引《夷堅志》。

4　《要錄》卷 145 紹興十二年六月己卯，《宋史》卷 30《高宗紀》，《金史》卷 70《宗賢傳》，卷 79《王倫傳》。

5　《說郛》卷 18 葉寘《坦齋筆衡》，《說郛》号 47 趙葵《行營雜錄》。

6　《浪語集》卷 22《與汪參政明遠論岳侯恩數》。

7　《金史》卷 98《完顏綱傳》。

第七節　冤獄昭雪　民眾懷念

宋金議和後，秦檜依仗金人「不許以無罪去首相」的規定，[1] 穩當終身宰相，獨攬大權。宋高宗被金人剝奪了罷免秦檜之權，對秦檜雖亦憂心兼以寒心，卻無可奈何。秦檜安排其養子秦熺主編宋高宗生前的編年史——日曆，恣意篡改官史，又嚴禁私史，自以為可在歷史上永葆美譽，不留罵名。紹興二十五年（西元 1155 年），秦檜病死，宋高宗方得以收回對宰相的任免權，卻又令秦檜黨羽万俟卨、湯思退等人繼續執政。對於受迫害的官員，大多予以寬貸或平反，唯獨岳飛例外。

在整整二十年內，很少有人敢在公開場合為岳飛主持正義。相反，有的無恥之士卻舞文弄墨，阿諛宋高宗和秦檜，詆毀岳飛。曾惇獻詩說，「和戎詔下破羣疑」，「吾君見事若通神」，「裴度只今真聖相」，「沔鄂蘄黃一千里，更無人說岳家軍」，便得「升擢差遣」。[2] 孫覿說，「主上英武，所以駕馭諸將」，「而干戈鈇鉞，亦未嘗有所私貸，故岳飛、范瓊輩皆以跋扈賜死」。[3]

然而公道自在，人心不服。大約在秦檜死後，張孝祥上奏說：

> 岳飛忠勇，天下共聞，一朝被謗，不旬日而亡，則敵國慶幸，而將士解體，非國家之福也。

他請求宋高宗給予平反，皇帝對這個狀元算是特別「優容」，不予治罪。[4] 紹興三十一年（西元 1161 年），金海陵王大舉南侵，南宋抗金情緒重新高漲。官員杜莘老上奏說，「岳飛，良將也，以決意用兵」，「文致

1　《金佗稡編》卷 20《籲天辨誣通敘》，《朱文公文集》卷 95 張浚行狀，《四朝聞見錄》乙集《吳雲壑》，《鶴林玉露》甲編卷 5《格天閣》。

2　《能改齋漫錄》卷 11《曾郎中獻秦益公十絕句》。

3　《會編》卷 218，《鴻慶居士集》卷 36 韓世忠墓誌銘。

4　《于湖居士文集》附錄《宣城張氏信譜傳》，此傳說張孝祥於秦檜生前已上奏，疑誤，可參《要錄》卷 166 紹興二十四年三月辛酉。

極法，家屬盡徙嶺表。至今人言其冤，往往為之出涕」。他請求「昭雪岳飛，錄其子孫，以激天下忠臣義士之氣」。[1]太學生程宏圖和宋苞也分別上書，說岳飛被「誣致大逆」，「則三軍將士忠憤之氣沮矣」，要求「復岳飛之爵邑，而錄用其子孫，以謝三軍之士，以激忠義之氣」。[2]倪朴草擬上書，說岳飛「勳烈炳天地，精忠貫日月」，「志清宇宙」，「而反受大戮」，要求予以平反。[3]

宋高宗正當用人抗金之際，卻仍無意於為岳飛平反。他只是下詔，將「蔡京、童貫、岳飛、張憲子孫家屬令見拘管州軍並放令逐便」，給岳飛和張憲家屬解除拘禁，以開「生還」之路，[4]卻須與蔡京、童貫之流禍國巨奸並列，也足見這個獨夫之用心。

紹興三十二年（西元 1162 年），宋高宗退位，傳位於宋孝宗趙眘，趙眘乃趙瑗之更名。宋孝宗傾向抗金，他即位伊始，立即宣佈給岳飛平反昭雪，追復原官，以禮改葬棲霞嶺下。[5]但在追復詔中，仍給太上皇保留體面，說此舉乃「仰承」宋高宗的「聖意」。在詞臣周必大所寫的追復制詞中，則特別強調岳飛「事上以忠，至無嫌於辰告」。此處「辰告」一詞，是指岳飛「嘗上疏請建儲」。[6]宋孝宗僅在孩童時代見過岳飛一面，但對這位故將之忠於自己，仍有感激圖報之意。

特赦令下達時，岳雷因飽經憂患，已含恨去世，其妻溫氏可能也已辭世，留下四子二女，由岳雲妻鞏氏照管。岳霖、岳震、岳靄（後由宋孝宗改名岳霆）、岳甫、岳申等倖存的岳飛子孫，還有岳安娘的丈夫高祚，都補官授職。[7]然而他們在歷史上都並無大作為。李娃在流離顛沛之餘，又活

1　《金佗續編》卷 30 杜莘老《乞昭雪奏劄》。
2　《金佗粹編》卷 9《昭雪廟諡》，《會編》卷 236，卷 237，《要錄》卷 190 紹興三十一年五月戊戌。宋苞，《會編》和《要錄》有的版本作宋苞。
3　《倪石陵書·擬上高宗皇帝書》。
4　《要錄》卷 193 紹興三十一年十月丁卯。
5　《要錄》卷 200 紹興三十二年七月戊申，《周益國文忠公集·雜著述》卷 2《龍飛錄》，《咸淳臨安志》卷 87。
6　《金佗續編》卷 13《追復旨揮》，《追復少保兩鎮告》，《周益國文忠公集·掖垣類稿》卷 4《岳飛敘復元官》，《宋會要》職官 76 之 70，《齊東野語》卷 20《岳武穆御軍》。
7　《金佗續編》卷 13 岳雲等復官告、省劄，《周益國文忠公集·掖垣類稿》卷 2，卷 4 岳雷等復官制。

了十多年，到淳熙二年（西元 1175 年）病逝，享壽七十五歲，葬於江州。[1]

宋孝宗後召見岳霖時說：「卿家紀律、用兵之法，張、韓遠不及。卿家冤枉，朕悉知之，天下共知其冤。」[2]

儘管如此，宋孝宗給岳飛的昭雪是有限度的。他在位後期，方按當時禮制，給岳飛定諡。最初議為「忠愍」，宋孝宗認為，「使民悲傷」曰「愍」，則對太上皇有「失政」之譏，便改用「武穆」。[3] 宋高宗死後，吏部侍郎章森建議用岳飛「配享」廟庭，宋孝宗即予拒絕，而寧願用張俊為「配享」。[4]

宋寧宗嘉泰四年（西元 1204 年），追封岳飛為鄂王。[5]

宋理宗寶慶元年（西元 1225 年），將岳飛改諡「忠武」。[6]

宋朝褒揚岳飛，卻又不能將宋高宗置於元兇和主犯的地位。宋亡以後，方無此禁忌。

與宋孝宗等人的追復、定諡等政治活動相比，唯有民眾的哀悼和懷念，才是真摯的，具有永久價值的。

在紹興十一年的陰暗歲末，當岳飛等人遇害的消息傳開後，臨安市民莫不哀痛悲悼，不少人泣不成聲，「下至三尺之童」，都唾罵秦檜。宋廷為標榜屠戮有理，將岳飛的獄案，「令刑部鏤板，遍牒諸路」。這反而更激發了各地人民的痛悼之情，「天下聞者無不垂涕」。[7] 有士人李安期，為岳飛「作《表忠詩》百二十首吊之」。[8] 岳飛死後一年，鄂州軍中很多將領前往武昌縣（今湖北鄂州市）走馬遊樂，有一個軍士為「忠義所激」，吟詩一首說：

---

1 《宋岳鄂王年譜》卷 6，《嘉靖九江府志》卷 3。
2 《金佗粹編》卷 9《昭雪廟諡》。
3 《金佗續編》卷 14《忠愍諡議》，《武穆諡議》，《武穆覆議》，《建炎以來朝野雜記》甲集卷 9《渡江後改諡》。
4 《宋史》卷 35《孝宗紀》，《周益國文忠公集・雜著述》卷 11《思陵錄》，《建炎以來朝野雜記》乙集卷 4《高廟配享議》，卷 12《岳少保誣證斷案》。
5 《金佗粹編》卷 27《追封鄂王告》，《宋史》卷 38《寧宗紀》。
6 《金佗續編》卷 16《賜諡忠武省劄》，《賜諡告詞》，《宋史》卷 41《理宗紀》。
7 《會編》卷 207，卷 207《岳侯傳》，《要錄》卷 143 紹興十一年十二月癸巳注，卷 144 紹興十二年正月戊申，《老學庵筆記》卷 1。
8 《嘉靖邵武府志》14《隱士》，《同姓名錄》卷 10。

自古忠臣帝主疑，全忠全義不全屍。

武昌門外千株柳，不見楊花撲面飛。

在宋廷的黑暗統治下，這首詩做得比較隱晦，卻是指責「帝主」殺害岳飛無疑。將士們聽後，都「為之悲泣」而「罷遊」。[1]

二十年後，為抵禦金海陵王的南犯，御史中丞汪澈「宣諭荊、襄」。鄂州將士聯名上狀要求為故帥伸冤理枉，「哭聲如雷」，甚至大呼：「為我岳公爭氣，效一死！」汪澈勸慰多時，答應稟報朝廷，眾人仍啜泣不止。[2]

直到岳飛身後好幾十年，江、湖之地的百姓依然家家戶戶張掛岳飛的遺像，奉祀不衰，還流傳了很多歌頌他的民間故事。鄂州城內的旌忠坊，特別為岳飛設立忠烈廟。[3] 岳霖途經贛州（原名虔州），即有「父老帥其子弟來迎」，個個淚流滿面，說：「不圖今日復見相公之子。」他到荊湖北路任官，鄂州軍民聞訊後，「設香案，具酒牢，哭而迎」，以表示他們對岳飛的緬懷。其中有一個老嫗，她的丈夫和兒子、女婿都因「不善為人」，被岳飛所斬。但她仍對這位正直嚴明的故帥深致悼念。[4] 詞人劉過在《六州歌頭》中寫道：

過舊時營壘，荊鄂有遺民，憶故將軍，淚如傾。[5]

袁甫也寫詩說：

兒時曾住練江頭，長老頻頻說岳侯：

手握天戈能決勝，心輕人爵衹尋幽。[6]

1　《忠文王紀事實錄》卷4。

2　《金佗稡編》卷9《昭雪廟謚》，卷20《籲天辨誣通敘》。

3　《金佗續編》卷14《湖北轉運司立廟牒》，《敕建忠烈廟省劄》，卷28《孫逌編鄂王事》，卷30 王自中《鄂州忠烈行祠記》，《輿地紀勝》卷66《鄂州》。

4　《金佗稡編》卷9。

5　《金佗續編》卷28《廬陵劉過題鄂王廟六州歌頭詞并跋》。

6　《蒙齋集》卷20《岳忠武祠》（其二）。

宋高宗和秦檜曾經使宋朝官史中，塞滿了諛詞和讕言。頌宋高宗，則「大功巍巍，超冠古昔」，贊秦檜，則「大節孤忠，奇謀遠識」；詆岳飛，則「稔成罪釁」，「逆狀顯著」。[1]然而曾幾何時，此類文辭便成了「滿地黃花堆積」，「如今有誰堪摘」。[2]是非曲直，畢竟是不容顛倒的。

　　歷史是無情的。時勢造就了岳飛這個英雄人物，卻又由於各種力量和因素的交互作用，毀滅了這個英雄，特別是毀滅了他的理想。人民卻是多情的，千百年來，西子湖畔的忠魂，得到了永久的尊崇和紀念。[3]

1　《要錄》卷 146 紹興十二年八月己丑附「史臣秦熺等曰」，卷 147 紹興十二年十一月辛丑。

2　借用李清照詞，見《漱玉詞》卷 3《聲聲慢》。

3　本書十六章敘事和引文，凡取材於《金佗稡編》卷 4 至卷 8《鄂王行實編年》相應年月的記載，一般不另作注釋。

附錄

附錄一： 岳飛的歷史評價

一、岳飛在抗金戰爭中的地位

宋朝是當時全世界最高度發展的農業文明社會，其農業以租佃制為主。宋代文明超過唐代文明，在經濟、文化等方面取得宏大的進展。近代史家從宋代文明中發現若干近代文明的原始徵象，但這並不意味着宋代文明已經接近，或者行將蛻變為近代文明。相反，從主流方面看，宋代文明正是傳統文明的延續、深化和堆積。一種文明愈是發展得過於成熟，則蛻變為一種新的更高的文明，似乎就愈是積重難返，步履維艱。

在宋代文明的正常發展中，受到了兩次嚴重的衝擊和破壞，第一次是西元十二世紀女真人的南下，第二次是西元十三世紀蒙古人的南下。

發生於西元十二世紀的宋金戰爭，是中國歷史上範圍很廣、持續很久的民族戰爭。在岳飛生前，酷烈的戰禍遍及宋朝除四川、廣南和福建以外的各路，對經濟和文化造成很嚴重的破壞。即使在岳飛身後的近一百年，自黃河以南，到長江以北的廣闊地域，大多人口稀少，經濟凋弊，沒有恢復到北宋末年的水平。[1] 南北分裂的局面，嚴重地阻礙社會經濟的發展，給各族人民造成深重的苦難。

女真族侵入中原，吸收了先進的漢族文明，固然使本民族取得了飛躍的進步。但是，這卻是以先進文明被嚴重摧殘，出現大破壞和大倒退為代

1　南宋關於淮南東路、淮南西路、京西南路和荊湖北路地荒人稀的記載很多。《攬轡錄》，《攻媿集》卷111《北行日錄》記錄了金朝河南地區的荒涼景象。《金史》卷47《食貨志》也說，即使到金章宗初年，「河南地廣人稀」。

價的。在相當程度上說，女真人的漢化即是腐化。金朝遷居中原的以女真人為主體的猛安謀克戶，也與清朝八旗子弟同樣，經歷了類似的腐化和衰敗命運。

特別是在岳飛生前，即女真族南侵之初，乃是漢族文明遭受劫難最主要、最慘重的階段。除了大規模的燒殺搶掠外，對漢人民族意識刺激最深者，一是對漢族男子強行「剃頭辮髮」，二是強制推行奴隸制，三是大量所謂「猛安謀克戶」南遷，大規模掠奪漢人耕地。宋朝的民間奴婢，大多「本傭雇良民」，「雇賣與人」，[1] 他們與主人之間雖有身份差別，其實已是原始的僱傭關係。金元之際，中國北方社會奴隸制成份的擴張，當然是嚴重的倒退。岳飛被害三十年後，范成大出使金朝，看到一個女婢頰刺「逃走」兩字，寫詩說：「屠婢殺奴官不問，大書黥面罰猶輕。」[2] 他從漢文明的高度，對此種野蠻行為表示義憤。

在金朝女真貴族的侵掠、屠殺和奴役之下，以漢族為主體的各族民眾進行了英勇頑強的鬥爭，其動員之廣，規模之大，持續之久，在中國古代史上是沒有先例的。魯迅先生曾說：「真的猛士，敢於直面慘澹的人生，敢於正視淋漓的鮮血。」[3] 在抗金戰爭中，這樣的猛士，無論是留名後世的，或者是沒有留名後世的，何止成千上萬。正是這些猛士們的奮鬥犧牲，保衛了當時最先進的文明，也促進了女真族的進步和漢化。

南宋初期，作為抗金的中心人物，前後有四位。第一位是李綱，他在朝廷掌政，卻僅任相七十五日。第二位是宗澤，他以東京留守、開封尹的身份，雖未被授予全權，事實上卻主持了前沿軍務一年。第三位是吳玠，他作為戰區統帥，自紹興元年至紹興四年，在川、陝交界率軍獨立抗擊金軍主力。第四位是岳飛，他也是戰區統帥，從紹興四年克復襄漢，到紹興十一年遇害的八年間，一直是南宋抗金的主角。當然，就後世的名望和影響而言，岳飛又超出了前面的三位。

這四人的共同命運，是必須受制於朝廷，特別是受制於作為降金主角

1　《續資治通鑒長編》卷 54 咸平六年四月癸酉，《宋會要》刑法 2 之 148。

2　《石湖居士詩集》卷 12《清遠店》。

3　《華蓋集續編·記念劉和珍君》。

的宋高宗。吳玠專事自守，與宋高宗尚無多少衝突，而李綱、宗澤和岳飛三人都不同程度地受到以宋高宗為首的投降派的打擊和迫害，其中尤以岳飛的下場最為悲慘。故陸游詩說：

> 公卿有黨排宗澤，帷幄無人用岳飛。
>
> 遺老不應知此恨，亦逢漢節解沾衣。[1]

岳飛本是扶犁握鋤的農家子，他投身抗金，最初也不過是一員偏裨小將，卻很快嶄露頭角，從靖康元年至紹興三年的八年之間，便躍升為戰區統帥。岳飛許身和效命抗金戰場十六年，後八年是其生平業績的主要階段。儘管他是南宋四五支大軍的統帥之一，論官位也一直低於劉光世、韓世忠和張俊，但是，岳家軍作為南宋抗金的主力和中堅，卻是舉世公認的事實。故宋孝宗後來也對岳霖說：「卿家紀律、用兵之法，張、韓遠不及。」[2]

為着光復故土，南北重新統一，維護文明和進步，岳飛不屈不撓地奮鬥了後半生，直至生命的最後一息，仍履踐着自己「盡忠報國」的誓言，表現了一種崇高的愛國精神和民族氣節。他作為一位歷史偉人，受到中國人世代的尊崇和紀念，是理所當然的。

二、岳飛在中國古代軍事史上的地位

為說明岳飛在中國古代軍事史上的地位，有必要將岳飛與當時的抗金名將作一番比較。

陸游詩說：「堂堂韓岳兩驍將，駕馭可使復中原。」[3]後世提到南宋初抗金名將，也往往韓、岳並稱。就抗金的志向而論，韓世忠和岳飛是可以匹

1　《劍南詩稿》卷 25《夜讀范至能攬轡錄言中原父老見使者多揮涕感其事作絕句》。
2　《金佗稡編》卷 9《昭雪廟謚》。
3　《劍南詩稿》卷 34《感事》（其二）。

配的。若從軍事成就而論，則韓世忠不僅次於岳飛，也不及吳玠和劉錡。

吳玠是第一個使金軍遭受慘敗的南宋將帥，他的功績是不可抹煞的。然而他守則有餘，攻則不足，和尚原與仙人關兩次大捷，是防禦性的戰役，而不是進攻性的戰役。自紹興四年以後，川、陝戰場大致上處於相對沉寂的狀態。吳玠顯然滿足於所取得的成就，未能大舉出師，克復失地，最後以服食丹石，沉湎女色而死。

劉錡原來的地位和聲望並不高，順昌之役使他一戰成名。宋高宗評論說：「順昌之勝，所謂置之死地然後生，未為善戰也。錡之所長，在於循分守節，危疑之交，能自立不變，此為可取。」[1]我們不必因人廢言，宋高宗所說是有道理的。順昌之戰是防禦性的戰役，縱觀劉錡的軍事生涯，也只有此戰打得出色。往後紹興十一年柘皋之勝和濠州之敗，已大不如前。二十年後，金海陵王大舉南侵，劉錡敗於淮東，軍事聲譽更是一落千丈。

韓世忠一生最出名的有兩仗：一是黃天蕩之戰，以八千水師堵截金朝號稱十萬大軍，一度使完顏兀術相當狼狽，扭轉了宋軍望風奔潰的頹勢，但最後仍以失敗告終；二是大儀鎮之戰，被撰寫神道碑的趙雄和往後的史傳誇大為「中興武功第一」，[2]其實不過是伏擊金軍萬夫長聶兒孛堇的前鋒部隊，殺敵數百的小捷。[3]此後韓世忠率軍長期守衛淮東，除曾攻取海州外，屢攻淮陽軍不克，在救援濠州時又被戰敗，無大的戰功可言。

李綱在紹興年間，大半閑廢在家，也出任荊湖和江南西路的方面大員。他一直滿懷憂國憂民之心，卻苦於有志莫伸，他明白宋高宗決無命自己復相的可能。只能寄希望於當權的文武大臣。但經考察和瞭解的結果，文臣宰相輩，一個都沒有使他滿意者。武將方面，他對韓世忠早就認識，也有過交往。他在紹興六年的一封信中，對韓世忠指揮的淮陽軍之戰批評，深中肯綮，可知對其軍事才能沒有高評。[4]唯獨對岳飛，雖兩人未得有

1　《要錄》卷 139 紹興十一年二月丁丑，《後村先生大全集》卷 83《玉牒初草》。
2　《會編》卷 217，《琬琰集刪存》卷 1，《江蘇金石志》卷 12。《宋朝南渡十將傳》卷 5《韓世忠傳》和《宋史》卷 364《韓世忠傳》沿用此說。
3　《會編》卷 162《紹興甲寅通和錄》，卷 164，《要錄》卷 81 紹興四年十月戊子。參見拙作《韓世忠大儀鎮之戰述評》，載《點滴編》，河北大學出版社，2010 年。
4　《梁溪全集》卷 125《與張相公第十三書》。

一面之交，經過多年考察和瞭解，卻寄予最高度的器重和厚望，他正好在同年致信岳飛說：「願言益勵壯猷，早建大勳，為中興功臣之首，誠所望於左右也。」[1] 這當然決不是客套話。在李綱眼裏，中興的期望主要只能寄託於岳飛，而非他人可比。宋朝的官場有崇文抑武的傳統積習，文臣往往自視高武將一等，甚至數等，瞧不起武將。李綱卻期盼一員武將「為中興功臣之首」，說明在他的思想深處，已完全拋棄了崇文抑武的傳統積習。

在南宋初年的將帥中，如果說吳玠和劉錡是防禦型的將帥，岳飛則是進攻型的將帥。

保守和怯弱的宋朝，長期以來形成了消極防守的軍事傳統，習慣於分兵把守，結果無非是被動挨打。反之，金軍在戰略上一直居於優勢，他們能夠集中兵力，統一指揮，並依靠騎兵進行大規模的機動的進攻戰。到紹興年間，儘管宋軍素質有了顯著提高，非北宋末年可比，而宋金之間在戰略指揮上之優劣，卻仍無改變。

岳飛比吳玠、劉錡等人高明之處，在於他對宋朝的軍事傳統有所認識，有所批判，也有所突破。他上奏批評宋高宗和朝廷「僅令自守以待敵，不敢遠攻而求勝」，[2] 他「常苦諸軍難合」，[3] 力爭自己對諸軍的統一指揮。儘管他的戰略方針受宋高宗和朝廷的阻難，卻仍組織了如第一次、第二次和第四次北伐那樣大規模的進攻戰役，並且編練了強大的騎兵，在最有利於女真騎兵發揮威力的地形和時節，對抗敵人，這在當時是絕無僅有的。南宋初年，具備光復故地的決心和能力的統帥，唯有岳飛一人。這得到當時人的公認。范澄之上書營救岳飛說：「況胡虜未滅，飛之力尚能戡定。」[4] 金方劉祹稱「江南忠臣善用兵者，止有岳飛」。[5] 被金人拘押的宋使洪皓「言虜中所大畏服者」是岳飛。[6] 甚至岳飛身後二十年，金朝方面尚有「岳飛不

1 《梁溪全集》卷128《與岳少保第四書》（十月十六日）。

2 《金佗稡編》卷12《乞本軍進討劉豫劄子》。

3 《金佗稡編》卷3高宗手詔。

4 《金佗續編》卷30《南劍州布衣上皇帝書》。

5 《說郛》卷18葉寘《坦齋筆衡》，《說郛》弓47趙葵《行營雜錄》。

6 《金佗續編》卷14《忠愍諡議》。

死，大金滅矣」之說。[1]

岳飛組織和訓練了一支堅不可摧的岳家軍，並且保持了「凍殺不拆屋，餓殺不打虜」[2]的嚴明軍紀，這在古代實為罕見和難能可貴，成為兩宋三百二十年間最得軍心和民心的將帥。

岳飛重視北方民間抗金義軍，提出「連結河朔」[3]的軍事思想，發動、聯絡和支援北方抗金義軍，使之與岳家軍互相呼應或配合，夾攻金軍。這既是先進的軍事思想，更是高明的戰略部署。岳飛在這方面無疑是受宗澤的薰陶，而其成就卻也勝過前人。

在戰爭史上，不乏好戰嗜殺的名將。他們的特點是將戰爭作為樂趣，草菅人命，動輒殺人盈城，殺人盈野。岳飛卻深受儒家思想的薰陶，「仁心愛物」。[4]他英勇善戰，卻從未將殺人視為樂趣。「凡出兵，必以廣上德為先，殲其渠魁，而釋其餘黨，不妄戮一人」。這不僅表現在他平定吉州、虔州叛亂和對楊么叛軍的處置上，即使對金軍也不例外，「是以信義著敵人不疑，恩結於人心，雖虜人、簽軍，皆有親愛願附之意」。[5]這種「以仁為本」，珍視人命的軍事觀，即杜甫詩中所謂「苟能制侵陵，豈在多殺傷」，[6]也是十分難得的，是一種值得珍視，並應發揚光大的好傳統。

《孫子》兵法是古代一部天才的軍事著作，它標誌着中國當時軍事理論的高度發展，實為蓋世無雙。然而自此部兵書問世後，儘管中國歷代名將輩出，軍事理論上卻無重大突破和更新。在這種前提下，岳飛反對防守，主張進攻的方針，仁嚴兼濟的治軍實踐，「連結河朔」的策略以及「以仁為本」的軍事觀，無疑是在中國古代軍事思想史上的四項重要貢獻。

當然，岳飛作為一個戰區統帥，非但不能改變宋廷的戰略，還只能在相當程度上受制於宋廷的戰略。此外，他在某些具體的軍事指揮中，也同樣未完全擺脫宋朝軍事傳統的束縛。對宋軍說來，「兵貴神速」多半是句

1　《浪語集》卷 22《與汪參政明遠論岳侯恩數》。

2　《金佗稡編》卷 9《遺事》。

3　《金佗續編》卷 10《令措置河北河東京東三路忠義軍馬省劄》。

4　《金佗續編》卷 27 黃元振編岳飛事蹟。

5　《金佗稡編》卷 9《遺事》。

6　《全唐詩》卷 218《前出塞》。

空話，這也不單純是以步兵為主的緣故。例如建炎四年援楚州，紹興元年救江州，岳家軍因攜帶家眷，行動遲緩，而貽誤戰機。在紹興十年北伐的決戰階段，岳飛似並未乘完顏兀術大軍傾巢而出之機，乘虛直入開封府，迫使金人撤退，而掩擊其歸師，或組織張憲和王貴兩軍夾擊臨潁縣的金方大軍。最後是張憲一軍未能在臨潁縣與敵決戰，而王貴一軍，則在潁昌府於同日與敵進行以少擊眾的苦戰。如若兩軍會合，戰果肯定會更大。以上評論，也許是今人對岳飛不適當的苛求。

總的說來，岳飛是南宋初年出類拔萃的名將，在中國古代軍事史上佔有相當的地位。同其他朝代的名將相比，必須考慮到宋朝文官政治下根深蒂固的抑武傳統，對尚武精神的摧殘等不利條件，其成就和貢獻更是難能可貴。

三、岳飛的愛國主義和忠君思想

中國歷史上的愛國主義，大致是自秦漢以來，由於統一的多民族國家的建立、鞏固和發展，而長期形成的對祖國的最深厚的感情。愛國主義就是對祖國的熱愛和忠忱。但是，在岳飛所處的時代，愛國主義不可避免地與保衛趙宋家天下、忠君思想融合為一，須知祖國、國家和君主，乃是現代人的不同概念。國家與祖國，在概念上自然有重大差異，不能混淆。正如恩格斯說：「國家無非是一個階級鎮壓另一個階級的機器。」[1]這是經典性的科學結論。但是，忠君思想不可能等同於愚忠。

後世人對岳飛「愚忠」的印象，其實並非真正得自於準確的歷史記載。岳珂編寫祖父岳飛的傳記，即《鄂國金佗稡編》的《鄂王行實編年》，固然竭力諱避和抹煞岳飛與宋高宗的矛盾，但強調、渲染和虛構岳飛的「愚忠」形象，還是更晚的事。清朝乾隆皇帝為使臣僚對自己盡忠，有意將岳飛渲染為對皇帝「愚忠」的楷模。他稱讚岳飛「知有君而不知有

1　《〈法蘭西內戰〉1891 年單行本導言》，《馬克思恩格斯選集》第 2 卷第 336 頁，人民出版社，1972 年。

身，知有君命而不知惜己命，知班師必為秦檜所構，而君命在身，不敢久握重權於封疆之外」。[1]此段評論並不符合史實，岳飛為抗金成功，並未迴避久握軍權之嫌，紹興十年班師時，他也未料想到會遭秦檜的毒手。當然，給人印象最深者，還是《說岳全傳》、戲曲之類的藝術虛構。如在清人錢彩的《說岳全傳》中，岳飛死到臨頭，仍對宋高宗感恩戴德，忠心不二，他親自捆縛企圖造反的岳雲和張憲，引頸受戮。

其實，宋人儘管一般都肯定岳飛，卻並未將他作為忠君道德的楷模，更無人認為他有今人所謂的「愚忠」思想。理學集大成人物朱熹在肯定岳飛「忠勇」的同時，又認為岳飛「有些毛病」。「毛病」之一是「驕橫」，「若論數將之才，則岳飛為勝，然飛亦橫」。「岳飛較疏，高宗又忌之，遂為秦所誅」。「毛病」之二，是「恃才不自晦」，鋒芒畢露，不行韜晦保身之計。[2]如今看來，朱熹的一些指責，倒恰好是岳飛的一些優點。例如他在紹興七年憤慨辭職，紹興十年違詔出師，說明他對皇帝並非是絕對服從，而毫無怨尤。

研究問題忌帶表面性，若僅從今存宋高宗手詔和岳飛奏議着眼，總不免有表面應酬的官樣文章。人們摘引此類文詞，說明君愛臣，臣忠君，自然並不困難，卻不足以說明實質性的問題。

如果進行由表及裏的探究，就不難發現，紹興七年是宋高宗和岳飛君臣關係發生轉析的一年。自紹興元年到七年初，宋高宗需要擢用良將，安內攘外，以保全皇位。岳飛升遷最快，後來居上，一時成為宋高宗最器重的武將，甚至準備授以全國大部兵力的指揮權。岳飛在上奏中非常感激皇帝的破格提拔，渴望抗金功成，以為報答。但是，自宋高宗取消兼統淮西行營左護軍的成命，岳飛憤而辭職以後，圍繞着設立皇儲，要求增兵，對金和戰等問題，君臣之間的裂痕愈來愈深。宋高宗最後使用屠刀，也是冰

1　《岳廟志略》卷首《岳武穆論》。

2　《朱子語類》卷 131，卷 132。明張志淳《南園漫錄》卷 1《論將》認為：「夫朱子之論岳，多得之張敬夫（張栻）。敬夫之言，多得之於父浚，宜無怪者。」此說有理。張浚對岳飛的指責，既有宋代崇文抑武風尚下文臣的優越感，對武將的偏見，又有個人為淮西兵變文過飾非的成份。

凍三尺，非一日之寒。

岳飛的悲劇在於既要愛國，又須忠君，事實上兩者不可兼得。他在生前最後幾年中，既對皇帝愈來愈不滿，卻又不能擺脫忠君道德的束縛。最後則是宋高宗對這個根本沒有野心的將帥下毒手。人們不能苛求岳飛具有反對專制政治的超前意識，岳飛的才能、品格和風骨儘管堪稱是古代武將的典範，卻反而不容於世，成為專制腐敗政治的典型犧牲品。

元朝史臣在《宋史》卷 365《岳飛傳》論中說：「高宗忍自棄其中原，故忍殺飛。」可謂是一針見血。《史記》卷 92《淮陰侯列傳》說：「狡兔死，良狗烹；高鳥盡，良弓藏；敵國破，謀臣亡。」此段韓信之說，道破了中國專制帝制下君臣關係的殘酷規則，名將的悲慘歸宿，何況尤甚於此。正如漆俠先生所說：「在宋代，則往往是狡兔未死而走狗先烹。」[1]宋高宗忍於向殺父之仇屈膝稱臣，忍於偷安半壁殘山剩水，又忍於對一代賢將下毒手，在宋朝又是絕無僅有的。

在中華四千年以上的悠久歷史中，對後世子孫起着巨大精神影響的歷史偉人，為數並不多，而岳飛則是其中的一位。岳飛「盡忠報國」的精神，他的高風亮節，不僅為表率於宋代，[2]也激勵着後世。對照如今的世風，特別是官風，光是憑不貪財，不好色，不是官迷，嚴以待子四條，岳飛就足以成為名垂千古的歷史偉人，心口如一、表裏如一的偉大愛國主義者。

殘酷的宋金戰爭早已成為歷史陳跡，金朝的女真人逐漸融合在漢族之中，其後裔也已成為漢人的一部份，僅有少量留在東北的女真人，成為後來滿族的祖先。然而岳飛的崇高愛國精神，卻長久地滋養着我們民族的神魂，砥礪着我們民族的志節。他的不朽詞作《滿江紅》，也長久地震撼着我們民族的心靈。

一個偉大的，而又多災多難的文明古國，她之所以能屢仆而屢興，千百年來的愛國主義傳統，作為一種巨大的精神支柱，無疑是發揮着重大

1　《楊倩描〈吳家將〉序》，《漆俠全集》第 9 卷第 308 頁，河北大學出版社，2008 年。
2　如《宋史》卷 451《徐應鑣傳》載，南宋亡時，太學生徐應鑣在原是岳飛故宅的太學，祭奠岳飛祠，然後全家自焚。

作用的。每當祖國蒙受恥辱，遭遇劫難，瀕臨危亡之際，總是有大批大批的愛國志士，甘願為她的榮辱、興衰、存亡而獻身。岳飛等先烈的榜樣，鞭策着後人；而後人的奮鬥業績，也可超越前人。

我們必須歌頌歷史上的民族英雄，為我們的時代樹立愛國正氣。但是，新時代的愛國主義，應當以民主和科學作為基本內涵，這與古代的愛國主義，既有密切的傳承關係，又有繼往開來的創新。

時至今日，中華大地仍處於文明重建階段。中華民族是有強韌生命力的民族，中華民族不甘永遠落人之後，也不會永遠落人之後。建設新文明，並不意味着必須徹底毀滅舊傳統。特別是有悠久歷史的中華民族，必將發揚光大本民族優秀的、有價值的舊傳統，而擯棄壞的、不適用的舊傳統，以滋養和建設嶄新的文明。

附錄二：有關岳飛生平的史料

中國古代一向重視史籍的編纂。唐朝建立了完備的官修史書制度，使史書的修纂，由私撰為主轉變為官修為主。宋朝的官史更加發達，皇帝的言行，宰執朝夕議政等，被編錄為時政記、起居注、日曆之類。品級較高的臣僚死後，他們的行狀、墓誌銘之類也須上報史館。每代皇帝死後，史官們依據上述各種記錄，編寫成紀傳體的國史和編年體的實錄。

儘管宋朝官史發達，私人作野史，寫筆記小說的風氣依然盛行。司馬光的《涑水記聞》中，就記載不少異聞軼事，有的甚至觸犯列祖列宗的尊嚴，與《資治通鑒》的「臣光曰」說教適成鮮明對照，這也是時風如此。私史和野史或可保存一些官史所避諱或隱沒的史料。

官史的基本缺陷，是在很多場合下須仰承當政者的鼻息，篡改和歪曲史實真相。宋高宗朝的官史，自秦檜再相以後，不僅自己「監修國史」，又以其養子秦熺「領國史」，[1] 主編宋高宗生前的主要官史——編年體的日曆。據紹興三十二年（西元 1162 年）史官張震奏：

> 自建炎元年至紹興十二年，日曆已成者五百九十卷，多所舛誤。而十二年以後迄今，所修未成書者至八百三十餘草卷，未立傳者七百七人。[2]

1　《宋史》卷 473《秦檜傳》。
2　《要錄》卷 198 紹興三十二年閏二月丙戌。

這一千四百二十餘卷，是接近於《高宗日曆》的全數。《宋史》卷 203《藝文志》載有「《高宗日曆》一千卷」，[1] 這當是後來對「草卷」進行加工刪削後的實數。「蓋紹興十二年以前日曆，皆成於檜子熺之手」，[2]「凡所紀錄，莫非其黨奸諛諂佞之詞，不足以傳信天下後世」，後來有個叫徐度的官員翻閱此類官史，唯有「太息而已」。[3]

從建炎元年到紹興十二年，正是宋金和戰，南宋抗戰派和投降派激烈鬥爭的重要時期。岳飛最初投身抗金到被害的主要經歷，都是在此期間。唐宋時代日曆、實錄等編年史都有附傳。一般體例是記錄某年某月某日某人死，其下即有本人附傳。[4] 故《高宗日曆》在記載岳飛賜死時，應有一篇秦熺之流撰寫的岳飛傳。此傳將岳飛作為逆臣，當然竭盡詆謗污衊之能事，不遺餘力地抹煞岳家軍的戰績。當時一個「日曆之官」說：

> 自（紹興）八年冬，檜既監修國史，岳飛每有捷奏，檜輒欲沒其實，至形於色。其間如闕略其姓名，隱匿其功狀者，殆不可一、二數。[5]

岳飛生前尚且如此，他慘遭殺害後，就更可想而知了。宋孝宗按照慣例，給岳飛賜諡時，就遇到秦檜父子篡改歷史所造成的困難。一方面，「人謂中興論功行封，當居第一」；[6] 另一方面，在吏部考功司覆議「武穆」諡號時，「因博詢公平生之所以著威望，繫安危，與夫立功之實，其非常可喜之大略，雖所習聞，而國史秘內，無所攷質」。人稱岳飛功居第一，只是憑傳聞印象，而官史中卻無以證實。於是只得採取訪問故將遺卒的辦法，「獨

---

1 參見《玉海》卷 47《高宗日曆》。
2 《要錄》卷 122 紹興八年九月乙巳注。
3 《揮麈後錄》卷 1，《文獻通考》卷 194《經籍考》引《中興藝文志》，《宋史》卷 473《秦檜傳》。
4 《司馬文正公傳家集》卷 63《答范夢得》。
5 《金佗粹編》卷 20《籲天辯誣通敍》。
6 《金佗續編》卷 14《忠愍諡議》。

得之於舊在行陣間者云」。[1] 足見岳飛的抗金事蹟，被湮沒到了何等地步。

《高宗日曆》等宋代官史業已佚亡，現存有關岳飛事蹟的主要史籍，有《宋史》《金史》《三朝北盟會編》《建炎以來繫年要錄》和《鄂國金佗稡編、續編》五部史書。除了《金史》以外，其他四部史書都在不同程度上承受了秦檜父子篡改歷史的後果。

《宋史》是二十四史中內容最龐雜的一部。人們可以列舉其千百條錯誤，但《宋史》畢竟是最基本的宋代歷史資料。《宋史》在元朝末年倉猝成書，大體上是照抄宋人自撰的紀傳體國史等書。《宋史》卷 365《岳飛傳》，卷 368《張憲傳》《楊再興傳》《牛皋傳》等大致即是抄自《中興四朝國史‧岳飛傳》。《中興四朝國史》到宋寧宗時為止。《宋史》卷 365《岳飛傳》的敘事止於「嘉〔泰〕四年，追封鄂王」，而不載宋理宗即位之初的寶慶元年（西元 1225 年），為岳飛改諡「忠武」一事，即是明證。[2]

《中興四朝國史‧岳飛傳》大體照抄和節略了章穎的《岳飛傳》，而章穎的《岳飛傳》又大體照抄岳飛孫岳珂的《鄂王行實編年》。故《宋史》卷 365《岳飛傳》與《宋史》卷 24 至卷 29《高宗紀》的記載不能沒有牴牾，《高宗紀》其實正是來源於《高宗日曆》等官史。如《岳飛傳》說紹興十年岳飛自朱仙鎮班師，而《高宗紀》卻說「自郾城還，軍皆潰」。這僅是《宋史》粗製濫造，失於剪裁的一例。

儘管如此，《宋史》仍為研究岳飛，瞭解他平生事蹟的時代背景提供了有用的記錄。例如，《宋史》卷 28《高宗紀》所載紹興七年岳飛辭職時的張浚上奏，同書卷 380《何鑄傳》關於岳飛背刺「盡忠報國」的記載，同書卷 399《仇悆傳》關於岳家軍援淮西的記載等，都相當重要。

《金史》與《宋史》同時修撰，它主要依據金人自撰的史書寫成。《金史》的缺點也頗多，其記載宋金戰爭則往往揚勝諱敗。南宋初期，宋朝有和尚原、仙人關、順昌、郾城和潁昌五次大捷，《金史》卻只承認和尚原

1　《金佗續編》卷 14《武穆覆議》。

2　關於宋《中興四朝國史》之成書，及其與《宋史》的關係，參見《玉海》卷 46《淳祐四朝史》，《宋史》卷 42《理宗紀》淳祐二年正月，卷 44《理宗紀》寶祐二年八月，寶祐五年閏四月，卷 102《禮志》，《廿二史劄記》卷 23《宋史多國史原本》。

一次，其他四戰隻字不提。但是，《金史》仍可補充或糾正宋方記載之不足，還記錄一些金朝初年北方抗金義軍活動的史實。如果仔細分析，《金史》也多少透露了岳家軍紹興十年北伐時，金朝所處的窘境。《金史》卷77《宗弼傳》實際上也承認一度放棄開封城，後又重佔的史實。

《三朝北盟會編》和《建炎以來繫年要錄》兩書，是今存記述宋高宗一代歷史，也包括宋金和戰的資料最為豐富的史書。《會編》引用大量制詔、國書、奏議、碑誌、記序等文獻資料，即使彼此矛盾，也兼收並蓄。《要錄》主要根據日曆等官史，也旁採諸家著述，考訂較為精詳。這兩部史書提供岳飛事蹟的史料，自然比《宋史》和《金史》豐富得多。但是，兩書的作者徐夢莘和李心傳儘管肯定岳飛，而對岳飛事蹟的敘述卻相當疏略，甚至不知不覺承襲秦熺《高宗日曆》的某些誣衊不實之詞。岳飛的主要事蹟，包括四次北伐，紹興七年併統淮西軍而受的打擊，紹興八年和九年的反對和議，紹興十一年援淮西以至遇害等，這兩部書都無完全和準確的敘述，既有訛謬，又有疏漏。

人們談論宋代的編年史，往往是《續資治通鑑長編》和《建炎以來繫年要錄》並稱，其實《要錄》不如《長編》。《長編》的寫作原則是寧繁毋略，而《要錄》則是名符其實的「要錄」。如果將《宋會要輯稿》同兩書對比，情況就比較清楚。《長編》的記載至少有相當部份比《宋會要》詳細，而《要錄》的記載往往比《宋會要》簡單，甚至刪削了一些有價值的史料。《宋會要》的《中興會要》部份，尚能提供某些被《要錄》刪略的岳飛事蹟。例如《要錄》卷109紹興七年三月甲子條只載王貴和牛皋升官，而《宋會要》兵18之38則說明升官原因：「掩殺逆賊五大王劉復、李成等，累立奇功故也。」看來秦熺《高宗日曆》尚未刪削的史實，倒是被《要錄》所節略。

《鄂國金佗稡編、續編》一書，當然是研究岳飛最重要的史籍。

岳飛從遇害到平反，長達二十一年。宋孝宗為岳飛昭雪後，岳霖方開始蒐集資料，整理父親的歷史傳記，卻為時已晚。

岳飛家中原來存有大量的朝廷和軍中文件，在他入獄以後，即被查抄，大多銷毀或散佚了。即以宋高宗給岳飛的「御筆手詔」而論，共達「數百章」，這只怕是唯一不得被隨便銷毀或扔棄者，結果卻保存在左藏南

庫「架閣」。[1] 皇帝的御筆,不供奉在秘書省之類機構,卻在庫房中存放,這也是一種出於宋高宗和秦檜政治需要的荒謬而特殊的處置方式。最後岳霖和岳珂父子搜求到的宋高宗「御筆手詔」,僅存八十六件,大部份亦已散失,則其他文件的散佚程度更可想而知。此外,很多人存有岳飛信劄,或有關記錄,也因懼禍,而紛紛毀棄。[2]

既然得到的文字資料有限,岳霖只能「攷於聞見,訪於遺卒」。[3] 然而這方面的收穫也不大。岳飛的兒子一輩,只有長子岳雲出入行陣,頗知岳家軍的戰績和往事,卻已一起罹難。次子岳雷在岳飛逝世時已十六歲,也比較懂事,然而卻在宋孝宗宣佈昭雪前,已抑鬱而終。三子岳霖在岳飛辭世時只有十二歲,四子岳震七歲,五子岳霆三歲,長孫岳甫四歲,這幾個人更不能提供什麼資料。至於岳飛妻子李娃,按照古代禮教,一般是不過問軍務的,她所瞭解的岳飛平生事蹟,就有很大的局限。

在岳飛身後幾十年間,故將遺卒喪亡殆盡。從今存記載看,如王貴、牛皋、董先、李若虛等重要部將和幕僚都已在岳飛平反前逝世。新發現的董先墓誌銘,[4] 完全諱言董先的具體戰績和軍功,證明即使在秦檜死後,因宋廷堅持高壓的降金政治,仍然不容客觀地敘述和談論岳飛與岳家軍的戰功。在淳熙五年(西元 1178 年)給岳飛賜諡的文件中,官員們儘管參考了宋高宗的親筆手詔,也訪問了「舊在行陣間者」,卻仍將岳飛的事蹟寫得顛三倒四,掛一漏十。故後來袁甫寫詩感歎說:「背嵬軍馬戰無儔,壓盡當年幾列侯。先輩有聞多散軼,後生誰識發潛幽?」[5] 應當指出,由於年深月久,記憶不確,故遺聞自然也不盡可靠。

岳霖雖然遇到很大困難,還是請後來官至國子博士的顧杞,整理出一個岳飛傳記的草稿,在臨死時託付給兒子岳珂。

1　《金佗續編》卷 13《給還御劄手詔省劄》,《夷堅甲志》卷 15《辛中丞》。
2　如《浪語集》卷 33《先大夫行狀》和《書先右史遺編》載,薛徽言「遺岳侯書亡」之經過。《山房集》卷 5《跋鞏洛行記後》,《雲麓漫鈔》卷 1 也有類似記載。
3　《金佗稡編》卷 9。
4　《武漢文博》2015 年第 2 期武漢市文物考古研究所、武漢大學歷史學院《武漢蔡家嘴墓地發現南宋董先墓及墓誌銘考》引董先墓誌銘。
5　《蒙齋集》卷 20《岳忠武祠》(其三)。

岳珂依靠宰相京鏜的幫助，「大訪遺軼之文，博觀建炎、紹興以來紀述之事。下及野老所傳，故史所錄，一語涉其事，則筆之於冊」，[1]對顧杞的草稿加工整理，修改補充，最後定稿即名《鄂王行實編年》。此後，岳珂又將《鄂王行實編年》以及其他的文件、記錄等，彙編成《鄂國金佗稡編》二十八卷和《鄂國金佗續編》三十卷。因岳飛後追封鄂王，故名「鄂國」，「金佗」大約就是王印之意，「稡」或與「萃」字相通。

儘管《金佗稡編、續編》中保存的資料殘缺不全，此書仍取得相當的成就，恢復了岳飛事蹟的部份歷史真相。

例如，紹興七年岳飛和宋廷發生衝突的原委，秦熺的《高宗日曆》作了精心的篡改。其實，《趙鼎事實》已對此有所透露，說劉光世「罷兵柄，欲以此兵付岳飛，為北向之舉」。[2]李心傳雖將這條記載編入《建炎以來繫年要錄》之附注，而正文之敘事依然承襲秦熺的曲筆。《三朝北盟會編》的敘事也同樣是荒誕不經的。《金佗稡編》公開了宋高宗的手詔，另加《金佗續編》提供黃元振編岳飛事蹟，證實宋高宗君臣對岳飛併統淮西行營左護軍問題的出爾反爾，使真相得以大白。

由於秦檜父子不遺餘力地掩沒岳家軍的戰功，宋人談到紹興十一年和議前的戰役，往往只提順昌和柘皋兩戰，而不提郾城和潁昌兩戰。宋孝宗乾道二年（西元 1166 年），定所謂「中興以來十三處戰功」，[3]多數是不足道的小勝，卻不列岳家軍的郾城和潁昌兩次大捷。關於這兩次戰役，有關資料雖亦散佚甚多，而《金佗稡編》卻仍保留一道獎諭詔說：

> 自羯胡入寇，今十五年，我師臨陣，何嘗百戰。曾未聞遠以
> 孤軍，當茲巨孽，抗犬羊並集之眾，於平原曠野之中，如今日之
> 用命者也。[4]

1　《金佗稡編》卷 9。

2　《要錄》卷 109 紹興七年二月庚申注。

3　《宋會要》兵 19 之 17─18，《宋史》卷 33《孝宗紀》，《建炎以來朝野雜記》甲集卷 19《十三處戰功》。

4　《金佗續編》卷 4《郾城斬賊將阿李朵孛堇大獲勝捷賜詔獎諭仍降關子錢犒賞戰士》，《新安文獻志》卷 2《獎諭武勝定國軍節度使湖北京西宣撫使岳飛郾城勝捷仍降犒賞詔》。

此詔證明宋廷當時曾對郾城大捷作出的絕高評價。又如對紹興十一年岳飛援淮西，《三朝北盟會編》和《建炎以來繫年要錄》都承襲秦檜、張俊之流的誣衊，說岳飛有意逗遛，拒不赴援。《金佗稡編》依據宋高宗手詔等，作了有說服力的辨誣。

　　《鄂國金佗稡編、續編》的主要缺點，是迴避與抹煞宋高宗和岳飛的矛盾，客觀上為宋高宗開脫罪責。既然祖父是在趙宋政權之下恢復名譽的，岳珂只能說祖父和宋高宗本來是親密無間的，僅是秦檜從中作祟，才發生了悲劇。岳珂編集此書，就是要「章先帝委寄待遇之隆」，[1] 表白祖父「獨以孤忠，結知明主」。[2] 岳珂的苦衷是可以理解的，然而卻不能不歪曲事實的某些真相。從今存記載看，一些反映宋高宗和岳飛矛盾的記錄，幾乎都經過岳珂的篩選，在《鄂王行實編年》等敘事或論述中，並無片言隻語的存留。

　　更有甚者，岳珂還有意曲解史實。紹興七年，岳飛本以憤慨辭職，作為對宋高宗君臣收回成命的抗議，而岳珂卻說宋高宗「寢其命」後，岳飛「略無慍色」。[3] 岳飛在當年奏請設立皇儲，被宋高宗視為越軌行為，當面予以責備。岳珂卻大費筆墨，寫《建儲辨》一文，力辯其無。岳飛的入獄和被害，都是由宋高宗親自批准，並將岳雲從徒刑超越流刑，改為死刑。岳珂看過有關獄案文件，[4] 卻杜撰了「先臣下吏，上初不許，檜實矯詔，興致大理」之說，[5] 又寧肯引用《野史》的荒誕記載，說秦檜寫一紙條交付獄官，就輕易地殺害祖父。

　　岳珂苦心掩飾的結果，是為後世戲劇、小說虛構岳飛的「愚忠」形象開了先河。

　　《鄂國金佗稡編、續編》也還有其他一些缺陷，如《鄂王行實編年》等部份對資料的佔有不夠充分，岳珂本着孝子慈孫之心，對祖父的事蹟不免

1　《金佗稡編》卷 3《臣珂跋》。

2　《金佗稡編》卷 20《籲天辨誣通敘》。

3　《金佗稡編》卷 9《遺事》。

4　《金佗稡編》卷 24《張憲辨》引證了獄案的部份文字。

5　《金佗稡編》卷 23《山陽辨》，岳珂說，此說乃依據《三朝北盟會編》和《野史》，今查《會編》卷 206，卷 207《岳侯傳》和《中興小紀》卷 29「據《野史》修入」的文字，並無秦檜「矯詔」之說。

有虛美的成份，其史筆也有不少錯訛和疏漏。

除了以上五部書外，李綱的《梁溪全集》，趙鼎的《忠正德文集》，張嶲的《紫微集》和薛季宣的《浪語集》也有相當的資料價值。本書敘述岳家軍第二和第三次北伐，在相當程度上是依靠了《梁溪全集》和《忠正德文集》的記載，得以補充和糾正《金佗稡編》等書的缺略和錯誤。

筆者編錄的《鄂國金佗稡編、續編校注》一書，依據不同版本，對此書文字作了校勘和標點，填補了原書的一部份缺頁和缺字，並引用宋代各種記載，主要對《鄂王行實編年》作了注釋和考證。此書可以作為研究岳飛的基本史料書。此書所用《三朝北盟會編》的注釋文字，其版本為流行之清光緒刻本，如今又有上海古籍出版社影印之清許涵度刻本出版。但筆者在作注釋工作時，尚不可能利用後一版本，進行校勘，這不免是個缺憾。就我所見，《三朝北盟會編》這兩個版本各有優劣，難於取其一而廢其一，只能長短互補。此外，《鄂國金佗稡編、續編校注》一書的注釋中，對宋代少量次要的岳飛資料，也有遺漏。當此書再版之機，筆者又做了一些補苴工作。目前已完成此書的又一次修訂和補充，第三版於 2018 年出版。

應當承認，人們對《鄂王行實編年》史料價值的評價，是有差異的。就筆者所見，《鄂王行實編年》雖有前述缺點，實為私家傳記的通病，可與大抵源於私家記述的《宋史》諸列傳「一視同仁」，無須「另眼相看」。總的說來，它仍是記述岳飛事蹟最重要的史料，其豐富和可信程度勝過《三朝北盟會編》和《建炎以來繫年要錄》兩大史籍。自先師鄧廣銘先生帶頭破除對《鄂王行實編年》的迷信以來，後繼者大抵都沒有將此傳記當作不得質疑的經典性信史。至於對《鄂王行實編年》史料虛實的考辨，自然會出現一些分歧，仁者見仁，智者見智，似無須強求一律，不妨眾說並存。例如，對於誰是殺害岳飛的元兇問題，鄧廣銘先生依他的辨證，還是大體沿用《鄂王行實編年》的秦檜矯詔殺岳飛說。然而筆者則認為，此乃岳珂的可以理解的曲筆，並論證了殺人元兇是宋高宗。這當然是對《鄂王行實編年》的一條最重要的反證。總的說來，《鄂國金佗稡編、續編校注》的考證，只是筆者一家之言，人們儘可提出異議。

附錄三：岳飛年表

宋徽宗崇寧二年 **一歲**	二月十五日，生於河北西路相州湯陰縣永和鄉孝悌里。
重和元年 **十六歲**	與劉氏結婚。
宣和元年 **十七歲**	六月，長子岳雲生。
宣和四年 **二十歲**	應募充敢戰士。平盜匪陶俊、賈進。 父岳和病故，回家守孝。
宣和六年 **二十二歲**	再次應募，往平定軍當兵，不久升偏校。
宋欽宗靖康元年 **二十四歲**	三月，次子岳雷生。 參加河東路抗金戰爭，六月，往壽陽縣和榆次縣進行武裝偵察。 九月、十月間，平定軍陷落，返回湯陰縣。 冬，背刺「盡忠報國」，去相州從軍，在侍御林、滑州等處立功。隨大元帥康王往北京大名府。初隸宗澤。
宋高宗建炎元年 **二十五歲**	正月，與金軍戰於開德府。 二月，戰於曹州，進駐柏林鎮。 四月，隨大元帥康王往南京應天府。 六月、七月，上書要求抗金，被革職。 八月，往北京大名府，投奔張所，充中軍統領，升任統制。 九月，從王彥轉戰新鄉縣等地。後孤軍苦鬥於太行山。 冬，投歸宗澤。十二月，戰汜水關，後升統領。

建炎二年 **二十六歲**	春，參加滑州之戰。後與宗澤討論陣法，升統制。 七月，從閭勍進駐西京河南府。 八月，戰於汜水關、竹蘆渡。
建炎三年 **二十七歲**	自春至夏，在開封府南薰門外、淮寧府、崔橋鎮等地擊破王善、張用等。 七月，隨杜充南撤建康府。 十月，擊破李成於九里岡。 十一月，從陳淬迎擊金軍，在馬家渡戰敗。 十二月，南下廣德軍，克復溧陽縣。 是年或上年與李娃結婚。
建炎四年 **二十八歲**	二月，進駐宜興縣張渚鎮。 三月，戰於常州。 四月、五月，收復建康府。 七月，遷通、泰州鎮撫使、兼知泰州。 九月，戰於承州。 十一月，棄泰州，戰南霸塘。三子岳霖生。
紹興元年 **二十九歲**	三月至六月，破李成，降張用。 七月，任神武右副軍統制，屯兵洪州。 十二月，升神武副軍都統制。
紹興二年 **三十歲**	四月至五月，破曹成。 七月，屯兵江州。
紹興三年 **三十一歲**	夏，平定吉、虔州之叛亂。 九月，赴「行在」臨安府朝見，任江南西路、舒、蘄州制置使、神武後軍統制。
紹興四年 **三十二歲**	五月至七月，復襄漢六郡，後移屯鄂州。 八月，授從二品清遠軍節度使，任荊湖北路、荊、襄、潭州制置使。 十二月，初援淮西，戰廬州。
紹興五年 **三十三歲**	二月，授鎮寧、崇信軍節度使，升神武後軍都統制，改荊湖南、北、襄陽府路制置使。 四月，四子岳震生。 四月至六月，平定楊么叛亂。 九月，加檢校少保。 十二月，升荊湖北路、襄陽府路招討使。太行山抗金義軍首領梁興等到鄂州。

紹興六年 三十四歲	二月，赴鎮江府商討軍事，往「行在」臨安府朝見。 三月，升荊湖北路、京西南路宣撫副使，移鎮武勝、定國軍節度使。母姚氏死。 七月、八月，破鎮汝軍，復商、虢州和伊陽、長水、福昌、永寧縣。 十月，奉命援淮西，至江州而還。 十一月、十二月，擊敗金、偽齊軍，戰何家寨、蔡州、白塔、牛蹄等處。
紹興七年 三十五歲	二月，赴「行在」平江府朝見，加正二品太尉，升宣撫使。 三月，隨宋高宗往建康府，受命節制行營左護軍等軍。 四月至六月，憤而辭職，受命返鄂州復職，後奏請以本軍進討劉豫。 八月至九月、十月，因淮西兵變，駐兵江州。赴「行在」建康府朝見，奏請立皇儲。
紹興八年 三十六歲	屢次上奏和寫信，懇請舉兵北伐。 九月，赴「行在」臨安府朝見，反對降金乞和。
紹興九年 三十七歲	正月，加從一品開府儀同三司，屢上表奏，反對屈膝苟安。 三月，五子岳霆生。 四月，派軍護送趙士㒟等祭掃西京河南府八陵。 九月、十月，赴「行在」臨安府朝見，收留抗金義士李寶。
紹興十年 三十八歲	六月、閏六月、七月，加正一品少保，再次奏請立皇儲；連復蔡州、潁昌府、淮寧府、鄭州、汝州、虢州、河南府等地，派奇兵深入京東、河北、河東；大敗金軍於郾城縣和潁昌府，進軍朱仙鎮，奉詔班師。 八月，赴「行在」臨安府朝見，請求辭職不准。
紹興十一年 三十九歲	二月、三月，援淮西。 四月，授樞密副使，罷兵權。 五月、六月，出使楚州，營救韓世忠。 八月，罷樞密副使。 十月，入大理寺獄。 十二月二十九日，遇害於獄中。

附錄四：岳飛的部將和幕僚

關於岳飛的部將和幕僚，人們似乎並不陌生，但此類知識往往來自《說岳全傳》、戲曲之類的藝術虛構，故有必要對有關史實作一些介紹，對於有志於從事歷史題材創作者，也可能會提供一些方便。

筆者翻閱宋代史料，曾企圖將岳家軍各軍和各將的統兵官，岳飛制置使司、招討使司、宣撫使司等幕僚屬官，排列成一個完整的戰鬥序列和編制名單，然而因資料之殘缺不全，只能以失敗告終。在傳世的斷簡殘編中，岳飛的部將和幕僚，有的尚可勉強拼湊成一個較完整的簡歷，有的僅存片斷記述，有的長期服役於岳家軍，有的僅短期充當岳飛部屬，情況各不相同。

今不論記載之詳略，凡在史籍中可考之人名，都予以逐一介紹。

一、部將

岳家軍的將領，重要是王貴、張憲、徐慶、牛皋和董先五人。岳飛統兵時，王貴和牛皋官至僅次於節度使的正任承宣使，張憲和董先低一官，為正任觀察使，徐慶又低一官，為正任防禦使。軍職都是統制，而王貴任提舉一行事務，張憲任同提舉一行事務。岳飛罷宣撫使後，王貴和張憲分別任都統制和副都統制。張俊的樞密行府又特命牛皋任提舉一行事務，董先任同提舉一行事務。岳飛遇難後，牛皋和董先被罷免提舉一行事務和同提舉一行事務，降為統制。多年後，董先升官正任承宣使。

（一）王貴

王貴（？—西元 1153 年），相州湯陰縣人。[1]

建炎四年春，岳飛進據宜興縣，作為抗金根據地，命王貴和傅慶率軍二千，破土匪郭吉。[2]八月，通、泰州鎮撫使岳飛率軍進屯泰州，時王貴任統制，指揮兵馬自江陰軍渡江。[3]後隨岳飛進兵承州，與金軍作戰。十月，岳飛軍退守泰州後，將戰袍和金帶賞賜王貴，以獎勵承州軍功。[4]

紹興元年正月，岳飛率軍前往江南西路，討伐李成，將軍隊眷屬安置於徽州，百姓訴其舅父姚某騷擾民間。岳飛責備姚某，姚某懷恨在心，乘押馬同行之機，向岳飛施放冷箭。岳飛將姚某擒獲，令王貴和張憲捉其手，取佩刀刺死姚某。[5]可知自建炎末至紹興初，王貴和張憲已是岳飛的主要助手。

紹興二年閏四月，岳飛在賀州破曹成後，令王貴統兵往郴州、桂陽軍招降曹成餘黨。[6]

紹興三年，王貴參加鎮壓吉、虔州盜匪，自武顯大夫、閤門宣贊舍人遷遙郡刺史，落閤門宣贊舍人。[7]又與徐慶破盜匪高聚於袁州，張成於萍鄉。[8]

紹興四年四月，在岳家軍第一次北伐前夕，宋高宗給岳飛的手詔說：「朕嘗聞卿奏，稱王貴、張憲、徐慶數立戰效，深可倚辦。方今正賴將佐竭力奮死，助卿報國，以濟事功，理宜先有以旌賞之。」特賜王貴等撚金線戰袍和金束帶各一。[9]王貴參加襄陽府之戰，又與張憲進軍鄧州，破金將

---

1 《金佗續編》卷 28《孫逌編鄂王事》。

2 《金佗稡編》卷 5《鄂王行實編年》。

3 《金佗稡編》卷 17《申劉光世乞兵馬糧食狀》。

4 《會編》卷 143，《要錄》卷 38 建炎四年十月。

5 《會編》卷 144，《要錄》卷 41 紹興元年正月己酉記事太略，無王貴等捉手的情節。

6 《金佗稡編》卷 5《鄂王行實編年》，卷 19《追趕曹成捷報申省狀》。

7 《金佗稡編》卷 19《虔（吉）州捷報申省狀》，《金佗續編》卷 5《收捕虔吉州盜賊王貴以下推恩省劄》，《會編》卷 207《岳侯傳》，《要錄》卷 64 紹興三年四月丁未，卷 68 紹興三年九月甲戌，《宋史》卷 27《高宗紀》。

8 《金佗稡編》卷 5《鄂王行實編年》，《宋史》卷 27《高宗紀》將此事繫於紹興二年十二月。

9 《金佗稡編》卷 2 原將此詔繫於紹興十年，據《宋會要》禮 62 之 58 改。

劉合孛堇、偽齊將李成數萬聯軍，克鄧州，又於唐州再破敵軍。[1] 襄漢之役後，岳飛上奏，請求侍奉患病的老母姚氏，「將本軍人馬，權暫令統制官王貴、張憲主管」，[2] 宋高宗不准。

紹興五年，王貴參加鎮壓楊么軍。六月，楊欽投降，岳飛令王貴設筵接待。[3]

紹興六年，岳家軍第二次北伐，王貴與郝晸、董先克虢州寄治盧氏縣，又分兵西取商州，東佔偽齊順州州治伊陽縣，又遣第四副將楊再興統兵復長水縣。[4] 是年冬，王貴率師在唐州的大標木大破偽齊五大王劉復軍。[5] 岳飛進兵蔡州，在歸師途中，王貴擊破偽齊追兵。[6]

紹興七年三月，因去年冬天的戰功，王貴自拱衛大夫、和州防禦使落階官，升正任棣州防禦使、龍、神衛四廂都指揮使。[7] 岳飛因併統淮西等軍，大舉北伐的計劃被宋廷取消，憤而辭職。王貴與參議官李若虛前往盧山東林寺，敦請岳飛出山復職。[8]

紹興十年，岳家軍最後一次大舉北伐，中軍統制、提舉一行事務王貴負責收復開封府以西地區，命部將楊成奪取鄭州，準備將劉政於開封府中牟縣夜襲金軍萬夫長漫獨化營寨，中軍副統制郝晸等克復西京河南府。[9] 王貴率軍進駐潁昌府，增援董先和姚政。七月，金朝都元帥完顏兀術在郾城大敗後，率金軍主力猛撲潁昌，王貴率岳雲、董先、姚政、胡清等與金軍激戰，大敗完顏兀術軍。然而當兩軍鏖鬥，勝負難分之際，王貴一度怯

1　《金佗稡編》卷 6《鄂王行實編年》，卷 16《鄧州捷奏》，《中興小紀》卷 16，《要錄》卷 78 紹興四年七月甲子，《宋會要》兵 14 之 25，《皇宋十朝綱要》卷 22，《宋史》卷 27《高宗紀》。

2　《金佗稡編》卷 13《乞侍親疾劄子》。

3　《金佗稡編》卷 6《鄂王行實編年》。

4　《金佗稡編》卷 7《鄂王行實編年》，卷 16《復西京長水縣捷奏》，《金佗續編》卷 28《吳拯編鄂王事》，《忠正德文集》卷 8《丙辰筆錄》，《會編》卷 208《林泉野記》，《要錄》卷 105 紹興六年九月丙寅朔，《宋史》卷 28《高宗紀》。

5　《梁溪全集》卷 92《乞遣兵策應岳飛奏狀》，《金佗稡編》卷 7《鄂王行實編年》，卷 19《何家寨捷報申省狀》。

6　《金佗稡編》卷 7《鄂王行實編年》，《會編》卷 207《岳侯傳》。

7　《要錄》卷 109 紹興七年三月甲子，《宋會要》兵 18 之 38。

8　《會編》卷 178，《要錄》卷 112 紹興七年七月丁卯。

9　《金佗稡編》卷 8《鄂王行實編年》，卷 16《鄭州捷奏》，《漫獨化捷奏》，《復西京奏》。

戰，被岳雲制止，戰後受岳飛責罰。[1]岳飛班師時，「留王貴等在蔡州」。[2]

紹興十一年四月，岳飛被解除兵柄，王貴繼任鄂州駐劄御前諸軍都統制，將都統制司移於城東黃鵠山麓。[3]六月，河南知府李興率軍民突圍南歸，王貴申奏宋廷，委派李興任左軍同統制。[4]王貴往鎮江樞密行府參見樞密使張俊，遭到脅迫，返鄂州後，於九月被迫接受前軍副統制王俊的誣告狀，遞發鎮江樞密行府。宋廷遂據以設置冤獄，殺害岳飛等人。然而在此冤案中，王貴本人仍受牽連，說他與張憲共同接受岳飛策動謀反的書信，當即焚燒。[5]

岳飛遇害後，王貴自知處境危困，遂引疾辭職。紹興十二年三月，宋廷發表武安軍承宣使、權鄂州駐劄御前諸軍都統制王貴添差福建路馬、步軍副都總管，並授予侍衛親軍步軍副都指揮使的虛銜，離軍賦閑，由張俊親信田師中接任都統制。王貴改官制詞說：「典禁旅之嚴，內則資其扈衛；總兵符之重，外則薄其威名。兼此異恩，屬吾驍將。具官某早親行陣，素習韜鈐。撫眾甚寬，列營馴其號令；臨機必果，強敵避其鋒棱。屢收斬獲之功，方倚訓齊之政。胡抗章而自列，遽引疾以為辭。載疇盟府之戰多，參領甌閩之軍律。仍陞侍衛之職，以壯董兵之權。服我寵榮，毋忘報稱。」[6]

紹興十五年五月，王貴的官銜去「添差」兩字，為福建路馬、步軍副都總管，仍屬閑官。宋高宗看「除目」時說：「此輩處之優穩如此，則見在

1 《金佗粹編》卷 8《鄂王行實編年》，卷 16《王貴潁昌捷奏》，《金佗續編》卷 28《吳拯編鄂王事》，《會編》卷 204，卷 207《岳侯傳》，卷 208《林泉野記》，《要錄》卷 137 紹興十年七月乙卯，《宋史》卷 29《高宗紀》。

2 《鐵網珊瑚》書品卷 2《宋兩朝御札墨本》高宗賜楊沂中手詔。

3 《輿地紀勝》卷 66《鄂州》。

4 《會編》卷 206，《要錄》卷 140 紹興十一年六月甲申。

5 《金佗粹編》卷 8《鄂王行實編年》，卷 24《張憲辨》，《揮塵錄餘話》卷 2，《會編》卷 206，卷 207《岳侯傳》，《中興小紀》卷 29，《皇朝中興紀事本末》卷 58，《要錄》卷 141 紹興十一年九月癸卯，《建炎以來朝野雜記》乙集卷 12《岳少保誣證斷案》，《宋史》卷 368《張憲傳》，卷 380《何鑄傳》。關於王貴在岳飛冤獄中的作用，有的記載說他親自誣告，或說他親自逮捕張憲，顯然不確。王貴只是接受王俊之誣告狀，並轉發鎮江府之張俊樞密行府。

6 《會編》卷 208，《要錄》卷 144 紹興十二年三月丁未，《東窗集》卷 14《王貴除侍衛親軍步軍〔副都〕指揮使添差福建路副都總管制》。

軍者有所激勸矣。」[1]

紹興二十三年八月，王貴病死。[2]

紹興二十八年，宋廷追贈王貴為寧國軍節度使。[3]

（二）張憲

張憲（？—1142 年）自建炎末至紹興初，已是岳飛的主要助手。建炎四年，岳雲在張憲所部從軍。[4] 九月，岳飛率軍抵達泰州，又進兵承州，令張憲負責守衛泰州城。[5] 統制傅慶對岳飛嚴格的軍紀不滿，向劉光世部將王德表示，「欲復事劉相公」，統領張憲將此事報告岳飛，後岳飛斬傅慶。[6]

紹興元年正月，岳飛軍至徽州，殺舅父姚某時，令王貴和張憲抓住姚某之手。[7] 岳飛率軍至江南西路討伐李成，留張憲於徽州，保護軍隊眷屬。六月，盜匪張琪自宣州引兵犯徽州，張憲退遁。[8] 張憲在當地需索錢糧，與知州孫佑發生齟齬。[9]

紹興二年四月，岳飛討伐曹成，張憲和吳錫軍自全州南下，解除曹成對桂州之包圍。[10] 前軍統制張憲奉命攻荔浦縣莫邪關，其親兵郭進奮勇先登，遂攻破關城。敵將楊再興率軍反撲，殺第五將正將韓順夫和岳飛之弟岳翻，張憲和後軍統制王經率部擊敗楊再興。[11] 閏四月，岳飛在賀州破曹成後，命張憲統兵自賀州、連州招降曹成餘部。張憲在追擊中俘楊再興，又至沅州，擒獲曹成部將郝政。[12]

紹興三年，張憲參加鎮壓吉、虔州盜匪，自武功郎、閣門宣贊舍人遷

1　《要錄》卷 153 紹興十五年五月己酉。
2　《要錄》卷 165 紹興二十三年八月己卯。
3　《宋會要》儀制 11 之 23，此處之「二十八年」疑為「二十三年」之筆誤。
4　《金佗稡編》卷 9《諸子遺事》。
5　《金佗稡編》卷 17《申劉光世乞兵馬糧食狀》。
6　《會編》卷 143，《要錄》卷 38 建炎四年十月。
7　《會編》卷 144，《要錄》卷 41 紹興元年正月己酉。
8　《要錄》卷 45 紹興元年六月壬午。
9　《新安志》卷 10《記聞》。
10　《梁溪全集》卷 76《乞全州免聽廣西節制奏狀》，原奏作「六月」，應是「四月」之刊誤。
11　《金佗稡編》卷 9《遺事》，《會編》卷 151，《要錄》卷 53 紹興二年閏四月丙申。
12　《金佗稡編》卷 5《鄂王行實編年》，卷 19《追趕曹成捷報申省狀》，《會編》卷 151，《要錄》卷 53 紹興二年閏四月丙午，《宋史》卷 368《張憲傳》、《楊再興傳》。

武略大夫、吉州刺史，落閣門宣贊舍人。[1] 是年冬，張憲奉命招收失守襄陽府的敗將李橫等人，李橫不願投奔岳飛。[2]

紹興四年四月，在岳家軍第一次北伐前夕，宋高宗特賜王貴、張憲、徐慶撚金線戰袍和金束帶。[3] 張憲參加破郢州和隨州之戰，又與王貴進軍鄧州，破金將劉合孛堇、偽齊將李成數萬聯軍，克鄧州，又於唐州再破敵軍。[4] 襄漢之役後，岳飛上奏，請求侍奉患病的老母姚氏，「將本軍人馬，權暫令統制官王貴、張憲主管」，[5] 宋高宗不准。

紹興六年，岳家軍第二次北伐後，岳飛目疾發作，時王貴在前沿掌兵，同提舉一行事務張憲於鄂州主持軍務。[6] 是年冬，張憲參加對偽齊軍的反擊。[7]

紹興七年，岳飛因併統淮西等軍，大舉北伐的計劃被宋廷取消，憤而辭職。全軍將士人心浮動，張憲與參謀官薛弼設法撫定。[8]

紹興八年正月，金朝蔡州知州劉永壽等人殺金將兀魯孛堇，率軍民歸宋，岳飛命張憲前往接納。[9]

紹興九年，宋金和議後，趙士儠、張燾等前往西京河南府朝拜北宋皇陵，岳飛命張憲統兵護送。[10]

紹興十年，岳家軍最後一次大舉北伐，前軍統制、同提舉一行事務張憲和姚政統兵救援順昌府。[11] 劉錡順昌戰勝後，張憲負責收復開封以南地

1 《金佗稡編》卷19《虔（吉）州捷報申省狀》，《金佗續編》卷 5《收捕虔吉州盜賊王貴以下推恩省劄》，《會編》卷 207《岳侯傳》，《要錄》卷 64 紹興三年四月丁未，卷 68 紹興三年九月甲戌，《宋史》卷 27《高宗紀》。

2 《會編》卷 155，《要錄》卷 71 紹興三年十二月甲午。

3 《金佗稡編》卷 2 高宗手詔，《宋會要》禮 62 之 58。

4 《金佗稡編》卷 6《鄂王行實編年》，卷 16《鄧州捷奏》，《會編》卷 159，《要錄》卷 77 紹興四年六月，卷 78 紹興四年七月甲子，《宋會要》兵 14 之 25，《皇宋十朝綱要》卷 22，《宋史》卷 27《高宗紀》，卷 368《張憲傳》。

5 《金佗稡編》卷 13《乞侍親疾劄子》。

6 《金佗續編》卷 7《目疾令不妨本職治事省劄》。

7 《會編》卷 207《岳侯傳》。

8 《浪語集》卷 33《先大夫行狀》，《水心文集》卷 22《故知廣州敷文閣待制薛公墓誌銘》，《要錄》卷 112 紹興七年七月丁卯，《宋史》卷 380《薛弼傳》。

9 《會編》卷 183，《要錄》卷 118 紹興八年正月辛丑。

10 《山房集》卷 5《跋鞏洛行記後》。

11 《金佗稡編》卷 2 高宗手詔，卷 8《鄂王行實編年》。

域，統兵攻佔潁昌府，又破金軍「大陣」，克復淮寧府。郾城之戰後，張憲率軍奪據臨潁縣，又與徐慶等在臨潁縣東北擊破金軍。[1] 岳飛班師時，張憲曾勸岳飛，說天下事「在相公處置耳」。[2]

紹興十一年，張憲隨岳飛增援淮西。[3] 岳飛被解除兵柄，龍、神衛四廂都指揮使、閬州觀察使張憲任鄂州駐劄御前諸軍副都統制。九月，他前往設於鎮江府的樞密行府，被樞密使張俊逮捕。投降派用前軍副統制王俊的誣告狀，誣他與岳飛、岳雲父子通同謀反。韓世忠責問秦檜，秦檜說：「飛子雲與張憲書雖不明，其事體莫須有。」是年歲末，張俊和楊沂中親赴臨安鬧市，將張憲和岳雲處斬，張憲家屬被流放廣南和福建路。[4]

紹興三十一年，時宋金再戰，宋高宗詔蔡京、童貫、岳飛、張憲等子孫家屬，令各拘管州軍「放令逐便」。[5]

宋孝宗乾道元年，張憲追復原官。[6]

宋寧宗嘉泰四年，宋廷追贈張憲為寧遠軍承宣使。[7]

1　《金佗稡編》卷 8《鄂王行實編年》，卷 16《復潁昌府奏》，《陳州潁昌捷奏》，《小商橋捷奏》，《臨潁捷奏》，《金佗續編》卷 28《吳拯編鄂王事》，《會編》卷 204，卷 207《岳侯傳》，卷 208《林泉野記》，《要錄》卷 136 紹興十年閏六月壬辰，丙申，《宋史》卷 29《高宗紀》，卷 368《張憲傳》。

2　《會編》卷 207，《要錄》卷 143 紹興十一年十二月癸巳注引《中興遺史》。

3　《金佗稡編》卷 24《張憲辨》，《要錄》卷 143 紹興十一年十二月癸巳，《建炎以來朝野雜記》乙集卷 12《岳少保誣證斷案》。

4　《金佗稡編》卷 8《鄂王行實編年》，卷 22《淮西辨》，卷 23《山陽辨》，卷 24《張憲辨》，《金佗續編》卷 21《鄂王傳》，《揮麈錄餘話》卷 2，《會編》卷 206，卷 207，卷 207《岳侯傳》，卷 208《林泉野記》，《中興小紀》卷 29，《皇朝中興紀事本末》卷 58，《要錄》卷 141 紹興十一年九月癸卯，卷 142 紹興十一年十月戊寅，卷 143 紹興十一年十二月癸巳，卷 147 紹興十二年十月壬戌，《宋史》卷 29《高宗紀》，卷 200《刑法志》，卷 368《張憲傳》，卷 473《秦檜傳》，卷 474《万俟卨傳》，《建炎以來朝野雜記》乙集卷 12《岳少保誣證斷案》，《寶真齋法書贊》卷 2《高宗皇帝親隨手札御書》，《琬琰集刪存》卷 1 韓世忠神道碑。

5　《要錄》卷 193 紹興三十一年十月丁卯。

6　《金佗續編》卷 14《張憲復官旨揮》，《張憲復官告》，《宋史》卷 368《張憲傳》。

7　《金佗稡編》卷 28《加贈張憲信劄》，《張憲贈承宣使告》，《宋史》卷 368《張憲傳》。關於張憲事蹟，如《江湖長翁文集》卷 22《記岳侯事》載岳飛委派張憲降服湖南「盜」張平事，《翠微先生北征錄》卷 8《弩制》介紹蹻鐙弩時說：「張憲伏之於中林，而捉真珠。」據《靖康稗史箋證》的《南征錄匯》，《青宮譯語》和《宋俘記》，真珠大王是完顏粘罕長子。此兩事諸書俱不載，亦無具體年月，今附注於此。

（三）徐慶

徐慶為相州湯陰縣人。[1]

紹興元年冬，岳飛命徐慶、王萬率三千兵馬，會合江東安撫大使司統制顏孝恭、郝晸等，破石陂寨兵變首領姚達、饒青於建昌軍。[2]

紹興二年，岳飛在賀州破曹成後，命徐慶往邵州、道州招降其餘黨。[3]

紹興三年，徐慶、傅選率軍在筠州平定李宗亮、張式兵變。[4]是年夏，敦武郎徐慶參加鎮壓吉、虔州盜匪，轉三官，除閤門宣贊舍人。[5]他又與王貴破盜匪高聚於袁州，張成於萍鄉。[6]

紹興四年四月，在岳家軍第一次北伐前夕，宋高宗給岳飛的手詔說，「朕嘗聞卿奏，稱王貴、張憲、徐慶數立戰效，深可倚辦」，「理宜先有以旌賞之」。特賜徐慶等撚金線戰袍和金束帶各一。[7]襄漢之役中，徐慶與張憲、牛皋率軍攻破隨州。[8]十二月，徐慶與牛皋率軍救援淮西，在廬州擊敗敵軍，後自武功郎升五官，特遷遙郡武功大夫、開州刺史。[9]

紹興十年，岳家軍最後一次大舉北伐，徐慶參加淮寧府、臨潁縣等戰。[10]

徐慶官至防禦使。[11]

1　《金佗續編》卷 28《孫迪編鄂王事》。

2　《金佗粹編》卷 5《鄂王行實編年》，《金佗續編》卷 5《權知潭州并權荊湖東路安撫都總管省劄》載「差出捉殺石陂群賊軍兵三千人」，《要錄》卷 57 紹興二年八月甲午。

3　《金佗粹編》卷 5《鄂王行實編年》。

4　《金佗粹編》卷 5《鄂王行實編年》。

5　《金佗粹編》卷 5《鄂王行實編年》，《金佗續編》卷 5《收捕虔吉州盜賊王貴以下推恩省劄》，《會編》卷 207《岳侯傳》，《要錄》卷 85 紹興五年二月壬辰。

6　《金佗粹編》卷 5《鄂王行實編年》無徐慶名，據《宋史》卷 27《高宗紀》補，《高宗紀》將此事繫於紹興二年十二月。

7　《金佗粹編》卷 2 高宗手詔，《宋會要》禮 62 之 58。

8　《金佗粹編》卷 6《鄂王行實編年》。

9　《金佗粹編》卷 19《廬州捷報申省狀》，《金佗續編》卷 28《吳拯編鄂王事》，《會編》卷 164，卷 207《岳侯傳》，卷 208《林泉野記》，《要錄》卷 83 紹興四年十二月壬辰，卷 89 紹興五年五月戊戌，《宋會要》兵 18 之 34—35，《宋史》卷 27《高宗紀》，卷 399《仇悆傳》，《皇宋十朝綱要》卷 22。

10　《金佗粹編》卷 8《鄂王行實編年》，卷 16《臨潁捷奏》，《會編》卷 207《岳侯傳》，《要錄》卷 136 紹興十年閏六月丙申，《宋史》卷 368《張憲傳》。

11　《金佗續編》卷 28《孫迪編鄂王事》。

（四）畢進

畢進為兗州人，南宋中期名將畢再遇之父。

建炎二年，畢進從岳飛於西京河南府護衛北宋皇陵。後轉戰江、淮間，官至武義大夫。[1]

（五）趙宏

趙宏曾於相州湯陰縣當弓手，人稱趙鬍子。

建炎二年，趙宏從岳飛於西京河南府護衛北宋皇陵。岳飛奉命率部回駐開封，主管侍衛步軍司公事閭勍向他借用十名能征慣戰的使臣，留守河南府。趙宏即十使臣之一，後隨閭勍撤離北方。

建炎四年，閭勍和史康民在濠州定遠縣與金軍作戰，閭勍被俘，不屈而死，史康民賴趙宏營救，倖免於難。[2]

（六）岳亨

建炎三年，岳亨為岳飛部將，隨岳飛屢破王善軍。[3]

（七）傅慶

傅慶（？—西元 1130 年），衛州人，窯戶出身。

傅慶曾任大將劉光世部屬，建炎三年馬家渡之戰後，追隨岳飛。建炎四年春，岳飛進據宜興縣，作為抗金根據地，命傅慶和王貴率軍二千，破土匪郭吉。傅慶參加復建康之役，在清水亭一戰立功，又參加討捕盜匪戚方的戰鬥。他驍勇善戰，又居功自傲。岳飛出任通、泰州鎮撫使後，軍紀益嚴，傅慶有憾意，承州之戰無軍功。他向劉光世部將王德表示，「欲復事劉相公」，張憲將此事報告岳飛，岳飛隱忍未發。有一次比賽射箭，傅慶射遠居第一，岳飛賞酒，又取戰袍和金帶賞賜王貴，以獎勵承州軍功。傅慶忌妒不平，出面干涉，說「當賞傅慶」。岳飛大怒，將他處斬。[4]

1　《宋史》卷 402《畢再遇傳》。
2　《會編》卷 138，《要錄》卷 33 建炎四年五月甲寅。
3　《金佗稡編》卷 4《鄂王行實編年》。
4　《金佗稡編》卷 4，卷 5《鄂王行實編年》，卷 9《遺事》載「傅慶以夸功誅」，《會編》卷 143，《要錄》卷 38 建炎四年十月。

（八）姚政

姚政為相州湯陰縣人。[1]

建炎四年五月，岳飛復建康府後，得劉經部將王萬報告，說與岳飛合軍屯駐宜興縣的劉經，圖謀殺害岳飛母妻，併吞岳飛所部。岳飛即命部將姚政連夜急馳宜興縣，設計殺劉經。[2]

紹興三年，姚政時為武功郎、正將。[3]

紹興五年二月，姚政因軍功升武顯大夫。[4]

紹興十年，岳家軍舉行最後一次北伐。姚政時任遊奕軍統制，奉命隨張憲救援順昌府。[5]劉錡順昌戰勝後，張憲攻佔潁昌府，姚政即與董先率軍留守，擊破金鎮國大王、韓常等軍之反撲。[6]後隨王貴與完顏兀術親率的金軍主力激戰，大敗敵軍。[7]

紹興十一年，王俊誣告張憲，宋廷遂據以設置冤獄，殺害岳飛等人，姚政與龐榮、傅選附會王俊之誣告。姚政由遙郡觀察使升正任團練使。[8]

（九）王萬

王萬為相州湯陰縣人。[9]

王萬原為劉經部將。建炎四年五月，岳飛復建康府後，向岳飛報告，說劉經圖謀殺害岳飛母妻，併吞岳飛所部。岳飛命姚政殺劉經後，王萬即改隸岳飛。[10]

1　《金佗續編》卷 28《孫迨編鄂王事》。

2　《會編》卷 138。

3　《要錄》卷 68 紹興三年九月甲戌。

4　《要錄》卷 85 紹興五年二月癸巳，姚政升官，當因紹興四年北伐等軍功。

5　《金佗稡編》卷 2 高宗手詔，卷 8《鄂王行實編年》。

6　《金佗稡編》卷 8《鄂王行實編年》，卷 16《陳州潁昌捷奏》，《金佗續編》卷 28《吳拯編鄂王事》，《會編》卷 208《林泉野記》。

7　《金佗續編》卷 28《吳拯編鄂王事》，《會編》卷 204，卷 207《岳侯傳》，卷 208《林泉野記》，《要錄》卷 137 紹興十年七月乙卯，《宋史》卷 29《高宗紀》。

8　《金佗稡編》卷 8《鄂王行實編年》，《揮麈錄餘話》卷 2 載王俊誣告狀中之「姚觀察」，即是姚政。《金佗續編》卷 28《孫迨編鄂王事》稱姚政官至團練使，當自遙郡觀察使升正任團練使。

9　《金佗續編》卷 28《孫迨編鄂王事》。

10　《會編》卷 138。

紹興元年冬，岳飛命徐慶、王萬率三千兵馬，會合江東安撫大使司統制顏孝恭、郝晟等，破石陂寨兵變首領姚達、饒青於建昌軍。[1]

紹興三年，王萬參加鎮壓吉、虔州盜匪。[2]

紹興四年，王萬參加岳家軍第一次北伐，復襄陽府後，他與荊南鎮撫司統制辛太駐兵清水河，充當餌兵，辛太擅自逃離，王萬配合大軍，大破偽齊李成軍。鄧州之戰，王萬與董先出奇兵突擊，配合王貴、張憲軍，破金將劉合孛堇、偽齊將李成聯軍數萬。[3]

王萬官至橫行。[4]

（十）龐榮

龐榮原為統制扈成部屬。建炎三年冬，建康府失守後，岳飛、劉經和扈成三統制率軍南撤，途中約定共往廣德軍。扈成違背原約，率所部徑往鎮江府金壇縣，被盜匪戚方所殺，統領龐榮率殘部投奔屯駐宜興縣的郭吉。

建炎四年春，岳飛率軍進駐宜興縣，龐榮又脫離郭吉，歸附岳飛，後任右軍統制。[5]

紹興三年，龐榮參加鎮壓吉、虔州盜匪。[6]

紹興十一年正月，時統制龐榮駐守德安府。[7]在岳飛冤獄中，龐榮以「傅會」而升官。[8]

---

1 《金佗稡編》卷 5《鄂王行實編年》，《金佗續編》卷 5《權知潭州并權荊湖東路安撫都總管省劄》載「差出捉殺石陂羣賊軍兵三千人」，《要錄》卷 57 紹興二年八月甲午。

2 《會編》卷 207《岳侯傳》。

3 《金佗稡編》卷 6《鄂王行實編年》，卷 16《鄧州捷奏》，《要錄》卷 76 紹興四年五月甲寅，《宋會要》職官 40 之 7—8，《中興小紀》卷 16，《皇朝中興紀事本末》卷 29，卷 30，《宋史》卷 27《高宗紀》，卷 368《張憲傳》。

4 《金佗續編》卷 28《孫逌編鄂王事》。據《宋史》卷 169《職官志》，南宋時武階自通侍大夫下至右武大夫共十三階，通稱橫行。

5 《會編》卷 135，卷 136，卷 137，按當時岳飛本人任江、淮宣撫司右軍統制，故《會編》載岳飛命龐榮任右軍統制，應是後來的事。

6 《會編》卷 207《岳侯傳》。

7 《金佗續編》卷 12《照會虜賊韓常等犯界省劄》。

8 《金佗稡編》卷 8《鄂王行實編年》。

（十一）王經

紹興元年，團練使、後軍統制王經隨岳飛討伐李成。[1]

紹興二年，岳飛討伐曹成，王經參加莫邪關之戰，與張憲合軍擊破楊再興之反撲。[2]

（十二）韓順夫

韓順夫（？—西元1132年）在紹興二年，任岳飛所屬第五將正將。岳家軍討伐曹成，破莫邪關後，韓順夫解鞍卸甲，飲酒作樂。敵將楊再興乘機反攻，殺韓順夫。[3]

（十三）郭進

郭進原為張憲親兵。紹興二年，郭進在莫邪關之戰中首先登城，揮槍刺殺敵軍旗頭，曹成軍亂，岳家軍乘勢奪關。岳飛當即解金束帶及銀器賞郭進，並補秉義郎。[4]

（十四）楊再興

楊再興（？—西元1140年），相州人。[5]

紹興二年，楊再興時為曹成部將。在莫邪關之戰中，殺岳飛第五將正將韓順夫和胞弟岳翻。曹成戰敗後，楊再興被俘，岳飛不計較殺弟之仇，將楊再興收留軍中。[6]

紹興三年，楊再興時為副將、承節郎。[7]

紹興六年，岳家軍舉行第二次北伐，第四副將、武經郎楊再興率部擊

---

1 《金佗稡編》卷19《東松寺題記》中提及「後軍王團練」，應即是王經。
2 《會編》卷151，《要錄》卷53紹興二年閏四月丙申。
3 《會編》卷151，《要錄》卷53紹興二年閏四月丙申，《宋史》卷368《楊再興傳》。
4 《金佗稡編》卷9《遺事》，《會編》卷151，《要錄》卷53紹興二年閏四月丙申。
5 《會編》卷151載岳飛對楊再興說：「我與爾是鄉人。」當為相州人。
6 《金佗稡編》卷5《鄂王行實編年》，《會編》卷151，《要錄》卷53紹興二年閏四月丙申，丙午，《宋史》卷368《楊再興傳》。
7 《要錄》卷68紹興三年九月甲戌。

破偽齊軍，克復西京河南府長水縣。[1] 是年冬，楊再興參加對偽齊軍的反擊。[2]

紹興十年，岳家軍舉行最後一次北伐。在郾城大戰中，楊再興為生擒金都元帥完顏兀朮，單騎突入敵陣，殺敵近百，身中數十創。完顏兀朮大軍佔據臨潁縣，楊再興與王蘭、高林、羅彥、姚侑、李德等統三百騎至小商橋，與敵猝然相遇，殺敵二千餘人，楊再興等全部英勇戰死。張憲率大軍繼至，奪據臨潁縣，獲楊再興屍，焚之，得箭鏃二升。追贈七官。[3]

（十五）王蘭

王蘭（？—西元 1140 年）在紹興十年，岳家軍舉行最後一次北伐時，隨張憲克淮寧府。[4] 後又隨楊再興進兵臨潁縣小商橋，英勇戰死，追贈七官。[5]

（十六）高林

高林（？—西元 1140 年）在紹興十年，岳家軍舉行最後一次北伐時，隨楊再興進兵臨潁縣小商橋，英勇戰死，追贈七官。[6]

（十七）羅彥

羅彥（？—西元 1140 年）在紹興十年，岳家軍舉行最後一次北伐時，隨楊再興進兵臨潁縣小商橋，英勇戰死，追贈五官。[7]

（十八）姚侑

姚侑（？—西元 1140 年）在紹興十年，岳家軍舉行最後一次北伐

---

1 《金佗稡編》卷 7《鄂王行實編年》，卷 16《復西京長水縣捷奏》，《要錄》卷 104 紹興六年八月戊申，《宋會要》兵 14 之 27，《宋史》卷 28《高宗紀》，卷 368《楊再興傳》，《皇宋十朝綱要》卷 23。

2 《會編》卷 207《岳侯傳》。

3 《金佗稡編》卷 8《鄂王行實編年》，卷 9《遺事》，《會編》卷 204，卷 207《岳侯傳》，《要錄》卷 137 紹興十年七月己酉，乙卯，《紫微集》卷 19 追贈楊再興等人的兩道制詞，《宋朝南渡十將傳》卷 1《劉錡傳》，《宋史》卷 29《高宗紀》，卷 368《張憲傳》，《楊再興傳》。

4 《會編》卷 207《岳侯傳》。

5 《會編》卷 204，卷 207《岳侯傳》，《要錄》卷 137 紹興十年七月乙卯，《紫微集》卷 19 追贈楊再興等人的兩道制詞，《宋史》卷 29《高宗紀》。

6 《會編》卷 204，《要錄》卷 137 紹興十年七月乙卯，《紫微集》卷 19 追贈楊再興等人的兩道制詞。

7 《紫微集》卷 19 追贈楊再興等人的兩道制詞。

時，隨楊再興進兵臨穎縣小商橋，英勇戰死，追贈六官。[1]

（十九）李德

李德（？—西元 1140 年）在紹興十年，岳家軍舉行最後一次北伐時，隨楊再興進兵臨穎縣小商橋，英勇戰死，追贈六官。[2]

（二〇）寇成

紹興三年，寇成參加鎮壓吉、虔州盜匪。[3]

紹興六年，寇成時任統制，於虢州等地反擊偽齊軍，殺降兵五百人，受岳飛彈劾。[4]

紹興十年，岳家軍舉行最後一次北伐，寇成參加臨穎縣等戰。[5]

（二一）李山

建炎四年，李山任江南西路兵馬副都監，虔州文士李敦仁舉行叛亂，又接受招安，官府將李敦仁所部收編，隸屬李山。既而復叛，李山和張忠彥奉命鎮壓。[6]

紹興元年，李山部與南安軍（治大庚，今江西大餘縣）吳忠叛軍作戰。建州范汝為叛軍進攻，李山戰敗，退兵光澤縣（今福建光澤縣）和信州（治上饒，今江西上饒市）。[7]

紹興二年，李山所部僅餘六、七百人。李綱出任荊湖、廣南路宣撫使，請求將李山一部隸宣撫司，宋廷未予批准。[8]

1　《紫微集》卷 19 追贈楊再興等人的後一道制詞。

2　《紫微集》卷 19 追贈楊再興等人的後一道制詞。

3　《會編》卷 207《岳侯傳》。

4　《梁溪全集》卷 92《乞遣兵策應岳飛奏狀》，《金佗稡編》卷 9《遺事》，《金佗續編》卷 3《寇成等擅殺賊兵宣諭戒勵諸軍詔》，卷 7《偽五大王至蔡州令審料敵情省劄》，《要錄》卷 107 紹興六年十二月己亥。

5　《金佗稡編》卷 16《臨穎捷奏》，《金佗續編》卷 28《吳拯編鄂王事》，《會編》卷 208《林泉野記》。

6　《要錄》卷 38 建炎四年十月辛卯，《宋會要》兵 10 之 26—27，《宋史》卷 26《高宗紀》。

7　《要錄》卷 45 紹興元年六月庚寅，卷 48 紹興元年十月癸巳，卷 49 紹興元年十一月庚戌，《宋史》卷 26《高宗紀》。

8　《梁溪全集》卷 67《乞撥顏孝恭軍馬付本司使喚奏狀》、《乞差撥兵將前去廣東招捕曹成奏狀》，卷 68《乞差辛企宗等軍馬奏狀》。

紹興三年，時李山所部駐紮蘄州。九月，宋廷決定將李山一軍撥屬岳飛。[1]

紹興四年冬，李山參加援淮西之戰。[2]

紹興六年，統制李山率軍兵一千餘人，往虔州「討捕」「盜賊」，江西安撫制置大使李綱要求宋廷，不讓岳飛將此軍「抽回」，「且存留李山在虔州彈壓措置」。[3]

紹興十年，岳家軍舉行最後一次北伐，李山參加臨潁縣之戰。岳飛班師後，李山奉命與史貴增援守衛淮寧府的趙秉淵，擊退金軍，棄城南歸。[4]

紹興十二年，岳飛被殺害後，宋廷命田師中取代王貴，任鄂州駐剳御前諸軍都統制，李山等不服。[5]

紹興十三年，李山自後軍副統制遷中軍副統制。[6]

紹興十九年，左武大夫、忠州團練使、鄂州駐剳御前破敵軍統制李山添差福建路馬、步軍副總管，離軍賦閑。[7]

（二二）傅選

建炎元年，傅選為太行山忠義民兵首領，參加王彥的八字軍。[8]

建炎三年，傅選等九將隸屬楊惟忠，護衛皇太后至江南西路，全軍自行潰散，傅選等「悉去為盜」。[9]

建炎四年春，傅選攻陷郴州，大肆焚掠，後又至虔州皇太后行宮，歸降宋廷。[10]

1　《金佗稡編》卷 5《鄂王行實編年》，《會編》卷 155，《要錄》卷 68 紹興三年九月丙寅。
2　《會編》卷 207《岳侯傳》。
3　《梁溪全集》卷 85《乞差兵將討捕虔吉盜賊及存留李山彈壓奏狀》。
4　《金佗稡編》卷 8《鄂王行實編年》，卷 16《臨潁捷奏》，《會編》卷 204，207《岳侯傳》，《要錄》卷 137 紹興十年七月壬戌，乙丑。
5　《會編》卷 208，《要錄》卷 144 紹興十二年三月丁未。
6　《要錄》卷 149 紹興十三年六月壬辰。
7　《要錄》卷 160 紹興十九年七月甲辰。
8　《會編》卷 113，卷 198 王彥行狀，《要錄》卷 9 建炎元年九月乙卯，《宋史》卷 368《王彥傳》。
9　《會編》卷 134，《要錄》卷 29 建炎三年十一月丁卯。
10　《會編》卷 112《林泉野記》，卷 136，卷 137，《要錄》卷 31 建炎四年正月丙辰，二月甲戌朔，《宋史》卷 26《高宗紀》。

紹興元年，傅選為統制，江南東路安撫大使呂頤浩揀選趙延壽所部精銳五千餘人，分隸傅選等軍。[1]

　　紹興二年，楊惟忠「討軍賊趙進」，武德郎、閤門宣贊舍人傅選為前鋒，趙進不戰而降。[2]楊惟忠病死，江南西路安撫大使李回收其軍隸本司，以統制傅選所部為前軍。[3]

　　紹興三年，傅選與岳飛部將徐慶率軍在筠州平定李宗亮、張式兵變。[4]傅選所部駐紮江州，宋廷決定將傅選一軍撥屬岳飛。[5]

　　紹興五年，傅選參加鎮壓楊么軍。[6]

　　紹興六年冬，傅選參加岳家軍第三次北伐。[7]

　　紹興十年，岳家軍舉行最後一次北伐，傅選與牛皋進兵京西，又隨張憲克復潁昌府、淮寧府，並參加臨潁縣之戰。[8]

　　紹興十一年，傅選附會王俊，誣告張憲。[9]

　　紹興十二年，田師中取代王貴，任鄂州駐劄御前諸軍都統制，傅選等不服。[10]六月，右武大夫、雄州防禦使、御前背嵬軍同統制傅選自陳「首先敘述張憲反狀」，宋廷升傅選一官，改任殿前司副統制。[11]

　　後傅選離軍賦閑，曾任江南西路副總管。[12]

　　紹興二十九年正月，傅選因「貪暴」，自右武大夫、容州觀察使、荊

1　《要錄》卷 44 紹興元年五月癸亥。
2　《要錄》卷 53 紹興二年四月壬申。
3　《要錄》卷 54 紹興二年五月辛酉。
4　《金佗稡編》卷 5《鄂王行實編年》。
5　《會編》卷 155，《要錄》卷 68 紹興三年九月丙寅。
6　《會編》卷 207《岳侯傳》，《要錄》卷 90 紹興五年六月癸丑。
7　《金佗續編》卷 28《孫逌編鄂王事》，《會編》卷 207《岳侯傳》。
8　《金佗稡編》卷 8《鄂王行實編年》，卷 16《臨潁捷奏》，《金佗續編》卷 28《吳拯編鄂王事》，《會編》卷 207《岳侯傳》，卷 208《林泉野記》，《要錄》卷 136 紹興十年閏六月壬辰。
9　《金佗稡編》卷 8《鄂王行實編年》，《揮麈錄餘話》卷 2，《要錄》卷 141 紹興十一年九月癸卯。《要錄》載王俊誣告，「以統制官傅選為證」，然而《揮麈錄餘話》所載的誣告狀中，只提及傅選，並未有以傅選為證的狀詞。
10　《會編》卷 208，《要錄》卷 144 紹興十二年三月丁未。
11　《會編》卷 208，《要錄》卷 145 紹興十二年六月戊辰。
12　《夷堅支乙》卷 5《傅選學法》說傅選在任江西路副總管時學雷法，估計應是紹興十二年後事。

湖南路馬、步軍副總管責授靖州團練副使，惠州安置。[1] 八月，宋高宗因他曾立戰功，特命矜宥，復為右武大夫、容州觀察使，充兩浙東路馬、步軍副總管。[2]

紹興三十一年，傅選移江南東路建康府駐劄。[3]

（二三）武赳

武赳（？—西元1158年）在紹興二年官為武經郎，任舒州知州，破盤踞太湖縣司空山盜匪李通。[4]

紹興三年九月，岳飛任江南西路、舒、蘄州制置使，武赳便成岳飛部屬。

紹興五年，武赳因「招輯流亡，經理郡事，備見有方」，轉一官，並規定任滿日再任。[5]

紹興七年八月，武經大夫、閤門宣贊舍人武赳任襄陽知府。[6]

紹興八年，武赳因營田有功，經岳飛保奏，「進秩一等」。[7]

紹興十年，岳家軍舉行最後一次北伐，武赳率軍進佔虢州，任知州，後又將他召回。[8]

紹興十一年，武功大夫、果州團練使武赳復任襄陽知府，進橫行一官。[9] 後因當地發生火災，「鐫官一等」。[10]

1　《要錄》卷181紹興二十九年正月丙寅，《宋會要》職官70之48。

2　《要錄》卷183紹興二十九年八月甲寅。

3　《要錄》卷192紹興三十一年八月丁未。

4　《要錄》卷51紹興二年正月癸丑，《宋會要》兵13之12。武赳，《要錄》作武糾。

5　《要錄》卷90紹興五年六月乙丑，《宋會要》職官60之29。

6　《要錄》卷113紹興七年八月己未。

7　《金佗稡編》卷9《遺事》，《要錄》卷122紹興八年九月庚子。

8　《金佗稡編》卷12《乞號令歸一奏》。

9　《要錄》卷139紹興十一年二月辛未，卷140紹興十一年五月戊申。這兩條記載都說武赳時為遊奕軍統制，按當時姚政仍是遊奕軍統制，《揮塵錄餘話》卷2王俊誣告狀中，轉述姚政稱「我遊奕一軍」，武赳疑是同統制或副統制。

10　《檝溪居士集》卷5《武赳等降官制》、《武赳降官制》，武赳降官大約是再任襄陽知府後之事。

紹興二十八年，右武大夫、成州團練使武赳病死。[1]

（二四）張旦

紹興四年，岳家軍克復襄漢後，武功大夫、神武後軍幹辦官張旦為左武大夫、唐、鄧、郢州、襄陽府安撫使、兼襄陽知府，以二千人戍守。[2]

紹興六年二月，張旦兼營田使。[3]因岳飛之奏請，宋廷發表右武大夫、達州團練使張旦充荊湖北路兵馬鈐轄。[4]十二月，張旦復任襄陽知府。[5]

紹興七年，張旦改任蘄州知州。

紹興八年，張旦蘄州知州任滿。[6]

（二五）劉康年

紹興四年，神武後軍提舉一行事務、武功大夫劉康年往南宋行朝，利用請求襄漢之役立功將士功賞之機，私填印紙，偽作岳飛「畫一陳乞」，請求封岳飛母姚氏為國夫人，次子岳雷授文資，廬山東林寺僧慧海賜號佛心禪師。岳飛得知後，鞭打劉康年五百，上章待罪，請求宋廷收回成命，劉康年受「衝替」處分。[7]

（二六）牛皋

牛皋（西元 1087—1147 年）字伯遠，汝州魯山縣人。

牛皋初為弓手。金軍南侵，他組織民眾抵抗，補保義郎，於魯山破盜匪楊進。

建炎三年，牛皋在京西路一帶與金軍十餘戰，皆捷。

1　《要錄》卷 179 紹興二十八年五月丁丑。又《茗溪集》卷 40《〔武經〕大夫兼閣門宣贊舍人侍衛步軍司統制軍馬武赳依赦書內指揮轉一官》，從武赳官銜看，當在紹興七年前後，然當時任侍衛步軍司統制，實有可疑之處，今附注於此。

2　《金佗稡編》卷 9《遺事》，卷 10《條具荊襄相度移治及差官奏》，《金佗續編》卷 6《檢會前劄》，《要錄》卷 78 紹興四年七月丁丑。

3　《要錄》卷 98 紹興六年二月壬寅，《宋會要》食貨 63 之 102。

4　《要錄》卷 98 紹興六年二月丙辰。

5　《要錄》卷 107 紹興六年十二月丙辰。

6　《要錄》卷 109 紹興七年二月庚子注，三月丙子，卷 120 紹興八年六月己卯注。

7　《金佗稡編》卷 9《遺事》，卷 13《劾劉康年偽奏乞恩澤奏》，《再乞寢罷劉康年偽乞恩澤劄子》，《要錄》卷 82 紹興四年十一月庚午，卷 84 紹興五年正月癸酉注。

建炎四年正月，東京留守上官悟辟牛皋任本司同統制、兼京西路提點刑獄公事。[1] 四月，牛皋在寶豐縣宋村襲擊金西路渡江軍之歸師，獲勝，又捷於魯山縣鄧家橋。[2] 此後牛皋一度被迫投降偽齊。[3]

紹興三年，宋將李橫北伐，牛皋等「背偽歸正」，宋廷任命為左武大夫、安州觀察使、蔡、唐州、信陽軍鎮撫使、兼蔡州知州，又自左武大夫升親衛大夫。[4] 金朝元帥左都監完顏兀術出兵增援偽齊，擊敗李橫、牛皋等軍。偽齊軍南侵，襄陽府等地相繼失守，牛皋、李道等渡江，[5] 請求接受岳飛節制。[6] 十二月，宋廷命牛皋、董先兩部一千餘人隸屬岳飛。[7]

紹興四年，牛皋和董先至「行在」臨安府，向宋高宗面陳「偽齊必滅之理，中原可復之計」，宋廷賞銀各一千兩。[8] 牛皋任岳飛的中軍統制，參加隨州、襄陽府等戰役。[9] 襄漢六郡收復後，牛皋任唐、鄧、郢州、襄陽府安撫副使，負責戍守。[10] 十二月，牛皋和徐慶率軍救援淮西，在廬州擊敗敵

1 《會編》卷 136，《要錄》卷 31 建炎四年正月，《宋史》卷 368《牛皋傳》。關於牛皋早期的官銜，各書記載有異，今從略。

2 《會編》卷 138，《要錄》卷 32 建炎四年四月，《宋史》卷 26《高宗紀》，卷 368《牛皋傳》。

3 《要錄》卷 55 紹興二年六月丙申，《會編》卷 153。《宋史》卷 368《牛皋傳》隱諱牛皋降偽齊事。

4 《會編》卷 154，《要錄》卷 63 紹興三年二月庚戌，《宋會要》兵 14 之 8，15 之 2，《北海集》卷 16 賜李橫、翟琮等撫諭敕書，《華陽集》卷 1《牛皋轉兩官》，《宋史》卷 27《高宗紀》，卷 368《牛皋傳》。

5 《金佗稡編》卷 5《鄂王行實編年》，《會編》卷 155，《要錄》卷 63 紹興三年三月己巳，卷 65 紹興三年五月丙辰，卷 69 紹興三年十月癸卯，《中興小紀》卷 15 紹興三年十月己酉，《皇朝中興紀事本末》卷 27，《忠正德文集》卷 2《奏乞應副李橫狀》，《歷代名臣奏議》卷 233 章誼奏，《宋史》卷 27《高宗紀》。

6 《金佗稡編》卷 10《措置李橫等軍奏》，《奏審李道牛皋軍奏》，《金佗續編》卷 29 趙鼎《乞支錢糧贍給李橫軍兵》。

7 《金佗稡編》卷 18《措置襄漢乞兵申省狀》，《要錄》卷 71 紹興三年十二月甲午。

8 《會編》卷 159，《要錄》卷 75 紹興四年四月戊子，《宋會要》禮 62 之 58。

9 《金佗稡編》卷 6《鄂王行實編年》，《會編》卷 159，《要錄》卷 77 紹興四年六月，《宋史》卷 27《高宗紀》，卷 368《牛皋傳》。

10 《金佗稡編》卷 6《鄂王行實編年》，卷 9《遺事》，卷 10《條具荊襄相度移治及差官奏》，《金佗續編》卷 5《朝省行下事件省劄》，卷 6《措置防守襄陽隨郢等州省劄》，《照會措置防守已收復州郡省劄》，《要錄》卷 78 紹興四年七月丁丑。

軍，升中侍大夫。[1]

紹興五年，李邴上奏，建議用牛皋等偏將，以輕兵擾敵，進取京東路。[2] 牛皋參加鎮壓楊么，並主張對失敗者進行屠戮，岳飛不予採納。[3] 後升遙郡武泰軍承宣使，改行營後護軍中軍統制。[4]

紹興六年，岳飛升湖北、京西路宣撫副使，牛皋任宣撫司左軍統制。[5] 他參加第二次北伐，破鎮汝軍等地，擒偽齊將薛亨。[6] 是年冬，牛皋參加對偽齊軍的反擊，進兵蔡州。[7]

紹興七年三月，中侍大夫、武泰軍承宣使牛皋落階官，升正任建州觀察使，[8] 後加龍、神衛四廂都指揮使。[9]

紹興九年，宋高宗說：「岳飛軍中偏裨，如董先、牛皋頗驍勇可用，但先好貨，皋嗜酒，皆有所短，未可統眾。」不同意兩人戍守河南之地。[10]

紹興十年，岳家軍最後一次大舉北伐，牛皋在京西路擊敗金軍，參加淮寧府之戰，又「戰汴（開封）、許（潁昌）間」，以戰功卓著，除捧日、天武四廂都指揮使、成德軍承宣使。[11]

1　《金佗稡編》卷 6《鄂王行實編年》，卷 19《廬州捷報申省狀》，《金佗續編》卷 28《吳拯編鄂王事》，《會編》卷 164，卷 207《岳侯傳》，卷 208《林泉野記》，《要錄》卷 83 紹興四年十二月壬辰，《宋會要》兵 18 之 34—35，《宋史》卷 27《高宗紀》，卷 368《牛皋傳》，卷 399《仇悆傳》，《皇宋十朝綱要》卷 22。

2　《會編》卷 173，《要錄》卷 87 紹興五年三月，《歷代名臣奏議》卷 88，《宋史》卷 375《李邴傳》，李邴上奏時間應以《要錄》為準。

3　《金佗稡編》卷 6《鄂王行實編年》，《金佗續編》卷 26《楊么事蹟》，《會編》卷 207《岳侯傳》，《要錄》卷 90 紹興五年六月癸丑，《宋史》卷 368《牛皋傳》。

4　《宋史》卷 368《牛皋傳》原作「改行營護聖中軍統制」，按紹興五年十二月，岳飛所部改軍號為行營後護軍，《牛皋傳》應有錯字。

5　《宋史》卷 368《牛皋傳》作「尋充湖北、京西宣撫司左軍統制」，岳飛於當年三月升宣撫副使，牛皋改任宣撫司左軍統制應為三月後事。

6　《會編》卷 169，《要錄》卷 104 紹興六年八月甲辰，《皇宋十朝綱要》卷 23，《宋史》卷 28《高宗紀》。

7　《金佗續編》卷 28《孫逌編鄂王事》，《會編》卷 207《岳侯傳》。

8　《要錄》卷 109 紹興七年三月甲子，《宋會要》兵 18 之 38。

9　《宋史》卷 368《牛皋傳》，參照紹興七年三月牛皋之官銜，加龍、神衛四廂都指揮使當是此後之事。

10　《要錄》卷 132 紹興九年九月己亥，《中興小紀》卷 27 紹興九年十月戊午。

11　《金佗稡編》卷 8《鄂王行實編年》，《金佗續編》卷 28《吳拯編鄂王事》，《會編》卷 202，卷 207《岳侯傳》，卷 208《林泉野記》，《要錄》卷 136 紹興十年六月丙辰，閏六月丙申，《宋史》卷 29《高宗紀》，卷 368《牛皋傳》。

紹興十一年，宋廷罷荊湖北、京西南路宣撫司，解除岳飛兵柄。張俊的「樞密行府以皋兼提舉一行事務」。牛皋後改任鄂州駐劄御前左軍統制。他反對朝廷降金，經常發牢騷，故撤銷提舉一行事務，仍降為左軍統制。後又轉寧國軍承宣使。[1]

紹興十六年，牛皋因「委保馬驥陳乞陣亡恩澤不實」，「罰銅十斤」。[2]

紹興十七年三月，因牛皋對宋金和議表示不滿，秦檜密令鄂州駐劄御前諸軍都統制田師中將牛皋毒死，時年六十一歲。他臨終時說：「所恨南北通和，不以馬革裹屍，顧死牖下耳！」[3]五月，宋廷追贈牛皋安遠軍節度使。[4]

牛皋子牛僎，後官至鄂州、江陵府駐劄御前諸軍副都統制，江陵府駐劄。[5]

（二七）董先

董先（西元 1006—1156 年）字覺民，河南府澠池縣人。

建炎三年，翟興任京西北路安撫制置使，董先為安撫制置司前軍統制，與金軍作戰，「勇功為多」。[6]

紹興元年四月，翟興命都統制董先追捕冒充宋宗室信王的鄧州人楊某，殺楊某於商州。[7]六月至八月，虢州知州邵興屯盧氏縣，遭董先攻擊，退至興元府。董先遂佔據商、虢二州。[8]金將高瓊攻商州，被董先和部將張玘擊敗。[9]為支援川陝吳玠抗金，董先和董震出兵洛水，敗金軍數百人。[10]

紹興二年二月，董先謀害另一支抗金義軍首領李興未遂，雙方發生衝突。董先投降偽齊，[11]與宋將王彥屢次交鋒。四月，王彥敗董先於馬嶺關，

1 《宋史》卷 368《牛皋傳》。
2 《宋會要》職官 70 之 30—31。
3 《會編》卷 216，《要錄》卷 156 紹興十七年三月丁卯，《宋史》卷 368《牛皋傳》。
4 《宋會要》儀制 11 之 23。
5 《周益國文忠公集・奉詔錄》卷 1《議鄂州軍帥御筆・回奏・同日回奏》。
6 《會編》卷 150，《武漢文博》2015 年第 2 期《武漢蔡家嘴墓地發現南宋董先墓及墓誌銘考》引董先墓誌銘，《宋史》卷 453《張玘傳》。翟興任京西北路安撫制置使，見《會編》卷 120，《要錄》卷 19 建炎三年正月庚辰朔。
7 《會編》卷 147，《要錄》卷 43 紹興元年四月，《宋史》卷 452《翟興傳》。
8 《會編》卷 147，《要錄》卷 45 紹興元年六月甲午，《宋史》卷 26《高宗紀》。
9 《宋史》卷 453《張玘傳》。
10 《要錄》卷 48 紹興元年十月乙亥。
11 《會編》卷 150，《要錄》卷 51 紹興二年二月，《宋史》卷 27《高宗紀》。

復商州。[1] 十一月，偽齊劉豫召武功郎、河南鎮撫司都統制董先至開封府，任大總管府先鋒將，董先寫密信告張玘，命他不發遣自己家屬至開封府，以謀重歸宋朝。[2]

紹興三年，宋將李橫北伐，劉豫命董先出戰。董先離開封府後，乘機率數百騎士，投奔翟興之子翟琮，任河南府、孟、汝、鄭州鎮撫司都統制，後又升武功大夫、吉州觀察使、鎮撫副使，商、虢、陝州鎮撫使等。[3] 金朝元帥左都監完顏兀術出兵增援偽齊，擊敗李橫等軍。四月，偽齊李成以二萬人破虢州，董先「率兵五千禦之，眾寡不敵」，遂統餘部二千餘人南撤，至江南西路洪州，上章待罪。[4] 十二月，宋廷命牛皋、董先兩部一千餘人隸屬岳飛。[5]

紹興四年，董先與牛皋至「行在」臨安府，朝見宋高宗，宋廷賞銀各一千兩。[6] 董先禮遇隱士王忠民，將他送往宋廷，[7] 還舉薦鎮撫司幹辦公事李邦孚、虢州錄事參軍党尚友，其部將董巽特補武翼郎、閣門宣贊舍人。[8] 岳家軍舉行第一次北伐，董先參加郢州、襄陽府、鄧州等戰役，立下戰功。[9]

1　《會編》卷150，卷198《林泉野記》，《要錄》卷60紹興二年十一月乙丑，《宋會要》兵18之33，《宋史》卷27《高宗紀》。關於王彥與董先交戰情況，各書記載有異，今以《宋會要》和《宋史》為準。

2　《要錄》卷60紹興二年十一月乙丑，《宋史》卷453《張玘傳》。

3　《要錄》卷62紹興三年正月甲子，卷65紹興三年五月丙辰，《宋會要》職官42之77—78，方域10之51，《宋史》卷27《高宗紀》紹興三年五月丙辰，卷453《張玘傳》，《北海集》卷16賜李橫、翟琮等撫諭敕書，《華陽集》卷2《董先除觀察使陝西安撫》。按《宋史》卷27《高宗紀》紹興三年四月丁亥載「偽齊知虢州董震及其統制董先來歸」，據《張玘傳》，「董先」應為「張玘」之誤。據《宋會要》和《華陽集》，董先還一度任商、虢、陝三州經略安撫使，虢州知州等職務。

4　《金佗稡編》卷5《鄂王行實編年》，卷10《措置李橫等軍奏》，《金佗續編》卷29趙鼎《乞支錢糧贍給李橫軍兵》，《會編》卷155，《要錄》卷64紹興三年四月丙申，卷65紹興三年五月丙辰，己未，卷67紹興三年七月庚申，八月乙未，卷69紹興三年十月癸卯，《中興小紀》卷15，《皇朝中興紀事本末》卷26，《宋史》卷27《高宗紀》。

5　《金佗稡編》卷18《措置襄漢乞兵申省狀》，《要錄》卷71紹興三年十二月甲午，《宋史》卷453《張玘傳》。

6　《要錄》卷75紹興四年四月戊子，《宋會要》禮62之58。

7　《要錄》卷65紹興三年五月辛酉，卷66紹興三年六月壬子，卷138紹興十年，《宋會要》選舉34之52，《宋史》卷459《王忠民傳》。

8　《要錄》卷75紹興四年四月乙酉，卷80紹興四年九月甲子。

9　《金佗稡編》卷6《鄂王行實編年》，卷16《鄧州捷奏》，《會編》卷159，《要錄》卷77紹興四年六月，卷78紹興四年七月甲子，《宋史》卷368《張憲傳》。

宋廷建議，復襄漢後，由董先等負責防守，但岳飛並未委派他承擔此項差使。[1]

紹興五年，董先參加鎮壓楊么軍。[2]

紹興六年，岳家軍舉行第二次北伐，董先與王貴等攻佔虢州。[3]是年冬，董先參加對偽齊之反擊戰。[4]

紹興九年，宋高宗說：「岳飛軍中偏裨，如董先、牛皋頗驍勇可用，但先好貨，皋嗜酒，皆有所短，未可統眾。」不同意兩人戍守河南之地。[5]

紹興十年，岳家軍最後一次大舉北伐。張憲率軍復潁昌府後，由踏白軍統制董先和遊奕軍統制姚政率本部駐守，擊敗金鎮國大王、韓常等軍之反撲。後隨王貴與金朝都元帥完顏兀術親率的金軍主力激戰，大敗敵軍。[6]

紹興十一年，董先隨岳飛援淮西，岳飛接到張俊和韓世忠兩軍之敗報，說：「國家了不得也，官家又不修德！」又對張憲和董先指責「張家人」、「韓家人」不中用。董先「承樞密行府差同提舉一行事務」，並臨時改任背嵬軍統制。他奉命統原岳飛背嵬親軍，「赴行在宿衛」。[7]在岳飛冤案中，秦檜脅迫董先至大理寺作證，他顯然不願完全昧着良心，誣陷故帥。[8]

董先雖統背嵬軍平安到行朝，也算有功。岳飛遇害後，卻從原同提舉一行事務降為侍衛步軍司統制。紹興十六年，董先由熙州觀察使改邕州觀

---

1 《金佗續編》卷 6《措置防守襄陽隨郢等州省劄》，《照會措置防守已收復州郡省劄》。
2 《金佗續編》卷 27 黃元振編岳飛事蹟載有「董統制」，即是董先。
3 《金佗稡編》卷 7《鄂王行實編年》，《忠正德文集》卷 8《丙辰筆錄》，《要錄》卷 105 紹興六年九月丙寅朔，《宋史》卷 28《高宗紀》。又《皇宋十朝綱要》卷 23 載董先擒薛亨，與其他記載有異。
4 《金佗稡編》卷 7《鄂王行實編年》，《金佗續編》卷 27 黃元振編岳飛事蹟，卷 28《孫逌編鄂王事》，《會編》卷 207《岳侯傳》。
5 《要錄》卷 132 紹興九年九月己亥，《中興小紀》卷 27 紹興九年十月戊午。
6 《金佗稡編》卷 8《鄂王行實編年》，卷 16《陳州潁昌捷奏》，《王貴潁昌捷奏》，《金佗續編》卷 28《吳拯編鄂王事》，《會編》卷 207《岳侯傳》，卷 208《林泉野記》。
7 《武漢文博》2015 年第 2 期武漢市文物考古研究所、武漢大學歷史學院《武漢蔡家嘴墓地發現南宋董先墓及墓誌銘考》引董先墓誌銘。《會編》卷 216 載董先任背嵬軍統制。《京口耆舊傳》卷 8《湯鵬舉傳》載，岳飛入獄時，湯鵬舉任江州知州，殺董先軍中謀叛者，董先十分感激。此當發生於董先率背嵬軍途經江州時。
8 《金佗稡編》卷 8《鄂王行實編年》，卷 24《張憲辨》，《會編》卷 207，《要錄》卷 143 紹興十一年十二月癸巳注，《建炎以來朝野雜記》乙集卷 12《岳少保誣證斷案》。關於董先作證，應以《張憲辨》之說為準。

察使，因與主管侍衛步軍司公事趙密不和，離軍賦閑。

紹興十八年，龍、神衛四廂都指揮使、邕州觀察使、江南東路馬、步軍副總管董先因過降一官，後改添差兩浙西路馬、步軍副都總管，平江府駐劄。

紹興十九年，董先改任鄂州駐劄御前左軍統制。[1] 後升建寧軍承宣使。[2]

紹興二十六年，龍、神衛四廂都指揮使、建武軍承宣使、鄂州駐劄御前選鋒軍統制董先因病，請求離軍，改任江南西路馬、步軍副都總管之閑職。九月，死於鄂州。[3] 宋廷追贈董先節度使。[4]

董先妻王氏，有六子三女，六子為董綱、董紹、董綬、董紳、董絨和董綸。[5]

（二八）張玘

張玘（？—西元 1162 年）字伯玉，河南府澠池縣人。

建炎時，張玘以家財募兵抗金，從者數千人，隸屬翟興，為京西北路安撫制置司前軍統制董先之副手，屢次與金軍作戰。

紹興元年，金將高瓊攻商州，被董先和部將張玘擊敗。

紹興二年，張玘率軍在渭水一帶與金、偽齊軍作戰。董先降偽齊後，寫密信告張玘，命他不發遣自己家屬至開封府，以謀重歸宋朝。張玘與董震殺偽齊攝虢州知州王倚，起義歸宋，並擊敗偽齊軍之進攻。

紹興三年，翟琮率張玘等軍攻入西京河南府，處決偽齊河南尹孟邦雄。董先投奔翟琮，張玘仍充董先副手，由翟琮保奏，升武翼大夫、果州

---

1 《要錄》卷 155 紹興十六年八月庚子，卷 158 紹興十八年十一月丁未，《宋會要》職官 70 之 32—33，《會編》卷 216。

2 《樵溪居士集》卷 6《賜董先辭免恩命不允詔》。

3 《要錄》卷 174 紹興二十六年八月庚辰，卷 175 紹興二十六年閏十月丙午，《武漢文博》2015 年第 2 期武漢市文物考古研究所、武漢大學歷史學院《武漢蔡家嘴墓地發現南宋董先墓及墓誌銘考》引董先墓誌銘。

4 《宋會要》儀制 11 之 24。原作「閏正月」，按當年為閏十月，今據以改。

5 《武漢文博》2015 年第 2 期武漢市文物考古研究所、武漢大學歷史學院《武漢蔡家嘴墓地發現南宋董先墓及墓誌銘考》引董先墓誌銘。

團練使、陝州知州。[1]李橫等軍戰敗，張玘隨董先改隸岳飛。

紹興四年，張玘參加襄漢之役。

紹興五年，張玘參加鎮壓楊么軍，後升拱衛大夫和親衛大夫。

紹興三十一年，親衛大夫、果州團練使張玘任御營宿衛前軍統制，屯兵泗州，隨鎮江府都統制張子蓋救援海州，解除金軍之包圍。張玘中流矢陣亡，追贈正任容州觀察使和清遠軍承宣使。後於臨安府立廟，廟號忠勇。[2]

（二九）蘇堅

紹興二年，據有商、虢兩州的董先，與另一支抗金義軍首領李興發生矛盾，命蘇堅械送李興至翟興之京西北路安撫制置司，企圖在中途殺害李興，李興逃脫，倖免於難。[3]

紹興十年，岳家軍最後一次大舉北伐。蘇堅時任武翼郎、閤門宣贊舍人、中軍統領，岳飛命他權河南府事，與福昌、伊陽、永寧縣一帶抗金的河南府鈐轄李興取得聯繫。郝晸等率軍克復西京河南府後，由蘇堅與李興共同駐守，「有干城牧眾之功」。[4]

（三○）李道

李道字行之，相州湯陰縣人。[5]

建炎時，李道與其兄李旺聚眾抗金，投奔宗澤。李旺因過被宗澤處斬，命李道繼續掌管此軍。李道後率部投奔屯襄陽府的鎮撫使桑仲。

紹興元年，桑仲命李道任隨州知州，授武義郎、閤門宣贊舍人。[6]

紹興二年，桑仲被部將霍明所殺，李橫與李道起兵，為桑仲報仇，

---

1 《宋史》卷453《張玘傳》，《要錄》卷65紹興三年五月丙辰，《宋會要》兵14之24，《華陽集》卷2《張玘轉官》。

2 《要錄》卷199紹興三十二年五月辛亥，己未，《宋史》卷369《張子蓋傳》，卷453《張玘傳》，《宋朝南渡十將傳》卷8《張子蓋傳》，《宋會要》禮20之44，20之49作廟號「登勇」。

3 《會編》卷150。

4 《金佗稡編》卷9《遺事》，卷12《李興吳琦轉官告乞付軍前給降奏》，《會編》卷204。

5 《宋史》卷465《李道傳》，《金佗續編》卷28《孫迪編鄂王事》。

6 《會編》卷145，《要錄》卷43紹興元年三月，《宋史》卷26《高宗紀》，卷465《李道傳》。

霍明自郢州逃奔德安府。[1] 偽齊派使者招降李橫和李道，他們將來使押解宋廷，受到嘉獎。[2] 宋廷發表李道為鄧、隨州鎮撫使，李道畏懼李橫，不敢受任。[3] 偽齊劉豫命穆楷軍進攻，被李道軍擊退。[4] 李橫和李道率兵攻德安府，不克而還。[5]

紹興三年，宋廷改命武義大夫、閣門宣贊舍人李道依舊任隨州知州，領遙郡武義大夫、榮州團練使。[6] 李道招降偽齊唐州知州胡安中。[7] 李橫北伐失敗，偽齊軍南侵，李道棄隨州南撤，單騎至江州，請求接受岳飛節制，宋廷予以批准。李道改任岳飛所部選鋒軍統制。[8]

紹興四年，李道參加岳家軍第一次北伐，克唐州。按宋廷指令，岳飛命李道任唐、鄧、郢州、襄陽府四州都統制，負責防守。[9]

紹興五年，因襄漢戰功，宋高宗賜李道金束帶一條。[10]

李道後官至遙郡復州防禦使、果（？）州觀察使。[11] 紹興十一年或紹興十二年，李道與梁興同守襄陽府。[12]

1　《會編》卷 150，卷 151，《要錄》卷 53 紹興二年閏四月己未，《宋史》卷 27《高宗紀》，卷 465《李道傳》。
2　《要錄》卷 54 紹興二年五月辛酉，《北海集》卷 16《賜知隨州李道獎諭敕書》，《賜武功大夫遙郡防禦使襄陽府郢州鎮撫使李橫武義大夫兼閣門宣贊舍人鄧隨州鎮撫使李道權知鄧州桑立獎諭敕書》，《宋史》卷 465《李道傳》。
3　《要錄》卷 36 建炎四年八月戊戌注，卷 55 紹興二年六月辛丑，《宋史》卷 27《高宗紀》，卷 465《李道傳》。
4　《宋史》卷 465《李道傳》。
5　《會編》卷 151，《要錄》卷 57 紹興二年八月乙巳，《梁溪全集》卷 73《乞下鎮撫使令有寇盜侵犯鄰鎮合出兵迭相應援奏狀》。
6　《要錄》卷 62 紹興三年正月乙亥，卷 63 紹興三年三月庚申，《華陽集》卷 1《李道遷榮州團練使》，《宋史》卷 465《李道傳》。
7　《要錄》卷 64 紹興三年四月甲午，《宋史》卷 465《李道傳》。
8　《金佗稡編》卷 5《鄂王行實編年》，卷 10《措置李橫等軍奏》，《奏審李道牛皋軍奏》，《金佗續編》卷 29 趙鼎《乞支錢糧贍給李橫軍兵》，《要錄》卷 69 紹興三年十月癸卯，卷 71 紹興三年十二月甲午，《宋史》卷 27《高宗紀》，卷 465《李道傳》。
9　《金佗稡編》卷 9《遺事》，卷 10《條具荊襄相度移治及差官奏》，《金佗續編》卷 6《措置防守襄陽隨郢等州省劄》，《照會措置防守已收復州郡省劄》，《要錄》卷 78 紹興四年七月丁丑，《宋史》卷 465《李道傳》。
10　《要錄》卷 85 紹興五年二月癸巳。又《江湖長翁文集》卷 22《記岳侯事》載，岳飛委派張憲代替李道，降服湖南「盜」張平事，不知是何年月，今附注於此。
11　《宋史》卷 465《李道傳》。據《宋史》卷 89《地理志》，果州為團練州，不當有觀察使，今姑以存疑。
12　《北山文集》卷 1《勘襄陽府疏》。

紹興十三年，中侍大夫、武勝軍承宣使、鄂州駐劄御前選鋒軍統制李道改任前軍統制。[1]

紹興二十四年，李道遷一官。[2] 他率部鎮壓武岡軍瑤人楊再興叛亂，並命將官高仲鎮壓朱持叛軍。[3]

紹興二十五年，李道落階官，升正任保寧軍承宣使，加龍、神衛四廂都指揮使。[4] 後遷鎮南軍承宣使。[5]

紹興三十年，宋廷命李道以所部移屯荊南府，四月，改任荊南府駐劄御前前軍、右軍統制。後因劉錡調任，李道升荊南府駐劄御前諸軍都統制，並調循州摧鋒軍、贛州右翼軍歸他節制，但兩軍將士不服。他脫離鄂州駐劄御前諸軍都統制田師中的管轄，獨自成軍，田師中也因而與他發生齟齬。[6]

紹興三十一年，宋金再戰，李道所部為荊襄戰場重要軍力之一，他與成閔、吳拱三軍，計有十萬兵力，然而至紹興三十二年，荊襄宋軍實際上並無多少戰功可言。[7]

紹興三十二年六月，宋廷發表龍、神衛四廂都指揮使、鎮南軍承宣使、荊南府駐劄御前諸軍都統制李道改授捧日、天武四廂都指揮使、荊南知府。[8]

1　《要錄》卷 149 紹興十三年六月壬辰。

2　《要錄》卷 166 紹興二十四年五月丁巳。

3　《要錄》卷 166 紹興二十四年三月壬申，卷 167 紹興二十四年九月辛亥朔，《漢濱集》卷 5《論潭衡郴州桂陽軍賊盜劄子》，《宋史》卷 31《高宗紀》，卷 465《李道傳》。

4　《要錄》卷 168 紹興二十五年正月辛未，《宋會要》兵 18 之 40—41，《宋史》卷 31《高宗紀》，卷 465《李道傳》。

5　《宋史》卷 465《李道傳》。

6　《要錄》卷 185 紹興三十年四月庚午，卷 187 紹興三十年十二月庚午，卷 192 紹興三十一年八月甲辰，《宋史》卷 31《高宗紀》，卷 465《李道傳》，《汪文定公集》卷 2，《文定集》卷 1《應詔言弭災防盜事》。

7　《會編》卷 229，卷 246，《要錄》卷 189 紹興三十一年四月甲辰，卷 190 紹興三十一年五月丙申、庚子，卷 195 紹興三十一年十二月己亥朔，卷 198 紹興三十二年三月辛酉，《宋會要》兵 14 之 39、42—43，19 之 3—4，17，《宋史》卷 465《李道傳》，《歷代名臣奏議》卷 234 王質上書，《周益國文忠公集·省齋文稿》卷 30《樞密使贈金紫光祿大夫汪公（澈）神道碑》。

8　《要錄》卷 200 紹興三十二年六月己巳，《宋史》卷 465《李道傳》。

李道女李鳳娘後為宋光宗皇后。[1]宋孝宗乾道二年，因李道「憑恃戚里，妄作」，罷荊南知府。後任荊湖北路副總管，死後追贈慶遠軍節度使。[2]

乾道七年，追贈李道太尉，後諡忠毅。[3]紹熙時，因宋光宗即位，又對李鳳娘三代實行追封。[4]

（三一）韓逌

紹興二年，忠訓郎韓逌為閤門祗候、孝感（今湖北孝感市）知縣。李橫攻德安府，韓逌運糧支援守城。[5]

紹興三年，秉義郎、閤門祗候韓逌因措置營田事，轉一官資，後又進一官，任復州知州。[6]

紹興四年，因襄陽府等地失陷，復州便成「極邊」，宋廷進修武郎、閤門祗候韓逌一官，兼閤門宣贊舍人。他向宋廷申報偽齊軍事部署。[7]五月，岳飛兼制置復州，韓逌便成為岳飛部屬。

紹興五年，韓逌因「招輯流亡，經理郡事，備見有方」，轉一官，並規定任滿日再任。[8]

紹興六年，偽齊軍劫掠鄧州高安鎮，知州、武德郎、閤門宣贊舍人韓逌降一官。[9]十月，韓逌上奏，要求減免鄧州賦稅。[10]

紹興八年，岳飛保奏鄧州知州韓逌「措置宣力」，進一官。[11]

1　《宋史》卷 243《光宗慈懿李皇后傳》，卷 462《皇甫坦傳》，又《周益國文忠公集・掖垣類稿》卷 4 載李道父、母、妻之封贈制詞。

2　《宋史》卷 33《孝宗紀》，卷 465《李道傳》。

3　《宋會要》儀制 11 之 21，禮 58 之 95—96，《宋史》卷 465《李道傳》。

4　《宋會要》儀制 12 之 10，《宋史》卷 465《李道傳》。一說追封和王與福王，另一說追封楚王。

5　《要錄》卷 54 紹興二年五月乙丑，卷 57 紹興二年八月乙巳。

6　《宋會要》食貨 63 之 92—93，《要錄》卷 64 紹興三年四月庚子。

7　《要錄》卷 72 紹興四年正月丁卯，《金佗續編》卷 5《照會偽齊已差人佔據州郡省劄》。

8　《要錄》卷 90 紹興五年六月乙丑，《宋會要》職官 60 之 29。

9　《要錄》卷 104 紹興六年八月壬戌。

10　《宋會要》食貨 63 之 6—7。

11　《要錄》卷 118 紹興八年二月壬戌，《筠溪集》卷 5《知鄧州韓逌知〔均〕州格禧措置有方各轉一官》。

（三二）崔邦弼

北宋末，崔邦弼為御前弓馬子弟所出身，出仕青州，參加當地勤王之師，未至開封府而還。

建炎三年，劉洪道任青州知州，用崔邦弼為將。崔邦弼曾在青州、濰州一帶與金軍作戰。劉洪道力不能守，遂放棄青州。[1]

建炎四年，呂頤浩任建康府路安撫大使、兼池州知州，劉洪道任安撫大使司參謀官，崔邦弼充安撫大使司部將。[2]

紹興元年，呂頤浩督崔邦弼等軍破盜匪張琪於饒州。[3]

紹興二年，宋廷命崔邦弼等軍聽淮西招撫使李光「勾抽使喚」。劉洪道任鄂州知州、荊湖北路安撫使，宋廷又命崔邦弼、顏孝恭兩部隨同赴任。[4]因所部在途中擄掠殺人，武顯大夫、吉州刺史崔邦弼貶秩二等。[5]鄂州乏糧，劉洪道又與崔邦弼、顏孝恭兩軍暫駐建昌軍。[6]

紹興三年，崔邦弼參加鎮壓楊么軍。[7]

紹興四年，崔邦弼、顏孝恭兩軍撥歸岳飛節制，參加襄漢之役。後因岳飛請求，宋廷將崔邦弼一軍約三千人，正式撥屬岳飛。[8]

紹興五年，宋高宗賜岳飛荊、襄制置司統制崔邦弼金束帶一條。[9]崔邦弼再次參加鎮壓楊么軍，轉一官。[10]宋高宗詔問前任宰執戰守方略，呂頤浩

1　《會編》卷120，卷176呂頤浩奏，《要錄》卷19建炎三年正月乙未，卷20建炎三年二月丁巳，卷21建炎三年三月，《歷代名臣奏議》卷90呂頤浩奏。史載崔邦弼「子弟所出身」，據《宋史》卷34《孝宗紀》，卷368《王彥傳》，《玉海》卷139和《揮麈錄餘話》卷1，子弟所的全名為御前弓馬子弟所。

2　《會編》卷142，《要錄》卷37建炎四年九月辛丑，《宋會要》兵29之34。

3　《要錄》卷46紹興元年七月辛酉，《景定建康志》卷48《呂頤浩傳》，《宋史》卷362《呂頤浩傳》。

4　《要錄》卷51紹興二年正月壬子，二月甲戌，己丑。

5　《要錄》卷55紹興二年六月丁酉。

6　《梁溪全集》卷67《乞撥顏孝恭軍馬付本司使喚奏狀》。

7　《要錄》卷66紹興三年六月甲午。

8　《金佗稡編》卷6《鄂王行實編年》，卷18《措置襄漢乞兵申省狀》，《金佗續編》卷5《朝省行下事件省劄》。崔邦弼所部兵額據《會編》卷176，《歷代名臣奏議》卷90呂頤浩奏。又《會編》卷165，《要錄》卷83紹興四年十二月丁亥注引《中興遺史》，說崔邦弼軍一度撥隸馬擴，疑誤。

9　《要錄》卷85紹興五年二月癸巳。

10　《要錄》卷86紹興五年閏二月辛酉，《斐然集》卷12《崔邦弼轉一官》。

建議命崔邦弼等部自海上進攻京東等地。[1]

紹興六年冬，崔邦弼軍在信陽軍一帶屯駐，他發兵擊敗偽齊軍之進犯。[2] 後因軍賞轉官，制詞中有「捐軀抗敵，屢立戰多，載疇昔勞」之語。[3]

紹興二十九年，右武大夫、吉州刺史崔邦弼任蘄州知州。[4]

紹興三十一年，宋金再戰，通州知州崔邦弼棄城逃遁，降兩官放罷。[5]

（三三）顏孝恭

建炎三年，宋廷另置御營使司五軍，統制顏孝恭所部即為五軍之一。[6] 閏八月，杜充任江、淮宣撫使，顏孝恭等軍皆歸杜充指揮。[7]

建炎四年，呂頤浩任建康府路安撫大使、兼池州知州，神武右副軍統制顏孝恭聽其「使喚」，所部於翌年取消原有的軍號。[8]

紹興元年七月，呂頤浩督顏孝恭等軍破盜匪張琪於饒州。[9] 是年冬至翌年，顏孝恭、郝晸兩軍會合岳飛部將徐慶、王萬等，破石陂寨兵變首領姚達、饒青於建昌軍，招降餘黨李寶，殺余照。[10] 顏孝恭還參與鎮壓虔州李敦仁叛亂。[11]

紹興二年，顏孝恭任荊湖北路安撫使司後軍統制，所部僅五、六百人，與崔邦弼軍隨劉洪道往鄂州赴任。[12] 因鄂州乏糧，劉洪道又與崔邦弼、

1　《會編》卷 176，《歷代名臣奏議》卷 90 呂頤浩奏，《要錄》卷 87 紹興五年三月。

2　《梁溪全集》卷 92《乞遣兵策應岳飛奏狀》。

3　《茗溪集》卷 33《崔邦弼朱中興敘復軍賞轉官》。

4　《要錄》卷 183 紹興二十九年十二月癸丑。

5　《會編》卷 238，卷 246，《要錄》卷 194 紹興三十一年十一月庚午，卷 195 紹興三十一年十二月己亥朔，《宋史》卷 32《高宗紀》。

6　《會編》卷 130。

7　《要錄》卷 27 建炎三年閏八月辛卯，《宋會要》刑法 7 之 32。

8　《會編》卷 142，卷 194《林泉野記》，《要錄》卷 37 建炎四年九月辛丑，《宋史》卷 26《高宗紀》，《金佗續編》卷 5《除神武右副軍統制省劄》。

9　《會編》卷 147，《要錄》卷 46 紹興元年七月辛酉。

10　《要錄》50 紹興元年十二月甲戌，卷 57 紹興二年八月甲午，卷 59 紹興二年十月癸巳，《宋史》卷 26，卷 27《高宗紀》，《梁溪全集》卷 69《乞催江東安撫大使司差那兵將会合捉殺姚达奏狀》。

11　《要錄》卷 47 紹興元年九月丙申注，卷 52 紹興二年三月壬辰朔，《宋會要》兵 10 之 28。

12　《要錄》卷 51 紹興二年二月己丑，卷 59 紹興二年十月癸巳，《梁溪全集》卷 68《乞差辛企宗等軍馬奏狀》。

顏孝恭兩軍暫駐建昌軍。[1]

紹興三年，拱衛大夫、忠州刺史顏孝恭因平石陂寨兵變有功，升貴州團練使。[2]他奉命率本部一千九百人，參加鎮壓楊么叛軍。[3]

紹興四年，顏孝恭和崔邦弼軍歸岳飛節制，參加襄漢之役。後岳飛請求將顏孝恭所部正式隸屬本人統轄。[4]

紹興十一年十一月，即岳飛入冤獄後，宋廷發表拱衛大夫、貴州團練使顏孝恭任隨州知州。[5]可知在八、九年間，顏孝恭未升一官。

（三四）張應

紹興四年，岳家軍克復襄陽府等六郡後，武翼郎、閤門宣贊舍人張應任鄧州知州。[6]

紹興十年，岳家軍最後一次大舉北伐，張應和韓清為中軍將官，參加克復西京河南府等戰役。[7]

紹興十一年，岳飛被解除兵柄後，張應仍在背嵬軍中服役。[8]

（三五）韓清

紹興十年，岳家軍最後一次大舉北伐，韓清和張應為中軍將官，參加克復西京河南府等戰役。[9]

---

1 《梁溪全集》卷 67《乞撥顏孝恭軍馬付本司使喚奏狀》。
2 《要錄》卷 65 紹興三年五月辛未，《華陽集》卷 2《顏孝恭轉遙郡團練使》。
3 《要錄》卷 64 紹興三年四月戊戌，辛丑。
4 《金佗稡編》卷 6《鄂王行實編年》，卷 18《措置襄漢乞兵申省狀》，《金佗續編》卷 5《朝省行下事件省劄》。
5 《要錄》卷 142 紹興十一年十一月乙巳。
6 《金佗稡編》卷 9《遺事》，卷 11《收復唐鄧信陽差官奏》，《要錄》卷 79 紹興四年八月甲辰。
7 《金佗稡編》卷 8《鄂王行實編年》，卷 16《復西京奏》，《金佗續編》卷 28《吳拯編鄂王事》，《會編》卷 204，卷 208《林泉野記》，《要錄》卷 137 紹興十年七月癸卯，《宋史》卷 29《高宗紀》。又《會編》卷 207《岳侯傳》，《要錄》卷 136 紹興十年閏六月丁酉載郝晸、張應、韓清克鄭州，係誤。
8 《金佗稡編》卷 24《張憲辨》，《揮麈錄餘話》卷 2，《要錄》卷 143 紹興十一年十二月癸巳注載王俊誣告狀。
9 《金佗稡編》卷 8《鄂王行實編年》，卷 16《復西京奏》，《金佗續編》卷 28《吳拯編鄂王事》，《會編》卷 204，卷 208《林泉野記》，《要錄》卷 137 紹興十年七月癸卯，《宋史》卷 29《高宗紀》。又《會編》卷 207《岳侯傳》，《要錄》卷 136 紹興十年閏六月丁酉載郝晸、張應、韓清克鄭州，係誤。

（三六）高青

紹興四年，岳家軍克復襄陽府等六郡後，修武郎高青任唐州知州。[1]

紹興五年，偽齊軍攻唐州湖陽縣，俘武經郎、知州高青，後予釋放，詔降兩官。[2]

（三七）舒繼明

舒繼明（？—西元 1135 年）為信陽軍羅山縣人，「身長七尺，善騎射，矢不虛發」，「時人以金剛目之」。[3]

紹興四年，岳家軍克復襄陽府等六郡後，承節郎舒繼明為成忠郎、閣門祗候、信陽知軍。[4]

紹興五年，偽齊將商元犯信陽軍，舒繼明率麾下十三人力戰，矢盡被俘，寧死不屈，追贈修武郎，其家一人補官。[5]

（三八）李迪

紹興五年，舒繼明被俘遇害，岳飛命忠訓郎、閣門祗候、隨州兵馬都監李迪繼任信陽知軍。[6]

（三九）王昇

紹興四年，岳家軍克復襄陽府等六郡後，以王昇借保義郎，任襄陽府兵馬監押。[7]

（四〇）姚禾

紹興四年，岳家軍克復襄陽府等六郡後，忠訓郎姚禾任襄陽府司法

---

1 《金佗稡編》卷 9《遺事》，卷 11《收復唐鄧信陽差官奏》，《要錄》卷 79 紹興四年八月甲辰。
2 《要錄》卷 91 紹興五年七月壬午，《宋史》卷 28《高宗紀》。
3 《要錄》卷 79 紹興四年八月甲辰，《輿地紀勝》卷 80《信陽軍》。
4 《金佗稡編》卷 9《遺事》，卷 11《收復唐鄧信陽差官奏》，《要錄》卷 79 紹興四年八月甲辰，《輿地紀勝》卷 80《信陽軍》。
5 《金佗稡編》卷 9《遺事》，《要錄》卷 85 紹興五年二月，《宋史》卷 28《高宗紀》，《輿地紀勝》卷 80《信陽軍》。
6 《要錄》卷 85 紹興五年二月。
7 《金佗稡編》卷 11《襄陽差職官奏》。

參軍。[1]

（四一）邵俅

邵俅原為小吏，被岳飛識拔。

紹興四年，岳家軍克復襄陽府等六郡後，忠訓郎邵俅借秉義郎，權簽書武勝軍節度判官廳公事。[2]

（四二）祁超

宋欽宗靖康元年十二月，信德知府梁揚祖率武功郎、統制祁超等五軍至北京大名府，接受河北大元帥康王趙構領導。[3]

靖康二年，康王大元帥府編組五軍，祁超任前軍統制，所部二千五百人，隨康王駐東平府，又前往南京應天府即位。[4]

紹興二年，親衛大夫、鼎州團練使祁超所部五千人，任江南西路安撫大使司統制。[5]

紹興五年，祁超等軍參加鎮壓楊么叛軍後，撥屬岳飛。[6]

（四三）丘贇

丘贇（？—西元 1140 年）在紹興四年任江南西路安撫制置司中軍統領，參加鎮壓建昌軍兵變。[7]

紹興五年、六年間，丘贇一軍近二千人，撥屬岳飛。[8]

紹興十年，丘贇與劉輔之、韓元、周贍、左迪、馬贇、杜橫、李友等在岳家軍北伐時戰死。岳飛上報後，宋廷追贈丘贇、劉輔之、韓元各二

---

1 《金佗稡編》卷 11《襄陽差職官奏》。

2 《金佗稡編》卷 9《遺事》，卷 11《收復唐鄧信陽差官奏》。據《宋史》卷 85《地理志》，鄧州節鎮軍名武勝軍，邵俅的正式官銜當如正文。

3 《會編》卷 72。

4 《會編》卷 79，卷 94。

5 《要錄》卷 54 紹興二年五月辛酉，卷 78 紹興四年七月庚申。

6 《梁溪全集》卷 82《論江西軍馬劄子》，卷 87《措置招軍畫一奏狀》，《斐然集》卷 17《寄張德遠》。

7 《要錄》卷 78 紹興四年七月丙寅，《宋史》卷 27《高宗紀》說丘贇為統制，係誤。又《永樂大典》卷 6524《毘陵集·乞蠲減月樁劄子》也提及丘贇。

8 《梁溪全集》卷 82《論江西軍馬劄子》，卷 85《乞差兵將討捕虔吉盜賊及存留李山彈壓奏狀》、《乞將丘贇下存留洪州軍兵充親兵奏狀》，卷 87《措置招軍畫一奏狀》。

官，周贍、左迪、馬贇、杜橫各六官，李友為使臣，亦予以追贈。[1]

（四四）高道

紹興三年，盜匪「花面獸」劉忠餘部犯分寧、武寧縣，江西安撫大使司派武經郎、統領高道等軍討平，遷一官。[2]

紹興五年，高道所部五百人參加鎮壓楊么叛軍後，撥屬岳飛。[3]

（四五）任士安

任士安原為范瓊部將。建炎三年，宋廷因范瓊在北宋末助金軍為逆，將他處死。任士安所部數千人改隸御營司，後隨神武副軍都統制辛企宗進駐福建路。

紹興元年，范汝為叛軍攻南劍州，知州張覺督武德郎任士安擊敗叛軍。[4]

紹興二年，李綱任荊湖、廣南路宣撫使，統制任士安及其統領陳照、馬準、李建，率所部二千五百餘人，隨李綱至潭州赴任。[5]任士安等軍在荊湖南路招降盜匪馬友餘部步諒。[6]

紹興三年，武顯大夫任士安因降步諒等功，加閤門宣贊舍人。[7]宋廷命任士安等軍參加鎮壓楊么叛軍，[8]但任士安等不服王瓊指揮，作戰不力。

紹興五年，岳飛率軍前往湖湘，鞭任士安一百，以儆戒荊湖南路安撫司各統制，令任士安部充餌兵，與楊么軍作戰，獲勝。[9]遙郡貴州刺史任士

1 《紫微集》卷 19 丘贇等贈官制。

2 《要錄》卷 63 紹興三年二月庚戌，《宋會要》兵 18 之 33—34。

3 《梁溪全集》卷 85《乞將丘贇下存留洪州軍兵充親兵奏狀》。

4 《要錄》卷 49 紹興元年十一月癸丑，《宋史》卷 379《張覺傳》。

5 《要錄》卷 51 紹興二年二月庚午，《梁溪全集》卷 65《乞撥還陳照等人兵奏狀》，卷 66《乞令韓世忠不拘路分前去廣東招捕曹成奏狀》，卷 67《乞撥顏孝恭軍馬付本司使喚奏狀》，卷 69《乞撥還韓京等及胡友等兩項軍馬奏狀》，卷 72《開具本司差到任士安等兵馬人數留韓京等軍馬奏狀》。

6 《梁溪全集》卷 73《收降到馬友下潰兵步諒等奏狀》，卷 75《討殺本路作過潰兵了當見措置楊么等賊奏狀》。

7 《要錄》卷 64 紹興三年四月庚戌，《宋會要》職官 34 之 4。

8 《要錄》卷 66 紹興三年六月甲午，卷 70 紹興三年十一月癸亥。

9 《金佗稡編》卷 6《鄂王行實編年》，卷 16《湖寇捷奏》，《金佗續編》卷 28《吳拯編鄂王事》，《會編》卷 168，卷 207《岳侯傳》，卷 208《林泉野記》，《要錄》卷 85 紹興五年二月壬辰，卷 86 紹興五年閏二月辛酉，卷 90 紹興五年六月甲辰。

安因功轉一官，[1] 其部屬併入岳家軍。[2] 宋高宗有旨，令岳飛自鄂州移軍屯荊南府。岳飛遍問諸將，獨任士安說：「若往江陵，則失長江之利。」岳飛聽從，遂申奏留駐鄂州。[3]

紹興六年，宋廷批准李綱奏辟，左武大夫、吉州團練使任士安脫離岳飛管轄，改任江南西路安撫制置大使司都統制、兼統中軍。[4]

（四六）陳照

陳照原為任士安部下統領。

紹興二年，時陳照與另一統領馬準屯駐南劍州。[5] 後隨李綱、任士安移軍荊湖南路，[6] 招降盜匪馬友餘部步諒、安鎮、翟忠等，又破盜匪劉忠餘部譚深。[7]

紹興三年，陳照和馬準在瀏陽（今湖南瀏陽市）一帶攔截江南西路一股潰兵，「逼逐出境」。[8]

紹興五年，武功郎、統領陳照參加鎮壓楊么軍。此後應隨任士安隸屬岳飛。[9]

（四七）馬準

馬準原為任士安部下統領。

1　《斐然集》卷 12《任士安立功轉一官仍貴州刺史》。
2　《斐然集》卷 17《寄張德遠》，《要錄》卷 96 紹興五年十二月庚子。又《會編》卷 155 載任士安部紹興三年已併入岳家軍，係誤。《金佗稡編》卷 18《措置襄漢乞兵申省狀》載，遲至紹興四年，岳飛仍請求併統任士安等軍，而未獲宋廷批准。
3　《朱子語類》卷 127。
4　《梁溪全集》卷 91《乞撥韓京等軍馬奏狀》，卷 104《與李尚書措置畫一劄子》，卷 126《與張相公第二十三書》。
5　《要錄》卷 53 紹興二年四月癸亥，《梁溪全集》卷 65《乞撥還陳照等人兵奏狀》。
6　《梁溪全集》卷 69《乞撥還韓京等及胡友等兩項軍馬奏狀》。
7　《梁溪全集》卷 73《收降到馬友下潰兵步諒等奏狀》，《招降到安鎮等人兵奏狀》，卷 75《討殺本路作過潰兵乞當見措置楊么等賊奏狀》。
8　《梁溪全集》卷 120《與呂提刑第三書》，《與呂提刑第五書》。
9　《金佗稡編》卷 16《湖寇捷奏》。《要錄》卷 99 紹興六年三月丙子載，由荊湖南路制置大使改任四川制置大使的席益奏，「臣嘗乞郝晟、焦元、李建、陳元等軍馬」戍蜀，「未蒙俞允」。按此處「陳元」當為「陳照」之誤。陳照等軍已併入岳家軍，故宋廷不批准席益之奏請。

紹興二年，時馬準與另一統領陳照屯駐南劍州。[1] 後隨李綱、任士安移軍荊湖南路，[2] 招降和鎮壓盜匪馬友餘部步諒、王進，李宏餘部王順等。[3]

紹興三年，馬準和陳照在瀏陽一帶攔截江南西路一股潰兵，「逼逐出境」。馬準又和郝晸前往茶陵縣，支援韓京軍，對付鄧裝和彭友。[4]

紹興二年至五年，馬準屢次參加鎮壓楊么叛軍之軍事行動。[5] 此後應隨任士安隸屬岳飛。

（四八）李建

李建原為任士安部下統領。

紹興二年，時李建與任士安屯駐建州（治建安、甌寧，今福建建甌市）。[6] 後隨李綱、任士安移軍荊湖南路，[7] 招降盜匪馬友餘部王進。[8]

紹興二年至五年，李建屢次參加鎮壓楊么叛軍之軍事行動。[9] 此後隨任士安隸屬岳飛。四川制置大使席益請求將李建等軍移屯四川，宋廷不予批准。[10]

紹興六年冬，李建參加岳家軍第三次北伐。[11]

後鄂州為岳飛建忠烈廟，廟中也設李建畫像。[12]

（四九）郝晸

紹興元年，郝晸隸屬江南東路安撫大使呂頤浩，同安撫大使司各軍破

---

1 《要錄》卷 53 紹興二年四月癸亥，《梁溪全集》卷 65《乞撥還陳照等人兵奏狀》。

2 《梁溪全集》卷 69《乞撥還韓京等及胡友等兩項軍馬奏狀》。

3 《梁溪全集》卷 73《收降到馬友下潰兵步諒等奏狀》，卷 74《招降到王進等人兵奏狀》，卷 75《討殺本路作過潰兵了當見措置楊么等賊奏狀》。

4 《梁溪全集》卷 120《與呂提刑第三書》，《與呂提刑第五書》，原文作「陳照、李建等」，通觀全文，「李建」係「馬準」之誤，李建時參加對楊么之軍事行動。

5 《要錄》卷 60 紹興二年十一月甲戌，卷 70 紹興三年十一月戊寅，卷 79 紹興四年八月壬寅，卷 86 紹興五年閏二月辛酉，《金佗稡編》卷 11《措置楊么水寇事宜奏》。

6 《梁溪全集》卷 65《乞撥還陳照等人兵奏狀》。

7 《梁溪全集》卷 69《乞撥還韓京等及胡友等兩項軍馬奏狀》。

8 《梁溪全集》卷 74《招降到王進等人兵奏狀》。

9 《要錄》卷 60 紹興二年十一月甲戌，《梁溪全集》卷 120《與呂提刑第三書》，《與呂提刑第五書》。

10 《要錄》卷 99 紹興六年三月丙子。

11 《金佗續編》卷 28《孫迫編鄂王事》。

12 《金佗續編》卷 14《敕建忠烈廟省劄》。

盜匪張琪於饒州。[1]是年冬至翌年，郝晸、顏孝恭兩軍會合岳飛部將徐慶、王萬等，破石陂寨兵變首領姚達、饒青於建昌軍。[2]郝晸軍還參加鎮壓李敦仁叛亂。[3]

紹興二年，李綱任荊湖、廣南路宣撫使，請求將郝晸所部一、二千人撥屬本宣撫司，得到宋廷批准。[4]郝晸軍參加鎮壓盜匪李宏餘部王順。[5]

紹興三年，郝晸與馬準軍前往茶陵縣，支援韓京軍，對付鄧裝和彭友。[6]武經郎、閣門宣贊舍人郝晸因平石陂寨兵變有功，升官。[7]

紹興五年，郝晸隨岳飛鎮壓楊么軍，[8]轉遙郡刺史。[9]時太學生侯邦為郝晸門客，向岳飛獻策，郝晸懷疑侯邦說自己軍中陰私，企圖殺死侯邦，被岳飛及時制止。岳飛至郝晸軍中作客，郝晸以「酸餡」招待，岳飛說他平生未曾吃過此種食品，命將剩餘者留下作晚食，使眾人感到驚愕和慚愧。[10]岳飛曾於紹興四年上奏，請求併統任士安等軍，而將郝晸等軍留潭州「彈壓」。[11]至此，郝晸軍正式併入岳家軍。[12]四川制置大使席益請求將郝晸等軍移屯四川，宋廷不予批准。[13]

紹興六年，郝晸參加岳家軍第二次北伐，與王貴、董先克虢州。[14]是年

1　《會編》卷 147，《要錄》卷 46 紹興元年七月辛酉。

2　《要錄》50 紹興元年十二月甲戌，《宋史》卷 26《高宗紀》。

3　《宋會要》兵 10 之 28。

4　《梁溪全集》卷 67《乞撥顏孝恭軍馬付本司使喚奏狀》，卷 68《乞差辛企宗等軍馬奏狀》，卷 69《乞差楊惟忠下胡友毛佐軍馬奏狀》，《乞差還韓京等及胡友兩項軍馬奏狀》，卷 72《開具本司差到任士安等兵馬人數留韓京等軍馬奏狀》。

5　《梁溪全集》卷 75《討殺本路作過潰兵了當見措置楊么等賊奏狀》。又《要錄》卷 60 紹興二年十一月甲戌，《宋史》卷 27《高宗紀》載郝晸招降王進，據《梁溪全集》卷 74《招降到王進等人兵奏狀》，郝晸並未參加此次軍事行動。

6　《梁溪全集》卷 120《與呂提刑第三書》，《與呂提刑第五書》。

7　《要錄》65 紹興三年五月辛未。

8　《金佗續編》卷 28《吳拯編鄂王事》，《會編》卷 168，卷 208《林泉野記》，《要錄》卷 86 紹興五年閏二月辛酉，卷 90 紹興五年六月甲辰。

9　《斐然集》卷 13《郝晸遙郡刺史》。

10　《金佗續編》卷 27 黃元振編岳飛事蹟。

11　《金佗稡編》卷 18《措置襄漢乞兵申省狀》。

12　《斐然集》卷 17《寄張德遠》。《會編》卷 155 載郝晸為任士安部屬，於紹興三年撥隸岳飛，係誤。

13　《要錄》卷 99 紹興六年三月丙子。

14　《金佗稡編》卷 7《鄂王行實編年》，《忠正德文集》卷 8《丙辰筆錄》，《要錄》卷 105 紹興六年九月丙寅朔，《宋史》卷 28《高宗紀》。

冬，郝晸參加反擊偽齊軍之戰鬥。[1]

紹興十年，岳家軍最後一次大舉北伐，郝晸時任中軍副統制，參加克復西京河南府等戰。[2]

紹興十一年，郝晸奉命率軍往荊湖南路，鎮壓駱科變亂。[3]

紹興十三年，鄂州駐劄御前中軍副統制郝晸升權選鋒軍統制。[4]

紹興二十四年，鄂州駐劄御前左軍統制郝晸進一官。[5]

紹興三十一年，宋金再戰，成閔任湖北、京西路制置使，郝晸賂成閔黃金三百兩，遂任襄陽知府，主管京西南路安撫司公事。[6] 郝晸其實並未立多少戰功。[7]

紹興三十二年，宋廷改命王宣任襄陽知府，親衛大夫、鼎州觀察使、鄂州駐劄御前左軍統制郝晸「令依舊歸軍」。[8]

（五〇）王俊

王俊為濟南府人（一說東平府人），充東平府雄威禁兵，因告發軍兵呼千謀反，補本營副都頭。

靖康元年，王俊隨從范瓊在開封與金軍作戰，中箭折落兩齒，授成忠郎。王俊甚得范瓊寵信，升遷至諸司正使、右軍統制、同提舉一行事務。

建炎三年，宋廷因范瓊在北宋末助金軍為逆，將他處死，王俊所部改隸御營司。[9]

紹興二年，武功大夫、康州刺史王俊所部駐荊湖南路，隨任士安招降盜匪馬友餘部步諒。[10] 李綱命王俊軍屯湘陰縣（今湖南湘陰縣），「以備

1　《會編》卷 207《岳侯傳》。
2　《金佗稡編》卷 16《復西京奏》，《會編》卷 204，卷 207《岳侯傳》。《岳侯傳》，《要錄》卷 136 紹興十年閏六月丁酉和《宋史》卷 29《高宗紀》載郝晸、張應、韓清克鄭州，係誤。
3　《要錄》卷 142 紹興十一年十月丁亥，《宋史》卷 29《高宗紀》。
4　《要錄》卷 149 紹興十三年六月壬辰。
5　《要錄》卷 166 紹興二十四年五月丁巳。
6　《會編》卷 229，卷 231，《要錄》卷 192 紹興三十一年九月庚辰。
7　《會編》卷 234，卷 246，《宋會要》兵 15 之 9—10。
8　《要錄》卷 199 紹興三十二年四月乙未。
9　《揮塵錄餘話》卷 2，《會編》卷 206，《要錄》卷 141 紹興十一年九月癸卯。
10　《梁溪全集》卷 73《收降到馬友下潰兵步諒等奏狀》。

楊么」。[1]

紹興五年，王俊參加鎮壓楊么軍。[2] 後併入岳家軍。[3] 王俊任前軍副統制，為前軍統制張憲之副手，「從戰無功，歲久不遷」。

紹興十一年，岳飛被解除兵柄。九月，王俊乘副都統制張憲前往鎮江府參謁樞密使張俊之機，出首誣告張憲謀反，宋廷設置冤獄，殺害岳飛、岳雲和張憲。[4] 王俊因誣告之功，自左武大夫、果州防禦使超擢正任觀察使。[5]

紹興二十二年，宋高宗和秦檜追念廬州觀察使王俊誣告有功，授兩浙東路馬、步軍副都總管之優閑職務。[6]

（五一）焦元

紹興二年，統領焦元在荊湖南路，與李建、馬準等部招降盜匪馬友餘部王進。[7]

紹興三年，焦元奉荊湖、廣南路宣撫使李綱令，屯兵醴陵縣（今湖南醴陵市），以防江西潰兵侵軼。[8]

紹興五年，岳飛鎮壓楊么叛軍後，焦元軍應併入岳家軍。四川制置大使席益請求將焦元等軍移屯四川，宋廷不予批准。[9]

紹興十年，岳家軍最後一次大舉北伐，焦元參加復西京河南府等戰。[10]

1　《梁溪全集》卷 120《與呂提刑第三書》。

2　《金佗續編》卷 28《吳拯編鄂王事》，《會編》卷 168，卷 207《岳侯傳》，卷 208《林泉野記》，《要錄》卷 86 紹興五年閏二月辛酉，卷 90 紹興五年六月甲辰。

3　《斐然集》卷 17《寄張德遠》，其中提及「王宗」，疑為「王俊」之誤。

4　《金佗稡編》卷 8《鄂王行實編年》，卷 24《張憲辨》，《揮塵後錄》卷 11，《揮塵錄餘話》卷 2，《會編》卷 206，卷 207，卷 207《岳侯傳》，卷 208《林泉野記》，《要錄》卷 141 紹興十一年九月癸卯，卷 142 紹興十一年十一月壬戌，卷 143 紹興十一年十二月癸巳注，《宋史》卷 29《高宗紀》，卷 368《張憲傳》。

5　《金佗稡編》卷 8《鄂王行實編年》。據《宋史》卷 89《地理志》，果州為團練州，不當設防禦使，然而《鄂王行實編年》，《揮塵錄餘話》卷 2 和《要錄》卷 143 紹興十一年十二月癸巳注都記載王俊為防禦使，今姑以存疑。

6　《要錄》卷 163 紹興二十二年四月壬辰。

7　《梁溪全集》卷 74《招降到王進等人兵奏狀》。

8　《梁溪全集》卷 120《與呂提刑第三書》。

9　《要錄》卷 99 紹興六年三月丙子。

10　《會編》卷 204。

紹興三十二年，宋金再戰，焦元任鄂州駐劄御前踏白軍統制。正月，焦元軍奉命增援蔡州。二月，焦元受傷，與趙樽撤離蔡州，升正任刺史。[1]

（五二）杜湛

建炎三年，杜湛任蔡州汝陽縣尉，擊敗進犯蔡州的盜匪張用、田皋、劉可等部。[2]

建炎四年，程昌寓任荊南知府，以統制杜湛、統領邵宏淵等率蔡州兵二千人自隨。杜湛改任權荊湖北路馬、步軍副總管，於松滋縣破李合戎叛軍，又渡江佔領石首等縣。[3] 程昌寓改任鼎、澧州鎮撫使、鼎州知州，杜湛率軍隨行，至鼎州，與楊么軍為敵。[4]

紹興元年至三年，杜湛破盜匪劉超，並與鍾相軍餘部楊華、楊廣、周倫、楊欽、黃誠等作戰，互有勝負。[5] 因招降到劉超部屬彭筠，杜湛所部擴充至八千人，[6] 合當地鄉兵則達九千人。杜湛遷官至武翼大夫、吉州刺史，任荊湖北路兵馬副都監。[7]

紹興四年正月，杜湛與統制王渥襲楊么軍真皮寨。[8] 三月，杜湛升忠州團練使，改任添差江南西路兵馬鈐轄。[9] 六月，武功大夫、忠州團練使杜淇改任荊湖北路兵馬鈐轄，仍於鼎州駐軍。[10] 十二月，杜湛又與楊么軍頭目楊欽部作戰。[11]

---

1 《會編》卷 249，《要錄》卷 196 紹興三十二年正月壬午，卷 197 紹興三十二年二月丙辰，《宋會要》兵 18 之 44。
2 《要錄》卷 20 建炎三年二月，卷 28 建炎三年十月丁丑，十月注引《程昌寓家傳》。
3 《要錄》卷 32 建炎四年四月，《宋史》卷 26《高宗紀》。
4 《金佗續編》卷 25《楊么事蹟》。
5 《金佗續編》卷 25《楊么事蹟》，《要錄》卷 61 紹興二年十二月丙辰，卷 66 紹興三年六月甲午，《宋史》卷 26，卷 27《高宗紀》。
6 《梁溪全集》卷 68《乞令岳飛且在潭州駐劄仍乞令撥還韓京等軍馬奏狀》，卷 69《乞撥還韓京等及胡友等兩項軍馬奏狀》，卷 70《開具錢糧兵馬盜賊人數乞指揮施行奏狀》，卷 71《再乞撥還韓京等軍馬奏狀》。
7 《要錄》卷 71 紹興三年十二月壬午，《華陽集》卷 3《杜湛轉武翼大夫遙郡刺史》。
8 《要錄》卷 72 紹興四年正月己未，而《中興小紀》卷 16，《皇朝中興紀事本末》卷 28，《宋史》卷 27《高宗紀》作「皮真寨」。
9 《要錄》卷 74 紹興四年三月壬申，《華陽集》卷 6《杜湛除遙郡團練使江西兵馬鈐轄》。
10 《要錄》卷 77 紹興四年六月乙巳。
11 《宋史》卷 27《高宗紀》。

紹興五年，杜湛改任張浚都督府左軍統制。[1]岳飛鎮壓楊么叛軍後，杜湛改隸岳飛，任黃州知州。他與通判葉介不和，葉介率僚屬上告，宋廷命岳飛查實。岳飛奏杜湛「忠勞，今來止是語言疑似，別無跡狀」。

紹興七年，宋廷仍將杜湛和葉介一併罷免，杜湛降一官。[2]

（五三）王缺子

王缺子原為楊么叛軍頭目，失其名。紹興五年岳飛平楊么之叛，王缺子投降，任用為水軍統制。

紹興六年，王缺子乘岳飛「行邊」，企圖再次叛亂。其母派人報告參謀官薛弼，薛弼設計命諸將擒獲王缺子。[3]

（五四）馬羽

紹興五年，馬羽時任岳家軍防區之權發遣蘄州知州，奏稱「本州比年兵火，被害尤甚，民未歸業」，請求免上供三年，得到宋廷批准。[4]

紹興十年，岳家軍最後一次大舉北伐，攻佔蔡州，命馬羽鎮守，「有干城牧眾之功」。[5]

後忠州刺史馬羽任辰州知州，厚待因反對和議被秦檜貶逐流放之文士王庭珪，「尊以師禮」，「遣子受業」，王庭珪說：「某罪人也，將累公。」馬羽說「由公獲譴，其榮多矣！」[6]

紹興三十年，右武大夫、忠州刺史、荊湖北路馬、步軍副總管馬羽移任京西南路，兼權郢州知州。[7]

紹興三十一年，馬羽因違法騷擾民間，宋廷予以罷免。[8]

---

1 《要錄》卷 85 紹興五年二月辛卯，卷 96 紹興五年十二月庚戌注。
2 《要錄》卷 109 紹興七年二月丁巳。
3 《浪語集》卷 33《先大夫行狀》。按《金佗續編》卷 28《孫逌編鄂王事》中之「黃缺子」，應即是此人。
4 《宋會要》食貨 63 之 5。
5 《金佗稡編》卷 9《遺事》。
6 《胡澹庵先生文集》卷 29《監簿敷文王公墓誌銘》，《周益國文忠公集・省齋文稿》卷 29《左承奉郎直敷文閣主管臺州崇道觀王公（廷珪）行狀》。
7 《要錄》卷 184 紹興三十年三月乙未。
8 《要錄》卷 189 紹興三十一年三月丁亥，《宋會要》職官 70 之 51。

（五五）王剛

紹興五年，王剛參加鎮壓楊么叛軍。[1]

紹興十年，岳家軍最後一次大舉北伐。岳飛親軍背嵬軍將官王剛率背嵬使臣五十餘騎，於郾城破金軍騎兵一千餘人，斬金將阿李朵孛堇。[2]

紹興十一年，岳飛被解除兵柄後，左武大夫、忠州刺史王剛升一官，並率岳飛隨從親兵返鄂州。[3]

紹興二十三年，拱衛大夫、忠州刺史、鎮江府駐劄御前中軍統制王剛因軍務廢弛，貪污馬料錢，降三官，罷統制，「送殿前司自效」。[4]

紹興二十九年，拱衛大夫、忠州刺史、殿前司統制王剛轉遙郡團練使。中書舍人洪遵論管軍武將十年一遷，王剛不滿年限，遂不得轉官。[5]

紹興三十一年，宋金再戰，劉錡命殿前司策應右軍統制王剛出兵渡淮，敗金軍於清河口。金軍再次進攻，王剛軍敗退。[6]後御營宿衛使楊存中命王剛出任泰州知州，戍守州城。[7]

紹興三十二年，王剛參加海州解圍之役。[8]

宋孝宗隆興元年，中亮大夫、忠州團練使王剛因「治軍不職，散失軍器」，特降兩官。[9]

（五六）趙不尤

趙不尤是宋朝宗室，宋太宗六世孫，初入宗學上舍，有武藝。宋欽

---

1 《會編》卷 207《岳侯傳》，《要錄》卷 90 紹興五年六月癸丑。

2 《金佗稡編》卷 8《鄂王行實編年》，卷 16《郾城縣北并垣曲縣等捷奏》。

3 《金佗續編》卷 12《乞追回王剛所帶人數當直使喚省劄》，《要錄》卷 140 紹興十一年五月戊申。《金佗稡編》卷 24《張憲辨》，《揮麈錄餘話》卷 2 和《要錄》卷 143 紹興十一年十二月癸巳注載王俊誣告狀，提及「背嵬王剛」，證明王剛已返回鄂州。

4 《宋會要》職官 70 之 37。

5 《要錄》卷 182 紹興二十九年六月壬寅，《宋史》卷 373《洪遵傳》，《周益國文忠公集·平園續稿》卷 29《同知樞密院事贈太師洪文安公（遵）神道碑》。

6 《要錄》卷 192 紹興三十一年八月乙卯，卷 193 紹興三十一年十月甲寅，《宋史》卷 32《高宗紀》，《宋會要》兵 14 之 36。

7 《會編》卷 240，《要錄》卷 194 紹興三十一年十一月壬辰，乙未，卷 195 紹興三十一年十二月甲辰。

8 《宋會要》兵 19 之 8。

9 《宋會要》職官 71 之 2。

宗靖康時，趙不尤往相州，結識岳飛，又招撫洺州一帶王明義兵，同金軍作戰。

南宋建炎時，趙不尤率眾歸御營司，補武翼郎。後充岳飛部將。

紹興五年，趙不尤參加鎮壓楊么叛軍。

紹興十一年，岳飛遇害後，秦檜強迫趙不尤離軍，任橫州知州而卒。[1]

（五七）趙雲

北宋靖康時至南宋紹興初，金軍破太原府，趙雲與梁興、李進等組織義軍，在河東路各地與金軍戰鬥數百次，殺敵頭目約三百餘人。金軍俘其父趙福和母張氏，以平陽府路副總管的官位，進行招降。趙雲誓不降敵，於是趙福被金軍殺害，張氏被囚於垣曲縣。

紹興四年，趙雲突破金與偽齊對黃河之封鎖，投奔岳飛，補敦武郎。後岳飛命趙雲渡河，破垣曲縣，營救其母張氏出獄。[2]

紹興十年，岳家軍最後一次大舉北伐。趙雲與梁興等率遊擊軍渡黃河，轉戰河東與河北路，屢破金軍，[3]轉左武大夫。[4]岳飛被迫班師後，梁興、趙雲等仍在北方堅持抗金，最後被迫撤回鄂州。

紹興十二年，左武大夫、忠州刺史、御前同副統制趙雲上狀，自敘經歷，宋高宗詔加封其母張氏。[5]

（五八）梁興

梁興出身農家。北宋靖康時至南宋紹興初，金軍破太原府，梁興與趙雲、李進等組織義軍，在河東路各地與金軍戰鬥數百次，殺敵頭目約三百餘人，人稱「梁小哥」。其父梁建和母喬氏被金軍殺害。[6]

1　《會編》卷 117，《水心文集》卷 21《中大夫直敷文閣兩浙運副趙公墓誌銘》，《宋史》卷 232《宗室世系表》，卷 247《趙不尤傳》。

2　《要錄》卷 82 紹興四年十一月丙寅，《宋會要》儀制 10 之 33，《紫微集》卷 19 梁興、趙雲、李進封官制。

3　《金佗稡編》卷 8《鄂王行實編年》，卷 16《河北潁昌諸捷奏》。

4　《紫微集》卷 12 趙雲、李寶等轉官制。

5　《要錄》卷 82 紹興四年十一月丙寅，《宋會要》儀制 10 之 33。

6　《紫微集》卷 19 梁興、趙雲、李進封官制，《東窗集》卷 7 追贈梁建、喬氏制，《宋會要》儀制 10 之 20，《忠正德文集》卷 8《丙辰筆錄》。

梁興在太行山組織忠義保社。紹興四年，與金將耶律馬五作戰。

紹興五年，梁興義軍破神山縣，又在交戰中殺耶律馬五和萬夫長耿光祿。金朝調集大軍圍攻，梁興率百餘騎突過黃河，投奔岳飛，授武經郎、閤門宣贊舍人。[1]自此以後，岳飛「連結河朔」之工作得以大力開展。[2]梁興大約在紹興六年冬或紹興七年春，為實施岳飛的北伐計劃，又重返太行山區。

紹興八年，梁興軍遭金將徐文攻擊，返回鄂州。[3]

紹興十年，岳家軍最後一次大舉北伐。梁興、趙雲、李進和董榮、牛顯、張峪兩支遊擊軍渡過黃河，轉戰河東和河北路，屢破金軍。梁興報告岳飛，北方抗金義軍發展至四十萬人以上，都以「岳」字作旗幟，盼望岳飛率大軍早日渡河。[4]岳飛被迫班師後，梁興仍在北方堅持抗金。[5]

紹興十一年或紹興十二年初，梁興返回南方，與李道戍守襄陽府。[6]親衛大夫、忠州刺史、御前同副統制梁興上狀，自敘經歷，宋高宗詔加贈其父母。[7]

1 《金佗稡編》卷 7、卷 8《鄂王行實編年》，卷 18《梁興奪河渡申省狀》，《要錄》卷 93 紹興五年秋，卷 97 紹興六年正月癸酉，《宋會要》兵 2 之 59—60，《中興小紀》卷 19，《皇朝中興紀事本末》卷 35，《紫微集》卷 19 梁興、趙雲、李進封官制，《大金國志校證》卷 11。關於梁興和耶律馬五交戰時間，《要錄》卷 97 注引梁興自敘狀為「四年十月，與烏瑪喇（清人對馬五之改譯）太師接戰。至次年，奪路渡大河，歸本朝」，《金佗稡編》，《要錄》卷 93 和《中興小紀》與《皇朝中興紀事本末》作紹興五年殺馬五。《金史》卷 80《阿離補傳》載有契丹人「金吾衛上將軍耶律馬五」，可知馬五姓耶律。

2 《金佗稡編》卷 7《鄂王行實編年》，《金佗續編》卷 7《進發至京西路添入河東及節制河北路劄子》，《忠正德文集》卷 8《丙辰筆錄》，《要錄》卷 105 紹興六年九月己巳。

3 《金史》卷 79《徐文傳》。

4 《金佗稡編》卷 8《鄂王行實編年》，卷 12《李興吳琦轉官告乞付軍前給降奏》，《乞乘機進兵劄子》，卷 16《鄖城縣北并垣曲縣等捷奏》，《河北潁昌諸捷奏》，《金佗續編》卷 14《忠愍諡議》，卷 28《吳拯編鄂王事》，《會編》卷 207《岳侯傳》，卷 208《林泉野記》。《會編》卷 200 載紹興十年北伐時，梁興已在太行山，係誤。

5 《金佗稡編》卷 8《鄂王行實編年》，《金佗續編》卷 11《令契勘梁興見今措置事宜開具申聞省劄》，《要錄》卷 137 紹興十年七月壬戌，《會編》卷 207《岳侯傳》，卷 208《林泉野記》。

6 《北山文集》卷 1《勘襄陽府疏》。

7 《要錄》卷 97 紹興六年正月癸酉，《宋會要》儀制 10 之 20，《東窗集》卷 7 追贈梁建、喬氏制。

紹興十八年，鄂州駐劄御前選鋒軍同副統制梁興卒。[1] 梁興無子嗣，鄂州以戶絕法沒收其財產。荊湖北路提舉常平茶鹽公事傅伯成為梁興立後嗣，又以其家財分給諸女。[2]

（五九）李進

北宋靖康時至南宋紹興初，金軍破太原府，李進與梁興、趙雲等組織義軍，在河東路各地與金軍戰鬥數百次，殺敵頭目約三百餘人。後投奔岳飛，補修武郎。[3]

紹興十年，岳家軍最後一次大舉北伐。梁興、趙雲、李進等率遊擊軍渡黃河，轉戰河東等路，屢破金軍。[4]

（六〇）董榮

紹興十年，岳家軍最後一次大舉北伐。董榮、牛顯、張峪和梁興、趙雲、李進兩支遊擊軍渡過黃河，轉戰河東等路，屢破金軍。[5]

（六一）牛顯

紹興十年，岳家軍最後一次大舉北伐。董榮、牛顯、張峪等率遊擊軍渡過黃河，轉戰河東等路，屢破金軍。[6]

（六二）張峪

紹興十年，岳家軍最後一次大舉北伐。董榮、牛顯、張峪等率遊擊軍渡過黃河，轉戰河東等路，屢破金軍。[7]

---

1 《要錄》卷 158 紹興十八年閏八月庚申。按從梁興死時的官銜看，他自返鄂州後，與選鋒軍統制李道共守襄陽府，應是一直在選鋒軍中任同副統制。又《夷堅丁志》卷 13《梁統制》也載梁興生前為選鋒軍統制。
2 《後村先生大全集》卷 167《行狀‧龍學行隱傅公》。
3 《紫微集》卷 19 梁興、趙雲、李進封官制。
4 《金佗稡編》卷 8《鄂王行實編年》，卷 16《河北穎昌諸捷奏》。
5 《金佗稡編》卷 8《鄂王行實編年》，卷 12《乞乘機進兵劄子》，卷 16《鄜城縣北并垣曲縣等捷奏》、《河北穎昌諸捷奏》，《金佗續編》卷 28《吳拯編鄂王事》，《會編》卷 208《林泉野記》。
6 《金佗稡編》卷 8《鄂王行實編年》，卷 16《河北穎昌諸捷奏》。
7 《金佗稡編》卷 8《鄂王行實編年》，卷 16《河北穎昌諸捷奏》。

（六三）邊俊

大約在紹興五年，岳飛派遣邊俊、李喜等將渡過黃河，加強與北方抗金義軍的聯繫。[1]

（六四）李喜

大約在紹興五年，岳飛派遣邊俊、李喜等將渡過黃河，加強與北方抗金義軍的聯繫。[2]

（六五）格禧

紹興三年，武功大夫格禧時任金、房州鎮撫使王彥所率八字軍統制，宣撫處置使張浚命格禧率兵三千，扼守金州（治西城，今陝西安康市）和房州（治房陵，今湖北房縣）。[3]

紹興六年，武功大夫、商州知州、金、均、房三州都統制格禧任均州知州。[4] 時均州（治武當，今湖北十堰市鄖陽區）已屬京西南路，格禧便成為岳飛部屬。

紹興八年，岳飛保奏均州知州格禧「措置宣力」，進一官。[5]

（六六）劉紹先

劉紹先字嗣祖，將門之子，知書傳，稍通兵法。宋欽宗靖康時，為開封守城統制閻僅之婿。開封失守後，閻僅逃奔光州，留劉紹先以兵數千駐守，與盜匪楊進作戰，頗得知州任詩厚遇。[6]

建炎三年，盜匪酈瓊攻光州，劉紹先軍戰敗，退入固始縣（今河南固

---

1 《金佗稡編》卷 8《鄂王行實編年》追述紹興十年前事，說自邊俊、李喜渡河後，「河東山寨韋詮（按：即韋壽佺）等皆斂兵固堡，以待王師」，參照《忠正德文集》卷 8《丙辰筆錄》紹興六年趙鼎說，「河東山寨如韋詮忠輩」，「據險自保」，則邊俊和李喜渡河大約在紹興五年。

2 《金佗稡編》卷 8《鄂王行實編年》。

3 《會編》卷 155，卷 198 王彥行狀，《要錄》卷 65 紹興三年五月丙子。

4 《要錄》卷 99 紹興六年三月丁酉。

5 《要錄》卷 118 紹興八年二月壬戌，《筠溪集》卷 5《知鄧州韓通知〔均〕州格禧措置有方各轉一官》。

6 《會編》卷 137，卷 143，《要錄》卷 25 建炎三年七月甲午，武英殿聚珍本《毘陵集》卷 11《跋劉紹先詩卷》，文淵閣《四庫全書》本為卷 10《又跋劉紹先詩卷》。

始縣）城固守。

建炎四年二月，酈瓊降於大將劉光世，固始縣解圍。[1] 八月，武功大夫劉紹先率部撤離光州，至江州，被知州姚舜明奏留，任兵馬副鈐轄。[2] 十月，盜匪李成部將馬進軍犯江州，劉紹先率軍拒守。[3] 十二月，宋廷錄守城之功，發表劉紹先領忠州刺史。[4]

紹興元年正月，江州被圍百日，糧盡援絕，劉紹先率所部開門突圍。[5] 二月，劉紹先率殘部七百，投奔江南西路安撫大使朱勝非，受「勒停」處分，令往江南東路安撫大使呂頤浩軍前使喚，以責後效。[6] 十月，宋廷發表降官為武經大夫的劉紹先任江州知州、兼沿江安撫使。[7]

紹興二年，蘄、黃州鎮撫使孔彥舟叛降偽齊，所部統制陳彥明和郭諒率千餘人投奔劉紹先。[8] 宋廷發表劉紹先任沿淮防遏使，尋罷。[9] 因劉紹先曾與宰相朱勝非等有嫌隙，十月，武功大夫、忠州刺史、閤門宣贊舍人、都督府統制劉紹先被削奪兵權，任添差福州兵馬鈐轄之閑職。[10]

紹興三年，因大將張俊之奏請，劉紹先任神武右軍右部統領。[11]

紹興六年五月，張俊行營中護軍右軍統領劉紹先任隨州知州，充當岳飛部屬。[12] 八月，王恪取代劉紹先，任隨州知州。可知劉紹先充岳飛部屬為時甚短。[13]

紹興十年六月，因金軍毀約南侵，劉光世任三京等路招撫處置使，辟

1　《會編》卷 137，卷 143，《要錄》卷 31 建炎四年二月甲戌朔。

2　《會編》卷 143，《要錄》卷 36 建炎四年八月丙戌。

3　《會編》卷 143，《要錄》卷 38 建炎四年十月己卯，丙申，《宋史》卷 452《趙士隆傳》。

4　《要錄》卷 40 建炎四年十二月辛未。

5　《會編》卷 144，《要錄》卷 41 紹興元年正月戊申，《宋史》卷 452《趙士隆傳》。

6　《要錄》卷 42 紹興元年二月庚午，癸巳。

7　《要錄》卷 48 紹興元年十月庚午。

8　《會編》卷 151，《要錄》卷 55 紹興二年六月壬寅。

9　《會編》卷 151，《要錄》卷 58 紹興二年九月甲子，《宋會要》兵 29 之 27，《宋史》卷 27《高宗紀》。

10　《會編》卷 153，《要錄》卷 59 紹興二年十月乙巳，《盧溪文集》卷 2《贈席元章》。

11　《要錄》卷 67 紹興三年八月辛丑。

12　《要錄》卷 101 紹興六年五月庚午。

13　《要錄》卷 104 紹興六年八月甲辰。

江南西路副總管劉紹先任中軍統制。[1]

紹興十一年，三京等路招撫處置司撤銷，劉紹先人馬撥屬侍衛步軍司。[2]

紹興十三年，新任欽州知州劉紹先因「前任統兵官虛招效用，盜請錢米」，「貸死，除名，械送廉州編管，籍其貲」。[3]

（六七）王恪

紹興四年，峽州知州、統制王恪奉鎮撫使解潛令，擊破「羣盜」田政。[4]

紹興六年八月，修武郎王恪為閤門祗候，任隨州知州。[5]

（六八）楊伯孫

紹興元年四月，「京西賊」李忠攻陷商州，知州楊伯孫棄城退遁。[6]

紹興六年五月，武功大夫、忠州刺史、閤門宣贊舍人、張俊江南東路宣撫使司統領楊伯孫改任郢州知州，充當岳飛部屬。[7]

（六九）李遇

紹興六年，岳家軍舉行第二次北伐，王貴等攻佔虢州盧氏縣。岳飛派遣武翼郎李遇至臨安府，向宋廷報捷。[8]

（七〇）王瑩

紹興六年，岳飛差將官王瑩率水軍屯泊蘄州蘄春縣蘄口鎮，以屏蔽江南西路，後撤回鄂州。[9]

---

1 《會編》卷 200。
2 《要錄》卷 140 紹興十一年六月壬辰，《寶真齋法書贊》卷 2《高宗皇帝馬政兵事手札御書》。
3 《要錄》卷 149 紹興十三年六月甲辰。
4 《要錄》卷 73 紹興四年二月乙酉，《宋史》卷 27《高宗紀》。
5 《要錄》卷 104 紹興六年八月甲辰。
6 《宋史》卷 26《高宗紀》。
7 《要錄》卷 101 紹興六年五月庚午。
8 《要錄》卷 105 紹興六年九月丙寅朔。
9 《梁溪全集》卷 92《乞降旨岳飛遵依聖旨差兵屯戍江州奏狀》。

（七一）賈彥

紹興六年冬，岳家軍準備將賈彥駐守商州，抵禦來犯之金、齊聯軍。[1]

（七二）秦祐

紹興六年冬，偽齊軍進犯信陽軍，岳家軍統制崔邦弼命將官秦祐於長臺鎮擊破敵軍，追趕至望明港大寨。[2]

紹興十年，秦祐參加岳家軍最後一次北伐，殺敵立功，除遙郡刺史。[3]

紹興三十一年至紹興三十二年，右武大夫、果州團練使秦祐參加對金作戰，轉左武大夫。[4]

宋孝宗隆興元年，侍衛馬軍司統制秦祐隸屬大將李顯忠和邵宏淵，舉兵北上，被金軍敗於宿州符離縣。秦祐等率軍潰逃，降四官。[5]

隆興二年，侍衛馬軍司統制秦祐在滁河一帶抵禦金軍。[6]

（七三）樊貴

紹興十年，樊貴、李儀、劉深等參加岳家軍最後一次北伐，殺敵立功，轉拱衛大夫。[7]

（七四）李儀

紹興十年，李儀參加岳家軍最後一次北伐，殺敵立功，轉拱衛大夫。[8]

（七五）劉深

紹興三年，劉深時為荆湖南路安撫司統領，參加鎮壓楊么的軍事行動。[9]

紹興五年，劉深大約在楊么軍被鎮壓後，隸屬岳飛。

1　《梁溪全集》卷 92《乞遣兵策應岳飛奏狀》。
2　《梁溪全集》卷 92《乞遣兵策應岳飛奏狀》。
3　《紫微集》卷 12 趙雲、李寶等轉官制。
4　《周益國文忠公集·掖垣類稿》卷 2 范旺、王順等轉官制。
5　《宋會要》職官 71 之 4。
6　《宋會要》兵 14 之 48。
7　《紫微集》卷 12 趙雲、李寶等轉官制。
8　《紫微集》卷 12 趙雲、李寶等轉官制。
9　《要錄》卷 64 紹興三年四月戊戌，辛丑。

紹興十年，劉深參加岳家軍最後一次北伐，殺敵立功，轉拱衛大夫。[1]

（七六）馮賽

馮賽（？—西元 1149 年），遼州（治遼山，今山西左權縣）人。北宋末至南宋初，馮賽與韋壽佺、李宋臣在河東路聚眾抗金。建炎四年，宋廷授馮賽拱衛大夫、忠州團練使。[2]

紹興元年，馮賽率部渡過黃河，投奔宋將邵興（後改名邵隆）。[3] 他隨邵興至興元府，破盜匪李忠於秦郊店。[4]

紹興二年，馮賽所部隸屬宣撫處置使張浚，[5] 後「超進武階」。[6]

紹興四年，馮賽隨張浚赴南宋東部行朝，改任楊沂中神武中軍中部將和右部同統領。[7]

紹興六年，馮賽已隸屬岳飛，參加對偽齊作戰。[8]

紹興十年，岳家軍最後一次大舉北伐，馮賽參加潁昌大戰。[9]

紹興十九年，中衛大夫、忠州團練使馮賽時任添差荊湖南路兵馬鈐轄之閑職，卒於衡州。[10]

（七七）王敏求

紹興七年，王敏求時任岳飛屬官，於七月至「行在」建康府奏事。[11]

紹興八年，武功大夫、閤門宣贊舍人王敏求特差湖北、京西路宣撫司往來幹辦軍期事務，負責岳飛宣撫司與宋廷之通信。[12]

1　《紫微集》卷 12 趙雲、李寶等轉官制。
2　《會編》卷 148，《要錄》卷 36 建炎四年八月乙酉，《宋史》卷 26《高宗紀》。關於韋壽佺和李宋臣的姓名，參據陳振先生《有關宋代抗金義軍將領李宋臣的史料及其他》，載《文物》1973 年第 11 期和《宋代社會政治論稿》，上海人民出版社，2007 年。
3　《要錄》卷 43 紹興元年四月。
4　《會編》卷 148，《要錄》卷 47 紹興元年九月丁巳。
5　《要錄》卷 53 紹興二年閏四月乙未。
6　《華陽集》卷 8《馮賽柴斌轉官換給》。
7　《要錄》卷 79 紹興四年八月庚寅。
8　《金佗稡編》卷 7《鄂王行實編年》。
9　《會編》卷 207《岳侯傳》。
10　《要錄》卷 160 紹興十九年七月壬午。
11　《要錄》卷 112 紹興七年七月丁卯。
12　《金佗續編》卷 8《服闋除起復二字省劄》，卷 9《再令除落起復二字省劄》。

紹興九年，王敏求繼續任此差遣。[1]

紹興十一年，岳飛被宋廷解除兵柄，任樞密副使。右武大夫、欽州刺史王敏求升左武大夫，離軍，添差兩浙東路兵馬鈐轄。[2]

紹興十四年，岳飛遇害，左武大夫、欽州刺史、兩浙東路兵馬鈐轄王敏求「勒停」，於南劍州「編管」。[3]

（七八）崔虎

紹興七年，偽齊臨汝軍知軍崔虎向岳飛投誠。[4]

紹興十年，岳家軍最後一次大舉北伐，崔虎參加克淮寧府之戰。[5]

（七九）胡清

紹興八年，偽齊右武大夫、成州團練使、潁順軍知軍、權鎮汝軍知軍、馬軍統制胡清率官兵一千一百零八人，向岳飛投誠。[6]

紹興十年，岳家軍最後一次大舉北伐，胡清時任選鋒軍副統制，參加潁昌大戰。[7]

（八〇）李寶

李寶為興仁府乘氏縣人。南宋初，金軍佔領京東路後，李寶聚眾三十餘人，謀殺濮州知州，未成，大約於紹興九年南下歸宋。宋廷欲將李寶遣送韓世忠軍中，李寶不願前往。岳飛來到「行在」臨安府，李寶遂投奔岳飛，至鄂州充當馬軍。李寶思念故鄉，暗中結識四十餘人，準備私渡大江北上。此事被發覺後，岳飛遂命李寶重返故土，組織抗金義軍，[8]「李寶之

1　《金佗稡編》卷 14《辭開府劄子》。
2　《要錄》卷 140 紹興十一年五月壬寅。
3　《要錄》卷 152 紹興十四年九月甲子。
4　《會編》卷 182，《要錄》卷 117 紹興七年十一月，《宋史》卷 28《高宗紀》，《宋會要》兵 15 之 6—7。
5　《會編》卷 207《岳侯傳》。
6　《金佗稡編》卷 18《收到胡清等申省狀》，《要錄》卷 122 紹興八年十月辛酉，《宋會要》兵 15 之 6—7。
7　《金佗稡編》卷 8《鄂王行實編年》，卷 16《王貴潁昌捷奏》。
8　《會編》卷 200，《要錄》卷 132 紹興九年十月。

衆八千」。[1]

紹興十年，金軍毀約南侵，岳家軍統領李寶、孫彥與曹洋、王靖、孫定等於宛亭縣荊壩等地擊敗金軍，殺死千夫長三人和四千夫長完顏鶻旋，[2]轉左武大夫。[3]岳飛班師後，李寶受金將徐文攻擊，[4]與曹洋等率衆五千南歸，沿途襲擊金軍綱船，抵達楚州，被韓世忠收留。宋廷發表李寶轉兩官，為遙郡忠州刺史。[5]李寶截髮慟哭，要求重新隸屬岳飛。韓世忠寫信徵詢岳飛意見，岳飛回覆，同為國家殺敵，何分彼此，李寶遂留於韓世忠軍中。[6]

紹興十一年，岳飛罷兵柄後，與張俊至楚州處置韓世忠軍。時李寶戍守海州，岳飛將他召回，命他出海攻擊金軍。李寶率所部揚帆出海，焚登州和文登縣而還。[7]

紹興二十九年閏六月，武功大夫、貴州團練使、鎮江府駐劄御前後軍副統制李寶因與都統制劉寶不協，添差兩浙西路兵馬副都監，駐臨安府，不厘務。[8]十二月，黃祖舜舉薦李寶「勇足以冠軍，智足以料敵」，洪遵舉薦李寶「尺籍奮身，屢書功最，雙刀賈勇，冠出輩流，仁足以撫摩師徒，嚴足以訓齊紀律」，左武大夫、忠州防禦使李寶為帶御器械。[9]

紹興三十年，李寶任淮南西路馬、步軍副總管、黃州知州，改添差兩浙西路副總管，平江府駐劄，兼副提督海船，負責編練水軍。[10]

紹興三十一年正月，侍御史汪澈建議宋廷「益李寶兵，以備海道」。[11]三

---

1 《金佗稡編》卷 8《鄂王行實編年》。
2 《金佗稡編》卷 8《鄂王行實編年》，卷 19《鶻旋郎君捷報申省狀》，《金佗續編》卷 28《吳拯編鄂王事》，《會編》卷 200，卷 207《岳侯傳》，卷 208《林泉野記》，《要錄》卷 135 紹興十年五月辛卯，《宋史》卷 29《高宗紀》。
3 《紫微集》卷 12 趙雲、李寶等轉官制。
4 《金史》卷 79《徐文傳》。
5 《會編》卷 204，《要錄》卷 138 紹興十年十月丙戌，《紫微集》卷 12 李寶轉兩官除遙郡刺史制。按李寶已為橫行左武大夫，官位較高，而《要錄》載其官為諸司正使最低一階之武翼大夫、忠州刺史，互有抵牾。
6 《金佗稡編》卷 9《遺事》。
7 《會編》卷 206，《要錄》卷 140 紹興十一年六月癸未。
8 《要錄》卷 182 紹興二十九年閏六月癸亥。
9 《要錄》卷 183 紹興二十九年十二月乙亥，《歷代名臣奏議》卷 238 洪遵奏，《宋史》卷 386《黃祖舜傳》。
10 《要錄》卷 186 紹興三十年九月丁亥、己丑。
11 《會編》卷 225。

月，因李寶與平江知府朱翌議論不合，宋廷改命洪遵任平江知府。[1] 五月，宋廷調發兩浙西路各州府與衢州、婺州禁兵弓弩手赴平江府，歸李寶指揮。[2] 六月，李寶向宋廷建議自海道出擊，先發制人，殲滅金朝南下艦隊，並移屯江陰軍，得到宋廷批准。[3] 八月，宋廷沒收醫官王繼先的海船，交付李寶使用。[4] 李寶率水軍三千人，自江陰軍出發北上。臨行前，宋廷因李寶之求，頒發一批無品武官之空名帖、綾紙和低品武官之空名官告，以「專充激賞使用」。李寶水軍途遇大風，[5] 退泊明州關澳。九月，李寶水軍自明州關澳北上。[6] 十月，李寶水軍至海州，配合魏勝等抗金義軍，擊退金軍。[7] 李寶乘勝率舟師北上，於膠西縣附近海域一舉殲滅準備南下之金朝水軍七萬餘人，開創了世界海戰史上首次使用火藥兵器之記錄。[8] 宋廷超擢右武大夫、宣州觀察使、添差兩浙西路馬、步軍副總管、兼提督海船李寶為靖海軍節度使、兩浙東、西路、通、泰、海州沿海制置使、京東東路招討使。宋高宗親書「忠勇李寶」四字，以作旗幟。[9]

紹興三十二年正月，李寶派遣統制王世隆聯絡京東路耿京、辛棄疾

1　《要錄》卷 188 紹興三十一年二月庚午，卷 189 紹興三十一年三月己卯，《周益國文忠公集‧平園續稿》卷 29《同知樞密院事贈太師洪文安公（遵）神道碑》，《宋史》卷 373《洪遵傳》。

2　《要錄》卷 190 紹興三十一年五月庚子。

3　《會編》卷 229，《要錄》卷 190 紹興三十一年六月丙辰，《宋史》卷 370《李寶傳》。

4　《要錄》卷 192 紹興三十一年八月辛亥。

5　《會編》卷 231，《要錄》卷 192 紹興三十一年八月甲寅，《宋史》卷 32《高宗紀》，卷 370《李寶傳》，《宋會要》兵 18 之 41—42。

6　《要錄》卷 192 紹興三十一年九月壬辰。

7　《要錄》卷 193 紹興三十一年十月庚子朔，《宋會要》儀制 10 之 35，兵 14 之 36，《宋朝南渡十將傳》卷 4《魏勝傳》，《宋史》卷 32《高宗紀》，卷 368《魏勝傳》，卷 370《李寶傳》，《江蘇金石志》卷 13《開趙埋銘》。

8　《會編》卷 237，《要錄》卷 193 紹興三十一年十月丙寅，《宋會要》兵 14 之 38，43—44，19 之 9，《宋朝南渡十將傳》卷 4《魏勝傳》，《宋史》卷 32《高宗紀》，卷 368《魏勝傳》，卷 370《李寶傳》，《周益國文忠公集‧雜著述》卷 1《親征錄》，《中興禦侮錄》卷上，《金史》卷 5《海陵紀》，卷 65《鄭гор傳》，卷 89《蘇保衡》。關於此戰地點，宋方開始說是陳家島，後又稱唐島，金方說是松林島，以唐島的可能性較大。

9　《會編》卷 239，《要錄》卷 194 紹興三十一年十一月己丑，卷 195 紹興三十一年十二月辛丑，癸丑，乙卯，戊午，甲子，《宋會要》兵 19 之 5—6，《周益國文忠公集‧雜著述》卷 1《親征錄》，《東窗集》卷 14《李寶節度使制》，《宋史》卷 32《高宗紀》，卷 370《李寶傳》。《要錄》和《宋史》所載無浙東沿海制置使之銜，今據《周益國文忠公集》和《東窗集》補。

等領導的抗金義軍。[1]宋廷命龔濤添差兩浙路轉運副使，專一應付李寶軍錢糧。[2]閏二月，李寶上報膠西立功將士三千幾百人名單。[3]李寶後又參加海州解圍之戰。[4]

宋孝宗隆興元年，宋軍在宿州符離縣潰敗後，六月，李寶兼御營統制，措置海道。[5]

隆興二年，李寶任沿海駐劄御前水軍都統制。[6]胡銓彈劾李寶不增援守高郵軍之陳敏，李寶乃出兵渡淮，金軍退去。[7]後李寶「罷兵」，程大昌上奏，說「此公論所謂不平」。[8]李寶尋卒。

乾道二年，李寶追贈檢校少保，諡忠勇。[9]宋廷將膠西海戰列為中興十三次戰功之一。[10]

（八一）孫彥

紹興十年，金軍毀約南侵，岳家軍統領李寶、孫彥等於宛亭縣荊堽等地擊敗金軍，殺死千夫長三人和四千夫長完顏鶻旋。[11]

（八二）王靖

紹興十年，金軍毀約南侵，岳家軍統領李寶率王靖等於宛亭縣荊堽等地擊敗金軍。[12]

1 《會編》卷 249，《要錄》卷 196 紹興三十二年正月己丑。
2 《要錄》卷 196 紹興三十二年正月甲午。
3 《要錄》卷 198 紹興三十二年閏二月壬辰，《宋會要》兵 18 之 44。
4 《宋會要》兵 14 之 41，《宋朝南渡十將傳》卷 4《魏勝傳》，《宋史》卷 368《魏勝傳》，《周益國文忠公集．雜著述》卷 1《親征錄》。
5 《宋會要》職官 32 之 35，兵 29 之 12，35，36—37，《宋史》卷 33《孝宗紀》。
6 《宋史》卷 33《孝宗紀》。
7 《誠齋集》卷 118 胡銓行狀，《周益國文忠公集．省齋文稿》卷 30《資政殿學士贈通奉大夫胡忠簡公神道碑》，《宋史》卷 374《胡銓傳》。
8 《宋史》卷 433《程大昌傳》。
9 《宋會要》儀制 11 之 21，禮 58 之 102，《宋史》卷 370《李寶傳》。
10 《宋會要》兵 19 之 17。
11 《金佗稡編》卷 19《鶻旋郎君捷報申省狀》，《金佗續編》卷 28《吳拯編鄂王事》，《會編》卷 207《岳侯傳》，卷 208《林泉野記》。
12 《會編》卷 200。

（八三）孫定

紹興十年，金軍毀約南侵，岳家軍統領李寶率孫定等於宛亭縣荊堽等地擊敗金軍。[1]

（八四）曹洋

紹興十年，金軍毀約南侵，岳家軍統領李寶率曹洋等於宛亭縣荊堽等地擊敗金軍。[2] 岳飛班師後，李寶與曹洋等率眾南歸，沿途襲擊金軍綱船，抵達楚州，被韓世忠收留。[3]

紹興三十年，李寶添差兩浙西路副總管，將舊部曹洋等五十名官兵自鎮江府調撥平江府，歸自己指揮。[4]

紹興三十一年，李寶率舟師沿海北上，承節郎曹洋任李寶軍提舉一行事務，參加膠西海戰，殲滅金朝水軍七萬餘人。曹洋乘輕舟南歸報捷，特遷武經郎。[5]

（八五）孫顯

紹興十年，岳家軍最後一次大舉北伐。六月，統領孫顯於蔡州、淮寧府之間，大敗金朝裴滿（排蠻）千夫長軍。[6]

（八六）吳琦

紹興十年，金軍毀約南侵，吳琦組織軍民，據陝州城拒守。閏六月，宋廷發表左武大夫、果州團練使、陝州知州吳琦兼管內安撫使。[7] 岳飛委派吳琦任本宣撫司選鋒軍副統制等差遣，因川、陝宣撫司也同時委任吳琦，

1　《會編》卷 200。

2　《會編》卷 200。

3　《會編》卷 204，《要錄》卷 138 紹興十年十月丙戌。

4　《要錄》卷 186 紹興三十年九月己丑。

5　《會編》卷 237，《要錄》卷 193 紹興三十一年十月庚子朔，丙寅，卷 194 紹興三十一年十一月己丑，卷 195 紹興三十一年十二月辛丑，癸丑，《宋會要》兵 14 之 38，《宋史》卷 370《李寶傳》。

6　《會編》卷 202，《要錄》卷 136 紹興十年六月丙寅。

7　《要錄》卷 135 紹興十年五月戊子，卷 136 紹興十年閏六月戊戌，《宋會要》職官 41 之 110。左武大夫，《金佗稡編》卷 12《乞號令歸一奏》作武功大夫。

故岳飛上奏，請求將吳琦所部隸屬川、陝宣撫司，以求統一指揮。[1] 七月，吳琦等軍奉命焚毀河中府金軍架設之黃河浮橋，未能成功。[2] 八月，吳琦派統領侯信率部渡過黃河，於中條山柏梯谷擊敗金軍，又入解州界，殺金千夫長乞可。[3] 十月，金將烏魯不、寧虎烈等進犯，十一月，金將合喜犯陝州，都被吳琦所部擊退。[4]

紹興十二年，拱衛大夫、果州團練使、陝州知州吳琦任利州路兵馬鈐轄、興州知州、行營右護軍選鋒部統制。[5]

紹興二十九年，翊衛大夫、忠州防禦使、利州西路駐劄御前選鋒軍統制吳琦任洋州知州。[6]

紹興三十年，吳琦改任巴州知州。[7]

紹興三十一年，宋金再戰，吳琦進兵至虢州板橋，與金軍交鋒，其子吳漢臣戰死。[8]

（八七）侯信

紹興十年，金軍毀約南侵。八月，陝州知州吳琦命統領侯信率部渡過黃河，於中條山柏梯谷擊敗金軍，又入解州界，殺金千夫長乞可，轉武義大夫、遙郡刺史。[9]

（八八）李興

李興為孟州王屋縣人，世代為農。北宋末至南宋初，李興在懷州、衛州一帶聚眾抗金，後歸附京西北路安撫制置使翟興。建炎三年，李興破楊進，補武義郎、兼閤門宣贊舍人。[10]

---

1 《金佗稡編》卷 12《李興吳琦轉官告乞付軍前給降奏》，《乞號令歸一奏》。
2 《要錄》卷 137 紹興十年七月庚戌。
3 《會編》卷 204，《要錄》卷 137 紹興十年八月戊寅，《宋會要》兵 14 之 32—33。
4 《要錄》卷 138 紹興十年十一月戊申，《宋會要》兵 14 之 33，《宋史》卷 29《高宗紀》。
5 《要錄》卷 146 紹興十二年八月壬申，原作「選鋒統制」，應脫「部」字。
6 《要錄》卷 183 紹興二十九年八月癸亥。
7 《要錄》卷 184 紹興三十年正月丁未，卷 185 紹興三十年六月癸酉。
8 《要錄》卷 194 紹興三十一年十一月乙酉。
9 《會編》卷 204，《要錄》卷 137 紹興十年八月戊寅，《宋會要》兵 14 之 32—33，《紫微集》卷 12 侯信轉武義大夫遙郡刺史制。
10 《會編》卷 129，《要錄》卷 23 建炎三年五月。

建炎四年，翟興子翟琮與李興破金軍於澤州陽城縣，擒敵將保骨孛堇。[1]

紹興二年，商州知州董先企圖謀害李興，李興本人逃脫，而全家遇害。[2] 後翟興遇害，翟琮於紹興三年南撤，偽齊軍佔領襄漢，李興被迫投降偽齊。

紹興九年，金朝歸還宋朝河南之地，宋廷任命李興為武翼大夫、閤門宣贊舍人、河南府路兵馬鈐轄。

紹興十年，金軍毀約南侵。李興拒守於西京河南府，在戰鬥中受傷，昏仆於地，甦醒後，在河南府組織民眾抗金。[3] 時「李興之眾二千」，[4] 李興軍收復河南府伊陽等八縣和汝州等地。郝晸軍克復河南府城，與李興會合。[5] 岳飛委派李興兼本宣撫司左軍統制，宋廷發表李興升左武大夫、忠州團練使，任河南府知府、兼本路安撫使。[6] 岳飛班師後，李興在河南府屢敗李成，因眾寡不敵，移屯永寧縣白馬山寨。[7] 李成屢次進攻山寨，被李興擊退。[8]

紹興十一年，李興率軍民萬人南歸，在大章谷擊退攔擊之金軍，抵達鄂州。都統制王貴申報宋廷，差充左軍同統制。[9]

（八九）孟邦傑

孟邦傑為河南府永安縣人。紹興二年，為偽齊武經大夫、閤門祗候、河南府路副總管。

1　《會編》卷 143，《要錄》卷 38 建炎四年十月。

2　《會編》卷 150，《要錄》卷 51 紹興二年二月。

3　《會編》卷 200，《要錄》卷 127 紹興九年三月己亥，卷 135 紹興十年五月己丑。

4　《金佗稡編》卷 8《鄂王行實編年》。

5　《金佗稡編》卷 12《李興吳琦轉官告乞付軍前給降奏》，《會編》卷 204，《要錄》卷 137 紹興十年七月癸卯，《宋史》卷 29《高宗紀》。

6　《金佗稡編》卷 12《乞號令歸一奏》，《要錄》卷 137 紹興十年七月丙午。李興官銜，《乞號令歸一奏》作「寄理武功大夫、博州刺史」。「寄理」為避父祖諱，名義上改用低一階的官銜，如《金佗稡編》卷 4《鄂王行實編年》說岳飛「轉成忠郎，以曾大父諱，寄理保義郎」，仍與成忠郎同階。但刺史與團練使仍差一官。

7　《會編》卷 204，《要錄》卷 137 紹興十年八月壬午，九月戊申，《宋史》卷 29《高宗紀》，《金史》卷 79《李成傳》。

8　《會編》卷 204，《要錄》卷 138 紹興十年十二月。

9　《會編》卷 206，《要錄》卷 140 紹興十一年六月甲申，《宋史》卷 29《高宗紀》。

紹興三年，其兄西京留守孟邦雄被宋翟琮等軍俘殺，孟邦傑領葬事。[1] 孟邦傑接任偽齊河南尹，被翟琮派統制李吉、宋德等敗於伊陽縣、漫流店等地。[2]

紹興八年，孟邦傑殺金朝永安知軍，歸宋。[3]

紹興十年，岳家軍最後一次大舉北伐。孟邦傑時任忠義軍馬統制，收復永安軍，又遣其將楊遇克南城軍等地。[4] 岳飛班師後，孟邦傑在登封縣被金軍戰敗。[5]

紹興二十九年，武功大夫、忠州刺史孟邦傑為江南西路兵馬鈐轄。[6]

（九〇）楊遇

紹興十年，岳家軍最後一次大舉北伐。楊遇時為忠義軍馬統制孟邦傑所屬將官，率軍克復南城軍。[7]

（九一）趙俊

紹興十年，岳家軍最後一次大舉北伐。衛州忠義統制趙俊領軍北上，會合另一忠義統制喬握堅，收復慶源府。[8]

（九二）喬握堅

紹興十年，岳家軍最後一次大舉北伐。忠義統制喬握堅與衛州忠義統制趙俊兩軍會合，收復慶源府。[9]

（九三）楊成

紹興十年，岳家軍最後一次大舉北伐。中軍統制、提舉一行事務王貴

---

1 《要錄》卷62紹興三年正月丁巳朔，《金石萃編》卷159《孟邦雄墓誌》。
2 《要錄》卷63紹興三年二月乙巳，《皇宋十朝綱要》卷22。
3 《金史》卷90《張九思傳》。
4 《金佗稡編》卷8《鄂王行實編年》，卷16《復南城軍捷奏》，《金佗續編》卷28《吳拯編鄂王事》，《會編》卷207《岳侯傳》，卷208《林泉野記》。
5 《金史》卷79《孔彥舟傳》，《徐文傳》。
6 《要錄》卷182紹興二十九年閏六月丁卯。
7 《金佗稡編》卷8《鄂王行實編年》，卷16《復南城軍捷奏》，《金佗續編》卷28《吳拯編鄂王事》，《會編》卷208《林泉野記》。
8 《金佗稡編》卷8《鄂王行實編年》，卷12《乞乘機進兵劄子》。
9 《金佗稡編》卷8《鄂王行實編年》，卷12《乞乘機進兵劄子》。

派遣將官楊成等統率軍馬，克復鄭州。[1]

（九四）劉政

紹興十年，岳家軍最後一次大舉北伐。中軍統制、提舉一行事務王貴所屬準備將劉政，率軍夜襲開封府中牟縣金軍萬夫長漫獨化營寨，獲勝。[2]岳飛班師後，金將孔彥舟復取鄭州，劉政被俘。[3]

（九五）霍堅

紹興十年，岳家軍最後一次大舉北伐。郾城之戰時，都訓練霍堅手挽岳飛戰馬，勸他不要親自出陣搏戰，但岳飛揮鞭抽打霍堅之手，躍馬馳突於敵陣之前。[4]

（九六）李璋

建炎三年，李璋原為統制扈成部將，[5]扈成被盜匪戚方殺害後，李璋歸附岳飛。

紹興十年，李璋參加岳家軍最後一次北伐。[6]

紹興十一年，岳飛被解除兵柄後，李璋仍在背嵬軍中服役。[7]

紹興十八年，右武大夫、忠州刺史李璋時任洪州兵馬鈐轄，因前任統兵官時，失於覺察所部軍兵冒請錢糧等事，「展三年磨勘」。[8]

（九七）梁吉

紹興十年，岳家軍最後一次大舉北伐。梁吉等參加郾城之戰立功，轉一官。[9]

1　《金佗稡編》卷 8《鄂王行實編年》，卷 16《鄭州捷奏》，《金佗續編》卷 28《吳拯編鄂王事》，《會編》卷 204，卷 208《林泉野記》。
2　《金佗稡編》卷 8《鄂王行實編年》，卷 16《漫獨化捷奏》，《金佗續編》卷 28《吳拯編鄂王事》。
3　《金史》卷 79《孔彥舟傳》。
4　《金佗稡編》卷 8《鄂王行實編年》。
5　《會編》卷 135。
6　《會編》卷 207《岳侯傳》。
7　《金佗稡編》卷 24《張憲辨》，《揮麈錄餘話》卷 2，《要錄》卷 143 紹興十一年十二月癸巳注載王俊誣告狀。
8　《宋會要》職官 70 之 32—33。
9　《紫微集》卷 12 梁吉等轉官制。

（九八）郝義

紹興十年，岳家軍最後一次大舉北伐。郝義等十人隨武超參加商州、虢州之戰立功，轉兩官。[1]

（九九）周彥

紹興十年，周彥參加岳家軍最後一次北伐。[2]

（一○○）趙秉淵

趙秉淵為易縣人，原屬遼朝。宋徽宗宣和四年，趙秉淵等據易州城，投降宋將劉光世。[3]

建炎三年，宋朝平定苗劉之變，苗傅所屬赤心隊降於江、浙制置使周望。趙秉淵時為赤心隊將，進三官，轉拱衛大夫、處州（？）觀察使。[4]

紹興元年，趙秉淵在洪州任江南西路兵馬鈐轄，時岳飛也駐兵洪州，有一次酒醉幾乎將趙秉淵打死。

紹興三年，宋廷將江南西路傅選、李山等部撥隸岳飛，趙秉淵不願隸屬岳飛，利用與劉光世之舊交，改隸劉光世。[5]

紹興四年冬，金、偽齊聯軍大舉進攻淮南，趙秉淵時任劉光世淮西宣撫司摧鋒軍統制，率所部自和州南逃，縱火焚掠。[6]

紹興五年，宋廷將中衛大夫、揚州觀察使趙秉淵貶秩五等，後又再降兩官，[7]共計貶七等。

紹興六年，宋廷因右武大夫、果州團練使趙秉淵本人請求，責令他赴張俊江東宣撫司軍前自效。[8]

1　《紫微集》卷 12 郝義等十人轉官制。
2　《會編》卷 207《岳侯傳》。
3　《會編》卷 9，《要錄》卷 23 建炎三年五月庚辰，《宋會要》兵 8 之 16。
4　《要錄》卷 23 建炎三年五月庚辰，《宋會要》兵 10 之 24。據《宋史》卷 88《地理志》，處州為軍事州，不當設觀察使，「處州」疑誤。
5　《會編》卷 155，《要錄》卷 68 紹興三年九月丙寅，又《要錄》卷 96 紹興五年十二月庚子說趙秉淵所部已撥隸岳飛，係誤。
6　《要錄》卷 82 紹興四年十一月辛未。
7　《要錄》卷 84 紹興五年正月壬子。
8　《要錄》卷 99 紹興六年三月癸未。

紹興十年，岳家軍最後一次大舉北伐。趙秉淵時任岳飛宣撫司所屬勝捷軍統制。七月，岳飛班師，劉永壽、史貴等便擅棄淮寧府城，因命趙秉淵率所部前往駐守，任知府。八月，趙秉淵與李山、史貴等軍會合，擊退金軍進犯，棄城南歸。[1]

（一○一）史貴

紹興十年，岳家軍最後一次大舉北伐。張憲率軍奪取淮寧府後，史貴隨知府劉永壽守城。七月，岳飛班師，劉永壽、史貴等便擅棄府城，受軍法處分。八月，史貴隨李山往淮寧府，增援守城的趙秉淵軍，擊退金軍進犯，棄城南歸。[2]

（一○二）楊興

紹興十年，岳家軍最後一次大舉北伐。在淮寧府之戰中，楊興左臂中六箭，仍率官兵數十人堅持戰鬥，擊退金軍數百騎。後岳飛保奏他轉武翼郎、兼閤門宣贊舍人。[3]

（一○三）郭青

紹興十二年，岳飛被害後，宋廷以田師中取代王貴，任鄂州駐劄御前諸軍都統制。郭青時任統制，與傅選、李山等表示不服，請求罷職離軍。[4]

（一○四）柴斌

建炎四年，解潛任荊南知府，原鼎州知州王以寧的統制柴斌改隸解潛。[5]

1　《金佗稡編》卷 8《鄂王行實編年》，卷 9《遺事》，卷 18《論劉永壽等棄淮寧府申省狀》，《差趙秉淵知淮寧府申省狀》，《會編》卷 204，卷 207《岳侯傳》，卷 208《林泉野記》，《要錄》卷 136 紹興十年閏六月丙申，卷 137 紹興十年七月壬戌，乙丑，《宋史》卷 29《高宗紀》。《要錄》與《會編》載，張憲率軍克淮寧府之初，即以趙秉淵任知府，顯然不確，應以《金佗稡編》所載為準。
2　《金佗稡編》卷 8《鄂王行實編年》，卷 18《論劉永壽等棄淮寧府申省狀》，《差趙秉淵知淮寧府申省狀》，《會編》卷 204，卷 207《岳侯傳》，《要錄》卷 137 紹興十年七月壬戌，乙丑。
3　《紫微集》卷 17 楊興轉官制。
4　《會編》卷 208，《要錄》卷 144 紹興十二年三月丁未。
5　《要錄》卷 32 建炎四年三月己酉，《鶴林集》卷 15《紹興乾淳經理荊襄淮蜀事宜》。

紹興元年，柴斌移屯四川，任利州路第三將、興州知州，[1]後「超進武階」。[2]

紹興四年，宣撫處置使張浚自四川返南宋東部行朝，所帶選鋒將、武功大夫、榮州刺史、閤門宣贊舍人柴斌改任楊沂中神武中軍後部同統領。[3]

紹興五年，柴斌已降官為武節大夫、榮州刺史，任洋州知州。[4]後又升武功大夫、忠州團練使，改任金州知州，兼金、均、房三州安撫使，隸岳飛防區的襄陽府路安撫使司，後又改隸吳玠川、陝宣撫司節制。[5]

紹興六年，柴斌兼營田使，[6]組織金、均、房三州民兵，號保勝軍。[7]柴斌奏留金州通判向冽再任，得到宋廷批准。[8]宋廷令郭浩任金州知州，柴斌赴張浚都督行府任職。[9]

紹興十年，宋廷發表柴斌任岳家軍防區唐州知州，柴斌遷延不赴任，岳飛為此上奏，柴斌特降三官。[10]

（一○五）劉錫

劉錫（？—西元 1147 年）字禹珪，秦州成紀縣（今甘肅天水市）人。北宋邊帥劉仲武之子，南宋名將劉錡之兄。建炎元年，宋廷發表閤門宣贊舍人劉錫任滄州知州。[11]

建炎二年，金軍攻淄州（治淄川，今山東淄博市西南），劉錫援兵未至，淄州已被攻破。[12]

---

1 《要錄》卷 43 紹興元年三月，卷 50 紹興元年十二月辛未。
2 《華陽集》卷 8《馮賽柴斌轉官換給》。
3 《要錄》卷 74 紹興四年三月乙丑。
4 《要錄》卷 86 紹興五年閏二月乙卯。
5 《會編》卷 168，《要錄》卷 91 紹興五年七月丙子，卷 99 紹興六年三月丁酉，《斐然集》卷 17《寄趙相》。
6 《要錄》卷 98 紹興六年二月壬寅，《宋會要》食貨 63 之 102。
7 《要錄》卷 99 紹興六年三月戊辰朔，《宋會要》兵 2 之 42。
8 《宋會要》職官 60 之 29。
9 《要錄》卷 103 紹興六年七月癸巳。
10 《要錄》卷 137 紹興十年七月庚午，《紫微集》卷 13 柴斌降三官制。
11 《會編》卷 115，卷 121，《要錄》卷 6 建炎元年六月乙酉，卷 15 建炎二年五月辛卯注，卷 28 建炎三年十月戊戌，《梁溪全集》卷 179《建炎時政記》。
12 《要錄》卷 18 建炎二年十一月，十二月庚申注。

建炎三年二月，金軍犯滄州（治清池，今河北滄州市東南），劉錫棄城而走。[1] 七月，宣撫處置使張浚率明州觀察使劉錫等前往陝西。[2] 後宋廷授劉錫龍、神衛四廂都指揮使之虛銜。[3] 十月，張浚任命劉錫為熙河路經略安撫使、兼熙州知州，升捧日、天武四廂都指揮使。[4]

建炎四年，張浚任命劉錫任都統制，與金軍大戰於富平縣，敗績。[5] 戰後，劉錫棄德順軍，張浚責授劉錫海州團練副使，合州（治石照，今重慶合川區）安置。[6]

紹興二年，宋廷召劉錫赴東部行朝。[7]

紹興三年，劉錫隨張浚返回南宋行朝。[8]

紹興四年三月，鼎州團練使、提舉江州太平觀劉錫復捧日、天武四廂都指揮使、明州觀察使，任主管殿前司公事。[9] 十月，劉錫等護衛宋高宗自臨安府前往平江府。[10]

紹興五年，楊么軍的敗將王瓊任主管侍衛馬軍司公事。劉錫奏稱王瓊乃「妻妹之夫，竊慮於軍政有妨嫌」，宋高宗詔不必迴避。[11] 後乃以楊沂中取代劉錫，劉錫遷靜江軍承宣使，任提舉江州太平觀之閑職。[12]

紹興九年，劉錫任鼎州知州，[13] 後又改任襄陽知府。鼎州和襄陽府都屬岳家軍防區，襄陽府尤屬前沿重鎮。

1　《會編》卷 121，《要錄》卷 20 建炎三年二月戊午，《宋史》卷 25《高宗紀》。

2　《會編》卷 130，《要錄》卷 25 建炎三年七月庚子。

3　《浮溪集》卷 10《劉錫可龍神衛四廂都指揮使制》。

4　《要錄》卷 28 建炎三年十月戊戌，《北海集》卷 3 劉錫除捧日天武四廂都指揮使制。

5　《會編》卷 142，《要錄》卷 37 建炎四年九月癸亥，《宋史》卷 26《高宗紀》。

6　《要錄》卷 38 建炎四年十月庚午朔，卷 42 紹興元年二月，卷 43 紹興元年三月壬寅，《宋史》卷 26《高宗紀》。

7　《要錄》卷 58 紹興二年九月壬午。

8　《要錄》卷 66 紹興三年六月庚寅。

9　《要錄》卷 74 紹興四年三月乙亥，《華陽集》卷 6 劉錫復官權主管殿前司公事制，《北海集》卷 13 賜劉錫辭免恩命不允詔。

10　《要錄》卷 81 紹興四年十月戊戌，卷 82 紹興四年十一月庚午，辛未。

11　《要錄》卷 86 紹興五年閏二月癸亥，《宋會要》職官 63 之 13。

12　《要錄》卷 91 紹興五年七月乙未，丙申。

13　《要錄》卷 125 紹興九年正月庚寅，《苕溪集》卷 35《劉錫知鼎州》。

紹興十一年二月，劉錫罷襄陽知府，召赴南宋行朝，[1] 後致仕。[2]

紹興十七年，靜江軍承宣使、提舉江州太平觀劉錫卒，贈慶遠軍節度使。[3]

（一〇六）楊貴

楊貴為岳飛部將，因處死軍士不當，受岳飛責罰，後戴罪立功。[4]

（一〇七）蔣世雄

紹興十一年，岳飛被解除兵柄後，部將從義郎蔣世雄授福州專管巡捉私鹽。他趁調任之際，向岳飛報告王俊誣告之事，被宋廷判刑，流放梧州（治蒼梧，今廣西梧州市）「編管」。[5]

（一〇八）何宗元

何宗元為岳飛部將，積功至修武郎。岳飛遇害後，何宗元棄官，入玉笥山隱居。[6]

（一〇九）楊浩

楊浩原為岳飛部將。岳飛遇害後，紹興十三年，武功大夫、吉州刺史、閣門宣贊舍人、鄂州駐劄御前勝捷軍副將楊浩坐「謗訕朝政」，除名，於昭州「編管」。[7]

（一一〇）邢舜舉

邢舜舉（西元 1085—1176 年）在宋徽宗大觀時，由武舉入仕，曾任虢州巡檢。

紹興八年，武功大夫、康州刺史邢舜舉任光州知州，時光州已屬岳家軍防區，為岳飛部將。他歷任福建路鈐轄，因岳飛遇害，而被宋廷貶竄。

1　《要錄》卷 139 紹興十一年二月辛未。
2　《東牟集》卷 8《劉錫致仕制》。
3　《要錄》卷 156 紹興十七年六月丙辰，《宋會要》儀制 11 之 23。
4　《獨醒雜誌》卷 7。
5　《建炎以來朝野雜記》乙集卷 12《岳少保誣證斷案》，《要錄》卷 143 紹興十一年十二月癸巳。
6　《獨醒雜誌》卷 4。
7　《要錄》卷 148 紹興十三年正月丁未。

紹興三十一年，隨州兵馬鈐轄邢舜舉任郢州知州。

紹興三十二年，邢舜舉罷任。後致仕，居襄陽府。

宋孝宗乾道九年，邢舜舉時已八十九歲，仍然滿頭黑髮，略無病苦，並能上馬馳騁。

淳熙三年，邢舜舉病卒。[1]

（一一一）哮張二

哮張二失其名，密州諸城縣人，因金軍南侵，移居鄂州，為屠戶。因為友人打抱不平，殺另一屠戶朱四。岳飛「嘉其志義，移檄取隸軍中」，後以功補官。[2]

（一一二）沈德

沈德為岳飛部將，官至武功大夫、成州團練使。[3]

（一一三）孟安

孟安為岳飛部將，有戰功，乃南宋後期名將孟珙之高祖父。[4]

（一一四）李廷珪

李廷珪於北宋末年，原在太史局中供職，以罪編隸相州。後為岳飛部屬，官至武翼郎、興國軍都巡檢使。[5]

（一一五）王忠臣

王忠臣為岳飛部將，官居使臣，曾往楚州，給韓世忠遞送書信。韓世忠命他回報，岳飛前妻劉氏在軍中，嫁一押隊為妻。[6]

1　《要錄》卷122紹興八年九月辛丑，卷193紹興三十一年十月辛丑，卷199紹興三十二年四月乙未，《夷堅丁志》卷13《邢舜舉》。

2　《夷堅支甲》卷8《哮張二》。

3　《絜齋集》卷19《武翼大夫沈君墓誌銘》。

4　《後村先生大全集》卷143《神道碑·孟少保》，《宋史》卷403《孟宗政傳》，卷412《孟珙傳》。按《金佗續編》卷26《楊么事蹟》載有捉楊么之水手孟安，此人尚不能確定即是孟珙高祖父。

5　《金佗續編》卷28《孫逌編鄂王事》。

6　《會編》卷207。

以上開列的岳飛部將顯然並不完整。例如楊么叛軍向岳飛投降的將領黃佐、楊欽等人，估計仍在岳家軍中服役。其中楊欽在紹興三十一年宋金戰爭中，曾任鄂州水軍統制，率部於洪澤鎮襲擊金軍獲勝，[1] 後又於宋孝宗乾道初鎮壓李金之叛，[2] 官至都統制。[3] 金軍、偽齊軍將領向岳飛投誠或被俘者，如薛亨、[4] 李清、[5] 王鎮、崔慶、李覲、華旺、孟皐、[6] 白安時、[7] 李通[8] 等人，估計也應在岳家軍中服役。然而因筆者未見直接的實證史料，此處一概從略。至於一度暫歸岳飛節制的武將，如吳錫、韓京等人，實際上並未充當正式部屬，此處也不予介紹。

二、幕僚

此處雖用「幕僚」一詞，其實不甚確切。在嚴格意義上，幕僚應是指岳飛制置司、招討司、宣撫司等機構所屬文官。此處介紹岳飛部屬文武官，不能不超出制置司等機構之外，但對曾於岳家軍防區內任地方官的文官，也並不逐一介紹。在此預作說明。

（一）薛弼

薛弼（西元 1088—1150 年）字直老，溫州永嘉縣（今浙江溫州市）人。宋徽宗政和二年進士，歷任懷州司刑曹事、杭州教授、滄州教授、桐廬知縣等。金軍犯開封府，薛弼贊助李綱，除光祿寺丞，後因就部署河防問題議論不和，遂退閑，主管亳州明道宮。[9]

1　《會編》卷 247，《要錄》卷 195 紹興三十一年十二月癸丑，《宋史》卷 32《高宗紀》，《宋會要》兵 14 之 40。

2　《朱文公文集》卷 97 劉珙行狀，《宋史》卷 386《劉珙傳》，《宋會要》兵 13 之 24—25，19 之 16。

3　《文定集》卷 8 賜郭振、王友直等銀合夏藥敕書。

4　《要錄》卷 106 紹興六年十一月庚寅，《宋會要》兵 15 之 8。

5　《要錄》卷 109 紹興七年三月丙子，《宋會要》兵 15 之 6。

6　《金佗稡編》卷 8《鄂王行實編年》，《要錄》卷 117 紹興七年十一月注。

7　《會編》卷 183，《要錄》卷 118 紹興八年正月辛丑。

8　《金佗稡編》卷 11《李通歸順奏》。

9　《東萊呂太史文集》卷 10《薛常州墓誌銘》，《水心文集》卷 22《故知廣州敷文閣待制薛公墓誌銘》，《浪語集》卷 33《先大夫行狀》，《宋史》卷 380《薛弼傳》。

建炎四年，宋高宗君臣航海至溫州，薛弼向宰相呂頤浩提議皇帝暫住州廨，平價出售官產，以資助財用。薛弼後任提舉淮南東路鹽事。[1]

薛弼改任荊湖南路轉運判官。紹興五年，岳飛鎮壓楊么軍，薛弼出謀劃策，應付錢糧，甚得岳飛賞識。[2] 事後進直秘閣，岳飛奏稱薛弼賞薄，又進一官。[3] 薛弼因荊湖南路無牛，奏請蠲免軍器所拋買牛皮、筋、角未足之數，得到宋廷批准。[4] 他又報告當地經歷大兵、大火、大旱、大饑、大雪，民不聊生，懇求蠲免賦稅，賑濟貧民。[5]

紹興六年二月，薛弼取代武將王彥，任荊南知府。[6] 三月，宋廷因成都知府席益上奏，命薛弼整頓荊南府至川峽的馬遞鋪。[7] 六月，因岳飛請求，宋廷發表直徽猷閣薛弼任湖北、京西路宣撫司參謀官。[8] 原楊么叛軍頭目王缺子為水軍統制，乘岳飛出戰之機，企圖重新造反，被薛弼設計擒獲。[9] 岳飛第二次北伐後回鄂州，眼疾發作，由薛弼和參議官李若虛主管宣撫司事務。[10]

紹興七年，薛弼隨岳飛朝見，奏請褒崇靖康以來盡節死難之臣。宋廷發表薛弼兼張浚都督行府隨軍轉運副使，又升直寶文閣，改任襄陽知府，措置荊、襄屯田，未赴任而罷，仍為參謀官。[11] 岳飛因併統淮西等軍，大舉

---

1 《要錄》卷 32 建炎四年三月己未，《水心文集》卷 22《故知廣州敷文閣待制薛公墓誌銘》，《宋史》卷 380《薛弼傳》。

2 《要錄》卷 85 紹興五年二月丙戌，卷 88 紹興五年四月己酉，《宋會要》職官 40 之 8，《水心文集》卷 22《故知廣州敷文閣待制薛公墓誌銘》，《浪語集》卷 33《先大夫行狀》，《宋史》卷 380《薛弼傳》。

3 《金佗稡編》卷 9《遺事》，《要錄》卷 91 紹興五年七月丙戌，《斐然集》卷 13《湖南漕薛弼湖北漕劉延年並直秘閣》，《薛弼劉延年轉官》。

4 《宋會要》職官 16 之 7。

5 《要錄》卷 98 紹興六年二月庚戌，《水心文集》卷 22《故知廣州敷文閣待制薛公墓誌銘》，《宋史》卷 380《薛弼傳》。

6 《要錄》卷 98 紹興六年二月丙辰，卷 103 紹興六年七月辛巳注，《水心文集》卷 22《故知廣州敷文閣待制薛公墓誌銘》，《浪語集》卷 33《先大夫行狀》，《宋史》卷 380《薛弼傳》，《斐然集》卷 18《寄張相》。

7 《宋會要》方域 11 之 5—6。

8 《要錄》卷 102 紹興六年六月乙巳。

9 《浪語集》卷 33《先大夫行狀》。

10 《金佗稡編》卷 14《目疾乞解軍務劄子》，卷 18《乞致仕養疾申省狀》，《金佗續編》卷 7《目疾令不妨本職治事省劄》。

11 《要錄》卷 109 紹興七年二月乙卯，丁巳，三月丙子，庚寅，卷 113 紹興七年八月己未。

北伐的計劃被宋廷取消，憤而辭職，全軍將士人心浮動，薛弼和張憲設法撫定。[1] 酈瓊發動淮西兵變後，薛弼與李綱通信，商議岳家軍屯守江州之事。[2] 薛弼隨岳飛至「行在」建康府，岳飛上奏，請求喪失生育能力的宋高宗建儲，受到皇帝呵斥，宋高宗和宰相趙鼎命薛弼對岳飛進行勸解。[3] 宋廷發表薛弼為戶部員外郎，與霍蠡總領江南西路等五路財賦，負責岳飛大軍的錢糧供應。[4]

紹興八年，薛弼升直龍圖閣，再任荊南知府。[5] 他在任期內上奏，主張將「行在」遷至本府，宋高宗不予採納。[6]

紹興九年，薛弼設計，殺企圖再次造反的撫州鈐轄伍俊。[7] 武將王彥死，其舊部曲請求在荊南府佛寺中繪像弔唁，薛弼予以批准。[8]

紹興十年三月，宋廷發表薛弼任陝西轉運使。[9] 六月，薛弼以荊南知府之身份，給病逝的抗金名臣李綱寫祭文，深致悼念，感慨地說：「志大則難行，才大則難用，謀大則難合，功大則難成。自古在昔，以是為嘖，公亦如爾，非天爾耶！」[10] 宋廷又發表薛弼改任左司員外郎。薛弼與荊湖北路提點刑獄公事向子忞互相劾奏，向子忞罷官，薛弼也引嫌求退。七月，薛弼充秘閣修撰、虔州知州。[11] 薛弼後任提舉洪州玉隆觀之閑職。

紹興十一年至紹興十二年，岳飛遇害時，張俊搜羅薛弼在虔州給岳飛

1　《要錄》卷112紹興七年七月丁卯，《水心文集》卷22《故知廣州敷文閣待制薛公墓誌銘》，《浪語集》卷33《先大夫行狀》，《宋史》卷380《薛弼傳》。
2　《梁溪全集》卷129《與薛直老寶文書》。
3　《金佗稡編》卷21《建儲辨》，《忠正德文集》卷9《辯誣筆錄》，《浪語集》卷33《先大夫行狀》，《中興小紀》卷21與《皇朝中興紀事本末》卷40注引張戒《默記》，《要錄》卷109紹興七年二月庚子。
4　《要錄》卷115紹興七年十月丙午，《宋會要》職官41之45，《宋史》卷28《高宗紀》。
5　《要錄》卷118紹興八年三月庚戌。
6　《浪語集》卷33《先大夫行狀》。
7　《要錄》卷129紹興九年六月戊寅，《水心文集》卷22《故知廣州敷文閣待制薛公墓誌銘》，《浪語集》卷33《先大夫行狀》，《宋史》卷380《薛弼傳》。
8　《會編》卷198《中興遺史》。
9　《要錄》卷134紹興十年三月己卯，《水心文集》卷22《故知廣州敷文閣待制薛公墓誌銘》，《浪語集》卷33《先大夫行狀》，《宋史》卷380《薛弼傳》。
10　《梁溪全集》附錄。
11　《要錄》卷136紹興十年六月壬子，乙丑，卷137紹興十年七月庚申，《盧溪文集》卷47《故左奉直大夫直秘閣向公行狀》，《浪語集》卷33《先大夫行狀》。

的書信，指為反跡。但因薛弼與秦檜、万俟卨有舊，免受牽連。[1]

紹興十三年，薛弼再任虔州知州。[2]

紹興十四年，薛弼報告宋廷，當地發現了有「天下太平年」紋理之瑞木，以粉飾太平。[3]薛弼在虔州鎮壓「盜賊」，至有「剝皮殿撰」之號。

紹興十五年，薛弼奉命遣返燕人武將程師回北歸金朝。[4]宋廷發表薛弼移任廣州知州，又改任福州知州。赴任後，嚴厲鎮壓管天下等「盜賊」。[5]

紹興十七年，薛弼因允許被拘管的所謂「聽讀」文士鍾鼎往永福縣，責降一官。[6]

紹興十八年，薛弼就離軍統制、將官的待遇上奏，得到宋廷批准。他又上奏報告侯官縣出現「竹實如米」，「為中興上瑞」。[7]

紹興十九年，薛弼移任廣州知州，以張寧取代韓京，為摧鋒軍統制。[8]他曾在廣州寫詩描寫當地風貌：「南縣富魚鹽，沿（治）田勞少休。」[9]

紹興二十年，集英殿修撰薛弼升敷文閣待制，病卒，時年六十三歲。[10]

（二）朱芾

朱芾，青州益都縣人。北宋後期，曾於西京河南府修治肇基發祥宮，任監察御史。

---

1 《金佗稡編》卷 8《鄂王行實編年》，卷 21《建儲辨》，《要錄》卷 144 紹興十二年正月戊申，《水心文集》卷 22《故知廣州敷文閣待制薛公墓誌銘》，《浪語集》卷 33《先大夫行狀》，《宋史》卷 380《薛弼傳》。

2 《要錄》卷 149 紹興十三年八月辛亥。

3 《要錄》卷 151 紹興十四年四月丁亥，《宋會要》瑞異 1 之 25，《東牟集》卷 9《代宰臣以下賀瑞木表》，《宋史》卷 473《秦檜傳》。

4 《要錄》卷 153 紹興十五年三月辛酉，《浪語集》卷 33《先大夫行狀》。

5 《要錄》卷 153 紹興十五年五月癸丑，六月丙申，卷 154 紹興十五年九月，卷 155 紹興十六年五月甲戌，《水心文集》卷 22《故知廣州敷文閣待制薛公墓誌銘》，《浪語集》卷 33《先大夫行狀》，《宋史》卷 380《薛弼傳》。

6 《要錄》卷 156 紹興十七年十月丁巳，《宋會要》職官 70 之 32，《東牟集》卷 8《薛弼責官制》，《浪語集》卷 33《先大夫行狀》。

7 《要錄》卷 157 紹興十八年二月丙申，卷 158 紹興十八年閏八月丙子。

8 《要錄》卷 159 紹興十九年六月甲寅，《浪語集》卷 33《先大夫行狀》。

9 《輿地紀勝》卷 89《廣州》。

10 《要錄》卷 161 紹興二十年二月辛未，十二月，《水心文集》卷 22《故知廣州敷文閣待制薛公墓誌銘》，《宋史》卷 380《薛弼傳》。關於薛弼病死月日，各書記載有異。

建炎元年，直龍圖閣朱芾任秀州知州。[1]

建炎二年，因朱芾在秀州「頗肆殘虐」，茶酒卒徐明率眾反叛，拘囚朱芾，張俊率軍前往鎮壓。[2]

建炎四年，時朱芾任都大提領水軍、沿江措置副使，被言者劾奏，說他曾「諂事蔡京父子，在江州輕率自肆」，罷官奪職。[3]

紹興元年至紹興二年，朱芾任建昌軍知軍，部署對石陂寨兵變和李敦仁變亂的鎮壓。[4]

紹興三年五月，朱芾鎮壓南豐軍黃琛叛亂。[5]九月，朱芾改任虔州知州，江南東、西路宣諭劉大中奏薦朱芾。[6]

紹興八年，廣南西路轉運副使朱芾出使交阯，充吊祭使。[7]

紹興九年，朱芾除右文殿修撰。[8]

紹興十年，時朱芾已任岳飛宣撫司參謀官，參與岳家軍大舉北伐的軍事謀劃，「慮無遺策」，轉一官。[9]

紹興十一年四月，朱芾隨岳飛赴「行在」臨安府。岳飛被削奪兵柄前夕，宋廷先發表朱芾充敷文閣待制，任鎮江知府，旨在不讓朱芾與岳飛朝夕相處，出謀劃策。[10]七月，朱芾改任徽州知州。[11]

紹興十二年正月，繼去年歲末岳飛遇害後，朱芾受羅汝楫彈劾而罷官，制詞說朱芾「早預選掄，屢更任使。意其詳練，俾參軍旅之謀；庶無詭隨，少副朝廷之委。而乃阿諛希寵，暗默保身，闕然裨補之勞，坐閱

---

1 《要錄》卷 11 建炎元年十二月壬申，《襄陵文集》卷 1《朱芾轉官制》，《皇宋十朝綱要》卷 15。《皇朝中興紀事本末》卷 5 作「襄陽朱芾」。
2 《要錄》卷 15 建炎二年五月己酉。
3 《要錄》卷 32 建炎四年四月癸未。
4 《要錄》卷 50 紹興元年十二月甲戌，卷 57 紹興二年八月甲午，《宋會要》兵 10 之 28，《宋史》卷 27《高宗紀》。
5 《宋史》卷 27《高宗紀》。
6 《要錄》卷 67 紹興三年八月癸巳注，卷 68 紹興三年九月甲戌，卷 69 紹興三年十月甲午注。
7 《要錄》卷 118 紹興八年三月丁亥，《宋會要》蕃夷 4 之 42—43。
8 《宋會要》選舉 34 之 6。
9 《紫微集》卷 12 王良存、朱芾轉官制。
10 《要錄》卷 140 紹興十一年四月庚寅。
11 《新安志》卷 9。

貫盈之惡」。[1] 五月，又因朱芾和李若虛「竊議時政」，「不自循省，唱為浮言」，自左中大夫責授左朝奉郎、軍器少監，邵武軍（治邵武，今福建邵武市）「居住」。[2]

（三）盧宗訓

盧宗訓出身三省吏胥，即堂吏之家。紹興三年，宋廷發表盧宗訓任荊湖南路提舉茶鹽公事，受殿中侍御史常同彈劾，說他性資兇暴，遂罷官。[3]

紹興四年，宰相朱勝非庇護盧宗訓，推薦於岳飛，任制置司參議官。岳飛鄙薄其為人，又改任德安知府，後以贓盜罷官。[4]

（四）陳子卿

紹興三年，左朝請大夫陳子卿任江州知州。[5]

紹興四年八月，陳子卿向宋廷報告岳家軍復鄧州。[6] 十二月，岳飛保奏陳子卿任本制置司參議官。[7]

紹興五年五月，陳子卿罷官，改任主管臺州崇道觀之閑職。[8]

（五）李若虛

李若虛為洺州曲周縣人，北宋末死難的李若水之次兄。宋欽宗靖康時，李若虛尚未出仕。[9]

1　《要錄》卷 144 紹興十二年正月戊申，《宋會要》職官 70 之 25，《東窗集》卷 12《朱芾落敷文閣待制知徽州制》，《新安志》卷 9，《宋史》卷 380《薛弼傳》，《羅汝楫傳》。

2　《要錄》卷 145 紹興十二年五月甲辰，六月乙酉，《宋會要》職官 70 之 25。

3　《要錄》卷 71 紹興三年十二月丙午。

4　《要錄》卷 79 紹興四年八月甲辰，《斐然集》卷 15《再論朱勝非》，《歷代名臣奏議》卷 182 胡寅奏。

5　《要錄》卷 69 紹興三年十月己丑。

6　《要錄》卷 79 紹興四年八月癸未。

7　《要錄》卷 83 紹興四年十二月丁丑。

8　《要錄》卷 89 紹興五年五月戊子。

9　《會編》卷 82，《要錄》卷 70 紹興三年十一月庚申說李若虛乃李若水之兄。《宋史》卷 446《李若水傳》載有李氏兄弟戶貫。《忠愍集》卷 1《上吳少宰書》：「雙親垂白，二兄三弟，既有婦，又有子矣。」又《宋會要》職官 63 之 13：「將作監丞李若〔谷〕言：『昨除司農寺丞，以本寺卿李若虛係臣親弟。』」則李若虛當為次兄。又《要錄》卷 2 建炎元年二月丙子載，謝寧勸李若水說：「侍郎父母春秋高，兄弟衆，仰侍郎以生。」則李若虛等應尚未出仕。

南宋初年，李若虛因撫恤而入仕，曾任秀州司戶參軍。[1]

紹興三年，右承務郎李若虛任司農寺丞，殿中侍御史常同論李若虛「人物粗惡」，旋罷。[2]

紹興五年五月，宋廷發表右承務郎李若虛取代陳子卿，任岳飛制置司參議官。[3]時李若虛途經荊湖南路永州祁陽縣浯溪，參觀中興磨崖，題詩曰：「元顏文字照浯溪，神物於今常護持。崖邊尚有堪磨處，留刻中興第二碑。」[4]表述了自己的志向。十二月，李若虛兼提點荊湖北、襄陽府路招討司屯田公事。[5]

紹興六年二月，因岳飛上奏，宋廷發表右宣義郎李若虛任京西南路提舉兼轉運、提刑公事。[6]三月，李若虛上申宋廷，岳飛母死丁憂。[7]九月，岳飛第二次北伐後回鄂州，目疾發作，由參謀官薛弼和參議官李若虛主管宣撫司事務。[8]十一月，李若虛將岳家軍俘獲之偽齊驍將薛亨押送「行在」平江府，擢荊湖北路轉運判官。[9]

紹興七年，侍御史周秘論李若虛「止嘗歷秀州司戶一考」，「尤為超躐」，仍復為岳飛宣撫司參議官。[10]岳飛因併統淮西等軍，大舉北伐的計劃被宋廷取消，憤而辭職。王貴和李若虛前往廬山東林寺，敦請岳飛出山復職。[11]

紹興八年四月，右宣教郎李若虛改任軍器監丞。樞密副使王庶往江、淮措置邊事，奏舉李若虛任樞密行府諮議參軍。[12]十二月，李若虛改任戶部員外郎。[13]

---

1 《要錄》卷 108 紹興七年正月乙酉。
2 《要錄》卷 70 紹興三年十一月庚申。
3 《要錄》卷 89 紹興五年五月戊子。
4 《八瓊室金石補正》卷 91《浯溪題刻·李若虛詩》。
5 《宋會要》食貨 63 之 99。
6 《金佗稡編》卷 7《鄂王行實編年》，《要錄》卷 98 紹興六年二月辛亥。
7 《金佗續編》卷 29 趙鼎《乞起復》。
8 《金佗稡編》卷 14《目疾乞解軍務劄子》，卷 18《乞致仕養疾申省狀》。
9 《要錄》卷 106 紹興六年十一月庚寅。
10 《要錄》卷 108 紹興七年正月乙酉。
11 《會編》卷 178，《要錄》卷 112 紹興七年七月丁卯。
12 《要錄》卷 119 紹興八年四月辛酉，壬戌，丙寅。
13 《要錄》卷 124 紹興八年十二月丁巳。

紹興九年，右通直郎、戶部員外郎李若虛以樞密行府參議的身份，隨簽書樞密院事樓炤前往陝西宣諭，途經開封、洛陽等地，備見山河殘破的景象。[1] 十一月，李若虛任司農少卿。[2]

紹興十年，金軍毀約南侵。李若虛奉宋廷之命，前往制止岳飛北伐，岳飛不願聽從，李若虛自願承擔矯詔之罪，支持岳飛進軍。[3] 七月，李若虛返回「行在」臨安府，報告宋廷：「敵人不日授首矣，而所憂者他將不相為援。」[4] 十二月，李若虛升司農卿。[5]

紹興十一年，岳飛率軍援淮西，李若虛前往岳飛軍中，後隨岳飛返回「行在」臨安府。岳飛被削奪兵柄前夕，宋廷先發表李若虛充秘閣修撰，任宣州知州，旨在不讓李若虛與岳飛朝夕相處，出謀劃策。[6]

紹興十二年正月，繼去年歲末岳飛遇害後，李若虛受羅汝楫彈劾，罷官奪職，制詞說：「奸人敗謀，即申邦憲；餘黨附會，難逭刑章。以爾凡陋，本無他能，每恣輕儇，殊乏素行。頃預軍謀之列，專為利祿之圖。誕謾不根，好誇自口，甘奴隸之鄙態，曾市廛之弗為。豢成狡兔之謀，卒陷鳴梟之惡。」[7] 五月，又因李若虛「竊議時政」，「不自循省，唱為浮言」，送徽州「羈管」。[8]

李若虛死於貶所。宋孝宗為岳飛平反後，因其孫李機請求，宋廷為李若虛追復原官。[9]

（六）高穎

高穎為河南府河南縣人。宋徽宗宣和六年進士。北宋亡，高穎隱於民

---

1 《西征道里記》。

2 《要錄》卷 133 紹興九年十一月戊寅朔。

3 《金佗稡編》卷 2 高宗手詔，卷 8《鄂王行實編年》，《會編》卷 202，《要錄》卷 136 紹興十年六月乙丑，《宋史》卷 29《高宗紀》。

4 《要錄》卷 137 紹興十年七月丁未，卷 144 紹興十二年正月戊申。

5 《要錄》卷 138 紹興十年十二月丁亥。

6 《要錄》卷 140 紹興十一年四月庚寅。

7 《會編》卷 207，《要錄》卷 144 紹興十二年正月乙巳、戊申，《東窗集》卷 14《李若虛落秘閣修撰制》，《宋史》卷 380《薛弼傳》、《羅汝楫傳》。

8 《要錄》卷 145 紹興十二年五月甲辰，《宋會要》職官 70 之 25。

9 《宋會要》職官 76 之 71。

間，「陷偽十年，固窮守節」。

紹興九年，金朝將河南之地歸宋，簽書樞密院事樓炤舉薦高穎，宋高宗詔左承奉郎高穎任國子監丞。[1]

紹興十年六月，高穎任工部員外郎。[2]九月，因岳飛奏請，左承議郎高穎任司農少卿，兼湖北、京西宣撫司參議官，以「裨贊岳飛十年連結河朔之謀」。[3]

紹興十一年，岳飛被削奪兵柄後，七月，高穎罷司農少卿，退閑返鄂州。[4]八月，高穎添差福建路安撫大使司參議官，限自鄂州三日前往赴任。[5]十一月，岳飛入獄後，高穎除名，象州（治陽壽，今廣西象州縣）「編管」。[6]

紹興二十五年，秦檜死，宋廷令高穎「逐便」，復左承議郎。時高穎已死於貶所。

宋孝宗為岳飛平反，宋廷亦為高穎「追復」。[7]

（七）胡閎休

胡閎休（？—西元 1151 年）字良弢，開封人。宋徽宗宣和初，入太學，與陳東等為摯友，著兵書二卷。宋欽宗靖康時，補承信郎，參加抗金鬥爭。

大約在紹興四年、五年間，岳飛辟保義郎胡閎休任主管機宜文字，因鎮壓楊么叛軍有功，進成忠郎。承信郎、保義郎和成忠郎均為武階，後兼任正將。

紹興六年，胡閎休為岳飛起草聲討偽齊劉豫之檄文。

紹興十一年歲末，岳飛遇害。胡閎休「發憤，杜門佯疾」。

1　《要錄》卷 132 紹興九年九月戊子，卷 142 紹興十一年十一月辛酉，《宋會要》選舉 34 之 52。

2　《要錄》卷 136 紹興十年六月庚午。

3　《要錄》卷 137 紹興十年九月乙卯，《金佗續編》卷 10《令措置河北河東京東三路忠義軍馬省劄》，卷 11《令遣發參議官高穎措置三路忠義軍馬省劄》。

4　《要錄》卷 141 紹興十一年七月辛丑，《宋會要》職官 70 之 23—24。

5　《要錄》卷 141 紹興十一年八月癸酉。

6　《要錄》卷 142 紹興十一年十一月辛酉。

7　《要錄》卷 170 紹興二十五年十二月丁丑，丙申，《宋會要》職官 76 之 71。

紹興二十一年，胡閎休病卒。[1]

（八）黃縱

黃縱（西元 1101—1159 年）字循聖，蘇州人，北宋後期，其父黃策曾於宋徽宗即位之初上書言事，列名元符末上書「邪等」的「黨籍」。黃縱遂不得參加科舉考試。

紹興元年，黃縱向宋廷上繳籍沒蔡京家所藏之宋哲宗時官史，並上書建議為宋哲宗廢后，即隆祐皇太后舉行典禮。

紹興二年，父黃策死，黃縱居家丁憂。

紹興五年二月，岳飛辟趙九齡為幕僚，趙九齡不赴，而薦舉黃縱代行。岳飛辟黃縱主管機密，隨軍赴潭州。荊湖南路制置大使席益向岳飛致賀，說他曾在中書後省審閱二千多件上書，都不如黃縱的論兵書。岳飛借補黃縱從事郎。黃縱參加鎮壓楊么的謀劃，並親自招降楊欽，授昌州文學。

紹興七年，岳飛因併統淮西等軍，大舉北伐的計劃被宋廷取消，一度憤而辭職。黃縱深感事無可為，也向岳飛辭職歸鄉。

紹興八年、九年，黃縱身居田野，仍向宋廷上書，反對將「行在」自建康府後撤臨安府，反對與金朝議和。

紹興十一年，岳飛遇害後，黃縱對故帥痛悼不已。

後黃縱又出任淮南西路安撫司準備差遣、提點刑獄司幹辦公事等。紹興二十九年，病卒，時年五十九歲。

其子黃元振主要依據黃縱的回憶，編錄了岳飛的部份事蹟。[2]

（九）于鵬

紹興五年二月，岳飛部將武功郎于鵬升武顯大夫。[3]

---

1 《宋史》卷 368《胡閎休傳》，《新安文獻志》卷 40 胡閎休《代岳制使飛移河南郡縣討劉豫檄》，卷 77《胡制機閎休傳》。按《新安文獻志》所載，胡閎休為徽州婺源縣人，其戶貫與《宋史》本傳有異。又紹興六年二月撰寫檄文時，岳飛任招討使，而非制置使，檄文又見《金佗稡編》卷 19《奉詔移偽齊檄》。

2 《金佗續編》卷 27 黃元振編岳飛事蹟，《文定集》卷 22《黃君墓誌》，《要錄》卷 44 紹興元年五月己亥，卷 76 紹興四年五月庚申。

3 《要錄》卷 85 紹興五年二月癸巳。

紹興六年六月，岳飛保奏湖北、京西宣撫司幹辦公事于鵬為鄧州知州。[1] 是年冬，于鵬仍充幹辦官，向守衛前沿的王貴傳達岳飛指令。[2]

紹興七年春，武功大夫、辰州刺史、兼閣門宣贊舍人、湖北、京西宣撫司幹辦官于鵬隨岳飛前往南宋行朝，經岳飛舉薦，宋高宗令中書後省策試，降等換授文資。

紹興八年，于鵬授右朝散大夫。[3]

紹興十一年，岳飛被削奪兵柄後，右朝議大夫、直秘閣于鵬等仍隨從岳飛。八月，宋廷發表于鵬添差廣南東路安撫司參議官，強迫他離開岳飛。[4] 在岳飛冤獄中，于鵬被誣代岳飛寫信給張憲，策動謀反，流放萬安軍（治萬寧，今海南萬寧市）「編管」。[5]

（十）孫革

紹興四年，岳家軍復襄漢後，岳飛奏承信郎、神武後軍準備差遣孫革改換文資，為右承奉郎、簽書襄陽府節度判官廳公事。[6]

紹興十一年，岳飛被削奪兵柄後，右朝散郎孫革等仍隨從岳飛。八月，宋廷發表孫革添差興化軍通判，強迫他離開岳飛。[7] 在岳飛冤獄中，孫革被誣代岳飛寫信給張憲，策動謀反，流放潯州（治桂平，今廣西桂平市）「編管」。[8]

（十一）嚴致堯

嚴致堯（西元 1107—1162 年）字正之，吉州太和縣（今江西泰和縣）

1　《要錄》卷 102 紹興六年六月乙巳。
2　《梁溪全集》卷 92《乞遣兵策應岳飛奏狀》。
3　《金佗稡編》卷 14《乞免立新班劄子》，《要錄》卷 109 紹興七年三月庚辰，《宋會要》職官 61 之 22。
4　《要錄》卷 141 紹興十一年八月己卯。
5　《金佗稡編》卷 8《鄂王行實編年》，卷 24《張憲辨》，《建炎以來朝野雜記》乙集卷 12《岳少保誣證斷案》，《要錄》卷 143 紹興十一年十二月癸巳，《宋史》卷 29《高宗紀》，卷 368《張憲傳》。
6　《金佗稡編》卷 9《遺事》，卷 10《條具荊襄相度移治及差官奏》，《要錄》卷 78 紹興四年七月丁丑。
7　《要錄》卷 141 紹興十一年八月己卯。
8　《金佗稡編》卷 8《鄂王行實編年》，卷 24《張憲辨》，《建炎以來朝野雜記》乙集卷 12《岳少保誣證斷案》，《要錄》卷 143 紹興十一年十二月癸巳，《宋史》卷 368《張憲傳》。

人。嚴致堯曾參加科舉考試而落第。

紹興三年，嚴致堯投奔岳飛，參加鎮壓吉州叛軍。此後他又參與岳飛歷次軍事行動之謀劃，積功升官七階。

紹興十一年，岳飛遇害後，嚴致堯被迫退隱，聚書教子，自號龍洲居士。

紹興三十二年，嚴致堯病卒，時年五十六歲。[1]

（十二）韓之美

韓之美為德安府安陸縣人。建炎元年，德安知府陳規辟韓之美為屬官，擊退盜匪党忠等。[2]

紹興三年二月，因措置農事宣力，陳規保奏右通直郎、德安府節度推官韓之美等各轉一官資。[3]四月，德安府、復州、漢陽軍鎮撫使司幹辦公事韓之美升直秘閣，代陳規任德安知府。[4]九月，因韓之美上奏，宋廷特免德安府上供錢物兩年以上。[5]

紹興四年正月，時因襄陽府、郢州等失守，韓之美「守境無虞」，轉一官。[6]四月，韓之美離任，召赴南宋行朝。[7]十一月，宋廷發表韓之美任全州通判。[8]

紹興八年，韓之美時任黃州知州，修建蘇軾遺跡雪堂。[9]

紹興十年，韓之美時任岳飛宣撫司幹辦公事，參加郾城大戰，轉右朝議大夫。[10]

---

1 《周益國文忠公集·平園續稿》卷 37《龍洲居士嚴君（致堯）墓碣》。
2 《要錄》卷 1 建炎元年正月壬寅，卷 4 建炎元年四月辛巳。
3 《宋會要》食貨 63 之 92—93。
4 《要錄》卷 64 紹興三年四月庚寅。
5 《宋會要》食貨 63 之 4。
6 《要錄》卷 72 紹興四年正月癸酉，《華陽集》卷 5《韓之美李恪各轉一官》。
7 《要錄》卷 75 紹興四年四月丙午。
8 《要錄》卷 82 紹興四年十一月癸酉。
9 《夷堅丁志》卷 18《齊安百詠》、《東坡雪堂》。
10 《紫微集》卷 12 韓之美轉官制。

（十三）夏珙

紹興二年，宣教郎夏珙權陝西路都轉運司判官公事。[1]

紹興八年，岳飛保奏荆湖北路轉運判官夏珙職事修舉，宋廷發表夏珙升轉運副使。[2]

紹興十年，新任利州路轉運副使夏珙因前任荆湖北路轉運副使時，「科買竹木，役使軍兵，修蓋第宅」，放罷。[3]

紹興十二年，因岳飛冤冤獄之牽連，直秘閣夏珙「勒停，送見居州軍鄰州羈管」。[4]

紹興二十五年，秦檜死，宋廷令除名、勒停前右朝請郎、直秘閣、南劍州編管人夏珙「逐便」。[5]

（十四）王良存

紹興四年，宰相趙鼎開都督府，辟太府寺丞王良存任幹辦公事。[6]

紹興五年，太府寺丞王良存上奏，建議令各地將地區專法上報，得到宋廷批准。[7]八月，王良存建議各地對所拘囚之罪人進行複查審核。宋廷發表王良存任度支員外郎。[8]

紹興六年，王良存時任司勳郎官，隨宋高宗往平江府。[9]

紹興九年，王良存在岳家軍中負責錢糧供應，趙士儦、張燾往西京河南府朝謁北宋皇陵，宋廷令王良存支付費用。[10]

紹興十年，岳家軍最後一次大舉北伐。王良存以「應辦錢糧有勞效」，除直徽猷閣。[11]

1　《要錄》卷 53 紹興二年閏四月己未。
2　《要錄》卷 118 紹興八年二月壬戌，《宋會要》食貨 49 之 43，《筠溪集》卷 5《湖北運判夏珙職事修舉特令再任》。
3　《宋會要》職官 70 之 22。
4　《要錄》卷 145 紹興十二年五月甲辰。
5　《要錄》卷 170 紹興二十五年十二月丁丑。
6　《要錄》卷 79 紹興四年八月己丑。
7　《要錄》卷 87 紹興五年三月甲戌朔。
8　《要錄》卷 92 紹興五年八月壬寅朔，甲寅，《斐然集》卷 12《王良存度支員外郎》。
9　《忠正德文集》卷 8《丙辰筆錄》。
10　《金佗續編》卷 9《合用修工費用令王良存於大軍錢內支省劄》、《免親往祗謁陵寢省劄》。
11　《紫微集》卷 12 王良存、朱芾轉官制。

紹興十一年，岳飛率軍援淮西，宋廷命江南西路漕臣和京西南路轉運副使王良存「應副錢糧」。[1]

紹興十二年，因岳飛冤獄之牽連，直徽猷閣、添差夔州路安撫司參議官王良存「勒停，送見居州軍鄰州羈管」。[2]

紹興二十五年，秦檜死，宋廷令勒停前右朝散大夫、直徽猷閣、大寧監（今四川巫溪縣）羈管人王良存「逐便」。[3]

（十五）党尚友

党尚友為河南府河南縣人，貢士出身。紹興三年，党尚友為商、虢、陝州鎮撫司幹辦官，差往南宋行朝奏事，補右文林郎。[4]

紹興四年，董先奏，党尚友因差往行朝奏事，其母、妻、子、女悉陷於偽齊，宋廷命党尚友特循二資。[5]岳家軍復襄漢後，以右承直郎党尚友為右宣教郎、鄧州通判。[6]

紹興六年，岳飛奏舉右宣義郎、鄧州通判党尚友充本宣撫司幹辦公事。[7]

紹興十一年，岳飛被削奪兵柄後，右奉議郎党尚友等仍隨從岳飛。八月，宋廷發表党尚友為廣南西路安撫司參議官，強迫他離開岳飛。[8]

紹興十二年，因岳飛冤獄之牽連，党尚友「勒停，送見居州軍鄰州羈管」。[9]

（十六）張節夫

張節夫字子亨，相州安陽縣人。紹興元年，迪功郎張節夫任荊湖東路

1　《金佗稡編》卷3高宗手詔，《石林奏議》卷14《奏遵稟分定逐路漕臣應副張俊等軍馬錢糧草料狀》。
2　《要錄》卷144紹興十二年二月乙丑朔，卷145紹興十二年五月甲辰。
3　《要錄》卷170紹興二十五年十二月丁丑。
4　《要錄》卷64紹興三年四月丁亥，《宋會要》兵15之3。
5　《要錄》卷75紹興四年四月乙酉。
6　《金佗稡編》卷9《遺事》，卷11《收復唐鄧信陽差官奏》，《要錄》卷79紹興四年八月甲辰。
7　《要錄》卷107紹興六年十二月乙未。
8　《要錄》卷141紹興十一年八月己卯。
9　《要錄》卷145紹興十二年五月甲辰。

安撫司隨軍錢糧官，奉命往曹成軍中，曹居再次叛變，張節夫等遁去。[1]

紹興八年，左迪功郎、德安府節度推官張節夫招降偽齊蔡州知州劉永壽等，轉左承務郎。[2]

紹興九年正月，張節夫為岳飛寫表，謝與金朝講和赦，申述了收地兩河，唾手燕雲之宏誓大願，傳誦一時。[3]

紹興十一年，岳飛被削奪兵柄後，左宣教郎張節夫等仍隨從岳飛。八月，宋廷發表張節夫任南劍州通判，強迫他離開岳飛。[4]

紹興十二年，因岳飛冤獄之牽連，張節夫也被「勒停」，送邵武軍「羈管」，又因朱芾亦流放此地，移送建昌軍「羈管」。[5]

（十七）孔戊

紹興四年，岳飛遣屬官孔戊往南宋行朝奏事，宋高宗下詔特改京官。[6]

紹興七年，宋廷發表右奉議郎、鄂州通判孔戊任漢陽軍知軍。[7]

紹興十一年，岳飛被削奪兵柄後，右朝奉郎孔戊等仍隨從岳飛。八月，宋廷發表孔戊為江南西路安撫司參議官，強迫他離開岳飛。[8]岳飛遇害後，孔戊當亦受牽連與迫害。

（十八）朱夢說

朱夢說字肖隱，嚴州桐廬縣人，博學多識。宋徽宗政和五年至七年，朱夢說曾上書言事，痛陳時弊。宣和二年，「編管池州」。

宋欽宗靖康時，召朱夢說為太學生，在開封城中參加吳革領導的抗金鬥爭。[9]

---

1 《會編》卷 192，《要錄》卷 49 紹興元年十一月壬戌。
2 《要錄》卷 118 紹興八年正月辛丑注，卷 121 紹興八年八月戊辰，《宋會要》兵 15 之 6。
3 《會編》卷 192，《要錄》卷 125 紹興九年正月丙戌。
4 《要錄》卷 141 紹興十一年八月己卯。
5 《要錄》卷 145 紹興十二年五月甲辰，六月乙酉。
6 《要錄》卷 81 紹興四年十月戊戌。
7 《要錄》卷 116 紹興七年閏十月癸未。
8 《要錄》卷 141 紹興十一年八月己卯。
9 《會編》卷 41，卷 81，卷 159，卷 160，《要錄》卷 2 建炎元年二月乙亥，《宋史》卷 22《徽宗紀》。

南宋初，朱夢說登進士第，累遷泰州軍事推官。岳飛聞其賢名，辟為本制置司幹辦公事。朱夢說隨岳飛入朝，看到宋廷「尚禽色之樂，多無用之物」，「上無良相，朝乏賢臣」，而根本不以「二聖播遷」，「中原陷沒」，「萬民塗炭」為意，便上書御史中丞辛炳，責備他不進行規諫。辛炳無可奈何，將朱夢說的書信上奏宋高宗。宋高宗十分不悅，強令岳飛辭退朱夢說。紹興四年，朱夢說仍回泰州任軍事推官。[1]

（十九）侯邦

侯邦是北宋後期太學生。南宋初年，充荊湖南路統制郝晸門客。紹興五年，岳飛鎮壓楊么叛軍時，侯邦獻策，黃縱遂推薦於岳飛。郝晸懷疑侯邦說自己軍中陰私，企圖殺死侯邦，被岳飛及時制止，將侯邦招致自己幕下。[2]

（二〇）王處仁

王處仁原為小吏。紹興七年，王處仁主管岳飛宣撫司往來軍期機速公文，而無稽遲，後補武階承節郎。[3]

紹興十一年，進奏官王處仁向蔣世雄和岳飛轉告王俊誣告之事，受岳飛冤案之株連，被流放連州「編管」。[4]

（二一）智浹

智浹字巨源，汾州人，出身官宦之家，知書有識，性不喜阿隨，好直言，為岳飛幕客。

紹興十一年，岳飛入獄後，智浹上書，為岳飛鳴冤叫屈。秦檜等遂誣智浹受岳雲賄賂，帶書信給張憲，「決臀杖二十」，流放袁州「編管」。智浹在袁州因不堪凌虐而死。[5]

---

1 《會編》卷 159，《要錄》卷 78 紹興四年七月戊辰。軍事推官，《要錄》作軍事判官。
2 《金佗續編》卷 27 黃元振編岳飛事蹟。
3 《紫微集》卷 19 王處仁出職補承節郎制。
4 《建炎以來朝野雜記》乙集卷 12《岳少保誣證斷案》，《要錄》卷 143 紹興十一年十二月癸巳注。
5 《金佗稡編》卷 24《張憲辨》，《建炎以來朝野雜記》乙集卷 12《岳少保誣證斷案》，《會編》卷 208，《要錄》卷 143 紹興十一年十二月癸巳注，卷 144 紹興十二年正月戊申。

（二二）王大節

王大節是四川人，為岳飛幕客。紹興三年、四年間，王大節奉命往偽齊策反李成，投奔劉麟皇子府為屬官。他接到金、齊聯軍南侵的消息，返回南宋報告，授武階承節郎、閤門祗候。[1]

（二三）鞏溁

鞏溁為岳飛隨軍轉運使之屬官。紹興十年，岳家軍最後一次大舉北伐，鞏溁以應付錢糧轉兩官。[2]

紹興二十五年，鞏溁時任沅州（治盧陽，今湖南芷江侗族自治縣）軍事判官，知州李景山和通判丁濤交惡，鞏溁又從中挑撥離間，三人同時罷官。[3]

（二四）楊光凝

紹興十年，岳家軍最後一次大舉北伐。左修職郎楊光凝時任岳飛宣撫司準備差遣，在郾城之戰中有功，轉兩官，[4]升左從事郎。按其官銜中之「左」字，應為進士出身。

（二五）吳師中

紹興十年，岳家軍最後一次大舉北伐。左修職郎吳師中時任岳飛宣撫司準備差遣，在郾城之戰中有功，轉五官，[5]升左承直郎。按其官銜中之「左」字，應為進士出身。

（二六）張遹

張遹為岳飛幕僚，參加抗金戰爭，有軍功。因宋廷降金乞和，張遹離開岳飛幕府，任岳州巴陵知縣，累官至朝請大夫、永州通判。[6]

---

1 《會編》卷 161，《要錄》卷 80 紹興四年九月壬申注。
2 《紫微集》卷 12 鞏溁轉兩官制。
3 《要錄》卷 168 紹興二十五年六月壬寅，《中興小紀》卷 36 作「鞏淙」。
4 《紫微集》卷 13 楊光凝、吳師中轉官制。
5 《紫微集》卷 13 楊光凝、吳師中轉官制。
6 《渭南文集》卷 38《朝奉大夫直秘閣張公墓誌銘》。

（二七）胡褒

胡褒為溫州人，以布衣隨從岳飛，任制置司幹辦公事，「定羣盜，僅得官以死」。[1]

（二八）舒卞

舒卞為明州奉化縣（今浙江奉化市）人。舒卞於建炎時，曾參加抗金鬥爭。岳飛聞其名，招請為幕僚。[2]

（二九）沈作喆

沈作喆字明遠，號寓山，湖州德清縣（今浙江德清縣）人，為南宋初執政沈與求之宗族，[3] 秦檜黨羽沈該之姪。

紹興五年，沈作喆進士登第。

紹興十一年，沈作喆時任岳飛幕僚。岳飛罷官，沈作喆為他起草謝表說：「功狀蔑聞，敢遂良田之請；謗書狃至，猶存息壤之盟。」觸怒秦檜。[4]

紹興二十六年，時秦檜已死，沈該任左丞相，沈作喆出任江南西路轉運司屬官。[5]

紹興三十一年至紹興三十二年，左奉議郎沈作喆賦《哀扇工歌》，反映民間疾苦，觸怒洪州知州魏良臣，加以其他罪名，降三官。後沈作喆曾出使金朝，不得志而卒。著有《寓簡》傳世。[6]

（三〇）李啟

李啟任岳家軍中回易官，善於理財，佐岳飛軍用甚多，而本人平時唯穿着布衣草鞋，雨天也躬親操勞，生活儉樸。[7]

1　《止齋先生文集》卷 47《胡少賓墓誌銘》。
2　《舒文靖公類稿》附錄卷中《宜州通判舒元質墓誌銘》。
3　《寓簡》卷 5 稱沈與求為「宗人」，沈作喆之戶貫依《宋史》卷 372《沈與求傳》。
4　《寓簡》卷 8。
5　《南澗甲乙稿》卷 14《送沈明遠序》。
6　《梅磵詩話》卷上，《清波別志》卷上，《直齋書錄解題》卷 20，《文獻通考》卷 245《經籍考》。
7　《會編》卷 191。

（三一）傅時中

傅時中為洪州進賢縣（今江西進賢縣）人。他「解儒服，以事戎行」。傅時中追隨岳飛，「轉戰許、洛之間，屢以捷告」。岳飛遇害後，傅時中「為之感慨憤激，棄其官勳，以歸故里」。他後易從八品文官從政郎。[1]

（三二）王輔

王輔為蔡州上蔡縣（今河南上蔡縣）人。官至左朝奉大夫，曾任彭山縣（今四川眉山市彭山區）知縣，因貪污罷官，遂投奔岳飛。岳飛仍予以厚待。紹興十一年、十二年間，岳飛遇害時，王輔命其子王孝忠上書，指斥岳飛為奸凶。秦檜喜，遂將王輔擢任普州（治安岳，今四川安岳縣）知州。[2]

紹興十九年，左朝散大夫王輔改任合州知州。[3]

後王輔之子王孝忠和王孝廉在四川胡作非為，被潼川府路轉運判官史聿逮捕，王輔憂懼而卒。王孝忠和王孝廉於紹興二十三年謀據成都府叛亂，伏誅。[4]

（三三）姚岳

姚岳字崧卿，京兆府人。南宋初，陝西陷落，姚岳逃奔四川，於紹興二年考中流寓進士。

岳飛因本人姓岳，母親姓姚，見到前往南宋行朝的姚岳後，大喜，辟為屬官。紹興十一年，岳飛遇害後，姚岳便否認曾為岳飛幕僚。

紹興二十五年，左朝散郎姚岳向秦檜建議，說岳州「以叛臣故地，又與其姓同」，於是遂改岳州為純州，其節鎮名岳陽軍為華容軍。[5]

紹興三十年，主管臺州崇道觀姚岳任荊門軍知軍。[6]

---

1 《朱文公文集》卷 84《跋進賢傅君行實》，《勉齋先生黃文肅公文集》卷 35《篤孝傅公墓誌銘》。
2 《會編》卷 207，《要錄》卷 144 紹興十二年正月戊申。
3 《要錄》卷 159 紹興十九年三月戊申、己酉。
4 《要錄》卷 165 紹興二十三年八月丙寅。
5 《會編》卷 234，《要錄》卷 61 紹興二年十二月壬寅注，卷 168 紹興二十五年六月癸卯。
6 《要錄》卷 185 紹興三十年七月乙酉。

紹興三十一年，荊、襄宣諭使汪澈至荊門軍（治長林，今湖北荊門市），見左朝奉大夫、知軍姚岳訓練民兵有方，上奏舉薦，宋廷命姚岳再任。[1]

　　紹興三十二年，左朝散大夫姚岳任京西路轉運判官。[2]宋孝宗即位後，汪澈上奏建議由姚岳負責修復襄陽府長渠和木渠，得到宋廷批准。[3]

　　虞允文任湖北、京西路制置使，發現姚岳抑勒百姓耕種營田，遂上奏罷耕。[4]隆興二年十一月，姚岳任淮南西路隨軍轉運副使。[5]

　　乾道元年，左朝請大夫、淮南路轉運判官姚岳妄言當地蝗蟲抱草木而死，降一官，罷任。[6]

　　乾道三年，姚岳時任戶部郎官，因言者論列，罷任。[7]

1　《會編》卷 234，《要錄》卷 193 紹興三十一年十月戊申。
2　《要錄》卷 199 紹興三十二年五月乙巳。
3　《要錄》卷 200 紹興三十二年十一月辛酉，《宋會要》食貨 8 之 4─5，《周益國文忠公集‧省齋文稿》卷 30《樞密使贈金紫光祿大夫汪公（澈）神道碑》。
4　《宋朝南渡十將傳》卷 7《虞允文傳》。
5　《宋會要》食貨 49 之 45。
6　《宋會要》職官 71 之 11，瑞異 1 之 27，《宋史》卷 33《孝宗紀》，卷 62《五行志》。
7　《宋會要》職官 71 之 17。

跋

　　自己剛入了治史之門，方知學歷史決不是像以前想像那樣，只是一連串歷史故事而已。在社會科學諸學科中，中華古史學無疑是專業性最強，基本訓練費時費力，而要求最高的學科。寫史學作品，猶如進入地雷陣，稍一不慎，就必定會留下掛彩的硬傷，而無法抹掉。但自己年過五旬，又才理解到西方史家克羅齊所說，「一切真歷史都是當代史」的道理。儘管自己寫作時尚未完全明確必須「理解過去，透視現在，指點未來」，而兩部傳記仍是依此思路寫就的。

　　應當指出，近些年來，史學界出現一種怪現象，或曰新潮，就是為歷史上的民族投降主義叫好喝采。例如有人寫書撰文，曲意強辯，否認秦檜是奸細，轉彎抹角，稱頌卑辱之至的紹興和議，要為賣國賊宋高宗和秦檜翻案。賣國賊洪承疇降清，被某人稱之為「棄暗投明」。我的回答是「棄暗投暗」。今天看來，明朝的綜合國力其實非東北興起的後金與清朝可比，但經歷了三百年專制主義中央集權的等級授職制下腐敗的積累，整個官僚軍事機構爛透了，極大地戕害了明朝實力的發揮，儘管崇禎帝在主觀上尚有振興的強烈願望，而在內外的李自成等軍與清軍夾擊下，確已到了不亡何待的地步。說洪承疇「棄暗」，是客觀事實。

　　但反過來說，清朝所進行的，無疑是一場殘酷的民族戰爭。清軍入關後的大肆屠戮，留髮不留頭的政策，揚州十日，嘉定三屠，圈地運動之類，當然是應當批判和否定的。這些血與火的史實，都是深刻地反映了清朝政權的階級本質，剖析此類史實，怎麼能脫離馬克思主義的階級論和國家論。當然，我並不想否定清朝對中華民族發展所做的某些貢獻，該肯定

的必須肯定，該否定的也必須否定。洪承疇投降賣國，甘當清朝殘害同胞的幫兇，說是「投明」，就完全不顧起碼的史實。

最近又出現在洪承疇家鄉為之立紀念碑的活動，搞得烏煙瘴氣，豈非是咄咄怪事。王春瑜先生說得好，此類在抗戰時就是典型的漢奸理論，治史者沒有一點正義感，是搞不好歷史研究的。人們對歷史上的人和事的不同評價，其實還是源於現實不同的人生道路。

有時真令人不解，有的人竟如此熱衷於為宋高宗、秦檜之流評功，如此熱衷於貶損偉大的愛國民族英雄岳飛，是何居心？此類「學者」依他們的「意識形態主宰」，所鼓吹和崇尚的，無非是歷史領域的虛無主義和實惠主義，宋高宗、秦檜、洪承疇一流所代表的投降哲學和腐惡傳統；他們所要貶損和否定的，卻正是中華民族的愛國正氣和優秀傳統。

否定民族英雄，豈不是否定中華民族，否定我們的歷史？中華民族在世界上人口最多，但如果沒有岳飛、文天祥、于謙、袁崇煥、林則徐、孫中山等許多民族英雄傳承和發揚的愛國正氣，我們的民族豈不成為一個斷了脊樑骨的民族？中華民族如依那些「學者」之說教，不知自尊自強不息為何物，而將宋高宗之流的偷生苟安的人生哲學奉為最高理念，還有何希望可言？但決然無此可能。至於此類作品能否輝耀於史壇，令人想到一句古詩：「蚍蜉撼大樹，可笑不自量。」[1]

1　《全唐詩》卷 340 韓愈《調張籍》。

岳飛新傳

王曾瑜 著

責任編輯　王春永
裝幀設計　鄭喆儀
排　　版　黎　浪
印　　務　劉漢舉

出版　中華書局（香港）有限公司
　　　香港北角英皇道 499 號北角工業大廈一樓 B
　　　電話：（852）2137 2338　傳真：（852）2713 8202
　　　電子郵件：info@chunghwabook.com.hk
　　　網址：http://www.chunghwabook.com.hk

發行　香港聯合書刊物流有限公司
　　　香港新界荃灣德士古道 220-248 號
　　　荃灣工業中心 16 樓
　　　電話：（852）2150 2100　傳真：（852）2407 3062
　　　電子郵件：info@suplogistics.com.hk

印刷　美雅印刷製本有限公司
　　　香港觀塘榮業街 6 號 海濱工業大廈 4 樓 A 室

版次　2023 年 7 月初版
　　　© 2023 中華書局（香港）有限公司

規格　16 開（240mm×160mm）

ISBN　978-988-8860-57-9

本書由河南文藝出版社授權中華書局（香港）有限公司以 中文繁體版
在中國大陸以外地區使用並出版發行